青岛市律师协会“法说”系列丛书

法说

CORPORATE SHAREHOLD

股 权

股权架构

主　　编 / 李晶鑫
执行主编 / 张国权　李　洁

法律出版社
LAW PRESS·CHINA
北京

图书在版编目(CIP)数据

法说股权 ：全三册 / 李晶鑫主编. -- 北京 ：法律出版社，2024

ISBN 978-7-5197-8863-6

Ⅰ. ①法… Ⅱ. ①李… Ⅲ. ①股权管理-公司法-研究-中国 Ⅳ. ①D922.291.914

中国国家版本馆 CIP 数据核字(2024)第 037790 号

法说股权(全三册)
FASHUO GUQUAN (QUANSANCE)

李晶鑫 主编

责任编辑 翁潇潇
装帧设计 汪奇峰
封面题字 马 澜
篆 刻 王进家

出版发行 法律出版社
编辑统筹 法规出版分社
责任校对 王语童 裴 黎
责任印制 耿润瑜
经 销 新华书店

开本 710 毫米×1000 毫米 1/16
印张 60.25 **字数** 810 千
版本 2024 年 5 月第 1 版
印次 2024 年 5 月第 1 次印刷
印刷 北京金康利印刷有限公司

地址:北京市丰台区莲花池西里 7 号(100073)
网址:www.lawpress.com.cn
投稿邮箱:info@lawpress.com.cn
举报盗版邮箱:jbwq@lawpress.com.cn

销售电话:010-83938349
客服电话:010-83938350
咨询电话:010-63939796

书号:ISBN 978-7-5197-8863-6
定价(全三册):158.00 元

凡购买本社图书,如有印装错误,我社负责退换。电话:010-83938349

本书编委会

总序
Preface

“人无股权不富”这句坊间颇为流行的话，道出了在当今社会中，股权之于财富的重要意义。股权所依附的载体是公司——市场经济环境下最主要的市场主体。哥伦比亚大学校长尼古拉斯·巴特勒曾经说过：“现代社会最伟大的发明就是有限责任公司！即使蒸汽机和电气的发明也略逊一筹。”公司对自身债务的有限责任和股东以其出资额为限对公司承担有限责任，极大地激发了市场投资主体的信心，并给经济社会的发展和生产力的解放带来蓬勃生机。

股权作为一种财产性权益，是出资人向公司出资的数额占全部出资的权重及由此产生的出资人权益。通说认为，股权包括自益权和共益权两个方面的权能。自益权最终体现为从公司获得红利的权利及股权增值和处置股权所带来的利益；共益权最终体现为通过参与公司的经营管理而为全体股东和公司所行使的权益。所以，股权作为一种特殊的产权是一束集合而成的权利。成功的股权投资，能给其拥有者物质层面和精神层面的满足。

基于此，在很多情形下，股权是股东的“法宝”，也是公司的“法宝”，它可以作为一种工具的集合体，在很多的运用场景下发挥作用。同时，股权问题往往牵一发而动全身，围绕着股权，也时时刻刻上演着一出出跌宕起伏的悲喜剧。因此，股权必然成为公司及其股东关注的核心问题，必然成为包括公司法专业律师及其他在该专业领域服务的提供者所关注的核心问题。当青岛市律师协会公司专业委员会从法说公司、法说章程的实务研究中走出来，其所瞄向的另一个实务研究目标即为股权，这个非常值得关注的重要领域，并最终形成本书。

股权作为一种“邦之利器”，不可以轻易予人。股权依附于公司，就必然形成一个公司的股权架构和以此为基础的公司治理。股权权能的发挥运用及资本逐利的特性，决定了股权架构会发生动态的调整。“你的公司需要一个什么样的股权架构”？这是“法说股权”丛书所关注的第一个问题，并以此为发端，对单一公司的股权架构、拟上市公司的股权架构、集团公司的股权架构，逐一展开论述，并在该分册第五章“股权架构的动态调整”中收笔，形成了本书第一分册股权架构。

股权激励作为一个热词方兴未艾。股权工具在公司人力资本管理、企业人才竞争战略领域广泛运用。但是股权激励不是“通用药”，并不能治所有企业的“人才病”，也不是“万能钥匙”，可以适配所有企业的“人才锁”。很多咨询机构的讲师把股权激励说得天花乱坠，而在实务中有不少实施股权激励的企业收获的却是一地鸡毛。“您的企业需要股权激励吗?”成为股权激励的开篇之问，该分册第一章重点解释了股权激励的考量要素与常见的激励模式、对应的法律风险。接下来该分册通过对股权激励方案的设计和实施、不同发展阶段的公司的股权激励、国有企业的股权激励的论述，全景式介绍了不同类型企业、不同发展阶段的公司股权激励如何实操，如何防范风险，从而达到企业激励员工的目的。最后在该分册第五章，编者分别从股权激励方案、股权激励授予协议、持股平台法律文书、其他配套法律文书等，对实施股权激励主要法律文书中的关键条款进行逐一解析和示范，并在附录部分提供了股权激励实施计划、期权授予协议、业绩考核管理办法、合伙协议的参考文本，供学习、借鉴。

股权融资是花，也是刺；是天使，也是魔鬼。这话针对的不仅是投融资双方，也针对该领域的从业者。近年来，监管机构频频开出的大额罚单及法院作出的巨额赔偿判决，多与之相关。股权融资分册作为本书的最后一个分册，同样把第一个问题留给了“您的企业需要股权融资吗?”这一原点之问。接下来，该分册对股权融资在企业发展各个阶段的运用及相应的风险予以重点论述。之后，该分册创造性地根据股权在企业融资过程中所发挥的作用、路径，将股权融资分为典型方式的股权融资和非典型方式的股权融资两大类，分别从股权增发、股权转让、股权并购、区域股权市场及IPO、股权众筹、股权质押、让与担保、明股实债、债转股等九种方式，进行实操层面的讲解和分析。因为合同管理是风险管理的最重要的载体，全过程管理是风险管理的“防火墙”，要素控制和流程控制是风险管理的两大维度，所以，该分册在第五章对上述九种方式的融资合同的关键条款展开论述、评析，给股权融资筑牢法律层面的风险保障。

实操是公司律师拟或股权律师的撒手锏，是在一番番的刀光剑影中百炼成钢的宝典。从书的编者对多年深耕实务的经验进行抽丝剥茧的提炼，并用典型的实务语言表达出来。【导向问题】【实务分析】【参考案例】【条款含义】【条款示例】的表述，把论述逻辑和实操板块一线串珠，使复杂的业务流程一图了然，从而使大片大片文字所形成的压迫感一去无踪。这是编者的追求目标，虽不能至，心向往之。

股权架构、股权激励、股权融资是公司法实务领域的重要单元，连同之前的《法说公司》《法说章程》，我们试图构建起一个可资参考学习的实操体系，给广大实务工作者、公司及投资人，尤其是青年公司法律师一个参考和阶梯。

感谢在本书编写的过程中，青岛仲裁委员会的田有赫教授、青岛大学的丁燕教授、青岛科技大学的曲天明教授、山东省律师协会公司法律专业委员会的李旭修主任等专家学者给予的指导帮助；青岛律师协会财税法专业委员会张振岩主任及其团队在财税方面给予的支持；青岛中世家族财富传承与管理研究院在相关领域给予的支持帮助。风韵儒雅的三叠室为本书编写充当了编辑部。在此，一并表示诚挚感谢。

本书编写过程正值新一轮《公司法》的大规模修订。全新的《公司法》经四次审议终于在2023年12月底正式问世并于2024年7月1日起施行。新法会在一定程度上对公司资本制度及其对应的股权架构搭建、控制权争夺、公司内部治理结构等带来重大影响。作为企业组织法，新《公司法》的诞生是立法层面对过去十几年经济改革成果的巩固，既是对某些“经济乱象”的纠偏，也是优化营商环境、弘扬企业家精神的强力支柱；它将最高人民法院陆续出台的五部公司法司法解释的内容加以“扬弃”和整合，将近些年的商事案件审判智慧加以总结和提炼，既为中国公司法的理论与实务带来焕然一新的面貌，也为各位实务工作者特别是公司法领域的律师带来了新的挑战与机遇。为此，本书编委会特别结合新《公司法》的内容对本书三个分册内容进行了整合、修改和完善，期待本书能呈现新法的精神、要旨和最新的理论实务、成果。但公司法领域博大精深，股权对公司的治理亦是牵一发而动全身；加之新《公司法》刚刚落地，理论界、实务界就相关新增的修法重点、难点的讨论方兴未艾，新旧法的衔接适用也未尘埃落定，国务院、最高人民法院尚未颁布与之配套的行政法规及司法解释等，故虽理论界及律师业界名家亦心存惶恐，况乎编者才疏学浅！故本书疏漏之处必在所难免，敢竭鄙怀，恭请诸方家不吝赐教。

是为序。

本书编委会

二〇二四年四月

缩略语表

法律法规及司法解释等法律文件	
简　称	全　称
《九民会议纪要》	《全国法院民商事审判工作会议纪要》
《公司法解释（三）》	《最高人民法院关于适用〈中华人民共和国公司法〉若干问题的规定（三）》
《公司法解释（四）》	《最高人民法院关于适用〈中华人民共和国公司法〉若干问题的规定（四）》（2020修正）
《企业破产法若干规定（二）》	《最高人民法院关于适用〈中华人民共和国企业破产法〉若干问题的规定（二）》（2020修正）
《民法典担保制度解释》	《最高人民法院关于适用〈中华人民共和国民法典〉有关担保制度的解释》
《商业秘密规定》	《最高人民法院关于审理侵犯商业秘密民事案件适用法律若干问题的规定》（法释〔2020〕7号）
《股权管理办法（试行）》	《上市公司股权激励管理办法（试行）》
《股权管理办法》	《上市公司股权激励管理办法》
国有控股上市公司股权激励8号文	《国有控股上市公司（境外）实施股权激励试行办法》（国资发分配〔2006〕8号）
国有控股上市公司股权激励175号文	国有控股上市公司（境内）实施股权激励试行办法》（国资发分配〔2006〕175号）

续表

简　　称	全　　称
《深化税务领域放管服通知》	《国家税务总局关于进一步深化税务领域“放管服”改革培育和激发市场主体活力若干措施的通知》(税总征科发〔2021〕69号)
《兼职和科技成果转化激励管理办法》	《中国科学院领导人员兼职和科技成果转化激励管理办法》(科发党字〔2016〕61号)
《股权激励和员工持股计划的监管要求》	《非上市公众公司监管指引第6号——股权激励和员工持股计划的监管要求(试行)》(中国证券监督管理委员会公告〔2020〕57号)
101号文	《关于完善股权激励和技术入股有关所得税政策的通知》(财税〔2016〕101号)
4号文	《国有科技型企业股权和分红激励暂行办法》(财资〔2016〕4号)
133号文	《关于国有控股混合所有制企业开展员工持股试点的意见》(国资发改革〔2016〕133号)
139号文	《国务院国有资产监督管理委员会关于规范国有企业职工持股、投资的意见》(国资发改革〔2008〕139号)

特定数字	
简　　称	全　　称
67%绝对控股	代指2/3以上表决权，即绝对控股权
51%相对控股	代指1/2以上表决权，即相对控股权
34%一票否决权	代指1/3以上表决权，即重大事项一票否决权

法说股权
CORPORATE SHAREHOLD

总目录
Contents

股权架构

股权激励

股权融资

分目录
Contents

前　言

《法说股权》一书是青岛市律师协会公司专业委员会继《法说公司》《法说章程》之后，着力打造的“法说”系列专著。本分册作为本书的第一册，编者试图从股权架构这一公司法及公司治理的核心问题入手，在构建股权架构理论框架体系的基础上，着重从实务操作视角，对单一公司、拟上市公司及集团公司的股权架构的构建、适用和动态调整问题，结合律师在该领域的诉讼及非诉讼执业实践，以案说法，进行系统的探究和分析。我们希望本书能够给广大的公司法实务工作者和从事该领域研究的读者一定的参考和借鉴。

投资界有种说法，投资就是投人，投人就是投股权架构。股权架构的设计及调整作为公司章程之外的另一个私法自治理念深度融合的领域，既是许多公司经营成败的关键所在，也是相关从业人士“大有可为”的空间所在。本分册将有关股权架构设计和调整的点点滴滴及散落各处的智慧成果加以整合，聚沙成塔，集腋成裘，将股权架构的含义、设计的方式方法、组成要素、合法性边界以及股权架构与公司发展之间的关系、股权架构如何适时动态调整等实务问题“一线穿珠”，呈献给读者。

本分册在第一章开宗明义，以不同类型公司对股权架构的要求为切入点，引申出股权架构对公司高质量发展的作用，以及股权架构设计需要考量的控制权、利益平衡、发展目标、管理方式、股权激励、资本运作等主要因素。在此基础上，本分册对典型的公司股权架构模式，即直接持股、间接持股、交叉持股等分别予以阐述，构建起股权架构设计的框架性认知。

鉴于单一公司的持股比例及股权架构模型是读者学习和理解复杂股权架构模型的基础，本分册第二章首先以单一公司的股权架构为视角，介绍了目前股权设计实务中常见的特定持股比例线及其法律意义，随后重点向读者展示了平均持股型、高度集中型、高度分散型、制衡型、小股东绑架大股东型、一人公司六种单一公司股权架构设计模型，并以“典型案例”“适用情形”“优势解读”“风控事项”“优化措施”等导读式表述方式，直观地向读者展示了单一公司不同股权架构模型的特征、优势弊端及适配情形，有利于读者高效理解和掌握相关实操要点。需要说明的是，虽然新《公司法》删除了一人有限责任公司的专门章节，但并非否定了该种公司形式。恰恰相反，新《公司法》取消了一人公司只能采取有限责任公司形式的限制，承认了一人股份有限公司的合法性，未来将有利于一人公司在股权架构搭建中的进一步运用，故本分册保留了对一人公司设计模型的单独论述，同时根据新《公司法》的规定对相关内容进行了修订和完善。

第三章聚焦拟上市公司的股权架构，拟上市公司以上市为主要目标，股权架构设计具有极强的功能和目标指向性。该章以“证券方面的法律法规对拟上市公司的规制及监管”为切入点，介绍了相较于一般公司而言，拟上市公司股权架构更严格、更复杂的法律适用。其后，该章以拟上市公司股权架构设计实例为切入点，生动展示了拟上市公司在发展不同阶段股权架构模式的区别及其调整方式，并在该章结尾详细地介绍了拟上市公司股份制改组的全过程，向读者完整展示了一个拟上市公司股权架构设计与调整的“前世今生”。

针对目前集团化经营已逐渐普遍化的发展趋势，第四章专门介绍了集团公司相较于一般的单一公司而言的特殊性与复杂性，向读者展示了金字塔结构、有限合伙企业、一致行动人协议、委托投票制度、AB 股制度五种集团公司实际控制人常用的分股不分权的工具，并以“制度简介”“具体应用”“典型案例”的导读式表述方式分别介绍了各种工具的优缺点及适配场景。同时，第四章从公司发展阶段的角度阐释了集团内部母子公司之间的不同持股关系及其形成过程，直观展示了集团发展目标及定位在股权架构设计及调整上的“反作用力”，向读者全面、清晰地论述了集团公司股权架构设计的基本理论及实操要点。

股权架构的调整和优化往往会伴随公司的一生。公司的生存、发展、内外部环境变化及股权持有人的内在诉求，都会导致股权架构的调整变化。在公司上市、股权投融资、股权激励、股权并购重组等活动中，股权结构的设计和调整往往成为各方关注的焦点问题。因此，本分册第五章在总结前四章内容的基础上抽象和提炼了公司股权架构动态调整的一般性原理，向读者论述了公司股权架构调整与公司发展之间的内在逻辑，并从微观角度对股权所内含的主要权能进行了拆解，在此基础上为读者展示了股权架构调整的新思路。同时，第五章还以预设调整、协商调整、被动调整等为切入点，介绍了不同类型的股权架构动态调整机制和具体的实操方法，兼顾了理论深度与实用性要求，以帮助公司实现股权架构的良性调整和公司治理体系的完善与提升。

伴随公司自身发展及公司内外部环境的变化，公司股权架构总体上呈现相对静态和相对动态两种不同的状态。前者侧重于股权架构的设计及一定时间段内股东团队稳定性的维持，后者则侧重于股权架构与公司发展的相适应性以及与时俱进的动态调整。然而，我们深知，变化是事物发展的永恒规律，优秀的公司及其股东都应对此有所洞悉，并做好应对变化和主动求变的准备。这是贯穿本分册构思及写作过程的基本逻辑，了解这个基本逻辑，有助于各位读者更好地理解公司股权架构设计和动态调整的作用和重大意义。需说明的是，鉴于本分册中引用的“典型案例”所涉及的公司其股权架构亦处于变动之中，故本分册中的案例可能仅体现了相关公司在某一特定时期内的股权架构样貌，与公司股权架构的现状可能存在一定差异，这也侧面印证了公司股权架构相对静态和相对动态的两种不同状态。此外，本分册内容也吸收融合了 2023 年 12 月审议通过的新《公司法》内容，为阐述简洁凝练之需要，本书均以“新《公司法》”之称谓代指 2023 年 12 月审议通过的《中华人民共和国公司法》版本，以“原《公司法》”之称谓代指 2023 年 12 月修法之前的《中华人民共和国公司法》版本。本书特别就新《公司法》新增的授权资本制度、审计委员会制度、有期限的认缴制、常态加速到期制度、国家出资公司制度等新规定以及对董事会职权等公司内部治理结构的调整以及对中小股东的倾向性保护等内容与股权架构的设计与调整相结合，力求与时俱进，以期通过本书与各位读者及业内同仁探讨新《公司法》对公司股权架构设计与调整的影响，一窥公司领域立法对实务层面的“反馈”或者规制。

静有时，动有时，动静有时；你也说，我也说，今日法说。

本书编委会

二〇二四年四月

1 第一章

您的公司需要怎样的股权架构

股权架构作为公司所有权层面的分配方式，与公司的管理模式及商业策略相辅相成，因此受到越来越多公司股东及其他利益相关者的重视。对于公司的创始人或控股股东而言，了解股权架构的设计与调整规则，可以帮助其在掌握公司控制权的同时充分调动其他股东的积极性，通过股权架构静态设计或动态调整巧妙平衡股东利益，避免股东之间的矛盾与冲突，保障公司的持续稳定发展；对于小股东而言，了解在当前股权架构下股东权利行使的正确方法、所面临的风险及救济方式，可在很大程度上预防和避免大股东对自身权利的不当侵害；对于公司股权激励的对象而言，了解股权架构可以更深刻地理解股权激励的内在逻辑，将自身价值与公司发展更好地结合；对于投资方而言，考察目标公司的股权架构可以协助其了解该公司目前的经营状况及内部治理模式，从而判断目标公司的投资前景，在评价股权架构的基础上作出科学的投资决定；对于外部债权人而言，通过公司的股权架构可以大致推测公司的部分资金来源及投融资情况，一定程度上推测公司的偿债能力和公司治理能力等。

随着股权这一事物逐渐进入普罗大众的视野，股权架构相关知识不再仅是置身商海的企业家的专属，更是广大中小投资者需要掌握的一门学问。

我国资本市场长期以来以中小投资者为主，为了更好地规划投资方案，投资者需要方便快捷地了解公司经营和风险情况，而公司的股权架构是公司运营状况和资产状况的重要表征之一，是广大中小投资者在进行投资选择时可以参考的重要因素。虽然“股权架构”这一事物并未夸张到与每个人的生活都息息相关的程度，但不可否认的是，它正直接或间接地影响越来越多人的生活，更是资本市场逐渐健全繁荣的时代背景在个人微观生活中的反映，了解股权架构正成为越来越多的人的一门必修课。

但是股权毕竟与传统的有形财产存在根本性区别，它虽蕴含着表决权、分红权、知情权等丰富的权利内容，却看不见摸不着，难以为人们所形象感知；以股权为基本要素搭建的股权架构又往往涉及诸多专业概念和专门领域，初学者常会感到吃力。

要学习股权架构的相关知识，首先需要从“股权”和“股权架构”的基本概念入手，由点及面，由易到难，由深到浅。本章作为股权架构分册的开篇，重点介绍股权架构的基本含义以及设计和调整股权架构需要考量的主要因素，并提供股权架构设计的典型模式供读者参考，为读者进一步了解和学习本分册后四章内容打下良好基础。

第一节

何为股权架构

一、股权的属性

要想更好地理解“股权架构”，首先需要了解“股权”。股权，是指股东基于出资拥有的、基于股东资格享有的、从公司经营净收益获得盈余收益并参与公司经营管理的股东权益。

股权的本质是一束权利的集合，而不是单一权利。以股东行使股权的目的和内容为标准，可将股权区分为共益权和自益权。共益权，是指参与公司治理的权利，包括参与公司经营管理的决策、监督等，包括表决权、会议主持与召集权、代表诉讼提诉权等，具有直接为全体股东的共同利益、间接为自己的利益的特性；自益权，是指股东为自己的利益而行使的权利，主要表现为金钱利益，包括分红权、新股认购优先权、剩余财产分配请求权、知情权等。

股权是股东个人利益与公司整体利益的连接点。一方面，股东个人利益与公司整体利益息息相关，公司的稳定发展与盈利能力的增长会带来“水涨船高”的效果，使股东所持股权的价值相应增加；另一方面，鉴于公司不同股东持股比例、在公司内部的任职情况等因素不同，公司整体利益的变动往往不会均等地反映在每位股东的个人利益上。一般而言，股权架构设计的出发点首先要保障公司的稳定发展，毕竟公司是各股东为了创造生产价值、获取利润而缔结的法人主体，若股权架构设计以某些股东的个人利益为先，则不符合公司创立和存续的根本目的，也容易因股东利益分配不均导致公司分崩离析。

二、认识股权架构

股权架构，是指不同性质的股权或财产份额在公司所占的比例、层级结构及相互关系，其中既包括横向层面上的股东组成和持股比例结构，也包括纵向层面上的股东构成和持股关系结构。实务中，前者经常被称为“股权结构”，与之对应，后者则是狭义上的股权架构。本分册为论述方便，上述两种结构统一使用“股权架构”的概念。

随着内、外部发展环境的日趋复杂，股权架构逐渐成为关乎公司兴衰存亡的核心要素之一。无论是对于创业公司还是对于成熟公司，股权架构的必要性和重要性都不可忽视。股权架构真正的作用和意义不仅是解决股权分配的问题，更是将公司生存发展所需对接的各种资源予以合理地拼接利用，进而实现公司和各利益相关者之间的共赢，助推公司的良性发展。创业公司如何通过股权架构设计构建最初的股东话语权体系？如何在股东间进行权利的初始分配？控制权由何人掌握？成熟公司亟须引入资金、走向资本市场等情况下如何进行股权架构动态调整？当公司先前搭建的股权架构不再适合当前发展阶段的需要，甚至已经阻碍了后续发展时，如何重构一个适合公司经营特点及未来发展趋势，并且能够防范经营风险的股权架构？这些问题都需要在股权架构的设计与调整过程中寻找答案。

本分册将在第二、三、四章对股权架构设计原理和典型模式等进行详细介绍。第二章“单一公司的股权架构”主要介绍股权架构在横向层面的构建。第三章“拟上市公司的股权架构”和第四章“集团公司的股权架构”则重点介绍这两类具有典型意义的公司在纵向层面上母子公司之间的股权架构的设计、集团内部控制权分配等问题。

三、良好股权架构的作用

股权架构设计与调整贯穿公司的整个生命周期，是公司治理的基础，决定了公司的治理架构如何组成，权力如何分配、如何制衡，很大程度上能决定公司将来走多远。可以说，符合公司实际状况的股权架构是公司的核心竞争力，能够助力公司快速壮大、稳健长远发展。反之，如果公司股权架构不合理或不科学，则在公司运作过程中很可能不断爆发各种内部矛盾和冲突，对公司发展极其不利。当然，良好的股权架构并无绝对的标准，只要能与公司所处的经营阶段和发展目标相匹配，能促进公司持续稳定发展的股权架构，便是良好的股权架构。具体而言，良好股权架构的作用集中体现在以下几个方面：

首先，良好的股权架构可以明晰股东之间的权、责、利，有利于公司股东团队的稳定。

公平是保证团队稳定的条件之一，良好的股权架构下，各股东对公司的贡献与其股权相互匹配，同时该股权所对应的权、责、利也是明确且合理的。股权架构的搭建相当于在“做蛋糕”之前先“分蛋糕”，所以需要有很强的预判性和前瞻性。通过本分册后文对各类不同类型公司的股权架构介绍和典型案例分析我们可以看到，合理且成功的股权架构均深入地考虑了股东“人性”层面的因素，兼顾了对股东的出资目的与持股目标等要素的考量，合理量化各股东对公司的贡献和价值，保持股东的股权或收益与贡献正相关，从而充分调动各股东的积极性，一方面可以使大家齐心协力完成公司发展目标，另一方面能够使公司股东团队保持在相对稳定的状态，避免所有权层面的纠纷对公司决策和管理带来的负面影响。成熟的股权架构还可以为股东纠纷矛盾解决或股东退出机制做好预设，避免出现股东争议或公司僵局，保障公司发展的稳定。

其次，良好的股权架构可以促进公司治理结构的完善，有利于公司形成快速、有效的表决机制和科学的管理体系。

良好的股权架构首先可以促进公司在所有权层面的稳定，进而作用于公司的管理层，给公司日常经营带来正向效应。例如，合理的集中型股权架构下，大股东可以充分发挥其对公司日常经营决策的把控与对职业经理人的监督，尽可能减小因“委托—代理”问题而给公司及股东所带来的不利影响；合理的制衡型股权架构下，可以最大限度地避免公司股东层对职业经理人决策的干涉，促进公司内部权力制衡机制的完善。

再次，良好的股权架构可以充分调动公司员工的积极性，充分发挥人力资源的作用。

股权本身是一种财产性权益，可以天然地用来作为员工报酬的一种形式。以股权支付的形式补充过去单纯的薪酬激励机制，使员工自身的价值回报与公司持续增值紧密联系起来，通过公司增值来回报其为公司发展所作出的贡献，是增强员工“主人翁意识”和职业获得感的最佳途径。良好的股权架构在适合的时间段为特定的激励对象留出持股的空间，一方面有利于提高骨干员工的积极性、创造性和稳定性；另一方面能激发其他员工找到榜样和奋斗目标，从而带动公司持续良性发展。

最后，良好的股权架构可助力公司引入外部资源，登陆资本市场，为公司的持续发展注入源源不断的新鲜血液。

新股东的加入可增强公司资金实力，带来各种外部资源，优化公司的治理结构，极大地促进公司的发展。从投资人的角度来说，公司股权架构的清晰与否、合理与否是其判断公司投资价值的重要考量方面。投资方除了会关注公司的产品、创始股东的情怀，还一定会关注公司的股权架构是否合理清晰。从公司的角度来说，良好的股权架构不仅能够对外部投资者产生足够的吸引力，还能为引进外部投资者留下充足的空间，避免在融资过程中新老股东的冲突对抗及对公司控制权的争夺，使股权架构保持相对平稳，保障公司持续稳定发展。

第二节

股权架构设计和调整考量的主要因素

前文提到，良好的股权架构可以促进公司自身发展，同时为股东、员工及外部投资者等带来诸多积极影响。从另一个角度来看，这也反映了股权架构本身与上述主体之间存在的广泛、密切的联系。

一个公司的股权架构设计不能仅从一个维度去考虑，而应当兼顾公司内外部不同的影响因素，平衡诸多利益主体，使公司内外部发展相协调。本节总结了目前实务中影响股权架构设计和调整的六种主要因素，包括控制权因素、利益平衡因素、公司发展目标因素、管理方式因素、股权激励因素及资本运作因素，并介绍了上述因素与股权架构之间的相互关系。需要注意的是，对于不同公司而言，以下考量因素的重要性并非等同的，每个公司可能根据自身发展所需，更侧重其中的某一个或者某几个因素。

一、控制权因素

（一）控制权因素简介

控制权，是指对公司决策拥有的直接或间接的支配力和影响力，包含对公司的长期经营战略、日常经营管理、人事组织安排、公司的投融资、并购、与外部合作等各个方面的控制。公司的控制权可以通过股东会表决权、董事会表决权、公司的组织人事安排等方式实现。公司控制权的真正价值是平衡地维护各方主体的现实利益和合理的期望利益。无论是对单一公司而言，还是对拟上市公司、集团公司而言，公司控制权的稳定始终是股权架构设计时的主要考量因素。保持和维护创始人团队或控股股东对公司的控制权，多数情况下是股权架构设计和调整的首要考量因素。公司股东之间发生的"内斗"，很多情况下也是出于争夺公司控制权而发生的。公司治理的核心是通过制度保障公司控制权的正当行使，均衡股东之间的利益，建立股东之间的信任基础，提高公司运行的效率。

（二）控制权与公司股权架构设计的关系

1. 持股比例是公司控制权的首要基础

股权是股东以相应资产出资后在公司所有权方面的体现形式，即股东以货币形式或者非货币形式出资，相关的财产性权益（主要包括出资物的所有权及特定出资物的使用权）转移至公司名下，取而代之的是股东获得公司的股权，进而可以获得目标公司相应的决策权、管理权等。因此，判断控制权的首要因素就是各股东所持有的股权比例。

在公司章程对表决权的行使方式没有特别约定的情况下，持股比例达到1/2以上可视为拥有公司的相对控制权，持股达到2/3以上视为拥有公司的绝对控制权。在本分册第二章介绍特定持股比例的法律含义时将提到，67%（与上述"2/3以上"相对应）的持股比例为绝对控制线，意味着该股东对公司的绝大部分经营事务享有最终决策权；51%（与上述"1/2以上"相对应）的持股比例则为相对控制线，意味着该股东对于公司重大事项表决（如修改公司章程、增加或者减少注册资本，以及公司合并、分立、解散或者变更公司形式等）之外的其他事务享有最终决策权。当公司规模持续扩大直至上市时，外部资本大量涌入，控股股东或者实际控制人往往不再需要51%甚至67%的持股比例就可以实际控制公司。对于上市公司而言，股东可以实际支配上市公司表决权超过30%的，就视为拥有上市公司控制权。本分册第二章至第四章在对不同形式的公司股权架构设计进行分别介绍时，将详细论述公司控制权因素与股权架构设计之间的密切关系。

2. 其他调整控制权的设计工具

当公司发展到一定规模时，除了单纯凭借持股比例获得控制权之外，各种复杂的股权设计工具成为获得和维持公司控制权的另一种主要途径，如委托投票制度、一致行动人协议制度、AB股制度等。这些设计工具可以在不变动股东实际持股比例的情形下调整公司的控制权，因此可以作为股权架构间接调整的工具来应用。这些工具的本质是在不变动现有股权架构和持股比例的基础上，间接改变股权架构的某些实质内容，实现股权架构动态调整效果的调整方式。在这种情形下，仅从持股比例上来看，公司股权架构虽处于相对稳定的状态，但公司内部的控制权可能早已发生部分甚至全部的改变。

在实践中，如果公司股东想要通过不变更持股比例的方式达到控制权调整的效果，可以考虑上述股权设计工具。特别是对于大型集团公司或者拟上市公司、上市公司而言，由于持股比例的变动牵涉面较广，往往不宜轻易变动，或者公司股权本身估值较高，采用扩大持股比例的方式获取或稳定公司控制权的手段明显不足，上述控制权集中工具就能发挥其独特的作用。相关内容可以参照本分册第三章、第四章对拟上市公司和集团公司股权架构设计的论述，进一步了解常见的股权设计工具及其对公司控制权的重大作用。

二、利益平衡因素

（一）利益平衡因素简介

在进行股权架构的设计和调整时，对各方利益的平衡实则体现了在股权方面对“人性”的合理考量，以及在此基础之上对各股东所代表的经营能力、资金、人脉及其他社会资源的充分调动与利用。总的来看，公司的利益相关者包括创始股东、投资方、管理层、公司员工、上下游客户等，其中利害关系最大者便是股东。不同股东对持有股权有不同程度的期望和要求，如有的股东追求公司支配权力、有的股东追求名誉、有的股东追求利润分配等。如何在公司经营过程中平衡各股东的需求与目标，使其自身价值得以实现，投资目的得以达成，则需要公司搭建完善的股权架构。良好的股权架构可以平衡地维护各相关主体的现实利益和合理的期望利益。

（二）利益平衡与公司股权架构设计的关系

为了实现各股东之间的利益平衡，使股权架构更加符合“人性”的要求，充分激发各股东的积极性和创造性，公司股权架构设计不仅应该在某一静态阶段实现利益平衡，也要针对公司不同的发展阶段及各股东在不同阶段的贡献程度、目标价值等建立一套切实可行的股权架构动态调整机制。

1. 静态设计

公司股权架构在某一特定时间段，各股东的持股比例处于相对稳定的“静态阶段”。公司根据自身发展阶段的不同，结合不同的发展目标对公司股权架构进行设计时，应该使各股东对公司的贡献程度及其重要性与股东的持股比例相匹配。对于公司而言，资金是公司存续和发展的命脉，因此出资比例较高的股东理应获得更高的持股比例；但是，对于特殊的技术导向型、智力资源导向型的公司而言，持有特定核心技术或者智力资源的股东的重要性往往更加凸显，因此应给予此类股东相对较高的持股比例。

除了股东的重要性和贡献程度之外，股东持股的不同出发点和目标也是利益平衡的重要考虑方面。不同的出发点决定了该股东日后在公司发展过程中所扮演的角色以及其愿意为公司贡献的时间与精力。对于那些本身具备专业的经营管理才能，又倾向于控制公司日常经营的股东而言，应综合考虑其出资比例及其对公司的重要程度，必要时确定较高的持股比例以使其获得对公司的控制权；对于那些单纯追求分红和价差收益的投资型股东而言，其对公司日后的战略发展及经营决策并不过多关注，其股权分配比例不宜过高，必要时可以采取降低持股比例但增加分红比例或其他经济补偿的方式来平衡该类股东的利益分配。对此可以参照本分册第二章中对不同股权架构模型及其适用情形和优缺点的介绍。

2. 动态调整

利益平衡并不是一蹴而就的事情，而是贯穿于公司股权架构设计与调整的全过程。公司发展阶段不同，每位股东在公司的作用也会不同，相应地，股权架构也不宜一成不变，应留有余地，预留股权以及构建股权分期成熟机制是有效的解决之道。实务中，可以根据每位股东的优势，考量股东的资金、管理能力、技术、智力、个人品牌等资源，预留股权；在公司成长的不同阶段，既可以根据股东的不同贡献适时进行股权的调整，也可以对股东所持的股权设定成熟期，成熟后的股权可以正常行权，但在成熟前就离开公司的股东则必须遵循事先约定的定价机制转让给公司或特定人员。在公司未提前预设股权动态调整机制的情况下，可通过后期协商的方式达成调整方案。具体的调整方式也不仅局限于对持股比例和持股模式的直接调整，还包括间接调整、隐性调整等方式，具体参见本分册第五章关于股权架构动态调整的归纳总结，此处不再赘述。

三、公司发展目标因素

（一）公司发展目标因素简介

公司的发展目标包括公司创立伊始每位创始股东对公司的定位及其对公司发展前景的预判，即总体性、宏观性的目标，也包括公司在创业期、成长期、成熟期、纾困期等不同阶段的阶段性目标。同样，针对不同的发展目标，公司的股权架构也各有不同。公司发展目标是股权架构设计需要考虑的重要因素。

（二）公司发展目标与公司股权架构设计的关系

对于处在不同阶段的公司而言，其股权架构设计与发展目标相呼应的方式及侧重点不同。概括来说，对于创业期的公司而言，股权价值通常不高，公司能否在复杂的商业环境中存活下来是这类公司首先要考虑的发展目标。这类公司在股权架构设计时一般不会搭建过于复杂的股权架构，多采用简单的自然人直接持股模式，由创业者直接持有公司股权。同时，为了方便公司效率决策，创业期的公司往往会存在一位能够“一锤定音”的控股股东，以保障公司创业期的稳定发展。对于那些创立初始就确定集团化发展战略从而按照纵向金字塔结构搭建控股架构的母子公司而言，需要综合考虑母子公司控制权与自主权的分配关系，并在此基础上合理设计母公司的持股形式，根据子公司的不同功能与定位确定全资、控股、参股等不同股权架构。当然，这种股权架构搭建思路也适合那些从单一公司向集团化发展转换的公司。对于那些经营前期需要大量资金投入的公司而言，其股权架构设计和调整需要符合多轮融资的需求，一般不会采用自然人直接持股的方式，而是选择搭建以有限责任公司或者有限合伙企业为组织形式的持股平台，为后续融资增加更多的股权释放空间，也便于从持股平台层面直接引入新的股东。对于拟上市公司，其股权架构在横向和纵向上需要根据具体需要不断扩展和延伸，也要满足证监会对拟上市公司股权方面的特别规制与要求。对于拟在全国范围内拓展业务的公司，可能会采取总、分的架构；对于多个产业需要投资的公司，可能会采取设立控股或参股子公司的架构。

同时，鉴于不同的发展目标之下公司对不同资源需求的迫切程度不一样，某一特定阶段公司所急需或紧缺的资源类型也会直接影响公司股权架构的设计。例如，如果公司希望借助外部人力资源谋求快速发展，或者希望借助核心技术实现公司转型，则需要相应在股权架构中提高人力资本和技术类股东的股权比例。至于如何确定合适的股权比例，要综合考虑人力资本拥有者或者技术类股东在公司中的价值、资源的可替代性等多方面要素。

四、管理方式因素

（一）管理方式因素简介

广义的管理方式包括公司股东是否选择直接参与公司经营管理（公司所有权与经营权是否分离）和公司内部经营决策的运行模式等。公司的股东并不必然是公司的经营管理者，有的公司可能采用引入职业经理人的方式分担部分甚至全部的经营管理职责。具体到公司内部经营决策的运行模式上，公司是否建立完善的法人治理结构及分权制衡模式等也会直接影响公司的管理方式。

（二）公司管理方式与公司股权架构设计的关系

公司管理方式对其股权架构的设计和调整均有重要影响。多数公司在成立初期，都要先解决公司的生存问题，为了迅速提升业绩，提高公司决策效率非常重要，故公司多采取较为简单的股权架构，自然人持股较为普遍，公司股东兼任公司“董监高”，所有权和经营权的归属基本重合。随着不断向前发展，公司开始涉足多个领域，公司架构逐渐开始横向和纵向扩展、延伸，公司的所有权和经营权开始分离，如何既保证创始人的控制权，又保证公司决策效率，发挥高管团队的能动性，成为公司股权架构调整的主要考量因素。不同的管理方式，直接影响公司股权架构的设计和调整。规模较大的集团公司，集团内部往往分成若干板块，每个板块成立一个核心公司，核心公司通过投资、并购等方式，控股、参股多个三级、四级子公司，公司股权架构复杂，时间长了可能导致整个集团公司机构庞杂、管理成本上升、效率低下。为解决此问题，很多公司开始推行扁平化管理，通过下属公司的合并、重组等，缩减集团公司和子公司之间的管理层次，提高公司运营效率。

五、股权激励因素

（一）股权激励因素简介

现代公司所有权与经营权的分离导致了“委托—代理”问题的出现，而经营者较所有者在信息方面具有优势。这种信息不对称使所有者为了维护自身的利益需要通过一系列措施来控制、监督、激励经营者，股权激励就是其中的一种有力措施。通过这种方式可以使激励对象利益与公司利益、股东利益趋于一致，与所有者共享利润、共担风险，以减少管理者的短期行为。另外，公司的运营和发展需要依靠人才，投资方投资时的一个主要考量因素是公司的人才和核心管理及技术团队，因此人才作为公司的重要资源，无论于公司本身还是于外部投资方而言，都是非常重要的。想要引进、留住和激励核心人才，股权激励是可选之道。特别是高成长行业内公司和高速发展期的公司，股权对人才的吸引力非常大。股权激励就是通过向公司员工授予股权的方式，来解决引进人才、留住核心员工、发挥员工潜能、减少代理成本等问题。

（二）股权激励与公司股权架构设计的关系

员工通过股权激励的方式获得公司股权，主要通过两种方式持有：可以自然人的身份直接持有公司股权，也可通过持股平台间接持有公司股权。持股平台可以是有限责任公司，也可以是有限合伙企业。在公司设立初期，由于员工总数较少、股权结构简单，搭建持股平台的价值并不明显。但随着公司不断发展，管理的复杂程度不断提升，当参与股权激励计划的员工达到一定数量，激励总量也达到一定规模时，搭建持股平台就会显现出显著优势。在具体落实股权激励方式时，除授予员工实股外，虚实结合、与岗位和业绩挂钩的期股、期权、虚拟股、仅享有分红权的股权等均为可选方案。

为了方便在后来的发展成熟期更好地引入人才、留住人才，公司在设立之初可以通过预留股权的方式，为后期实施员工股权激励政策解决股权来源的问题。同时，预留股权也能为公司引入其他合作伙伴或者进行股权融资等留下空间，可以避免在引入新股东时原股东的股权被过分稀释，从而失去对公司的控制权。预留的这部分股权一般由创始人（大股东）代持，或者由持股平台代持。在公司创业时没有预留股权的公司，在实施股权激励时要根据需要对公司的股权架构进行调整。股权激励的实施涉及多个方面，不仅包括激励对象的确定，还包括具体激励方案及退出方式的制订等。股权激励具体如何操作，可以参考本书的股权激励分册。

六、资本运作因素

（一）资本运作因素简介

资本是公司发展的命脉，也是公司持续扩大经营规模、完善产业结构的基础性生产要素。此“资本运作”，是指除去各创始股东在公司设立时的原始出资之外的投融资行为，即公司在持续发展的过程中对外并购、新设公司等以及对各类新股东的接纳、对其他各种社会性资本的吸纳。公司的资本运作必然会对公司的股权架构产生一定影响，最典型也是最直接的就是公司进入集团化发展阶段，或者公司原股东需要释放一定的股权来为新股东的加入留下空间。另外，需要特别注意的是，社会资本进入公司之后，作为公司股东，投资者会推动公司现代化公司制度的建设和治理结构的完善。因此，资本运作对于公司而言不仅意味着更深刻的发展动力，往往也会给公司的经营管理和日常决策带来相应影响。

（二）资本运作与公司股权架构设计的关系

在市场经济条件下，公司的资本运作主要体现在公司的对外投资和对外融资方面。

1. 对外投资中的体现

就对外投资而言，公司可以通过新设公司以及收购、并购等方式，完善公司的产业链，扩大经营规模，获得规模性效益。公司对外投资的最直接结果就是走上集团化发展的道理，在纵向层面拉长公司股权架构，形成金字塔形的层层控制的集团公司股权架构。不同的投资领域对于公司的重要性也是不同的，因此公司根据实际情况和投资目的所新设或兼并子公司的类型也是不同的，主要包括全资、控股和参股等类型。对此可以参照本分册第四章对集团公司股权架构的介绍。

2. 对外融资中的体现

就对外融资而言，公司股权是常用的融资工具。随着公司业务的扩张和规模的扩大，创始股东需要对接投资机构和资本市场，不断地稀释股权融来资金。创始股东在分配股权时，可以根据未来某个时间段内公司的融资计划，先预留出一部分股权放入股权池以便用于后续融资。多数公司在设立时可能未把资本运作因素纳入股权架构设计的主要考量因素。待公司取得一定业绩或市场地位后，谋求上市开始成为很多公司的梦想。投资人在投资前均会对公司股权架构进行考察，并对股权架构调整提出要求和建议。投资人进入公司后，也会对参与公司管理提出一定要求，或者提出有利于保证其投资安全的各项要求和安排。资本运作因素成为拟融资或拟上市公司不断调整股权架构的重要推手。总的来说，股权融资能够提供公司发展所必需的资本，促进公司的快速发展与扩张，同时，股权融资有助于改善企业的股权结构，提升公司的治理水平，促进公司的合规化建设。有关股权融资的具体操作，可以参考本书的股权融资分册。

第三节

公司股权架构的典型模式

实务中，真实存在的公司股权架构模式多种多样，本分册按照股东持有股权的方式，总结出直接持股模式、间接持股模式、交叉持股模式这三种典型模式。在这三种模式中，根据持股主体、持股平台等的不同，又可以进一步细化分类。

在直接持股模式中，根据持股主体的不同类型可以划分为自然人直接持股和其他法人主体直接持股，此处的“其他法人主体”，主要是指根据特殊法律规定行使出资义务并享有股东权利的法人主体，如国务院国有资产监督管理委员会及地方各级国有资产监督管理委员会、财政部及地方各级财政机构、全国社会保障基金理事会及各省市社保基金理事会以及实践中合法注册并存续的各类基金会等法人主体，均可以作为直接持股的主体。

在间接持股模式中，按持股主体的不同类型也可以划分为自然人间接持股和其他法人主体间接持股，此处的法人主体与上述直接持股模式下的法人主体相同，此处不再赘述。从概念上来看，间接持股模式，是指包括自然人和上述特殊法人在内的持股主体通过某一个或某几个持股平台间接持有目标公司股权的持股模式。因此，除了持股主体的不同类型，间接持股模式下还涉及持股平台的不同，常见的持股平台主要有持股公司和有限合伙企业，还包括信托公司、私募股权基金、资管计划等。相较于直接持股模式而言，间接持股模式涉及的要素更多，因此会衍生出更为复杂的持股模式，除了借助持股平台进行“单层单链式”持股，还可以通过“直接+间接持股组合模式”“多层单链持股组合模式”“多层多链持股组合模式”等完成对目标公司更复杂的间接持股操作。这些组合模式均属于间接持股的范畴，各具特点及适用场景。故本节除了以单层单链式的间接持股模式为例做基础介绍外，也会对上述其他更为复杂的组合式间接持股模式进行介绍。

除了直接持股模式、间接持股模式，交叉持股模式也是常见的持股类型。与直接持股和间接持股不同，交叉持股特指公司之间互相持股的情况，一般情况下自然人及前述特殊法人主体等不会成为交叉持股的持股主体。我国禁止上市公司及特定领域的公司（如证券类、银行类、保险类公司等）交叉持股，其目的在于规范金融市场秩序，保护中小投资者利益。但对于一般的公司，并没有对交叉持股的禁止性规定，这为交叉持股模式的设计留下了操作空间。本节将介绍公司之间的单纯交叉持股、环状型交叉持股、网状型交叉持股、Y 状型交叉持股以及 Y 型之变形交叉持股 5 种具体的交叉持股类型。

一、直接持股模式

如前所述，直接持股模式主要包括自然人直接持股和其他法人主体直接持股。其他法人主体直接持股的情况下，除了遵守公司法的相关规定，还需要遵守相关特定领域的立法，如在国务院国有资产监督管理委员会及地方各级国有资产监督管理委员会持股的情况下，还需要遵守《企业国有资产法》[1]《国有资产评估管理办法》《企业国有资产监督管理暂行条例》等规定，这一点需要关注。鉴于不同持股主体直接持股模式具有一定的共通性，为便于论述，下文以自然人直接持股为例对直接持股模式展开论述。

一般而言，在自然人直接持股架构中，自然人股东均直接持有公司股权。直接持股模式的股权架构示意如图 1-1 所示。

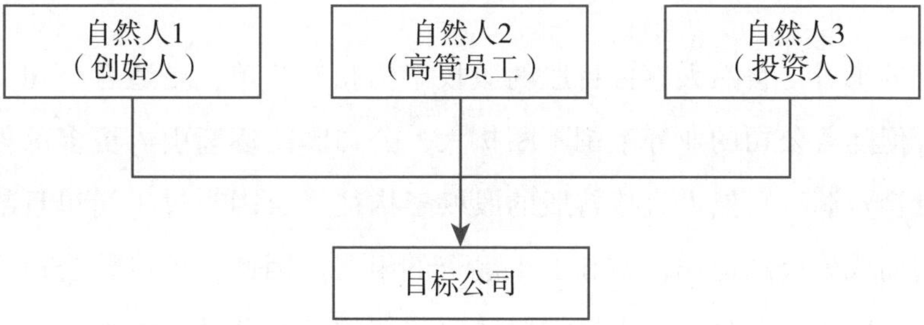

图 1-1　自然人直接持股架构

自然人直接持股的股权架构十分简单明了，搭建不用耗费过多精力，并且在税收上较有限合伙、有限公司等持股平台架构具有优势。在自然人直接持股的股权架构下，持有人套现时个税政策明确，且套现时免收增值税。根据税法的规定，个人转让限售股，以每次限售股转让收入减除股票原值和合理税费后的余额为应纳税所得额，税率为 20%。而且，个人在减持上市公司的股票时免收增值税。

虽然自然人股东直接持股有诸多优点，但是这种股权架构的缺点也十分明显，即缺乏利用股权杠杆的空间。股权杠杆，是指通过一系列公司的股权安排，用较小的资金达到控制巨额资金的方法。想要把企业持续做大，就必然需要融资，不断地引入新的资金。随着资金的进入，控股股东

[1] 为方便阅读，本书中法律、法规均使用简称。

的股权也在不断地被稀释，自然人直接持股的股权架构则关闭了设计股权杠杆的空间。股东的控制权大小一般只能依据出资比例来确定，使控股股东控制公司的成本随着公司规模的扩大而逐渐增加，最终会面临控制权丧失的风险。而且，自然人直接持股对于长期持股股东来说税负较高，即使股东以分红再投资，每次取得分红也需要缴纳个人所得税。被投资公司以未分配利润、盈余公积、资本公积转增股本，自然人股东均需缴纳个人所得税。

总的来看，自然人直接持股的股权架构相对简单，更适合公司的初创时期，但随着公司的业务范围不断扩大，公司需要逐渐引入更多的外部资金和社会资源，自然人直接持股的股权架构往往会因为过于简单且缺乏操作空间而成为公司运作资本和上市融资的阻碍。因此，可以等公司商业模式渐趋成熟时，对自然人直接持股的股权架构进行调整，将部分直接持股架构调整为通过持股平台间接持股。

二、间接持股模式

如前所述，间接持股模式可以划分为单层单链式间接持股和其他组合式间接持股模式。前者根据持股平台的不同可以进一步细化为通过持股公司持股、通过有限合伙企业持股、通过工会持股、通过信托公司持股、通过私募股权基金和资管计划持股五种模式，后者根据组合方式不同可以进一步细化为“直接+间接持股”“多层单链持股”“多层多链持股”三种组合持股模式。需要说明的是，与直接持股模式相同，间接持股模式穿透后最终的持股主体除自然人之外，也包括根据特殊法律规定行使出资义务、享有股东权利的其他法人主体，这类法人主体的范畴和在适用法律方面的特殊性等与前述直接持股模式基本一致，此处不再重复说明。为便于论述，下文仍以自然人作为持股主体的间接持股模式为例进行介绍。

（一）单层单链间接持股的五种模式

单层单链式间接持股架构，是指在持股主体（此处的持股主体是指股权穿透后最终持股的主体，包括自然人和其他法人主体）与目标公司之间搭建一层持股平台，形成“持股主体→持股平台→目标公司”的股权架构模式。以自然人间接持股架构为例，根据持股平台的不同，大致可分为以下五种模式。

1. 自然人通过持股公司持股

自然人通过持股公司间接持股的股权架构相当于在目标公司之上设立母公司，纵向上形成母子公司的持股关系（见图 1-2），本分册第四章提到的金字塔形架构就是在此基础上搭建而成的。

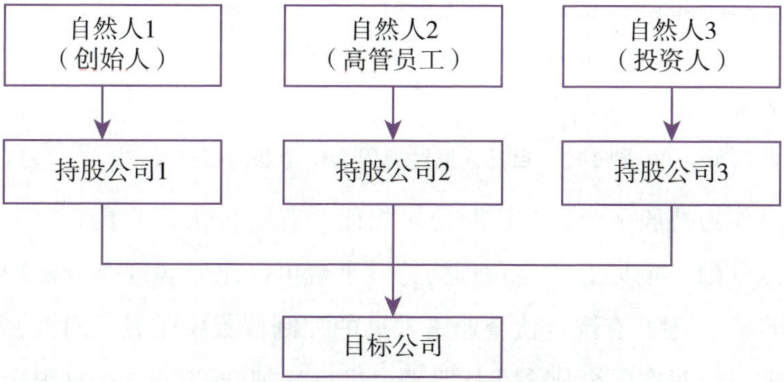

图 1-2　自然人通过持股公司间接持股

设立持股公司为后续股权杠杆的操作留下了空间，同时方便目标公司在持股公司层面进行资本运作。但是，相较于前述提到的自然人直接持股，自然人通过持股公司间接持股存在持股公司缴纳企业所得税和自然人缴纳个人所得税两道税负，因此并不适合未来有明确套现目的的财务投资人。

2. 自然人通过有限合伙企业持股

在有限合伙企业间接持股架构中，自然人股东不是直接持股目标公司，而是先搭建有限合伙企业作为持股平台，再间接持有目标公司（见图 1–3）。

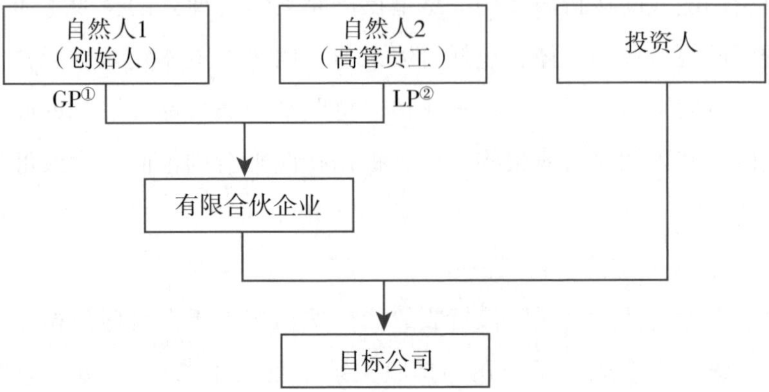

①GP（general partner），一般合伙人，是指给有资本的投资者管钱的人，也可自己有钱投入也参与管理的。

②LP（limited partner），有限合伙人，是指有资本的人，投资者，不参与投资管理活动。

图 1–3　自然人通过有限合伙企业间接持股

同是作为持股平台，与持股公司相比，有限合伙企业具有以下两个明显的优点：（1）有限合伙企业作为持股平台可以充分实现企业治理结构的“钱权分离”，因此有限合伙企业是常见的控制权集中工具。对此，本分册将在第四章中对有限合伙企业持股平台进行详细介绍。（2）有限合伙企业作为持股平台可以充分发挥纳税上的节税效应。在我国，合伙企业属于纳税透明体，该层面不征收企业所得税，仅由合伙人缴纳一次所得税，按照地区的不同，适用 20% 的个人所得税或 3%~35% 的超额累进税率。基于对降低税负方面的考虑，实践中非常多的公司股东选择采用有限合伙企业为持股平台。此外，一些有限合伙企业还会在企业推出员工股权激励计划之后自然而然地肩负起代持股的“股权池”的作用，对此可以详见本分册第三章对员工股权激励的介绍。

基于有限合伙企业的上述优势，利用有限合伙企业作为持股平台的情形更为普遍，故本分册对其进行更加详细的介绍。

根据公司创始人在有限合伙企业的“参与度”不同，有限合伙企业可以细分为公司创始人与有限合伙企业没有关联的类型、公司创始人与单一有限合伙企业关联的类型、公司创始人与多个有限合伙企业关联的类型三种类型。提示读者注意的是，本节所述的“公司创始人”也可以替换为公司的控股股东、实际控制人等可以主导公司股权架构设计与调整的持股主体。为论述方便，统一采用公司创始人的概念。

（1）公司创始人与有限合伙企业没有关联的类型。这种类型的公司创始人仅是公司的股东之一，其与作为其他股东的有限合伙企业没有任何关联关系（见图 1-4）。通常采用这种类型设立的有限合伙企业是为了引入财务投资人，且该财务投资人对有限合伙企业的投票权和公司的经营管理权有参与要求，不想让渡给公司创始人。

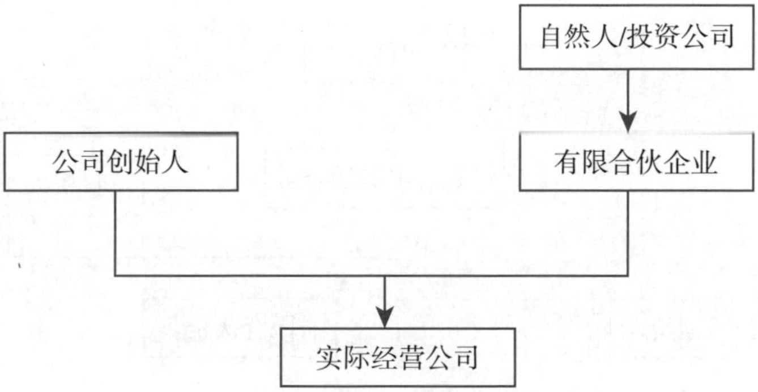

图 1-4 公司创始人与有限合伙企业没有关联

（2）公司创始人与单一有限合伙企业关联的类型。公司创始人既可以以自然人的身份作为有限合伙企业的普通合伙人（见图 1-5），也可以设立一人有限责任公司作为有限合伙企业的普通合伙人（见图 1-6），这种模式下的间接持股实为后文将详述的“多层单链式”间接持股。在普通合伙人税负方面，两种类型有所不同。创始人以自然人身份作为普通合伙人的，在纳税时只缴纳个人所得税，利于变现；创始人设立一人有限责任公司作为有限合伙企业的普通合伙人的，公司需缴纳企业所得税。对愿意长期持股的企业家来说，用一人有限责任公司作为普通合伙人，可以将一人有限公司培育成为具有财富传承功能的钱包公司。

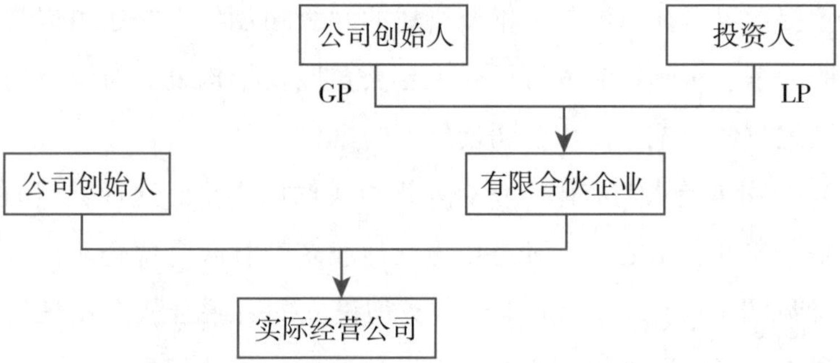

图 1-5　公司创始人（自然人模式）与单一有限合伙企业关联的类型

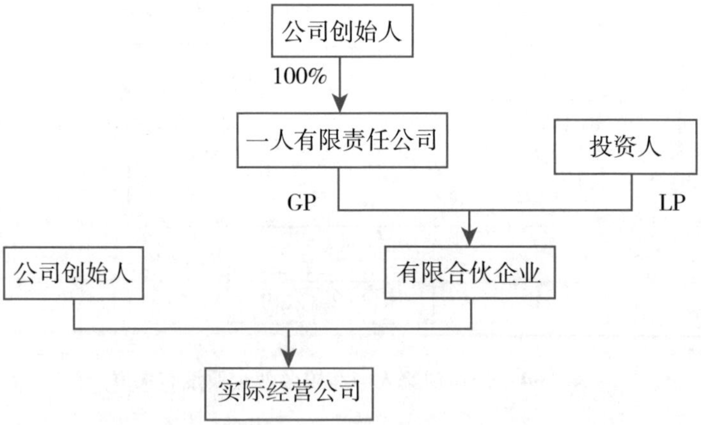

图 1-6　公司创始人（一人有限责任公司模式）与单一有限合伙企业关联的类型

（3）公司创始人与多个有限合伙企业关联的类型。此处仅介绍创始人关联一层有限合伙企业模式（见图 1-7）。这种类型最显著的好处是方便不同情形的有限合伙人进入和退出。公司在经营的过程中人员不会一成不变，总会出现新合伙人进入和老合伙人退出的情形。新人的入股退股和老人的入股退股在价格和条件上可能有所不同，存在多个有限合伙企业时就可以制定多个入伙退伙规则，不同类型的合伙人可以分别作为不同合伙企业的有限合伙人。该模式可以根据需要变为后文所述的多层多链式间接持股模式。我国现行法律对设立多少层级的有限合伙企业没有限制，理论上可以有无限层级，如何设置取决于创始人的个人影响力和创始人想要形成何种程度的控制。

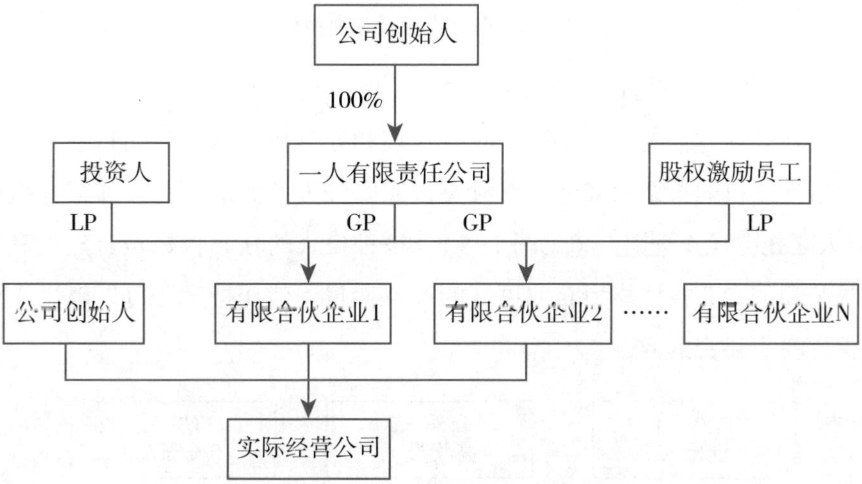

图 1-7　公司创始人与多个有限合伙企业关联的类型

3. 自然人通过工会持股

工会是依据《工会法》设立的法人组织，具有法人地位，在公司员工较多，又要赋予部分员工股东分红权的时候，通过工会持股能够很好地解决股东超过 50 人的法律限制问题（见图 1-8）。华为公司当初采取的工会持股就是这种模式的实践体现。目前，因受法律规定限制，除了因历史原因存在的公司员工通过工会持股的情形外，该种持股形式很少继续采用，基本上已被通过有限合伙企业持股等方式取代。

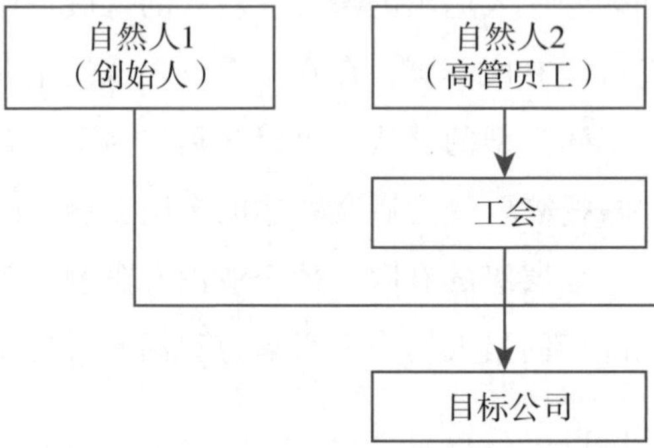

图 1-8　自然人通过工会持股

4. 自然人通过信托公司持股

自然人通过信托公司持股，股权管理和处分权由信托公司行使，信托公司行使股权的投票权和处分权时要按照委托人的意愿进行，即信托机构"受人之托，代人理财"（见图 1-9）。该种模式的核心目标是自然人利用信托公司的专业投资能力获取更高的投资回报。信托持股还可以解决出资人保守身份秘密的问题。

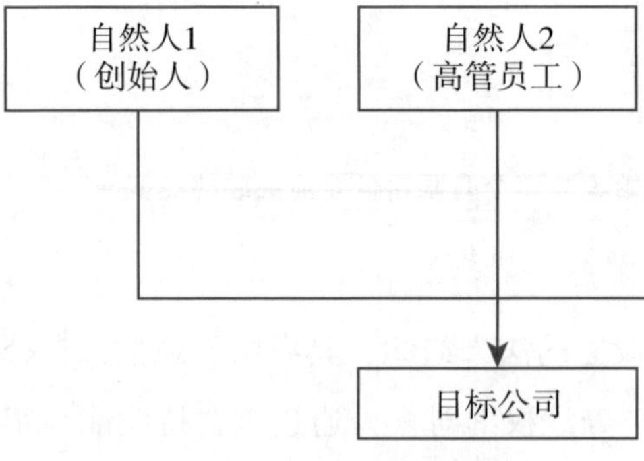

图 1-9　自然人通过信托公司持股

5. 自然人通过私募股权基金、资产管理计划持股

私募股权基金，是指以非公开方式向特定投资方募集资金，并以公司股权作为投资对象的投资基金。资产管理计划是指由专业基金公司或者证券公司进行管理的一类资产产品，该类资产产品主要用于投资公司股权类的资产权益。该两种持股方式多用于股权融资，在不增加公司负债的情况下给公司带来所需资金（见图1-10）。因为有专业的管理人，且投资方多为资深的企业家和投资专家，还可能给公司带来成功的管理经验、先进的管理技术、优质的产品原料、多元的销售市场、稳定的销售渠道、广泛的客户群以及其他所需的专业知识和技能，其比较受融资方欢迎。和通过信托公司持股类似，自然人希望利用私募基金或者证券公司的专业投资能力获取更高的投资回报，还可以解决出资人保守身份秘密的问题。

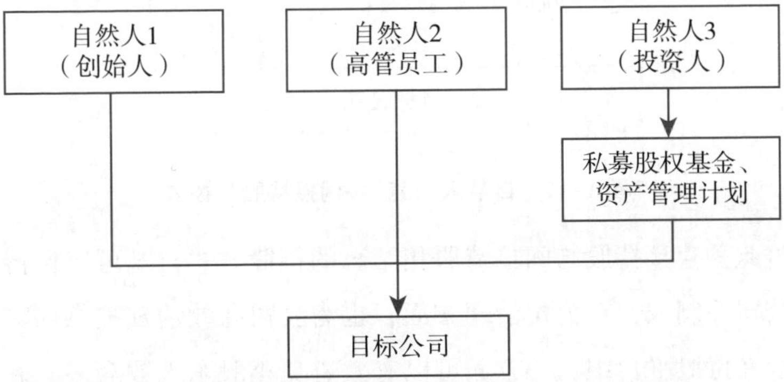

图1-10　自然人通过私募股权基金、资产管理计划持股

（二）其他组合式间接持股模式

除了前述自然人借助持股平台进行间接持股的五种模式外，以“直接+间接持股”“多层单链持股”“多层多链持股”等组合模式完成对目标公司间接持股的操作也比较常见。组合式间接持股类型可以更好地发挥股权杠杆的作用，在保护股东控制权的同时促进公司治理科学、高效，有效

避免控股股东、实际控制人在目标公司的股权被稀释，还可以起风险隔离的作用。

1. “直接+间接持股”模式

自然人通过直接持股与间接持股相结合的形式，即自然人股东可以直接持有目标公司一定比例的股权，同时通过实际控制另一有限合伙企业或有限责任公司这一持股平台持有目标公司一定比例的股权，从而达到实际控制目标公司的目的（见图1-11）。

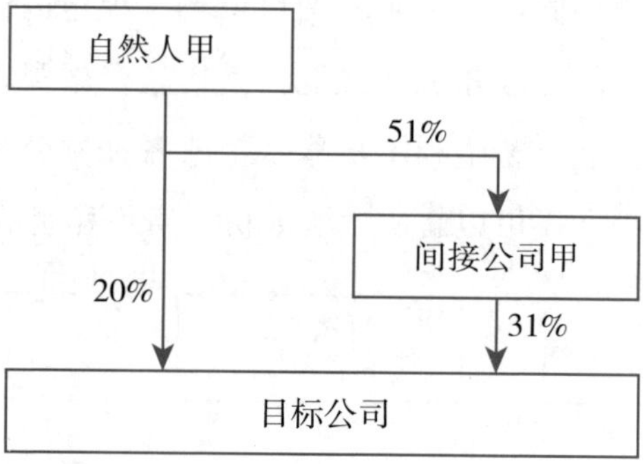

图1-11　自然人“直接+间接持股”模式

通过此种直接持股与间接持股相结合的持股方式，既可以保持公司创始人对公司控制权，在公司治理方面，也为公司高效治理提供保障。将小股东整合在持股平台中，一方面可以有效避免小股东人数众多、表决混乱的情况；另一方面有助于摆脱复杂的程序性事务，提高公司的决策效率——如在召集股东会时只需要通知持股平台，无须再对全体股东逐一通知，从而避免在召集程序上浪费大量时间或因程序瑕疵影响决议效力等情形。此种持股方式可使公司创始人实现在目标公司中直接以股东身份参与公司经营管理，以及适时出让股权套现的需求的同时，也可以吸引投资方或股权激励对象对间接持有目标公司股权的有限合伙企业或者有限责任公司出资，避免公司创始人在目标公司的股权被稀释。

2. 多层单链持股模式

多层单链持股模式，是指股东通过多层架构间接持有目标公司的股权，从上到下只有一个完整的链条。因为中间的层级可以不受限制，通过层级的叠加，以及下层公司不断增加公司的注册资本，放大到目标公司时，目标公司的注册资金可以增加很多倍，股东则可以仅认缴或实缴很少一部分注册资金，来实现对目标公司更大规模资金的控制，这与本分册第四章介绍的金字塔形结构是一致的。例如，在图 1-12 中，假设自然人甲有 100 万元资金，投入间接公司甲后，理论上能够实际控制该公司 196 万元资金，依此类推，控制间接公司乙 384 万元，到目标公司就可控制该公司 1478 万元资金，通过多层单链持股，设置三层间接公司后，股东甲可控制资金为其自有资金的近 15 倍。需要提示读者的是，新《公司法》增加了有限责任公司股东应当自公司成立之日起 5 年内缴足其认缴的出资额的规定，这对于通过设置多层单链持股模式以实现资本杠杆作用的情况在一定程度上会受到限制，具体体现在各链条层段上的股东出资均需在对应的

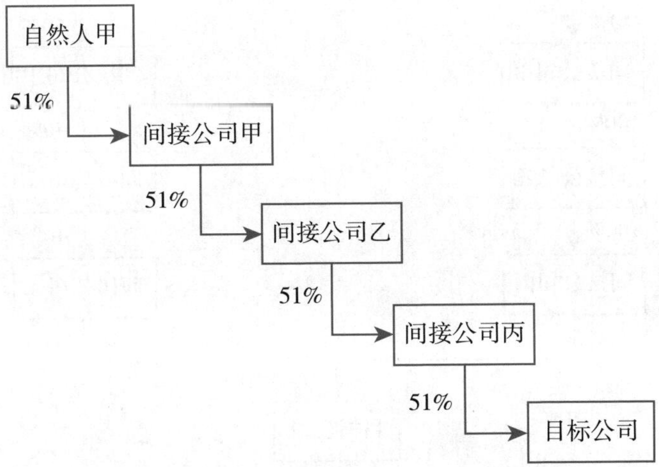

图 1-12　多层单链持股模式

5年期限内完成实缴，对于控股股东而言，期限利益缩短导致出资压力相较于此前增加，对于链条每层段上的其他股东而言，也同样面临实缴而带来的资金压力，故资金的杠杆作用相对削弱，但仍旧比单层持股更有利于控制公司。

3. 多层多链持股模式

多层多链持股模式，是指自然人通过多层架构，多链条对目标公司进行控制。如图1-13所示，自然人股东甲通过右侧链三层间接公司控制目标公司11.04%的股权，通过左侧链三层间接公司控制目标公司40%的股权，通过两条多层链条合计控制目标公司51.04%股权。多层多链持股形式比较复杂，在对某一间接公司的持股比例低于51%时，有可能导致控制权旁落。该种方式下可能需要借助一致行动人协议，表决权归集等方式达到对间接公司的控制。具体内容可以参照本分册第四章关于控股股东、实际控制人增强控制权方式的论述。

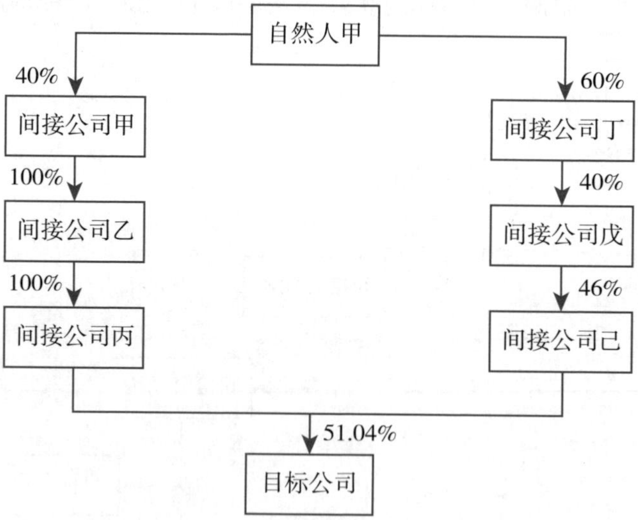

图1-13 多层多链持股模式

三、交叉持股模式

如前所述，交叉持股模式，是指公司之间相互持股的情况，与直接持股模式和间接持股模式相比，交叉持股模式较为特殊，也有其独特的积极效应和消极效应。

（一）交叉持股模式的积极效应和消极效应

交叉持股的积极效应在于：(1) 有利于进行多元化投资，降低融资成本，拓宽公司的融资渠道。公司在主营业务之外通过交叉持股方式进行股权投资，可实现通过其他公司的资产增值或者股价上涨实现自身盈利。(2) 可防止恶意收购，稳定公司经营权。公司之间交叉持股，可以降低股权的流动性，在恶意收购的情况下可以联合交叉持股的公司进行反收购来维护公司的稳定。(3) 有利于产业布局，加强公司间的联盟，发展规模经济。可以在公司之间形成技术、人事、销售、创新方面的策略联盟，形成联合协作优势。这种情形可以发生上下游之间，以达到资金、货物供应、销售网络的合作；也可以发生在水平方向，起到提升规模效应和公司竞争力的作用。公司之间拥有密切相关的利益和共同的愿景，资源也可以得到更有效的分配。(4) 对于周期性较强的行业，交叉持股也可以实现分散经营风险的目的。虽然一般的多元化经营也可以实现风险分散的目的，但是利用交叉持股分散风险的好处在于其无须实际支付出资，最为典型的就是双方通过换股的方式实现各自的多元化经营以减少行业周期性的风险。此种情形下交叉持股类似于一种保险机制，使公司免于一般性的商业风险和行业周期性风险。

交叉持股的消极效应在于：(1) 两个公司之间的交叉持股会导致资本虚增，因为事实上只是同一资金在两个公司之间来回流动，但每流动一次都会导致两个公司同时增加注册资本额，从而导致资本虚增。（2）股票类型分类时容易被人为操纵，股票类型的分类会对股价的变化产生很大的影响。（3）形成行业垄断，公司之间通过交叉持股可以建立联盟，维系彼此之间的生产、供销等关系，以强化竞争优势，但它也可能造成垄断联合，特别是在具有竞争关系的公司之间，利用交叉持股可能产生排挤其他竞争对手、牟取垄断利润的情况。此外，因交叉持股而形成的封闭的市场格局，也会造成资本市场并购机制无从发挥作用，使其具有的资源调配功能无法实现，继而无法对管理层形成外在压力，不利于其提升管理效率。（4）造成业绩虚假膨胀，危害证券市场交易秩序。有些公司交叉持股是为了增加股权的价值，利用其他公司的业绩实现自己的增值，但这种增值是没有实物资产支持的，会使投资方做出不准确的判断，从而影响交易秩序。（5）治理结构混乱以及助长内部人控制，易出现管理层职位的自我选任，管理层可能利用交叉持股架空股东的表决权。在母子公司交叉持股的情况下，母公司的董事会可以利用交叉持股轻松地将股东的表决权传导给自己，因此会形成事实上完全由母公司的董事会控制两家公司的局面。即便非母子公司之间的交叉持股，当相互持股在分散股权中占有较大比例时，双方董事会可能会串通一气，通过约定表决权行使的方式，直接将表决权授权给对方董事会行使，从而可能形成“千年”董事。（6）两个交叉持股公司的管理层可能为了一己私利进行一些内部操作，欺骗债权人和公司的股东，扩大管理层的利益，损害股东和债权人的利益。

当然，无论是积极效应还是消极效应，只是角度不同，是否采用还要取决于公司的具体需要。下面分别介绍单纯交叉持股、环状型交叉持股、网状型交叉持股、Y 状型交叉持股以及 Y 型之变形交叉持股 5 种具体的交叉持股类型。

（二）公司之间的单纯交叉持股

公司之间的单纯交叉持股是交叉持股中最基本、最简单的结构，即两公司相互持有对方公司的股权，接下来的交叉持股结构均由此为基础演变而来。

两个公司的股东通过公司之间的交叉持股，相互之间的利益牵连变得更加紧密，还可以达到以少控多的目的（见图 1-14）。下面通过例子来理解公司之间单纯交叉持股的作用。第一种是不使用交叉持股结构设立公司：公司甲向公司乙投资 100 万元，财务投资人向公司乙投资 200 万元，公司甲持股比例为 33.3%。第二种是使用交叉持股结构设立公司：公司甲向公司乙投资 300 万元，财务投资人向公司乙投资 200 万元，然后，公司乙把这 200 万元再投回公司甲，这样公司甲实际投资 100 万元，但在交叉持股完成后，公司乙注册资本为 500 万元，公司甲持股比例为 60%。这两种方案，公司甲同样都是实际投资 100 万元，但持股比例一个为 33.3%，另一个为 60%，对于公司甲而言，显然第二个方案更有利一些。

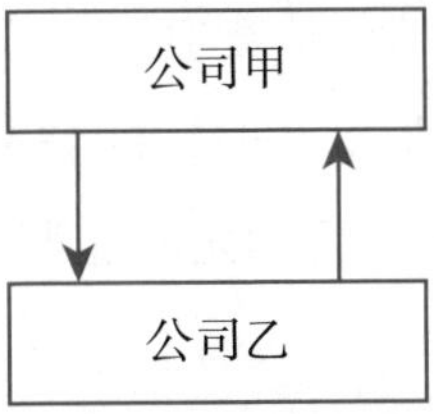

图 1-14　公司之间的单纯交叉持股

（三）公司之间的环状型交叉持股

公司之间的环状型交叉持股，交叉持股的公司可以是多个，如图 1-15 所示，甲、乙、丙、丁四个公司依次交叉持股，最终形成了封闭的环状结构。为了稳定业务关系，不少公司采用环形持股的方式相互持股。环状型交叉持股方式是日本在第二次世界大战后财阀公司为了稳定股份而采用的一种特殊的持股方式，例如日本六大财团的三菱、三井、住友、富士、三和、第一劝银的各成员公司之间均“以资本为纽带”构建环状型交叉持股架构。在六大财团中，各大成员公司之间不存在上下支配关系，而是依靠交叉持股和传统关系联结在一起形成松散联合体。

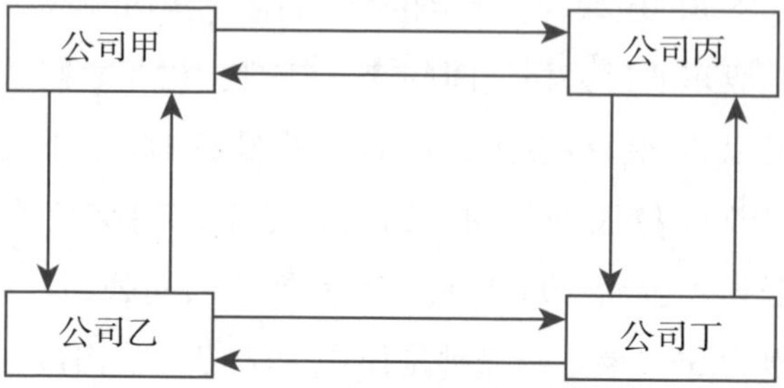

图 1-15　公司之间的环状型交叉持股

（四）公司之间的网状型交叉持股

与环状型交叉持股结构不同的是，网状型交叉持股结构中参与交叉持股的公司两两持股，也就是说，任何一家公司与其他公司之间均形成交叉持股的关系，并且在该结构下交叉持股的公司之间没有主次和从属关系，地位平等，从而形成了网状结构（见图 1-16）。公司之间的网状型交叉持股使“你中有我、我中有你”，股东之间也是如此，此种模式将更多股东通过利益捆绑在一起。

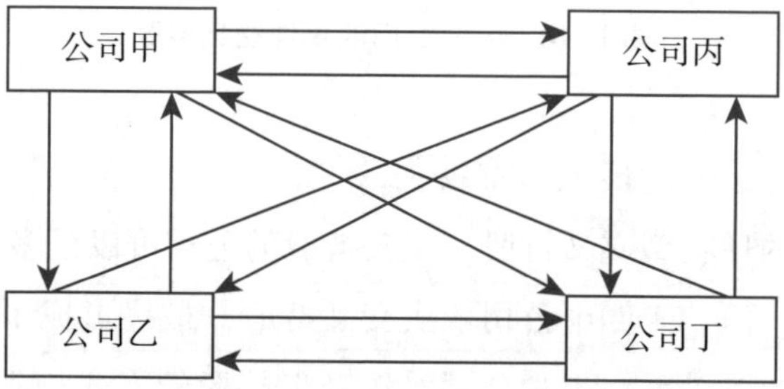

图 1-16　公司之间的网状型交叉持股

（五）公司之间的 Y 状型交叉持股

公司之间的 Y 状型交叉持股，也称为放射型交叉持股，该种类型的交叉持股通常以一家公司为核心，其他公司均与其交叉持股，但除核心公司之外的其他公司之间并无直接关联（见图 1-17）。

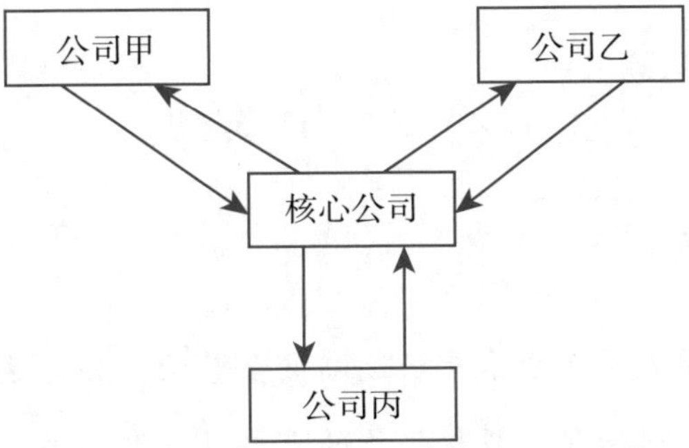

图 1-17　公司之间的 Y 状型交叉持股

（六）公司之间的 Y 型之变形交叉持股

Y 型之变形交叉持股，也称放射型之变形交叉持股，从整体交叉持股结构中可以看出核心公司的存在，但与 Y 状型交叉持股不同的是，甲、乙、丙、丁公司之间也有交叉持股发生（见图 1-18）。与网状型交叉持股方式相比，此种交叉持股由于有核心公司存在，各公司之间就有了控制、从属的关系，所以放射型之变形交叉持股也被称为纵向型交叉持股。

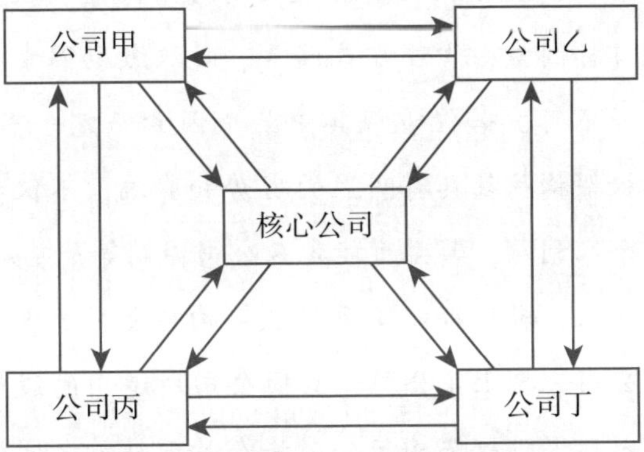

图 1-18　公司之间的 Y 型之变形交叉持股

本章小结

随着我国经济发展和资本市场逐渐健全繁荣，公司这一组织形式越来越占据市场主体统治地位，股权架构的重要性逐渐凸显。关于公司的股权架构，理论界与实务界有许多形象的比喻，如“地基”“血液”“骨架”等，虽然称谓多样，但都不约而同地反映了股权架构对公司及其他利益相关者的重要意义。本章帮助读者首先从宏观层面形象地感知股权这种无形财产，了解良好股权架构对公司的重大意义，并通过介绍影响股权架构设计和调整的主要因素，来向读者展示理解股权架构所必备的思维方式，即普遍联系的思维。

从普遍联系的思维出发，良好的股权架构一定是兼顾多方利益而设计或优化所得的结果。在设计和调整股权架构时，对控制权因素、利益平衡因素、公司发展目标因素、管理方式因素、股权激励因素及资本运作因素等因素的考量缺一不可，若仅重视其中某个因素而完全不考虑其他因素，最后所呈现的股权架构往往具有明显的劣势和弊端，不仅会影响公司整体发展，损害股东个人利益，甚至可能带来公司僵局等严重后果。

随着学习的深入，我们可以发现股权架构与公司规模及发展阶段之间的联系，如单一公司、拟上市公司、集团公司所适用的股权架构必然是不同的；我们也可以发现股权架构与公司法人治理结构之间的关系，如股权架构可以影响董事会、监事会人员的选任，而董事会、监事会又可以反作用于股权架构本身，实现对股权架构隐性调整的效果；我们还可以发现股权架构与公司凝聚力之间的关系，如根据各股东的重要性和贡献度合理分配股权，促进公司股东层的稳定，激发股东的创造性，或者通过股权激励的方式将股权有条件地授予员工能够极大调动员工的积极性，促进公司整体价值的提高……理解股权架构与其他诸多要素的普遍联系，是读者全面掌握股权架构的重要环节。

本章第三节总结了直接持股模式、间接持股模式、交叉持股模式这三种公司股权架构的典型模式。在这三种模式下又根据持股主体、持股平台等的不同，进一步做了细化分类介绍，这些都是具体掌握股权架构设计和调整技能的基础。本分册第二章至第四章将在普遍联系思维的指导下，帮助读者进一步了解单一公司、拟上市公司、集团公司的股权架构的设计和调整的理论知识和实操要点，使读者逐步构建关于股权架构的知识蓝图。

2 第二章

单一公司的股权架构

从公司法人治理结构产生的历史和逻辑来看，股权结构及各股东的持股比例始终是公司治理结构的重要组成部分，概括而言，股权架构设计的根本要求是符合公司的发展定位及战略规划，使公司内部控制、治理与外部经营活动相得益彰。

此外，鉴于公司的利益相关者数量众多，不同的利益对象对公司股权有着不同程度的期望和要求，股权架构需要满足多方的利益诉求，所以平衡各方利益也是关键。

公司在不同的发展阶段对于股权架构的需求是不同的。一般而言，公司的股权架构设计会随着公司的做大做强而日益精细化、复杂化，主要表现为从直接持股模式发展为通过持股平台间接持股模式或者直接持股与间接持股并存的混合型持股模式，在横向上扩张股权架构以及通过对外投资的方式成为其他公司股东、在纵向上延伸股权架构。查询目前国内外知名公司的股权架构，我们不难发现，现今一些大型公司的股权架构形同“天书”，让人眼花缭乱。

本章所言的“单一公司”与后文所言的“集团公司”相对，均从公司发展的最初阶段，也是股权架构搭建的最初阶段进行阐述。实践中，一家公司在步入集团化、规模化发展之前一般是从单一公司开始，经历艰难的创业期和发展期，再发展到公司逐渐引入和整合外部资源，扩大市场份额，步入相对稳定的盈利和扩张模式，形成集团化、规模化的发展态势。在此期间，公司的股权架构也一直处于动态调整的阶段，从简单化走向复杂化。

如果说股权架构的搭建是盖楼房，那么单一公司的股权架构就像楼房的地基。因此，对于创业者而言，在公司尚处于单一公司阶段时，股东就应该对公司股权架构设计的合理性保持高度的重视，适时调整并持续优化改良，以利于公司的进一步发展，为公司以后壮大成为集团公司或者最终成功上市打下良好的基础。

对于读者而言，如果想要了解甚至能够尝试自行搭建复杂的公司股权架构，就需要从最简单的单一公司持股架构开始学习，从最基础的持股比例的法律含义和常见的持股模型入手，逐步了解“股权”这一现代公司的核心要素，并在诸多股权设计实例中尝试梳理和分析公司治理和股权结构之间的密切的关系和莫大的渊源，以期在“由简入繁”的基础上最终实现“由繁入简”。

第一节

特定持股比例的法律含义

在股权设计实务中，一些常用的股权比例数字被不同的股权架构设计者反复适用，最常见的是67%的绝对控制线、51%的相对控制线、34%的一票否决线、10%的临时会议线、1%的临时提案线以及1%的代表诉讼权等。对于上市公司而言，常见的还有30%的实际控制线及30%的要约收购线等。这些特定的持股比例通常以《公司法》、《证券法》及其他相关法律为依据，既是我们认识股权架构最直接、最简单的方式，也是搭建复杂股权架构的基本工具。在2023年12月审议通过的新《公司法》中，对于上述关键比例并未作实质性修改。对于特定的持股比例而言，不仅要知其然，还要知其所以然。下面将从八种常见的特定持股比例入手，解读该持股比例对公司自身和持股股东的重要意义，同时通过对相关法律法规的引用和解读，阐释这八种特定持股比例的来历和法律含义。

一、67%绝对控制线

新《公司法》[1] 规定了有限责任公司和股份有限公司的“特别表决”程序，修改公司章程、增加或者减少注册资本的决议，以及公司合并、分立、解散或者变更公司形式的决议，必须经过代表 2/3 以上表决权的股东通过。通常认为，除公司章程另行约定更高表决权比例外，拥有 2/3 以上的股权即可拥有绝对控制权。需要注意的是，上述“2/3”是含本数的，也就是说，绝对控制线为 67%不确切，66.7%、66.67%等情形可以构成对公司的绝对控股。

绝对控股意味着绝对控股股东对公司有着绝对控制权，但绝对控制权存在例外情形：第一，章程约定特殊事项通过比例高于 2/3；第二，公司发行代表不同表决权的类别股，该种情形在新《公司法》第 116 条中进行了明确规定；第三，公司重大经营决策权并不完全由股东会掌握，而是通过公司章程的约定，将某些事项的决策权下沉到董事会，在董事会决议中实行一人一票，并约定某种事项在董事会决议中达到一定比例才能通过，如在公司章程中约定公司对外签订 100 万元以上的合同，必须经董事会全体通过，在这种情况下，相当于部分股东可以通过委派董事对公司重大事项拥有一票否决权，借此阻止控股股东绝对控制公司。

---

[1] 新《公司法》第 66 条：股东会的议事方式和表决程序，除本法有规定的外，由公司章程规定。股东会作出决议，应当经代表过半数表决权的股东通过。股东会作出修改公司章程、增加或者减少注册资本的决议，以及公司合并、分立、解散或者变更公司形式的决议，应当经代表三分之二以上表决权的股东通过。

第 116 条：股东出席股东会会议，所持每一股份有一表决权，类别股股东除外。公司持有的本公司股份没有表决权。股东会作出决议，应当经出席会议的股东所持表决权过半数通过。股东会作出修改公司章程、增加或者减少注册资本的决议，以及公司合并、分立、解散或者变更公司形式的决议，应当经出席会议的股东所持表决权的三分之二以上通过。

二、51%相对控制线

根据新《公司法》第265条第2项[1]的规定，股东所持股权比例超过50%时就可以被称为“控股股东”，因此，51%的持股比例可以视为公司的“控股线”。需要注意的是，根据《公司法》该条的规定，虽然持股51%以上即构成对公司的控股，但是在未达到67%的持股比例情况下，修改公司章程、增加或者减少注册资本的决议，以及公司合并、分立、解散或者变更公司形式等七项决议，控股股东是无法独立决策的；另外，若公司章程对决议事项及表决通过比例进行了更加严格的规定，或者公司在股权设计时引入了委托投票权、一致行动人协议、AB股、优先股等复杂的制度设计时，仅仅51%的持股比例可能不足以达到对公司的控股。

三、34%公司重大事项的一票否决权

34%一票否决权与67%重大事项决定权相对应，指的是对于那些必须经由2/3以上的股东一致同意才能通过的决议，持股34%的股东若不同意时，则该决议最终将无法通过，因此可以说持股34%的股东对公司重大事项享有一票否决权。换句话说，如果作为股东，无法达到51%的持股比例，那么可以退而求其次，争取34%的持股比例，因为这个持股比例可以使股东对公司的重大事项享有一票否决权。

在日常的公司经营当中，持有34%股权的股东的一票否决权的范围其

---

[1] 新《公司法》第265条第2项：（2）控股股东，是指其出资额占有限责任公司资本总额超过百分之五十或者其持有的股份占股份有限公司股本总额超过百分之五十的股东；出资额或者持有股份的比例虽然低于百分之五十，但依其出资额或者持有的股份所享有的表决权已足以对股东会的决议产生重大影响的股东。

实很广，包括修改公司章程、增加注册资本、减少注册资本、公司合并、公司分立、公司解散、变更公司形式等，对于上市公司而言，还包括首次发行优先股、上市公司回购股份以及决定退市等。但是当公司章程另有约定时，一票否决权所对应的股权比例也会随之变动，如公司章程特别约定对于某些重大事项，必须经出席会议的股东所持表决权的80%以上通过，那么此时对于这些特别约定的事项而言，20%的持股比例就可以达到一票否决权的效果。

四、30%实际控制线

对于非公众公司而言，实际控制人的认定主要用于判断是否存在利用关联关系损害法人利益的情形。对于上市公司而言，实际控制人是用于判断公司控制权是否稳定的指标，因而是证监会所关注和监督的重点。此处的30%实际控制线主要是针对上市公司而言的。根据《上市公司收购管理办法》第84条[1]的规定，投资者可以实际支配上市公司股份表决权超过30%的，为拥有上市公司控制权。同时需要注意的是，根据该办法第24条[2]的规定，对于上市公司而言，30%的持股比例还是重要的要约收购线。

---

〔1〕《上市公司收购管理办法》第84条：有下列情形之一的，为拥有上市公司控制权：（1）投资者为上市公司持股50%以上的控股股东；（2）投资者可以实际支配上市公司股份表决权超过30%；（3）投资者通过实际支配上市公司股份表决权能够决定公司董事会半数以上成员选任；（4）投资者依其可实际支配的上市公司股份表决权足以对公司股东大会的决议产生重大影响；（5）中国证监会认定的其他情形。

〔2〕《上市公司收购管理办法》第24条：通过证券交易所的证券交易，收购人持有一个上市公司的股份达到该公司已发行股份的30%时，继续增持股份的，应当采取要约方式进行，发出全面要约或者部分要约。

五、10%临时股东会提议权、召集权、申请解散线

原则上，公司股东会应由董事会召集，为防止董事会不召集会议，损害股东利益，新《公司法》第62条[1]赋予了代表10%以上表决权的股东召集股东会的权利，代表10%表决权的股权可以是股东单独持有，也可以是数名股东股权合计达到10%。

当公司经营陷入僵局时，为避免更大的损失，股东可以申请解散公司，对公司进行清算。但是，如果股东滥用权利，随意申请解散，则不利于公司的正常运营，因此《公司法》设置了10%申请解散的表决权门槛。

根据新《公司法》第231条[2]的规定，申请解散需要符合三个实体条件：①公司经营管理发生严重困难；②继续存续会使股东利益受到重大损失；③通过其他途径不能解决。此外，《最高人民法院关于适用〈中华人民共和国公司法〉若干问题的规定（二）》第1条第1款[3]对“经营管理发生严重困难”作了进一步解释，为实务操作提供了更为细致的参照，鉴于该条司法解释的规定与新《公司法》并不冲突，因此效力不受影

---

〔1〕 新《公司法》第62条：股东会会议分为定期会议和临时会议。定期会议应当按照公司章程的规定按时召开。代表十分之一以上表决权的股东、三分之一以上的董事或者监事会提议召开临时会议的，应当召开临时会议。

〔2〕 新《公司法》第231条：公司经营管理发生严重困难，继续存续会使股东利益受到重大损失，通过其他途径不能解决的，持有公司百分之十以上表决权的股东，可以请求人民法院解散公司。

〔3〕《最高人民法院关于适用〈中华人民共和国公司法〉若干问题的规定（二）》第1条第1款：单独或者合计持有公司全部股东表决权百分之十以上的股东，以下列事由之一提起解散公司诉讼，并符合公司法第一百八十二条规定的，人民法院应予受理：（1）公司持续两年以上无法召开股东会或者股东大会，公司经营管理发生严重困难的；（2）股东表决时无法达到法定或者公司章程规定的比例，持续两年以上不能做出有效的股东会或者股东大会决议，公司经营管理发生严重困难的；（3）公司董事长期冲突，且无法通过股东会或者股东大会解决，公司经营管理发生严重困难的；（4）经营管理发生其他严重困难，公司继续存续会使股东利益受到重大损失的情形。股东以知情权、利润分配请求权等权益受到损害，或者公司亏损、财产不足以偿还全部债务，以及公司被吊销企业法人营业执照未进行清算等为由，提起解散公司诉讼的，人民法院不予受理。

响，依旧可以作为实务参照。需要特别提示的是，新《公司法》的颁布将最高人民法院出台的五部公司法司法解释均进行了扬弃与整合，一些司法解释中规定较为细致，实务中应用效果较好、较为成熟的内容已被吸收进新《公司法》中，而原司法解释与新《公司法》的规定存在不一致的情形以新《公司法》的规定为准，这自不待言，但对于新《公司法》未吸收也未进行明确否定的司法解释条文，其效力确实会在将来一段时间内处于"灰色地带"，易引发实务争议，但伴随新《公司法》的出台，最高人民法院对于新公司法司法解释的相关编制工作也已启动，在不久的将来，最高人民法院必将颁布新的公司法的司法解释，对原公司法司法解释的效力进行清理，并对新《公司法》中涉及的实务问题进行更加细致的指导性规定。

六、5%以上关联方、内幕信息知情人判断线

5%的持股比例对上市公司和拟上市公司来说是重要的比例，上海证券交易所和深圳证券交易所均将持有上市公司 5%以上股份的法人或者其他组织及其一致行动人认定为上市公司的关联法人；将直接或者间接持有上市公司 5%以上股份的自然人认定为上市公司的关联自然人。另外，《证券法》第 51 条[1]第 2 项将持有公司 5%以上股份的股东认定为证券交易内幕信息的知情人。知情人内幕交易行为给投资者带来损失的应承担赔偿责

---

〔1〕《证券法》第 51 条：证券交易内幕信息的知情人包括：（1）发行人及其董事、监事、高级管理人员；（2）持有公司百分之五以上股份的股东及其董事、监事、高级管理人员，公司的实际控制人及其董事、监事、高级管理人员；（3）发行人控股或者实际控制的公司及其董事、监事、高级管理人员；（4）由于所任公司职务或者因与公司业务往来可以获取公司有关内幕信息的人员；（5）上市公司收购人或者重大资产交易方及其控股股东、实际控制人、董事、监事和高级管理人员；（6）因职务、工作可以获取内幕信息的证券交易场所、证券公司、证券登记结算机构、证券服务机构的有关人员；（7）因职责、工作可以获取内幕信息的证券监督管理机构工作人员；（8）因法定职责对证券的发行、交易或者对上市公司及其收购、重大资产交易进行管理可以获取内幕信息的有关主管部门、监管机构的工作人员；（9）国务院证券监督管理机构规定的可以获取内幕信息的其他人员。

任，情节严重的甚至可能触犯刑法。

七、1%临时提案线

股东的提案权，是指股份公司符合条件的股东依照法定程序提出议案作为股东会审议事项的权利。提案权关系到股东会决议的有效性，而在股份公司中，由于股东人数较多，为了简化决议程序、提高决策效率，原《公司法》第102条[1]设定了最低持股比的限制，不足3%持股比例的小股东可以共同提案，实现公平与效率的平衡。而新《公司法》115条中则规定“单独或者合计持有公司百分之一以上股份的股东，可以在股东会会议召开十日前提出临时提案并书面提交董事会”，将提案的股权比例门槛进一步降低为1%，旨在保障小股东参与公司运营的权利；此外，新《公司法》第115条第2款中还增加了“公司不得提高提出临时提案股东的持股比例”之规定，将公司对临时提案权自由约定的权力加以限制，排除在公司自治的范畴之外，以避免控股股东恶意提高行使临时提案权的门槛，进一步保护中小股东的利益，将落实平权保护的理念进一步贯彻。

八、1%代表诉讼权

代表诉讼权，是指当公司因故没有就其所遭受的某种侵害提起诉讼

〔1〕 原《公司法》第102条：召开股东大会会议，应当将会议召开的时间、地点和审议的事项于会议召开二十日前通知各股东；临时股东大会应当于会议召开十五日前通知各股东；发行无记名股票的，应当于会议召开三十日前公告会议召开的时间、地点和审议事项。单独或者合计持有公司百分之三以上股份的股东，可以在股东大会召开十日前提出临时提案并书面提交董事会；董事会应当在收到提案后二日内通知其他股东，并将该临时提案提交股东大会审议。临时提案的内容应当属于股东大会职权范围，并有明确议题和具体决议事项。股东大会不得对前两款通知中未列明的事项作出决议。无记名股票持有人出席股东大会会议的，应当于会议召开五日前至股东大会闭会时将股票交存于公司。

时，公司股东可以代表公司以使公司获得赔偿为目的而针对该种行为所提起的诉讼。在某些特殊情况下（如公司高管与侵权方存在利益关联因而怠于起诉的情况），为了避免公司的意思机关（董事会、执行董事、监事会、监事）的不作为给公司整体利益带来损害，法律允许在一定情况下由股东作为原告直接对侵害公司利益的主体提起诉讼，即“股东代表诉讼”。

股东代表诉讼制度是对公司独立法人人格的适当变通，该制度能够起到防止“董监高”履职不尽责、损害公司利益的重要作用，也是保护中小投资者的有力武器。

根据《公司法》的立法精神，一般情况下，股东与公司之间相互独立，他人侵犯公司合法权益给公司造成损失时，公司作为独立的法人主体，应当以自身名义提起诉讼要求停止侵害或进行损害赔偿，如果法律允许少数股东可以随意突破公司独立人格，则可能导致少数股东滥用诉权，将会导致公司面临大量诉讼困扰，动摇公司独立人格及有限责任的根基，股份公司股东数量较多，更容易出现上述情况。因此，基于公司的独立法人地位，新《公司法》延续了2018年《公司法》的相关规定，在第188条、第189条中对股东代表诉讼进行了规定，[1] 对于提起代表诉讼设置

---

[1] 新《公司法》第188条：董事、监事、高级管理人员执行职务违反法律、行政法规或者公司章程的规定，给公司造成损失的，应当承担赔偿责任。

新《公司法》第189条：董事、高级管理人员有前条规定的情形的，有限责任公司的股东、股份有限公司连续一百八十日以上单独或者合计持有公司百分之一以上股份的股东，可以书面请求监事会向人民法院提起诉讼；监事有前条规定的情形的，前述股东可以书面请求董事会向人民法院提起诉讼。监事会或者董事会收到前款规定的股东书面请求后拒绝提起诉讼，或者自收到请求之日起三十日内未提起诉讼，或者情况紧急、不立即提起诉讼将会使公司利益受到难以弥补的损害的，前款规定的股东有权为公司利益以自己的名义直接向人民法院提起诉讼。他人侵犯公司合法权益，给公司造成损失的，本条第一款规定的股东可以依照前两款的规定向人民法院提起诉讼。公司全资子公司的董事、监事、高级管理人员有前条规定情形，或者他人侵犯公司全资子公司合法权益造成损失的，有限责任公司的股东、股份有限公司连续一百八十日以上单独或者合计持有公司百分之一以上股份的股东，可以依照前三款规定书面请求全资子公司的监事会、董事会向人民法院提起诉讼或者以自己的名义直接向人民法院提起诉讼。

了一些限制条件，总的来说，代表诉讼中对主体的限制表现为持股比例和时间的要求，即有限责任公司的股东，或股份有限公司连续 180 日以上单独或合计持有公司 1%以上的股东才有权利进行代表诉讼；同时，股东想直接提起诉讼，则必须首先用尽公司内部的救济途径——书面请求公司的意思机关（董事会、执行董事、监事会、监事）以公司的名义提起诉讼，若公司所有的意思机关拒绝提起诉讼或自收到请求之日起 30 日内未提起诉讼，或者情况紧急时，股东才能以自己的名义直接提起诉讼。《公司法》通过以上对原告主体资格及诉讼前置程序的限定，尽可能地从制度层面防止发生诉权滥用。需要特别注意的是，新《公司法》第 189 条第 4 款规定“公司全资子公司的董事、监事、高级管理人员有前条规定情形，或者他人侵犯公司全资子公司合法权益造成损失的，有限责任公司的股东、股份有限公司连续一百八十日以上单独或者合计持有公司百分之一以上股份的股东，可以依照前三款规定书面请求全资子公司的监事会、董事会向人民法院提起诉讼或者以自己的名义直接向人民法院提起诉讼”，从而件股东代表诉讼的被告范围扩张至全资子公司层面，引入了所谓“双重股东代表诉讼制度”，这也是本次公司法修订的亮点之一。

双重股东代表诉讼是原《公司法》规定下对股东代表诉讼制度的拓展和延伸，特别是在大型的集团公司内部，实务中早已存在对全资子公司董监高成员提起诉讼、以维护母公司中小股东利益的需求。因此，新增该制度是对目前实务热点的回应，也有利于处理集团内部不同主体之间的矛盾，维护母公司股东特别是中小股东的合法权益。

第二节

单一公司股权架构设计模型

股权设计是影响公司未来发展的主要因素之一，认识一个公司最好的方式就是从公司的股权架构入手，通过股权架构的复杂程度和各股东的持股比例，可以推断出公司当前的发展阶段；同时，股权架构不单单是公司所有权层面的分配，它与公司的管理模式及商业策略相辅相成，有的公司最终走向成功或失败的结果往往能够从股权架构的设计方面找到内在原因。因此，本节将对单一公司常见的六种股权架构的设计模型进行剖析和解读，以期帮助读者对股权架构的设计模型做进一步的了解，从而掌握更多的股权架构设计的实操要点。

本章介绍的单一公司股权架构设计模型主要包括以下六种类型：平均持股型、高度集中型、高度分散型、制衡型、小股东绑架大股东型及一人公司。下面将结合实务中的典型案例对以上六种股权架构分别进行介绍，并着重分析不同股权架构的产生原因、优势、弊端及改良方案。

一、平均持股型

（一）架构简介

平均持股型，是指公司的各股东之间持有的股权比例是均分的，常见的有 50%：50%或者 25%：25%：25%：25%等（见图 2–1）。在股东实际所持有的股权比例不是绝对均等的情况下，如果各个股东还通过其他的表决权归集方式（如委托投票权、一致行动人协议等）对公司享有均等的控制权，也可以认定该公司的股权架构属于平均持股型。

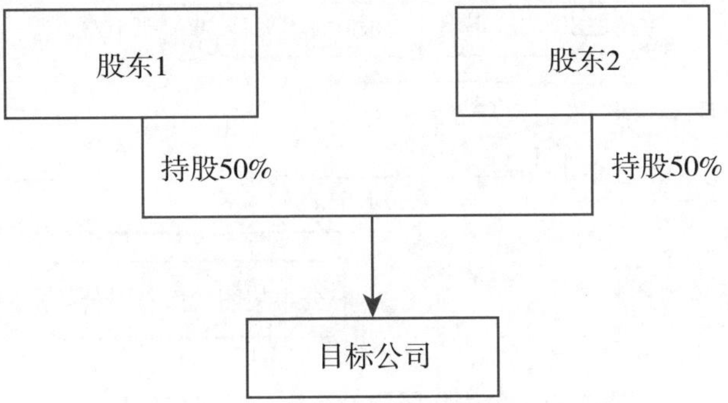

图 2–1 平均持股型股权架构

（二）典型案例

随着平均持股型弊大于利这一观点逐渐被普遍认同，实务中完全平均持股的公司已经不多见，而公牛集团股份有限公司算是一个典型的个例。公牛集团股份有限公司的实际控制人阮立平、阮学平兄弟，因感情笃厚，故在诸如宁波梅山保税港区铄今投资管理有限公司、宁波良机实业有限公司等所有关联公司之中，均保持了平均型股权架构，各自持股 50%，被传为佳话（见图 2–2）。能够被传为佳话，也说明公牛集团股份有限公司使用这种平均持股的股权结构的情形在实践中已较为少见。

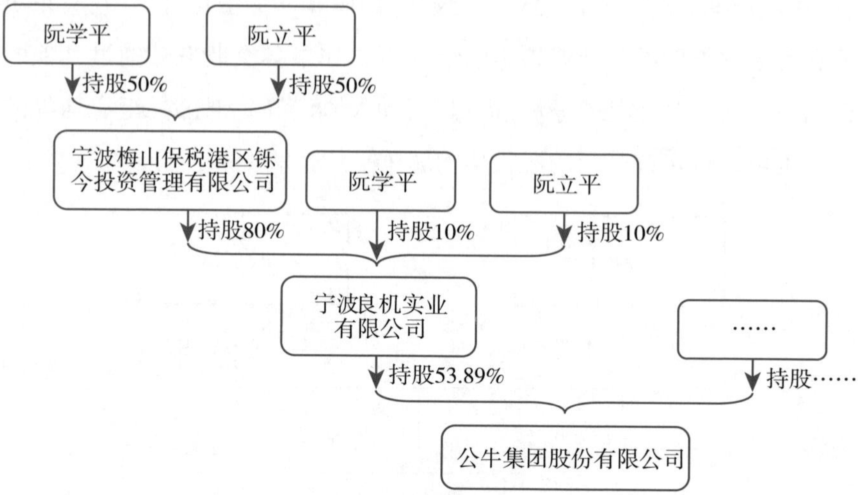

图 2-2 公牛集团股份有限公司股权架构

（三）适用情形

平均持股型的股权架构并非一无是处，但它的适用存在很大的局限性，总的来看，平均持股型架构主要适用于以下两种情形。

首先，一些公司在创业期，创始人出资能力均有限，任何一个创始人对公司都有其独特的作用，却均无法对公司形成绝对的控制。为平衡各股东利益，保障股东团结，促成合作，各股东可能选择暂时适用平均持股型的股权架构。

其次，股东之间存在血缘等特殊关系时，基于股东之间的亲情纽带和“哥们义气”，各股东可能更加追求平均分配的效果，也可能适用平均持股的股权架构。

在上述两种特定的情形下，平均持股型模式可以说是比较适合的股权架构模式。

（四）优势解读

首先，对于创业期的公司而言，各方面的条件均不成熟，资源匮乏，公司能否存续也未可知。对于公司而言，最重要的资源就是公司的创始人，此时公司需要能够进一步促进利益平衡和股东团结的股权架构，若公司存在两位或两位以上在出资能力、经营能力以及其他社会资源等方面不分伯仲的股东，那么使任何一方成为控股股东都可能导致其他股东的不满，因此均分股权是促进利益平衡、避免创始人之间出现不满情绪的最佳方案，同时股东通过共同协商的方式处理公司事务，可以增强公司决策的理性化。

其次，对于有血缘关系或者特殊亲密关系的股东（特别是家族企业）而言，分股权就像分家产，除了考虑公司的决策效率和运行机制之外，由血缘关系所带来的人情世故和利益权衡是更主要甚至起决定性作用的因素。若股东之间因为内部原因确实需要均分股权，那么平均持股型的架构可以照顾到家庭成员之间的亲情纽带，因而适合该类公司使用。

（五）风控事项

从公司治理和经营角度来看，采用平均持股型的股权架构会存在潜在风险，主要包括利益分配失衡、决策效率低下和公司运营出现僵局三个方面。

1. 利益分配失衡

在股权架构设计的过程中，“人性”是不可避开的关键角度，从人性角度来看，多劳多得、少劳少得是最合理也是最公平的分配方式，股东在公司中的贡献不只有出资，还包括管理、经营等要素的投入，如果两位股东能力及贡献程度悬殊却持有相同的股权比例，那么“平均”分配就是最大的不公平。鉴于实践中股东的能力及其对公司的贡献是不一样的，若所持股权一致、分得的利益也一致的话，最终会造成股东彼此之间的利益分配失衡，从而影响股东之间的团结，甚至导致公司控制权斗争。

2. 决策效率低下

在平均型持股比例下，公司缺少一锤定音的决策者，各个股东均无法完全掌控整个公司，导致企业没有实际上的领导者，这类公司在创业的“蜜月期”或者在血缘关系最亲近的一两代人之间或许不会显现相关问题，但是一旦公司进入发展期或遇到困难，或者随着时间发展家族企业股东之间的血缘关系逐渐疏离时，各个股东之间就极易产生分歧，导致公司无法进行有效决策，极容易陷入僵局。

3. 公司运营出现僵局

公司运营出现僵局是因利益分配不平衡和决策效率低下而导致的必然结果，即各个股东之间由于利益分配不均，倾向于优先考虑自身的利益维护问题，在争取个人利益最大化的基础上往往会忽视公司的整体发展。而此时公司又缺少一锤定音的决策者，无法居中调和各个股东之间的利益冲突，也无法在该种情况下独自做出最有利于公司发展的决策，使各个股东在公司未来的发展方向上产生冲突，导致错失机遇，严重时可能直接导致公司经营管理瘫痪。

（六）优化措施

对于那些已经采用平均持股型股权架构的公司，如果在后续经营中逐渐发现平均持股所带来种种风险和弊端已经成为公司发展的阻碍时，可以考虑适时对现有股权架构进行调整。下面将从股权架构转型、表决权集中机制两个方面浅谈平均持股型股权架构的补救措施和调整方式。

1. 股权架构转型

股权架构转型即从根本上改变各个股东的持股比例，从而调整公司整体的股权架构模式，最常见的是出现持股67%以上的绝对控股股东或者持股51%以上的相对控股股东。

各股东可以通过协商重构股权，按照现阶段各股东的重要性及对公司的贡献程度，对股权进行重新分配，缩小边缘股东的持股比例，必要时可以协商让部分股东退出。该操作的根本目的在于通过股权比例的再分配，确定有主导地位的股东，从公司长远发展和集体利益的角度出发为公司匹配最佳的决策者，使股东贡献程度与其享有的分红权、控制权等权能相匹配，避免股东利益失衡的局面，同时通过调整股权比例，塑造一锤定音的决策者，便于化解公司战略僵局的困境，及时把握商机。采用这种调整模式最著名的案例便是海底捞公司。海底捞公司最初的股权架构即为4名原始股东均分股权，随着公司发展，创始人张勇及其他3名股东通过协商的方式重新调整了股权比例，实现股权架构的和平转型，最终张勇夫妇以超过公司2/3的股权比例成为海底捞公司的真正“掌舵者”。

需要提示读者的是，采用股权架构转型的方式化解平均持股模式的弊端很多时候依赖于各股东之间的人情成分及股东自身的“大局观”，即对公司贡献程度较低的股东基于对其他创业伙伴的信任，甘愿减少自身股权比例，以服务于公司的长远发展。反之，如果股东之间各不让步，无法就股权比例调整达成一致，股权架构转型就很难实现，甚至直接导致股东之间的控制权争夺战，严重影响公司的正常经营。

为了避免在股权架构转型时出现积重难返的情况，本分册建议对于一开始基于种种原因而采取平均持股模式的公司创始人而言，可以在创业之初就引进公司股权动态调整机制，并在各股东协商一致的基础上做出相对应的股东会决议或者把调整机制的内容直接写入公司章程，以便在公司发展的过程中根据各股东的贡献程度对公司股权架构进行逐步调整，实现股权架构的和平转型，避免公司僵局。

关于股权架构的动态调整方式，可以参照本分册第五章的相关内容，此处不再展开论述。

2. 表决权集中机制

参照本分册第一章对股权的介绍可知，股权其实并非一种单一的权利，而更像一种“权利束”。它由多个具体的股东权能组成，其中最重要的两项权能为表决权和分红权，前者是对公司控制权的体现，后者则与股东的实际收益相对应。因此，从这个角度出发，如果股东之间无法就减持股权或者退出一事达成一致意见，可以退而求其次，在不变更股权比例的基础上在公司章程中约定不按照出资比例行使表决权，或者采用控制权设计工具实现表决权的归集，从而间接进行公司控制权的再分配。

常见的表决权集中机制包括：通过签署一致行动协议形成一致行动人，从而增强核心股东的实际控制权；通过设计 AB 股制度，形成表决权的差异化，赋予特定股东以同比例股权下更高的投票权；通过签署投票权委托协议将几位股东的投票权向特定股东集中，以实现增强控制权的效果；等等。这些表决权集中机制的作用不仅局限在对平均型持股架构的矫正和改良，而且适用于任何需要在现有持股结构不变的情况下增强控制权的场合，因此又被称为“分股不分权”的工具。相较于单一公司而言，大型集团公司采用表决权集中工具的情况更加普遍，因此本分册在第四章集团公司实际控制人增强表决权的部分对以上三种表决权集中工具进行了详细介绍，供读者参考，此处不再赘言。

将表决权向特定股东进行集中的同时，往往随着该股东在分红权方面的妥协，即最终享有公司控制权的股东需要在实际收益方面相应做出让步，以平衡各股东之间的利益。当然，也正是基于这种“以钱换权”的操作空间，相较于直接的股权比例调整而言，表决权集中机制更容易在各股东之间形成一致意见，从而实现“曲线救国”的目的，避免给公司带来更大的损失。此外，需要注意的是，在实践中上述表决权集中的方式的专业化程度非常高，股东往往需要在专业的股权律师的辅助下制订完善的实施方案。

二、高度集中型

（一）架构简介

公司股权的集中程度一般通过第一大股东持股比例指标，即第一大股东持股份额在公司总股份中的所占比重来衡量。一般情况下，普通公司的大股东持股比例超过60%的结构就属于高度集中型股权结构。而对于上市公司来说，由于上市公司的社会属性和开放性更强，股东众多、股权分散，且上市公司的投资者多数为财务投资方，因此在实务中大股东若想控制上市公司，一般不需要达到60%这么高的持股比例。本章第一节也提到，在上市公司中投资者可以实际支配上市公司股份表决权超过30%的，就拥有上市公司控制权。

高度集中型持股比例中，最具代表性的为70%∶20%∶10%（见图2-3）或60%∶30%∶5%∶5%的持股比例。

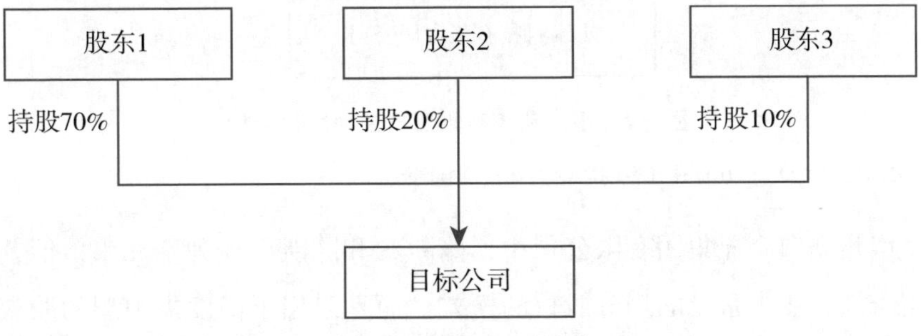

图2-3 高度集中型股权架构

（二）典型案例

在当前商业环境复杂、商机转瞬即逝、公司发展越来越依赖公司掌舵人的“当机立断”的情况下，高度集中型持股模式是最常见也是相对而言弊端较小的股权设计思路之一，国内众多知名公司采用了这种模式。

例如，在小米科技有限责任公司中，雷军作为绝对控制人持有公司77.8022%的股权比例，超过2/3，拥有绝对的话语权，另外3名自然人股东黎万强、洪锋、刘德的持股比例分别为10.1213%、10.0665%、2.01%（见图2-4）。对此，雷军曾在《小米创业思考》一书中写道：“在上市之前，我最担心的是，小米变成了一家公众公司，资本一定会逼着小米创造‘超额’的利润。”在小米科技有限责任公司发展过程中，雷军之所以能够在每个紧要关口都能力排众议，始终坚持“专注、极致、口碑、快”的小米方法论，归根结底在于其对小米科技有限责任公司享有绝对的控制权。

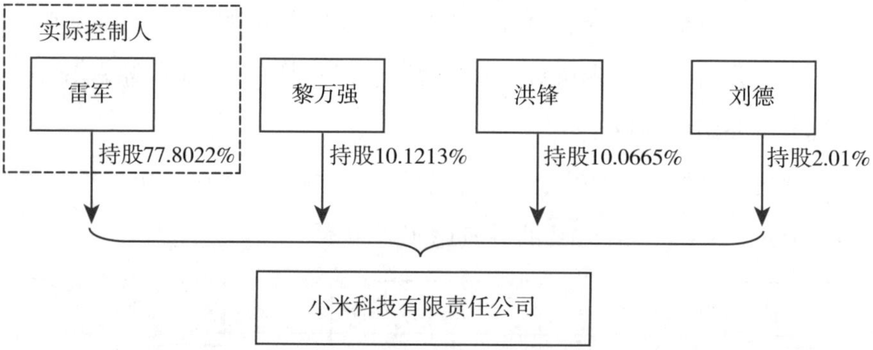

图2-4 小米科技有限责任公司股权架构

注：以2022年10月6日查询数据为基础绘制图表。

广州立白企业集团有限公司中，陈凯旋和陈凯臣虽为亲兄弟，但并未采用家族企业中常见的均分股权的模式，而是采用了高度集中型的股权架构，其中，大股东陈凯旋持有公司64.22%的股权，其兄长陈凯臣持有

34.58%的股权，其余1.20%的股权则由广东立白洗涤用品有限公司、上海立白实业有限公司、成都立白实业有限公司持有。

此外，近几年伴随信息化时代的繁荣而兴起的互联网公司、人工智能公司、自媒体运营公司以及其他科技类公司等新兴产业公司也对高度集中型持股比例情有独钟，目前一些发展势头正旺的新兴产业公司均是典型的“创始人导向型”公司。

例如，在推出“Keep”健身软件的北京卡路里科技有限公司中，王宁持有85.4445%的股权，其他三位股东分别持有8.0645%、4.8387%、1.6523%的股权。在推出国内高端智能电动车品牌“小牛电动”的北京牛电科技有限责任公司中，创始人胡依林持有公司89.7368%的股权，其他三位股东分别有5%、2.6316%、2.6316%的股权。

究其原因，是因为这些新兴领域的公司在创业阶段所面临的外部环境及市场条件相较于传统公司而言更加复杂多变，也更加依赖商业精英对市场前景的准确判断和果断决策，高度集中型的股权架构便于创始人在及时感知市场信息的前提下迅速反应并及时做出符合公司发展利益的决策。

（三）适用情形

通过以上案例可知，高度集中型股权架构的适用范围是比较广泛的，概括来说包括以下两种情形。

第一，公司的核心领导者在整个公司的发展运营方面具有不可替代的作用，公司的发展进程与盈利能力都与核心领导者的决策和才能息息相关。

第二，公司处于创业阶段或者特殊领域行业，需要及时迅速地对复杂的商业环境做出反应，以把握商机，使公司能够存活下来并稳定发展。

除了以上两种基于公司主动选择而形成的高度集中型之外，公司也可能被动形成高度集中型股权架构。例如，公司原本持股比例较为相近的两个或两个以上的股东在通过复杂的控制权争夺后，“胜出”的股东获得相对较高的控股比例，成为控股股东，公司随之由平均持股或均衡持股类型向高度集中型转变；此外，公司在对赌失败的情况下，如果触发了股权强制收购条款，也可能导致公司外的第三人大量收购公司股权，从而成为新的控股股东，相应地，公司持股模式也会变更为高度集中型。

（四）优势解读

首先，在公司的发展与公司核心领导者自身能力息息相关时，高度集中型的股权架构是最适合的股权架构模式。核心领导者对公司拥有绝对的控制权，决策和行动相对于平均型和分散型等其他类型的股权结构更为高效迅速，这对公司的积极意义自不待言。同时，在高度集中型的持股模式下，一般而言核心领导者会直接进入公司管理层，或者安排其可以控制的职业经理人进入公司管理层，同时其有能力、有动力对公司职业经理人的管理行为进行考核和监督，实现对公司日常经营活动的控制，在一定程度上弥合公司所有者与经营者之间天然的信息差，避免现代公司由于所有权与经营权的分离导致的“委托—代理”问题。

其次，股权代表了“钱”与“权”两个方面。对于公司核心领导者而言，若二者不可兼顾，他们更倾向选择“权”。对于优秀的公司领导者而言，控制权本身也是实现创业者和企业家自我价值和“野心”的方式。

最后，当公司处于创业的关键时期或者公司本身处于互联网、金融等商业环境更为复杂的特殊领域时，公司能否存活下来、能否步入稳定的盈利模式是当务之急。采取高度集中型的股权架构模式意味着决策的高效性，即控股股东在绝大部分情况下可以掌控公司的发展方向，在复杂的商业环境中进行高效决策，及时把握商业机会，实现公司的快速发展。

商场如战场，在上述情形下，将公司交给一名决策果断而又有商业头脑的控股股东对公司的发展而言是明显有利的。总的来看，高度集中型的持股模式可以形成“控制权共享收益”，也就是说，控制股东的控股行为可以给公司整体带来收益，这种收益不仅能够促进公司自身的发展，也能以“水涨船高”的方式惠及公司的其他小股东及外部合作伙伴。

（五）风控事项

1. 股东压制

虽然高度集中型的股权架构对于公司发展的优势十分显著，但股权架构高度集中型的公司中，股权纠纷和公司治理问题并未消失，而是主要集中在了大股东与小股东之间的博弈和纠纷上。高度集中型的持股模式必然会产生“一股独大”的情况，而大股东为了实现自身利益最大化，滥用“资本多数决”的表决机制和实际掌控公司的优势地位对小股东的利益进行随意损害，这种现象被称为“股东压制”。

常见的“股东压制”表现形式为大股东长期不开股东会，或者操纵公司或“董监高”人员，不向小股东提供财务报告和经营信息，使小股东不能正常参与经营管理；大股东利用其优势的信息地位和决策掌控权，以远高于市场的薪酬标准或者股权激励等方式极其不合理地向其拉拢操纵的“董监高”人员支付高额报酬和提供高福利待遇，甚至利用各种报销来公款私用；大股东违反法律或章程的规定，故意拖延或拒发分红，使小股东不能获得相应的投资回报，沦为出资不获利的看客等。

在大股东对小股东的压制下，原有的公司治理规则已经失灵，大股东通过掌控和操纵公司的董事会和高级管理层，使分权制衡型的法人治理结构形同虚设，无法起到制衡和纠错的作用，原本属于公司内部问题与纷争必须借助外部司法的力量来干预，这为日后复杂的公司诉讼埋下了潜在风险。

2. 公司诉讼

在股东压制的情形下，小股东无法求助于公司内部的救济机制，只能另行启动司法程序。

总的来看，小股东因维权而提起的诉讼类型主要包括股东代表诉讼、股东知情权诉讼、股东分红权诉讼、撤销公司股东会决议诉讼、公司股东会决议无效或不成立诉讼、异议股东回购请求诉讼以及最为严重的公司司法解散之诉等。需要注意的是，基于公司独立的法人人格，司法权对于公司自治事项的介入持谨慎的态度。如果小股东启动司法程序，即提起维权之诉，则法院就介入审查；如果小股东放弃权利，则外部的司法干预就不会启动，即“民不告官不究”。

大股东与小股东之间的纠纷虽是股东之间的个人纠纷，但不可避免地会给公司的正常经营带来消极影响。实务中，因大股东损害小股东利益导致小股东启动司法程序进而影响公司正常经营管理甚至导致公司僵局的事例不在少数。因此，采取高度集中型股权架构的公司应该尤其注意对上述风险点的防控。

（六）优化措施

1. 完善小股东保护措施

在高度集中型股权架构下，应注意在制度层面给予小股东以合理保护，在保障大股东控制公司、高效决策的基础上，提高小股东的积极性，避免公司股东内讧，防止公司僵局的出现。例如，可以在公司章程中对公司分红的条件、时间和频次等事项进行明确约定；由小股东担任公司高级管理人员等职位；在某些特殊情况下，大股东可以考虑适当让渡部分权力，赋予小股东对某些重要事项的一票否决权等。需要特别提示的是，新

《公司法》为解决“股东压制”提供了全新的途径，第 89 条第 3 款新增规定：“公司的控股股东滥用股东权利，严重损害公司或者其他股东利益的，其他股东有权请求公司按照合理的价格收购其股权”，该新增规定系新《公司法》对股东回购请求权的适用范围进行的拓展，也是新法的一大亮点。明确规定大股东滥权的情形下中小股东的回购请求权，为中小股东提供了有效的救济渠道，不仅是立法层面对小股东保护措施的完善，还有利于缓和公司解散制度的适用，为当事人和法院处理“公司僵局”等问题提供了更多解决机制。

2. 善用公司监事制度

在我国公司治理结构中，监事会与股东会、董事会是公司治理的三大机关，监事是公司重要的内部监督主体。监事对公司的监督职能通常体现在财务会计和业务执行两个方面，而这两个方面也是最容易出现大股东侵犯小股东权益的领域。

在高度集中型的股权架构中，大股东一般掌控着公司的董事会，而小股东可以通过任职公司监事的方式实现在公司治理层面对大股东的约束和制衡。

小股东任职公司监事，不仅能在公司日常财务处理和业务执行方面进行有效监督，还方便在出现股东压制时更便捷地启动诉讼措施。监事代表公司诉讼在《公司法解释（四）》第 23 条[1]中有明确规定，其目的在于防止公司高管、大股东利用职权或控股优势损害公司利益，从而达到保护

〔1〕《公司法解释（四）》第 23 条：监事会或者不设监事会的有限责任公司的监事依据公司法第一百五十一条第一款规定对董事、高级管理人员提起诉讼的，应当列公司为原告，依法由监事会主席或者不设监事会的有限责任公司的监事代表公司进行诉讼。董事会或者不设董事会的有限责任公司的执行董事依据公司法第一百五十一条第一款规定对监事提起诉讼的，或者依据公司法第一百五十一条第三款规定对他人提起诉讼的，应当列公司为原告，依法由董事长或者执行董事代表公司进行诉讼。

均应承担连带责任。

综上所述，增加一个持股比例极低的小股东并不足以防止被“刺破公司面纱”，也不足以规避《公司法》对一人公司的相关规定。股东在设计股权架构时，还是应该在法律的框架内以公司经营和公司治理为导向，尽量避免将股权架构作为规避法律适用的工具。

三、高度分散型

（一）架构简介

高度分散型股权结构与上一部分所介绍的高度集中型的股权模式相对，是指公司股权高度分散的持股模式。在这种持股模式下，公司不存在所谓的控股股东，各股东持股比例较小，典型的表现形式如 30%：20%：20%：15%：10%：5%，有的公司甚至出现存在几十位股东的情况（见图 2-6）。

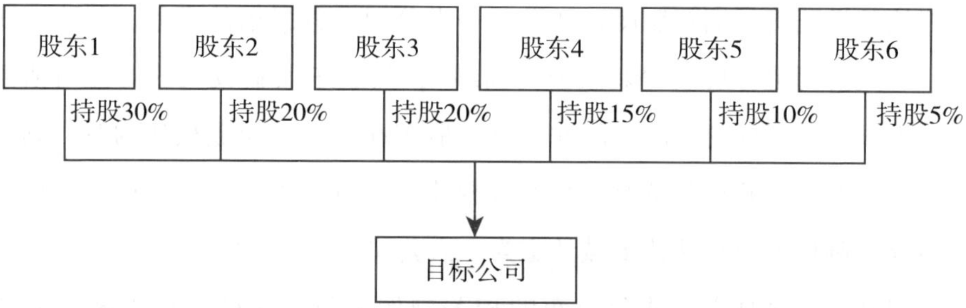

图 2-6 高度分散型股权架构

（二）典型案例

以哈药集团有限公司的股权架构为例，其股东持股比例分别为 34.425%、19.125%、18.7%、10%、8.5%、5%、3.825%、0.425%，如果不考虑其中的国资国有企业比例，该股权架构就属于高度分散性（见图 2-7）。

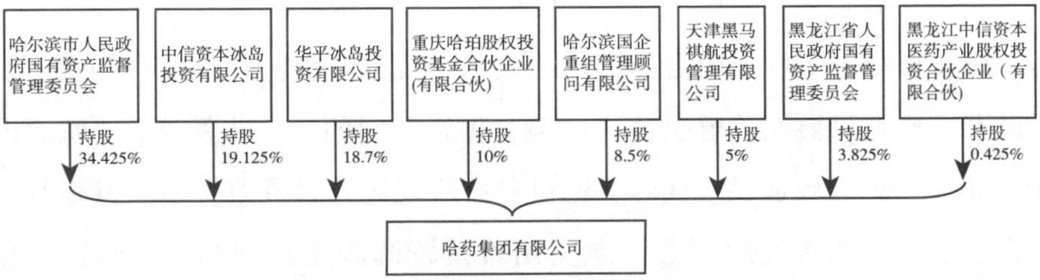

图 2-7 哈药集团有限公司股权架构

注：以 2022 年 10 月 6 日查询数据为基础绘制图表。

此外，著名的地方企业四川省丹丹郫县豆瓣集团股份有限公司的股权架构也属于高度分散型，持股比例排名前四位的自然人股东分别持有 33. 9610%、24. 8035%、20. 6067%、19. 8428%，其余 5 名小股东分别持有 0. 0199%至 0. 4138%不等的股权。

（三）适用情形

一般来说，高度分散型股权架构可以较好地应用于以下情形中。

第一，公司股东人数较多，且各个股东投入和地位相当时，客观上股权比例无法集中，因而根据各个股东的出资贡献比例适用高度分散型的股权架构。

第二，公司运行存在较大的资金压力，需要持续外部融资，或者基于对特殊技术和特定人脉等资源（如客户、渠道、劳务）的需求，需要释放股权持续引入新的合作方时，会使原股东的股权比例逐渐被稀释，股权结构趋于分散。

（四）优势解读

首先，前文所述的高度分散型股权架构的适用情形往往反映了股权分散这一事实的形成原因，即公司资源来源的分散。无论是在公司的创业时期，还是在后续扩张时期，通过分配股权、释放股权的方式，从多元化的股东那里汇集公司发展所需的资金、人脉、技术等资源，是一种切实可行的路径，毕竟只要能够解决公司困境，促进公司的进一步发展，“吃百家饭”也是一种有效途径。同时，通过释放股权进行融资或者引入其他社会资源，能够更切实地解决公司融资困难及资源匮乏的问题，改善财务状况；新股东的加入还可以为公司发展注入新的活力，在一定程度上改善原来公司的封闭性，为公司日后的业务扩张及进一步开放等打下基础。

其次，高度分散型股权架构可以避免“一股独大”的出现以及大股东滥用“资本多数决”侵犯小股东利益的情况，各股东之间可以形成有效的制衡机制。股东的分散化和多元化有利于塑造权力监督机制，促进民主决策，从而有效避免草率或冲动决策，降低决策风险。

最后，对于经营者而言，没有大股东的掣肘和过度干涉，有利于职业经理人从专业性的角度出发，对公司的发展前景和商业模式等做出科学决策，保障其经营权和管理权，促进经营者创造能力、凝聚能力的发挥，也有利于加速公司“两权分离”改革，促进公司现代化法人治理结构的完善。

（五）风控事项

1. 决策成本较高

与本节第一部分介绍的平均型持股架构的风险类似，高度分散型的公司在运营过程中会面临较高的沟通和协调成本，每个股东都有各自的想法，在公司事务决策时需要更多的沟通以及相互间的妥协和让步。如果公司内部未对表决权的行使进行特别约定或者不存在其他的表决权集中机制，那么高度分散型的公司会面临较大的内部决策成本，很可能导致公司无法在集体行动层面达成一致，严重影响公司的决策效率，甚至导致公司经营陷入僵局。

2. 股东“搭便车”现象普遍

高度分散型的持股模式下，股东数量往往很多，没有任何一名股东能够掌控公司，在这种情况下，任何一位股东要实际参与公司的决策，往往会面临以下成本问题：一方面，必须说服其他股东授权于自己，使自己拥有足够的控制权参与公司决策，这必然导致巨大的沟通成本；另一方面，鉴于决策必须以充足的信息为前提，因此该股东必须直接收集足够的公司内外信息，这将导致高昂的信息搜集成本。如果在花费了上述巨大的精力参与公司决策后，该股东取得的收益与成本难以匹配，不仅会打击该股东参与公司管理的积极性，还容易滋生普遍的股东“搭便车”心理，导致各股东对参与公司事务的懈怠甚至排斥。

与之相对，公司股东对公司职业经理人的监督意愿和监督力度也会降低，使公司内部所有者与管理层之间的“委托—代理”问题更加凸显，经营者容易利用自身的信息优势，采取机会主义行为，侵害股东和公司的利益，甚至直接导致“经理人革命”和股东控制权的丧失。

3. 经理人革命

“经理人革命”又被称为“经理人控制”，指的是以公司职业经理人为代表的公司管理层取代公司的所有者（公司股东）实际控制公司的情形。一般而言，公司股东通过股东会和董事会实际控制公司运营，如前所述，在股权高度分散的公司中，股东普遍存在“搭便车”心理，参与经营和监督公司事务的意愿下降，股东会的职能弱化，甚至出现常年不召开股东会的情形。一部分原属于股东会的职能则实际下沉至董事会，而董事会又逐渐被实际经营管理公司的职业经理人所控制，导致出现“强管理者，弱所有者”的现象。随着经理人不断侵蚀股东对公司的控制权，主导公司发展的权力逐步由股东转移至经理阶层，不仅容易加大经理人侵害股东权益或公司利益的潜在风险，还会导致职业经理人在获得控制权的基础上力图获得并持续扩大其所有权份额，公司股权架构及治理体系等出现动荡，甚至可能导致部分原股东被经理人踢出局的情形。加之目前在立法层面上，新《公司法》体现出由“股东会中心主义”向“董事会中心主义”逐步过渡的倾向，因此，“经理人革命”是高度分散型股权架构中必须予以特别注意的潜在风险点。

（六）优化措施

1. 股权架构转型或表决权集中

鉴于高度分散型股权架构所带来的决策成本较高等弊端与平均型股权架构下该种弊端的产生原因基本是一致的，即公司缺乏一锤定音的决策者，因此本部分所介绍的股权架构转型、表决权集中的优化措施与本节在平均型持股架构部分介绍的原理和具体做法基本上是一致的，具体而言：首先，建议股东之间基于公司长远利益的考量，通过协商方式确定控股股东，并在此基础上重新调整股权架构，这是最根本、最彻底的调整方式。调整后公司的股权架构不再属于高度分散型，而更倾向高度集中型。如果各个股东之间无法就股权的重新分配达成一致意见，可以退而求其次，在维持原有股权架构和持股比例不变的基础上，通过引入控制权设计工具和表决权集中机制，让公司的一个或几个股东掌握话语权，以便把握公司的发展方向和战略，有利于公司的稳健发展。

2. 控制董事会

在公司的实际运行中，由于股东会的召开程序通常较为复杂，且一般股东会往往只对公司重大事项进行决策，因此决定公司日常经营管理的机构实际上是董事会。如前所述，在各个股东疏于公司管理和监督时，公司管理层往往通过逐步控制董事会实现经理人控制的结果，因此在高度分散型股权的架构下，各股东应特别注意加强对董事会的控制，从而稳定公司的控制权和相对应的股权架构。

与股东会"资本多数决"不同，董事会表决往往实行"一人一票"制，因此公司股东层如果想对董事会产生支配力，就需要控制董事会中的多数席位，从而控制董事会决议的结果。特别是新《公司法》全面强化董事会职权的大背景下，董事会未来将成为公司各方势力博弈的焦点所在，控制董事会显得尤为重要。高度分散型的股权架构下，股东层除了积极利用股东会对董事会成员的选举权从而尽可能多地控制董事会的席位，具备专业经营管理能力的股东也可以直接进入董事会任职。股东作为董事会成员时，除了可以享受既有的股东权益，还可以获得公司向高管支付的高额报酬，破解其在公司管理上付出与回报不成正比的困境，一定程度上解决了股东"搭便车"的难题，同时有利于股东加强对董事会的控制，避免出现"经理人革命"的风险。

四、制衡型

（一）架构简介

所谓制衡型的股权架构指的是公司存在较大持股比例的股东，也有持股比例相对较大的股东，前几位股东的股权比例集中在10%~50%，相互之间形成制衡状态（见图2-8）。

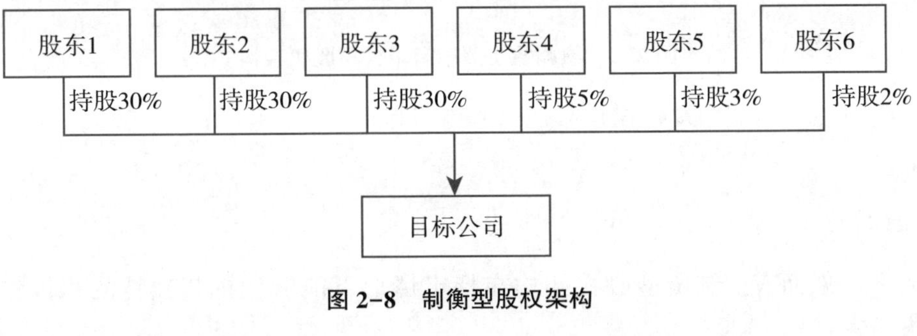

图2-8 制衡型股权架构

在制衡型的股权架构下，股东之间可以形成有效的制约。

（二）典型案例

实践中，曾经采用该种股权架构的知名企业主要有“雷士照明”。1998 年年底，吴长江与杜刚、胡永宏共同出资 100 万元，成立惠州雷士照明有限公司，吴长江出资 45 万元，杜刚和胡永宏各出资 27.5 万元，吴长江持股 45%，杜刚和胡永宏各持股 27.5%，吴长江为第一大股东，而杜刚和胡永宏两人合计持股 55%，联合起来就可以制约第一大股东吴长江，属于典型的制衡型股权架构。2002 年，由于股东之间的人情因素及分配问题的影响，吴长江为了维持创业团队的稳定，自愿将自己持有的惠州雷士照明有限公司的股权分别向杜刚和胡永宏各转让 5.83%，由此，三位股东的持股比例变为 33.3%：33.4%：33.3%，各股东持股比例基本一致，公司股权架构变更为平均持股型架构（见图 2-9）。

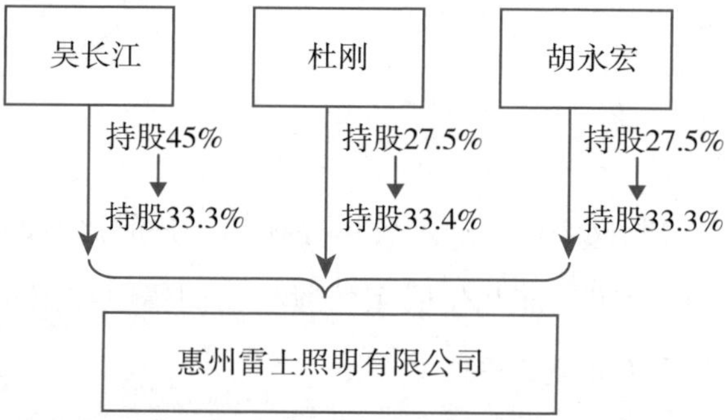

图 2-9　惠州雷士照明有限公司股权架构

注：以 2022 年 10 月 6 日查询数据为基础绘制图表。

（三）适用情形

一般而言，制衡型股权架构在特定情形下能够发挥其独特的积极作用，主要包括以下两种情形。

第一，如果公司各股东对“一股独大”的情况较为警惕，不愿公司出现绝对的控制者，而是想通过股权架构设计来避免大股东滥用“资本多数决”机制给小股东乃至整个公司的利益造成损害，在公司日常管理上追求共商共议和民主决策，那么此时制衡型股权架构便是最合适的股权架构。

第二，我国在国企混合所有制改革的过程中，国资与民营股权的分配过程中经常会用到制衡型股权架构，其目的是在遵循国有企业改革“放手提效”的大前提下，防止国资“一股独大”，尽可能减少公司运营过程中的行政色彩，使公司的议事规则和经营机制更加灵活、民主，相互监督制约的权力更加均衡，从而真正达到公司的每项决策更加符合市场化运行规律的改革目的。

（四）优势解读

首先，如前所述，实务中制衡型股权架构的产生和适用往往伴随创始人对“一股独大”的警惕和否定，在追求公司内部民主决策的情况下，股东意在通过股权制衡的方式保证公司的治理水平和决策的理性化。有的公司在创立之初便采取制衡型架构，有的公司在发展过程中通过股东之间的反复博弈和持股比例的调整，逐渐转换为制衡型架构。在制衡型的股权架构下，股东之间可以形成有效的制约，公司的日常管理实务需要各个股东共议共商，可以形成对股东的有效监督，有效避免“一股独大”的情况下大股东缺乏制约、滥用“资本多数决”机制侵犯其他股东及公司利益的情况。

其次，在制衡型股权架构下，各股东的股权比例接近，为保障现有的持股比例，公司内部股权一般很少通过对外转让来满足融资需求，而是在现有股东之间进行内部消化，由此可以更大程度促进公司价值的内部化，保障股东的稳定性。

（五）风控事项

从公司管理的集权程度来看，制衡型股权架构与前文所述的高度分散型股权架构存在相似之处，因此制衡型股权架构下也不免存在股东之间扯皮导致决策效率低、股东“搭便车”等弊端，但是制衡型股权架构下，“制衡”往往是各个股东所主动追求的结果，是在民主决策与效率决策之间进行权衡后最终决定选择民主决策的产物，因此以上弊端并非制衡型股权架构所独有的，也不是典型的，此处不再展开说明。制衡型股权架构常见的典型风险主要包括以下两种。

1. 控制权争夺频繁

制衡型股权架构下，任何一个股东都无法完全控制公司，虽然这种效果正是制衡型股权架构所追求的，但在实践中，由于相互制衡的股东股权比例相近，相互之间的持股比例容易呈现“此消彼长”的关系，股东在非理性的支配下往往容易忽略采取制衡型模式的初衷，转而试图打破这种制衡关系，避免其他股东对自身权力的限制和约束。

因此，采用制衡型股权架构的公司更容易出现频繁的控制权争夺，易导致股东内讧，使公司日常沟通和协调成本相应增加，但治理效率却不断降低，严重时可能直接影响公司正常经营管理，甚至导致公司解体。

2. 股权融资困难

如前所述，制衡型的股权架构下，由于股东之间的持股比例较为接近，公司原有的股东往往担心股份再次稀释，无法掌控公司，因而不愿释放自己的股权以引进新的投资者。这一方面使公司价值最大限度地被内部人员分享，另一方面也直接导致采取制衡型股权架构的公司在股东层面较为封闭，股权融资较为困难。此外，从投资方的角度而言，采取制衡型股权架构的公司缺少控股股东或实际控制人，会造成公司控制权争夺和后续经营管理的不稳定。基于投资风险的考虑，投资方往往不愿进入此类公司。

封闭式发展的公司可能在某个阶段能使原股东的利益最大化，但从长远来看，公司迟迟无法引入新的社会资源和新股东，会导致其发展规模难以进一步扩大，管理模式和产业链等逐渐趋于单一化，最终被复杂多变的商业环境所抛弃。

（六）优化措施

1. 相对制衡而非绝对制衡

理想的制衡型股权架构应该是相对制衡，而非绝对制衡，即制衡的程度必须是适当的。在合理的限度范围内，公司发展水平会随着股权制衡程度的提高而提高，但是股权制衡程度的盲目提高，反而会对公司发展产生负面影响。这是因为股权制衡程度过高，大股东之间更容易产生矛盾冲突和控制权争斗，导致公司决策效率降低，公司价值下降；从另一个角度来讲，股权制衡的程度过高，意味着各个股东在参与公司治理时受到的约束过多，除了必要约束，难免会存在一些不合理的约束，就可能导致股东处理公司事务的有效激励不足，降低其勤勉尽职的程度。

“相对制衡”模式的构建主要从以下两个方面着手：一方面，对于集权程度比较严重、“一股独大”的弊端已十分明显的公司，应引导第一大股东降低持股比例，形成代表不同利益主体的多个大股东制衡的股权结构；另一方面，对于那些制衡程度过高的股权分散型公司，应适当提高第一大股东的持股比例，如可以控制在40%~50%，既能保留股权相对集中的优势，又能有效抑制“一股独大”对其他股东及公司利益的侵害。

2. 提前约定股权释放方式

在制衡型股权架构下，公司并非完全不能实现释放股权融资，而是在进行股权融资的同时不要打破“制衡”这一状态，避免出现部分股东在融资之后股权比例出现明显增加或明显降低等不公平的情况。

最公平合理也是最可行的方式，就是通过股东协议或者公司章程等法律文件，对公司在股权融资情形下各个股东的股权释放方式和释放比例进行提前约定。例如，各股东按照持股比例等比例释放，或者在特定融资额度、特定融资条件下约定特定的股东进行释放等，这便于公司在需要时根据既定文件及时实现融资，避免后续因股权释放等问题无法达成股东会决议从而错失商机。

当然，股权融资的问题是一个系统性的问题，除了老股东释放股权的比例，还可能涉及对赌问题和新股东的反稀释条款等问题，这些都需要在提前约定股权释放方式时予以综合考虑。建议读者可以参照本书的股权融资分册，以更全面精准地把握相关问题。

五、小股东绑架大股东型

（一）架构简介

小股东绑架大股东型股权架构指的是：大股东股权比例相同或相近，另外存在一个或几个小股东。例如，在三人公司的情况下采用 49%：49%：2%（见图 2-10）或 40%：40%：20%的持股比例等。

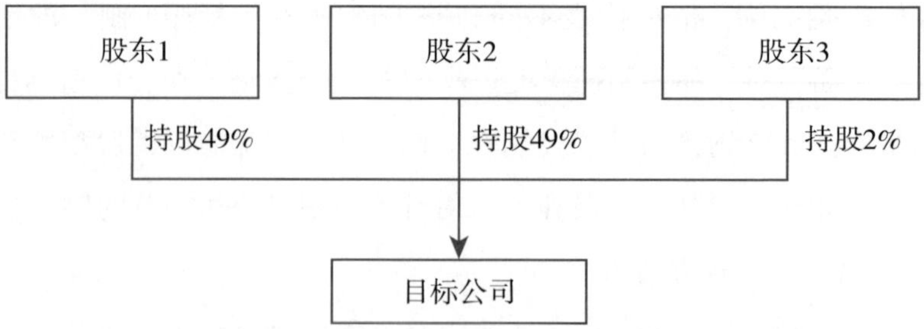

图 2-10　小股东绑架大股东型股权架构

严格来说，“小股东绑架大股东”并不是一种股权架构的类型，而是一种因架构搭建不善而导致的消极后果。实践中，采取49%：49%：2%或40%：40%：20%等类似股权结构的公司不一定都会走向小股东对大股东的绑架，但鉴于这种股权架构有着天然的风险，在实务中应该尽量注意防范，所以本节对此种类型单独进行介绍和分析。

实践中，股权架构类似49%：49%：2%或40%：40%：20%的公司也是存在的，如茶饮行业最成功的民营企业之一——蜜雪冰城股份有限公司的创始人张红超和张红甫兄弟各自持有公司42.78%的股权，公司在拟上市阶段引入的外部投资者持有0.18%~4%的股权。除了张氏二兄弟之外，其他股东的持股比例较小，但张氏二兄弟均无法单独控制公司，从理论上来讲该股权架构可能会造成“小股东绑架大股东”的结果。当然，这只是一种理论上的风险，至于股权架构的最终走向还是要看两位创始人对股权架构风险的把控和调整。

（二）风控事项

在公司大股东股权比例相同或相近，另外存在一个或几个小股东的情况下，任何一个大股东都达不到过半数的比例，均无法单独控制公司，两大股东对公司的战略意见不一致，必然要拉拢、争取小股东，实际上会造成小股东的意见决定公司的走向的局面，如小股东不做出选择，公司则陷入僵局。

如果公司内部长期采用拉拢甚至讨好小股东的方式推进某项决策的执行，则可能导致大股东与小股东之间存在利益交换或者讨价还价的情形，公司的治理制度和表决机制丧失其应有的制衡作用与理性导向，加剧公司的内部的控制权争夺，分化各股东利益，最终造成股东在决策时以维护自身利益和维护对公司的控制权为导向，而忽略对商业前景的考虑及对成本收益的理性分析，进而损害公司的利益。

（三）优化措施

在实践中，公司之所以会出现小股东绑架大股东型的股权架构，可能是在创业之初未全面考虑其后果，一开始就选择了这种持股模式，还可能是在后期引入新的股东时，原有的公司大股东分别释放了一部分股权，从而导致出现两个大股东和一个或多个小股东的情况。针对这两种不同的成因，下面介绍相应的措施。

首先，公司应当在最初的股权设计时，应该尽量避免出现49%：49%：2%或40%：40%：20%等类似股权结构，特别是对于刚起步的创业公司而言，最推荐的还是高度集中型股权架构，保证公司内部至少有一个控股股东。

其次，若公司一开始存在控股股东，但后期需要引入新的股东从而导致控股股东的股权比例被稀释时，应当特别注意避免公司股权架构由高度集中型向小股东绑架大股东型的转变。具体的方式如下：公司股东之间可以提前做好约定，维持公司大股东的控股地位，如果后期引入新股东进入公司或者公司增加注册资本、增发股份时，大股东股权比例保持相对稳定，只是同比例地稀释大股东的分红权，即所谓的用分红权去换取表决权，用“钱”换“权”，保证公司始终有核心决策者。

最后，如果通过以上两种方式仍旧无法对原股权结构进行改良，那么可以参照平均持股型、高度分散型股权架构的改良对策，采用表决权集中等方式重新整合公司的控制权，以改变小股东绑架大股东的困境。

六、一人公司

（一）架构简介

一人公司，是指全部股份或出资归于单一股东持有的公司（见图2-11）。

一人公司可能在设立时即由一人出资，也可能设立后其他股东退出而变为一人公司。

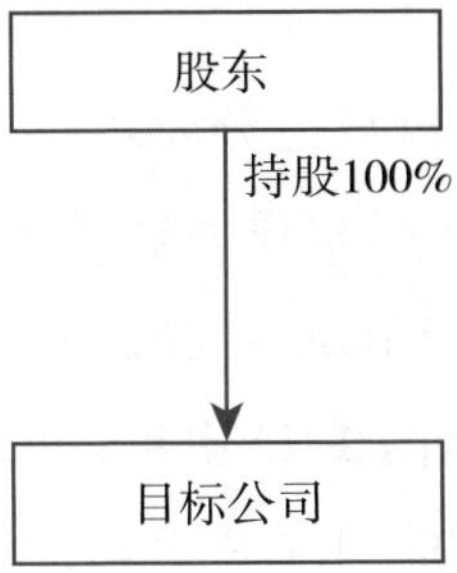

图 2-11 一人公司股权架构

此处需要注意的是，原《公司法》第 58 条规定，“一个自然人只能投资设立一个一人有限责任公司。该一人有限责任公司不能投资设立新的一人有限责任公司”。但是，新《公司法》则对一人公司的相关规定进行了形式与实质上的较大修改，主要体现在新《公司法》将原《公司法》一人有限公司的章节删除，将一人有限公司的相关规定直接融入有限责任公司章节，并取消了其设定的相应限制，因此自然人投资的一人公司也可以继续投资设立新的一人公司。此外还规定，设立股份有限公司，应当有 1 人以上 200 人以下为发起人，即首次承认一人股份有限公司的合法性。新《公司法》进行如此修改的主要原因在于原《公司法》对一人公司的诸多限制本意是为了避免自然人通过设立一人公司来逃避债务，但实践中该规定极易规避，而且不利于激发市场主体的投资热情，《公司法》对法人股东设立一人公司的数量和条件并没有这种限制。需要注意的是，新《公司法》删除了关于一人有限公司的专章规定，并不代表一人公司成为“法外之地”，特别是一人公司的法人人格否认制度被落实整合到新《公司法》的第 23 条第 3 款中，因此，即使目前在新《公司法》放开对设立一人公司的相应限制下，一人公司的股东仍然应特别注意公司法人人格否认的法律风险。

（二）典型案例

在实践中，一人公司可以设立分公司、子公司，以继续扩大经营规模。一人公司作为独立主体，常常作为集团公司的一环，在一些大型集团公司中，不难看到集团母公司 100%持股集团旗下子公司的案例。

以阿里巴巴集团为例，从图 2-12 中我们可以看到，无论是淘宝（中国）软件有限公司，还是浙江天猫技术有限公司，它们的 100%股东都是淘宝中国控股有限公司，其再上层 100%股东为 TAOBAO HOLDING LIMITED 公司，两层股权架构均为一人公司股东范畴。

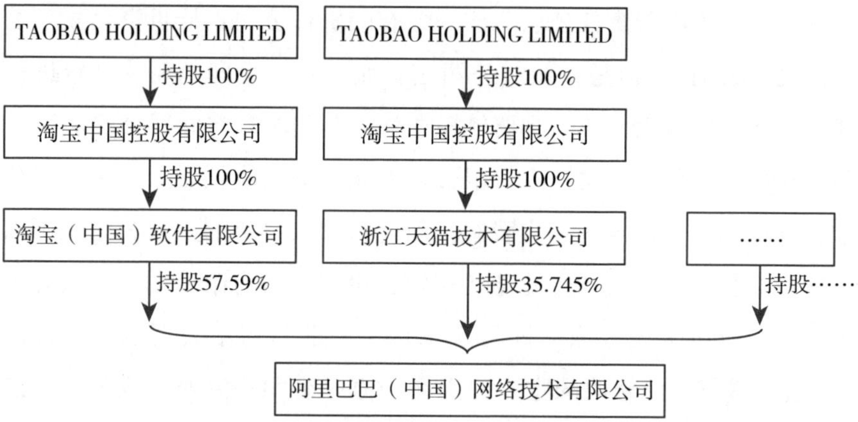

图 2-12 阿里巴巴集团股权架构

注：以 2022 年 10 月 6 日查询数据为基础绘制图表。

此外，在生活用纸行业占据一席之地、推出“心相印”品牌的恒安集团也采用了一人公司的股权架构，即股东恒安（中国）投资有限公司持有集团核心公司湖南恒安纸业有限公司 100%的股权，属于一人公司的范畴。

另外，近几年转型成功的国民体育品牌安踏集团也是如此，安踏投资有限公司（香港）和安踏体育用品集团有限公司均通过一人公司持股模式直接控制了集团核心公司安踏（中国）有限公司100%的股权。

（三）适用情形

一般来说，实践中比较适合使用一人公司股权架构的情形主要有以下四种。

首先，一人公司经常被用来作为集团母公司向外拓展业务范围或者剥离非主营业务的工具。

其次，在个人创业的情况下，相较于个体工商户，一人有限公司能够更好地隔离风险、保护创业者，也有利于公司日后引入新的合作方。

再次，当公司的主营业务涉及重要的商业机密时，成立一人公司可以起较好的保密作用。

最后，一人公司，尤其是法人股东控股的一人公司还可以作为很多大型公司常用的控股平台，便于日后更复杂的股权设计。

（四）优势解读

首先，根据《公司法》的基本精神，一人公司也拥有独立的法人人格，因此一人公司最大的优势在于“有限责任”。只要一人公司进行规范经营、按期审计，那么在真正涉诉时，一人公司股东就能够证明公司财产独立于股东的个人财产，对于公司的债务，一人公司股东承担的仍然是有限责任。这一优势使设立一人公司与设立个人独资企业和个体工商户相比，对股东的保护性更强，公司的有限责任在一定程度上具有隔离风险的作用，从而极大地降低了投资的风险。

其次，虽然一人公司的股东人数只有一个，但鉴于其作为公司的结构已经存在，因而可以吸引其他投资者共同经营，亦能实现所有权与经营权分离，建立起完善的现代化法人治理机制，有利于公司的后续运营发展。

再次，公司相较于个人而言，在社会上容易获得更高的信用度，能够更好地争取社会资源，创造更多的贸易机会，扩大交易范围，为股东带来更多的投资回报。

最后，一人公司作为股权架构搭建的工具之一，目前在大型集团公司、上市公司中被广泛运用，通过将一人公司作为控股平台，在核心公司与众多股东和社会资本之间建立一面“防火墙”，可以方便后续股权运作，使股东变动在控股平台的层面进行，不影响核心公司的经营和发展。特别是在核心公司是上市公司的情况下，此种方式可以避免在上市公司层面变动股东等所导致的烦琐程序，有效降低成本、提高效率。

（五）特别规定

1. 公司人格否认的举证责任倒置

新《公司法》保留了对一人公司公司人格否认举证责任倒置的相关规定。鉴于一人公司的股东只有一个自然人或一个法人，在缺乏股东相互制约的情况下，一人公司的股东容易利用控制公司的便利，混淆公司财产和股东个人财产，将公司财产充作私用，利用公司独立人格和有限责任规避债务，损害债权人利益。因此，为了保护公司债权人利益，降低交易风险，无论是原《公司法》还是新《公司法》通过规定公司人格否认举证责任倒置来加重一人公司及其股东的义务，加强对一人公司的法律规制。

新《公司法》第 23 条第 3 款规定：“只有一个股东的公司，股东不能证明公司财产独立于股东自己的财产的，应当对公司债务承担连带责任。”这里的股东不仅包括自然人股东，还包括法人股东。《最高人民法院关于民事执行中变更、追加当事人若干问题的规定》第 20 条规定，作为被执行人的一人有限责任公司，财产不足以清偿生效法律文书确定的债务，股东不能证明公司财产独立于自己的财产，申请执行人申请变更、追加该股东为被执行人，对公司债务承担连带责任的，人民法院应予支持。

2. 法定审计制度

法定审计制度也是原《公司法》对一人公司的特别规制之一。虽然新《公司法》删除了该规则，但这并不意味着新法生效后一人公司无须再制作财务报告。在原《公司法》的框架下，除在一人公司一章单独规定“编制财务会计报告”“经会计师事务所审计”之外，在第八章“公司财务、会计”一章还进行了一般性规定，即原《公司法》第 164 条第 1 款规定：“公司应当在每一会计年度终了时编制财务会计报告，并依法经会计师事务所审计。”而新《公司法》虽删除了一人公司编制财务报告并审计的特别条款，但新《公司法》第 208 条延续了原《公司法》第 164 条之规定。因此，从新《公司法》的整体立法体系来看，一人公司作为公司的形式之一，也应履行编制财务报告并审计的义务。

新《公司法》出台前，从最高人民法院裁判案例可以看出，想证明一人公司人格独立，财务会计报告应当满足如下要求：第一，做出财务会计报告所依据的财务账簿完整、真实；第二，财务报告应逐年制作，不得缺损，该主流裁判观点与新《公司法》并不存在冲突之处，因此亦可为新《公司法》生效后一人公司证明自身人格独立提供参考。

（六）特殊的一人公司——“夫妻公司”

在实务中还存在一类特殊的公司，即公司明明有两位股东，但法院仍可能认定其为一人公司并适用一人公司的相关法律规定，这类特殊的一人公司就是“夫妻公司”。

根据我国《民法典》的规定[1]，夫妻之间除约定财产制外，在婚姻存续期间所得财产归夫妻共同共有。最高人民法院在（2019）最高法民再372号民事判决明确了对“夫妻公司”的相关裁判观点，具有一定的指导性意义。最高人民法院认为：“青曼瑞公司归熊少平、沈小霞（二人为夫妻关系）共同共有，双方利益具有高度一致性，难以形成有效的内部监督；熊少平、沈小霞均实际参与公司的管理经营，夫妻其他共同财产与青曼瑞公司财产亦容易混同，从而损害债权人利益，因此，青曼瑞公司与一人有限责任公司在主体构成和规范适用上具有高度相似性，系实质意义上的一人有限责任公司，应适用《公司法》第六十三条规定。”

此前，对于公司股东有且仅有夫妻二人的情况下，司法界对于是否将其认定为一人公司、是否适用举证责任倒置尚存在争议，但在上述案件中，最高人民法院以判决的形式给出了明确的司法观点，该观点对审判实务界有一定影响力。

因此，在进行股权架构时需要注意，公司股东在有且仅有夫妻二人的情况下，存在公司法人人格被否定进而导致夫妻股东对公司债务共同承担连带责任的风险。

---

〔1〕《民法典》第1062条：夫妻在婚姻关系存续期间所得的下列财产，为夫妻的共同财产，归夫妻共同所有：（1）工资、奖金、劳务报酬；（2）生产、经营、投资的收益；（3）知识产权的收益；（4）继承或者受赠的财产，但是本法第一千零六十三条第三项规定的除外；（5）其他应当归共同所有的财产。夫妻对共同财产，有平等的处理权。

第1063条：下列财产为夫妻一方的个人财产：（1）一方的婚前财产；（2）一方因受到人身损害获得的赔偿或者补偿；（3）遗嘱或者赠与合同中确定只归一方的财产；（4）一方专用的生活用品；（5）其他应当归一方的财产。

第1065条：男女双方可以约定婚姻关系存续期间所得的财产以及婚前财产归各自所有、共同所有或者部分各自所有、部分共同所有。约定应当采用书面形式。没有约定或者约定不明确的，适用本法第一千零六十二条、第一千零六十三条的规定。夫妻对婚姻关系存续期间所得的财产以及婚前财产的约定，对双方具有法律约束力。夫妻对婚姻关系存续期间所得的财产约定归各自所有，夫或者妻一方对外所负的债务，相对人知道该约定的，以夫或者妻一方的个人财产清偿。

（七）风控事项

与一般的有限公司相比，一人公司被“刺破公司面纱”的可能性更大，因而法律风险更大。但是，一人公司设立之初或者一人股东收购公司时，股东通常不会考虑将来可能会与公司承担连带责任，一般都是在公司及股东涉及诉讼之后，一人股东才考虑如何避免自身责任，但难免为时过晚，因此需要提前对可能出现的法律风险进行防范。

一人公司的法律风险防范主要在于对公司人格混同方面的风险控制。那么现行《公司法》认定公司出现“人格混同”的基本标准是什么?

2019 年 9 月最高人民法院审判委员会公布的《九民会议纪要》第 10 条对公司人格混同有细致的规定，即“认定公司人格与股东人格是否存在混同，最根本的判断标准是公司是否具有独立意思和独立财产，最主要的表现是公司的财产与股东的财产是否混同且无法区分”。这与《公司法》规定的年度法定审计制度相呼应，主要强调公司与股东之间应有独立的财产和独立的意思表示。根据前述《九民会议纪要》第 10 条的相关规定，一人公司在经营过程中应避免下列行为，以防范公司人格混同的风险，主要包括：①股东无偿使用公司资金或者财产，不做财务记载；②股东用公司的资金偿还股东的债务，或者将公司的资金供关联公司无偿使用，不做财务记载；③公司账簿与股东账簿不分，致使公司财产与股东财产无法区分；④股东自身收益与公司盈利不加区分，致使双方利益不清；⑤公司的财产记载于股东名下，由股东占有、使用等情形。前述规定与新《公司法》的内容并不冲突，因此新法出台不影响其效力。一人公司应当严格遵循《公司法》的规定，按时编制财务报告并进行年度审计，并将相关材料妥善保存，以避免被“刺破公司面纱”的法律风险。

本章小结

本章主要对单一公司特定持股比例和典型股权架构模型进行了介绍，同时针对新《公司法》修订内容特别是新增条款及其立法背景等进行了重点分析。

特定的持股比例及其所对应的法律意义是我们掌握股权架构这门学问的“钥匙”，在实际接触或设计公司股权架构的过程中，类似67%、51%、34%等数字将会反复出现，对这些特殊数字的熟悉度和敏感度是考验一名股权专业律师基本功是否扎实的重要尺度。

对股权架构模型的理解和掌握的难度相较于特定持股比例而言则更大。每一种模型都有其独特的适用情形，也会伴随相应的风险，这些风险不仅包括法律风险，还包括商业风险。鉴于每家公司所处行业不同、商业模式不同、团队成员不同，因而没有一种放之四海而皆准的、最好的股权架构，故本章介绍的六种股权架构模型只是一种参考，在实际设计股权架构的过程中，可以对相关内容进行参照，但不能完全照搬，正所谓“学我者生，似我者死”。

对于公司股权架构而言，在集权与分权的股权坐标上没有绝对的正确与错误之分，因此读者也不应迷信过度集权带来的“效率”与过度分权所带来的“制衡”。通过阅读本章内容，读者在了解各种股权模型长处、短处后可以融会贯通，在实践中实现灵活运用，才是本章内容的真正意义所在。

如本章前言所提到的，单一公司是公司发展的最初阶段，也是股权架构搭建的最初阶段，因此对于读者而言，单一公司是我们理解股权架构的切口，也是万变不离其宗的“宗”。随着公司业务范围的扩大和经营模式的逐渐成熟，在商海浮沉中幸存下来的优秀公司会倾向于通过集团公司的方式扩大规模效益，完善产业链，也可能会选择上市，进一步拓宽市场和融资渠道，为品牌打响知名度。读者若想进一步了解更加复杂的股权架构模型和更专业全面的实操问题，可以参见本分册第三章和第四章的相关内容。

同时需要提示的是，一家公司在不同的发展阶段对于股权架构的需求和设计会有所不同，在公司的每个发展阶段都需要对股权架构进行设计和调整，而且越早越好，否则就可能导致公司股东之间利益无法平衡，届时再欲进行股权结构调整，要么会付出高昂的代价，要么积重难返。因此，公司处于单一公司的阶段时，就应该提前谋划日后股权架构的调整问题。对于该问题，可以参见本分册第五章有关股权架构的动态调整的相关内容，以避免被动调整给公司带来不利影响。

3 第三章

拟上市公司的股权架构

公司经过一段时间的发展，待商业模式逐渐成熟、运营步入正轨，往往会选择上市。公司上市不仅能够改善公司资本结构，拓宽公司的融资渠道，为公司拓展业务提供资金支持，而且可以通过公司上市的合规化管理促进公司现代化治理结构的完善和管理水平的提高，进一步降低经营风险；另外，公司上市可以在一定程度上为品牌打响知名度，使公司及其控股股东进入社会经济的主流群体，进一步扩大影响力，为收购和兼并提供更多的信用背书。因此，公司在发展到一定规模之后，往往都将上市作为一个主要目标。

拟上市公司因为要以上市为主要目标，故在股权架构的设计方面具有很强的功能指向性。

首先，拟上市公司不仅要满足《公司法》的相关规定，还需要考虑证券类法律和证监会、各证券交易所对拟上市公司的其他要求。例如，上市要求公司的股权必须明晰，股权关系透明化，不存在违法和股权代持的情况等。其次，基于未来长远发展的考虑，公司既需要注重股权设计对外部投资者的吸纳，也需要提前对公司的控制权做出多方面的考量，避免公司在吸收大量外部社会资金的同时出现实际控制人、控股股东丧失对公司的控制权的情况。最后，对于拟上市公司而言，公司利益相关者数量众多，不同的利益对象对公司股权有着不同程度的期望和要求，股权架构需要满足多方的利益诉求，所以平衡也是关键。拟上市公司股权架构设计在于实现公司各个利益群体的股权分配与其在公司内部的贡献度相匹配，如果出现股权分配与贡献度不匹配的矛盾，就会导致不公平，引起利益失衡和相关人员的不满。

总而言之，对于拟上市公司而言，该阶段最重要的目标就是“上市”，因此股权架构设计需要从各个方面服务于“上市”这一主要目标。在这个功能指向性的大前提下，拟上市公司股权架构的设计需要符合证券方面法律法规的相关要求，确保公司各方面严格合规，以使公司各制度性层面均实现从封闭性、人合性的有限公司向公众性、开放性、资合性的上市公司过渡的要求；同时，在上市准备的过程中，公司要根据经营发展和内外部融资的需要，不断调整股权架构，并对股权权属不清晰的情况进行核查与清理，以保障符合上市的强制性要求；最后，当公司各个利益群体的博弈和相应的股权架构调整接近尾声时，拟上市公司需要适时启动公司股份制改组，以实现从有限责任公司向股份有限公司的转变，满足上市对"股份有限公司"这一组织形式上的基本要求。

第一节

证券方面的法律法规对拟上市公司的规制及监管

在公司准备上市的过程中，主体资格、关联交易、股权清晰、控股股东及实际控制人、突击入股等问题是中国证券监督管理委员会发行审核委员会关注的重点问题，而这些事项的共同点在于都和公司的股权问题有关系，公司的股权架构设计决定了这些典型问题会不会成为公司成功上市的实质性障碍。因此，拟上市公司在进行股权架构设计时应特别注意证券方面的相关法律法规对拟上市公司的规制与监管，从而便于公司在进行股权架构搭建和改良时贯彻、落实相关规定，利于公司日后成功上市。

本节内容将从上述五类中国证券监督管理委员会发行审核委员会关注的重点问题入手，介绍相较于一般公司而言，拟上市公司在股权架构问题方面需要特别注意的问题。

一、主体资格问题

（一）拟上市公司的主体资格要求

证监会公布的 2023 年 2 月 17 日《首次公开发行股票注册管理办法》

第 10 条规定："发行人是依法设立且持续经营三年以上的股份有限公司，具备健全且运行良好的组织机构，相关机构和人员能够依法履行职责。有限责任公司按原账面净资产值折股整体变更为股份有限公司的，持续经营时间可以从有限责任公司成立之日起计算。"

根据以上规定，拟上市公司在首次公开发行股票（IPO）之前需要将原本的有限责任公司的形式转变为股份有限公司的形式，这个过程是上市流程中非常重要的一环，也就是我们通常所说的"股改"。

（二）拟上市公司的股改

鉴于股改并非严格意义上的法律名词，在《公司法》及其他相关法律中也没有具体的法律指引和操作细则，因此股改的流程基本是在实务中逐渐形成的。公司在上市后最突出、最典型的特点便是开放性、公众性，其本质其实是"资合性"，即相较于有限责任公司中强调股东之间的人身依赖属性，股改是公司从人合性走向资合性的第一步，也是关键的一步。

拟上市公司的股改是一个非常复杂的问题，也是对拟上市公司的组织形式整体产生实质性影响的过程，它既是股权架构调整的尾声，也往往标志着上市辅导期的开始和后续 IPO 申报材料的进一步完备，因此后文将会用较大的篇幅对拟上市公司的股改流程等相关事项进行详细叙述，此处只进行简单介绍。

二、关联交易问题

（一）关联交易的含义及相关规定

关联交易，是指公司与其关联人之间发生的一切转移资源或者义务的法律行为。其特征是交易双方中一方是公司，另一方是公司的关联人，交易双方的法律地位名义上平等，但交易实由关联人一方所决定，交易双方存在利益冲突，关联人可能利用控制权损害公司的利益。在关联交易方面，关联交易的必要性与公允性、披露的完整性一直是拟上市公司上市审核和 IPO 监管的重点问题。《公司法》《证券法》对关联交易未做明确的概念认定，但《上市公司信息披露管理办法》《上交所关联关系指引》《深交所上市规则》对上市公司的关联交易有明确的概念，即“上市公司的关联交易，是指上市公司或者其控股子公司与上市公司关联人之间发生的转移资源或者义务的事项”。《首次公开发行股票注册管理办法》第 12 条中规定，发行人必须满足“资产完整，业务及人员、财务、机构独立，与控股股东、实际控制人及其控制的其他企业间不存在对发行人构成重大不利影响的同业竞争，不存在严重影响独立性或者显失公平的关联交易”这一要求。实践中，证监会对于关联交易在上市审核阶段所关注的主要问题涵盖了关联交易的审议、全面披露、定价的公允性以及关联交易对独立性的影响等。

（二）拟上市公司避免关联交易的注意事项

对于拟上市公司而言，为了保证上市成功，应尽量避免关联交易。在进行股权架构设计时，拟上市公司需要注意对可能导致公司发生关联交易的情况进行甄别并排查，如可能发生关联交易的业务是公司赖以生存的业务且为公司的上下游公司，可考虑将该关联公司收购为公司的子公司，纳入公司本身的股权架构体系之内。

此外，对于拟上市公司而言，在融资阶段引进外部战略投资者成为新的股东时需要特别注意，如选择那些同自己有上下游业务关系的战略投资者可能会在上市的进程中遭遇关联交易的法律风险，从而阻碍上市的实现，因为公司的战略投资者可以通过行使表决权等方式影响公司内部的经营和决策，故存在战略投资者通过关联交易影响公司和其他股东利益的可能性。因此，拟上市公司在选择投资者时就应该从减少关联交易的角度考虑对股东的选择，调整股权架构，尤其是避免与控股股东及其下属机构之间出现关联交易的情况，保障上市的顺利进行。

三、股权清晰问题

（一）拟上市公司的股权清晰性要求

《首次公开发行股票注册管理办法》第 12 条规定，发行人需要满足“股份权属清晰，不存在导致控制权可能变更的重大权属纠纷”的要求。这是 IPO 发行条件中对股权明晰性的要求。而在《全国中小企业股份转让系统业务规则（试行）》第二章也规定，股份有限公司申请股票在全国股份转让系统挂牌，应当保证股权明晰，股票发行和转让行为合法合规。因此，对于拟上市公司而言，股权清晰、无重大权属纠纷是其在搭建和梳理股权架构时始终需要注意的问题。

（二）常见的影响股权清晰性的情形及其清理

在实践中，影响拟上市公司股权清晰的两种主要情形是代持股问题和对赌协议问题。对于拟上市公司而言，在材料申报前应特别注意对代持股问题和对赌问题的妥善处理，以避免影响持股的稳定。

1. 代持股问题

关于股权代持行为的法律效力，虽然我国现行法律认可股权代持合同的合法性[1]，但是，鉴于股权代持行为存在权属不透明和不确定性的情况，不符合“股权明晰性”的要求，因此拟上市公司在 IPO 申报前应该对股权代持予以清理。2021 年 2 月证监会公布的《监管规则适用指引——关于申请首发上市企业股东信息披露》再次对股权代持问题进行了严格管制[2]，明确要求若发行人历史沿革中存在股份代持等情形的，应当在提交申请前依法解除。新《公司法》则新增了禁止上市公司代持股票的规定，即新《公司法》第 140 条明确规定：“上市公司应当依法披露股东、实际控制人的信息，相关信息应当真实、准确、完整。禁止违反法律、行政法规的规定代持上市公司股票。”该条修订是《公司法》对证券领域相关立法的呼应与衔接，基于该规定，拟上市公司股权代持须依法解除。

因此，如果一个公司拟在境内上市的话，则必须在向证监会申报拟上市资料前解除股权代持关系。由于公司经济活动需要或者股东个人需求等复杂原因，公司历史沿革中股权代持形成的原因多种多样。在实务操作过程中，股权代持的解决路径已经比较成熟。通常情况下，拟上市公司的股权代持通过当事人之间签署股权转让协议的方式进行还原，中介机构还会要求拟上市公司在还原后履行相应的核查程序。对于拟上市公司而言，对

---

〔1〕《公司法解释（三）》第 24 条：有限责任公司的实际出资人与名义出资人订立合同，约定由实际出资人出资并享有投资权益，以名义出资人为名义股东，实际出资人与名义股东对该合同效力发生争议的，如无法律规定的无效情形，人民法院应当认定该合同有效。前款规定的实际出资人与名义股东因投资权益的归属发生争议，实际出资人以其实际履行了出资义务为由向名义股东主张权利的，人民法院应予支持。名义股东以公司股东名册记载、公司登记机关登记为由否认实际出资人权利的，人民法院不予支持。实际出资人未经公司其他股东半数以上同意，请求公司变更股东、签发出资证明书、记载于股东名册、记载于公司章程并办理公司登记机关登记的，人民法院不予支持。

〔2〕《监管规则适用指引——关于申请首发上市企业股东信息披露》第 1 条：发行人应当真实、准确、完整地披露股东信息，发行人历史沿革中存在股份代持等情形的，应当在提交申请前依法解除，并在招股说明书中披露形成原因、演变情况、解除过程、是否存在纠纷或潜在纠纷等。

股权代持情况的清理宜早不宜迟。

在实践中，若公司未启动上市工作，对股权代持的核查和清理遇到的阻力比较小；而公司一旦正式启动上市，则经常会遇到被清理的股东提出高额补偿或进行漫天要价，如果不同意补偿就极力不予配合从而影响公司最终上市的情况。如果公司能尽早认识到股权代持风险，尽早加以清理和还原，则可以避免在拟上市阶段付出不必要的代价。

2. 对赌协议问题

对于拟上市公司而言，对赌条款是导致拟上市公司股权不明晰的另一个主要原因。对赌条款的存在可能影响公司的股权结构稳定性、公司治理规范性和财务数据，因此拟上市公司一般需要进行披露并考虑清理。拟上市公司在前期发展过程中，可能有投资人与目标公司或原股东之间约定了包括但不限于股权回购条款在内的对赌协议，该协议还可能进一步约定投资人的赎回权、拖售权、反稀释等特殊股东权利条款（一般统称对赌条款）。鉴于触发对赌条款可能会对公司股权的清晰度与稳定性带来实质性影响，因此保留对赌条款的拟上市公司可能会被判定不符合发行上市条件。在实践中，该情况也屡有发生。鉴于此，为满足发行条件的需要，实践中拟上市公司往往会选择对对赌条款予以阐释、披露、清理或调整，以保障股权清晰、符合上市要求。例如，拟上市公司阐释对赌协议的履行过程合法合规，并且由发行人及其控股股东确认不存在其他可能引起发行人股权发生变更的协议或安排。或者，对于现存有效的对赌协议，在符合证监会不清理条款的前提下，拟上市公司在招股说明书中披露对赌条款的具体内容、提示可能对发行人存在的风险，并由保荐人及律师发表相应核查意见，保留对赌条款。需要注意的是，在司法实践中，如果对赌的当事人为了配合上市最终选择终止对赌协议，一般被视为丧失回购权。

总的来说，对股权架构中不符合证监会的明晰性要求的情况进行清理是一个相对复杂的问题，也是拟上市公司股权架构设计时独有的法律问题。股权代持的情形和对赌协议的内容多种多样，与公司的历史沿革密切相关，而且在清理过程中往往涉及公司内外部多方势力的反复博弈，因此并非一个纯粹的法律问题，很难一概而论。在IPO实务中，中介机构往往会有针对性地考察造成股权架构不清晰的具体原因，并根据该情况形成的历史沿革分别出具相应的调整及清理方案。

四、控股股东和实际控制人问题

（一）控股股东和实际控制人的含义及相关规定

对于拟上市公司而言，控股股东和实际控制人不仅涉及公司经营的稳定性，还因为其与公司之间形成的实际控制与支配关系，可能存在操纵拟上市公司、影响外部投资者利益的行为，因此是上市时证监会所重点关注的事项。

根据新《公司法》第265条规定[1]，控股股东，是指其出资额占有限责任公司资本总额超过50%或者其持有的股份占股份有限公司股本总额超过50%的股东；出资额或者持有股份的比例虽然低于50%，但依其出资额或者持有的股份所享有的表决权已足以对股东会的决议产生重大影响的股东。本分册第二章在详细介绍公司特定持股比例的法律含义时曾提到，

〔1〕新《公司法》第265条：本法下列用语的含义：（1）高级管理人员，是指公司的经理、副经理、财务负责人，上市公司董事会秘书和公司章程规定的其他人员。（2）控股股东，是指其出资额占有限责任公司资本总额超过百分之五十或者其持有的股份占股份有限公司股本总额超过百分之五十的股东；出资额或者持有股份的比例虽然低于百分之五十，但依其出资额或者持有的股份所享有的表决权已足以对股东会的决议产生重大影响的股东。（3）实际控制人，是指通过投资关系、协议或者其他安排，能够实际支配公司行为的人。（4）关联关系，是指公司控股股东、实际控制人、董事、监事、高级管理人员与其直接或者间接控制的企业之间的关系，以及可能导致公司利益转移的其他关系。但是，国家控股的企业之间不仅因为同受国家控股而具有关联关系。

对于上市公司而言，实际控制人有时并不直接持有公司的股份，根据《上市公司收购管理办法》第 84 条[1]的规定，投资者可以实际支配上市公司股份表决权超过 30%的，为拥有上市公司控制权。

（二）拟上市公司控股股东和实际控制人的特别规制

在实践中，上市公司的控股股东、实际控制人利用控股公司、持股公司与上市公司的关联交易，损害上市公司及中小股东利益的案例层出不穷；此外，基于公司上市之后可以通过变更发行底价、低价转让股权、分派股利等方式，对上市公司的控股股东或者实际控制人进行利益输送，可能会造成严重侵害中小股东利益、阻碍资本市场的正常发展的情况，证监会对于拟上市公司的控股股东和实际控制人设定了更高的合规义务与信息披露义务。对此，《首次公开发行股票注册管理办法》第 17 条规定："自注册申请文件申报之日起，发行人及其控股股东、实际控制人、董事、监事、高级管理人员，以及与本次股票公开发行并上市相关的保荐人、证券服务机构及相关责任人员，即承担相应法律责任，并承诺不得影响或干扰发行上市审核注册工作。"第 36 条第 2 款规定："发行人控股股东、实际控制人应当在招股说明书上签字、盖章，确认招股说明书的内容真实、准确、完整，不存在虚假记载、误导性陈述或者重大遗漏，按照诚信原则履行承诺，并声明承担相应法律责任。"第 45 条第 1、2 款规定："发行人应当在招股说明书中披露公开发行股份前已发行股份的锁定期安排，特别是尚未盈利情况下发行人控股股东、实际控制人、董事、监事、高级管理人

---

〔1〕《上市公司收购管理办法》第 84 条：有下列情形之一的，为拥有上市公司控制权：（1）投资者为上市公司持股 50%以上的控股股东；（2）投资者可以实际支配上市公司股份表决权超过 30%；（3）投资者通过实际支配上市公司股份表决权能够决定公司董事会半数以上成员选任；（4）投资者依其可实际支配的上市公司股份表决权足以对公司股东大会的决议产生重大影响；（5）中国证监会认定的其他情形。

员股份的锁定期安排。发行人控股股东和实际控制人及其亲属应当披露所持股份自发行人股票上市之日起三十六个月不得转让的锁定安排。”第60条第1款规定：“发行人的控股股东、实际控制人违反本办法规定，致使发行人所报送的注册申请文件和披露的信息存在虚假记载、误导性陈述或者重大遗漏，或者组织、指使发行人进行财务造假、利润操纵或者在证券发行文件中隐瞒重要事实或编造重大虚假内容的，中国证监会可以对有关责任人员采取证券市场禁入的措施。”

需要注意的是，一些上市公司还可能存在一种比较少见的极端情况，即公司无控股股东、无实际控制人的状态。该种情况的出现一般源于公司在拟上市阶段甚至在初创阶段，股东的持股比例相对分散，直到公司上市，也没有形成股权的相对集中，导致没有一方股东能够主导上市公司的生产经营活动。本分册第四章提到的宇瞳光学集团的案例就是公司上市之后变更为无控股股东、无实际控制人状态的典型案例。相比于存在控股股东和实际控制人的上市公司，无控股股东和实际控制人的上市公司虽然避免了“一股独大”情况下大股东对中小股东利益的侵害问题，但是大股东的控制力不足，容易导致股东内部对控制权的争夺，从而进一步影响上市公司持续经营能力。因此，在本分册第四章介绍的宇瞳光学集团案例中，深交所就“无控股股东和无实际控制人”的情况向宇瞳光学集团发出了关注函，其监管的重点在于该上市公司的内部争议解决机制和不良影响的消除等问题。

对于拟上市公司而言，存在控股股东和实际控制人的情况占绝大多数，在这种情况下，既要保障控股股东和实际控制人对拟上市公司的控制权，又要严格遵循上市规范对于关联交易、信息披露、提供担保等方面的一系列规制。其中有关拟上市公司控股股东与实际控制人如何增强控制权的问题，可以参照本分册第四章关于集团公司实控人增强控制权的相关内容，此处不再进行赘述。而对于股权过于分散的拟上市公司而言，除了采用表决权集中机制（如一致行动人协议等）集中控制权，暂时性使公司存在实际控制人，还要特别注意对公司治理结构和内控制度的完善，以避免上市后公司因为种种原因（如一致行动人协议到期解除）变更为无实际控制人，对日常生产经营产生不利的影响。

五、突击入股问题

（一）突击入股的含义及产生原因

突击入股是拟上市公司在进行上市申报之前常见的股权问题之一。拟上市公司上市申报前引入新股东的原因是多样的，如公司发展需要资金、绑定员工及高管作为公司利益共同体、平衡外部关系等，并非所有在上市申报前入股的新股东都会被认定为“突击入股”。实践中“突击入股”主要指的是拟上市公司在上市材料申报前一年（12 个月）内，有机构或者个人以低价获得该公司股份的情形。

一般而言，拟上市公司到了 IPO 阶段，通常从申报到过会再到发行需要 2~3 年的时间，个别特殊的企业遇到证监会特殊监管的年份时，审核时间可能会长达 5 年以上。在审核期中，如果拟上市公司想要快速扩张，必然需要大量的资金，而在审核期间，是不允许再向公司进行增资的，所以很多公司希望在申报前把未来 3~5 年内发展需要的资金一次性增足，因此在申报前“突击”引入外部战略投资者的情况就比较常见，甚至该部分外部战略投资者会获得较高的持股比例。

（二）证监会对突击入股问题的规制及注意事项

证监会历来对于上市前突击引入新股东的情况极其敏感。拟上市公司在突击引入新股东时常会出现 PE（私募股权投资）腐败、中介机构腐败等情形。当新股东入股价格过低又不存在合理的理由时，拟上市公司就可能会被证监会初步判定存在利益输送。实践中，鉴于拟上市公司在 IPO 前突击引入股东可能会出现损害外部投资人利益、操纵证券市场、扰乱资本秩序的情况，近年来证监会对于此类新引入的股东的核查和股东合规性审查进一步趋严。前文中提到的证监会于 2021 年 2 月发布的《监管规则适用指引——关于申请首发上市企业股东信息披露》中明确规定："发行人提交申请前 12 个月内新增股东的，应当在招股说明书中充分披露新增股东的基本情况、入股原因、入股价格及定价依据，新股东与发行人其他股东、董事、监事、高级管理人员是否存在关联关系，新股东与本次发行的中介机构及其负责人、高级管理人员、经办人员是否存在关联关系，新增股东是否存在股份代持情形。上述新增股东应当承诺所持新增股份自取得之日起 36 个月内不得转让。"

因此，拟上市公司在上市前突击引入外部战略投资者时，除了考虑战略投资者对公司股权架构调整所带来的风险（如控制权争夺风险、关联交易风险、商业秘密侵权风险等），还需要特别注意证监会对"突击入股"的规制，严格遵照并执行股份锁定期的规定，诚实履行信息披露义务，以确保上市顺利进行。

第二节

拟上市公司对特殊入股方式的容纳及调整

出资是公司正常运行的前提和基础，股东向公司出资即将其所有的财产（包括货币资产及非货币资产）向公司出资，以获取公司股权的行为。因此，股东出资问题与股权问题其实是一个问题的两个方面，只有用来出资的财产本身产权清晰、符合法定的出资形式且在公司章程规定的时限内完成所有权转移，则相对应的股权才能更加牢靠稳定。反之，如果股东用于出资的财产本身就存在明显的瑕疵，则会从根本上导致公司的股权架构不稳，这也是在拟上市公司上市过程中证监会所重点关注的问题。因此，本节将着重介绍公司的出资问题以及两种特别的入股方式，其目的在于提醒公司在出资阶段就特别关注股权清晰问题，对出资财产的权属及其入股方式给予特别关注，以避免因出资不规范所导致的后期复杂的股权调整问题。

一、拟上市公司的出资问题与股权问题

实践中，影响一个公司上市成功的主要出资问题包括出资方式不符合

法律的规定、没有按期足额缴纳公司章程中规定的各自所认缴的出资额、出资财产存在权属纠纷、股东抽逃出资等。特别是在新《公司法》逐渐收紧公司资本制度的大背景下，无认缴期限限制的资本认缴制度被立法者叫停，有限责任公司适用5年认缴出资制度，而股份有限公司则一律实行实缴制度，作为拟上市公司，对股东出资义务履行的审查自然更加趋于严格。因此，股东不按照《公司法》及其他IPO领域的法律规定和公司章程的约定履行出资义务通常会构成上市的阻碍之一。

根据上市的相关要求，拟上市公司要在申报材料之前对出资问题予以梳理并规范，出资不到位或者未在约定时间内完成出资的，需要补足出资。但如果出资方面存在较大瑕疵，则可能导致公司上市失败。对于拟上市公司而言，现金出资虽然是最常见的出资方式，但拟上市公司在发展过程中对专业知识产权及人脉、客户、渠道等多种要素具有不同需求，因此会出现股东以知识产权入股、以资源入股等情形。拟上市公司在进行股权架构设计时，不仅要考虑现金出资的情形，还要充分考虑对一些特殊类型的出资方式的容纳可能及善后措施，合理安排好股权比例或者对不规范的出资方式进行清理，严控其中的法律风险。下面以两种比较具有代表性的特殊出资方式——知识产权入股、资源入股为例进行说明介绍。

二、知识产权入股相关问题

（一）知识产权入股的含义及方式

近年来，技术密集型的拟上市公司越来越多，能否掌握相关行业领域的核心技术决定了主攻高精尖类拟上市公司对外部投资人的吸引力及其上市之后的发展前景，同时，知识产权入股也是实现创新成果产业化、市场化的重要途径之一，因此知识产权入股问题得到越来越多人的关注。

一般而言，可以作价入股的知识产权主要包括专利权、商标权、著作权、植物新品种权、地理标志专用权、集成电路布图设计专用权等知识产权中依法可转让或许可实施的财产权。

在入股方式方面，知识产权人可以通过转让知识产权的方式作价出资，也可以采用知识产权实施许可的方式作价出资。前者比较好理解，指的是知识产权人将知识产权的所有权转让给公司，出让人不再持有知识产权的所有权，取而代之的是享有目标公司的股权；后者相对而言比较复杂，指的是知识产权持有人在约定的期限和约定的范围内将知识产权许可公司实施，以此获得目标公司的股权，即公司只获得约定期限和范围内的该知识产权及其对应智力成果的使用权，而知识产权的所有权仍由原权利人继续持有，这种情形在专利权领域适用比较广泛。这种实施许可使用权在本质上同样是一种财产性权利，它是在权利主体不变的情况下的部分权利转移；实施许可的方式可以根据公司的实际需求和股东利益进行调整，如可以约定为独占许可或者排他许可，因为独占许可或者排他许可能够为目标公司带来垄断利润，符合公司股东的根本利益。

（二）知识产权入股的资产权属问题及注意事项

对于拟上市公司而言，投资人无论采用知识产权转让的方式出资，还是采用知识产权实施许可的方式出资，在其出资成为公司股东后，相应的知识产权所有权或使用权应归属公司所有，属于公司的无形资产，但是鉴于无形资产的特殊性，其在资产权属方面容易出现问题。从产权关系方面来看，以知识产权出资入股者应享有拟出资入股知识产权的处分权利，且应能保证目标公司以该入股知识产权对抗任何第三人，即被出资的知识产权不应存在权属方面的争议，以避免后期因权属纠纷影响目标公司的股权稳定性。

拟上市公司拟接受股东以知识产权作价入股时，需要特别注意的事项主要包括以下三点：

首先，出资的知识产权必须符合权属清晰性的要求，这要求出资股东应该是该知识产权的合法所有者。实践中大多数情况下，含金量较高的知识产权多为职务发明创造，职务发明创造形成知识产权成果在没有特别约定的情况下所有权归单位所有，是不能以个人名义进行转让出资或者许可他人实施的。在这种情况下，入股时一定要获得所在单位的同意进行转让或实施许可入股，或者提前进行约定赋权和股权分配比例，避免后续公司上市时因知识产权权属纠纷引发股权不清晰的问题从而影响上市。

其次，如果股东选择以知识产权转让的方式向公司出资，就需要做相应知识产权的权属变更。以转让专利权入股为例，需要完成专利价值评估，订立相应的合同并到专利局办理专利变更等手续。公司凭专利权转移的手续确定以专利技术入股的股东完成了股东出资义务的履行。

最后，以知识产权作价入股时公司还需注意，包括但不限于技术资料的交接和权利的移交、知识产权入股方的技术培训和指导、后续改进成果的权属等具体问题都要提前进行约定，以避免出资权属纠纷及股权不明晰问题，从而保障公司上市的顺利推进。

（三）知识产权入股的评估与持股问题

技术入股核心在于技术价值评估，这决定了技术方在公司所占的股权比例。鉴于股东以知识产权投资入股拟上市公司是实缴出资，属于新《公司法》第48条[1]的规定“非货币财产作价出资”的情形。因此，从公司

---

〔1〕新《公司法》第48条：股东可以用货币出资，也可以用实物、知识产权、土地使用权、股权、债权等可以用货币估价并可以依法转让的非货币财产作价出资；但是，法律、行政法规规定不得作为出资的财产除外。对作为出资的非货币财产应当评估作价，核实财产，不得高估或者低估作价。法律、行政法规对评估作价有规定的，从其规定。

的角度而言，拟上市公司在接纳以知识产权入股的股东时，需遵循非现金资产出资的相关规定，履行评估程序，并按投资合同或出资协议约定的价值确认知识产权的价值以及其在注册资本中应享有的份额。

知识产权入股时，评估问题可能会直接影响公司上市。以中科微至科技股份有限公司为例，该公司注册资本为1000万元，自然人股东李功燕出资740万元，持股74%，中国科学院微电子研究所下的北京中科微投资管理有限责任公司以三项专利成果作价出资150万元，持股15%，另有两位个人投资者合计持股11%。但中科微至在申请上市时，对中科院的三项专利进行了评估，评估价是149.99万元，不足150万元，导致该公司无法达到科创板的上市要求。为了解决“出资不实”的问题，技术股东北京中科微投资管理有限责任公司在2019年11月补缴了100万元注册资本。之所以补缴如此高额的出资是基于上市阶段审慎性的考虑，即对知识产权的估价始终只是一个“评估值”。为了实现公司上市的万无一失，技术股东在补缴出资时秉持了宁可多缴也不少缴的心态。但从该实例中我们可以看到，鉴于评估问题带来的出资不确定性，公司上市时可能会遇到额外的阻碍。因此，在接受知识产权入股时，评估阶段应遵循如实评估原则，特别注意避免估价虚高的情况；在拟上市阶段进行审计评估时，如果出现上述出资不足问题，应及时补缴注册资本，避免影响公司上市。

此外，需要注意的是，由于专利等知识产权即使权属变更后期同样存在无效、侵权等风险，同时，由于技术条件差异，在产业化生产的过程中，可能会出现技术缺陷而无法批量生产等问题，导致入股后存在“技术价值贬值”的潜在风险，因此在接受知识产权入股时可以与当时的股东签订协议，明确在出现技术价值贬值时技术股东相应的股权比例调整及资本补充责任，将动态的股权比例调整方式落实到协议内容中，减少后续知识产权贬值所可能带来的出资纠纷。

（四）知识产权入股的股权架构设计注意事项

1. 对技术类股东的合理安置

在进行股权架构设计时，拟上市公司应区分技术类股东入股目的和投资需求，在进行股权架构设计时对其合理安置。

对于某些持有核心技术的战略投资者而言，其本身就在相关领域经营多年，投资的目的多在于掌控公司，从而完善原本的产业链条。对于这一部分股东而言，如果其以某一领域的核心技术入股，那么拟上市公司应谨慎向其让渡公司的控制权，以避免技术类股东反客为主，掌控该被投资公司的战略发展决策权，从而出现将被投资公司变为自己高精尖技术的代工厂的风险。

对于主攻技术研究类型的学者型股东或者高等院校、科研院等投资者，其作为股东时，入股目的在于使知识产权合理变现，获得财产性回报，因此这类股东对于控制权可能不太感兴趣，但格外重视其投资收益权。在引进这一类股东时，拟上市公司应注意在相关出资协议和公司章程中落实对其分红权的保护，避免后续该部分股东因收益问题引发纠纷进而引发关于核心知识产权许可使用方面的相关诉讼，严重影响公司的正常生产经营。可能的情形下，可以通过协商的方式，在双方同意的情况下以委托投票权、一致行动人协议等归集该部分技术类股东的表决权，以增强拟上市公司控股股东的控制权，达到以钱换权的目的。

在一些技术密集型产业的拟上市公司中，技术所有人以技术作价入股公司后，通常基于技术的有效实施和产业化推广，还会在公司实际任职，负责组建研发团队，继续进行技术研发和改进。该类股东还有可能在公司任职管理层岗位，此时宜按照股权比例使技术开发者获得适当的决策权，通过股东会对相关事项发表意见。同时，为了在市场经济逐利性中保障技术开发一定程度的独立理性，使研发部门在产品营销与推广中保持适当的话语权，公司可以通过章程约定赋予技术类股东对一些涉及技术研发的重大事项享有临时提案权甚至一票否决权。但是鉴于技术股东并非专业的管理型人才，一般也不具备企业家的商业眼光，因此技术股东在非专业技术领域的观点的可参考性会大打折扣，所以技术股东不宜持有过高的股权比例，建议技术股东持股以10%～20%为宜，以避免在涉及商业性决策时因技术股东的意见分歧而导致决策效率低下。

2. 其他注意事项

在接纳知识产权入股并进行股权架构设计时，除了上述对技术类股东的合理安置，还需要特别注意以下两点内容。

首先，鉴于在知识产权转让和知识产权许可实施两种入股方式下公司获取该知识产权的成本是不一样的，通过知识产权转让的方式接受投资往往需要更高的代价，如果公司拟接受一项评估价值很高的知识产权入股，且该评估价值达到公司股权比例的20%甚至30%以上时，则公司应尽量考虑采用许可实施的入股方式，防止技术股东持有过高的股权比例，同时能使公司降低取得该知识产权的经济成本。

其次，鉴于技术股东实际掌握该知识产权的内容，因此在入股公司的同时，该部分股东应签订保密协议、竞业限制协议等文件。必要时公司可以约定强制的股权回购条款。如果技术股东擅自泄露相关研发成果等商业秘密给公司造成损失，公司控股股东可以按照约定的价格（一般低于净资产评估的市场价）对该部分股权进行强制回购。

三、资源入股相关问题

（一）资源入股的含义

“资源入股”并非严格的法律词汇，而是在实践中大量存在的一种入股模式。具体而言，资源入股指的是股东以客户、渠道、劳务等不便于通过货币估值的资源进行出资，并获取公司股权的行为。实践中，拟上市公司在前期发展的过程中，由于缺乏人脉、渠道、供应链等，股东间有时会选择以资源入股的方式进行合作，但此类资源无法用货币估价，也不具有可转让性，不属于法定的出资方式。

（二）资源入股的出资风险

鉴于资源入股并非法定的出资方式，存在天然风险，一般公司进入拟上市阶段后，出于对合规性的慎重考虑，一般不会再接纳以资源入股的股东。但拟上市公司在早期阶段已经接纳的以资源入股的股东的出资遗留问题就需要进行妥善的处理，否则一方面可能会直接影响公司的上市进程，另一方面可能会给当事股东带来更大的责任承担风险。因为在资源入股的情况下，资源方股东未以法律认可的形式履行出资义务，虽然其为公司带来了人脉、渠道、供应链等资源，其他的股东也同意其按比例享有公司股权，但是该效力仅仅是对内的，在工商登记中，资源方股东属于自始至终未实际履行出资义务，公司的注册资本仍未全部实缴。

一般情形下，资源方股东在认缴部分出资后可能会采取登记超长出资期限的方式来规避出资责任，但是这种方式不仅会成为拟上市公司实现上市目标的阻碍，更是根本上违反了新《公司法》所规定的有限责任公司5年期限认缴制和股东有限公司实缴制的规定，不具备合法性与可行性，将成为公司上市的阻碍。

（三）资源入股的股权架构设计注意事项

如果公司存在上市计划，那么在前期就应当特别注意尽量避免资源入股模式；在拟上市公司内部已经存在以资源入股的股东的前提下，如何对该股东的出资进行落实是重中之重。鉴于拟上市公司内部也不能采用股权代持或者象征性出资的方式解决该问题，目前比较可行的一种方法是将资源出资有条件地转化为货币出资，以满足IPO对拟上市公司注册资本实缴的要求。具体的操作方式是：首先，需要对资源方股东的资源进行估价，估价可由全体股东协商估价，也可由专业评估机构进行估价并由全体股东确认。这里需要注意的是，资源入股虽然不是法定的出资方式，但并不代表评估机构无法对其进行估价。其次，与全体股东约定，从其余股东每年应分配利润中提取一定比例资金作为资源方应缴纳的出资，直至与资源方所持股权比例一致。此种方式可以在最大限度上保证资源方的出资是合法、真实、充足的。但是，鉴于资源入股的股东法律风险本质上源于其出资方式并非法定方式，在更加强调合规性的拟上市公司中，应尽量避免这种容易导致股权不稳定的情况。也就是说，最彻底也最合规的解决方法就是对资源入股的股东进行“清除”。例如，可以通过协议退股的方式，通过支付该部分股东经济补偿使其彻底退出公司。

第三节

股权架构实例分析——一个拟上市公司从初创到上市的前世今生

千里之行，始于足下。任何一个公司在上市前差不多都是从单一公司开始经历艰难的初创期和早期发展期，再到公司逐渐引入和整合外部资源，扩大市场份额，步入相对稳定的盈利和扩张模式。随着业务的扩张和规模的扩大，公司需要对接投资机构和资本市场，不断地稀释股权来融资，直到公司正式准备上市。在此期间，股权架构随着公司的发展而逐步调整并完善。

为了更形象地说明拟上市公司股权架构演变的过程及其与公司业务推进、公司治理方面的密切关系，下面以 A 公司为例对拟上市公司的股权架构设计和调整进行论述和分析。A 公司的股权设计源于编者团队经办的真实案例改编，其发展过程经历了前期增资阶段、混合制架构调整阶段、股权激励阶段、对外投资扩张阶段及大规模融资阶段。目前该公司已经完成股改并成功上市。

一、公司成立初期的自然人直接持股阶段

（一）公司创立

2007年4月，A公司创立于Z市，系由张某林、李某杰、王某玉三个自然人股东出资设立的有限责任公司，主营业务为饲料生产。设立时公司的注册资本仅为3万元。其中，张某林出资2.7万元，持股90%，李某杰与王某玉均出资0.15万元，持股5%（见图3-1）。

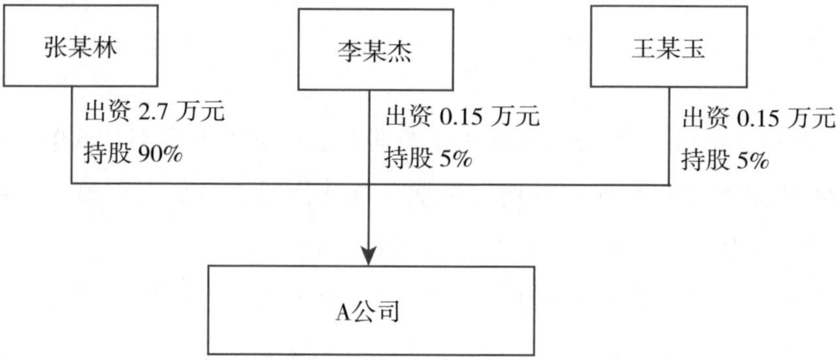

图3-1 公司创立时的股权架构

（二）第一次增资

张某林作为公司最主要的创始人，实际经营A公司，李某杰和王某玉虽然也有部分投资，但均对公司事务兴趣不大。

随着经营规模的逐渐扩大，在公司注册成立的4年内，A公司经历了增资程序，引进了新的股东，增加了注册资本，具体过程如下。

2009年6月，基于公司经营之外的其他原因，包括张某林在内的三位创始人决定在名义上退出A公司，张某林将其持有的公司90%的股权转让给赵某峰，李某杰和王某玉将其各自持有的5%转让给了赵某峰。对于以

上股权转让行为，A 公司召开了股东会对该事项进行了表决。同时，新股东刘某晨以货币出资 20 万元，赵某峰以货币出资 477 万元，均为实缴，公司的注册资本由起初的 3 万元迅速增加至 500 万元，新增注册资本 497 万元。

公司在发展初期，随着资本积累，往往会经历增资程序。以 A 公司的这次增资为例，在股东会审议并通过了公司增资一事后，鉴于赵某峰和刘某晨均采用了货币出资的形式，且均为实缴，对此会计师事务所出具验资报告，审验证明公司已收到赵某峰、刘某晨缴纳的新增注册资本合计 497 万元，其中，刘某晨实际缴纳新增出资额 20 万元，赵某峰实际缴纳新增出资额 477 万元。在验资的基础上，A 公司进行了相应的工商变更登记程序。当然，在实行注册资本认缴制后，以上验资程序目前并非公司增资的必要程序。但如前所述，如果后期公司有上市计划，则先期认缴的注册资本均应该实缴完毕，才能达到上市的要求。此处需再次提醒的是新《公司法》对注册资本缴纳期限的新规与原《公司法》认缴资本制下可以无限期推迟实缴的规定大相径庭，对于拟上市公司而言，在有限责任公司阶段大概率就需要完成全部资本实缴，否则不仅会导致无法满足上市要求，更存在违反《公司法》强制性规定的风险。

（三）股权代持

经过此次变更后，A 公司的股权架构变更为赵某峰持有 96% 的股权，刘某晨持有 4% 的股权（见图 3-2）。需要注意的是，在上述股权转让及股东变更的过程中，初始股东李某杰、王某玉彻底退出了公司，张某林则成了幕后的实际控制人。因为根据实际的出资情况和资金来源，赵某峰持有的 480 万元出资额中，310 万元实为张某林代持，170 万元系由朱某刚代持，即赵某峰仅仅为名义股东；刘某晨持有的 20 万元出资额中，12 万元系由张某林代持。对于以上代持情况，各股东均进行了确认。

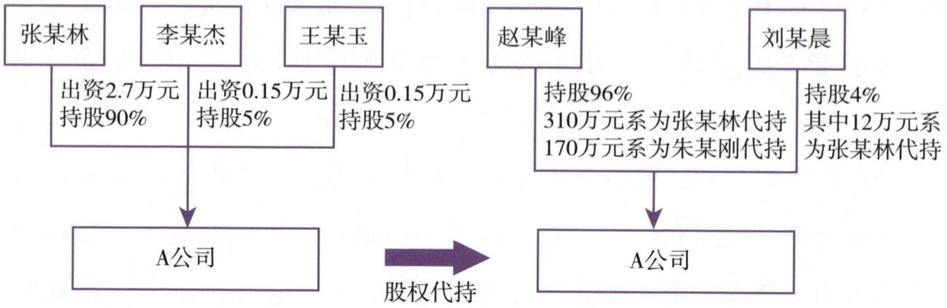

图 3-2　公司增资及股权代持后的股权架构

（四）股权代持还原

随着公司的进一步发展，A 公司的自然人股东逐渐开始对“股权”这一概念和内容有了稍微深刻的理解。公司实际控制人张某林意识到了“隐名”的情况可能会给自身行使股东权利带来不利影响，于是在张某林的背后推动下，A 公司开始着手对股权代持情况进行相应清理，以避免股权权属纠纷，使公司名义股东与实质享有股东权利的自然人相一致，清理的方式为股权转让的方式。

2010 年 4 月，A 公司召开股东会，审议通过赵某峰向张某林转让其持有的 62%的股权，向朱某刚转让其持有的 34%的股权，刘某晨向张某林转让其持有的 2.4%的股权，公司其他股东放弃优先受让权。股东会决议通过后，赵某峰与张某林、朱某刚分别签订了《股权转让协议》，刘某晨与张某林签订《股权转让协议》，并于次月完成了工商变更登记。

正如前所述，本次股权转让系股权代持还原。本次转让后，各股东持有的股权均系其真实持有，公司各个自然人股东之间不再存在股权代持的情况，A 公司的股权架构变更为：张某林持股 64.4%，刘某晨持股 1.6%，朱某刚持股 34%（见图 3-3）。

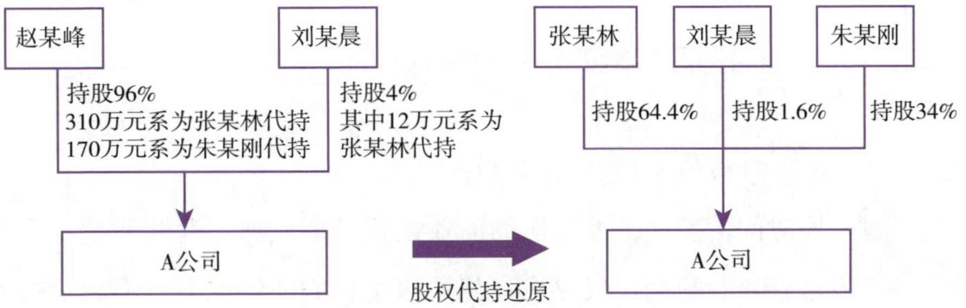

图 3-3　股权代持还原后的公司股权架构

（五）小结：公司发展早期的股权架构特征

从以上内容我们可以看出，A 公司在发展早期采用了自然人股东直接持股的模式。从该模式的特点来看，自然人直接持股的股权架构相对简单，很适合公司的初创时期。因为创业期的商业模式尚未打磨成熟，公司股东一般具有较强的相互信任，公司的所有权和管理层相对封闭，一般是有高度信任的合作伙伴，而且股权结构不稳定，公司能否存活下去也未可知，因此不宜将股权架构设计得过于复杂。

同时，在这一阶段，鉴于各个自然人股东对于“股权”的认识相对比较模糊，处在以信赖作为股权合作基础的阶段，故依赖于人合性的股权代持情况非常普遍。

在实践中，处于这个阶段的公司在内部治理上并不成熟，股东们的公司治理意识比较淡薄，公司章程形同虚设，相关的经营决策往往依赖于几个自然人股东之间的内部协商，掺杂了较多的人情成分，并无相应的规范化议事规则和公司内部的制约机制，也未引入专业的职业经理人，公司创始人近亲属在公司内任职的情况也较为普遍。

二、公司混合持股架构的转变阶段

（一）通过股权投资成立持股平台

经过一段时间的发展，A 公司的商业模式日渐成熟，运营开始步入正轨，各个股东开始意识到仅仅存在自然人直接持股的情况下，不利于引入新的股东和后续的资本运作。因此，秉着将 A 公司做大做强的基本理念，张某林、朱某刚决定各自释放一部分股权以建立持股平台，方便后期大量引入外部资本，满足公司在急速扩张期内对现金流和其他必要资源的需要。

2012 年 3 月，张某林与朱某刚新成立了另外一家独立的持股平台公司 A1。经过协商后，张某林持有 A1 公司 55%的股权，朱某刚持有 A1 公司 45%的股权。张某林与朱某刚拟使 A1 公司直接控股 A 公司，因此张某林将其持有 A 公司的 40%的股权注入了 A1 公司，朱某刚将其持有 A 公司的 34%的股权注入了 A1 公司。股权注入的方式为“股权投资”，即张某林和朱某刚两个人将原本持有的 A 公司的股权作为出资资产，投资到直接控股公司 A1 公司，以增加 A1 公司的注册资本。

2012 年 6 月，张某林和朱某刚聘请了资产评估机构对其持有的 A 公司的股权价值进行了依法评估，并出具了评估报告。随后张某林、朱某刚、A1 公司与 A 公司之间签署了四方《增资协议》，至此 A1 公司的增资程序完成，A1 公司到主管的工商行政管理部门办理了增资登记。自此朱某刚退出了直接持股 A 公司的模式，改为通过 A1 公司间接持股，另一个自然人刘某晨持有的股权比例未发生改变。

经过上述股权架构调整之后，A 公司的股东情况发生了较大的变化。股东变更后，A 公司的股东情况为：A1 公司持股 74%，张某林持股

24.4%，刘某晨持股1.6%，由原先的自然人直接持股转变为直接持股和间接持股相结合的混合持股架构（见图3-4）。

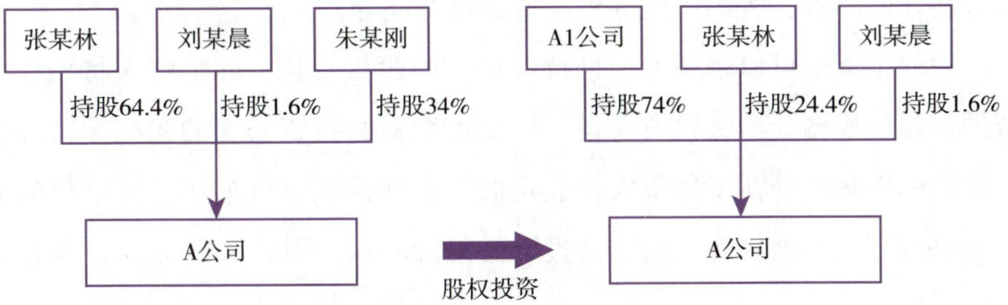

图3-4　设立持股平台后的股权架构

（二）小结：混合持股架构的转变及其途径

随着业务范围不断扩大，公司逐渐引入更多的外部资金和社会资源，自然人直接持股的股权架构往往会因为过于简单而成为公司运作资本和上市融资的阻碍。因此，待商业模式渐趋成熟时，公司都会将部分自然人直接持股的股权变更为通过控股平台间接持股，从而将公司变为混合持股架构的模式。

1. 股权投资

在上述案例的股权变更的过程中，我们发现张某林和朱某刚并未通过股权转让的方式将其直接持有的A公司股权转让给控股平台A1公司，而是采用了股权投资模式，将其持有的A公司股权直接注入A1公司中，增加了A1公司的注册资本。鉴于公司股权能够带来经济效益，也是能够独立转让的资产类型，因此新《公司法》出台前，以股权出资设立公司或者向公司增加注册资本在实践中已经较为普遍。而新《公司法》则将股权明确作为出资的法定形式，即新《公司法》第48条在原本规定的“实物、知识产权、土地使用权”的基础上，新增“股权、债权”两种出资形式，以呼应目前实践中被广泛应用的投资方式，鼓励全社会范围内的资本多样流通。股权作为法定的出资形式，还应当满足权属清楚、权能完整、依法可以转让的特点，否则可能导致出资瑕疵等问题。

股权出资也可以理解为一种特殊形式的股权转让，即出资人将用作出资的公司股权转让给被投资公司，以此换取对被投资公司的股权。这种股权转让的特殊之处在于出资人将公司股权转让给被投资公司，所取得的对价不是现金或其他实物，而是被投资公司的股权，因此又被称为“股权置换”。

近年来，股权出资的适用越来越普遍，以股权置换方式完成对被投资公司的出资，成为被优先选择的出资方式。在拟上市公司中，由于经常涉及多家公司，股权结构一般都会比较复杂，往往存在同一控制人下公司股权的调整及交叉持股的调整等各种情形。因此，在实践中，以股权投资的方式完成从单一直接持股模式向混合持股模式的转变是切实可行也比较高效的方式之一。

2. 股权转让

实务中除了股权投资，最常见的混合持股架构转变方式是股权转让的方式，即公司原有的股东依法将自己的股东权益有偿转让给持股平台，以使持股平台取得股权。

通过股权转让的方式进行股权架构的转换时，操作流程一般为：目标公司召开股东会，就股权转让事宜做出相应的股东会决议；然后自然人股东与控股平台签订《股权转让协议》后，控股平台按约定支付股权转让款；然后由自然人股东到目标公司主管的税务机关开具完税凭证；最后由目标公司新股东召开股东会、修改公司章程、改选董事会，并由目标公司到主管工商机关办理工商变更登记手续。

三、推行员工股权激励计划阶段

（一）设立股权激励持股平台

2013年5月，随着公司的进一步发展及对人才的渴求，A公司的股东逐渐开始接触并了解股权激励这一政策，意在通过授予员工股权的方式进一步激发员工特别是核心技术成员的积极性，使其利益的实现与公司的发展深度捆绑。最终张某林、刘某晨、朱某刚经商议后决定A公司通过建立有限合伙企业作为持股平台的方式推行员工股权激励。

本轮股权激励的激励对象为10名员工，包含A公司的管理层关键岗位人员和核心技术人员，向其授予限制性股权，并针对每个激励对象的不同情况分别与其签订《股权激励协议》，各自约定了激励股权的授予价格和激励对象的工作年限、业绩目标等与该部分激励股权出售获益的相关联的硬性条件。

2013年10月，A公司召开股东会，决议通过了员工股权激励的实施方案，同意设立有限合伙企业A2作为上述员工股权激励的持股平台，执行公司制订的股权激励计划。控股公司A1通过股权转让的方式将其持有的8%的A公司股权转让给合伙企业A2，10名被激励对象均通过有限合伙企业间接持股，张某林以一般合伙人的身份进入该有限合伙企业，执行合伙事务，享有全部表决权；另外10名被激励对象均为有限合伙人，待其工作年限、业绩目标达到《股权激励协议》中约定的条件时，可以实际享有该有限合伙企业平台上的A公司分红收益，并可以对其享有的激励股权进行转让变现。同月，A公司进行了工商变更登记。

经过上述股权调整后，A公司的股权结构发生了如下改变：股东层面上，控股公司A1持有66%的股权，有限合伙企业A2持有8%的股权，自然人张某林、刘某晨分别持有 24.4%和 1.6%的股权，同时张某林还是有限合伙企业 A2 的一般合伙人，执行合伙事务（见图 3-5）。

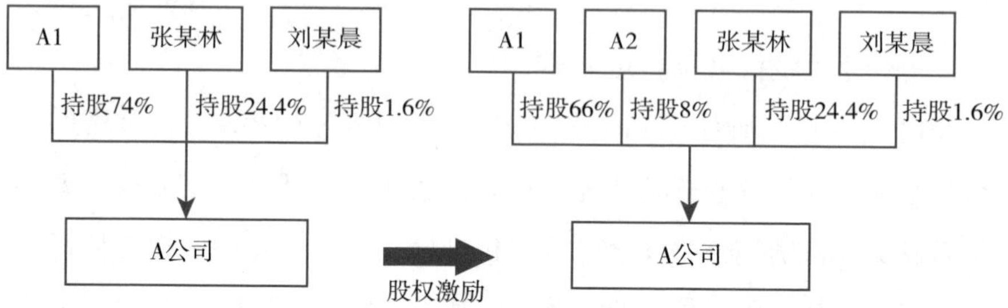

图 3-5　实施股权激励政策后的股权架构

（二）小结：股权激励的实施方式

对于一家公司而言，随着发展规模的日益壮大，公司股东会逐渐意识到“人力资源”的重要性，特别是公司的管理层和公司核心技术人员等决定公司业务质量与工作效率的关键任职人员。对于该类员工，单纯的薪酬物质激励机制有时无法避免其短期任职行为或其他投机行为，而以股权支付的形式替代薪酬物质激励，可以使其自身的价值回报与公司的持续增值紧密联系起来，通过公司增值来回报其为企业发展所做出的贡献。

在上述案例中，A 公司并未采取该部分激励对象直接持股的方式进行股权激励，而是选择设立有限合伙企业作为持股平台。A 公司控股股东 A1 公司按照确定的股权激励方案向 A2 转让一部分股权，实际控制人张某林在 A2 中担任一般合伙人，激励对象均为有限合伙人，这种股权激励计划具有诸多优势。如果激励对象直接持股 A 公司，意味着其成为 A 公司真正的股东，在满足了前期约定的工作年限、业绩目标等相关行权目标后，激励对象就具有了经营决策的权利。如果在经营决策上，激励对象与 A 公司的原始股东发生分歧，就将导致决策成本的增加。而通过 A2 有限合伙平台持股，激励对象为有限合伙人，即使在达到约定的行权条件后，其也不具有执行经营事务的资格，因而也不会影响A公司的经营决策。

此处需要补充的是，在股权激励计划中，有的公司会与激励对象提前约定股权激励退出的启动机制，即激励股权的回购情形。在实践中，激励股权回购的启动条件与“激励”之目的从根本上变得无法达成的情形有关，常见的有激励对象辞职、职务变更、被解雇，公司终止激励计划等。例如，激励对象因个人原因与公司解除或者终止劳动关系的，或者激励对象在公司发生职务变更的（如不再担任高管或者离开重要的管理岗位或者技术岗位），公司一般以激励对象离职或者激励对象职务变更作为回购条款的启动条件，由公司按照约定的回购价格（如授予价格或者调整后的价格等）对激励对象的股权进行回购。

股权激励作为实用性较强的专业领域，既是公司响应人才经济发展的体现，又是目前诸多公司法律师探索新业务的方向所在。若欲了解更多关于股权激励的专业内容，建议参考本书的股权激励分册，以更深入地了解股权激励机制的内在逻辑，根据不同公司的实际状况量身定制不同的激励方案。

四、公司扩张及集团化发展阶段

（一）设立控股子公司

在完成了以上股权架构的重新调整和内部股权激励之后，A公司扩张迅猛，净利润连续两年复合增长率超过50%。因A公司的现金流充沛，于是2014年1月，A公司经股东会决议通过，投资创立了子公司a，希望利用公司现有的营销渠道和品牌资源，开发新的业务。为了尽快将a公司的业务发展带入正轨，实现盈利，A公司对该子公司a采取了与管理层共享股权的方式，即 A 公司持股 70%，同时遴选了 A 公司部分高管兼管 a 公司的业务，该部分高管组成的管理层共计持股 30%（见图 3-6）。

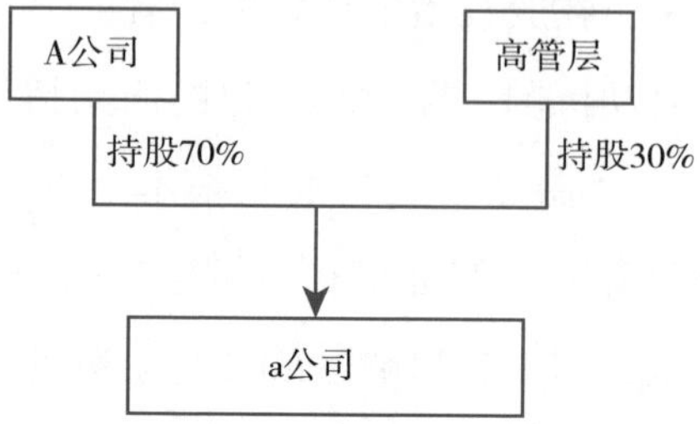

图 3-6 控股子公司的股权架构

但是，a 公司的业务开展并不顺利，新业务的发展并没有达到之前的利润预期，反而一直处于亏损状态。

虽说胜败乃商家之常事，且从日后的发展状况来看，a 公司在经历了三年左右的初创期后迎来了利润迅速增长期，但是，在 a 公司刚刚成立的当时，由于一直亏损，A 公司的合并报表盈利能力受到了影响，拉低了公司的整体估值。这对于公司引进新的投资人或者向银行等金融机构融资等活动都造成了不小的负面影响。

（二）设立体外子公司进行孵化

2015 年 1 月，吸取了 a 公司的教训之后，在 A 公司准备再次进军新业务领域时，股东会协商后决定，新的子公司不再让 A 公司直接投资设立并持股，而是由实际控制人张某林和另外一名合作伙伴刘某晨先在 A 公司的体外投资设立一个新的公司 b 公司。在 b 公司中，张某林持股 80%，刘某晨持股 20%。这样做的目的在于：考虑到公司创立前期的极大不确定性，故让 b 公司先在 A 公司的体外进行孵化，待 b 公司经营逐渐步入正轨、进入稳定盈利状态时，再通过股权转让、股权投资等方式将其注入 A 公司体内，避免其对 A 公司财务报表等事项的不良影响。与 a 公司相比，现阶段的 b 公司与 A 公司除了实际控制人一致，并不存在相互之间的持股关系（见图 3-7）。

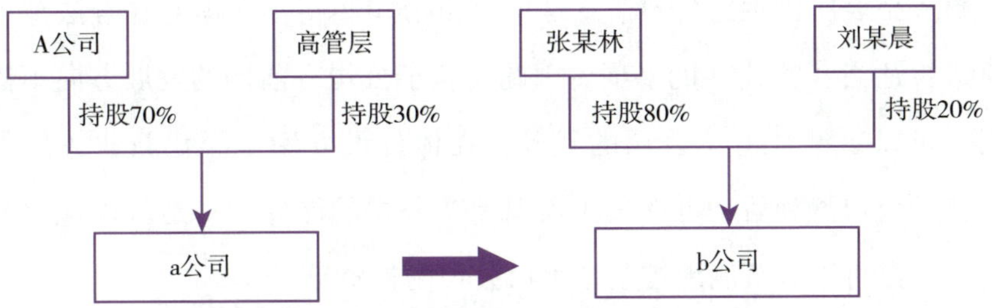

图 3-7 设立体外型孵化子公司后的股权架构

以上是 A 公司在上市前的两次对外投资、拓展新业务的过程。从这个角度来看，拟上市公司的股权架构的动态演变与本分册即将在第四章中介绍的集团公司股权架构的演变具有一定的相似性。

（三）小结：公司对外投资风险及注意事项

在上述案例中，A 公司在前三个阶段的股权调整集中在其上层持股层面的调整，股权架构发展的方向是横向的，而 A 公司在自身发展势头良好、现金流充足的基础上积极探索对外投资，使 A 公司的股权架构演变不再仅仅局限于持股股东横向层面的发展，而是在纵向层面拉长了 A 公司的股权架构，使公司具备了集团化发展的组织结构，为公司上市带来了更多保障。

从上述例子中我们也可以看到对外投资是收益与风险兼在的，但一些公司在亏损后往往不会就此停止对外投资的脚步，而是在吸取经验的基础上反思扩张策略，重新制订投资计划。这是因为对于一个拟上市公司而言，单打独斗的经营模式往往难以在市场中争得一席之地，规模化、集团化经营是不可或缺的重要一步。

另外，一个公司的集团化发展也是推动公司进一步扩张、拟通过上市实现进一步融资的主要动力。基于对外融资一事对拟上市公司的重要意义，财务报表所体现的公司信息是拟上市公司不得不考虑并在合法范围内对其进行适当“优化”的事项。因此，若子公司在前期的发展方向不甚明朗时，可以参照上述A公司的经验，在体外设立用于孵化新业务的子公司，待子公司盈利后，再将其注入拟上市公司的体内，一是可以优化财务报表，二是可以有节制地控制拟上市公司的投资链条。

五、公司大规模融资阶段

（一）引入第一轮PE

经历了上述两次对外投资后，A公司在规模化发展的过程中逐渐积累了一定的经验，也吸取了一部分教训。为了进一步拓展融资渠道，打响品牌声誉，实际控制人张某林和另外两位合作伙伴刘某晨、朱某刚协商后决定通过引入外部投资倒逼公司产业的转型升级及内部治理结构的完善，将A公司推向开放性、公众性发展的道路，以获得产品上下游、市场营销或者其他方面的协同互补，因此确定了A公司在5年之内成功上市的计划，A公司由此也进入了上市之前的扩张与融资阶段。

2015年5月，A公司开始着手引入第一轮PE。经过与PE谈判，A公司的注册资本为500万元，当前估值为1亿元，各股东协商一致后拟在不进行增资的基础上向该轮私募股权基金（以下称为PE1）释放10%的股权比例，融资金额为1000万元。该10%的股权由A公司的控股公司A1出让7%，由张某林个人出让3%。经过该轮融资和股权调整后，A公司的股权架构转变为A1公司持股59%，有限合伙企业A2持股8%，PE1持股10%，自然人张某林及刘某晨分别持股21.4%及1.6%（见图3-8）。

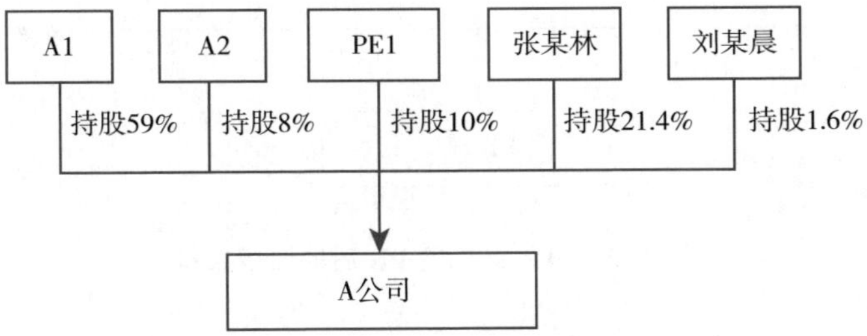

图3-8 引入第一轮PE后的股权架构

同时，在该轮融资过程中，A公司及其主要大股东A1公司及张某林共同与PE1签署了《对赌协议》。A公司、A1公司及张某林承诺：在融资后的3个会计年度内，A公司的年度净利润分别不低于1000万元、1500万元、2000万元，如果前3个会计年度的总净利润低于4500万元，则PE1有权要求按照A公司进行股权补偿，向PE1再释放5%的股权且PE1不用另行支付对价，A1公司及张某林对此承担连带责任，各自的股权释放比例分别为3%和2%。《对赌协议》签订后，A公司此后3个会计年度的年度净利润均达标，2018年5月，A公司确认对赌成功。

（二）引入第二轮PE

2018年7月，A公司又引入了第二轮PE（以下称为PE2），释放股权8%，融资金额为3000万元。该轮融资后，A1公司持股55%，有限合伙企业A2持股8%，PE1持股10%，PE2持股8%，自然人张某林及刘某晨分别持股17.4%和1.6%（见图3-9）。

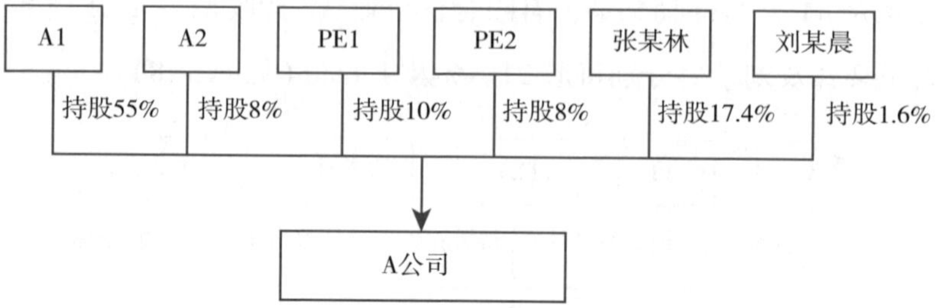

图 3-9 引入第二轮 PE 后的股权架构

（三）第二次增资及引入战略投资者

2019 年 8 月，A 公司拟增资 4500 万元，同时引入战略投资者 B 公司及 C 公司，B 公司与 C 公司分别认缴 1000 万元并实缴。此外，B 公司与 C 公司向 A 公司注资 6000 万元，该笔款项被 A 公司记入“资本公积——资本溢价”科目。

在拟上市公司迅速扩张阶段，通过增资进行融资时，若不进行新股认购，则会稀释所有人的股权比例。但 PE1 在进入 A 公司时与 A 公司签订了反股权稀释协议，也称反股权摊薄协议，其目的就是避免 A 公司在后续进行多轮融资时使 PE2 的股权比例被稀释。根据该反股权稀释协议，A 公司在后续进行融资、增发新股时，同等条件下，PE1 有权按比例优先购买，以此来确保 PE1 的持股比例不会因为后续融资、增发新股而降低。因此，PE1 在了解到 A 公司的增资意向后，决定行使该反稀释协议赋予的优先购股权，认缴 4500 万元中的 10%，即 450 万元。经 PE1 行使优先购股权后，剩余可认缴的注册资本变为 4050 万元。

经过创始人股东张某林、刘某晨和朱某刚的协商，三人在充分评估自身资金能力和公司控制权的基础上，由 A 公司股东会决议通过，确认剩余新增注资部分由控股公司 A1 认缴 1500 万元，张某林认缴 500 万元，刘某晨认缴 50 万元。因此，在该轮增资结束后，A 公司的股权架构转变为：A1 公司持股 35.5%，B 公司持股 20%，C 公司持股 20%，PE1 持股 10%，PE2 持股 0.8%，有限合伙 A2 持股 0.8%，张某林持股 11.74%，刘某晨持股 1.16%（见图 3-10）。

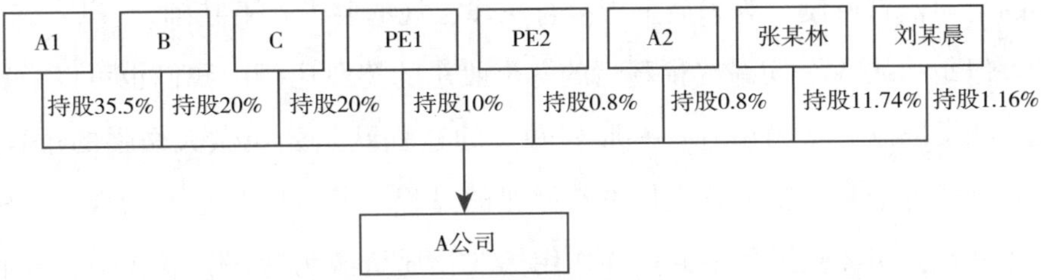

图 3-10 第二次增资及引入战略投资者后公司股权架构

其中，创始人张某林通过 A1 公司、有限合伙 A2 间接享有 A 公司 36.3%的控制权，加上其直接持股的 11.74%，最终享有 A 公司 48.04%的控制权。除张某林之外，A 公司的其他股东均未持股超过 30%。对于拟上市公司而言，48.04%的持股比例足以认定其实际控制权，因此在三轮融资后，张某林仍然为 A 公司的实际控制人。

（四）小结：股权融资的优势及风险

从 A 公司上述融资过程中我们可以看到，在拟上市阶段公司股权是常用的融资工具，公司业务的扩张和规模的扩大，需要对接投资机构和资本市场，不断地稀释股权融来资金。一般来说，公司在拟上市的准备阶段，可陆续引入风险投资，一般以半年或 1 年为界限持续推进公司的 A 轮、B 轮、C 轮、D 轮融资，融资额度不断扩大，估值也会持续攀升，但相应的股权释放比例会逐步降低，一般会从 20%逐步降到 5%。

股权融资之所以受到拟上市公司的青睐，其原因在于：首先，股权融资能够提供公司上市所必需的资金，促进公司的快速扩张，实现符合上市所要求的业绩水平；其次，通过股权融资，新入股的投资者会推动拟上市公司现代化治理制度的完善，不仅能够有力促进公司上市，还能保证公司在上市之后得到广大投资者的认可；最后，股权融资能够改善拟上市公司的股权分布，调整公司的治理结构、财务制度和信息披露制度，建立起完善的公司监管机制，为以后上市符合法律法规的要求打下基础。

但是，从 A 公司最终稀释后的各个股东的持股比例中我们也可以一窥股权融资的巨大威力所在——股权融资的过程既是公司做大做强的过程，也是公司各个利益相关方进行不断博弈的过程，各方以其掌握的现金等资源与其在公司经营过程中的重要作用等非物质资源为筹码，寻找着自身利益最大化与公司持续发展之间的平衡点。

股权融资过程中，野心勃勃的战略投资人往往是拟上市公司控制权的争夺者。若原股东对相关风险没有高度的重视和提前安排，就可能会在复杂的资本环境中丧失其应有的投资权益。例如，在上述两次 PE 融资过程中，PE2 因为种种原因未提前规划反股权稀释条款等保护措施，导致其在 A 公司的急速扩张中持有的股权比例急速降低，最终丧失了应有的话语权；而如果在后续融资的过程中，原控股股东出现资金不足、实力不够的情况，则可能导致其在社会资本大量涌入公司后丧失对公司的控制权。试想如果在 A 公司最后一次增资过程中，控股公司 A1 及创始股东张某林、刘某晨没有足够的现金流或其他资本支持其认缴 45.6%的新增注册资本，则公司的控制权很可能落入其他资源方手中。

鉴于股权融资的专业性，编者在此介绍的内容也仅冰山一角，若公司计划拟定最为妥当的股权融资节点和最适合的股权融资方式，并全面控制股权融资的风险，建议参考本书的股权融资分册，以便从法律上厘清投融资双方的关系和利益分配，避免投融资双方矛盾、控制权丧失及其他法律风险，实现公司的长足发展。

综上所述，在经历了增资、搭建混合持股架构、股权激励、对外投资以及数轮融资之后，A公司的股权结构已经趋于稳定。就上市程序而言，A公司已经具备了整体变更为股份有限公司的前提，开始准备向上市迈出重要的一步——股改。我们在实务中俗称的股改就指是有限责任公司整体变更为股份有限公司的过程。对于拟上市公司而言，股改既是股权架构调整的尾声，也往往标志着上市辅导期的开始。关于股改的流程下一节会进行详细的介绍。

第四节

拟上市公司股权架构调整的尾声：股份制改组

实践中，一般公司在上市之前基本都是采取了有限责任公司的形式，有限责任公司整体变更为股份有限公司，是拟上市公司进入资本市场的关键一步。在股改之前，根据证监会对拟上市公司“股权明晰性”的要求，拟上市公司要对自身股权架构不明晰状况进行清理，这一清理的过程往往是伴随着公司股权架构的不断调整来展开的，它与股权架构不断调整的步伐基本是同时进行的。

拟上市公司的股改是整个公司上市环节的核心，也是拟上市公司股权架构调整进入尾声的标志。一般来说，在完成了先前的数轮融资、对外扩张、利益博弈、不断调整和优化股权架构的复杂过程后，拟上市公司才会进行股改。本节将从股份制改组的法律含义入手，重点介绍股份制改组的复杂流程，旨在为实践中拟上市公司的股改提供更多的实操指南。

一、股份制改组的含义

（一）股份制改组的法律概念

股份制改组俗称“股改”。实践中，广义上的股改有两个不同的概念：

一种是非公司形式的企业改制为有限责任公司或者股份有限公司，如国有企业、集体企业等非公司法人类型的企业进行公司化改制；另一种是有限责任公司改组为股份有限公司。根据具体语境的不同，以上两种含义并不会发生混淆。第一种形式的股改是企业组织形式的根本性变更，且其改制的主要目的并不是上市，而是建立现代化的组织形式。鉴于本章是围绕着拟上市公司的股权架构展开的，因此以下内容仅对第二种形式的股改进行介绍。

（二）股份制改组的特征

《首次公开发行股票注册管理办法》第 10 条规定："发行人是依法设立且持续经营三年以上的股份有限公司，具备健全且运行良好的组织机构，相关机构和人员能够依法履行职责。有限责任公司按原账面净资产值折股整体变更为股份有限公司的，持续经营时间可以从有限责任公司成立之日起计算。"即按照上市规范将有限责任公司改制为股份有限公司，一般要求原有限责任公司按原来的账面净资产值折股整体变更，而在公司主营业务、实际控制人和资产等方面仍然维持同一公司主体，且其中一般不允许涉及主营业务的变更，也不存在资产重组的问题。

因此，为了实现股改后持续经营时间的连续计算，确保上市计划能够及时、顺利地推进，拟上市公司在股改过程一般不会对原有的股权架构进行大的调整，而是仅仅由有限责任公司净资产折股整体变更为股份有限公司。从公司财务报表来看，改制前后的公司仍然是同一个持续经营的主体，其资产负债结构也基本上不会发生改变，只是需要将有限责任公司经审计后的公司净资产额折合成股份有限公司的股本总额，公司实质并未发生变化，因此按照上市的法规规范，这种变更是可以连续计算公司经营时间的。当然，这种情况是针对原本公司治理和运行模式就相对规范的有限责任公司而言。实践中，拟上市公司各方面往往比较成熟，已经存在了相对规范的治理及运行模式。如果公司在拟上市之前就已经是符合法律规定的股份有限公司，则不需要再经历股份制改组这一过程。

同时，鉴于《公司法》等相关法律对股份有限公司的法人结构的完善性要求普遍高于有限责任公司，因此，拟上市公司在股权、资产、业务、人员、财务等方面存在的问题，都应该在股改阶段进行局部的调整和规范。拟上市公司股改结束之后，一般会进入地方证监部门的辅导期，辅导期结束后，进入正式的 IPO 申报流程。

总而言之，拟上市公司的股改流程与公司的上市目的息息相关，故有必要对这一问题进行详细的展开说明。

二、股份制改组的流程

如前所述，以发行上市为目标的股改是没有具体的法律指引和操作细则的，股改的流程基本上是在实务中逐渐形成的。证监会发布的《首次公开发行股票并上市管理办法》（已失效）第 8 条规定，“发行人应当是依法设立且合法存续的股份有限公司。经国务院批准，有限责任公司在依法变更为股份有限公司时，可以采取募集设立方式公开发行股票”。该规定现虽已失效，但 2023 年 2 月 17 日证监会新颁布的《首次公开发行股票注册管理办法》中对此未作出相反规定，故前述《首次公开发行股票并上市管理办法》第 8 条规定虽无法律强制力，但仍具有参考意义。对于规范的有限责任公司而言，公司股份制改组的核心在于发起人的确认、净资产的确认和公司治理结构的完善等。

具体而言，拟上市公司在上市前股份制改组的步骤主要包括设立改制筹备小组、聘请中介机构、确定发起人、资产评估与审计、制订股改方案、股东会决议通过股改方案、实缴出资、召开发起人创立大会、申请工商登记等步骤。需要注意的是，拟上市公司股改的时间没有严格限制，但在主板、中小板、创业板上市时，证监会一般要求股份制改组后公司正常运行一段时间才可以，运行时间一般不少于6个月。下面将对股改的流程进行简单介绍。

（一）设立改制筹备小组、聘请中介机构

一般来说，拟上市公司股改的筹备小组由董事长或者董事会秘书牵头，汇集公司生产、技术、财务等方面的负责人，不定期召开会议，就改制过程中遇到的有关问题进行商讨。筹备小组成立后可以联系和聘请中介机构，包括财务顾问、律师、会计师、资产评估机构等。需要注意，以上市为目的的股份制改组，除律师事务所之外，聘请的会计师事务所和资产评估机构均需要具有证券期货相关业务资格，否则上市时还需要对股份制改组时的审计结果和评估结果进行复核。

（二）确定发起人

新《公司法》取消了对股份有限公司发起人必须为2人以上的限制，因此根据新《公司法》第92条[1]的规定，设立股份有限公司应由1人以上200人以下为发起人。对于拟上市公司而言，在以上市为目的的股份制改组时，有限责任公司整体变更为股份有限公司，通常有限责任公司的股东就是股份有限公司的发起人。

如果拟股改的有限责任公司的现有股东人数符合2人以上200人以下的要求，则可以直接由现有股东以公司净资产折股发起设立；如果现有股东人数不符合要求或者在股改过程中有的股东不愿参加本次发起设立的，

---

〔1〕 新《公司法》第92条：设立股份有限公司，应当有一人以上二百人以下为发起人，其中应当有半数以上的发起人在中华人民共和国境内有住所。

则应考虑在满足人数的基础上调整原有股东，然后由调整后的股东以公司净资产额折股共同发起设立股份有限公司。

需要注意的是，我们在前文中也反复强调，股份制改组是拟上市公司股权架构调整进入尾声的标志，在股改过程中一般避免涉及公司股权架构的重新调整，以纯化股改程序，保障股改的顺利推进和股改后公司经营时间的连续计算。因此，如果拟上市公司在股改过程中最终确定的股份有限公司发起人与现有的有限责任公司的股东相比需要进行调整变动的，建议该股东变动及相应的股权架构调整提前在有限责任公司阶段完成，在股改时不要发生股东变化，只需将有限责任公司的股东作为发起人即可。

（三）资产评估与审计

股改前，会计师应对公司改制基准日的财务状况进行审计，形成审计报告，并确认有限责任公司的净资产额，作为折股的依据；而资产评估公司应对拟上市公司的资产状况进行评估，形成资产评估报告，以确定评估后确认的净资产额是否低于审计报告确认的净资产额。评估报告确认的净资产额高于或者等于审计后确认的净资产额的，以审计报告确认的净资产额作为整体变更时的折股金额，评估报告确认的净资产额低于审计报告确认的净资产额的，则应该以评估报告确认的净资产额作为折股的依据。

（四）制订股改方案并报股东会决议通过

审计及评估程序完成后，拟上市公司应该在中介机构的协助下由公司董事会或执行董事等确认股改方案。股改方案的确定是股份制改组的核心内容，一般应由各股份有限公司的发起人共同商定净资产折股比例，确定股本的数额。股本会影响每股的发行价格——以我国 A 股 IPO 为例，在发行市盈率被证监会的窗口指导意见锁定的情况下，决定每股首发价格的因素是发行后每股净收益，而发行后的每股净收益计算方式为经审计评估的公司净利润/发行后的总股本。由此可见，在拟上市公司的净利润经审计评估确定时，决定发行价格的主要因素为总股本的大小。因为股本的大小会决定发行价格的高低，所以上市时的股本确定并不是越大越好。

在确定股本的数额之后，还需要确定改制后的股份有限公司各个发起人的持股比例。该持股比例原则上应按照股改前各发起人在有限责任公司中的股权比例来进行确定。同样，如果各发起人拟调整持股比例，原则上要在有限责任公司阶段进行商定，并在调整的基础上修改有限责任公司的公司章程，完成工商变更登记之后，再正式启动股份制改组。

最后在股改的方案中，发起人应该共同协商公司章程的重要条款。鉴于拟上市公司的股份制改组是以上市为目的，所以拟上市公司在讨论公司章程时应该参照证监会公布的《上市公司章程指引》的相关内容进行拟定，以建立更加严格健全的公司内部控制制度，保障符合证监会对拟上市公司“规范运行”的要求。

（五）实缴出资、召开创立大会、进行设立登记

拟上市公司是由有限责任公司整体变更为股份有限公司的，其出资系以有限责任公司审计确认的净资产整体折股作为发起人认缴的出资，因此，在股份制改组阶段，一般不会再进行新增认缴出资的情况。如果拟上市公司确实想增加股本的，原则上应该在有限责任公司阶段就完成，然后再进行股改。其原因和前文提到的是一致的，即纯化股改程序，保障股改的顺利推进和股改后公司经营时间的连续计算。

需要特别注意的是，新《公司法》第98条新增规定："发起人应当在公司成立前按照其认购的股份全额缴纳股款"，该条规定取消了在发起设立股份有限公司情形下的注册资本认缴制，而是全面实行注册资本实缴制，同时，为了对相应的出资情况进行核实，股改会伴随普遍的验资程序。事实上，在新《公司法》出台前，根据《首次公开发行股票并上市管理办法》第10条（已失效）对出资问题的规定，拟上市公司要满足"发行人的注册资本已足额缴纳"的要求，而证监会2023年颁布的《首次公开发行股票注册管理办法》虽未明确规定注册资本的实缴问题，但第12条规定发行人必须满足"资产完整"这一条件。因此股改后，公司需要聘请具有相应资格的会计师事务所对折股之后的认缴股款进行验资并出具验资报告。

在注册资本全部实缴并完成验资后，发起人应当自股款缴足之日起30日内召开公司创立大会，通过公司章程、选举董事会和监事会成员等。在创立大会结束后30日内，完成股改的拟上市公司董事会可以向工商行政管理部门报送相关的公司设立文件，申请设立登记。

至此，拟上市公司的股份制改组已经完成，股份有限公司正式宣告成立，这意味着拟上市公司在股权架构调整方面的行动告一段落。经过了规范的股份制改组之后，拟上市公司的主体资格符合上市的要求，即可以正式启动各项上市申报工作。通过以上介绍，我们也可以看到，以上市为目的的股份制改组不是简单地把有限责任公司的名称变更为股份有限公司，而是按照要求经过复杂的程序以有限责任公司的净资产整体折股变更为股份有限公司。虽然前文已经对股改的程序进行了说明，但实际股改过程中公司一定要寻求上市律师的帮助，因为结合证监会对上市公司主体有"持续经营时间应当在3年以上"的要求，如果公司股份制改组被认定不符合要求，则有可能导致公司的持续经营时间重新计算，会使公司的上市工作往后推迟 3 年以上。

以上内容是对拟上市公司股权架构设计时需要注意的问题及实操过程中可能接触到的法律流程等事项的简单介绍。事实上就律师行业而言，目前 IPO 实务已经实现了高度专业化、标准化、流程化的运作，包含了尽职调查、整改、股改、上市辅导、制作并提交申报材料等诸多环节，其中有很多实操细节问题并没有确定性的法律文件可以参照，未实际参与过 IPO 实务很难全面把握。此外，一个公司在拟上市阶段可能面临的法律问题是多种多样的，股权结构的调整仅是其中的一部分，公司的内部治理、营销推广、人力资源、产业链完善等都随着公司的上市而面临新的挑战。因此，公司在拟上市阶段，应聘请包括律师事务所、会计师事务所、资产评估机构等在内的中介机构对上市的全流程进行专业性的指导，为公司股权架构调整、内部治理结构调整及股份制改组等流程保驾护航，以最大限度保障公司 IPO 顺利进行及上市后的长远发展。

本章小结

本章是对拟上市公司股权架构设计原理、法律规制及实操要点的介绍。从公司的发展过程来看，一个公司从创立到成熟再到最终上市，随着公司现代化治理结构和科学决策机制的不断完善，以满足人合性公司逐渐向资合性公司的演变需求。在“上市”这一目标的指引下，公司会接纳新的股东、增加注册资本，也会实施股权激励计划或者进行股权架构的大规模调整。与之相对应，公司“三会一层”的治理权责和职能分工也会面临重新划分。这些调整除了要遵循《公司法》《证券法》在内的相关法律规定，还要兼顾公司上市过程中和上市后对投融资、规模扩张、权力制约等方面的需求。

顺利上市后的公司将迎来一个崭新的发展阶段，对于所有能够成功上市的公司而言，上市并不是终点，而是一次新生，是另一个起点。公司上市意味着包括股权架构调整在内的公司经营活动受到证监会更加严格的监管，新股东的加入、股权比例的调整以及实际控制人的变化等已不再是公司内部的自治事项，而可能会触发披露义务，需要及时向监管者和投资者披露相关信息，自觉接受证监会和社会公众的监督。

而且，公司上市意味着其已经深度进入了复杂的资本市场。鉴于上市公司的绝大多数股权交易行为是在证券交易所公开进行的，上市公司应该特别警惕恶意收购股份的行为，避免收购者在上市公司未察觉的情况下大量买入公司股票从而掌控公司控制权的情形。

公司上市成功后会在持续扩张中逐渐发展壮大，形成以该上市公司为核心公司的庞大集团公司，集团内部复杂的利益博弈和战略调整等也会影响公司股权架构的下一步走向。对于这部分问题可以参照本分册第四章关于集团公司股权架构的相关介绍及第五章有关股权架构的动态调整的介绍。

4 第四章

集团公司的股权架构

集团公司，是指为了一定的目的组织起来共同行动的团体公司，是指以资本为主要联结纽带，以母子公司为主体，以集团章程为共同行为规范的企业法人联合体。集团公司往往拥有众多生产经营机构，经营着规模庞大的资产，管辖着众多的生产经营单位，并且在许多其他公司中拥有自己的权益。

成立集团公司可以集中资本，相互担保和借款，使资本的利用率更高；同时可以整合集团内部各公司的资源及产业，促进相互协作，进一步扩大市场占有率；而且对外可以使用“集团”字样进行宣传，能够提升公司形象，彰显公司实力。随着当前市场经济的不断发展，各种大型集团公司不断出现，可以说，集团化经营已成为许多公司发展道路上的必然选择。

集团母公司通过对子公司的投资持有子公司全部或者部分股权，控制和协调子公司的生产经营活动，以出资额为限对子公司承担有限责任；而子公司作为独立的法人机构，在遵循集团整体战略的前提下具有一定的生产经营的自主性。在集团中，母子公司之间的关系并非上、下级式的行政管理关系，而是基于资本投资和产权关系的股权型组织架构。母公司除了直接投资设立子公司或者购买其他公司使其成为子公司，公司内部的分厂或者分公司以及某些特定的事业部、项目部等都可以发展为集团内的子公司。目前，以母子公司制为基础的集团公司内部基本上采用了多层级金字塔式的控制链条，链条顶端为集团母公司，顺链条而下依次为一级子公司、二级子公司、三级子公司等，集团内部包含了多层“委托—代理”关系，股权架构比单一公司更加复杂，治理边界也比单一公司更加宽泛。

当讨论公司股权架构及相关设计调整问题的语境从单一公司转换到集团公司时，不仅应该考虑集团母公司本身在横向上的持股比例以及控制权分配等问题，更要兼顾纵向层面上母子公司之间的股权架构的设计和集团内部集权、分权的尺度等问题。

相较于单一公司的股权架构而言，学习和理解集团公司的股权架构需要读者更系统的眼光和更综合全面的思维方式，不仅应注意集团母公司与子公司之间的股权架构设计的关联性及相关关系，还要将股权问题与公司经营发展的其他方面结合起来，避免孤立看待股权问题带来的“一叶障目，不见泰山”。

第一节

集团公司股权架构的特征

实践中，集团公司的产生往往包含两种模式：一是由单一公司逐渐发展而来，二是某些子集团在成立时就按照集团的架构进行了搭建。从股权架构的特征上来看，相较于本分册第二章所介绍的单一公司，集团公司的股权架构具有明显复杂化的特征和持续复杂化的趋势。

此外，在我国现有的大型集团公司中，国有集团公司可以说是较为独特的一类，尽管在数量上不占多数，其控制力和影响力却一直居于国民经济的主导地位。鉴于国有集团公司股权架构特征及其后期调整转变等事项与普通集团公司的逻辑与路径完全不同，基于内容完整性的考量，本节对此进行专门介绍。

本节内容将从集团公司股权架构的复杂化及其成因入手，探讨相较于单一公司而言集团公司股权架构设计的主要特征；同时，本节将对特殊的集团公司——国有集团公司的股权架构现状及其成因进行简要介绍，便于读者更全面地了解集团公司股权架构这一问题。

一、集团公司与企业集团的概念区分

（一）企业集团的概念及特征

目前我国实践中还存在“企业集团”这一概念，它和本章所称的“集团公司”具有诸多相似性，又存在一些不同点，在正式介绍集团公司股权架构特征前，有必要专门对这两个概念进行特别区分。鉴于本章开篇前言已经对集团公司的特点及内部结构进行了介绍，此处重点介绍企业集团的概念以及二者之间的主要区别。

关于企业集团，根据原国家工商行政管理总局在 1998 年 4 月 6 日颁布的《企业集团登记管理暂行规定》[1] 第 3 条的规定，“企业集团是指以资本为主要联结纽带的母子公司为主体，以集团章程为共同行为规范的母公司、子公司、参股公司及其他成员企业或机构共同组成的具有一定规模的企业法人联合体”。这是目前我国相关法律及规范性文件中对企业集团仅有的定义。

根据《企业集团登记管理暂行规定》，企业集团的主要特征包括：第一，组成企业集团必须有“集团章程”，且要求集团必须达到一定经济规模，具体而言包括企业集团的母公司注册资本在 5000 万元以上并至少拥有 5 家子公司，母公司和其子公司的注册资本总和在 1 亿元以上；第二，企业集团不具有法人资格，但是企业集团的母公司必须是依法登记注册并取得企业法人资格的控股企业；第三，企业集团由母公司、子公司、参股公司以及其他成员单位组建而成，包括事业单位法人、社会团体法人在内的法人主体也可以成为企业集团成员；第四，申请企业集团登记时，登记主管机关需要一并核查母公司对集团成员企业的持股证明或者出资证明；第

---

〔1〕 该文件已失效。

五，企业集团的登记原则上应当与母公司的设立或者变更登记一并进行。

根据《企业集团登记管理暂行规定》可知，企业集团中特别强调控股母公司的核心地位，如企业集团的母公司必须满足注册资本5000万元以上的要求，企业集团登记时需提交母公司对集团成员企业的持股证明或者出资证明，企业集团的母公司因分立、合并或者改变股权关系形成新的母公司时，企业集团应相应办理变更登记等。也就是说，《企业集团登记管理暂行规定》特别强调母公司在企业集团中的核心作用与主导地位，这样规定的原因在于母公司一般是企业集团成员中资金能力最为雄厚、治理结构最为完善的成员，它的经营状况和盈利能力等直接反映了集团整体的运行状况，也在一定程度上决定了集团是否能平稳发展并具有较好的抗风险能力。

需要注意的是，《企业集团登记管理暂行规定》已经被国家市场监督管理总局于2020年12月1日公布的《市场监管总局关于废止86件规范性文件的公告》予以废止。

实际上，早在2018年8月17日，国家市场监督管理总局就发布了《市场监管总局关于做好取消企业集团核准登记等4项行政许可等事项衔接工作的通知》，各地工商和市场监管部门不再单独登记企业集团，不再核发企业集团登记证，并放宽了包含“集团”字样的名称使用条件，各地工商和市场监管部门也不再对企业集团成员企业的数量和注册资本进行核查。

（二）企业集团与集团公司的区分

第一，根据上述对企业集团的介绍可知，“企业集团”是我国市场经济刚开始起步时产生的特定历史产物。《企业集团登记管理暂行规定》颁布时我国对于市场活动的监管力度要大于当前的监管力度，对于企业集团的设立以及对外使用“集团”字样进行宣传进行了更严格的约束，并在登记时对其经济能力和经济规模进行了严格审查，这在一定程度上保证了能登记成为企业集团的法人联合体具有较大的经济规模和较为完善的风控体系，能够承担集团成员在经济活动中可能导致的相关责任，抵御商业风险。但随着企业集团整体登记制度和相关证照的颁发成为历史，本章所称的集团公司则不需要再进行整体登记，对外使用“集团”的条件更加宽松。这是伴随我国市场经济体制逐渐完善的产物，是行政部门对市场主体监管方面逐渐放权的结果。

第二，企业集团中的成员不仅包括实行公司制的子公司、参股公司等，还包括具有法人资格的事业单位法人和社会团体法人，这与本章所称的集团公司具有很大的不同。我们本章探讨集团内部母子公司的持股模式和关系协调等问题的预设前提是集团内部各成员均是按照《公司法》依法设立的法人主体，同时各子公司已建立了现代化的权责清晰、有效制衡的公司治理结构，并能够按照公司章程等文件规范地运行。

总的来看，本章所述的集团公司形式与企业集团形式均是基于特定外部而产生的市场主体类型，政府目前取消企业集团的登记事项主要还源于目前市场经济体制的不断完善和行政主管部门对市场主体的监管总体呈放权趋势等。虽然现在企业集团已经不需要登记许可，但该制度还是给商事活动留下了深刻的影响，实践中，仍存在不少依据企业集团的设立原则而组成的法人联合体。近年来，随着公司形式正逐渐成为市场主体的主要类型，集团公司与企业集团之间具有一定的相互承接性，但又存在不同点。在阅读本章的相关内容时，建议读者注意从新旧法更迭的角度特别注意把握集团公司与企业集团之间的概念区分，以便更准确地把握本章“集团公司”的法律含义，从而更好地理解本章内容。

二、集团公司股权架构的特征及其成因

通常来说，公司创立初期各方面发展尚不成熟，股权架构也相对简单清晰，但随着公司业务范围的不断扩大和市场占有率的逐步提高，单一公司往往无法满足公司自身发展的需求，因此需要向下设立子公司来将公司业务触角延伸至其他行业领域，进一步开拓市场、完成产业链，以形成规模效应，增强盈利能力。

同时，随着公司的逐步发展，财富积累也日益增加，随着公司不断引入新的人力资源和不断对外融资等，公司的股权比例一直在发生变化，新老股东处于不断博弈中，一些公司会选择放弃原本单一公司下直接持股的股权架构，转而向上搭建以有限公司或者有限合伙企业为代表的持股平台，逐渐形成混合型的持股架构。

我们检索国内著名集团公司的股权架构时发现，绝大多数集团公司的股权架构设计都十分复杂，一般都是采用混合型的股权架构搭建模式，其中包含自然人直接持股、有限合伙企业作为持股平台、有限公司作为持股平台以及员工持股计划等。因此，相较于本分册第二章介绍的单一公司股权架构而言，集团公司股权架构最大的特征就在于“复杂化”，其成因主要包括以下两个方面。

第一，纵向层面上，母公司基于扩张需求，向下设立新的子公司，随着业务范围的扩张，子公司又能设立孙公司，母公司也可以通过并购等方式继续控股其他子公司，由此不断拉长投资链条和纵向股权架构。

第二，横向层面上，母公司基于增强控制权和股权激励等诸多因素的考量，搭建复杂的持股平台，而在持股平台层面上，又不断引入新的投资人，或者在必要时推出并实施员工股权激励方案等，从而使集团母公司的

股东数量不断增加，持股类型不断丰富，股权架构随之横向发展。

总的来看，股权架构的复杂化不仅反映了集团公司内部管理结构的变化，还承载着集团公司对外持续扩张的“野心”，毕竟规模的扩大在一定程度上意味着利润的增加和市场话语权的增大，因此集团公司天生带有向外扩张的潜力和动力，这又进一步推动了集团公司股权架构的持续复杂化，从而形成循环。

三、国有集团公司股权架构的特殊性及改革方向

（一）国有集团公司股权架构的特殊性

与上文提到的普通的集团公司不同，国有集团公司股权架构往往不是遵循市场规律自主形成的产物，而是有其特殊的政治和历史原因，包括计划经济到市场经济的转型、政府践行政企分开以及国有企业的公司制改革等；此外，国有集团公司具有特定的社会地位和使命，与普通集团公司追求利润最大化的目标不完全相同，国有集团公司往往需要考虑更多的“公益性目标”，不仅要考虑到保证国有资产的保值增值，还要实现一定的社会目标和政治目标，如员工就业、经济稳定乃至国家安全等问题，因此其股权架构具有特殊性。

目前，国有集团公司常见的股权架构模型整体上相对“单一化”，多为国有独资的设计，即国有集团公司母公司由国有资本 100% 控股。该母公司下投资设立的新公司也往往采取全资子公司的模式，国有独资公司模式是国有集团公司内部的主要持股架构模式。

以青岛地区的国企为例，截至 2024 年 1 月，青岛市人民政府国有资产监督管理委员会（以下简称青岛市国资委）对外直接投资的 17 家大型国有集团中，股权穿透后，实际由国有资本 100% 控股的集团公司占

15 家[1]，其余 2 家虽不是由青岛市国资委 100%持股，但另外的股东分别是青岛市财政局和国家开发银行[2]。从上述数据中可以一窥国有集团公司股权架构的现状。

自 2015 年国务院公布《关于国有企业发展混合所有制经济的意见》以来，国家大力推行国企混合所有制改革（以下简称国企混改），以期实现“股权多元化”，改变国有资本“一股独大”的局面，民营资本开始逐步进入大型国有集团。国企混改的基调是国退民进，在特定行业适当降低国有资本持股的比例，引入新的非国有资本类型，以期有序形成国有资本与其他类型资本共同持股，健全国有集团公司的法人治理结构。

但是，对于国有集团公司而言，股权架构的调整因涉及国有资产的处置，同时关涉诸多政治问题和社会问题，因此必须遵循特定的法律程序和政策导向，不能随意进行。在防止国有资产流失的思想指导下，谨慎改革是当下国企混改的主旋律。而随着近些年来国有企业改革特别是国企混改的推进，100%国有资本持股的公司数量在逐步减少，社会资本正在逐步引入，多元化持股的国有公司正在逐步增加。因此，为了进一步巩固国企改革成果，呼应国企改革现状，新《公司法》创设了“国家出资公司”的法定概念，作为国有独资公司和国有资本控股公司的上位概念，明确国家出资公司包含国家出资的有限责任公司和股份有限公司两种公司类型。需要明确的是，目前国有集团体量庞大，在核心公司之外，往往设立诸多子公

---

〔1〕 分别为青岛东鼎产业发展集团有限公司、青岛海发国有资本投资运营集团有限公司、青岛能源集团有限公司、青岛城市建设投资（集团）有限责任公司、青岛华通国有资本投资运营集团有限公司、青岛城运控股集团有限公司、青岛旅游集团有限公司、青岛国信发展（集团）有限责任公司、青岛国际投资有限公司、青岛海检集团有限公司、青岛水务集团有限公司、海陆建设（青岛）有限公司、青岛人才发展集团有限公司、青岛市集体企业联社、青岛饮料集团有限公司。

〔2〕 股权穿透后，青岛地铁集团有限公司由青岛市国资委与国家开发银行共同出资、持股，青岛国实科技集团有限公司由青岛市国资委与青岛市财政局共同出资、持股。

司、孙公司等关联公司，内部持股结构让人眼花缭乱，但新《公司法》中关于“国家出资公司组织机构的特别规定”原则上仅适用于国有企业一级公司，即直接由国有资产监督管理机构或者其他部门、机构持有的一级国家出资公司，而一级公司的所属子公司等均适用《公司法》其他条款即可，但鉴于该类子公司存在国有资本，因此也应遵循其他关于国有资产管理的相关规范。此外，新《公司法》增加的“国家出资公司”概念与《企业国有资产法》关于“国家出资企业”的概念存在重合之处，但不完全一致。《企业国有资产法》所称的国家出资企业包含国家出资的国有独资企业、国有独资公司，以及国有资本控股公司、国有资本参股公司，即后者所涉及的类型相较于“国家出资公司”更广泛。

通过以上介绍可知，在国民经济中占有极其重要地位的国有集团公司，其股权架构的特征却相对单一化，股权架构调整的底层逻辑和具体方式也与普通的集团公司不同。

（二）国企混改的基本模式

如前所述，目前国企混改的基本方向是向股权多元化的方向发展，旨在提高国有资本资本配置和运行效率，增强国有经济活力、控制力、影响力和抗风险能力，而且遵循谨慎改革这一基本方针。综合来看，目前现存的国企混改的基本模式主要包括以下四种。

第一，原国有股东一股独大的绝对控制型股权架构。这种模式与本分册第二章介绍的高度集中型的股权架构模式相类似，其特点是国企混改引入战略投资者后的股权架构仍然是国有股东“一股独大”，最大股东的持股比例超过51%甚至超过了67%，无论引入什么类型的战略投资者，其在整体的股权比例上仍然是小股东。这种模式的优点是原国有股东占据大比例的股权，有利于行使控制权，对于贯彻大股东意志、突出原国有集团公司的公益性职能、确保混合所有制企业的控制有明显的优势。但这种模式的缺点也很突出，主要体现在不容易发挥战略投资者的作用与价值，战略投资者沦为资源、资金输入方，无法真正起到改善混合所有制企业治理结构、建立市场化机制的作用。因此，容易让战略投资者沦为消极股东，甚至有可能让战略投资者退出，造成股权架构不稳定。

第二，原国有股东领先、各方均衡的相对控制型股权架构。本分册第二章介绍制衡型股权架构时曾专门提到，目前制衡型股权架构模式形成的主要原因之一就是国企混改，我国在国企混改的过程中，国有资本与民营股权的分配过程中经常会用到制衡型股权架构，其目的是在遵循国有企业改革“放手提效”的大前提下，防止国资“一股独大”，尽可能减少公司运营过程中的行政色彩，使公司的议事规则和经营机制更加灵活、民主，相互监督制约的权力更加均衡，从而真正达到公司的每项决策更加符合市场化运行规律的改革目的。制衡型模式的特点是混改后引入战略投资者后的股权架构仍然是国有股东处于控股地位，仍然是第一大股东，但股权比例较低，一般在50%以下，新引入的股东持股较多，但单一股东持股较低，股权分散。这种模式的优点是有利于国有股东继续对混合所有制改革后的企业行使实际控制权，并能更好地发挥新引入战略投资者的作用；但是这种模式也有缺点，在实际操作中必须注意后续的资本运作问题，防止国有股权比例的进一步稀释而失去控制权等问题，造成改革后集团公司股权架构的不稳定。

第三，无控股股东或实际控制人的股权架构。这种模式与本分册第二章介绍的高度分散型的股权架构模式类似，其特点是国企混改引入战略投资者后的股权架构不是“一股独大”，各股东的持股比例均较低，且股东之间的持股比例比较均衡，没有股东持股比例超过34%，原国有控股股东、新战略投资者在持股、公司治理安排上没有实际控制权。因此，这种股权架构从股权层面来讲没有实际控制人，公司的发展更依赖于实际的管理层，管理层在公司的各项经营管理工作中具有很强的控制力。这种股权架构有利于管理层稳定发挥作用，但由于没有实际控制人，也很容易造成经理层革命、内部人控制问题以及外部的恶意收购等问题。因此，相关部门在主导国企混改过程中也会特别注意规避此类情况。

第四，国有参股或退出的股权架构。这种模式的特点是拟混合所有制改革的国有企业中的国有股东转让其持有的大部分甚至全部股权，实现大部分或全部退出。因此，这种模式下国有股东不是考虑控制权问题，而是考虑如何有效退出和确保国有资产保值增值、如何发挥股东作用等问题，此类混合所有制改革后，拟混合所有制企业成为国有参股公司甚至国有股东全部退出。这种模式的优点是有利于引入新的战略投资者转换经营机制，激活企业发展的潜力，但也容易出现国有股东对参股公司的管理不到位导致权益损失（主要是国有资产流失）等问题。

以上四种国企混改后的股权架构模式不仅反映了股东权益问题，也决定了后续的治理结构和经营机制。就现阶段而言，在遵循基本市场规律的前提下，国有集团公司的股权设计和调整等问题更多的是靠政府层面主导推动，与国家政策和战略导向息息相关，并非一个纯粹意义上的股权问题。因此，本章仅对国有集团公司的股权架构的特殊性进行简单介绍，下文关于集团公司的股权架构设计的内容均是在普通集团公司的前提下展开论述。

第二节

集团公司股权架构设计的主要考量因素

实践中，大部分集团公司复杂的股权架构让人难以捋清其中的逻辑。事实上，集团公司股权架构搭建的内在逻辑万变不离其宗，“适度集中且多元化”的股权结构设计是集团公司股权架构的基本方向，它有助于形成高效的集团公司治理与管理体制，从而为集团的继续发展扩张提供内部制度保障。

从该基本方向出发，控制权因素与自主权因素是集团公司股权架构设计的主要考量因素。对于集团公司而言，控制权与自主权的分配不是一劳永逸的，应根据实际情况适当调整现阶段公司股权架构在集权与分权坐标系中的位置，实现集团内部各公司关系的协调。本节将从控制权和自主权两个考量因素着手，探讨集团公司股权架构设计的“平衡性艺术”。

一、控制权因素

所谓“集团”，追求的是集约化经营与团队化作战，因此控制权因素是股权架构设计时必须首要考虑的因素之一。

鉴于集团公司规模之大，若不存在能够完全掌握集团公司控制权的决策者或者集团母公司无法实现对子公司的有效控制，那么整个集团的发展就会陷入群龙无首的情况，导致集团各个公司之间缺乏统一的战略部署和发展目标，从而“各自为政”，无法发挥集团公司规模化经营的优势。特别是在集团迅速扩张的阶段，集团的母公司和实际控制人在面对众多的子公司及孙公司时，若无法进行有效的控制与约束，就容易造成集团内部子公司、孙公司之间的相互恶性竞争，甚至可能出现对外投资和品质管理的失控。

股权作为母公司投资后其资本在子公司中的表现形式，是真正实现“集团化管理”的前提与基础。在集团迅速扩张的过程当中，有的母公司选择让渡一部分对子公司的控制权，引进新股东、新资源。但需要注意的是，股权的释放需要适度，若持股比例低于50%，丧失对子公司的控制权基础时，极有可能导致该子公司脱离集团化发展的范畴，其他建立在股权控制之上的战略决策、人事任命、财务管控及投资约束等都可能成为空中楼阁。

二、自主权因素

集团中，母公司与子公司为两个独立的法人主体，应有相对独立的人格、财产及意思表示。母子公司均应按照《公司法》相关规定设置完善的公司治理机构，按照《会计法》的规定披露公司的财务信息。虽然二者之间的关系不同于一般公司，即天然存在投资与被投资、控制与被控制的关系，但子公司毕竟具有独立的法人地位，可以独立承担经营风险及民事责任，因此母公司对子公司不能按照行政隶属关系来管理。

退一步来说，全程家长式的管理所带来的控制成本也是母公司难以负担的。在业务扩张的过程中，母公司之所以选择通过设立子公司的方式扩展业务，而不是将相关事项全部揽入母公司，除了有公司经营范围相对专业化和非主营业务剥离等方面的考量外，还有一个重要的原因就是通过设立子公司并激发其创造性和自主性，可以实现在该商业领域的迅速发展，特别是在目前商业领域分工不断细化、新的商业模式层出不穷、客户定位逐渐具体化的大环境下，大包大揽式的管理模式已经过时。因此，尊重子公司的独立法人地位，摒弃以行政手段管理子公司的思维模式，避免越位管理或者对子公司业务的过多干涉，给予子公司适度的经营自主权是集团公司股权架构设计时不可忽视的另一主要因素。

三、控制权与自主权的法律边界：法人独立人格

我们讨论集团公司的控制权因素与自主权因素，不仅要从集团公司内部治理与股权架构的关系入手，还应该注意上述两种因素所涉及的法律边界。经营规模的扩大和抵御风险能力的增强对于整个集团公司的发展无疑具有明显的积极意义，但我们不能忽略集团公司这一组织形式存在被滥用的情形以及集团母公司所面临的被“刺破公司面纱”的风险。

一个集团公司的母公司一方面能够控制成员公司的经营活动，另一方面又无须为其造成的不利后果承担责任时，很容易导致权利与义务的不对称，容易让其动辄以“集团整体利益”为由而肆意干预成员子公司的决策管理。这样的行为必然会让成员子公司的其他利益相关者，特别是无担保的债权人等群体处在一个非常不利的地位。债权人不同于股东和董事，无法介入公司决策程序之中，当集团母公司滥用其控股地位和隶属关系过分干涉甚至不合理干预成员子公司事务，损害债权人的利益时，债权人往往无法在第一时间得知情况并阻止其恶意行为。

在实践中，一些子公司的债权人在母公司过度干涉而损害其利益时，为了尽可能弥补自己的损失而试图让该集团公司的“家长”即母公司来承担债务子公司的债务。众所周知，一般情形下，传统公司法理论中的独立法人人格原则一般不允许这种承担连带责任的行为，但是集团母公司享受法人独立人格保护并不是毫无边界、毫无限制的。

作为法人独立人格的例外，“公司人格否认规则”是集团母公司在平衡控制权与自主权时必须考虑的法律红线。在一个集团公司中，如果占支配地位的母公司滥用其股东权利，过分集权，肆意干涉成员子公司的日常经营管理，最终导致该成员子公司、该子公司的债权人蒙受重大损失的，该成员子公司的债权人可以主张母公司对债务承担连带责任。

因此可以说，在集团公司中，考虑控制权因素与自主权因素不仅出于公司管理与股权架构等内部因素，还涉及对“公司人格否认规则”的注意与规避。判断集团母公司是否需要对成员子公司的某些债务承担连带责任时，关键是看母公司在对成员子公司进行干涉和控制的过程中是否存在不当和恶意，以及这种支配行为最终是否给成员子公司及其债权人或其他相关人造成了损失。也就是说，在法律允许的边界内，集团公司的母子公司之间存在从属关系或者母公司对子公司的经营管理进行了控制等行为并不必然导致公司法人人格的否认，但是当控制权因素不断膨胀，自主权因素无限压缩，使母公司对子公司的控制已经明显超出法律所允许的边界时，“公司人格否认”规则可能会被引用，从而使母公司为其过度干预和控制子公司的行为承担相应责任。

需要特别注意的是，在新《公司法》生效后，对于集团内部采用全资形式持股的子公司而言，除了穿透子公司的独立法人人格从而使母公司对其债务等承担连带责任外，新《公司法》对“全资子公司”的新增规定可能导致将来在母公司和全资子公司之间的“法人面纱”更容易被刺透。首先，新《公司法》在有限责任公司和股份有限公司的股东知情权部分均增加了母公司的股东可以“查阅、复制公司全资子公司相关材料”的规定，将全资子公司纳入母公司股东知情权的范畴内；其次，新《公司法》第189条第4款规定：“公司全资子公司的董事、监事、高级管理人员有前条规定情形，或者他人侵犯公司全资子公司合法权益造成损失的，有限责任公司的股东、股份有限公司连续一百八十日以上单独或者合计持有公司百分之一以上股份的股东，可以依照前三款规定书面请求全资子公司的监事会、董事会向人民法院提起诉讼或者以自己的名义直接向人民法院提起诉讼”，引入了“双重代表诉讼制度”，可以说是我国公司法领域的一大突破。

新《公司法》的这一修法方向的出发点在于：集团内部全资子公司仅有一个股东，而一些母公司主要扮演“平台”的作用，主要负责资金管理及方针制订等宏观层面的活动，而具体的业务经营往往下放到全资子公司，故一些全资子公司往往扮演着母公司“执行者”的作用，与母公司意志深度绑定，说其有独立的法人意志比较牵强。此次新《公司法》修订为母公司股东了解、介入全资子公司的日常经营活动提供了制度基础，这意味着在集团内部，母公司对其全资子公司的控制进一步加强，二者之间的联系也更加紧密，但同时也意味着，全资子公司与母公司之间的独立法人人格之边界正在逐步弱化，未来司法实践中，此类法人人格否认纠纷的案件数量也将增加。

四、小结

综上，在集团公司股权架构设计需要考量的因素主要包括以下两个主要方面：一是控制权因素，其中既包括集团母公司对子公司的控制，又包括集团公司的创始股东或实际控制人对整个集团的控制；二是自主权因素，这与控制权因素呈对立统一关系，指的是集团母公司在尊重子公司的独立法人人格的基础上，给予子公司一定的自主决策权，避免过度集权的情况，以充分发挥子公司及其职业经理人在其相关领域的能动性、积极性和创造性。同时，探讨控制权因素与自主权因素之间的关系不应仅停留在公司内部治理与股权架构的关系层面，还应该立足于集团母公司与子公司之间的法人独立人格，兼顾《公司法》对集团内部控制权与自主权的分配所设定的法律边界，从而规避被“刺破公司面纱”的法律风险。

此外，需要特别注意的是，相较于单一公司，在集团公司内部存在多重的“委托—代理”关系，具体来说就是集团母公司的经营者要将母公司的股东委托的一部分经营权再委托给子公司的经营者，由此，子公司的经理层又成了母公司的经理层的代理人，这就使从集团母公司股东到子公司的经营者之间的代理链条拉长至“母公司股东→母公司经营者→子公司经营者”的模式，由此导致的相互之间的信息不对称的问题比单一公司更为严重。这就在客观上要求集团公司一方面要将子公司建成独立的公司法人，从而充分发挥市场对子公司经理层的引导与外部激励；另一方面要通过集团股权控制与股权管理实现集团实际控制人和集团母公司对子公司经理层的层层监控，一定程度上消除信息不对称等问题所带来的弊端，最终实现集团整体决策。

第三节

集团实际控制人增强控制权的主要方式

上文已经提到，集团实际控制人对集团的控制权因素是集团股权架构设计时的主要考量因素之一。在集团公司迅速扩张的情况下，集团内部对于公司控制权的争夺一直在持续，若集团实际控制人无法有效控制集团，不仅有可能从根本上导致整个集团沦为一盘散沙，还可能引起频繁的股权变动，不利于集团的持续良好发展。因此，保障集团实际控制人对集团公司的控制权是股权架构设计时必须考虑的问题。本章将详细介绍实务中常见的集团公司增强控制权的5种“分股不分权”工具，同时结合国内知名集团公司股权架构设计的实例，分析该5种工具的应用及作用。

一、集团公司增强控制权的特殊思路及工具

通过本分册第二章介绍的单一公司股权架构设计我们可以看到，对于单一公司而言，“资本”基本上是实际控制人保障控制权的主要途径，即如果想获得公司的控制权，就需要用足够的出资额来换取较高的持股比例，如果不采用现金出资而选择实物出资时，那么相应实物的评估价值就

作为衡量出资比例及持股比例的标准。当股东的持股比例超过50%时，才能相对地控制公司，如果要实现绝对控制，那么持股比例需要达到67%及以上，相应的出资比例也要分别达到50%及67%或者以上才可以。

在公司发展初期，封闭性较强，公司估值不高，外部的社会资本未大规模进入公司时，上述保障控制权的思路是可行的。但是，对于开放性与公众性更强、资本雄厚的集团公司而言，以上思路就显得“水土不服”了。

举个简单的例子，国内最大的移动支付平台——支付宝的母公司蚂蚁科技集团股份有限公司的注册资本为350亿元。根据新《公司法》的规定，对于股份公司而言注册资本需全部实缴，也就是说，如果想要获得相对控制权，则控股股东至少需要缴纳175亿元。哪怕在原《公司法》规定的认缴制下，注册资本无须实缴，但是，像这样烜赫一时的大型公司，无数外部资本正在排队等待进入，如果没有充足的资本实力，迟迟不实缴出资，也很难坐稳控股股东的位子。而如果股东要实缴出资，那么175亿元对于任何一个自然人甚至法人股东而言，都是一个天文数字。

因此，如果想控制一个集团公司，股权架构的搭建思路就与单一公司的基本思路完全不同，用现在流行的话来说，就需要“格局打开”，不再仅仅局限于出资多少就拥有多少股权或控制权的思维中，而是要借助形形色色的股权架构搭建工具、多样的持股平台设计及各种表决权集中工具，充分发挥“股权杠杆”的作用，实现在较小的资金压力下实现控制公司的目的，同时为日后的股权调整留下空间，方便日后的资本运作。

接下来将对集团公司增强控制权的特殊工具进行介绍，并在此基础上说明集团实际控制人应该如何使用这些股权工具以达到保障控制权的目的。

二、金字塔结构（间接控制）

（一）制度简介

金字塔结构股权架构，是指公司的实际控制人通过间接持股形成一个金字塔式的控制链，从而实现对该公司的控制。在这种方式中，公司控制权人控制第一层公司，第一层公司再控制第二层公司，依此类推，通过多个层次的公司控制链条取得对目标公司的最终控制权。

（二）具体应用

为了能够更形象地理解金字塔结构，下面举个简单的例子。假如张某现在想成立一家注册资本为 1000 万元的 A 公司，那么在只考虑持股比例决定表决权的情况下，张某至少需要认缴 510 万元取得 51%的股权，才能够控制 A 公司。但是如果张某在 A 公司之上搭建一个控股平台 B 公司，让 B 公司持有 A 公司 51%的股权，则 B 公司的注册资本应为 510 万元。如果张某能够在 B 公司层面取得控制权即持有 B 公司 51%的股权，就相当于间接控制了 A 公司。这样算下来，张某只需要认缴 B 公司 260.1 万元的注册资本，就可以实现对 A 公司的控制。此时如果张某还是囊中羞涩，还可以用同样的逻辑在 B 公司之上再搭建一层 C 公司并控制其 51%的股权，由此张某只需要认缴 132.651 万元即可实现对 A 公司的控制，这相较于最初的 510 万元来说已经大大减少了控制权成本。

在上述案例中，股权穿透 B 公司与 C 公司之后，张某可能仅仅持有 A 公司 13.26%的股权（51%×51%×51%≈13.26%），但是，我们理解金字塔结构的逻辑时不应只看股权穿透后实际控制人持有的股权比例或者最终受益的股份，而是看目标公司（也就是上述的 A 公司）实际的控制权行使过程，因为搭建金字塔结构自始至终追求的不是等额获益，而是“以小博大”。

在上述案例中，张某已经实现了用 132.651 万元的资金控制注册资本为 1000 万元的公司的目的，虽然股权穿透之后张某仅持有 A 公司 13.26% 的股权，但是鉴于 B 公司与 C 公司均在张某的控制之下，因此张某在 A 公司的层面可以通过控制 B 公司最终实际享有 51%的话语权（见图 4-1）。

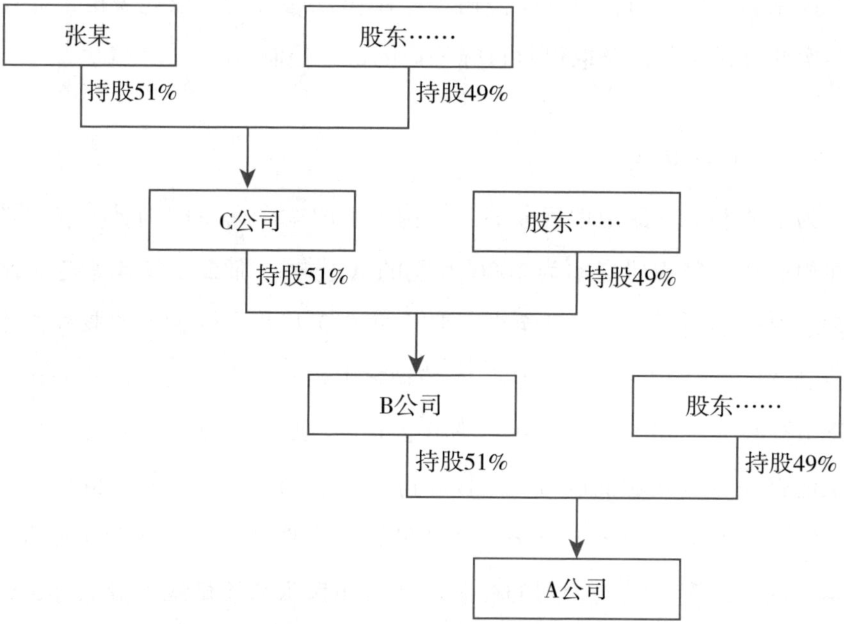

图 4-1 金字塔结构示意

在实务中，上述 13.26%的实际持股比例被称作“现金流权”，而 51%的话语权则被称为“控制权”，两个权利值的差值为 37.74%（51% - 13.26% = 37.74%）。一般来说，可以通过这两者之间的差值去衡量金字塔结构下股权杠杆的作用大小，差值越大，说明杠杆作用越大，越能实现“以小博大”的目的，越能体现纵向间接持股和金字塔结构的作用。

简言之，金字塔结构的链条越长，资本杠杆作用越大，控股股东或者实际控制人用同样的财富控制的资产规模就会越大。但正如本分册第一章所提到的，新《公司法》增加了有限责任公司股东应当自公司成立之日起5年内缴足其认缴的出资额的规定，对于通过金字塔结构以实现资本杠杆作用的情况在一定程度上会受到限制，具体体现在金字塔结构各层的股东出资均需在对应的5年期限内完成实缴，对于控股股东而言，出资的期限利益缩短导致出资压力相较于此前增加，对于结构每层上的其他股东而言，也同样面临实缴而带来的资金压力，可以预见，新《公司法》生效会带来资金杠杆作用相对削弱。

时至今日，金字塔结构是许多大型公司特别是上市公司的控股股东、实际控制人经常采用的架构方式，即使新《公司法》对资本缴纳制度进行了全面收紧，金字塔结构仍旧比单一链条的直接持股模式更有利于加强控制权，故今后在实务中大概率仍会成为集团公司内部搭建股权架构的主要工具之一。在这里，通过对晨光集团、红星美凯龙集团的介绍，展示金字塔结构在集团公司中的实际运用。

（三）典型案例

1. 晨光集团

国内最成功、最知名的文具品牌——晨光集团采用了金字塔式的股权搭建模式。该集团的核心公司上海晨光文具股份有限公司已在A股上市，其最大的股东为晨光控股（集团）有限公司，持股比例为57.83%，而晨光文具股份有限公司的两位创始人陈湖雄和陈湖文均分别持有晨光控股（集团）有限公司38%的股权，即陈氏家族兄弟持有集团控股母公司合计76%的股权。综上可知，陈氏兄弟在现金流权43.95%（57.83%×76%=43.95%）的前提下通过纵向间接持股掌握了核心公司57.83%的控制权，二者的差值为13.88%，股权杠杆的作用还是比较明显的。加之陈湖雄、陈湖文还分别直接持有上海晨光文具股份有限公司1.47%的股权，最终享有的控制权合计达到60.77%（57.83%+1.47%×2=60.77%），使晨光集团上市之后的控制权仍然牢牢掌握在陈氏家族手中（见图4-2）。

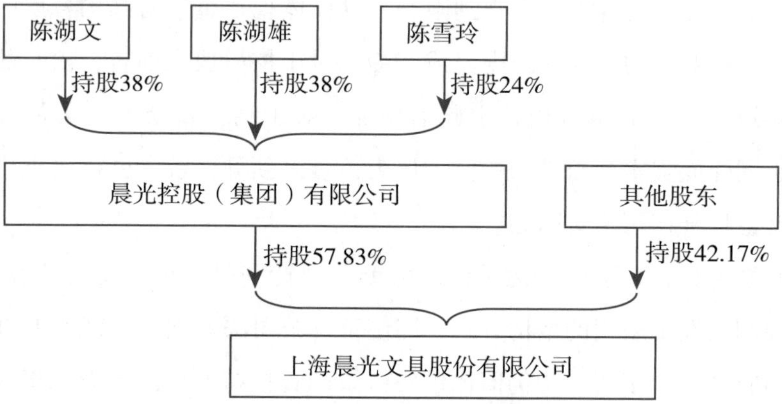

图4-2 晨光集团股权架构

2. 红星美凯龙集团

红星美凯龙集团中，核心公司红星美凯龙家居集团股份有限公司已经在A股上市，该核心公司最大的股东为集团的控股母公司即红星美凯龙控股集团有限公司，持有39.78%的股权。红星美凯龙集团的创始人车建兴通过持有红星美凯龙控股集团有限公司92%的股权间接拥有了红星美凯龙家居集团股份有限公司39.78%的话语权（控制权），根据《上市公司收购管理办法》第84条[1]的规定，投资者可以实际支配上市公司股份表决权

[1]《上市公司收购管理办法》第84条：有下列情形之一的，为拥有上市公司控制权：(1)投资者为上市公司持股50%以上的控股股东；(2)投资者可以实际支配上市公司股份表决权超过30%；(3)投资者通过实际支配上市公司股份表决权能够决定公司董事会半数以上成员选任；(4)投资者依其可实际支配的上市公司股份表决权足以对公司股东大会的决议产生重大影响；(5)中国证监会认定的其他情形。

超过30%的，为拥有上市公司控制权。也就是说，车建兴通过间接持股的方式保证了其在集团核心公司上市后仍享有公司控制权（见图4-3）。

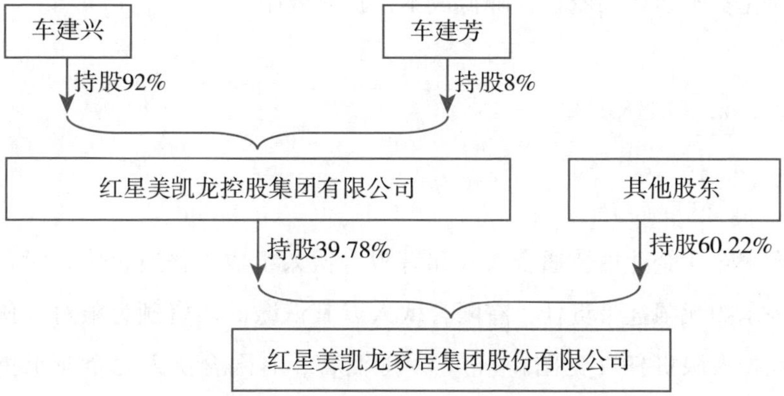

图4-3 红星美凯龙集团股权架构

股权穿透之后，创始人车建兴持有36.9748%的现金流权，鉴于美凯龙集团在核心公司之上只搭建了一层持股平台，因此控制权与现金流权二者的差值并没有特别夸张，杠杆作用不明显。车建兴之所以如此设计股权架构，可能并不是因为“差钱”，而是通过预先搭建控股平台，为今后大量的社会资本及金融投资者涌入提供股权释放的空间，同时避免在上市公司红星美凯龙家居集团股份有限公司的层面上直接进行频繁的股东变更，从而降低变更成本，这也是金字塔结构除了能加强控制权之外的另一大优势所在。

（四）小结

金字塔结构在核心公司之上搭建了两层或多层控股平台，由上至下、层层控制，由于增加了层级，而每一层级又都有放大效应，可以实现用相对较小的资金，撬动和控制较大的资产，是大型集团公司的实际控制人最常用的增强控制权的方式。同时，设立控股公司间接控股方便集团的核心公司尤其是已经上市或者拟上市的子公司进行后续的资本运作，便于在控股公司层面直接引入新的股东，避免频繁变动上市或拟上市公司的股权架构，简化资本运作的流程，降低成本，提高效率。

三、有限合伙企业

（一）制度简介

有限合伙企业由普通合伙人和有限合伙人组成，普通合伙人对合伙企业债务承担无限连带责任，有限合伙人以其认缴的出资额为限对合伙企业债务承担有限责任（见图 4-4）。一般而言，有限合伙人对企业承担着主要的出资任务，不得以劳务、资源或者信用等进行出资。

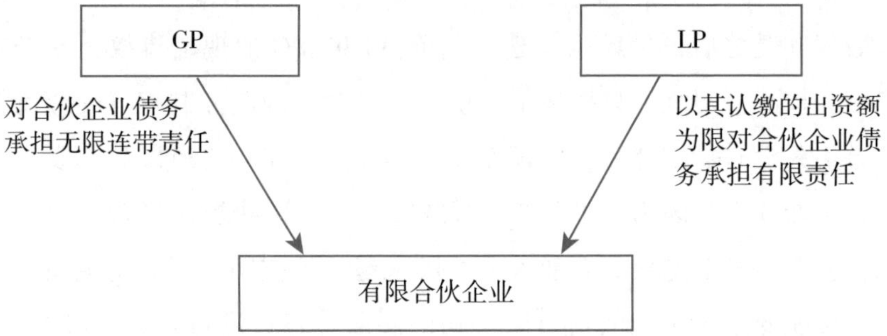

图 4-4 有限合伙企业示意

（二）具体应用

使用有限合伙企业进行间接持股的具体应用方式是集团实际控制人不直接持股从事集团主营业务或者核心业务的核心子公司，而是搭建有限合伙企业作为持股平台，实际控制人通过持股平台间接持股核心子公司。在该有限合伙企业中，有限合伙人以不执行合伙企业事务为代价，获得对合伙企业债务承担的有限责任的权利，而集团实际控制人则可以作为普通合伙人，实际控制企业并执行合伙事务，享有合伙企业决议的全部表决权，从而加强对核心子公司的间接控制。简言之，有限合伙企业为更在乎“权”者与更在意“钱”者之间的合作提供了浑然天成的平台，是集团公司实际控制人理想的控制权集中工具。

（三）典型案例

1. 北京小罐茶集团

实践中，北京小罐茶集团就是典型的通过以有限合伙企业保障创始股东控制权的集团公司之一。

北京小罐茶集团是互联网思维、体验经济下应运而生的一家现代茶商，自 2016 年至今，分别经历了天使轮、A 轮、B 轮、C 轮融资，发展势头很猛。而在小罐茶持续释放股权进行融资的过程中，创始人杜国楹通过搭建有限合伙企业作为持股平台既实现了外部资本的引进，又达到了“分钱不分权”的目的。截至 2022 年 10 月对外公布的股东信息，集团核心公司——北京小罐茶业有限公司共有 12 个股东，其中有 7 家是有限合伙企业。

在这 7 家有限合伙企业中，杜国楹担任普通合伙人的共有 2 家，分别是国茗（天津）企业管理中心（有限合伙）、中茗（天津）企业管理中心（有限合伙），上述 2 家有限合伙企业分别持有核心公司 3.75%、4.75%的股权。鉴于在该 2 家有限合伙企业中，杜国楹担任普通合伙人，实际执行合伙实务并享有合伙企业决议的全部表决权，其他投资人均是有限合伙人，仅享有投资收益权，该 2 家合伙企业实际掌控在杜国楹手中。杜国楹通过有限合伙，间接享有了北京小罐茶业有限公司 8.5%的表决权。加上直接持有的 50%股权，杜国楹对北京小罐茶业有限公司的表决权比例达到 58.5%（见图 4-5）。可以说，北京小罐茶集团在经历了四轮融资之后创始人杜国楹仍然可以保持较高的表决权比例，有限合伙的持股架构在其中功不可没。

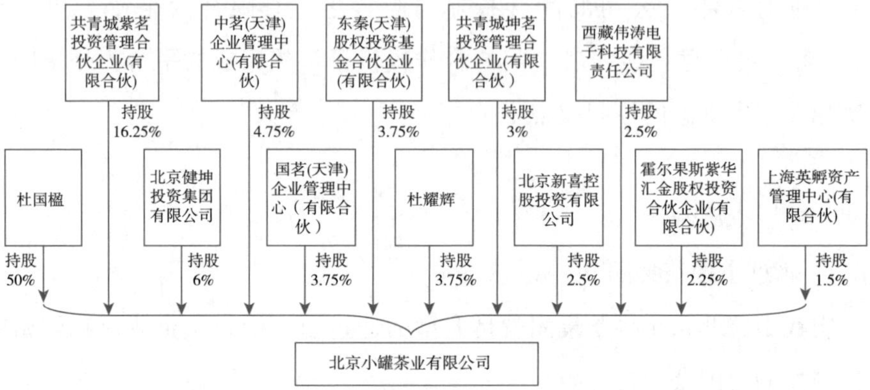

图 4-5　北京小罐茶集团股权架构

2. 三只松鼠集团

在三只松鼠集团中，自然人股东章燎源直接持有核心公司也是 A 股上市公司三只松鼠股份有限公司 39.97%的股权。而安徽松果投资管理中心（有限合伙）也是三只松鼠股份有限公司的股东之一，持有 1.76%的股权。在该有限合伙企业中，章燎源的出资比例仅占 13.3333%，但作为唯一的普通合伙人，章燎源实际执行合伙事务，享有对该有限合伙企业完全的控制权，从而间接享有了该有限合伙企业对三只松鼠股份有限公司 1.76%的表决权。加之章燎源又控制了三只松鼠股份有限公司的股东之一安徽燎原投资管理有限公司 99%的股权从而间接享有了对三只松鼠股份有限公司 1.67%的表决权，因此章燎源最终对集团核心公司的表决权比例达到了 43.4%（39.97%+1.76%+1.67%＝43.4%），是集团核心公司三只松鼠股份有限公司绝对的领导者（见图 4-6）。在章燎源仅通过出资 13.3333%却享有松果投资管理中心（有限合伙）的全部表决权这一案例中，我们可以一窥有限合伙企业作为持股架构的天然优势即“钱权分离”的效果。

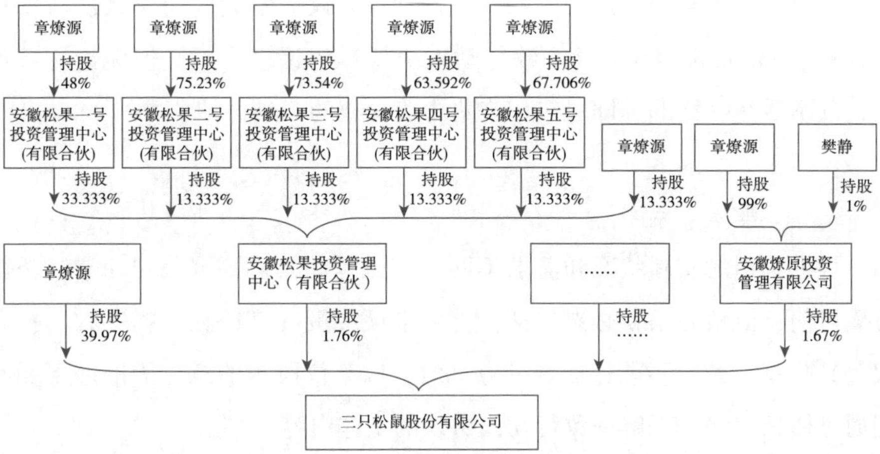

图 4-6　三只松鼠集团股权架构

注：以 2022 年 10 月 6 日查询数据为基础绘制图表。

（四）小结

对于大型集团公司的实际控制人而言，拥有股权中的话语权比分红权更重要，普通合伙人和有限合伙人之间的功能区分恰好可以实现理想的钱权分离，从而保障实际控制人的控制权。同时，与《公司法》相比，《合伙企业法》赋予了企业合伙人设计内部机制极强的灵活性与自主性，无论是利益分配机制还是合伙人的权力分配机制，都可以在合伙协议中自由约定，从而更有利于集团公司实际控制人实现控制权的集中。

四、一致行动人协议

（一）制度简介

“一致行动人协议”这一名称比较抽象，是指公司的部分股东约定按照事先约定方式（通常是与核心成员意见保持一致的方式）行使表决权的一种协议。在实践中，广义上的一致行动人协议通常表现为《表决权安排协议》《股东联合协议》《一致行动人协议》等诸多形式。但无论称呼如何，其本质是一样的，即股东用来集中表决权的工具。

（二）具体应用

根据公司的实际状况和需求不同，一致行动人协议因公司而异，条款可繁可简，但核心条款必然包括：重大事项决策（表决权、提案权、提名权等）保持一致；不能达成统一意见时，以某位股东的意见为准。下面我们通过模板来深入了解一致行动人协议的主体内容。

××××股东（达成一致行动的股东）确认，在其作为公司股东期间，在行使股东权利时（包括但不限于表决权、提案权、提名权等）均保持一致意见，系一致行动人。行使股东权利时均采取一致行动，做出相同的意思表示。

各方同意通过下列方式形成相同意思表示：

1. 同意在股东会行使股东提案权、表决权时，以××股东（核心股东）的意见作为一致行动的意见，该意见对全体一致行动人均具有约束力，各方需按该意见行使股东权利，发表意见。

2. 在面临公司其他股东或第三方收购，影响公司控制权时，协议各方应采取一致行动，以维护公司的稳定和持续发展。

3. 未经本协议他方一致同意，任何一方不得采取任何单方行动，包括但不限于出售股份、质押股份、提议或表决支持任一足以影响公司控制权变更的提议或决定等。本协议一方或多方经他方同意增加或减少所持公司股份不影响各方继续按照本协议的约定与其他方保持一致行动。

4. ……

简言之，一致行动人协议条款内容的关键在于约定协议各方与协议中的核心成员的意见保持一致，在行使公司表决权时实现“共进退”。

（三）典型案例

鉴于一致行动人协议通常为公司内部文件，我们很难通过一般的企业信息查询得知，通常都是公司（特别是上市公司）主动披露的。

根据信息披露，宇瞳光学集团的核心公司——A股上市公司东莞市宇瞳光学科技股份有限公司的股东之间就采取了一致行动人协议。截至2022年10月，东莞市宇瞳光学科技股份有限公司拥有10位股东，除了2家有限合伙企业分别持股10.22%和3.41%外，其余8位自然人股东的持股比例从1.93%~13.48%，单个股东持有公司权益的比例未超过公司股本总额的30%，属于典型的高度分散型的股权架构（见图4-7）。正如本分册第二章内容所提到的，高度分散型股权架构下由于缺少控股股东，容易导致决策效率低下等弊端。因此，公司股东于2015年12月签署了《一致行动人协议》来集中公司的表决权，约定在股东大会、董事会审议事项时，均保持表决意见一致，实际上增强了集团元老、董事长张品光的控制权。根据该协议，张品光直接和间接合计拥有公司37.19%表决权。该比例超过了对上市公司实际控制线（30%）的要求，因此张品光成为宇瞳光学的实际控制人。

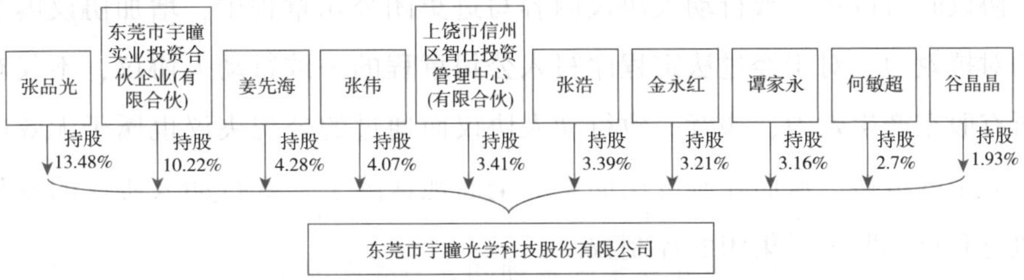

图4-7　宇瞳光学科技股份有限公司股权架构

注：以2022年10月17日查询数据为基础绘制图表。

在集团公司中，如果一方股东是纯粹的财务投资者（金融投资者）时，一般情况下，该股东对于表决权和公司控制权并不太看重，此时集团公司的实际控制人可以作为受托股东一方，通过从委托股东处取得其所持有股权下的表决权比例，来获得高于自身持股比例的表决权比例，实现集中公司控制权的目的。

（三）典型案例

实践中，使用委托投票制度的最经典的实例就是京东集团。京东集团在2014年正式挂牌上市之前，共进行了9轮私募融资，在通过多轮融资获得外部巨额资金支持的同时，创始人刘强东在京东集团的股权比例不断地被稀释。

截至京东集团上市前，刘强东所控制的注册在英属处女群岛的Max Smart公司仅持有京东18.8%的股份，仅比第二大股东老虎基金高了0.7%，其所控制的员工持股平台Fortune Rising公司仅持有京东4.3%的股份，刘强东通过两家公司合计仅控制京东集团23.1%的股份，仅从持股比例角度并未达到实际控制认定线（30%）。为了对京东集团实现有效控制，防止失去控制权，IPO前刘强东通过“投票权委托”的安排，与外部风险投资机构签订“投票权委托”的协议，要求获准进入的风险投资商将其投票权委托给自己控制的Max Smart公司行使。通过“投票权委托”安排，刘强东在上市前通过Max Smart和Fortune Rising两家公司所控制的京东的股份比例尽管只有23.1%，但拥有55.9%的投票权，获得了京东集团的绝对控制权。

（四）小结

在采取委托投票方式的情况下，受托人拥有独立的意志和自由表决的权利，无须受到委托人的束缚，这相当于作为委托人的股东实际上放弃了其所享有的股权中所包含的表决权这一权能，而仅享有获得收益的权利。委托投票权制度最主要的作用是实现表决权的归集和对公司的有效控制。当集团公司的股权较为分散且实际控制人持有的股权比例较低时，委托投票权制度可以在不改变现有股权架构和持股比例的基础上为集团实际控制人集中投票权，提高对集团公司的控制能力，是一种有效的“分股不分权”工具。

六、AB 股（二元制股权结构）

（一）制度简介

AB 股制度，又称表决权差异安排或二元制股权结构，核心内涵即“同股不同权”。

通常情况下，公司的股权架构为一元制的，即所有的股票都是同股同权、一股一票。但在 AB 股的二元制股权结构下，可以将公司股权份额分为 A 股和 B 股两个类别，每一股分别对应数量不同的表决权。例如，可以约定 A 股为 1 股 N 票，B 股为 1 股 1 票，也可以约定 B 股为 1 股 N 票，A 股为 1 股 1 票。此处的“N”在实践中一般为 5 票、10 票或者 20 票等。

也就是说，AB 股制度下的“A 股”与“B 股”只是特定的名称，并无实际含义。甚至更通俗地来说，只要把握二元制股权结构下“同股不同权”这一基本逻辑，设置存在高、低两种不同投票权比例的股权类型，那么即使称为“甲股、乙股”或者“一股、二股”也没有实质性的影响。

（二）具体应用

集团公司的实际控制人可以通过设置 AB 股制度持有高投票权的股权，

从而在表决时享有“一股多票”的特权，使其在公司的话语权高于实际的持股比例，来达到控制集团公司的目的；而其余的“一股一票”的股权可以向公司的普通股东以及外部投资者释放。

在该制度模式下，集团实际控制人即便持有公司少量股权，也能通过较高的投票权和表决权掌控公司的经营决策，进而实现对公司的控制。同时，作为利益平衡的措施，低投票权的股权在利润分配上通常会获得补偿，而高投票权的股权一般流动性较差——通常股东之间会约定，此类股权一旦流通出售，即从高投票权转为低投票权的普通股权。

举个简单的例子：张某所在的A公司设置了AB股制度，张某在A公司中持有20%的股权，但作为公司的创始股东，张某所持的股权属于高投票权的股权，1股可以享有5票的表决权，其余80%的股权均为1股1票的投票权，由公司其他股东享有，也可以向外部投资者释放。经过这种二元制的股权设计，张某在仅持有A公司20%股权的情况下，享有约55.6%的表决权比例［20%×5/（20%×5+80%）≈55.6%］。根据约定，如果张某决定转让其所持股权时，该1股5票的特权就会丧失，其股权将作为普通的一股一票的股权进行转让（见图4-8）。

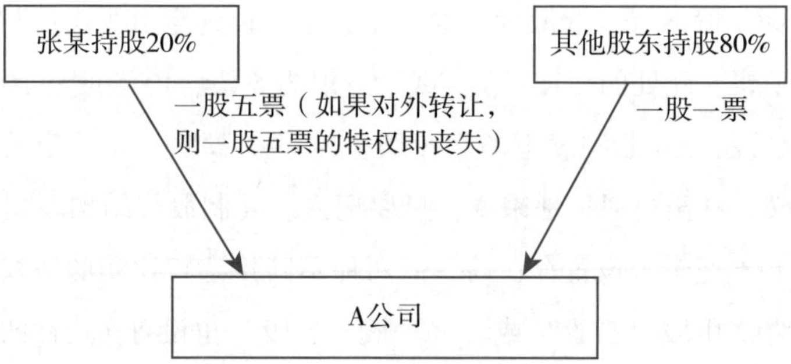

图4-8 AB股制度示意

通过这个例子我们可以看到 AB 股制度在集中公司控制权方面的巨大作用。

（三）典型案例

下面以小米集团为例，介绍 AB 股制度在实践中的具体应用。小米作为首家在我国香港特别行政区上市的“同股不同权（AB 股）”的公司，其创始人雷军持有小米集团 31.4124%的股份，但投票权却高达 57.9%，这源于雷军在小米上市之前对其股权架构的安排。上市前小米集团的公司章程约定了不同投票权架构，持有公司 A 类普通股的股东为 Smart Mobile Holdings Limited（雷军的持股平台）、林斌、As trustee of Bin Lin TRUST（林斌的持股平台）。投票权架构对于 A 类普通股与 B 类普通股和其他各轮优先股的设计区别在于对于审议事项时所能代表的投票权数量——除涉及极少数保留事项有关的决议案外，对于提呈公司股东大会的任何决议案，A 类股份持人每股可投 10 票，而 B 类股份持有人每股可投 1 票。对于保留事项的议案，A 类股份、B 类股份每股股份均只有 1 票投票权，保留事项包括：①修订章程或细则，包括修改任何类别股份所附的权利；②委任、选举或罢免任何独立非执行董事；③委任或撤换公司会计师；④公司主动清算或结算。此外，持有不少于公司实缴股本 1/10 并附带股东大会投票权的股份股东（包括 B 类股份持有人），有权召开本公司股东特别大会，并在会议议程中加入决议案。而小米集团在我国香港上市之日后，继续实行 AB 股制度，其特殊投票权架构为：A 类普通股为一类，B 类普通股为另一类；在股东投票时，每一 A 类普通股股份有 10 份投票权，每一 B 类普通股或优先股股份有 1 份投票权。因此虽然雷军的实际持股比例并不是很高，却是小米集团的实际控制人（见图 4-9）。

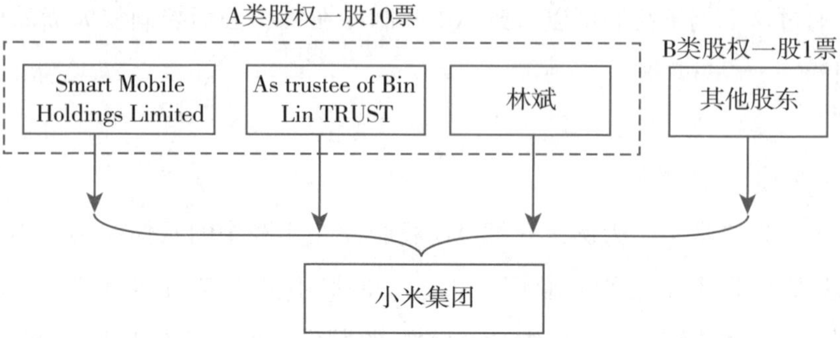

图 4-9　小米集团股权架构

（四）小结

实施 AB 股需要健全的法治环境、成熟的投资环境和严格的外部监管，来保证外部投资者的利益，如此才有该制度实施的空间。原《公司法》第 126 条针对股份公司发行股份则规定了“同种类的每一股份应当具有同等权利”[1]。因此，实践中，在旧法背景下对于股份有限公司内部 AB 股制度的适用问题尚存争议，股权设计在实践中依然以“同股同权”为主流。

但是，新《公司法》中则新增了“类别股”条款，涉及了对股份有限公司“同股不同权”的规定，使“同股不同权”的设计在一定程度上有了制度依据。第 144 条第 1 款规定：“公司可以按照公司章程的规定发行下列与普通股权利不同的类别股：（一）优先或者劣后分配利润或者剩余财产的股份；（二）每一股的表决权数多于或者少于普通股的股份；（三）转让须经公司同意等转让受限的股份；（四）国务院规定的其他类别股。”在国内市场发展多年后，我国立法者终于对股份有限公司“同股不同权”的制度设计敞开大门，AB 股制度最终终于落地，可以预见，未来该制度将会

〔1〕 原《公司法》第 126 条：股份的发行，实行公平公正的原则，同种类的每一股份应当具有同等权利。同次发行的同种类股票，每股的发行条件和价格应当相同；任何单位或者个人所认购的股份，每股应当支付相同价额。

促进我国资本市场的进一步活跃，也将成为集团实际控制人保持对集团公司控制权的得力工具之一。

七、综合分析评价

实践中，集团公司的实际控制人或者控股股东既渴望通过分享股权来将公司做大做强，又非常“惜股”，担心丧失控制权导致集团的运营脱离自己的掌控。因此，在横向层面上，集团母公司自身的股权架构设计通常以实现“分股不分权”为核心。以上是集团公司的实际控制人、控股股东在进行股权架构设计时可以采纳的 5 种常见的“分股不分权”的方式，该 5 种方式既可以单独使用，又可以搭配使用。

其中，金字塔间接持股架构和有限合伙企业基本上是绝大多数集团公司都会用到的控制权集中工具，而一致行动人协议、委托投票制度、AB 股制度的应用远不如前两种工具普及。原因其实也很简单：一般情况下，集团公司仅需要将前两种制度单独或者搭配使用，就可以实现保障集团实际控制人控制权的目的，而应用后三种制度的公司往往已经深度进入资本市场，其发展需要靠大量资金不停地“输血”，在与资本共舞的过程中，公司的开放性与公众性更强，集团控制权的争夺更为激烈，导致单纯依靠金字塔结构间接持股或有限合伙企业等已经无法满足实际控制人对控制权的需求。因此，诸如京东、小米等大型集团公司需要辅之以更多的控制权工具才能达到实际控制人掌控集团的目的。

总的来说，对于体量庞大的集团公司而言，核心掌舵者对集团运行的掌控是十分必要的，能够避免频繁的控制权争夺的情况，对公司的发展起着稳定助推的作用，有利于提高集团公司运行的效率和对复杂市场环境的反应速度，促进集团公司平稳长久发展。

第四节

集团母子公司主要持股模式及其选择

集团业务扩张的过程中，集团母公司会根据实际需要，设立、投资、兼并众多子公司，根据功能定位的不同，母公司对子公司的持股模式也不尽相同，在每种持股模式下，母公司与子公司之间关系协调的侧重点也有所不同。相较于单一公司，集团公司内部母子公司之间会产生多样的联结纽带，使集团公司的股权架构和内部关系更为复杂。实践中，集团公司的股权架构一直处于动态的变化之中，母公司对子公司的控制程度会在集权与分权的坐标上来回摇摆，在各方势力的博弈中不断调整，在此过程中也不排除母公司不断“试错”的可能。

本节通过案例的形式，主要介绍集团母公司对子公司的主要持股模式类型及其形成的原因，并分别探讨全资、控股、参股三种不同的母子公司股权架构模式。

一、母子公司不同持股模式的形成及原因

为了便于读者理解，下面我们以Q公司为例对集团母子公司之间的常见持股模式的形成及选择进行介绍。

Q 公司设立于 W 市，最初是一家主打食材新鲜健康的蔬果产品公司，其主要产品为果蔬汁、果蔬泥等。因为多年来积攒的良好信誉及商业口碑，Q 公司的市场占有率逐年提高，净利润也在不断增长，销售范围也不再仅仅局限于 W 市及其周边地市，而是走出本省，销往全国各地。

业务的扩展使 Q 公司萌生了集团化发展的想法。一般来说，一个公司集团化发展最主要的路径包括设立新公司、对外投资、公司并购等。

（一）设立全资子公司

1. 战略定位及股权架构的选择

Q 公司先后设立了两个新的子公司 Q1 公司和 Q2 公司。这两个子公司中，Q1 公司设立在本市，但其业务不再是传统的果蔬产品，而是瞄准了近两年大火的“预制菜”市场，开始进行新产品的研发和推广。Q1 公司在研发新产品的过程当中，还要注意与 Q 公司传统产品相呼应，同时带动传统果蔬产品的推广和销售，实现集团利益的最大化。Q2 公司设立在外市 N 市，主营业务仍然为传统果蔬产品。鉴于 N 市缺少同类型公司的竞争，且人口众多、市场前景广阔，Q2 公司可以充分发挥本地效应，为集团进一步打开市场，提高集团品牌的知名度，实现利润快速增长。

鉴于这两个子公司的重要性，Q 公司选择对 Q1、Q2 公司均 100% 直接持股，同时将公司母体的一部分资产注入了两个子公司作为启动资本。

2. 管理模式的选择

除了将股权架构确定为 100% 全资持股，Q 公司还全程深度参与了 Q1、Q2 公司的公司章程等文件制定，并直接任命了两个子公司的主要“董监高”成员，从而实现对两家公司的日常经营进行有效的监督管控。同时，Q 公司要求 Q1、Q2 公司严格执行集团制定的发展规划和产品营销策略，并直接对其产品质量进行严格把控。

在资金方面，Q公司还对两家子公司实行严格的资金管理措施，要求两家公司根据集团总体发展规划，按年度编制年度预算计划，并上报母公司审查批准后执行；同时对两公司的对外投资权进行了限制，要求投资方向符合集团总体规划，投资项目要经过集团公司审批方可落地执行。

在Q1公司的新产品研发和Q2公司的市场开拓等日常经营方面，Q公司干涉较少，为两个子公司留有一定的经营自主权。且Q公司欲在两公司商业模式逐渐成熟且自身积累一定的抗风险能力之后，逐步放宽对其的管控，降低母子公司之间的控制成本，以将部分资源继续投入到集团新业务的扩张中。

（二）设立控股子公司

1. 战略定位及股权架构的选择

此后，Q公司又瞄准了新的商机。自然人张某和李某找到Q公司，希望共同创办一家主攻高端消费市场的轻食公司，其产品定位主打精致养生，针对的是城市中高消费人群，利润较高，前景不错。张某和李某希望Q公司能给予一定的资金支持，同时希望Q公司以其掌握的蔬果产品保鲜等方面的专利技术作价入股。Q公司经考虑后决定接受，与张某和李某一起共同成立了Q3公司。

在与张某和李某进行协商之后，根据Q公司货币及非货币出资额所占的出资比例，Q公司最终持有Q3公司60%的股权，张某和李某合计持有40%的股权。

2. 管理模式的选择

在Q3公司中，除特别表决事项外，Q公司对于需要股东会进行决议的重大事项享有绝对的话语权。但是鉴于对轻食餐饮的商业模式经验不足，且前期设立Q1、Q2公司时已经分走了母公司一部分的高级管理人员，因此Q公司暂时无法遴选出合适的管理层人员担任主要职务。因此Q公司决定由张某与李某及自主其招募的职业经理人担任公司主要的管理职位。在Q3公司内部已经存在专业知识丰富的职业经理人的前提下，Q公司对于Q3公司的日常经营决策持“放权”态度，并在公司章程中将新产品的研究开发、品控问题及营销策略等方面的决策权下放至经理层，以充分发挥两位创业者及公司职业经理人的积极性和主动性。

但是放权也不过度，Q公司通过控制股东会对于新股东的加入和对外融资等事项享有绝对话语权。此外，Q3公司仍需编制年度预算向集团母公司报批，同时Q公司对Q3公司进行对外投资等行为也进行了一定的约束。

此外，鉴于董事会成员的选举并非特别表决事项，因此Q公司可以通过“资本多数决”的方式随时将自己信任的人员安排到Q3公司的董事会，在必要时Q公司可以通过控制董事会来实现对子公司发展的纠偏、矫正和对集团母公司宏观战略及微观指令的执行，使Q公司不至于脱离集团化发展的轨道。

（三）投资参股子公司

1. 战略定位及股权架构的选择

后来，Q公司见本市的生鲜配送公司P公司生意红火，因而又有意投资果蔬等生鲜配送业务。但是毕竟该领域是一个全新领域，Q公司对于投资回报率持谨慎态度，不敢轻易跨界。

经全体股东共同协商后，Q公司慎重决定向从事生鲜配送业务的P公司投资80万元以获得其15%的股权。鉴于获得投资回报是Q公司持股P公司的主要目的，相较于Q1、Q2、Q3公司而言，现阶段P公司无论是从主营业务还是从战略定位上来说，均与集团整体的联系不甚密切，与其说它是集团子公司，不如说它是Q公司的“理财产品”。

2. 管理模式的选择

此次投资是Q公司探索跨界的“小投试水”，其持股比例较低，所以对于P公司的日常经营基本上没有决策权，仅仅是协商后在该公司任职了一名监事和一名高管，以防止P公司的其他大股东侵犯其股东利益（特别是分红权）。

但是P公司毕竟是Q公司尝试生鲜配送行业的开端，“参股”对于Q公司而言，既是商业契机，也是股东行使知情权的工具。在持股过程中，Q公司可以通过列席股东会、行使股东知情权等方式，甚至仅仅通过日常与P公司内部高管人员进行交流商讨的方式，逐渐了解P公司所处行业的发展模式，评估其盈利能力和商业前景。待时机成熟时，Q公司不排除扩大其对P公司的持股比例，达到相对控股甚至绝对控股模式的可能，从而将P公司真正纳入集团整体，实现业务范围的扩大、产业链条的完善等更长远的目标。

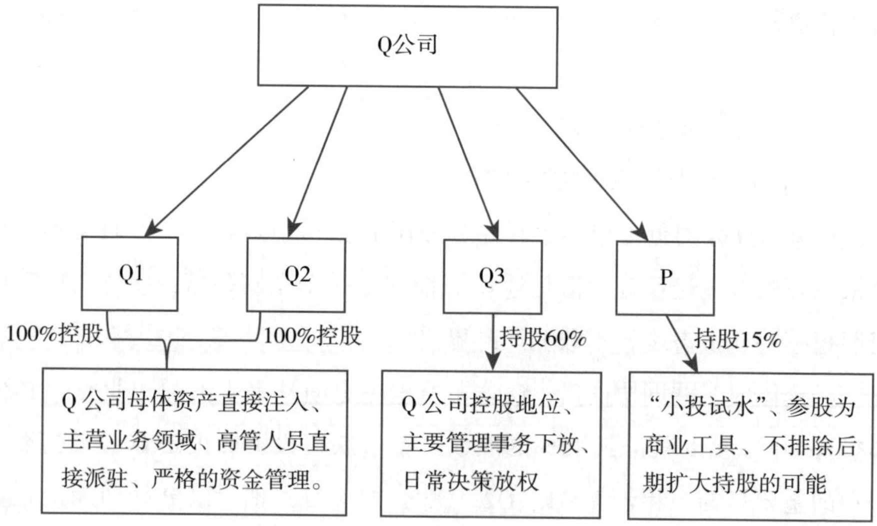

图4-10 Q公司集团化发展示意

就这样，经过上述过程，Q 公司已经成功实现业务扩展与集团化的构建（见图 4-10），成为 W 市知名的大型民营公司，完成了从单一公司向集团公司的转变，也在不断地发展壮大中平衡、协调母子公司之间的关系，促进了集团内部的相互协作与取长补短，使集团公司整体的发展得到了足够的“内源性动力”。

二、母子公司不同持股模式的选择

（一）母子公司持股模式简介

通过 Q 集团公司的发展过程和持股模式我们可以看到，集团母公司可以根据自身需求通过新设、投资、参股等方式发展集团子公司，对子公司的持股模式主要包括了全资子公司（见 Q1、Q2 公司）、控股子公司（Q3 公司）、参股子公司（P 公司）三种情况。

1. 全资子公司

全资子公司即母公司持有该子公司 100% 的股权。一般来说，这种子公司在经营上必须服从母公司的政策甚至母公司对某项交易的具体指示。实践中，有的子公司在形式上也可能将母公司自身的多个股东登记为自己的股东，但一般不影响其全资子公司的本质。

2. 控股子公司

控股子公司，即母公司持有该公司 50%~90% 的股权，掌握绝对控股权力，母公司会根据自身情况调整对该类子公司日常经营的控制和介入程度。在原《公司法》的框架下，控股子公司更为普遍。

3. 参股子公司

参股子公司，是指母公司持股比例通常低于 25% 的投资公司。一般而言，参股子公司与集团整体的联系不紧密，母公司通常难以对参股子公司产生较大的影响，而仅仅作为股东享有相应的投资收益等。

（二）母子公司不同持股模式的选择和注意事项

根据以上Q公司集团化发展的实例我们也可以看到，在确定集团公司对成员子公司的持股模式时，要区分不同子公司在集团业务中的功能定位、不同子公司对集团公司核心业务的重要性，进而确定哪些公司为全资子公司、哪些为控股子公司或只是参股子公司，以便母公司“有的放矢”，更好地执行有效的控制和分权机制。总的来看，母子公司之间进行持股模式的选择时应注意以下五个方面的问题。

第一，对于那些与公司主营业务息息相关、在集团内处于重要战略地位的子公司，母公司在掌控资源充足、管理经验丰富的前提下，可以采取全资或通过持有其50%以上的股权，获得控股地位。在实际运行过程中，母公司应更注重对该其股权控制和股权管理的不断完善，同时在发展战略、财务、人事、品控、营销等具体层面加强对集团子公司的把控，以真正实现集团化发展的目的，同时要根据其业务经营范围的独特性和专业性，向职业经理人和公司其他小股东下放一定的经营自主权。

第二，如果母公司的资源不足，控制子公司的能力明显减弱，可以适当降低对子公司的持股比例，同时将主要管理人员的任职权利下放到子公司，对于财务、人事及产品方面的主要事项也可适当放权，在集团化建设中以完善子公司的现代化治理结构和加强子公司内部制衡机制的制度性建设为主，尽量避免尾大不掉的情况。

第三，对于那些地位相对次要的公司，或者与集团主营业务相差较大的公司，可以仅仅采取参股的方式。在参股子公司中，母公司的主要投资目的一般不在于控制公司，而在于获得分红，或者在发展前景不明朗的情况下先少量投资试水，以观成效。因此，集团母公司对其日常经营业务不宜进行过多干涉，也无法进行过多干涉，但可以以参股该子公司为契机，了解其所处的商业领域的具体信息，便于集团今后调整战略布局；同时集团公司可以将节省下来的资本、人力及控制权资源等进行整合，有针对性地集中到需要加强控制权的全资或控股子公司中，以实现控制权领域的“因地制宜”。

第四，要注意集权与放权的动态调整。一般来说，子公司越处于发展的早期阶段，其不确定性越强、抗风险的能力越弱，因此越倾向于采取集权的管理模式。反之，如果某些控股子公司已经步入稳定成熟的发展阶段，母公司就可以适时采取逐步放权的政策，以节约控制和管理的成本。

第五，要注意股权架构的动态调整。在时机成熟时，可以考虑调整对子公司的持股比例和持股模式，主要包括增持股权和减持股权两种情形。一方面，当集团公司的主营业务向新领域转移从而需要更多的资金支持时，母公司可以将特定子公司的股权出售变现，汇集资金以满足集团下一步发展需要，毕竟母公司对子公司的投资收益不仅包括股息即分红收益，还包括了股权受让（或者公司创立）与股权转让时价差收益，这对集团公司整体而言是不可或缺的现金流补充；另一方面，当集团公司认可某些子公司所处领域的商业前景，欲将该业务范围作为集团下一步的主要发展方向时，母公司可以考虑增加资本投入，提高持股比例甚至达到全资持股，从而实现服务集团整体发展的战略目标。

综上，集团母公司对子公司最终确定的持股模式与该子公司的功能定位和发展阶段密切相关，也与集团的控制能力和战略部署有着密切关联。持股模式和相对应的集权分权程度并非一成不变的，只有在结合自身发展并立足于子公司的不同定位的前提下，才能够找到控制权与自主权的平衡点。

本章小结

随着我国市场经济的不断发展，大型集团公司是资本扩张和重组发展的必然产物，也是顺应社会化大生产的客观要求。

实践中，集团公司能够有条不紊地运作，并且屡屡创造经济上和科技上的奇迹，在股权架构的设计上往往具有以下两种特征：一是集团公司本身的顶层架构设计比较成功，能够满足控股股东和实际控制人的持股目的，又能建立起现代化的科学的公司治理结构，保证决策的效率性、科学性以及集团的稳定性；二是集团公司母子公司之间存在特定的影响力和纽带作用，即集团母公司对子公司进行股权控制的同时又留给子公司适当的自主性空间，这种联结能够保证集团公司内部的运营秩序，并保障子公司在自主性发展的同时符合集团的定位和预期。

通过本章对集团公司股权架构的介绍可以发现，股权这一要素是集团内部其他制度建设和完善的前提与基础。集团公司股权架构设计总体上要避免太过松散或者太过集中的极端现象出现。一方面，如果股权过于分散，由于股东数量太多，集团管理过程中可能会受到过多因素限制，无法实现高效率的决策和较强执行力，容易导致集团管理和运行上的混乱；另一方面，如果股权结构太过集中，可能造成管理过程中的独断专行，高层经理人员唯大股东之命是从，集团旗下子公司缺乏足够的创造性发挥的空间，反而不利于集团做大做强。

当然，对于规模庞大的集团公司而言，股权控制与股权管理并不是集团公司治理的全部。本章的分析及建议等主要是从股权架构的角度出发进行阐述的。从宏观上看，集团母公司与子公司之间的关系不仅存在着股权层面的关联，也有一个复杂专业的管理学问题。建议读者在阅读本章内容时，可以辅助参考关于集团公司管理等方面的相关书籍，以便更全面深刻地体会股权这一要素在集团公司治理中的作用。

从第二章至第四章，针对每一种特定公司形式下的股权架构设计，本分册一直在强调“股权架构动态调整”的重要性。股权架构的设计与优化并非一劳永逸可以解决的，而是伴随公司一生的问题。因此，本分册第五章将对股权架构的动态调整的内容进行专门论述，归纳总结股权架构的动态调整的一般原理，介绍各类具体的调整方式和调整工具，以帮助读者实现对股权架构更深层次的把握。

5 第五章

股权架构的动态调整

股权架构作为反映公司合伙模式及所有权组成的结构形式，其形成的底层逻辑不仅包括公司对外的生产经营活动，还包括现代法人治理结构在不同公司的应用和体现。通过本分册前四章所介绍的股权架构基本知识和所列举的诸多股权设计实例等，读者可以清晰地发现公司发展与股权架构调整之间的密切关系。

从单一公司到拟上市公司、集团公司，股权架构的设计逐渐复杂化，“股权”这一名词不再是一个简单的持股比例数字，而是包含了诸多商业要素和博弈关系的概念。从第一章到第四章，展示在读者面前的是逐渐丰满的股权形象，也是一个符合普通人认知习惯的由简入繁的过程。

但是，从系统掌握知识的角度而言，对于股权的认识和理解的理想状态应该是在由简入繁的基础上，最终实现由繁入简。因此，本章对股权架构动态调整的总结和论述更像哲学中所言的“密涅瓦的猫头鹰在黄昏起飞”，是对本分册前四章中所体现的股权架构动态调整的共性问题进行的归纳和提炼，也是帮助读者实现由简入繁的有效途径。

本分册在前四章中已经论述了股权架构动态调整的必要性和重要性。通过对单一公司、拟上市公司、集团公司等不同形式和不同发展阶段的公司股权架构进行介绍，读者可以发现随着公司规模的扩大、内部关系的复杂化以及日益深入资本市场，良好的公司股权架构始终追随着公司当下的不同目标进行局部甚至彻底的调整，其中不仅包括在持股比例、持股模式等直接反映到股权架构层面的调整，还包括通过表决权和投票权归集与重新分配等不会直接反映到股权架构层面的间接调整，以及通过调整董事会控制权等更加隐蔽方式作用于股权架构的隐性调整。

“易穷则变，变则通，通则久”。股权架构设计并非一劳永逸，而是伴随公司发展阶段、经营规模、利益博弈、对外投融资、公司治理与管理等诸多因素而不断变化的。

简言之，股权架构与公司内外部的诸多要素紧密联系，鉴于影响股权架构的诸多因素是处于动态变化中的，股权架构只有进行相应的动态调整，才能在新的变化中达成持续的匹配与平衡。

本章内容侧重于在总结本分册前四章的基础上，对股权架构动态调整的一般原理和实操要点进行归纳总结，帮助读者实现对股权架构动态调整问题更深层次的理解和把握，并期待在现有理论和实践经验的框架范围内，对股权架构这一问题进行适度深入的提炼和升华。

第一节

股权架构动态调整的一般性原理

一、公司内外部关系协调与股权架构的动态调整

（一）公司内外部关系的含义

总体来看，一个公司在存续阶段所形成的全部关系宏观上可以划分为内部关系和外部关系。内部关系主要包括公司所有权层面的关系和管理权层面的关系，前者主要指的是公司股权的分配与持有以及相对应的股权架构的设计与调整，后者主要指的是公司治理结构和管理模式的设计。简言之，内部关系指的是“谁拥有这家公司、谁来管理这家公司、怎样管理这家公司”等问题。外部关系则指的是公司作为一个民商事主体，与外部生产要素及其他法律主体之间发生的关系，例如供应链关系、合作交易关系、投融资关系、生产消费关系以及其他社会关系等，这些关系贯穿公司经营发展的始终。

公司是各股东为了创造生产价值并获取利润而通过契约关系自发缔结的民商事主体，而对外缔结各种关系是公司创造利润、扩大规模的途径，也是公司创立和经营的意义及价值所在。公司内部关系存在的基本逻辑就是通过适时调整，实现与外部关系的协调和匹配，最终目的就是为外部关

系“赋能”，推动公司实现利润增加和规模扩大等主要目标。

（二）公司内外部关系协调与股权架构的关系

从图 5-1 中，我们可以明确地理解公司股权架构的动态调整在公司内外部关系协调方面所起的重要作用。股权架构作为公司在所有权层面组织形式的一部分，是重要的内部关系之一。当公司外部关系发生变化，或者公司对外部关系的缔结存在新的需求时，股权架构就应做出相应的动态调整。

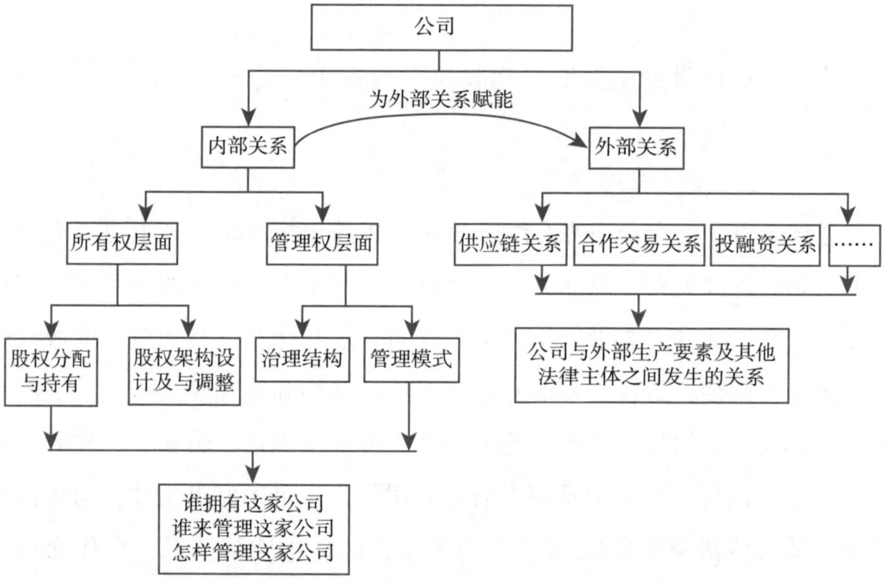

图 5-1 公司内外部关系协调与股权架构的关系示意

结合本分册前四章的内容，可以更具象化地理解上述基本逻辑。

具体而言，当生产经营规模不断扩大时，公司对外的投资关系就会纵向拉长公司的股权架构，形成金字塔形层层控制的股权架构模式，单一公司转变为集团公司；当公司的发展需要持续引入新的社会资源时，公司对外融资的关系就会横向拉宽公司的股权架构，新的股东加入必然会使原有的股权架构发生横向改变，而上述转变又恰恰呼应了公司外部关系的状况，促进了公司的进一步发展。除此之外，更复杂的实例也比比皆是。

例如，当公司处于较为复杂或者迅速变化的商业环境中时，相较于公司内部决策的民主性，决策效率显然更为重要，此时股权架构如果能够实现由分散型到集权型的动态调整，那么对公司适应外部环境而言，将带来极大的帮助；而当公司在股权层面的“一股独大”所带来的大股东专权的情况已经直接对公司外部合同关系的缔结或者投融资等带来负面影响时，如果股权架构能够适当调整大股东的持股比例或者增加股权层面的分权制衡机制，那么也会大大促进公司的进一步发展。

上述内容均是公司对外关系的变化与股权架构动态调整之间基本逻辑的体现。总的来说，股权架构需要进行动态调整的主要原因在于公司自诞生之日起就处在一个持续发展的过程中，在与外部生产要素及其他法律主体之间持续相互作用的过程中，公司会经历创业期、成长期、成熟期、纾困期等不同阶段，在组织形式上也会呈现单一公司、集团公司的划分，或者处于拟上市或上市成功的阶段等。这些外部关系对公司的影响会直接反馈到公司内部关系的层面，进而影响公司在所有权和管理权领域的持续调整和优化。

“与之协调，为之赋能”是实现公司内外部关系协调的过程中公司股权架构动态调整所遵循的基本原则，也是实现股权架构成功调整的必由之路。

（三）公司内部关系及其为股权架构调整留下的新思路

如前所述，公司的内部关系主要包括公司所有权层面的关系和管理权层面的关系，从公司内部机构设置和治理上来看，股东会、董事会、监事会所构成的组织形式和分权体系是公司治理的基石。

一般情况下，股权架构的动态调整应该在股东层面进行调整，包括新股东的加入和老股东的退出、股东所持股权的增加和减少、持股方式变化（如从直接持股转变为通过持股平台间接持股），以及各股东在分红权、表决权等具体权能层面的重新分配等，都是公司内部所有权层面的变更，仅涉及股东及股东会层面。

但是，鉴于董事会、监事会在公司内部的重要作用，特别是董事会对公司的实际管理和控制方面的作用，管理权在一定程度上可以代替所有权中所包含的控制权权能。因此，在董事会、监事会层面（特别是董事会层面）对各股东所享有的管理权进行调整，在一定程度上可以起到与股权架构调整相类似的法律效果，即变更公司的控制权分配状况，这为股权架构的动态调整提供了新的思路和途径。

特别是此次新修订的《公司法》在整体修法方向上采取了对董事会进行“扩权”的思路，不仅引入“授权资本制”、新设了“审计委员会制度”，在符合法定条件的情况下将监事会职权移至董事会，还赋予董事会在监督公司资本维持、维护公司利益方面权力与职责，试图赋予承担主要管理职责的董事会在公司治理结构中的核心地位。

从域外立法的经验借鉴来看，现代公司法通常将公司事务的主要权力授予董事会，或者授予完全或者主要由公司定期选任并授权的专门委员会。更具体地说，在公司的内部关系中，除了最重大的决策事项之外，公司一般会授权董事会来行使绝大部分决策权，这也是董事会中心主义的由来。一方面，董事会是公司治理与经营的中枢系统，它比股东会更灵活，对外部商业环境的反应最敏捷，是公司内部最具有权力扩张性的一个机构，因此，立法扩大董事会的职责亦是对真实的公司运营及管理现状的反映；另一方面，作为社会高薪人群，特别是大型公司的董事，其责任与收入成正比是社会对这一群体的期望，更直白一些来说，董事在享受公司高薪的前提下必须要“担事儿”，要承担起现行公司法内部分权体系下董事应肩负的职责。与之相呼应，新《公司法》着意扩大董事会职权范围，这使董事会在合法范围内所实际享有的控制权能明显增加，相应地，董事会在能够为股权架构隐性调整所预留的操作空间也会增大。

鉴于此，本章除了在介绍股权的直接调整、间接调整之外，还着力介绍了股权架构的隐性调整，即董事会控制，以期通过对公司内部构造的探究向读者展示一个更加全面的股权架构动态调整蓝本。

二、股权权能分离与股权架构的动态调整

（一）股权权能分离的含义

股权的本质是公司所有权，所有权包含两项关键要素：控制公司的权利和获得投资收益的权利。本分册第一章在介绍股权和股权架构的基本概念时曾提到，股权的本质是一束权利的集合，而不是单一权利，包含股东出资权、表决权、分红权、增资权、清算分配权、参与管理权、知情权和诉讼权等诸多权利，其中最重要的两项权能就是表决权和分红权。

现代公司法主要用于创建投资者拥有公司的所有权的组织形式，股权所包含的上述两大权能都与股东在公司中的货币资本和非货币形式的出资相关联。也就是说，通常情况下，按照股东在公司中的出资额及持股状况等比例地在各个股东之间分配表决权和分红权是默认的一般规则，即本章后文所述的“一元化股权架构”。

在一元化股权架构的前提下，增减股东的表决权、分红权等，只能通过增减持股比例来实现，这就限制了股权架构动态调整的灵活性与便利性，同时增加了各股东之间的协商成本，以及后期可能无法达成调整合意

的不确定性风险。

鉴于这种弊端给公司股权架构造成的不利影响，建立在“权能分离”基础上的二元化股权架构和多元化股权架构应运而生。

权能分离的含义即将股权所内含的两项主要权能——表决权和分红权进行分开处理，前者可以简单理解为“权”，后者可以理解为“钱”。在持股比例不进行变动的情况下，对等量份额的股权所对应的表决权和分红权比例进行调整。这种调整的结果最终虽未直接反映在股权架构的变动上，但就股权内部而言，已经发生了与直接调整股权架构相类似的效果。这也是我们在本章后文所介绍的股权架构间接调整和二元化股权架构的基本逻辑。

进一步来看，如果在表决权与分红权之外，对股权内部权能进行更加细化的分离、重新整合和二次分配，则会塑造更加复杂的多元化股权调整架构。

（二）股权权能分离与股权架构的动态调整

权能分离的方式为股权架构的动态调整提供了新的思路，也是本分册前四章中所介绍的一系列表决权归集工具的源头。通过上述对权能分离含义的分析，能够理解本分册在前四章中论述的表决权归集工具的设计原理与运行模式。

通俗来说，股权的权能分离就是“钱权分离”，而“以钱换权”或者“以权换钱”则是各股东之间进行利益博弈与平衡的另一种主要方式。

如果股东之间无法就增减股权、持股比例调整等事项达成一致意见，则可以在不变更股权比例的基础上在公司章程里约定不按照出资比例行使表决权，或者采用控制权设计工具实现表决权的归集，从而间接进行公司控制权的再分配。

常见的表决权集中机制主要有本分册在第四章中介绍的一致行动协

议、AB 股制度、委托投票权制度等，具体内容已经在第四章中进行了详细说明，此处不再赘述。

权能分离的主要目的在于在不变更持股比例的情况下，在各个股东之间达成一种“退而求其次”的利益平衡，因此在表决权方面进行让步的股东必然会在股权的其他权能上寻求补偿。所以，利用上述股权设计工具或者公司章程的特别约定，将表决权向特定股东进行集中的同时往往伴随着该股东在分红权方面的妥协，即最终享有公司控制权的股东需在实际收益方面相应做出让步，以平衡各股东之间的利益。

当然，也正是基于这种“以钱换权”的操作空间，相较于直接的股权比例调整而言，表决权集中机制更容易在各股东之间达成一致意见，从而能够更加顺利地实现股权架构动态调整的目的，这也是权能分离对股权架构调整的意义和价值所在。

三、股权架构动态调整的基本原则

（一）公平原则

合理且成功的股权架构必须深入考虑股东“人性”层面的因素，而追求公平是股东出于人性本能所做出的选择。股权架构调整的主要影响之一就是股权及其所对应的利益在股东之间分配方式的调整，而股权作为一种财产性权益，其自身的分配同样遵循着“不患寡而患不均”的道理。

从某一时间段静态的公司股权架构来看，股东所享有的股权利益应该与其在公司的贡献程度与重要性相匹配；从较长时间段动态的公司股权架构来看，股东对公司的贡献程度及其重要性发生改变时，股权架构就应随之变化。

对于不同公司而言，公平原则并没有绝对客观且唯一的量化标准，绝大多数情况下，公平的衡量标准依赖于各个股东对自身贡献程度及所获利益的主观判断。简单来说，股权架构设计及调整的公平与否在于各股东的主观判断。

因此，在股权架构调整中遵循公平原则，不仅应考察各股东对公司的贡献、权利和收益，还应该结合股东的出资目的与持股目标等要素的考量，某些时候甚至需要照顾到该股东性格、心态、价值实现、人生追求等更加私人化的因素。

股权架构调整一般是由公司现有股东进行主导推进的，各个股东在长期相处共事的过程中对彼此的价值、追求及心态、性格等均有相对深入的了解，这种了解可以协助各股东在对“公平”的衡量方面趋于一致，在各股东彼此尊重的前提下，公司内部往往更容易达成股权架构调整的一致意见。

（二）因地制宜原则

本分册第二章在对单一公司的股权架构进行介绍时提到，对于某一时间段相对静态的股权架构设计而言，鉴于每家公司所处行业不同、商业模式不同、团队成员不同，没有一个放之四海而皆准的、最好的股权架构模型。

与静态的股权架构设计相比，股权架构的调整则是一个持续动态化的过程，因而也就没有一个标准的模式。

本章在总结前文内容的基础上提炼股权架构动态调整的一般性原理，在于通过归纳的方式将这门知识活学活用、举一反三，而非禁锢思维，画地为牢。

股权架构的设计需要根据公司的实际情况因地制宜，股权架构的动态调整亦是如此。在结合公司自身实际情况的前提下，明确公司股权调整所要达到的目标和追求，并以此为蓝图探索完成股权架构动态调整的可行方式，是践行因地制宜原则的可行之路。

（三）适度开放原则

股权架构能够适时进行动态调整的前提是架构具有适度的开放性，即公司在股权层面设置了合理且灵活的股权进入机制和股权退出机制。

根据取得股权的方式不同，股权进入可以分为原始取得、继受取得。鉴于本章探讨的股权架构动态调整均发生于公司成立之后。因此，此处所说的股权进入机制主要指的是继受取得，更进一步来说主要指的是股权转让、股权置换或者股权赠与等。此处所说的股权退出指的是原公司股东通过股权变现等方式退出公司所有者行列的情形，更进一步来说主要包含股权转让、强制回购等。

鉴于公司所处环境的复杂多变，在组织上需要保持一个适度开放的架构，让有能力的股东充分发挥作用，让公司需要的人才可以随时加入，不合适的人能够及时让出管理位置或者良性退出，从而源源不断地吐故纳新，吸引潜在人才，保证公司核心经营管理团队处于健康和相对稳定的状态。股权动态调整必须有配套的退出机制，公司创业是一条漫漫长路，在跋涉的过程中难免有股东无法忍受艰辛或看不到前途而离开公司。股权是公司发展过程中最珍贵的引资金、引人才、引资源的工具，不能由离职或者没有贡献的缺位股东持有，应有相应的机制及时收回股权。

（四）规范化原则

对于股权架构的调整而言，规范化原则的含义为将股权动态调整的方式落实到正式的约定中，以公司正式的表决流程（主要是股东会决议等）将相关规则加以明确和公示，使内部股东和外部投资人对于股权调整及方式均有明确的预判。

就规范的制定而言，提前约定股权动态调整的规则是最有效的方式，主要包括股权架构的分配和退出机制。对于这一部分内容，本节后文将进行详细介绍。公司章程及其他正式文件、股东会决议、股东之间的合同等都可以是股权动态调整机制的制度化形式，其目的在于让所有股东提前了解和熟悉这个机制，并对股权架构的动态调整结果有一个合理预期。

提前约定股权动态调整的规则，细化调整的条件与方式，从而在股权需要调整时能够按照预设的规则进行直接调整，减少各股东之间反复协商所带来的沟通成本。

同时，可以预设某些特定的惩罚性条款或者违约责任条款，从而对那些不遵守预设调整机制的股东以相应惩罚。规范化原则不仅包括预设一套统一的股权动态调整机制，还包括股权架构调整过程中各股东均应遵守相应的程序性规定和实体性规定。即使各股东事先未能就股权动态调整方式达成一致，那么在后期组织协商的过程中，也应注意遵循合法程序，在不损害任一股东利益的前提下做出相应决议。

总的来说，将股权动态调整进行规范化，使之成为一套各股东都遵守的程序性和实体性规则，是目前股权架构动态调整的最行之有效的方式，也是能够充分激发和体现各股东在股权架构设计方面前瞻性和能动性的领域，通过既定规则尽量减少各股东在股权调整方面的争议与矛盾，能够实现股权架构调整的平稳过渡。

四、股权架构动态调整方式的概述

从宏观上来看，股权架构动态调整的方式可以分为两大类：一类是主动调整，另一类是被动调整。实践中，股权架构调整以主动调整为主，以被动调整为辅。具体来看，主动调整又可以划分为前期预设调整和后期协商调整。主动调整反映的是公司股东在股权架构调整方面的设计与规划，被动调整反映的则是司法权对公司自治事项的纠偏与强制介入。

（一）主动调整

1. "先苦后甜"——前期预设调整

前期预设调整即建立一套规范化的股权动态调整机制，此种方式与我们在上文所述的规范化原则相呼应，是理想的且能有效规避股东争议的调整方式。预设的股权动态调整机制可以在公司成立之时就确定下来，但鉴于公司创业期股权的价值并不明显，各股东对股权架构的重视程度也不够，因此这种情况相对比较少。

在公司步入稳定盈利模式，经营管理相对成熟，股权架构的重要性逐渐凸显时，各股东为避免后续争议纠纷而协商一致，也可以适时对股权动态调整机制进行提前约定。

对于预设调整而言，其作用和意义可以形象地描述为"先苦后甜"，即前期设计调整机制的工作量巨大，需要考虑公司当前阶段及日后发展的方方面面，兼顾各股东的利益平衡及员工股东、外部投资者的进入等因素。鉴于预设调整机制的专业性程度较高，股东往往难以独立完成，需要委托专门的股权律师对预设调整机制进行量身定做。预设调整机制的通过往往也需要修订数个版本、经历股东之间的反复协商与博弈。有的预设调整机制可能在反复修订之后仍未获得通过，最终功亏一篑。

可以说，前期预设调整相当于将股东之间的沟通和协商成本提前到更早的阶段，虽然避免了临近调整时的反复协商，但预设调整机制的出台本身也需要经历一次复杂的博弈，这是预设调整方式"先苦"的所在与体现。

但是，预设调整机制也有其不可替代的优势，设置一套各股东均认可且能参照执行的机制，将其作为公司后期股权架构调整的蓝本，股东就能具备相应的心理预期，不仅能够减少后期各股东牵制、扯皮的情况，还会使发生不可调和的矛盾的概率大大减小；即使有的股东不想调整，因受制于预设的股权调整机制，多数情况下也会接受股权调整的结果。股权动态调整机制可以“以变应变”，充分调动股东的积极性，形成正向的激励机制，从而把公司利益与股东个人利益紧密联系起来。个人动能的增加，直接推动公司向下一个“里程碑”发展，每一个“里程碑”的达成也都将以看得见的利益回馈给股东，这是预设调整方式“后甜”的所在与体现。

鉴于前期预设调整对公司股权架构动态调整的重要意义及其独特优势，本章后文将对该部分内容进行着重介绍。

2. “反复博弈”——后期协商调整

后期协商调整指的是在没有预设调整方式的情况下，各股东后期通过协商一致的方式对股权架构的调整形成一致意见，从而进行调整的情形。相较于前期预设调整对调整模式的提前约定和直接适用，后期协商调整往往会经历漫长的反复博弈的过程。

协商调整的结果也不必然是成功的，如果公司股权架构在应当进行调整优化的阶段，各股东对于股权架构调整始终未达成一致意见，则会导致公司股权架构与公司发展阶段等外部要素不相适应。股权架构形式未能实现与时俱进和平稳过渡，则可能成为阻碍公司进一步发展的主要障碍之一。

鉴于股权架构调整直接影响各股东所享有的股权及其所关乎的财产性权益，直接调整持股比例虽然是最直接也是最彻底的动态调整方式，却容易因为各股东无法达成利益平衡而止步不前。

因此，在实践中，通过后期协商方式达成的股权架构动态调整往往不会局限于持股比例、持股模式的直接调整，各股东在相互博弈和利益交换的基础上，可能会采取间接调整、隐性调整等方式。

所谓间接调整指的是在对股东持股比例、持股方式不宜调整的情形下，通过对股权所内含的表决权、分红权、优先认购增资权等权能进行分离并做出特殊安排，从而间接改变股权架构的某些实质内容，实现股权架构动态调整效果的调整方式。

所谓隐性调整，是指既不对持股比例和持股方式进行直接调整，也不对股权所内含的各种权能进行分离和间接调整，而是依托公司内部的法人治理结构和“三会一层”的机构设置等，对股权中最重要的控制权权能进行调整和再分配，这种调整在股权层面是不体现的，因此称为“隐性”。但隐性调整也能起实质性改变股权架构的作用，是股权架构调整中重要的辅助性手段。

目前，未建立股权架构预设调整机制的公司在实践中仍占有相当大的比例。这些公司发展至股权架构必须进行调整的阶段时，除了股东之间进行协商从而达成调整方案之外，一般没有其他途径可供选择，因此对后期协商调整的方式进行介绍还是很有必要的，详细论述可以参见本章后半部分的内容。

（二）被动调整

独立法人人格是现代公司法赋予公司这一组织形式的最典型特征之一，而公司意思自治原则是独立法人人格的必然产物。

股权属公司所有权，股东的进入和退出以及持股比例、持股模式的改变等亦属公司的内部自治事项。因此，一般情况下，公司股权架构的设计及动态调整均属于公司和公司股东自治的范围，在我国无论是在《公司法》中还是在《民法典》中，均没有赋予法院强制调整股权架构的权利。司法实践中，法院也不会主动、直接介入公司的股权架构调整。这一现象实则反映了在经济活动和公司事务领域，以司法权为代表的公权力所保持的审慎性和谦抑性态度，即一般情况下避免使用公权力对正常的经济活动进行干涉。

但是任何自治权均有其法律边界，当公司及公司股东行为超越了法律所许可的意思自治边界时，就可能触发以司法权为代表的公权力的强制介入，进而导致公司股权架构的被动调整，即公司或者公司股东等利害关系人通过提起某种在法院受理范围之内的诉讼案件，其判决结果客观上可能会直接或间接影响公司的股权架构，此类案件多数是围绕股东资格、股权、表决权等来展开。

总的来看，公司股权架构的被动调整即司法权强制调整属于公司股权架构动态调整的辅助性、边缘性方式，它与公司股东对股权架构的设计和优化的出发点关系不大，而是公权力对公司和股东行为的“纠偏”。

公司股权架构的动态调整基本上都是通过公司诉讼的方式达成的，而大部分情形下，公司诉讼或多或少都会对公司日常经营管理产生较为不利的影响。因此，我们探讨公司股权架构的被动调整，是在侧面强调公司自治的合法性边界，并以此提醒读者在股权架构调整的过程中注意不要超越法律所允许的范围，不要损害小股东、外部投资人或公司自身的合法权益，避免司法权对公司股权架构动态调整的强制介入以及因此给公司经营带来的不利影响。

第二节

主动调整之预设调整

当发生调整股权架构需求时，通常都会关乎各方股东的利益博弈。调整股权架构，必然影响一部分股东的利益，导致其持股比例减少，现实中很少会有股东愿意降低自己的利益分配比例。博弈的结果，既有可能达成一致，也有可能无法通过或者引起内斗。就算协商达成一致，协商时间可能会比较长，中间的过程也会有波折，不可避免地耗费股东大量时间和精力，或者因协商时间过长错失了公司发展良机。甚至存在即使调整成功，做出让步的股东可能并不是心甘情愿，还是会在股东中间留下引发矛盾的种子。

为解决因股权架构调整可能导致的股东失和等问题，在公司设立之初或公司经营前期阶段，预设一个股权动态调整机制是一个好的解决方法。出现需要调整股权架构情形时，各个股东按照预设机制进行调整，不需要再耗费大量的协商成本；同时，鉴于相关的动态调整机制的规范化和制度化，各股东已有相应的心理预期，所以股东之间再发生不可调和的矛盾的概率大大减小。通过预设调整机制对股权架构进行适时、适当的调整，使股权架构更适应公司的发展需求，可以让公司治理更有效、基础更稳固。

一、如何预设股权动态调整机制

预设股权动态调整机制，须以量化股东对公司的价值和贡献为前提。量化股东对公司贡献的因素有很多，每个公司都应根据自身实际情况设定量化因素和各个因素的权重。为便于表述，本分册以公司业绩为主要衡量要素，举例说明如何结合股权分期成熟制度构建股权的动态调整机制。

（一）确定业绩目标

首先确定公司在创业期、发展期、成熟期的三个发展阶段不同的业绩目标，这个业绩目标就是股权调整的依据。完成一个阶段目标后，公司的股权需要调整百分之多少，每位股东在该阶段的任务是多少，完成到什么程度兑现多少股权比例，完不成的不兑现或不全部兑现，未兑现的股权如何处分。三个阶段结束后，公司的股权架构比例基本确定，后续需要再行调整则制定新的股权变动规则。

前述方式的最大好处是各个股东在公司进入成熟期之前，都必须努力完成各自的目标任务，否则，自己的股权比例就会降低。该机制并不排斥纯出资型股东，因为出资型股东在公司三个发展阶段没有人力和资源的投入，他的股权比例会随着其他股东人力资源资本的不断投入而逐渐降低。如公司达成业绩目标，出资型股东的股权比例虽然持续降低，但也得到了利润分配的回报，更不用说公司持续发展良好的长期回报。

（二）确定调整方式

在公司三个发展阶段中，每个阶段都设定具体的业绩目标，达到公司设定的目标时，就对各股东进行一次股权比例调整。在各个阶段每个股东的贡献值可能是不一样的，所以一个阶段结束后，各个股东的股权比例会发生新的变化，决定他们股权比例变化的就是各个股东的贡献值大小。

计算的公式为：分得股权比例=预分配股权比例×股东的贡献值/贡献值总额。假设A公司有甲、乙、丙三个股东，在公司设立之初决定实施动态股权机制，其中，非动态股权部分为40%，动态股权调整比例为60%，动态机制的实施期间为3年，每年的12月31日为动态股权调整结算点。三年的动态股权对应公司3年的盈利总额为1800万元，拆分成第一年为400万元，该阶段动态股权分配的比例为50%，所分配公司股权比例为60%×50%=30%；拆分成第二年为600万元，该阶段动态股权分配的比例为30%，所分配公司股权比例为60%×30%=18%；拆分成第三年为800万元，该阶段动态股权分配的比例为20%，所分配公司股权比例为60%×20%=12%。

第一年12月31日结束时，公司实现了盈利400万元的目标，总结各个股东的总贡献值为：甲股东500份、乙股东300份、丙股东200份，三位股东的贡献值总额为1000份。各位股东所分得的动态股权的比例为：甲股东股权比例=30%×500/1000=15%，乙股东股权比例=30%×300/1000=9%，丙股东股权比例=30%×500/1000=6%。

若第一年12月31日结束时，公司的盈利没有达到400万元，只完成了360万元，相当于当年预定目标的90%，可以按照当年预分配动态股权比例的90%，此时各位股东所分得的动态股权的比例为：甲股东股权比例=30%×500/1000×90%=13.5%，乙股东股权比例=30%×300/1000×90%=8.1%，丙股东股权比例=30%×200/1000×90%=5.4%。

动态股权制度当然可以约定若当年盈利目标达不到预定目标的60%（含60%）时，这一期不进行动态股权分配；同样也可以约定无论当年的利润实现多少，均实行动态股权比例分配，只是按照完成利润与预定利润的比例实行动态股权分配。第一年的动态股权分配完成后，当年的所有贡献值清零，第二年重新计算各位股东的贡献值，待第二年 12 月 31 日结束时，按照第二年完成的贡献值计算各位股东的动态股权分配比例，第三年依此类推。

二、特殊的预设调整机制：股权分期成熟机制

（一）股权分期成熟机制的含义

股权分期成熟机制源于英美法系，是一种特殊的股权架构预设调整方式。概括而言，股权的成熟期指的是将股权视作一种“期权”，将公司股东持有的股权设置“授予期”和“行权期（兑现期）”两个阶段。通常情况下，股东会事先约定包括股权成熟的标准和条件、成熟的数量、行权的标准和条件等事项，每服务一定期限，则股权成熟一部分，已经成熟的股权可以正常行使股东权利，而若股东在股权成熟期中途离职，后面的期权就不再享有，公司可以很低的价格甚至免费收回该不成熟的股权。这样是为了防止出现股东中途离职却依旧享有公司股权坐享其成的局面，旨在避免公司股东的投机行为。

目前学理上对股权分期成熟机制的研究不多，但在实务中，鉴于人力资源对公司发展的重要性越来越突出，特别是在股东团队相对封闭、人合性较强的非公众公司内部，为了保证股东团队的稳定，股权分期成熟机制存在较大的适用必要性。因此，一些有先见的公司股东在预设股权动态调整机制时，会选择提前设置股权分期成熟制度，并将相关内容写进公司章程或者其他有效力的股东文件（如股东协议）。

（二）股权分期成熟机制的预设方式

一般情况下，根据公司的不同模式，常见的有以下几种股权分期成熟

兑现方式（以成熟期期间设定为4年为例）：第一种是约定4年期间每年兑现1/4；第二种是任职满2年兑现50%，任职满3年兑现75%，任职满4年兑现100%；第三种是逐年增加，第一年兑现10%、第二年兑现20%、第三年兑现30%、第四年兑现40%；第四种是满一年兑现1/4，剩下的在三年之内每个月兑现1/48。通常情况下，无论哪种兑现模式，前提都是股东最少在公司工作满一定期限（一般为满1年）为前提，以避免股东的投机行为。

股权分期成熟机制下，在公司时间越长，获得股权越多，这样股东的切身利益就和公司的发展状况绑定在一起。

基于在防止股东投机方面的独特作用，股权分期成熟机制适合初创期的公司或者在近几年内有上市计划的公司。前一种情况可以稳定创始人团队，避免核心人才流失给公司起步发展带来不可逆的消极影响；后一种情况可以避免股东借助公司上市将股权套现，给公司上市进程带来负面影响。

（三）股权分期成熟机制下回购条款的设置

约定了成熟期的股权本质上是一种"期权"，是在将来的某一时间行使股东权利的期待权。若法律可以允许公司存在不被任何主体认缴的"空余股权"，那么可以用该部分"空余股权"建立一个期权池，待满足一定条件或经过一定期限之后将该部分"空余股权"直接授予符合条件的股东，在授予之后可以立即行权，也可以实现该部分股权的"期权"作用，不必另行设置股权的成熟期。

我国《公司法》严格秉持大陆法系的精神与原则，公司所有的股权都必须得到股东的认缴或实缴，不允许存在未被股东认缴或实缴的"空余股权"，虽然新《公司法》通过引入"授权资本制"，使董事会在股东会授权的情况下可以发行新股，但基于该制度仅适用于股份有限公司，且新股发行后仍会稀释原股东的股权比例，故而实质上无法完全达到前述的预留“空余股权”的效果，因此，对大部分公司而言，股权分期成熟机制一般要通过约定离职回购条款即下文所介绍的“人走股留”条款来实现，以达到股东中途离职后未成熟的股权权益不再继续享有的效果。可以说，“人走股留”条款是股权成熟机制的必要组成部分，可以起到违约惩罚的作用。

需要注意的是，除了在股权成熟机制下发挥重要作用之外，“人走股留”条款本身也是一种独立的预设股权动态调整机制，即使在没有设置股权成熟期的公司内部，一样可以单独设置“人走股留”的条款，以实现新老股东的平稳交替。这与本章第一节所述的股权动态调整的适度开放原则所追求的效果是一致的，因此下文将对这一内容进行展开论述。

三、预设股权退出机制：“人走股留”

（一）“人走股留”条款的含义

“人走股留”的含义为股东资格和员工身份捆绑，股东因各种原因从公司离职后，其股东资格同时丧失，离职股东须将其所持有的股权由公司回购或转让给特定的人。“人走股留”不是法律概念，只是人们约定俗成的叫法。实行“人走股留”的公司，除了上述提到的设置股权成熟期的公司之外，还有以下三种主要类型：第一类是国有企业改制的公司，原国有企业职工通过企业改制，把自己通过改制取得的补偿转换的权益作为改制后新设公司的出资，原国有企业职工既是改制后公司的股东，又是改制后公司的员工，公司实行劳动合作制，当时的改制后公司的章程里一般都有“人走股留”的规定。第二类是通过股权激励取得公司股权的公司员工，为保证公司激励的股权能够发挥作用，会有员工离职后应将股权按照某一确定价格转让给控股股东或其他指定方的约定。第三类是高成长性公司处于创业期时，因创业风险较大，公司人员包括股东的流动性较强，通常也会单独约定“人走股留”，这种情况与前述股权分期成熟机制的原理高度相似。

（二）“人走股留”的适用

“人走股留”比较适用于封闭型公司，这种公司的组织形式一般为有限公司，公司有某种经营资质或者特殊资源，经济效益不错，员工中技术型人员较多，员工和股东有较强重合性。这种封闭型公司常有适用“人走股留”机制的情形。

公司在创业期，“人走股留”机制有较大适用空间。创业期公司首先要解决公司生存问题，公司全体人员齐心合力打拼是生存的基本条件。除了纯粹的出资型股东外，在此期间如果有股东离职，大概率是这个股东不看好公司发展前景，或者承受不了创业的艰辛，如允许股东在离职后继续保留公司股权，可能不利于凝聚全体股东和员工的士气，对公司发展不利。另如公司将来发展得好，继续保留股权的离职股东对公司利润坐享其成，也会造成不公平后果。

保护股东知情权目前成为公司法方面的热点问题，相关诉讼案件不断涌现，这一现象客观上可能在助力“人走股留”条款拓展适用空间。离职后仍保留股权的股东，可能会出于多种目的，如希望了解公司的真实经营状况，想知道公司有无隐藏利润或转移利润的行为，想刺探公司商业秘密，甚至借此来解决与公司或控股股东的宿怨，主张知情权进而提起股东知情权诉讼。“人走股留”条款可以一定程度上规避上述情形，因而正被更多公司采用。

（三）“人走股留”的合法性边界

“人走股留”条款一般有两种表现形式：一种是在公司章程条款中规定，另一种则是在公司出资协议或股东协议条款中约定。对于“人走股留”条款的效力历来是有争议的。

2018 年 6 月，最高人民法院发布了第 96 号指导性案例“宋文军诉西安大华餐饮有限责任公司股东资格确认纠纷案”，并对有限责任公司章程中约定的股东“人走股留”条款的效力进行了较为详细的解读。

在审理过程中，大华公司章程中所设定的“人走股留”条款是否因违反《公司法》中的禁止性规定而无效是主要的争议焦点。而围绕这一焦点，审理法院在查明事实后认为：有限责任公司的章程是公司设立时全体股东共同磋商，最终获得一致同意的结果，是对公司及全体股东都具有约束力的规则性文件；而宋文军在公司章程上签名的行为应视为其对公司章程规定的认可和同意，因此章程对其具有约束力；另外，回购股权的行为符合有限责任公司封闭性与人合性特点，这也是公司自治原则的体现，没有违反《公司法》的禁止性规定。基于上述裁判理由，法院最终认可了“人走股留”条款的有效性。

上海市第二中级人民法院的范黎红法官在《公司章程“侵权条款”的司法认定及救济——以“强制离职股东转让股权”之章程条款为例》中提出，公司章程约定强制回购股权的效力只有在明显具备侵权行为迹象的情况下才可以被否认，司法机关不应随意介入公司的内部治理。该司法观点与上述指导性案例背后所体现的基本精神与价值是一致的，即司法权在商业纠纷面前需要保持一种审慎、谦抑的态度，避免用司法权干涉正常的商业活动。

自 2018 年 6 月最高人民法院发布了上述指导案例后，“人走股留”条款的有效性已基本得到了认可。需要提示读者的是，在本案中，法院特别强调了该争议的章程条款为公司设立时由全体股东制定，涉案股东对章程表示了认可，系公司自治原则的体现，因而认可该条款的有效性。但是，如果分期成熟机制和股权回购条款未能体现在公司章程中，而只是在与创始人个人之间签订的合同中约定，则股东离开公司时，强制回购其未兑现的股权可能面临因缺乏法律依据而无法操作的风险。

为了避免后期发生纠纷，建议在以协议的方式达成“人走股留”的合意外，尽量将协议中的“人走股留”条款通过合法的决议程序转化至公司章程中。此外，如果是通过“资本多数决”修改的公司章程约定的“人走股留”条款，其效力会受到质疑，至少对于该条款投反对票的股东，或者拒绝在修改的章程上签字的股东，是可以通过诉讼等方式主张不受该条款约束的。

(四)“人走股留”制度的具体落实

首先，要清楚规定“股留”要由谁来接盘，是股权转让给现有股东，还是公司回购，要有明确的路径；如果是股权转让，是由转让股东自己在现有股东中自由协商选择受让人，还是直接规定受让人；如果有多个受让人，如何确定受让比例；如果由公司回购，公司回购的股权如何处理，是公司减资，还是有其他处置方案。如果有将此股权用于引进“新股东”的计划，由公司回购或者持股平台受让为宜。

其次，一定要提前规定股权转让或回购价格，或者确定价格的方法。因“人走股留”发生的纠纷，相当一部分案件是因为转让或回购价格约定不清楚或不公允所导致。股权原始价值、最近一月（期）的财务报表载明的净资产、经审计的净资产、评估价格等，均可以作为确定股权回购或转让价格的依据。鉴于“人走股留”某种程度上是对股东离职的制约，可以规定在股东离职的情形下，股权转让或回购价格按照股权原值或者公司净资产价值，选择低者确定。对因退休而不在公司任职的员工，股权转让或回购价格可按照公司净资产价值确定。因股权激励取得的股权价格，按照股权激励方案或者合同约定执行。

设置“人走股留”机制，也要防止如公司经营不佳，发生多个股东离职并要求回购股权的情形，不要因此造成公司资金紧张，从而发生恶性循环效应。为防止此种情形发生，可以约定公司对是否回购离职股东的股权有选择权，例如约定在股东离职后公司应该在某一期限内告知离职股东是否回购其股权。

本分册提供一个自拟的“人走股留”条款供读者参考：

> 本公司股东因任何原因从公司离职的，本公司有权在该股东离职后30日内通知该股东回购其持有的公司全部股权或将该股东持有的股权转让给指定人员，回购或转让价格为股权原始价值或者按照股东离职当月的公司财务报表载明的公司净资产数额折算的股权价格中较低者。公司通知离职股东回购或由指定人员受让其股权的，自通知之日，该离职股东的股东资格丧失，该离职股东应在收到通知后3个工作日内与公司签订股权回购协议或与指定人员签订股权转让协议（由公司制定协议文本存档），并配合办理相关变更手续。公司在30日内未通知离职股东回购或转让股权的，离职股东可继续持有或依法处置其股权。

第三节

主动调整之协商调整

鉴于在公司创业或者前期经营阶段，各股东对于股权架构及其动态调整机制的重视程度不足，所以多数未协商预设股权架构的动态调整方式，实践中通过后期协商的方式完成股权架构的过渡的情况不在少数。

如前所述，相较于前期预设调整对调整模式的提前约定和直接适用，后期协商调整往往会经历漫长的反复博弈的过程。协商调整依赖于各股东对下一阶段股权架构的预期，协商结果往往是多样的，与各公司不同的发展阶段及股东利益博弈密切相关。

一、协商调整的主要类型——结果导向划分

协商调整的结果可以总体上分为三种类型，一是直接调整，即直接反映在股权架构本身的调整，即持股比例的调整和持股方式的调整；二是间接调整，即没有直接反映在股权架构本身的调整，而是遵循本章第一节概述部分所介绍的股权“权能分离”的逻辑，通过对股权所内含的表决权、分红权、优先认购增资权等权能进行分离处理和重新整合，从而间接实现股权架构动态调整的方式；三是隐性调整，指的是在股权架构及股权权能

方面均不做任何调整，而是通过调整公司治理结构中某些机构的权职权限（主要是董事会）来调整公司控制权的方式，这种调整方式相较于间接调整而言更加“隐蔽”，是股权架构动态调整中的辅助性手段。

对于公司股权架构而言，直接调整是最为彻底的调整方式。与间接调整和隐性调整相比，只要股东能够就调整方式达成一致并严格履行，则直接调整的后续操作其实比较简单，不外乎通过股权转让、股权赠与、股权置换等方式对持股比例和持股模式进行调整。持股比例的调整主要反映了不同股东在公司所有权层面的分配，动态调整的坐标系就是高低持股比例线，在不同阶段中，某一股东可以根据实际情况增加或减少持股比例，例如从相对控股增持为绝对控股等，不同持股比例所对应的法律意义可以参照本分册第二章中对特定持股比例法律含义的介绍；持股模式的调整主要反映了股东控制公司方式的不同，动态调整的坐标系就是在直接持股模式和间接持股模式中的选择与搭配，有的公司初期可能完全采取自然人直接持股的模式，后期可能会引入间接持股模式，形成直接持股和间接持股并存的混合型持股模式，或者完全放弃自然人持股的模式，全部调整为通过持股平台间接持股等。

直接调整的相关内容已经在本分册前四章中进行了详细论述，主要包括单一公司股权架构设计模型及其优化措施、拟上市公司从初创到上市的全流程股权架构调整以及单一公司向集团公司转变的股权架构调整和集团公司内部母子公司之间的股权架构调整等。为避免行文重复，此处仅做归纳总结，不再一一展开。

下文主要针对间接调整和隐性调整的相关内容进行介绍和分析。

二、间接调整

在对股东出资比例不宜调整的情形下，通过对表决权、分红权、优先认购增资权等做出特殊安排，是股权架构间接调整的常见方式。如果直接调整股东的持股比例可能导致股东之间发生尖锐矛盾，影响公司发展，导致调整结果得不偿失时，则可以考虑通过二元化甚至多元化股权架构的设计，调整公司股东持有股权的部分权能，间接改变股权架构的某些实质内容，从而达到使股权架构更符合公司的发展需要。

目前，多数公司采用一元化股权架构，即直接按每位股东各自的出资份额取得股权、享有表决权及分红权等，这是最简单、最传统的股权架构类型。股东持有的股权比例与其表决权比例、分红权比例、剩余财产分配请求权比例、增资时的优先认购权比例等均是一致的，没有任何差异和区别。

与一元化股权架构相对应的，是二元化股权架构和多元化股权架构，其基本原则就是将股东权利中不同的权能内容按照需要进行分离式设计。

相较于一元化股权架构，二元化股权架构和多元化架构更能充分考虑公司各类主体间的利益关系，以及各类主体对公司本身的贡献等多方因素，而不仅仅是个别股东利益最大化。用上述股权架构的划分思路来设计和调整公司的股权架构，能有利于公司整体的快速发展，在公司治理过程中，避免公司僵局的发生，有利于公司实现长久稳定的发展。下面将进行分别介绍。

（一）二元化、多元化股权架构概述

1. 二元化股权架构

二元化股权架构，是指股东在股权的两项主要权能即表决权和分红权之间做出不等比例的安排。二元化股权架构类型主要包括通过股权（股份）分类形成二元化股权结构以及通过契约实现二元化股权结构。

典型的二元化股权架构是公司在设立时即设置或发行两类股权（股

份），每股具有一个表决权甚至不带表决权的A类股权（股份）；每股具有多个表决权的B类股权（股份）。采取这种二元化股权架构的公司，有些是将表决权的差异限于某些特定领域，如涉及控制权变动的议案表决上，而在其他事项的表决方上A类和B类股权（股份）没有差异。另外，公司也可以设置或发行侧重于财产权益的优先股，相比普通股，优先股以让渡部分表决权、管理权为代价，取得优先分红，清算时优先收回股本金等权益。

部分公司亦可能通过公司或股东之间的契约安排，实现二元化股权架构。在重新分配表决权和投票权的过程中，为了在公司股东之间达成利益平衡，可能会同时伴随股权另一主要权能即分红权的调整，简单而言就是股东之间通过达成“以钱换权”或者“以权换钱”的合意从而在不调整持股比例和持股模式的情况下实现对公司控制权的二次分配。常见的有股东之间可以达成投票权委托协议、以分红权换取表决权的协议等。此外，也可以在公司章程中约定某些事项的表决必须经过某些股东同意方为有效，或者以股东会决议形式对各个股东在一定时间内，就特定事项所享有的更多表决权做出约定。这种协议安排能够在实际上起到股东的表决权与持股比例不相同的效果，形成二元化股权架构。

2. 多元化股权架构

多元化股权架构则是在二元化股权架构的基础上对股权权能进行了更细化的划分。除了表决权和分红权之外，对剩余财产分配权、优先认购增资权等权能之间也进行不等比例的安排。

需要提示读者的是，实务中除了按照股权内部诸多权能划分设计的多元化股权架构之外，还有按照股东类型进行设计的多元化股权架构，即根据公司的实际情况将公司股东划分为多个类型，主要有创始股东、后加入股东、员工持股股东、财务型投资股东、资源型投资股东等。类型划分因公司而异，也没有固定的标准或模式。针对不同类型的股东，在设立股权架构时用统一的整体性思维进行区别安排，以实现创始股东能够保持对公司的控制权，保证公司运营的稳定性，用股权的力量凝聚股东团队；通过让员工分享公司发展带来的财富，在实现共同富裕的同时，用心出力和公司共同发展壮大；吸引更多的优秀投资者进入公司，让充裕的资本为公司发展打下坚实基础。

总的来看，二元化股权架构和多元化股权架构的价值不仅体现在其提供了一种折中的调整股权架构的新思路从而方便在各股东之间达成一致意见，还体现在创始股东或控股股东通过这种方式可以保持公司控制权，使公司能够平稳向前发展。

（二）最新立法动态与二元化、多元化股权架构的关系

本分册第四章对 AB 股制度进行介绍时已经提到，在原《公司法》的规定下，有限责任公司的“同股不同权”存在制度空间，但是对于股份有限公司内部 AB 股制度的适用问题尚存争议，而事实上，股份有限公司往往对 AB 股存在更大的制度需求。

鉴于 AB 股制度对金融市场的成熟度以及对相关部门的监管能力和监管力度都有更高的要求，故很长一段时间内，立法者对 AB 股制度持谨慎态度。正如大家所熟知的，在商业立法领域，往往是改革在前，立法在后，因此在此次新《公司法》出台前，实践中已出现了对 AB 股制度设计的探索。例如：

2020 年 11 月 1 日起施行的《深圳经济特区科技创新条例》规定在深圳市依登记的科技企业可以设置特殊股权结构，在公司章程中约定表决权差异安排，在普通股份之外，设置拥有大于普通股份表决权数量的特别表决权股份。

2021年3月1日起，《深圳经济特区商事登记若干规定》则将“同股不同权”的股权架构扩大至深圳注册的各种类型公司。2019年以来，随着《科创板首次公开发行股票注册管理办法（施行）》以及《上海证券交易所科创板股票上市规则》的颁布，我国科创公司被允许采用“同股不同权”的二元化股权架构。

在新《公司法》修订过程中，2021年年底公布的《公司法（修订草案）》第一次审议稿中出现了“类别股”条款，涉及了对股份有限公司“同股不同权”的规定，是对我国在这一领域立法空白的补充，而最终公布的新《公司法》将该规定予以保留，即第144条第1款规定：“公司可以按照公司章程的规定发行下列与普通股权利不同的类别股：（一）优先或者劣后分配利润或者剩余财产的股份；（二）每一股的表决权数多于或者少于普通股的股份；（三）转让须经公司同意等转让受限的股份；（四）国务院规定的其他类别股。”这意味着在国内资本市场发展多年后立法者终于对股份有限公司“同股不同权”的制度设计敞开大门，AB股制度最终得以落地，二元化和多元化股权架构将在我国被正式认可，在合法性框架下，公司股权架构的动态调整有了更大的操作空间。但鉴于新《公司法》的规定相对较为笼统，缺乏具体可操作性，因此可以预见，后续有关部门包括各证券交易所等会在此法条的基础上出台更加细致的规定加以明晰，以为该制度的落地与实操提供指引性规范。

（三）间接调整的具体方式之表决权调整

1. 调整方式

前文已经提到，在二元化或者多元化的股权架构下，公司的表决权可以由公司章程做出规定，股东享有的表决权可以与认缴出资比例、实缴出资比例以及所对应的持股比例不一致。

实践中，表决权调整也是最为常见的股权架构间接调整的方式。目前，实务中比较普遍的操作是在公司章程中就各个股东的出资比例和表决权比例分别做出规定。为了平衡各股东之间的利益，也更容易让全体股东接受，可以规定就某些事项，如公司的经营战略、涉及公司控制权变化的事项等，按照约定的表决权比例进行表决，其他事项则按照认缴出资比例进行表决。

股东会决议是否允许按照股东人数行使表决权，存在一定争议。主流观点认为我国现行《公司法》并未排斥股东会按照股东人数进行表决的方式。因此，公司章程中也可以约定，股东会会议按照股东人数进行表决，每个股东享有的表决权数量，也可以做出灵活约定。但是，这种约定存在的问题是只适合股东构成非常稳定的情形，每个股东享有的表决权数量，与其个人能力、资源等紧密相连，一旦股东发生变动，股权架构也随之变动，则表决权数量可能需要重新约定。

发行附带不同表决权数量的股份（AB 股），也是表决权调整的常年方式。发行 AB 股，常用于股份有限公司。有限责任公司股东数量较少，通过章程直接做出约定，即可达到调整目的。关于 AB 股的相关内容可以参照本分册第四章的论述，此处不再赘述。

2. 注意事项

第一，权力制约问题。如前所述，表决权间接调整方式是在股权比例不变的情况下，通过调整股东的表决比例，从而改变股东在公司中的话语权和决策权来进行的。某一股东表决权和话语权增加后，公司的决策效率可能提高，同样决策风险也可能会发生。任何权力的增加都需要一定的制约和监督，在增加某位股东的表决权的同时，也要考虑必要的制约措施。比如规定这种表决权特别规定的适用期限，到期该种安排自动失效，或者规定出现特定情形时，该种特别安排失效。特别安排失效后，股东会表决权按照公司法规定执行，或者重新做出安排。做出制约措施的目的是尽可能地避免增加表决权的股东滥用决策权，损害其他股东及公司整体的利益。

第二，表决权特别约定的效力问题。公司章程作为公司的运行的“宪法”，能够就股东表决权做出规定。公司设立时的章程就表决权做出规定，或者经过全体股东一致同意，通过修改章程对表决权做出规定的情形，其效力都不存在疑义。但是仅仅通过股东多数决做出修改章程的决议，在章程中对表决权做出不同于出资比例的约定，对该股东会决议投反对票的股东有可能会要求撤销该决议或者要求确认决议无效。实践中有些股东通过公司决议或股东间协议方式就表决权做出特别安排，如果是全体股东一致通过的决议，通过股东会决议对表决权做出和出资比例不一致的约定是没有问题的，该决议对公司和全体股东均有约束力。同样，仅由股东多数决做出的决议，其效力可能存在问题。而对于股东间协议的方式，理论上股东之间的协议不能约束公司以及没有签订协议的股东，故通过股东间协议方式就表决权做出的安排，其可执行性和稳定性要弱于通过章程规定或股东会决议做出的安排。

（四）间接调整的具体方式之分红权调整

如前所述，对股东分红权进行调整，很多情形下是作为对让渡公司控制权或管理权的股东所做的补偿。

从权利内容上来看，分红是股东实现收益权的主要方式，除股东的实缴出资之外，其他的与公司经营管理相关的因素也体现在股东收益权上，可以使股东收益权的分配制度更加灵活、多样，为公司吸引人才、筹措资金等提供法律保障。追随型股东、通过股权激励取得股权的员工、财务投资人等大多不看重公司的控制权和管理权，而是希望取得实实在在的经济利益。在这些股东让渡甚至放弃部分表决权、管理权的情形下，控股股东让出部分自己的分红权作为补偿，是各取所需，皆大欢喜的安排。具体方式包括公司发行优先股，股东之间通过一致通过的股东会决议或者股东间协议对分红权进行调整等。实务中，在私募股权投资领域，优先分红权条款[1]、优先清算权条款[2]极为常见。

（五）间接调整的具体方式之优先认缴增资权调整

优先认缴增资权是原《公司法》第 34 条规定的有限责任公司股东的一项重要权利。在公司经营状况良好或者具有较好发展前景时，股东都会愿意认缴新的增资。如果对现有的股权架构或者表决权、分红权等权能调整均存在困难，可以考虑调整优先认缴增资权。这种方案的好处是只有被激励的股东为公司做出更大贡献后，才能取得更多回报，故股权调整方案更容易让全体股东接受。具体操作方式可以是：为公司的控股股东或者直接参与公司经营管理的股东设定一定考核目标。如果该目标达成，则由该股东优先认缴公司增资中的较大一部分比例。或者可以约定公司增资的不同价格，完成考核目标的股东，可以以较低的价格认缴公司增资。两种方案都可以起到激励有能力的股东对公司做出更大贡献。

---

〔1〕 优先分红权条款示例：各方同意，本次增资完成之后，公司应按照法律以及公司章程的有关规定和程序向投资人足额支付股息红利。如公司当年拟向股东分配利润（“可供分配总利润”）的，投资人有权在公司其他股东分配利润前优先分取当年的利润。在向投资人足额支付红利之前，公司不得向公司的任何其他股东以现金、财产或以公司股权的方式支付任何红利。当年的可供分配总利润在扣除上述投资人优先分取的利润后，投资人和公司其他股东将按持股比例共同享有公司的利润（包括但不限于本次增资完成前公司实现的所有净利润以及以前年度的滚存未分配利润）。

〔2〕 优先清算权条款示例：丙方及公司承诺，在不违反法律法规和公司章程的前提下，在公司清盘、解散以及出售主要部分或全部资产时，甲方有权获得本次增资额及年化 10% 的收益（投资人优先清算金额）。剩余资产由剩余股东按照出资比例预先收回对公司的实缴投资款，还有剩余的部分，由全体股东按照出资比例进行分配。

新《公司法》对有限责任公司股东优先认缴增资权予以保留，仅作条款安排上的变化，将该规定移至第227条，规定："有限责任公司增加注册资本时，股东在同等条件下有权优先按照实缴的出资比例认缴出资。但是，全体股东约定不按照出资比例优先认缴出资的除外。股份有限公司为增加注册资本发行新股时，股东不享有优先认购权，公司章程另有规定或者股东会决议决定股东享有优先认购权的除外。"与原《公司法》相比，该条第2款同时明确了股份有限公司股东一般不享有法定的优先认缴增资权，这与股份有限公司特别是上市公司的资合性、公众性有关，但是同时给予公司章程和股东会决议另行规定的自治权。

三、隐性调整

隐性调整的特征在于既不会对股权架构下的持股比例和持股模式进行直接调整，也不会对股权所内含的诸多权能进行比例调整，而是借助公司内部机构（主要是董事会）来实现公司控制权的二次分配，从而达到与股权架构调整相似的效果。特别是伴随新《公司法》对董事会权力的进一步扩大，未来董事会在公司内部的作用将凸显，我国的公司治理模式逐渐向"董事会中心主义"靠拢，董事会在能够为股权架构隐性调整所预留的操作空间也会增加。鉴于此，下文将对以董事会控制为核心的股权架构隐性调整模式进行专门介绍，同时对新《公司法》新增的对董事会职权扩张的内容——授权资本制和审计委员会进行说明和论述。

（一）董事会控制

公司内部股东会、董事会、监事会的设置大致可以对应立法机关、行政机关与司法机关（或监督机关）。其中，董事会的角色可以类比为公司内部的行政机关，与立法权和监督权的“谦抑性”不同，行政权力天生带有“主动性”及向外扩张的趋势。目前在公司治理机构中，董事会实为公司的中心机关，上承股东会之决策，下接经理层之执行，故控制董事会是股东控制公司的一种常见方式。作为公司股东，谁控制了董事会或执行董事任免权，谁就控制了公司的日常经营管理。随着公司发展，股东越来越多，不可避免新增的股东人会要求在董事会中有一席之地，要求一定数额的董事的任免权。为保证对公司的控制权，创始股东需要在制定公司章程时，设计提名（任命）董事会人数的个性化条款。比较理想状态是，创始人在公司创业期控制 2/3 的董事席位任免权，在后期最好能控制 1/2 以上的董事席位。

1. 从股东会中心主义到董事会中心主义

1993 年，我国在进行公司法立法时，遵循的仍是股东会中心主义。近年来，随着我国市场经济发展壮大，公司作为市场主体参与市场经济作用不断增强、流转速度不断加快，经营范围空前拓展，涉及的经营活动变得更加复杂化与专业化，依赖定期或者不定期举行的股东（大）会来对公司所有经营活动进行决策，显然不可行。通常情况下，公司除了决定重大事项，很少召开股东会，公司的日常经营管理事项，主要由公司董事会或执行董事来决定，公司经营发展决策权也逐渐转由董事会来实施。

与此现状相呼应，新《公司法》扩大了董事会的职权范围。根据新《公司法》第 67 条的规定，在对董事会职权保留列举式的立法的基础上，在最后规定了开放式兜底条款，即“公司章程规定或者股东会授予的其他职权”，可以说，该条规定在法律层面为董事会扩权进行了充分的制度设计；不仅如此，新《公司法》第 153 条将发行新股明确作为股东会授权董事会所行使的权利，即所称的“授权资本制”，第 202 条则将发行可转股债权明确作为股东会授权董事会所行使的权利，而新《公司法》第 69 条和第121条新增的审计委员会制度则进一步强化了董事会职权，将部分监事会功能直接划至董事会。可以预测，随着新法生效，越来越多的公司内部原属于股东会、监事会的部分职权会被逐渐归至董事会，以充分适应当前瞬息万变的商业环境，我国《公司法》也将逐步完成向“董事会中心主义”的过渡。

2. 审计委员会的设置

原《公司法》的规定下，无论是有限责任公司或是股份有限公司都必须设有监事会（或监事），以监督董事和高级管理人员的行为。然而，在实践中，监事会地位尴尬，并未成为维持公司治理结构健康平衡的有效手段。为优化公司内部治理结构，新《公司法》规定小公司可以不必再设立监事会或监事。此外，作为监事的替代，公司可以选择在董事会中设置审计委员会，行使监事会或监事的职权，审计委员会应由3名或3名以上董事组成，其中过半数成员不得在公司担任除董事以外的其他职务，且不得与公司存在任何可能影响其独立客观判断的关系。

主流观点认为，新《公司法》最大的亮点之一就是在公司治理结构上进行了部分新增和修改，使董事会同时拥有集体决策和监督两大职能成为可能，使我国的公司治理模式逐渐向董事会中心主义靠拢。审计委员会的设置意味着董事会在一定程度上取代了监事会的职能，是董事会扩权的典型标志，则意味着董事会控制在公司控制中的核心地位。相应地，各股东通过董事会控制实现股权架构隐性调整的操作空间及最终效果也会显著增加。

3. 实现董事会控制的方式

《公司法》规定董事的选举和任免由股东会决定，有限责任公司的董事会成员由3人以上组成，既可以是单数，也可以是双数，为了避免投票决策时，形成同等票数的僵局，一般董事会人数为单数。董事会决议的表决，实行一人一票，这与股东会中的表决权原则上按出资比例行使不同。董事会决议按董事人数表决，哪个股东在董事会里掌控的人数多，其话语权就重，就可以控制公司董事会。

总的来看，实现董事会控制的主要方式有以下四种。

（1）掌握董事的提名权。董事一般由股东或者董事会提名，公众公司由董事会提名最常见。一旦发生公司控制权之争，董事会可能会利用公司章程不明确之处或特别规定来争夺股东的提名权。为避免股东对董事的提名权被剥夺，可以在公司章程中明确约定，若股东与董事会对董事的提名权发生冲突时，只对股东提名的董事进行表决，表决未通过时，股东可以继续提名新的董事候选人，并搁置董事会的董事提名权。

（2）控制董事长提名。董事长多数情况下担任公司的法定代表人，依据法律规定和公司章程规定，董事长可享有比其他董事更多的权利，掌握董事长职位对获取公司控制权有重要意义。有限责任公司可以在章程规定公司董事长只能由某股东提名的董事担任。真功夫公司的章程就规定公司董事长由蔡达标担任，这也是后来蔡达标能在与潘宇海的一些公司控制权争夺案件中胜诉的关键。

（3）取得对董事资格的审查权。明确董事的任职资格，可以在章程等文件中明确规定提名董事应当具备的管理能力、专业技能、工作履历等要求，排除不符合要求的人选当选。可以在公司章程中规定，董事候选人的产生程序为，由董事会召开股东座谈会，听取股东的意见，审查候选人任职资格，得到过半数股东人数认可的，才能最终成为董事候选人。

（4）限制董事的更换数量。公司章程规定每（届）只能改选部分（如1/3、1/2等）董事，通过限制改选董事的比例，防止董事会短时间内发生过大人员变化，有利于大股东保持在董事会中的优势地位。

4. 新《公司法》背景下董事会控制的另一面——“权力越大，责任越大”

新《公司法》在着力扩大董事会职权范畴的同时，也侧重于向包括董事在内的董监高成员施以更大的个人责任，其中，又以董事的个人责任最重，包括但不限于董监高利用关联关系损害公司利益，给公司造成损失的，应当承担赔偿责任（新《公司法》第22条）；董事会未核查股东是否按期足额出资，给公司造成损失的，负有责任的董事应当承担赔偿责任（新《公司法》第51条）；股东抽逃出资给公司造成损失的，负有责任的董监高应当与该股东承担连带赔偿责任（新《公司法》第53条）；为他人取得本公司的股份提供财务资助，给公司造成损失的，负有责任的董监高应当承担赔偿责任（新《公司法》第163条）；公司违反《公司法》规定在弥补亏损和提取法定公积金之前向股东分配利润，给公司造成损失的，负有责任的董监高应当承担赔偿责任（新《公司法》第211条）；违反规定减少注册资本的，给公司造成损失的，负有责任的董监高应当承担赔偿责任（新《公司法》第226条）；以及董事逾期不成立清算组进行清算或者成立清算组后不清算的，给公司或者债权人造成损失的，应当承担赔偿责任（新《公司法》第232条）等。简言之，在新《公司法》的规定下董事会可谓“权力越大，责任越大”，对此，新《公司法》第193条还创设性地引入了“董事责任险”，规定：“公司可以在董事任职期间为董事因执行公司职务承担的赔偿责任投保责任保险”，以平衡董事的职责与风险，促进董事积极履职。因此，若股东意图通过控制董事会的方式控制公司，则同时需注意强化董事忠诚履职的意识，必要时可以投保商业保险，以规避派驻董事的任职风险。

（二）“授权资本制”及其对股权架构的影响

1. “授权资本制”诞生的背景

新《公司法》涉及董事会扩权的另一制度设计亮点是确立了“授权资本制”。

原《公司法》侧重于对公司债权人的保护，对于公司的增资、减资程序均有严苛的限制，公司增加注册资本需要经过股东会决议，且需要办理工商变更登记，手续烦琐，耗时较长。事实上，对于公司而言，“增资”的资金来源通常为外部投资，即“增资”一般意味着对外融资以及相应的新股东加入，在获得资金等其他社会资源的同时，股权架构也会进行相应的动态调整。

从经济活动的角度来看，融资属于公司经营的一环，公司运营过程中的资金需求量和增发的股份数量属于商业判断，而商业判断更多时候需要专业化、效率化的决策，交由董事会而非股东会似乎更符合这一决策的性质和追求。

而且，公司增资通常是服务于扩大生产规模、拓展市场，是公司经营状况良好的表现之一，对于债权人也并没有直接的利益危害。因此，将资本发行的权限由股东会适当下放到董事会即赋予了公司在资金筹措上的机动性和灵活性，有利于公司及时把握商业契机。在这种背景下，“授权资本制”应运而生。

“授权资本制”源自英美法系，大致含义是股份公司的拟订股份总额虽记载于章程或完成了登记，但只进行部分发行，由发起人认购或募集已发行的股份，公司即可设立，剩余部分授权董事会根据公司发展需要适时完成发行。其中有三个关键词是“股份总额、已发行股份、授权发行股份”，三者的关系为“股份总额=已发行股份+授权发行股份”。简言之，经股东会授权将资本发行权限下放至董事会的制度即“授权资本制”。

2. “授权资本制”的立法探索及其对股权架构的影响

新《公司法》引入了“授权资本制”，这对于公司股权架构的动态调整意义重大。根据新《公司法》第152条第1款的规定，“公司章程或者股东会可以授权董事会在三年内决定发行不超过已发行股份百分之五十的股份。但以非货币财产作价出资的应当经股东会决议”。

授权资本制的重大意义在于它突破了公司内部所有权层面与管理权层面的“次元壁”。在原来的《公司法》立法框架下，董事会无权干预股权架构层面的直接调整，其作用仅仅体现在辅助性的隐性调整中，但是授权资本制将股份发行权限下放至董事会，即允许在有限范围内公司管理权职能直接对公司所有权层面的结构即股权架构进行直接调整。这种调整虽然是极为有限的，但它开辟了通过董事会对股权架构进行直接调整的新途径。

不可否认，授权资本制对于原《公司法》而言，是一次“跃进”式的修改，现行商事活动和融资环境是否已经为接受授权资本制的出台做好相应准备，则有待新《公司法》实施后经济活动、司法活动及各类商事主体自身等对该新制度的适应及反馈。此外，鉴于新《公司法》规定了有限责任公司的注册资本应在5年内缴足、股份有限公司注册资本全面实缴，因此可以预测新设的“授权资本制”可能会与该规定相互影响。简言之，资本制度的收紧在一定程度上可能会“引流”部分股东选择通过授权资本制的形式以缓解短期内的资金压力。

第四节

被动调整

本章第一节中已经对股权架构动态调整的辅助性方式——被动调整进行了初步介绍，被动调整主要指的是司法强制调整，是在特定条件下（主要是公司自治超越合法边界的情况下）司法权对商事活动及公司事务的强制介入。因此，被动调整的主要表现形式即为各种类型的公司诉讼案件，其背后是“公司自治失灵，司法权不能失灵”的立法理念。

实践中，涉诉本身多多少少会给公司的正常商业活动带来负面影响，有的甚至直接干扰公司的主要的经营管理行为，甚至导致公司瘫痪，加之被动调整的基本出发点在于“纠错”，而不是主动适应公司的发展阶段，因此，与前述主动调整相比，被动调整不仅是辅助性调整方式，还是各公司和公司股东应当注意并尽量避免的情况。

鉴于被动调整的属性和次要地位，本节仅对目前司法实践中常见的司法权强制调整情形进行介绍。

一、要求确认股东资格有效或无效

这种情形多发生法律或者公司章程对股东资格有特殊要求的公司，或者因股东有某种特殊身份或限制，不具有成为公司股东的资格。大家比较熟知的是金融行业，对金融持牌机构，相关法律法规或部门规章对公司的股东都有具体的要求。另外，某些服务业，比如以公司形式设立的会计师事务所，相关法规对股东身份和股东条件有特别要求。某些特殊身份的人员，比如一定级别的干部、公务员、军人等，按照相关规定不能成为公司的股东。如果通过诉讼能够确认某一股东不具有股东资格，该公司的股权架构就可能发生重大变化。

二、对出资瑕疵的股东除名及股东失权

股东除名案例最著名的应该就是上海万禹国际贸易有限公司两个合计持股1%的小股东，解除了持股比例达99%的大股东杭州豪旭贸易有限公司（以下简称豪旭公司）的股东资格的案例。[1] 在这个案件中，因大股东豪旭公司抽逃出资且经催告后拒不返还，上海万禹国际贸易有限公司两个合计持股1%的小股东召开股东会，决议解除豪旭公司的股东资格。豪旭公司不认可股东会决议，小股东宋某提起诉讼，请求法院确认决议有效。法院认为豪旭公司虽系持股99%大股东，但作为拟被除名的股东，其对应表决权应被排除在外。除名决议已获大股东豪旭公司以外其他股东一致同意，即以100%表决权同意并通过，故判决股东会决议有效。

在《新公司法》通过之前，对股东予以除名的最主要法律依据是《公司法解释（三）》第17条[2]，除名事由是股东未履行出资义务或者抽逃

---

〔1〕 上海万禹国际贸易有限公司、宋余祥与杭州豪旭贸易有限公司公司决议效力确认纠纷二审案件，（2014）沪二中民四（商）终字第1261号。

〔2〕《公司法解释（三）》第17条：有限责任公司的股东未履行出资义务或者抽逃全部出资，经公司催告缴纳或者返还，其在合理期间内仍未缴纳或者返还出资，公司以股东会决议解除该股东的股东资格，该股东请求确认该解除行为为无效的，人民法院不予支持。

全部出资，该事由对公司较为苛刻，若股东未履行部分出资义务或仅抽逃一部分出资时，则可能无法达到股东除名的目的，实践中甚至存在股东刻意保留极低出资以规避除名制度的情形。对此，新《公司法》新增了“股东失权制度”，在吸收原股东除名制度的基础上，又进行了针对性完善。即新《公司法》第 52 条第 1 款规定：“股东未按照公司章程规定的出资日期缴纳出资，公司依照前条第一款规定发出书面催缴书催缴出资的，可以载明缴纳出资的宽限期；宽限期自公司发出催缴书之日起，不得少于六十日。宽限期届满，股东仍未履行出资义务的，公司经董事会决议可以向该股东发出失权通知，通知应当以书面形式发出。自通知发出之日起，该股东丧失其未缴纳出资的股权。”相较于《公司法解释（三）》的规定，新《公司法》允许针对未缴纳出资的股权进行“部分除名”，且取消了《公司法解释（三）》设置的“未履行出资义务”“抽逃全部出资”等苛刻条件，更为灵活，也使该制度能够真正落地实行，对未出资股东起到敦促作用。同时，新《公司法》第 52 条第 2 款中对失权股权的“归宿”进行了明确规定，具体为“依照前款规定丧失的股权应当依法转让，或者相应减少注册资本并注销该股权；六个月内未转让或者注销的，由公司其他股东按照其出资比例足额缴纳相应出资”。

相较于《公司法解释（三）》，新《公司法》虽进行了修改完善，但鉴于失权通知的发出需依赖于董事会决议，且失权通知发出前需给予股东以“宽限期”，而新《公司法》未对宽限期的最长时限进行限制，因此，如果存在未出资股东控制董事会或者串通公司内部设置较长宽限期等极端情形，可能导致股东失权制度存在一定程度的“失灵”，无法实现敦促股东出资、维持公司资本的效果。

三、提起请求确认公司决议无效

某些大股东可能会利用股权多数决，强行通过对自己有利的股东会决议。比如利用自身资金有限，在公司并不急需资金情况下，通过公司增资决议，其他股东不跟进的话，其持股比例自然会降低，或者控制股东会做出公司允许某一特定股东增资或减资的决议。通过这种决议，控股股东可以强行改变公司的股权架构。

针对特定股东做出的增资、减资决议，侵害其他股东合法权益，其他投反对票的股东可以请求法院确认决议无效的。定向增资决议被法院否定的典型案件为上海圣甲虫电子商务有限公司股东确认公司决议无效案件。[1] 上海圣甲虫电子商务有限公司通过股东会决议，同意某股东定向部分减资，公司股东华某向法院起诉请求确认圣甲虫公司股东会决议中涉及定向部分减资的条款不成立。法院认为公司股东不同比减资会直接突破公司设立时的股权分配情况，如只需经 2/3 以上表决权的股东通过即可做出不同比减资决议，实际上是以多数决形式改变公司设立时经发起人一致决所形成的股权架构，故对于不同比减资，除全体股东或者公司章程另有约定外，应当由全体股东一致同意。同理，定向增资的决议也是以多数决形式改变公司设立时经发起人一致决所形成的股权架构，应当由全体股东一致同意，否则投反对票的股东可以要求法院确认决议无效或者不成立。

公司不是必须增加注册资本时，控股股东通过股东会决议进行大比例增资并规定较短的实缴期限，对这种情形小股东寻求救济难度较大。这种股东会决议，表面上并不违反法律规定。但其后果是其他小股东没有能力

---

〔1〕 参见华某与上海圣甲虫电子商务有限公司公司决议纠纷上诉案，（2018）沪 01 民终 11780 号。

进行实缴出资，只有大股东有能力实缴出资，实际上也构成了只由大股东一人进行增资。如果小股东要求法院这种确认决议无效或者不成立，举证的重点在于证明公司增资并非必须。若公司的发展急需大量的资金，通过股东增加出资是最好的方式。这种情况下如果小股东们没有实力实缴出资，大股东自己一人实缴出资使得股权比例改变，则具有合理性，小股东的请求不会被支持。

四、对其他股东转让的股权行使优先购买权

有限责任公司的股东对其他股东转让的股权，在同等条件下享有优先购买权。[1] 股东人数较少不公开发行股份的股份有限公司，可以在章程中规定一定期限内和一定条件下股东对其他股东转让的股权在同等条件下享有优先购买权。股东在向股东之外的人转让股权之前，有义务把转让事项和交易条件告知其他股东，由其他股东决定是否行使优先购买权。

股东向第三人转让股权会改变公司的股权架构，特别是瞒着其他股东的股权转让，背后可能会有对其他股东不利的安排或交易。对此持有异议的股东，可以向法院提起诉讼，要求撤销转让股权方和第三方的股权转让合同，由其按照交易条件优先受让拟转让的股权，从而使公司股权架构向有利于自己的方向调整。

对于其他股东行使优先购买权的同等条件，《公司法解释（四）》第18条采取了列举式的模式，明确将转让股权的数量、价格、支付方式和期限作为主要考量因素。法院在审理个别案件时，也可能将从给付义务，或

---

〔1〕 新《公司法》第84条第2款：股东向股东以外的人转让股权的，应当将股权转让的数量、价格、支付方式和期限等事项书面通知其他股东，其他股东在同等条件下有优先购买权。股东自接到书面通知之日起三十日内未答复的，视为放弃优先购买权。两个以上股东行使优先购买权的，协商确定各自的购买比例；协商不成的，按照转让时各自的出资比例行使优先购买权。

者转让方与第三方之间存在的特殊人身关系纳入判断同等条件的考量因素。

公司股权在公司原有股东之间转让，除非公司章程另有规定，其他股东不享有优先受偿权。

五、对瑕疵出资、滥用权利侵害公司或其他股东权益的股东，限制其某些股东权利

依据《公司法解释（三）》第16条规定[1]，有限责任公司可以根据公司章程或者股东会决议对瑕疵股东的分红权、新增注册资本优先认购权、剩余财产分配权等股东权利做出相应的合理限制。我国法律目前并未对瑕疵出资股东的表决权行使能否受限做出明文规定，司法实践中对此也存在争议。依据最高人民法院相关判例[2]，该案认定公司股东按照实缴出资比例表决通过的股东会决议有效，总体上认定可以对瑕疵出资股东的表决权予以合理限制。有观点认为，发起设立的股份有限公司，《公司法解释（三）》第16条也可以适用。对瑕疵出资股东的表决权、分红权、增资优先认购权等做出限制后，某种程度上等于间接对公司股权架构做了调整。

依据新《公司法》第23条第1款规定[3]，滥用股东权利给公司或者其他股东造成损失的，应当依法承担赔偿责任。能否对滥用权利的股东的

---

〔1〕《公司法解释（三）》第16条：股东未履行或者未全面履行出资义务或者抽逃出资，公司根据公司章程或者股东会决议对其利润分配请求权、新股优先认购权、剩余财产分配请求权等股东权利作出相应的合理限制，该股东请求认定该限制无效的，人民法院不予支持。

〔2〕参见最高人民法院（2021）最高法民申4298号。

〔3〕新《公司法》第23条第1款："公司股东滥用公司法人独立地位和股东有限责任，逃避债务，严重损害公司债权人利益的，应当对公司债务承担连带责任。"

股东权利进行限制，尚缺乏明确法律规定。本分册认为，对滥用权利的股东的哪些股东权利可以限制，如何限制，很难规定得非常周延，故立法中未做规定。但这并不排除公司可以在章程中根据公司自身实际情况做出规定或通过股东会决议做出规定。一旦有章程或者股东会决议作为依据，在出现股东滥用权利的情形时，就可以对其股权权利做出合理限制。

六、利用《反垄断法》等公法请求国家机关对公司股权架构变更进行干涉

我国这方面目前最著名的是凯雷资本收购徐工集团工程机械有限公司股权失败案例。该收购是否导致国有资产流失，是否危及国家产业安全，在当时都引起了极大争议。收购方案几易其稿后，最终商务部、国资委未予以批准。当时带头反对收购方案的，正是徐工集团工程机械有限公司的竞争对手三一重工和潍柴动力等公司。徐工集团工程机械有限公司收购案件成功的话，公司的所有制性质、股权架构等均会发生翻天覆地的变化。因为该收购案被阻止，徐工集团工程机械有限公司走上了完全不同的另一条发展路线。此后不久《反垄断法》颁布实施，《反垄断法》以及相关法律法规规定的经营者集中申报审查，对一些在市场中占据优势地位的企业的并购行为产生越来越大的影响。

本章小结

以上是对公司股权架构动态调整的归纳总结与提炼。需要注意的是，虽然本分册内容一直在强调股权动态调整的重要性，但凡事过犹不及，股权调整并非越频繁、越彻底就越好，股权架构的动态调整应该是适度的、是与公司发展情况相匹配的。

从公司组织形式的基本逻辑来看，一个公司股权架构动态调整的频繁程度应该受到公司在人合性和资合性方面侧重的制约，即人合性越强的公司，其股权架构的开放程度更低，相应地股权动态调整的频次就会更低，股东的流动性较弱；反之，资合性越强的公司，其股权架构的开放程度更高，最典型的就是上市公司，其股份可以在二级市场公开进行交易，股东的流动性更强。除了公司组织形式，公司所处的不同发展阶段对于公司股权架构动态调整的频繁程度也有不同影响。在公司处于创业期、纾困期等特殊时期时，股东团队的稳定性是公司能够渡过难关、进入盈利模式的关键，此时公司股权架构的调整不宜过于频繁，相应地，股权架构的开放程度也不宜过高。在公司处于迅速扩张期或大规模融资阶段，新股东及其他社会资源的加入是公司得以继续发展的前提和基础，此时公司股权架构的调整一般会较为频繁，新股东加入和老股东退出的情况都比较多。为了促进新鲜血液持续不断注入公司内部，股权架构的开放程度应相应提高。

“授人以鱼，不如授人以渔”。总的来看，虽然本章内容力求在总结不同公司发展阶段、不同公司组织形式等因素的基础上抽象出股权架构动态调整的一般规则，但也只能囊括目前实践中常见的调整模式，并不为特定公司量身定制具体调整方案。理解公司内外部关系协调与股权架构之间的关系，并能根据内外部关系的变化适时对股权架构作出相应调整即是所谓的“渔”，这比单纯记忆某些模型更加重要。

股权架构问题根植于现代公司制度和市场经济环境，其内涵和外延以及相对应的实操层面的内容等也随着外部环境而不断扩张，加之商事领域范围内立法相对活跃，此次新《公司法》的出台以及后续伴随出台的相关司法解释及配套规定亦会为股权架构问题的理论及实操带来新的启蒙与挑战。从这个角度来看，股权架构问题不仅无法通过一本书的论述而穷尽，更是一个常说常新、常写常新的问题。

参考文献

一、著作类

1. 绍兴全：《股权、控制权与公司治理：120 个实务问题解析》，北京大学出版社 2021 年版。

2. 吴明明：《图解股权：法律实务操作要点与难点》，法律出版社 2020 年版。

3. 李晶鑫主编：《法说章程：章程的量身定制与公司治理》，法律出版社 2021 年版。

4. 李利威：《一本书看透股权架构》，机械工业出版社 2019 年版。

5. 常坷：《公司股权架构图解手册》，中国铁道出版社 2020 年版。

6. ［美］莱纳·克拉克曼：《公司法剖析：比较与功能的视角》，刘俊海、徐海燕等译，法律出版社 2012 年版。

7. 郑磊磊：《控制权顶层设计》，北京时代华文书局 2022 年版。

8. 于伟强：《股权架构解决之道》，法律出版社 2019 年版。

9. 王悦建主编：《公司控制、股东权利和章程设计》，法律出版社 2021 年版。

10. 储小青：《股权投资争议解决》，法律出版社 2020 年版。

11. 卢庆华：《公司控制权：用小股权控制公司的九种模式》，机械工业出版社 2021 年版。

12. 刘国镔、张萌：《股权之道：一个民营企业家绝处逢生的股权智慧与实践》，民主与建设出版社 2021 年版。

13. 孙巍等:《股权投融资》，法律出版社 2020 年版。

14. 徐向艺:《集团公司管理：基于三种管控模式》，经济科学出版社 2010 年版。

15. 陈志军:《集团公司管理》，中国人民大学出版社 2014 年版。

16. 陈思远、刘双:《公司 IPO 上市：操作实务与图解》，法律出版社 2014 年版。

17. 苏文卿等:《公司股权纠纷解决之道》，法律出版社 2021 年版。

二、期刊类

1. 蒋学跃、向静:《交叉持股的法律规制路径选择与制度设计》，载《证券市场导报》2009 年第 3 期。

2. 蒋建湘:《我国国有公司股权结构及其法律改革》，载《法律科学》2012 年第 6 期。

3. 张横峰、邱晨怡:《我国引入双重股权结构的制度设计研究》，载《财会通讯》2018 年第 4 期。

4. 吕红蕾:《公司股东仅为夫妻时公司性质认定及责任承担》，载《法制博览》2021 年第 3 期。

5. 侯东德:《股东权行使规则的经济逻辑：一个契约理论的分析框架》，载《西北农林科技大学学报（社会科学版）》2009 年第 3 期。

6. 陈舒舒、谢佩君:《某贸易公司诉广州某服装公司与盘某、李某买卖合同纠纷案——夫妻共同出资的有限责任公司是否属于一人公司》，载《法治论坛》2019 年第 3 期。

7. 张子佳:《论法人人格否认制度对关联公司人格混同的规制——以最高法指导案例 15 号为视角》，载《武汉公安干部学院学报》2013 年第 3 期。

8. 马亚红:《完善我国私募股权投资基金税收政策的探讨》，载《财会研究》2015 年第 4 期。

9. 胡赟頔：《非上市公司有限合伙型间接股权激励的个人所得税分析与建议》，载《湖南税务高等专科学校学报》2022 年第 2 期。

10. 赵渊：《企业集团中核心企业的连带责任》，载《政法论坛》2011 年第 3 期。

11. 韩乔亚：《关于完善有限责任公司股权回购制度的思考》，载《法制与社会》2014 年第 2 期。

12. 陶银球、戴姣：《股权回购中的股东利益保护研究》，载《中国经贸导刊》2021 年第 14 期。

13. 韦浪、赵劲松：《非控股国有股权对民营企业创新水平的影响研究》，载《财政研究》2021 年第 1 期。

14. 魏民：《上市公司股权架构的类型和适用条件》，载《中国国际财经》2017 年第 6 期。

青岛市律师协会“法说”系列丛书

法说

CORPORATE SHAREHOLD

股权

股权激励

主　　编 / 李晶鑫
执行主编 / 魏淑君　赵志强

法律出版社
LAW PRESS·CHINA
北京

图书在版编目(CIP)数据

法说股权 : 全三册 / 李晶鑫主编. -- 北京 : 法律出版社, 2024
ISBN 978-7-5197-8863-6

Ⅰ. ①法… Ⅱ. ①李… Ⅲ. ①股权管理—公司法—研究—中国 Ⅳ. ①D922.291.914

中国国家版本馆 CIP 数据核字(2024)第 037790 号

法说股权(全三册)
FASHUO GUQUAN (QUANSANCE)

李晶鑫 主编

责任编辑 翁潇潇
装帧设计 汪奇峰
封面题字 马 澜
篆 刻 王进家

出版发行 法律出版社
编辑统筹 法规出版分社
责任校对 王语童 裴 黎
责任印制 耿润瑜
经 销 新华书店

开本 710 毫米×1000 毫米 1/16
印张 60.25 字数 810 千
版本 2024 年 5 月第 1 版
印次 2024 年 5 月第 1 次印刷
印刷 北京金康利印刷有限公司

地址:北京市丰台区莲花池西里 7 号(100073)
网址:www.lawpress.com.cn
投稿邮箱:info@lawpress.com.cn
举报盗版邮箱:jbwq@lawpress.com.cn
销售电话:010-83938349
客服电话:010-83938350
咨询电话:010-63939796

书号:ISBN 978-7-5197-8863-6
定价(全三册):158.00 元
凡购买本社图书,如有印装错误,我社负责退换。电话:010-83938349

法说股权

CORPORATE SHAREHOLD

股权激励

分目录

Contents

前　言

《法说股权》是青岛市律师协会公司专业委员会继《法说公司》《法说章程》之后，着力打造的“法说”系列专著。本分册是本书的第二册，编者试图紧扣“薪酬制度多元化、证券化”的发展趋势，从企业发展过程的“人才需求与人力成本、人力贡献”之间的边际效应和现实矛盾出发，以实务中典型的股权激励模式为基础，通过对股权激励基础理论、方案设计，不同发展阶段公司激励模式及路径选择，法律文书撰写等问题的探究和分析，让读者能够清晰地认识、理解股权激励，并为股权激励的实操提供参考和借鉴。

2023 年是资本市场多层次优化体系建设、全面启动注册制改革具有里程碑意义的一年。中国的资本市场逐渐走向成熟，有力地带动了企业薪酬证券化发展的方向。对于非上市公司而言，在行业竞争加剧、人力成本日渐变高的特定发展趋势下，多数企业也在寻找平衡管理成本和人才需求的有效工具。股权激励进入常态化实施阶段，已然成为很多企业发展过程中难以回避的选择。但是，实务中的股权激励存在方方面面的风险，有些企业一方面有着较强的实施股权激励的愿望，另一方面担心“送出股权”无法实现既定效果。针对这一困惑，本分册紧紧围绕股东、公司和员工的三方利益关系，以最终实现更好地治理公司为目标，使公司、股东和激励对象各得其所，共同服务于公司的高质量发展。

“您的企业需要股权激励吗”本分册第一章开篇明义，介绍了股权激励的渊源、属性、特点、作用，将股权激励的主要法律风险及常见误区揭示出来，方便读者把握实施股权激励应遵循的基本原则及需要考量的主要因素。同时，本分册第一章将股权激励的主要模式归纳为期权、虚拟股权、限制性股权、员工持股计划、科技成果激励五种模式，层层递进展开论述，为读者构建起股权激励的理论和实务框架体系。

本分册第二章“股权激励方案的设计和实施”，基于实务视角，着重介绍了股权激励方案如何制订，需要考虑哪些核心要素、制订流程以及实施过程的常见问题有哪些，在股权激励的方案制订中，首先介绍了制订激励方案需要重点考虑的激励模式的选定、激励对象的范围、激励期限的设定、激励股权的数量、激励股权的定价、激励股权与资金的来源、授予股权的条件及退出机制的设定等关键要素。其次，该章介绍了卓有成效地开展实施股权激励所需的尽职调查，在股权激励方案实施中，重点关注了业绩考核指标的设定、合规条件的设定及税务筹划等问题。

股权激励适用于公司的不同发展阶段，无论是初创期、发展期还是成熟期的公司均有适用空间。本分册第三章聚焦于不同发展阶段的企业对股权激励的共性和个性需求，以不同发展阶段企业的特点及需求差异为切入点，结合实务案例，重点就不同发展阶段企业的个性需求和常见问题，有针对性地介绍了适用性更好、实务过程更受青睐的激励模式，以期帮助读者站在自身公司价值和需求的高度之上，重新构建对于股权激励的认识，重新审视股权激励模式的选择和常见问题。同时针对拟上市公司实施股权激励的特殊性，该章结合证监会和证券交易所的审核实践，阐释了拟上市公司实施股权激励与其上市需求的衔接问题。

随着国有企业的混合所有制改革政策的陆续出台，近年来国有企业的“混改”如火如荼，股权激励也成为国企混改过程中的重要选项。另外，因国有科技型公司更加鲜明的企业特点，相关部门陆续出台了针对其实施股权激励的一些特殊的政策规定。本分册第四章从非上市国有企业和国有控股上市公司两个维度，详细介绍了国有企业作为特定主体实施股权激励的激励对象范围确定、激励方式选择、激励方案设计及实施过程中的特殊要求等方面的问题，结合实务案例以案释法，阐述了国有企业股权激励的基础理论及股权激励方案设计的实操要点。

股权激励涉及的股权激励方案（计划，本书中激励方案和激励计划是同一含义）、股权激励授予协议、股权期权实施考核管理办法、合伙协议、股权授予协议等主要法律文书如何设计和制作，如何体现个性化的目的和要求，是股权激励实操过程中的重要问题。本分册第五章“股权激励重要法律文书”，以“条款含义”“实务分析”“条款示例”的叙述方式，分别介绍了股权激励实施过程中各类主要法律文件的重要条款设计及适配场景运用，让读者能够根据公司所处行业、自身特点和现实需求，选择相应的方案和路径设计，并提前预判可能出现的合规性和技术性问题。为给读者一个系统的认知，编者以附件形式列示了股权激励的主要法律文件的完整参考文本，这些文件大多来自编者的实务文书，虽不能尽善尽美，亦可为读者学以致用提供参考，从而帮助读者制定出更加完善和适合自身需求的股权激励法律文件。

在本分册编写过程中，编者深刻地感受到，股权激励所涉实务知识的复杂性、广泛性，其是一门融合了法律、财务、税务、管理、人力资源等专业的交叉学科。作为深耕公司、证券实务领域多年的律师，编者在重点关注股权激励设计、实施过程相关法律风险的同时，尽可能向读者提示了税务、财务方面的合规风险，并通过对行业和企业发展的理解、治理结构和绩效考评体系的解释、成本承受能力的解读、企业文化和商业诉求的考量，为读者提供参考和指导。同时，本书编写过程正值新一轮《公司法》大规模修订，2023 年 12 月问世的新《公司法》中虽未直接涉及股权激励的相关规定，但其新增的授权资本制、有期限的认缴制、财务资助的相关规定等与股权激励实务密切相关，故在本书中增加了相关内容，以供读者参考。为阐述简洁凝练之需要，本书均以“新《公司法》”之称谓代指2023年12月审议通过的《中华人民共和国公司法》版本，以“原《公司法》”之称谓代指2023年12月修法之前的《中华人民共和国公司法》版本。

但是面对股权激励的丰富实践与相关法律法规规定不完善的矛盾，我们深知，本分册的错误和不完善之处在所难免，我们真诚欢迎理论及实务的各位专家学者、律师或法务顾问、企业管理人员、财税专业人士不吝赐教，对本分册内容的错误和不完善之处予以批评和指正！

奖以股，励以股，拧成一股；你也说，我也说，今日法说。

本书编委会

二〇二四年四月

1 第一章

您的公司需要股权激励吗

企业发展到一定阶段，不可避免地会出现“高级管理人员贡献和奖励比较”“薪酬成本和人力资本贡献比较”等经营难题；企业核心高级管理人员在企业壮大到一定阶段必然会考虑企业收益和自身收益之间日渐变大的差异，比较自身贡献、收益和股东收益的差距；股东更多地认识到薪酬成本的逐渐提高以及企业高质量发展和薪酬成本、人员稳定性之间的联系，急需一项能够平衡企业发展过程中管理成本提升和人才需求矛盾之间的工具。1952 年，辉瑞公司首次推出了股权激励计划，相较于以“工资+奖金+福利”为核心的传统薪酬体系，股权激励能够实现薪酬制度的多元化，在一定程度上可以突破企业发展的“瓶颈”，提高员工凝聚力、留住和更好地管理人才、降低薪酬成本，同时也能够一定程度上约束员工的短视行为，实现企业的长远发展。自此，股权激励开始在全世界的企业中推广应用，随着市场经济的持续发展和“股权”本身内涵的不断丰富，股权激励逐渐受到越来越多企业的关注。

持续几年的新冠疫情影响给当前企业经营环境带来极大的变化，通过实施股权激励可以减少当期薪酬支出，提高核心人员的收入预期，相较于降薪、裁员，股权激励无疑也更温和，因而受到越来越多企业的青睐。尽管如此，关于企业当下是否需要股权激励，以及如何正确理解把握股权激励的属性、特点、作用等专业问题，仍困扰着不少企业家。

实施股权激励，首先要认识股权激励。企业应结合行业特点、自身特点以及现阶段业务发展状态，设计股权激励模式和实施路径，配合股权布局，完善顶层设计。

与此同时，不论是何种阶段的股权激励，如果股权激励措施与企业发展情况不匹配或者实施过程中未能有效落实，股权激励的实施效果与设计初衷背道而驰，可能使企业饱受股权激励之痛。因此，股权激励不是“万能药”，不能解决企业的全部问题，在讨论股权激励的具体内容前，需要对股权激励有更加全面和清晰的认识。因此，本章以“您的企业需要股权激励吗”为切入点，带大家认识这个既熟悉又陌生的股权激励。

第一节

认识股权激励

对于现代企业而言，人力资本的重要性日益凸显，能否有效地吸引、留住并激励人才是提高和保持企业竞争力的重要基础。而如何建立一套切实可行的管理机制，平衡企业管理成本提升与人才需求矛盾的同时，让员工切实分享到企业发展的红利，最终留住人才，进而实现企业的持续发展，是每个企业家孜孜探求的重点，股权激励恰恰成为当前激励常态化趋势下特别重要的战略性手段。如前所述，股权激励有其独特的工具性价值，但善用工具的前提是充分认识和了解这一工具，包括但不限于了解其发挥作用的机制和内在逻辑以及这一工具可能带来的不利后果等。

本节通过对股权激励的属性、发展趋势、激励对象等方面的介绍，使读者对股权激励这一事物建立起宏观的认知框架，以辅助读者理解股权激励的具体设计方式和整体性实操方案等内容。

一、人力资本的重要性与股权激励

传统经济理论中，资本的概念仅仅包括生产资料和货币等物质资本，而忽视了人力资本。现代企业中，管理层的管理能力、管理经验和管理方法等人力资本受到越来越多的重视，与公司经营越来越密不可分，甚至可以说仅靠物质资本而没有人力资本的企业无法经营。因此，人力资本与物质资本一样，是现代企业不可或缺的最基本的生产要素。

通常情况下，企业的最终绩效取决于人力资本与物质资本的有机组合。对于企业而言，以企业股东为代表的物质资本所有者在企业分配中享有剩余索取权，而以企业管理层或者核心技术人员等特殊类型的人才为代表的企业员工拥有人力资本，如果这部分企业员工所投入的人力资本不被承认，那么人力资本所有者很可能采取投机行为。西方经济发展的实践证明，人力资本投资的收益率要高于物质资本的收益率，充分承认人力资本的作用并给予其合理的剩余索取权，是充分发挥人力资本作用，提高企业运转效率的必然选择。

股权激励是对人力资本最直接的承认和最有效的肯定方式。授予激励对象一定的股权，是对人力资本所有者的价值及剩余价值索取权的肯定，有利于及时消除企业经营管理者及其他核心员工的短视行为，从而引导他们与物质资本所有者一样更加关注长期利润，这是股权激励的理论基础之一。了解人力资本理论及人力资本对现代企业发展的重要性，有利于读者从经济主体发展及经济社会大环境的角度更具象地把握股权激励的特征及其积极作用。

二、股权激励的属性及独特优势

（一）股权激励的属性

股权兼有财产属性和身份属性，前者主要表现为金钱利益，包括但不限于分红权、剩余财产分配请求权等；后者主要表现为参与公司经营决策与管理的权利，包括但不限于知情权、表决权等。

股权激励，是指以股权作为激励工具、运用股份支付的形式替代过去单纯的薪酬物质激励的激励方式。通常情况下，股权激励不仅使激励对象拥有了股权的财产属性，也在一定程度上授予其股权的身份属性，使员工自身的价值回报与公司持续增值紧密联系起来，通过公司增值来回报其为企业发展所作出的贡献，进而使其产生与企业共同发展的内生动力。

企业实施股权激励必然将涉及股东、公司及员工三方主体，股权作为三方利益的连接点，与确保三方利益息息相关。具体而言，在股东层面，激励股权通常直接来自股东，或者是稀释一定的股东权益而来，因此会对股东收益及公司的股权架构产生直接或间接的影响。在公司层面，股东低价授予的激励股权或者激励对象的低价增资，会产生一定的股份支付费用，当然反过来也会提升公司经营业绩，平衡公司薪酬成本。在员工层面，作为薪酬体系的重要组成，股权激励必然影响员工薪酬收益，一定程度上促进员工形成公司会更好地发展的预期。鉴于以上三个方面的密切联系和相互作用，综合考虑三方面利益形成的股权激励方案能够更好地确保股权激励的有效实施、考核指标的有效达成以及公司价值的有效提升，最终带来水涨船高的效果。

（二）股权激励的独特优势

如前所述，股权激励的独特性在于以股权为激励工具，通过股权分配，促使激励对象形成股东意识、获得股东权利，更好地发挥其主观能动性，进而提升公司的长期价值。股权激励作为长期有效的薪酬激励形式，与其他激励方式相比，具有以下独特优势。

1. 有利于建立企业利益共同体

企业发展战略主要是结合自身未来价值最大化所制定的，长期发展规划需要依靠企业的员工进行落实，而构建企业所有者与企业员工的利益共同体和完善的企业员工激励约束机制，是有效落实企业中长期发展规划的重要保障。员工持股的股权激励方式，能够大大提高企业员工的积极性、主动性和创造性。员工成为公司股东后，能够分享高风险经营带来的高收益，有利于其潜力的发挥，从而提高企业的经营业绩和核心竞争能力。

2. 能够留住优秀人才、吸引优秀人才

实施股权激励机制，一方面，可以让员工分享企业成长所带来的收益，增强员工的归属感和认同感，激发员工的积极性和创造性；另一方面，当员工离开企业或有不利于企业的行为时，将会失去这部分的收益，这就提高了员工离开公司或“犯错误”的成本。而且，由于股权激励机制不仅针对公司现有员工，也为将来吸引新员工预留了同样的激励条件，这种承诺给新员工带来了很高的利益预期，在人才市场上为企业树立了吸引人才的形象，具有相当的吸引力，从而可以聚集大批优秀人才。有效的股权激励机制是人才汇聚的重要基础，以此为核心打造出具有超强竞争力的人才团队，可以使企业能够在市场中更具有竞争力。

3. 能够降低人力成本的现金支出

实务中，股权激励也被称为“不花现金的激励”。究其原因是，股权激励很大程度上是在用市场的钱、未来的钱、员工的钱作为固定薪酬支付的部分替代，本质上是利用社会资源、市场资源、上下游资源、客户资源等在企业内部建立一套共赢机制。企业一方面可以适当减少对激励对象的固定薪资支出；另一方面又能够通过股权激励进行平衡，降低公司现金支出的成本压力。如股票期权、业绩股票、期股等需激励对象自行购买，不仅不会造成资金压力，还会帮助企业缓解压力，而延迟支付、红利转股等方式也可以有效缓解一次性发放现金过多给企业带来的资金压力。这也是新冠疫情期间企业倾向于通过实施股权激励降低薪酬支付压力的内在原因。

三、股权激励的由来、现状及发展趋势

为方便读者对股权激励有更好、更全面的认知，我们对股权激励制度的由来、现状和发展趋势进行简单梳理。

（一）股权激励的由来与现状

1. 股权激励的由来

(1) 国外股权激励沿革

国际通说认为，现代化的股权激励最早出现于美国。1952 年辉瑞公司为避免支付公司高管现金薪酬而须缴纳的高额所得税，率先推出股权激励计划。1956 年，路易斯·凯尔索等人基于二元经济学理论设计了员工持股计划（ESOP），随后，职工持股计划、股票期权计划等股权激励模式纷纷出现。日本于 20 世纪 60 年代后期也开始推出员工持股计划等股权激励计划。股权激励在美国、日本的实施及实现的效果，引领了股权激励的国际潮流，随后法国、英国、意大利、澳大利亚等 50 多个国家也纷纷跟随效仿。

伴随现代企业的创新和发展，股权激励衍生出限制性股权、股票增值权、期权、虚拟股权等各类模式。股权激励的广泛运用尤以美国硅谷最为突出。美国硅谷的创新型科技企业运用股权激励吸纳了众多科技人才，并充分激发了这部分人才的积极性和创造力，一定程度助力了美国硅谷的繁荣时代。

正是因为欧美国家在现代企业制度建立实施过程中，对股权激励进行推广、应用、发展、改变和革新，最终使国际社会普遍认为股权激励起源于欧美，但实际并非如此。

（2）国内股权激励沿革

股权激励并非纯粹的舶来品。当前，理论界多数学者认可股权激励起源于晋商的顶身股制度，其与近年来实施的股权激励有着很强的相似性。顶身股通常分为银股和身股两种。银股需要实际出资；身股则是以个人能力、经验和服务获得一定数量的股权。顶身股制度将适用对象从掌柜扩展到工作年限不等的伙计，并形成了从对激励对象即掌柜、伙计等的选拔，到行规、号规等对掌柜、伙计行为的约束等相对完善的配套制度。可以说，晋商的发展奇迹一定程度上受益于商帮内的顶身股制度。但遗憾的是，晋商这一群体伴随清朝的灭亡逐渐没落，顶身股这一中国最初的股权激励伴随清王朝的结束中止了发展进程，直到现代的公司法律法规制度传入我国并逐渐扎根、不断完善，现代企业的迅猛发展使股权激励制度在我国再次活跃起来。

看过电视剧《乔家大院》的人，一定会对剧中乔致庸实施的身股制度有一定印象。乔致庸负责家族经营后，为摆脱困境开始了伙计顶身股的尝试。乔致庸设计的身股制度，从 1 厘到 10 厘，共分为 19 个等级。大掌柜（总经理）一般可以顶 1 股（10 厘），也就是说伙计不是股东但享受分红权 1%；以此类推，二掌柜、三掌柜（副总经理等）顶 7~8 厘；伙计顶 1~4 厘。同时等级的晋升，完全由业绩或贡献的大小决定；如果业绩不佳，身股的数量会相应减少。随着身股制度的应用，乔致庸的白银帝国也逐步建立起来。

乔家仅是当时晋商中的一个缩影，晋商曾在几百年间创造了巨额物质财富。晋商的辉煌虽与当时的政治制度、山西的地理位置分不开，但也在一定程度上归功于他们开创的银股、身股等在当时领先世界的制度。晋商当时实施的银股、身股制度远比《乔家大院》中体现得更加完善。从某种意义上讲，中国确实是目前有史料记载最早使用股权激励的国家。遗憾的是，在当时现代公司法律体系尚未建立的情况下，未能得到持续发展。

2. 股权激励的现状

1993 年《公司法》颁布之后，经过多次修订，伴随陆续出台的司法解释和配套规定，已经形成相对完善的公司法律制度体系。社会的进步和体制的完善使得大量高速发展的企业不断涌现，现代公司制度在中国迅速发展，企业所有权与经营权分离成为普遍现象，这为股权激励的发展提供了条件和土壤。

近几年我们比较关注的华为公司的员工持股制度、格力电器的员工持股计划、上海家化股权激励的尝试，无不体现出股权激励日益受到各类企业的重视，以及中国当代企业家对股权激励制度及模式的不断探索、尝试、突破和发展。一套完善的股权激励制度和方案，不仅可以为企业锦上添花，实现企业的跨越式发展，还能够帮助企业家驱动管理层及核心技术人员。

时至今日，股权激励已经成为企业发展过程中常态化的激励工具，尤其是在计算机和软件制造行业、生物医药行业等新兴产业。为了招揽和留住人才，这些行业普遍会用股权激励的“金手铐”，股权激励的比例和范围也在不断提高和扩大，并呈现不同激励工具的组合、考核指标行业化和多元化、激励范围扩大等特点。

（二）股权激励的发展趋势

随着股权激励进入常态化时代，中国企业对股权激励的需求也在持续高涨。各阶段企业、人才对于股权激励的认识和认知也在不断深化，专业化和个性化的实施方案逐步成为主流，不同行业逐步呈现带有行业特征和特色的股权激励模式和方案。从股权激励的实践来看，近年来，企业对于个性化和专业化的股权激励的需求持续增大，不断出现多种激励工具组合、考核指标行业化和多元化、激励范围逐步扩大等特点，并逐渐呈现出薪酬股权化和薪酬证券化的趋势。下文将对股权激励的趋势进行详细分析，以期辅助读者在理解股权激励的“昨天”和“今天”的同时，更好地把握股权激励的“明天”。

1. 多种激励工具组合

曾经，企业对于股权模式的选择通常局限于选择限制性股权激励、期权、虚拟股权等某一种单一模式。当前实务下，为更好地贴合企业情况，有些企业开始逐步考虑如期权和限制性股权、虚拟股权和期权、股票增值权和限制性股权等混合型股权激励。

以虚拟股权和期权的组合为例，企业发展初期，员工普遍收益不高，公司的发展预期也并不明确，相应地，公司股权对员工的吸引力可能不会很大，让员工付出一定成本获得实股，不仅会增加其经济压力，也会因员工较大的流动性给企业带来频繁回购及工商变更的麻烦。虚拟股权不仅可以让员工获得收益，还能让其更好地认识到企业的价值，并通过分得的收益用于几年后的期权行权，从而提高其参与积极性，更好地实现股权激励的效果。

2. 考核指标行业化和多元化

时至今日，限制性股权和期权仍是最普遍使用的激励工具。伴随激励工具的逐渐多元化，主流股权激励的考核指标也从净利润、净利润增长率、营收规模或增长率、净资产收益率等财务指标逐步趋向于企业股权激励的实际目的，且该“目的”正逐渐被具体化，如某类药品的上市销售、某项技术的攻关、某种软件的开发上市、某种单品的销售额等。

例如，在编者参与的一例股权激励中，公司实施股权激励的目的仅是因新引入的技术人才要求按照同行业企业惯例，取得公司的部分股权。因此，在考核指标制定中，编者重点关注了其引入该技术人才是为实现特定产品系统软件的开发服务，故按照技术开发特点，将考核指标划分成系统软件的阶段性成果，每一阶段成果的实现为期权的行权条件。又如，在编者参与的另一例股权激励中，某医药类客户实施股权激励的目的系奖励新药研发人员。因此，在考核指标的设定过程中，编者更多关注了新药的研发阶段，将新药研发阶段性成果、临床试验的结果、药品批文的取得与否等作为股权激励考核的指标。

3. 激励范围的扩大

股权激励通常是为了激励公司的核心技术人员、管理层人员、研发人员，为留住人才而实施，激励范围、激励股权比例都有相应的限制，所以对于多数的企业来讲还是少数骨干人员持股。过去几年由于中美贸易摩擦，催生了发展硬科技的浪潮，半导体及其衍生产业逐步走进大众视野，催生出了适合其行业特点的股权激励文化。IC 设计等细分行业甚至逐步开始出现全员持股，而 IC 设计行业的行业属性和业务特点也决定了其实施全员持股的必要性。

全员持股始于美国硅谷，当同行业企业形成全员持股的文化时，后续的企业也会逐步对标。展望未来，我国中小企业也可能因股权激励助力而成为明星企业。华为的成功也再次证明股权激励在非上市企业发展过程中也能发挥举足轻重的作用。

4. 薪酬股权化或证券化

薪酬制度的多元化是企业发展到一定阶段无法回避的问题，高质量的发展和企业内部治理结构的优化离不开多元化薪酬制度的助力。新冠疫情使当前企业发展面临了更多压力，不少企业出现经营困难、销售困难，甚至走向破产。加之当前行业竞争加剧、薪酬成本提高，部分企业已经日渐不堪重负，矛盾日渐突出。在此背景下，股权激励作为平衡企业发展过程中人力成本和人才需求的重要手段，具有适用的必要性、合理性和迫切性，也在一定程度上决定了薪酬股权化将成为一种常态。

四、股权激励的主要法律风险及常见误区

虽然股权激励有其独特的作用，也确实使诸多企业在发展过程中因此受益，但是，实务中并非所有的股权激励都实现了预期的效果。许多中小企业股东可能有过一次甚至几次不成功的股权激励尝试，甚至有的企业因为忽视了股权激励的法律风险和常见误区，最终陷入僵局和纠纷。因此，编者认为有必要对股权激励的主要法律风险及常见误区进行专门介绍。

（一）股权激励的主要法律风险

根据法律风险的主要关联主体不同，下文分别从股权激励过程中可能产生的与激励对象相关的法律风险、与企业自身相关的法律风险、与外部投资人相关的法律风险、与上市相关的法律风险四个角度对股权激励下企业面临的主要法律风险进行论述，以帮助读者在学习和应用股权激励的同时规避相关风险，达到预期的激励效果。

1. 与激励对象相关的法律风险

与激励对象相关的法律风险主要指的是激励对象退出导致的法律风险，简言之，即员工离职或其他非正常原因导致激励对象提前终止股权激励参与时相对应的激励股权处理方面存在的法律风险。在股权激励下，激励对象获得激励股权与其所具备的企业员工身份密切相关。因此一般情况下，企业出台的股权激励方案中都会规定员工离职视为自动退出股权激励等类似条款，当触发退出条款时，不可避免会带来强制收回激励股权的问题。实践中一些企业员工离职后未按照激励方案的规定配合进行股权转让和股东更名，而是坚持继续享有相应的股东权利，从而引发与企业之间的

诉讼。或者一些企业主动解除劳动合同，无论该单方解除是否违法，如果被辞退的员工也是股权激励的对象，那么一般情况下该员工在主张《劳动法》范畴内相关权益的同时，也会就未履行完毕的股权激励方案所对应的损失（如常见的期权权利的丧失）向企业主张相关赔偿，从而增加相关诉讼的复杂程度，也会对其他激励对象乃至企业本身产生诸多不利的“外溢效应”。

需要注意的是，目前企业员工因股权激励问题与企业发生纠纷从而导致涉诉的情况下，对于该纠纷的性质是否属于劳动纠纷，各地法院裁判观点不一，这也与具体的股权激励模式息息相关。这一现象在一定程度上降低了企业对该部分纠纷处理结果的预判能力，增加了企业应对该类风险的难度，需要企业高度重视。

2. 与企业自身相关的法律风险

与企业自身相关的法律风险主要指的是股权激励实施后对公司既有股权架构、公司控制权等方面所带来的法律风险。如前所述，股权激励最典型的特征在于以股权作为激励的工具，因此必然会带来新股东的加入，特别是通过期权、限制性股权、员工持股计划等模式实施股权激励的情况下，员工会在满足一定条件的前提下成为股东，加入企业的所有者层。实践中，一些企业在股权激励实施前未充分考量股权激励实施规模以及后续可能对企业股权架构或控制权产生的影响，从而导致原控股股东或实际控制人在股权激励的过程中对企业的控制减弱甚至丧失。因此，企业应在充分评判现存股权架构的基础上，合理确定股权激励的规模及具体实施方式，避免对股权架构及控制权归属产生消极影响。

3. 与外部投资人相关的法律风险

股权不仅是一种激励工具，也是一种融资工具。此处所谓的与外部投资人相关的法律风险主要指的是企业股权激励与股权融资之间发生冲突的情形下所导致的法律风险，这也是企业在股权激励过程中容易忽视的一种法律风险。

实践中，一些企业忽略了股权激励与对外融资之间存在的相互关系，导致股权激励方案与既有的融资协议之间发生冲突，或者因股权激励释放股权比例过大从而缺少了后续融资的空间。前者可能导致企业（或者企业的控股股东、实际控制人等）对投资人承担违约责任等后果，后者可能导致企业无法按照最优方案完成融资。因此，企业应该结合未来融资计划制订股权激励方案，合理确定股权激励的具体实施方式和规模；在已经进行融资的情形下，应检查当时签订的融资协议是否对股权激励的比例、股权激励方式（如增资、代持、转让等）有所限制，从而最大限度规避相关风险。

4. 与上市相关的法律风险

鉴于上市公司（包括拟上市公司）的特殊性，该类公司在股权激励的过程中应特别注意对相关法律法规及其他政策性文件的遵守和执行。此处所谓的与上市相关的法律风险主要指的是该类企业因未遵守相关法律法规对激励对象、股权明晰性等问题的特别规制而产生的法律风险。实践中，一些企业为员工股权激励计划预留出来的股权在员工还没有行权时，需要有一个实体先代为持有，这就涉及股权代持的问题。对于拟上市公司而言，在申报材料前应特别注意对代持股权的清理，以符合“股权明晰性”的要求，避免影响股权架构稳定。此外，上市公司明确禁止公司监事、独立董事作为激励对象（非上市公司不受该约束，但鉴于监事地位特殊，不排除今后有法规约束），因此在选定激励对象时，也应注意对相关主体适格与否的审查，以规避相关法律风险。

（二）股权激励的常见误区

1. 混淆“激励”与“奖励”

很多企业进行股权激励，实际效果并不是股权激励，而是股权奖励。

激励和奖励二者之间存在本质区别，激励更多是面向未来的，奖励更多是面向过去的。股权激励通常会附带激励条件，只有在满足考核条件的情况下才能获得激励股权。股权奖励更多的是基于历史贡献，是对员工历史贡献的肯定。

股权激励的重点在于激励，激励的初衷就是让员工在其岗位之上更加积极地创造价值，依据其岗位的重要性和历史贡献进行激励股权数量的判定。股权激励过程中，公司可以通过降低授予价格和提高退出价格等兼而有之地实现奖励和激励的结合；用低于公允价值的价格授予本身也是奖励的表现，加之服务期及考核指标的限定，最终股权的低价取得仍需激励对象付出相应的代价，从而实现奖励和激励的结合。

2. 照搬其他公司模式

事实上，并非所有的公司都适合实施股权激励。实务中，一些企业未从自身情况出发考虑股权激励的必要性和可行性，而是照搬其他公司的股权激励模式，忽略了不同企业之间在利润、产品、效益等层面的差异，以及股权激励实施后对现有股东股权的稀释，最终导致股权激励方案出现“水土不服”，最终未能达到激励效果。鉴于每个公司都有其独特的发展状况和股权激励的目标定位，因此不建议照搬同行业公司的激励方案设置相应的财务考核指标。

此外，对于部分业务毫无成长性、劳动密集型的企业，鉴于其通过股权激励的方式实现进一步发展的可能性很小，也不建议实施股权激励，避免进一步增加财务成本。股权激励必须因企制宜，企业应充分地了解自身特点，聘请专业的机构形成定制化的股权激励方案，进行系统化的落地，对激励方式选择、激励对象范围筛选及额度分配标准、考核指标设定、成本测算等方面进行有效把控。

3. 单次股权激励只选择单一模式

多数公司在实施股权激励时，存在单次股权激励只能选择一种模式的误区。事实上，股权激励可以采用复合工具进行激励，如限制性股权、期权、虚拟股权、股票增值权等多种模式结合激励。现阶段越来越多的上市公司也开始采用组合模式的股权激励，如新巨丰（301296）采用限制性股票与股票期权相结合的模式，新锐股份（688257）采用限制性股票与股票增值权相结合的模式等。在复合激励模式下，激励方案在条款设置、对象选择、价格设定、税务处理等方面均有一定的特殊性，处理难度较大，因此企业在必要时可以聘请专业人员根据企业需求定制个性化的激励方案。

4. 激励方案未与激励对象沟通

股权激励是企业控股股东或者公司与员工之间实施的有偿交易，并不是公司给予员工的恩惠。激励方案的制订，如股权价格、授予数量、退出条件等的约定要充分考虑激励对象的接受度，只有反映员工真实需求制订的股权激励计划才会得到员工的认同。在制订股权激励方案之前，可以通过访谈等方式，进一步了解激励对象对激励模式、激励股权数量、资金实力、退出和流转机制等方面的考虑，有针对性地调整股权激励方案，确保激励对象拥有参与激励的热情。

第二节

股权激励的基本原则及主要考量因素

股权激励具有较强的定制化特点，不同行业的企业因所处行业环境、发展阶段、股权结构、融资需求、企业文化、股东偏好的不同，可能实施的股权激励的具体方案大相径庭。因此，股权激励的实施通常需要结合公司的行业特点、自身特点、业务发展状态、公司目标、激励目的等因素，因企制宜地形成个性化的股权激励方案。

但是，因企制宜并不意味着实务中存在的各种个性化的股权激励方案毫无规律可循，定制化的股权激励并不妨碍各种具体方案之间存在共性和规律。因此，下文对股权激励的基本原则及主要考量因素进行介绍，为读者揭示各企业间不同股权激励方案的内在逻辑。

一、股权激励的基本原则

（一）合法合规原则

股权激励实施过程必须要遵守合法合规的原则，对于上市公司而言自不必说。企业应遵照执行国有控股上市公司股权激励 175 号文、《股权管理办法》等相关规定。上述两个办法就股权激励的核心要素进行了明确的规定。

此外，上市公司实施的相关股权激励的文件均需要履行公告程序，证券交易所也会通过监管的手段监督实施，甚至是指标设定及合理性等细节层面，也有证券交易所在监管层面的监督和限制。因此，一般而言，在上市公司内部很少出现程序、内容等方面的缺陷。

对于非上市公司而言，激励方案也应关注合法性，应当以符合《公司法》、《民法典》、《劳动合同法》及税务规定为原则，确保股权激励方案本身不违反法律法规的强制性规定，避免产生纠纷或导致激励方案因违反相关强制性规定而无效。需要注意的是，随着《深化税务领域放管服通知》的出台，我国对股权激励个人所得税的管理日趋严苛，主动报送股权激励情况报告表也成为企业的义务。

（二）激励与约束相结合原则

股权激励不是简单的利益让渡，而是通过利益的让渡换取激励对象的服务，保证企业的持续发展和盈利，以股权为纽带达到公司、股东和员工共赢的结果。激励的同时一定要对激励对象进行约束，签署书面的股权激励授予协议、制订明晰的股权激励管理办法和股权激励方案，确保激励对象签署股权激励授予协议后，获得预期收益的同时承担接受公司业绩考核和个人业绩考核的义务以及出现离职等对公司的不利行为时的惩罚性约定，只有奖罚分明，激励效果才会得到有效保证。

（三）个性化原则

相对于上市公司而言，非上市中小民营企业在制定股权激励方案时通常会有更多自由，这也使中小民营企业能够根据自身的行业特性、企业特点、财务状况、发展状况、股权结构等因素制订个性化的激励方案。

以考核指标为例，激励指标的选定既可包括净资产收益率、每股收益、每股分红等反映股东回报和公司价值的综合性指标，也可选定净利润增长率、主营业务收入增长率等能够反映公司盈利能力和市场价值的成长性指标。甚至当企业为了特定目的实施激励时，还可设置特定的技术考核指标，当企业为了提高营业收入和净利润增长时，还可以考虑特定产品合同订单的签单数量、销售额的增长或其他指标，充分做到因企制宜。

（四）差异化原则

股权激励并非“大锅饭”，即便是同一次激励，不同岗位、不同职级的激励对象在授予股权前后和数量上也要具有差异化和梯度。不同岗位、不同层级的激励对象必然应获得不同的激励股权数量，数量和规模均应根据岗位和业绩贡献的大小设置不同的系数，切忌平均分配。因为数量和规模的一视同仁反而是最大的不公平，会严重挫败有贡献和有能力的核心人才。

以某企业的限制性股权激励实例为参考，该企业将激励对象获授激励股权的分配原则设计为：个人激励股权=个人积分÷总积分×常规总激励股权。常规总激励股权的额度为持股平台总财产份额的2/3。积分计算规则为：个人积分=（职位积分+工龄积分）×长期发展系数。（1）职位积分：副总经理=3分；总监级别（含对应技术序列岗位）=2分；任职满5年的经理级（含对应技术序列岗位）=1分。（2）工龄积分：满10年=1分，不满10年为0分。（3）不满足激励条件的，每位副总经理可推荐≤2人、总经理可推荐≤4人，被推荐人经公司董事会审查，认为确有必要进行激励的，每人享受0.5分的积分。（4）长期发展系数，为确保激励对象能够长期为公司贡献价值，对于存在以下情况的激励对象，激励系数按照0.8计算：①激励对象自股权授予之日起3年内达到退休年龄的；②经董事会评估激励对象 3 年内存在较大离职概率的；③经董事会评估激励对象目前处于关键岗位，但价值观与公司贴合度较低的。特殊贡献奖励：对于在企业后续上市过程，拥有特殊贡献的人员，除上述常规积分激励外，从剩余 1/3 的总激励额度中单独再给予部分额外激励。

通过以上规则限制，真正形成了差异化的激励机制，既考虑了激励对象的历史贡献，也考虑了特定发展阶段激励对象对企业特定目标实现的贡献。

二、股权激励中的主要考量因素

股权激励过程中，对于公司而言，除内在的激励需要外，还有众多影响企业意愿的因素，包括但不限于企业内外部环境、企业发展阶段、企业股权架构、家族企业传承需求等。

（一）企业内外部环境

人才是企业发展的源动力，股权激励的核心作用是通过实施股权激励，吸引外部人才，留住核心人才，激励员工提高业绩及降低成本。股权激励授予过程中，激励对象也会考虑同行业企业的激励情况、激励价格等因素，在引入外部人才过程中尤其如此。

以科创板上市公司为例，通过检索 2020~2022 年度科创板上市公司公告的股权激励计划可以发现，虽然实施股权激励的上市公司涉及行业较多，但是仍可清晰反映出行业偏好及特点。诸如半导体及计算机应用等成长性较高的行业实施股权激励的公司更多，实施股权激励较多的行业近些年基本处于成长期，有着良好的市场环境和稳定的市场预期及市场热度，该等行业也对人才有着急迫的需求。此外，企业的发展阶段、业务目标、员工心理态度、激励成本也深刻影响着股权激励的规模、定价和范围等核心要素。

（二）企业发展阶段

企业处于不同的发展阶段会直接影响股权激励的实施与否及具体方案设计。初创期企业设立时间较短，尚未完成资本和技术积累，人才是企业发展的关键，主要对创业合伙人等进行股权激励，而且多采用实股方式。成长期企业，已经迈过初创生存期，处于快速增长阶段，多会对高级管理人员给予实股，对核心技术人员和中层人员给予期权激励或者限制性股权激励。成熟期企业一般具有较大规模和行业地位，公司多数会考虑进入资本市场，上市前通常会实施一轮或者两轮的员工股权激励，通常会设置持股平台，选择期权或限制性股权方式实施激励。衰退期企业的股权对员工的吸引力较低，因此应该更加注重现金激励，更多地选择股票增值权以及虚拟股权实施激励。

（三）企业股权架构

股权激励的股权来源通常有两种，即老股东让渡股权或是全体股东按共同比例稀释股权。同时股权激励往往意味着激励对象成为公司的新股东，因而股权激励的实施多数情况下会导致股权架构发生变化，操作不当甚至可能导致公司控制权发生变化。实施股权激励，必须考虑其对股权架构和控制权的影响。

（四）家族企业传承需求

家族企业传承中，高级管理人员和核心技术人员对于家族企业传承时的稳定性非常重要，对于传承中接班人的培养也非常重要，如何保证传承过程中企业的持续发展是家族企业传承首要考虑的问题。

在家族企业传承过渡期，对企业高级管理人员及核心技术人才等实施股权激励，有助于为企业的持续发展留住人才，增强核心人员对企业的认同感和归属感，有助于企业凝聚力、向心力建设。此外，如家族企业系科创板、北京证券交易所上市公司，其实际控制人的接班人如在上市公司担任董事、高级管理人员、核心技术人员或者核心业务人员，在特定情形下也可以获得相应激励股权，提高了自信、能力的同时，也在公司高级管理人员面前树立了威信。当存在多个接班人时，通过业绩等考评方式获得股权，保证能者上、贤者上，遴选家族企业的优秀接班人最终成为实际控制人，辅助解决了家族企业传承的人才选择需求。

第三节

股权激励的典型模式

如何设计出符合企业需求的股权激励方案，如何选择行之有效的股权激励模式，是企业实施股权激励过程中迫切需要解决的问题。

股权激励模式有很多种，常见的诸如限制性股权、期权、虚拟股权、股票增值权、业绩股权、员工持股计划、账面价值增值权、管理层收购、延期支付九种模式。鉴于其中期权、虚拟股权、限制性股权、员工持股计划四种典型模式的应用更加广泛，因此为便于论述，下文将重点对这四种模式展开介绍。此外，因科技成果转化规则的特殊性，本节将一并予以介绍。需要提示的是，以上股权激励模式可以单独使用，也可以混合使用。

一、期权

期权，是指公司给予激励对象在未来一定时间内（行权期）以预先确定的价格和条件购买公司一定数量股票（权）的权利，也可以自行放弃该等权利。换言之，期权相当于赋予了激励对象购买本公司股票（权）的选择权。具有这种选择权的人可以在规定的时期内以事先约定的价格（通常称为行权价格）购买公司一定数量的股票（权），这个过程就被称为行权。

当然，被激励对象也可以选择放弃购买股票（权）的权利，但是，期权本身是不可以转让的。

期权激励的原理就是员工行权时获得差价收益，授予价格越低，与授予时公司股权的价值或未来股权价值差距越大，激励效果也越明显。例如，A 公司以 1 元/1 元注册资本的价格授予员工 10 万份公司股权期权，未来员工在满足行权条件的情况下，仅需要在行权时使用 10 万元就可以获得公司对应的股权。如行权时点或者抛售时点公司 1 元/注册资本的市场价值已上升到 100 元/1 元注册资本，则员工可获得 990 万元的收益。

期权激励的主要特点为：

（1）期权是一种选择权，满足行权条件后，激励对象既可选择行权，也可选择放弃行权。期权在授予的当时，被授予人并没有直接的利益可以兑现，而只是拥有了一种收益的机会，一种“期待权”，而期权持有人放弃行权不会导致任何损失。

（2）期权授予时，激励对象和企业均无成本支出。如果被激励对象选择不行权，公司没有任何额外的损失，也没有任何现金支出，有利于大幅降低股权激励的实施成本。

（3）期权适用于初始资本投入较少，资本增值较快，资本增值过程中人力成本较高的企业。当然，成长性的上市公司依然适合期权模式。

在等待行权期间，激励对象会付出较高的机会成本，而且期权成熟存在较高的不确定性，很可能因为各种原因最终导致无法行权。机会成本和行权预期均有助于企业留住员工，减少员工的投机行为。此外，期权激励还可以帮助初创期或者资金压力较大的企业顺利地引入人才。

以编者的客户三明公司为例，三明公司计划引入年薪 100 万元的高级管理人员。由于该高级管理人员能力较强，而企业薪资空间有限，通过高薪资引进将极大程度压缩现有的薪酬空间。单纯授予高薪短时间确实可以满足高级管理人员需求，但是无法避免竞争对手更高的薪资诱惑；若年薪等于或低于100万元则难以引入该高级管理人员。因此，三明公司采用了“薪酬股权化”的方式，在引入高级管理人员的同时对其作出期权激励。具体实施过程为：三明公司当前的净资产为1亿元，注册资本为1000万元，计划出让5%的股权给予该高级管理人员，购买费用合计为500万元。为了减轻该高级管理人员的资金压力，设定了3年的行权期，行权比例分别是50%、25%、25%，行权价格为5元/注册资本。三明公司同时还设置了较高的业绩考核指标和个人考核指标，以达到绩效考核目标作为激励对象的行权条件。在突破资金限制的情况下，该公司通过股权激励顺利引进了人才。

二、虚拟股权

虚拟股权模式，是指公司授予激励对象虚拟股权，激励对象可以据此享受特定数量虚拟股权的分红权并享受股权增值收益，但不享有所有权和表决权，不得转让和出售虚拟股权，在其离开企业时虚拟股权自动失效。

实务中常见的虚拟股权激励模式有三种，分别是奖励基金模式、虚拟股分红模式以及股权增值收益模式。虚拟股权适用范围较广，各阶段公司均可适用。最为典型的就是华为的员工激励计划，不仅影响深远，也有着较高的参考价值。

虚拟股权的主要特点为：

（1）虚拟股权是一种股权分红权的让渡，不影响公司的股本和股本结构，虚拟股权的授予和收回均无须进行工商变更登记，激励对象未实际获得股权，离职后虚拟股权自动失效。

（2）虚拟股权是一种债权请求权，其并非基于股东的出资和股东地位，而源于授予协议约定的公司利润让渡或股东收益让渡的请求权。

（3）虚拟股权侧重于对特定岗位在职人员的激励，通过激励实现公司资本的增值，股东让渡部分收益而获得更高的股本增值，行权条件通常约定为业绩增长类的财务指标。

（4）虚拟股权无须工商登记，仅由公司和激励对象签署授予协议，无须搭建持股平台，虚拟股权的授予和收回相对简单，核心在于奖励基金的提取和发放。

虚拟股权激励效果较为明显，具有较强的适用性，除拟上市公司上市前不得采用外，适用范围较为广泛，可以避免烦琐的公司章程变更及工商登记手续，保持股权结构外观上的稳定性，而且可以配合其他股权激励模式同步实施。

以编者参与的光明公司股权激励案为例，光明公司当前处于快速发展期，为了提升公司的竞争力，公司计划对高级管理人员进行虚拟股权激励，激励对象主要系公司董事、监事、高级管理人员以及核心部门负责人等。光明公司控股股东经过分析决定，对董事、监事、高级管理人员作为公司高层采用限制性股权进行激励，对核心部门负责人采用虚拟股权进行激励。激励计划的有效期为 3 年，虚拟股权激励对象在这 3 年内可以享有虚拟股权的分红权，但不享有表决权、转让权和继承权等。限制性股权重在解除限制后的处置收益，属于长期激励，目的系让管理层人员真正获得公司股权，成为公司股东，增强其留在公司的意愿；虚拟股权重在当下收益，属于短期激励，及时让核心部门人员享受到激励收益，增强其工作的积极性。

三、限制性股权

限制性股权，是指激励对象按照股权激励计划设定的条件，获授确定比例的实股，公司授予实股的同时附带设定诸如服务期限制、业绩考核指标、离职或违反公司规章制度的股权收回限制等条件，是实务中采用最多的一种方式。

激励对象只有完成特定限制性条件，才能真正取得股权，否则激励对象被授予的股权会以约定的价格由控股股东或指定主体收回。

限制性股权的主要特点为：

（1）限制性股权的激励对象可以以相对较低的价格获授实股，其股权价值会由于公司经营状况等因素出现波动，权利、义务的对等性更强，员工归属感更强，收益不确定性较小，激励效果相对较好。

（2）限制性股权授予之初就须支付股权价款，员工资金压力较大，如果未达到行权条件可能会损失利息收益。

（3）限制性股权也有其灵活性，如可无偿授予，服务期届满前激励股权对应的分红款由公司代为保留，服务期届满后公司将一次性支付给激励对象。

（4）公司可以通过限制性股权激励获得一定融资，用于公司发展、经营，加之分期解锁的设置，每一期考核完成便可解除一定的股权限售，激励效果较好。

以编者的客户太阳公司为例，太阳公司计划对核心员工进行限制性股权激励，该公司注册资金为1000万元，净资产为2000万元，按照1元/注册资本的价格，激励对象通过获得持股平台财产份额的方式间接持有公司的股权，员工在5年服务期届满且考核条件完成的情况下，可以按照公允价格处置持有的持股平台的财产份额。太阳公司某激励对象本次获授10万元的财产份额，每份财产份额对应1元/注册资本的出资，在服务期过后，其所持有的1元财产份额的公允价格变为5元，其通过转让获授的激励股权，可取得40万元的税前收益。

四、员工持股计划

员工持股计划，是指由公司拿出一部分股权由员工直接持有或通过平台公司间接持有，依据特定规则向员工分配认购权，有认购权的员工出资认购该部分股权或财产份额，委托持股委员会对激励股权进行集中管理的激励方式。在这种方式下，员工可以参与公司的剩余价值分配，激励对象在股权升值时可以受益，但是在股权贬值时会受到损失。

不同于其他股权激励模式，员工持股不仅激励高级管理人员、核心技术人员等业务骨干，也会激励一定数量的普通员工。此种模式的激励范围相较于其他模式更大，属于长期的股权激励方式，能够强化员工的主人翁意识。

员工持股计划的主要特点为：

（1）员工持股计划参加的激励对象为签署劳动合同的公司员工，包括管理层人员，参与范围相对较广。员工通常以货币出资，还可以使用技术成果出资，出资方式较为灵活。

（2）员工可以通过公司、合伙企业、资管计划等载体间接持股。员工持股计划对激励股权制订了完备的流转、退出及管理机制。

（3）员工持股计划的参与对象通常为公司员工，尤其是拟上市公司应尽量满足闭环要求。

以编者为特钢公司制订的员工持股方案为例，特钢公司国有股东向持股平台公司转让10%的股权用于其上市前的员工持股计划，授予人员的范围为高级管理人员、中层管理人员、中层技术人员及其他核心技术人员和业务骨干，共计245人。考虑岗位及职级，相关激励对象获授了30万元到300万元的激励额度，担心认购不足额，符合持股条件的人员，可以在该公司与专业委员会的指导下，在满足单个激励对象获授股权数量合计不超过公司总股本的1%的前提下，内部协商调剂，适当放大持股额度。本次员工持股计划中，该公司还设置了自激励对象获授股权授予日起5年的禁售期以及自激励对象获授股权的授予日起2年的锁定期。为方便管理，员工还成立了股权激励计划专业委员会，负责股权激励持股平台员工的管理工作。

员工持股计划适用于激励对象数量较多的各类企业。无论是劳动密集型企业还是资金密集型企业，无论是国有企业还是非国有控股企业，员工持股计划都可以适用。员工持股计划实施进程时间轴示意如图1-1所示。

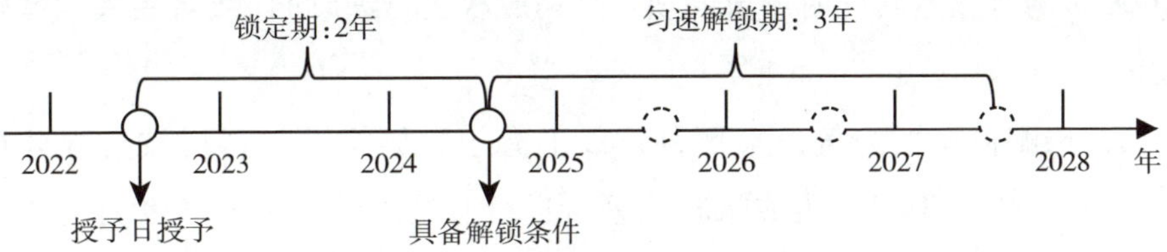

图1-1 员工持股计划实施进程时间轴示意

五、科技成果激励

将科技成果激励模式作为特定的激励模式进行阐述，主要是考虑到科技成果转化后，完成单位对完成科技成果有主要贡献的人员通常会直接给予特定的奖励。单位既可利用转让或许可科技成果形成的净收入、实施投产后的营业利润等对科研人员进行现金奖励，也可以将作价投资形成的股权奖励给科研人员；同时单位还可规定或与科研人员约定其他的奖励、报酬支付方式。

科技成果激励模式的特殊性主要体现在奖励比例和适用范围上。

首先，就奖励比例而言，科研机构和高校通常会通过制度明确规定奖励的范围、比例以及需要履行的公示程序，不同的单位存在一定差异，但通常应符合《促进科技成果转化法》第45条之规定。[1] 科研院所也可以对科技成果转化进行更为严格的规定。以中国科学院为例，《兼职和科技成果转化激励管理办法》第12条、第13条[2]规定单位正职领导不得获授激励股权，只能获授现金奖励。

其次，就适用范围而言，股权激励科技成果可适用于国有科技型企业，可按照企业规定及与科技人员的约定实施，制定相关规定时需充分听取本企业技术人员的意见，并在本企业公开、公示。科技成果转化适用于非国有企业时，可参照《促进科技成果转化法》等相关规定执行激励政策（包括以对外投资转化时形成的项目公司股权进行激励），或自主决策激励政策。

以康鹏科技案为例，康鹏科技以上海中科康润新材料科技有限公司（以下简称中科康润）为成果转化平台进行股权激励。2017年9月，中国科学院上海有机化学研究所利用知识产权出资，与康鹏科技合资成立中科康润，各持股50%；2018年11月，中国科学院上海有机化学研究所将中科康润30%股权（奖励比例为60%）奖励给科研团队（10名自然人），并办理工商登记。

---

〔1〕《促进科技成果转化法》第45条第1款：（1）将该项职务科技成果转让、许可给他人实施的，从该项科技成果转让净收入或者许可净收入中提取不低于百分之五十的比例；（2）利用该项职务科技成果作价投资的，从该项科技成果形成的股份或者出资比例中提取不低于百分之五十的比例；（3）将该项职务科技成果自行实施或者与他人合作实施的，应当在实施转化成功投产后连续三至五年，每年从实施该项科技成果的营业利润中提取不低于百分之五的比例。

〔2〕《兼职和科技成果转化激励管理办法》第12条：单位正职是科技成果的主要完成人或者对科技成果转化作出重要贡献的，可按照促进科技成果转化法的规定获得现金奖励，原则上不得获取股权激励。

第13条：单位领导班子除正职外的其他成员、中层领导人员的科技成果转化，可以获得现金奖励或股权激励，但获得股权激励的领导人员不得利用职权为所持股权的企业谋取利益。

本章小结

人力资源的重要性及人力资本理论的完善为企业实施股权激励提供了内源动力和理论基础，对人才的争取和挽留成为很多企业实现长远发展的必要途径。特别是近年来，因中美贸易摩擦或新冠疫情等原因，不少企业在经营方面出现了较大困难，管理成本与人才需求之间的矛盾日渐突出，薪酬股权化不仅能发挥其在稳定人才方面的传统优势，还成为降低企业管理成本和薪酬成本、平衡企业发展矛盾的有效工具。

目前，越来越多的企业通过实施不同模式的股权激励，以降低员工薪酬成本，减轻现金流压力；同时这也逐步增强了被激励员工的主人翁意识，减少了在当前不确定的大环境下员工可能的投机行为和短视行为等。但是，还有许多企业因为缺乏对于股权激励的全面认知和理解，要么迟疑、观望，要么草率实施。

本章旨在帮助读者从宏观层面建立起对股权激励属性、发展脉络及作用的认识，帮助读者初步搭建起股权激励的知识框架，进而引导读者主动思考是否有必要实施股权激励？如何结合所处行业和自身特点制订更完善、更适合自身的股权激励方案？同时，本章通过对股权激励实施过程中的常见法律风险和实施误区的介绍，进一步加深读者对于股权激励深层次问题的理解。另外，本章通过对股权激励的基本原则和典型模式的介绍，让读者在了解不同股权激励方案共性的同时，掌握每种类型的激励模式的特点、适用企业的范围，由点及面，由表及里，由单一到综合的模式介绍，帮助读者构建起股权激励的知识架构，引导读者结合自身实务需要或者自身企业特点，设计契合公司自身实际情况的股权激励的路径安排。

第二章

股权激励方案的设计和实施

第一节

股权激励方案设计需要考虑的核心要素

股权激励方案设计的要义在于通过制订贴合公司特点的整体性股权激励方案，从而确保股权激励目标的实现。股权激励方案制订过程中应完整考虑诸如激励模式的选定、激励对象的范围、服务期限的设定、激励股权的数量、激励股权的定价、激励股权与资金的来源、授予股权的条件、退出机制的设定等各类因素。下文就上述实施股权激励的八个要素分别予以介绍。

一、激励模式的选定

不同的企业因所处行业、发展阶段的不同而各具特色，不同的企业特点、业务模式又间接带来了企业的不同诉求和关注点，从而影响着股权激励方案的要素设计和模式选择。如何选择适合企业特点的激励模式是企业实施股权激励过程中最先面对的问题。

导向问题 1

创业期企业适合选用哪些股权激励模式?

实务分析

创业期企业面临资金紧张、人才短缺、技术积累、市场开拓等各项难题。当企业的发展前景并不明朗，创业合伙人团队的搭建尚未完善时，以授予实股的方式搭建起较为完善的创始合伙人团队，绑定核心岗位人员，不失为一种好的选择。

对于创业期企业的一般员工，则可考虑采用期权方式进行适当的激励，既避免了采用限制性股权激励等方式可能给员工带来的资金压力，影响其参与股权激励的积极性，又避免了诸如股票增值权等激励方式可能给企业现金流带来负担。发展前景较好、现金流较好、业绩增长较快的创业期企业，则可以考虑股票增值权、虚拟股权等激励模式。

导向问题 2

发展期企业适合选用哪些股权激励模式?

实务分析

发展期企业一般已经度过了艰难的生存阶段，公司开始扩张发展，企业面临的问题是如何保持长期持续、稳定、高效发展。这一阶段，企业可以选择的股权激励模式更多，如期权、限制性股权、虚拟股权等都可以因企制宜地适用。

发展期企业的股权激励更侧重于人才价值的考量，这类企业发展速度较快，核心技术逐步积累并趋于成熟，需要通过人才累积协助实现技术积累，人才的引进必然会导致薪酬成本、福利待遇、社保费用等人力成本的提高，而人力成本的加大又导致在高度竞争的背景下，人力资本贡献不足与企业管理成本不断攀升的企业发展矛盾，而股权激励恰恰成为解决这一矛盾的重要工具。

导向问题 3

成熟期企业适合选用哪些股权激励模式？

实务分析

成熟期的企业主要包括拟上市公司和上市公司，该类企业无论是经营模式、业务模式还是盈利能力都已经趋于稳定。这类企业更多考虑的是如何让核心人员分享企业发展红利，以保证企业后续的持续发展，助推企业持续做大做强。该阶段企业的股权激励考虑因素会更多。有上市计划的企业还要考虑审核要求，以及股权激励对于上市审核阶段净利润的影响等。

核准制阶段，为保证股权架构的清晰稳定以及控制权的稳定，监管机构一直禁止企业带着期权激励计划上市，导致很多实施期权激励的企业不得不在上市前停止尚未全部行权的激励计划。随着创业板注册制的实施，上市前制订上市后实施的期权激励计划得到监管允许。如今随着全面注册制的实施，A 股全板块已经允许公司申报前制订上市后实施的期权激励计划。但需要注意的是，拟上市公司因为上市衔接问题，低于市场公允价值的股权授予价格，导致公司需要就股权激励公允价格与激励对象实际支付金额之间的差额确认股份支付费用计入公司管理费用，该等处理方式将直接影响公司利润，可能导致企业不符合首次公开发行股票条件或者影响拟上市公司的税务合规处理。此外，持股平台还将受到股份锁定、后续减持等相关规定的影响，持股平台人员的适格性也会在审核阶段受到监管的关注。

已经上市的公司，有着成熟的股权激励模式可供选择，股票期权、限制性股票、员工持股计划、股票增值权均可选择适用或组合适用。除《股权管理办法》外，针对创业板、科创板以及北京证券交易所上市公司，证券交易所还在股票上市规则中，对于限制性股票、股票期权等股权激励进行了针对性规定。

导向问题 4

国有企业在股权激励模式选择上有何特殊性？

实务分析

相对于非国有企业，国有企业因企业性质的特殊性和国有资产监管规则的限制，实施股权激励计划会有更严格的限制。现行非上市国有企业因其所属管理线条的差异，存在多线条的特定限制，散见于财政部、国务院国资委、科技部等部委及有关中央企业颁布的激励办法、持股试点意见等规定中。国有企业股权激励的方式相对较为固定，目前常见的有员工持股计划、股权奖励、股权期权、项目跟投等方式。激励对象股权的认购模式也分为两大类，一为科技型企业常用的股权出售，二为混合所有制企业常用的员工持股。

二、激励对象的范围

导向问题 5

一般情况下股权激励的对象包含哪些人员？

实务分析

通常而言，股权激励计划的激励对象为管理层人员、技术人员、研发人员和市场人员等核心骨干人员，其中，又会根据企业所处的行业特点有所倾向和侧重。

创业期企业员工人数本身较少，激励对象更倾向于选择企业发展过程中的核心人员，如创业团队的合伙人、核心研发人员等少量人员；成长期企业处于高速发展期，激励对象更倾向于选择对于企业发展至关重要的管理层、核心技术人员、销售骨干等人员；成熟期企业公司趋于平稳后，激励对象可以适当地扩大范围，让更多的员工享受企业稳定发展的红利，并激发员工对于企业的热情，换取企业的持续、稳定发展。成熟期企业中的拟上市公司，尤其是对上市预期较为乐观的企业，也应当注意激励对象的范围不宜过大，重点激励公司的核心骨干人员，对于一般员工，可于上市后，通过上市公司层面的股权激励进一步扩大激励对象的范围，避免前期激励对象范围过大、激励股权数量过多，对上市计划产生影响。

导向问题 6

上市公司在激励对象的选择上有哪些特殊要求及注意事项？

实务分析

上市公司受制于规则限制，《股权管理办法》第 8 条规定，激励对象可以包括上市公司的董事、高级管理人员、核心技术人员或者核心业务人员，以及公司认为应当激励的对公司经营业绩和未来发展有直接影响的其他员工，但不应当包括独立董事和监事。外籍员工任职上市公司董事、高级管理人员、核心技术人员或者核心业务人员的，可以成为激励对象。因此，企业在实施股权激励的时候根据企业实际情况可以优先考虑以下人选：（1）公司董事、高级管理人员；（2）核心业务人员、技术骨干；（3）销售骨干等优秀中层员工；（4）其他公司认为应当进行股权激励的人员（核心外部人员）。需要注意的是，鉴于新《公司法》第121条引入了审计委员会制度，且特定条件下审计委员会可替代监事会职权，可不再设置监事会或监事，因此，对于审计委员会中的成员能否参与股权激励仍有待法律法规的进一步明确。

需要提示读者注意的是，对于上市公司而言以下人员不得成为激励对象：（1）独立董事、监事；（2）单独或合计持有上市公司5%以上股份的股东或者实际控制人及其配偶、父母、子女；（3）最近12个月内被证券交易所认定为不适当人选；（4）最近12个月内被证监会及其派出机构认定为不适当人选；（5）最近12个月内因重大违法违规行为被证监会及其派出机构行政处罚或者采取市场禁入措施；（6）具有《公司法》规定的不得担任公司董事、高级管理人员情形的；（7）法律法规规定不得参与上市公司股权激励的；（8）证监会认定的其他情形。此外，新《公司法》增加了两类不得担任公司董事、高级管理人员的情形，即“被宣告缓刑的，自缓刑考验期满之日起未逾二年”以及“个人因所负数额较大债务到期未清偿被人民法院列为失信被执行人”，新法生效后，该两类人员也自然被排除在激励对象范围外。

三、激励期限的设定

股权激励并非仅简单地签署协议、开会审议即可完成，也不是授予后就自动结束，更不是企业的自娱自乐和自我感动。股权激励文件应是一份结合公司现状、行业特点、股权架构、激励对象诉求等要素设置的完备性方案，具有专业性强、技术含量高等特点。而且，激励方案中涉及方方面面的细节要素，存在各种期限设定，如授予日、服务期（等待期）、锁定期、退出期等时间节点。该等关键节点与激励股权的授予、激励股权的转让限制等激励对象关注的重点事项密切相关。

导向问题 7

股权激励的有效期是什么？包含哪些要素？

实务分析

股权激励的有效期，通常是指自股权激励计划授予之日起至激励对象获授的全部激励股权解锁/行权之日止，即激励对象可以完全取得并处置激励股权的全生命周期。激励有效期由授予日、等待期（服务期）、解锁日等要素共同组成，是影响股权激励效果的重要因素。激励有效期的设置应合理，过长或过短都不利于股权激励的开展，过长的有效期会让员工感觉遥不可及，过短的有效期则会导致员工短视，也会给公司造成财务压力。

导向问题 8

现行法律对股权激励有效期有哪些规制？

实务分析

《股权管理办法》第 13 条规定："股权激励计划的有效期从首次授予权益日起不得超过 10 年。"非上市公司因无明确的规则限制，无特定的有效期限制，但通常考虑股权激励的效果，有效期的设置不宜太长，实务中有效期基本在5年以内。

导向问题9

股权激励授予日是什么？

实务分析

股权激励授权日，是指公司向激励对象授予限制性股权或期权的日期，上市公司通常是股东会审议通过股权激励方案之日，非上市公司通常为股东会审议通过股权激励方案并签署授予协议之日。对于上市公司而言，授予日必须为交易日，且均受禁止交易的窗口期的限制，非上市公司则无特定的限制。

导向问题10

上市公司、拟上市公司在确定授予日时有哪些特别注意事项？

实务分析

对于拟上市公司和上市公司而言，授予日的重要性还体现在如下方面：通常限制性股权激励需要根据激励对象取得的激励股权的对价与授予日股权的公允价格之间的差额计入公司当期的费用，并冲减当期的利润。而期权则需要在等待期内的资产负债表日，按照授予日的公允价值与获授期权的行权价格之间的差额计入公司当期的费用，并冲减当期的利润。

导向问题 11

股权激励服务期是什么？如何将服务期与业绩考核有机结合？

实务分析

股权激励的服务期，是指激励对象获授激励股权后，必须在公司继续提供服务的期间，服务期内如出现离职、严重违反公司规章制度等情形，获授的激励股权将按照特定的价格由指定人员进行回购。

一般情况下，服务期内，公司还会设置公司业绩层面及个人层面的考核指标，只有在完成考核指标的情况下才能解除限售要求。此外，还可以设定分批方式解除锁定，例如 5 年的服务期间，每年完成考核指标后则可以解锁 20%的获授股权。解锁获授股权比例，企业可以自主根据服务期的年限进行设定，可设定为 3 年或者 5 年，并相应分配每年解除锁定的比例。

导向问题 12

股权激励的行权日是什么？行权日如何确定？

实务分析

股权激励的行权日的由来主要源于股权激励方案，激励对象获取的一般不是可以立即行使的股权，而是一种“期待权”，只有在达到特定条件或者特定时间点时才可以行权，这就是所谓的行权日。具体而言，股权激励方案授予激励对象在未来某个期限内以特定的价格买入特定数量的股权的权利或者激励对象在特定时间按照特定价格被授予了特定数量的股权，同时激励对象获授的股权或期权被设定了相应的限制，行权日未届满或者行权条件未成就时，无法行权。

股权激励的行权日对于不同的激励模式有不同的要求，对于限制性股权激励而言，行权日是指股权激励计划的限售期满次日；对于期权激励而言，行权日是指等待期满之日起至有效期满当日止可以行权的期间。

四、激励股权的数量

法律行为的实施都应当遵守特定的法律规定，股权激励也不例外。除上市公司和国有企业外，现行法律法规对非上市公司股权激励的实施并无特定限制，非上市公司可以在遵循《公司法》等一般性法律法规及公司章程等内部法律文件的前提下，结合公司自身情况，由董事会和股东会审议确定股权激励的相关方案。但是对于上市公司而言，股权激励的上限存在相关规定。限制激励股权的比例，一方面，需要基于公司的状况，预防公司内部控制权变更问题，股权激励比例过大，有可能导致控制权转移，出现内部控制权纷争等问题；另一方面，拟上市公司一旦变为公众公司，其上市前也必将导致原股东股权被动稀释，因此，股权激励时需详细考虑业务规划和战略规划。

非上市公司股权激励实施的总体比例差别较大，企业实际情况不同，授予的比例也不同，持股平台总体获授的股权比例为1%~25%。下文将对实务中如何确定股权激励的授予股权数量这一问题进行具体论述。

导向问题 13

如何在保障公司股权架构稳定的前提下合理确定激励股权的数量？

实务分析

在多变的商业环境下，股东持股比例是股东是否掌握企业控制权的关键，企业发展过程中必然面临股权融资、股权激励等各种特定事项，可能会一定程度稀释原股东的股权。因此，股权激励比例过高很大程度将影响控股股东的控制权及后续的融资规划。如何在股权稀释过程中把握住公司控制权，稳定好股权架构，是控股股东和实际控制人在实施股权激励之初应当首要思考的问题。

股权激励的股权来源通常有两种方式，一为持股平台通过增资取得，二为公司原股东释放股权取得。当激励股权来自增资时，需要考虑增资对原有股东股权比例的稀释；当激励股权来自既有股东的股权释放（主要是老股转让）时，需要考虑控股股东的剩余持股比例。如无特殊要求，持股平台的普通合伙人可以由实际控制人担任，可以最大限度通过规则设置，实现实际控制人对于持股平台的控制，以保证实际控制人即使出让部分股权或者被稀释股权后仍对企业拥有控制权。

根据《公司法》的规定，股东会会议作出修改公司章程、增加或者减少注册资本的决议，以及公司合并、分立、解散或者变更公司形式的决议，必须经代表2/3以上表决权的股东通过。除公司章程存在特殊情形外，持股比例是否超过2/3直接影响单个股东是否能够决定《公司法》规定的特殊重大事项。各个发展阶段企业的实际控制人均应考虑对于公司控制权有重要影响的持股比例线即66.67%（代指2/3以上表决权，即绝对控股权）、50.01%（代指1/2以上表决权，即相对控股权）、33.34%（代指1/3以上表决权，即重大事项一票否决权）。当持股比例在66.67%以上时，股东享有对公司重大事项的绝对控制权，除公司章程存在特殊约定外，可对绝大部分公司待决议的事项作出最终决策；当持股比例为50.01%时，除法律规定及公司章程存在特殊规定的事项外，可否决全部需要股东所持表决权半数通过的事项；当持股比例为33.34%时，除法律规定及公司章程存在特殊规定的事项外，可否决需股东所持表决权2/3以上通过的事项。

因此，股权激励实施前，公司应当进行专业的股权设计，充分考虑到后期进行股权激励及股权融资对于股权稀释的需求，综合确定好可以稀释的比例，合理进行股权稀释。当然，控制权的稳定还会涉及AB股架构、优先股架构、委托表决权、公司章程特别约定等各类事宜。更深入的论述，可以参见丛书《股权架构的设计与动态调整》之相关内容。

在实施股权激励时，实际控制人一定要充分认识到持股比例的重要性，进而掌握公司的发展方向。早期持股中考虑实际控制人的控制权可以拥有相对较大的持股比例，股权比例尽量保持在60%~80%。后续发展过程中，前述股权将会因多轮股权融资不断被稀释，考虑上市过程中多数公司释放的股权比例不能低于25%，上市前的实际控制人持股比例不建议低于40%，如此才能较大程度保证其控制权的相对稳定。

导向问题 14

确定激励股权数量时可以参照哪些要素？

实务分析

股权激励的最终目标是保证企业的持续发展和持续盈利，激励股权的授予比例需要充分考虑员工的历史贡献、工作岗位、工作年限、工作职级、工作表现、可替代性等要素，确定何种员工可以取得股权激励，并通过设定不同权重系数使不同员工获得的激励股权的数量不同，如此，才能既符合股权激励的目的，又达到股权激励的效果，保证激励对象的积极性。切记股权激励不是全员持股，全员持股的股权激励会适得其反。

总之，实际控制人应充分把握股权激励授予比例的设置原则以及特定对象获授股权的数量，真正通过股权激励赋能企业治理和企业发展。

五、激励股权的定价

导向问题 15

在对激励股权进行定价时，非上市公司与拟上市公司之间存在哪些不同？应分别注意哪些问题？

实务分析

非上市公司激励股权的授予价格不同于上市公司，通常无明确规定和限制。为确保股权激励的效果，实务中授予股权的价格通常会低于公允价格，将激励股权的公允价值与激励对象实际支付价格之间的差额作为股份支付费用计入公司管理费用，由公司承担。实际控制人找准激励股权的授予价格和公司承担的股份支付费用的平衡点是股权激励的关键，授予价格确定得当，既可以不让公司承担过多的成本，也能够满足激励对象获授股权的意愿，实现激励效果。实务中，公司主动承担部分甚至是大部分费用的股权激励方案最终却不被激励对象认可的情形，并不少见。

一般而言，非上市公司股权并无很强的流通性，因此，缺少公允的市场交易价格作为参考。如公司最近一年存在外部融资，则实务中通常以外部融资的价格作为公允价格，股权激励的授予价格通常会低于外部融资价格。如股权激励实施前后无外部融资，则通常参照公司净资产价格，授予价格既可选择无偿授予，也可选择1元/注册资本，还可选择其他价格；具体价格的确定因没有限制性规定，需要实际控制人结合股权激励目的进行充分考虑。

拟上市公司如低价授予激励股权，需要充分考虑股份支付费用对于企业上市的影响，通常股份支付不会影响公司的现金流，但会影响当年公司的净利润。对于股权激励实施时间在报告期内的企业，如果公司股份支付在报告期最后一年，会直接影响当年公司报表利润，进而对公司上市或上市后市值有一定影响；如果股权激励实施比例过大，授予价格过低，还可能导致扣除股份支付费用后公司当期利润为负，影响上市。

六、激励股权与资金的来源

激励股权的来源和激励对象的资金来源，是实施股权激励的重要影响因素之一，直接决定着股权激励的成败，也是实施股权激励时公司和激励对象最为关注的问题。

导向问题 16

激励股权来源包括哪些途径?

实务分析

上市公司实施股权激励，激励股权的来源有着明确规定。《股权管理办法》第 12 条规定了如下股权激励的来源方式：（1）向激励对象发行股份；（2）回购本公司股份，即上市公司股份增发是激励股权常见的来源之一。在原《公司法》的规定下，股份有限公司股份增发系增加公司注册资本，属于股东会决议的特别事项范畴，但新《公司法》在该问题上进行了较大修订，在第 152 条引入了“授权资本制”，允许“公司章程或者股东会可以授权董事会在三年内决定发行不超过已发行股份百分之五十的股份”。换言之，在公司章程或股东会授权的情况下，董事会对满足特定条件的股份增发可以绕开股东会直接作出决议，该规定在程序上便利了通过股份增发进行股权激励，给予董事会在股权激励实施方面更大的自主决策权。

对于非上市公司而言，激励股权来源方式多样，常见方式诸如原有股东转让，通常是控股股东或实际控制人转让股权或者多位创始股东等比例转让股权；激励对象参与设立持股平台以增资的方式成为公司股东；公司设立时或者公司引入战略投资人时，实际控制人提前预留部分股权或实际控制人与战略投资方约定战略投资方让渡部分股权，后续用于股权激励。老股东转让及以持股平台为载体进行增资是当前最为常见的股权激励方式。同时，鉴于前文提到的“授权资本制”的适用范围不仅局限于上市公司，而是全部的股份有限公司，因此对于非上市的股份有限公司而言，该制度对通过增发股份的方式实施股权激励也同样具有促进作用。

对于民营公司而言，引入战略投资人时，实际控制人与战略投资方约定由战略投资方让渡部分股权用于企业发展过程中实施股权激励则较为少见；对于国企混改，由引入的战略投资方让渡部分股权则较为常见。

导向问题 17

上市公司股权激励的资金来源包括哪些途径？有哪些需要特别注意的事项？

实务分析

上市公司股权激励通常由激励对象自筹资金，可以使用自有资金也可以通过合法途径借款筹集资金（如向银行、其他个人借款）。非上市公司的股权激励中的资金的来源路径较多。

根据《股权管理办法》的规定，上市公司不得为激励对象依股权激励计划获取有关权益提供贷款以及其他任何形式的财务资助。上市公司及拟上市公司的激励对象的借款原则上不能是拟上市公司或其控股子公司以及其他由控股股东和实际控制人控制的关联方提供的借款，以免造成股东对拟上市公司权益的侵占，或者避免拟上市公司被认定存在对激励对象的利益输送。

从股权激励方案设计的角度来说，公司需要向员工详细介绍激励政策的实施细节与内在逻辑，确保员工认识到风险与收益的关联性、激励方式与约束条件等。公司在制订股权激励方案时，还需充分考虑到员工的个人支付能力，如果激励计划远超过员工的支付能力，就会导致股权激励无法达到预计的效果。另外，公司可以采取让员工分期付款的方式降低员工的经济压力。

《股权管理办法》规定了上市公司不得为激励对象依股权激励计划获取有关权益提供贷款以及其他任何形式的财务资助，包括为其贷款提供担保。从 IPO 审核的角度来看，公司向激励对象提供资助，可能会引起审核关注，质疑是否存在向激励对象进行利益输送或者激励对象侵占上市公司利益的情况。而对于一般的非上市公司来说，并无前述类似的禁止性规定。

在新《公司法》出台之前，对于财务资助行为法律层面并没有明确规定，故实务层面和学术层面均争议较大。而新《公司法》第 163 条对该问题进行了明确，即“公司不得为他人取得本公司或者其母公司的股份提供赠与、借款、担保以及其他财务资助，公司实施员工持股计划的除外。为公司利益，经股东会决议，或者董事会按照公司章程或者股东会的授权作出决议，公司可以为他人取得本公司或者其母公司的股份提供财务资助，但财务资助的累计总额不得超过已发行股本总额的百分之十。董事会作出决议应当经全体董事的三分之二以上通过。违反前两款规定，给公司造成损失的，负有责任的董事、监事、高级管理人员应当承担赔偿责任”。该规定明确了公司原则上不得进行财务资助行为，除非经过内部股东会决议或董事会决议等合法程序，且规定了资助总额的上限，其目的在于避免公司的股东、高管人员及其他关联方等通过财务资助入股而损害公司资本充实性，也表明了立法者对于公司高层利益输送敏感性的态度。该条规定明确了“公司实施员工持股计划的除外”，即允许公司在实施员工持股计划的背景下进行财务资助，对于非上市公司（包括拟上市公司）来说有了直接的法律依据。但是，鉴于新《公司法》的该条规定将财务资助允许范围划定为“员工持股计划”，系股权激励的下位概念，故从文义解释的角度来看并非全部的股权激励模式均当然地允许财务资助，其他股权激励应通过履行相关表决程序的方式提供财务资助，同时应注意资助总额的限制；此外，鉴于前述《股权管理办法》的特别规定，上市公司的财务资助行为仍是禁止的，对以上两点需要特别注意。

导向问题 18

国有拟上市公司员工持股计划中的资金来源有何特殊性？

实务分析

对于国有拟上市公司实施的员工持股计划，因国有企业员工多数认股资金均来自工资薪金积累，可能无法支付高额的股权激励认股资金，因此可以通过向银行借款的方式筹集资金，目前部分银行已经推出了较低利率的产品。例如，在编者参与的某些国有企业员工持股计划中，某地建设银行就员工持股计划激励对象的资金需求，提供了相应金融产品，该等金融产品主要分为两大类：一类是激励对象直接向银行融资的产品（如消费贷、信用贷产品），另一类是通过员工持股平台向银行融资。本项目中某地建设银行就国有企业员工持股计划给出了如下个人信贷产品明细（见表2-1）。

表 2-1 某建设银行个人信贷产品

<table>
<tr><th>类别</th><th>方式</th><th>条件</th><th>说明</th></tr>
<tr><td>抵押类贷款</td><td>激励对象抵押自有房产，评估后以 7 折金额为上限，融资总额 200 万元封顶</td><td>5 年为期，利率 3.65%，一次性还本，可提前还款</td><td>—</td></tr>
<tr><td rowspan="2">信用类贷款</td><td>100 万元（需要一定门槛的收入证明）</td><td>5 年为期，利率 4.2%，有还本或转贷要求，可提前还款</td><td rowspan="2">企业可介绍渠道，员工自主签订借款合同；如有短周期融资需求，可自行联系</td></tr>
<tr><td>年收入 2 倍为限或 30 万元为限</td><td>3 年为期，利率 4.2%，可提前还款</td></tr>
<tr><td>专项借款</td><td>经营贷</td><td>房产抵押，家人有经商营业执照，最长可贷 10 年，利率低于 4%</td><td>企业不介绍渠道</td></tr>
</table>

七、授予股权的条件

导向问题 19

激励股权的授予条件一般应如何确定？

实务分析

股权激励实施过程中，激励和约束同样重要。激励股权通常的授予价格均是低于公允价格的，之所以以较低的价格授予激励对象，必然是想留住人才和核心人员，以保证公司的持续经营能力。因此，股权激励也一定要对激励对象进行限制，除不设置任何考核指标和条件的股权激励外，股权激励方案中通常会明确约定激励对象的服务期、考核指标和退出机制。以退出机制为例，针对正常退出、离职或去世、被动退出等不同退出方式，股权激励方案会进行不同的价格设定。

股权激励主要面向的是公司未来的发展，是对员工的长效激励制度。鉴于绩效考核是股权激励的重要方式，因此本分册将在股权激励计划实施部分对其进行重点阐述。

八、退出机制的设定

导向问题 20

股权激励方案中退出机制的重要性体现在哪些方面？

实务分析

退出机制是一项完善的股权激励方案中较为重要的一环。考虑到股权激励实施过程中，激励对象就激励股权的取得通常需支付一定对价，而且，非上市公司的股权流通性较低，因此，股权激励方案中设置激励对象的退出机制显得更为重要。

此外，有限责任公司还有着较强的人合性，退出机制的设置很大程度上消除了激励对象参与股权激励的担忧，较大程度上减少和预防了纠纷的发生。

导向问题 21

激励对象的退出情形一般包括哪些类型？不同退出情形之间有何区别？

实务分析

一般而言，激励对象退出股权激励的情形，可分为过错情况下的退出和非过错情况下的退出。实务中，设置激励对象的退出机制时，会进一步将退出情形和退出价格进行关联，对于不同的退出情形，设置不同的退出价格。

1. 过错退出

过错退出，通常是指激励对象因为自身过错，导致其不再能够作为适格的激励对象，而被强制要求退出股权激励。实务中，过错退出的情形包括但不限于如下方面：（1）激励对象任职期间严重违反公司规章制度，而被解除劳动合同；（2）激励对象发生失职或渎职行为，严重损害公司利益和声誉；（3）激励对象任职期间因犯罪行为被依法追究法律责任；（4）激励对象单方面与公司解除劳动关系；（5）激励对象违反与公司签署的包括但不限于竞业限制协议、保密协议等规定，给公司造成相关损失。

2. 非过错退出

非过错退出，通常是指激励对象发生特殊情况，导致其不再能够作为适格的激励对象。实务中，非过错退出的情形包括但不限于如下方面：（1）激励对象服务期满后离职，且主动不与公司续签劳动合同；（2）激励对象退休、死亡或因自身疾病无法满足现有工作岗位要求；（3）公司发生重大变化，决定终止股权激励计划；（4）激励对象发生职务变更，不再满足激励方案约定的职务要求。

第二节

股权激励方案制订流程

前文介绍了一个完整的股权激励方案通常包含的八个核心要素，这些要素是如何确立的，如何相互联系地构成一个实施股权激励的复杂的系统？这就必然引出股权激励方案的制订流程。结合编者的实务经验，该流程通常包括尽职调查、会议审议等关键步骤。

一、尽职调查

充分的尽职调查不仅可以了解公司的情况，准确预判股权激励对公司的影响，也可以了解激励对象的认购意愿和认购能力，确保股权激励顺利、高效实施。

导向问题 22

股权激励中尽职调查的作用体现在哪些方面？

实务分析

多数公司实施股权激励过程中往往会忽视尽职调查的必要性，导致股权激励条款的设计未反映公司实际控制人的实际诉求，股权激励的内容也不符合公司的实际情况，进而导致最终的实际效果和公司需求大相径庭。尽职调查的作用表现在以下几个方面：

（1）了解公司实施股权激励的核心目的和具体诉求，包括但不限于实际控制人实施股权激励的具体原因，是否存在倾向性的模式选择，是否存在对标公司等情况。

（2）了解企业的实际情况，包括但不限于公司的业务特点、行业特点、人员结构、薪酬情况、股权架构情况、绩效考核制度等，便于协助后续进行考核指标设置。

（3）了解股权激励的股权来源、拟授予的股权比例、激励对象范围、退出机制及退出价格的设定要求，协助企业判断可能存在的风险，及时做好应对，为股权激励计划的实施清理障碍。

此外，还要基于对于公司发展阶段和发展情况的了解，进一步判断公司后续的融资安排、上市规划安排以及被收购兼并的可能性，并在股权激励方案设计过程中充分考虑、预判相关问题，通过条款设置，提前规避风险。

导向问题 23

为求全面、准确，尽职调查中一般应查阅哪些公司文件及了解公司哪些方面的基本情况？

实务分析

尽职调查应当围绕股权激励的目的、模式、核心要素等进行，尽职调查阶段的资料清单通常包括：

1. 关于公司基本情况及融资的文件

（1）公司的档案文件及股权架构说明，以协助了解股权架构情况，判断股权激励实施规模以及可能对控制权的影响；

（2）公司现行有效的公司章程、股东协议、一致行动协议等内部治理文件，如前期存在外部融资，须一并提供相关的融资文件，如明股实债协议等，协助判断是否存在对于增资、股权转让或股权激励的特定限制；

（3）如存在股权代持，需要出具情况说明及股权代持相关文件，协助了解公司真实的股权情况，确保股权激励文件的有效性。

2. 关于公司业务及财务情况的文件

（1）公司商业模式、行业特点、主营业务及业务开展情况的说明，协助结合企业自身特点和行业特点选择股权激励模式；

（2）公司未来3~5年的发展规划，协助结合公司股权架构，确保不影响公司后续的融资规划和公司控制权；

（3）公司最近一个会计年度的财务报告和审计报告（如有），协助确定授予价格和授予数量，不致因为股份支付费用过高影响公司的上市规划及税务合规；

（4）公司资产的账面净值或评估报告（如有），协助了解公司股权的公允价值。

3. 关于公司内部组织和劳动用工

（1）公司组织结构图、岗位设置情况、岗位主要职责及部门职责说明，协助了解公司的部门设置及关键岗位情况；

（2）股东会、董事会、监事会、经理层议事规则（如有），协助了解公司对股权激励方案的审议程序和规则等；

（3）公司就现有薪酬政策与薪酬水平的文件或说明，协助了解公司的整体薪酬情况；

（4）公司与员工签署的劳动合同、保密协议、竞业限制协议等，协助制定退出机制的相关条款；

（5）公司的员工名册及社会保险和住房公积金的缴纳情况，协助确认激励对象是否全部为公司员工；

（6）公司现有的主要人力资源制度，包括但不限于公司现有的激励制度和考核标准、员工手册、规章等，协助后续个人考核指标的设定；

（7）董事会、监事会、高级管理人员的组成及简介，中层以上的管理人员及核心岗位人员姓名、职务清单，协助确定后续授予数量时的各项指标的确认原则及对应的积分系数。

导向问题 24

尽职调查过程中，如何善用访谈或调查问卷以达到全面尽调的目的？访谈或问卷发放对象包含哪些范围的人员？

实务分析

尽职调查过程中，为更好地了解激励对象的参与意向和诉求，会采用抽样访谈和调查问卷的方式，与公司初步确定的激励范围内的部分激励对象进行沟通，深入了解激励对象对于股权激励存在的疑问，充分地答疑解惑，确保激励对象对激励事宜的认同感和认可度。

1. 对控股股东或实际控制人的访谈

控股股东和实际控制人作为股权激励的实际决策方，其实施股权激励的意图很大程度决定着股权激励方案的设计。在对控股股东或实际控制人进行访谈时应尽可能了解其实施股权激励的真正目的，了解其对于股权激励的核心商业诉求以及其倾向选择的具体激励模式，在其愿意释放的股权范围内选择最为恰当的激励方式，设计符合各方利益最大化的股权激励方案。

以下为实务中编者对控股股东或实际控制人进行访谈时，设计的调查文件模板，供读者参考：

访谈时间：2023年4月26日

访谈人：××律师事务所　××律师、××律师

被访谈人及其职位：赵××，公司董事长

（1）请简要介绍：公司实施股权激励的主要目的是什么，是否存在有倾向的激励方式，是否有融资计划或规划，公司拟释放多少股权用于激励，激励股权的主要来源是什么？

（2）请简要介绍：公司所处行业与主营业务情况，公司是否了解同行业公司的股权激励情况，是否有拟定的对标公司？

（3）请简要介绍：公司当前的营业收入及净利润情况，未来的增长态势如何，公司经营过程的核心竞争优势是什么？您认为制约或有助于贵公司未来发展的主要因素是什么？

（4）请简要介绍：公司股东之间的关系以及是否在股权方面存在特殊安排或者代持事宜？

（5）请简要介绍：贵公司/行业核心岗位设置情况及公司核心人员的部门分布。

（6）请简要介绍：公司的核心业务部门情况及工作内容安排。

（7）请简要介绍：目前公司的收入分配体系/分配模式是什么样的？是否公平？是否存在可以改进的地方？

（8）请简要介绍：股东对公司实施本次股权激励的态度。

（9）请简要介绍：公司层面及个人层面公司拟对激励对象设定的考核指标情况。

2. 对员工的访谈

对于激励对象的访谈通常涉及激励对象的经济情况、在公司的岗位、职级及日常考核情况、是否存在对公司的突出贡献、对于公司后续发展的认识、对于公司晋升渠道和薪酬待遇的看法以及对于公司实施股权激励的

态度、拟认购的股权数量等。通过匿名访谈或问卷回复，有助于了解激励对象的真实想法以及参与股权激励的真实意向。

以下为实务中编者对拟定的激励对象进行访谈时，设计的调查文件模板，供读者参考：

访谈时间：2023 年 4 月 26 日

访谈人：××律师事务所 ××律师、××律师

被访谈人及其职位：李××，公司销售经理

（1）请简要介绍：您在公司担任的职务、岗位及职责情况。

（2）如果公司拟实施股权激励，您是否愿意参与本次股权激励？如参与股权激励，您是否有倾向的激励模式选择？

（3）请简要介绍：您对公司发展前景的认识以及是否愿意长期在公司任职？

（4）请简要介绍：您是否有了解同行业公司实施股权激励的情况，以及您是否有足够的资金支付获取激励股权的相关费用？

（5）请简要说明：如公司实施股权激励，您认为应当设置何种考核指标，您在公司每年度的考核中考核结果如何，是否曾存在违反公司规章制度被处分的情形？

（6）请您简要介绍：您对公司的发展制约因素有何考虑或认识？

导向问题 25

如何通过查阅公司情况及同行业公司情况辅助完成对目标公司的尽职调查？

实务分析

实务中，多数时候实际控制人对于同行业公司的股权激励情况可能并

不了解，对于授予股权数量和比例甚至是考核指标的设置等问题也不会提前考虑。因此，通常需要在与公司交流前通过各种公开渠道自行查阅、了解目标公司的基本信息，并对同行业上市公司的股权激励情况进行检索，了解同行业公司业务发展及股权激励模式选择的情况。可以公开查询的途径及信息情况包括但不限于如下方面：

（1）中国裁判文书网，可以查询公司及拟定激励对象是否存在作为被告且尚未完结的诉讼等；

（2）新闻报道，可以获知企业是否有负面新闻或重大利好的新闻等；

（3）同行业典型公司股权激励模式的选择、方案的设计及相关考核指标的设计，可通过对同行业上市公司的查询，具体了解同行业公司选取的激励方式、如何设定考核指标的以及激励计划的公开信息等。

导向问题 26

如何有针对性地调查关于股权激励的具体信息？

实务分析

（1）审阅公司章程，确认股权激励的内部决策程序，包括但不限于公司股东会或董事会决议、上级主管部门文件（国有企业）、中央及地方关于股权激励的政策文件等（国有企业）；

（2）公司对本次股权激励实施目的、激励模式、激励对象范围和数量、授予股权比例、考核指标、退出机制等内容的初步计划及基本要求。

导向问题 27

尽职调查过程中应注意与哪些范围人员之间的沟通？

实务分析

实务中，股权激励的实施要在充分了解公司情况的基础之上进行。管理层对于公司的基本情况更加熟悉，应在了解公司股东情况、股权结构（代持）、组织架构、控制权、决策机制、发展战略、融资情况、3~5年规划、财务数据、人员名册、职级体系、薪酬结构、规章制度、考核体系、过往激励等关于整个公司整体经营现状的基础上，有针对性地对公司股权激励实施过程中存在的疑问充分交流。

激励对象对于股权激励方案的态度在一定程度上决定了股权激励的实施和效果，因此，股权激励方案制订过程中需充分了解潜在激励对象可能的疑问，充分向其进行解释，以深化员工对于股权激励的认识、授予价格的认可、考核指标设置以及退出机制的认同。

导向问题28

尽职调查的实施主体是谁？

实务分析

股权激励的前期尽职调查很大程度决定着股权激励方案设计的针对性和效果，最好由专业律师进行尽职调查。专业律师通常会在了解公司基本情况的基础上，依据控股股东、实际控制人及管理层的意向和建议，对客户关心的重要问题形成备忘录，对股权激励方式形成不同股权激励模式的优缺点对比分析报告，对同行业的股权激励指标设置形成清晰的介绍文件，确保制订符合公司发展阶段和行业特点，满足公司诉求的股权激励建议报告，为公司制订股权激励方案提供事实和理论基础。

二、股权激励方案的审批程序

通过前文对股权激励尽职调查的介绍，读者应该对于股权激励尽职调查阶段需要完成的相关事项有了初步了解，对于股权激励实施的基础要件有了清晰的认识。

股权激励方案的实施需要在综合考量公司所在行业、未来资本运作规划、实际控制人的意愿等因素的基础上，选定符合公司要求的股权激励模式，进而形成科学的股权激励方案。

导向问题 29

股权激励方案的审批程序一般包括哪些流程？

实务分析

激励方案形成后，仍需要按照公司章程履行相应的审批程序，包括但不限于如下流程：

1. 股东会

股东会是由全体股东组成的最高权力机构，一般也是实施股权激励的决策机构。如公司实施股权激励，激励方案最终均应由股东会审议通过。

若以增资方式作为激励股权来源的股权激励，增资过程会直接导致原股东的持股比例被稀释，关乎各股东的切身利益，其实施一般须取得股东会的决议通过。在特殊情况下（如公司已建立授权资本制，授权董事会增发新股），董事会对股权激励决策享有极大的自主权。

通常股权激励相关事项的审核需有出席会议的股东所持表决权的 2/3 以上审议通过后方能实施。即使控股股东或实际控制人让渡老股实施股权激励，需要其他股东放弃优先受让权，也需要股东会审议通过。

2. 董事会

公司董事会作为股权激励的具体实施机构，在获得股东会授权后，可具体实施股权激励的相关计划及具体政策。在实施股权激励计划的过程中，董事会应当履行以下职责：

（1）负责起草、修改或者审批下属机构起草、修改的股权激励方案，报股东会审批；

（2）审核股权激励方案及相关配套文件，并提出修改股权激励方案的意见，报股东会审议；

（3）其他应由董事会决定的有关股权激励实施相关的事项。

股权激励方案制订过程中通常还需制定配套的法律文件，除股权激励方案外，一套完整的股权激励文件通常还包含股权激励管理办法、股权激励考核管理办法、合伙协议或公司章程、增资协议、财产份额转让协议或股权转让协议等。股权激励计划的审议和决策有严格的程序要求，前期的股权激励方案需征求员工意见，经公司决策层达成一致后，还应履行公司的内部审议程序。

导向问题 30

除上述一般流程外，上市公司和非上市公司在制订股权激励方案时还应特别注意哪些程序性问题？

实务分析

股权激励作为涉及股东权益的重大事项，应当根据《公司法》及公司章程所规定的权限进行决策，通常上市公司和非上市公司应当分别履行如下审议程序。

对于上市公司而言，《股权管理办法》明确规定了上市公司董事会下设的薪酬与考核委员会负责拟订股权激励计划草案，并由董事会对股权激励计划草案依法作出决议后，交由股东会审议，经出席会议的股东所持表决权的 2/3 以上表决通过。股东会审议股权激励计划时，拟作为激励对象的股东或者与激励对象存在关联关系或利益关系的股东，均应当回避表决。

对于非上市公司，法律未明确规定股权激励计划的制订和决策机构，无论是原《公司法》还是新《公司法》亦未明确将股权激励列入应由股东会审议的事项。但实务中为确保股东对于股权激励的认可及保证股权激励的有效实施，无论何种模式的股权激励，均建议交由股东会审议通过。实际上，不同激励模式均或多或少直接影响着股东权益，因此，需要通过股东会审议豁免对于股东权益的损害，如授予激励对象的股权来源于增资或利润转增股本，增资或利润分配方案须经出席股东会会议的股东所持表决权的 2/3 以上通过；虚拟股权实际是股东让渡部分收益，并将其分配给激励对象，利润分配方案应经出席股东会会议的股东所持表决权的 2/3 以上通过。

另外，原股东通过向激励对象转让股权作为激励股权来源的股权激励，将导致股东、股东出资金额及比例等公司章程必要记载事项变动，涉及公司章程的修改。公司章程修订需经出席股东会会议的股东所持表决权的 2/3 以上通过。

可见，为保证股权激励方案的法律效力，即便《公司法》未将股权激励列入股东会的职权范围，非上市公司仍应在董事会审议股权激励方案草案后，将股权激励方案作为特别决议事项交付股东会审议，经出席股东会会议的股东所持表决权的 2/3 以上通过后实施，以使股东在充分知情的基础上慎重作出决策。这样的做法既一定程度上保障了股权激励方案的科学性，又能避免股权激励方案的法律效力争议及其他纠纷。

第三节

股权激励方案的实施

完善可行的股权激励方案是成功进行股权激励的前提和基础，而股权激励方案的有效实施则是成功进行股权激励的重要保障。在实施股权激励的过程中，要依据法律法规和激励文件，围绕业绩考核指标设定、退出条件设置及税收筹划等关键环节和问题，稳健推进。

一、股权激励的业绩考核指标

导向问题 31

公司层面业绩考核一般包括哪些指标？

实务分析

公司整体业绩指标包括财务指标和非财务指标。财务指标常见的包括营业收入增长率、净利润增长率、净资产增长率和净资产收益率以及与研发相关的财务指标等。其中，净利润增长率是指企业当期净利润与上期净利润相比所得的增长幅度，指标值越大代表企业盈利能力越强；净资产增长率是指企业本期净资产增加额与上期净资产总额的比率；净资产增长率反映了企业资本规模的扩张速度，是衡量企业总量规模变动和成长状况的重要指标。

导向问题 32

公司层面如何设定考核的财务指标？

实务分析

设定财务指标要充分考虑公司的业务特点，包括所处行业、商业模式以及企业发展阶段等。对于毛利较低的企业，应当更加注重成本的管控，可以使用成本削减作为指标；对于重资金和重资产型企业，应当考虑资金回笼速度，可以将资金回笼周期作为考核指标；对于很多轻资产型的企业，可以用市值作为考核指标。

导向问题 33

公司层面的非财务指标的设定有何特殊性？

实务分析

非财务指标常见的包括项目进展、产品研发进度、特定板块业务收入等。其中，项目进展主要适用于医药类企业、半导体行业企业，该类公司致力于某类特定产品的研发产业化，因此适合将重点项目的进展程度作为考核指标；产品研发进度主要针对创新性药物研发企业，该类企业通常聚焦于某类重大疾病领域创新药物的研发，通常会将项目申报及获得受理的药品临床试验申请、上市申请（含补充申请）、后期临床试验、对外合作数量等作为考核指标；特定板块收入主要指企业为培育新的业务增长点和增长领域，将特定业务板块的营业收入增长率等作为考核指标，以充分反映公司的业务战略需求。

综上可知，公司的股权激励指标设置并非一成不变，而是有较大的灵活性，公司既可以选择财务指标，也可以选择与公司未来发展相关的非财务指标。符合公司自身特点的考核指标，将很大程度服务于公司的发展战略，对公司的发展产生较强的正向效果。

导向问题 34

个人层面业绩考核如何确定合理的指标体系？

实务分析

在股权激励过程中，公司需要建立严格、客观的指标体系，明确对激励对象考核的标准细则，尤其是对于个人的考核，需要有 KPI 等客观的硬指标，以消除舞弊空间，降低在员工考核时的成本和主观判断。当然也可以设定一定的软指标，但软指标同样应尽可能地实现量化。

如存在多个指标，建议用明确的公式来量化绩效考核，如将相关考核指标权重之和设置为 1，不同的考核指标结果对应不同的系数，按照激励对象最终得分确定其个人层面业绩考核的具体结果，并将具体结果对应个人层面业绩考核的权重，以此明确最终激励对象可以获授的具体股权的数量。关键考核指标的设定是经公司结合实际情况与员工充分沟通后制定的，并非实际控制人直接指定。

导向问题 35

如何将 KPI 指标与股权激励计划有机结合？

实务分析

前文中编者详细介绍了公司层面的考核指标，公司层面的考核指标实际系 KPI 指标在公司层面的分解，作为股权激励管理过程必然用到的工具，KPI 指标本身就是公司股权激励目标的有效呈现。个人层面的 KPI 指标通常为非财务指标，公司通常不会制定特定的 KPI 指标，而是基于对各岗位的设置要求，通过日常考核的结果确定激励对象的可行权的比例，如个人层面的考核指标可以设置为优秀（工作考评得分≥80 分）、良好（工作考评得分≥70 分）、及格（工作考评得分≥60 分）和不及格（工作考评得分＜60 分）四类，分别对应可以解锁的获授股权的比例或者可行权的期权比例为 100%、80%、70%和 0。通过相关设置将员工的行权比例和其可以行权的期权或解除锁定的限制性股权充分挂钩，具体如下：

（1）工作考评得分≥80 分，年度可解锁股权比例或可行权期权比例为 100%。

（2）工作考评得分≥70 分，年度可解锁股权比例或可行权期权比例为 80%。

（3）工作考评得分≥60 分，年度可解锁股权比例或可行权期权比例为 70%。

（4）工作考评得分＜60 分，年度可解锁股权比例或可行权期权比例为 0。

二、合规条件设定

导向问题 36

股权激励中合规条件的作用体现在哪些方面?

实务分析

股权激励方案设置时，通常会设置特定的合规门槛性指标，以应对公司和激励对象在股权激励实施过程中发生异常（特定）情况时，能够依约处理已获授但是未解除锁定的股权或者尚未行权的期权。该等常规性指标通常未包含进公司和个人层面的考核指标中，但仍需公司和激励对象重点关注，以应对公司及激励对象发生异常（特定）的情况。

导向问题 37

实务中合规条件的设定方式主要有哪些?

实务分析

实务中，股权激励的合规条件一般通过“排除法”进行设定，例如:

1. 公司层面，公司未发生如下任一情形：

（1）最近一个会计年度财务会计报告被注册会计师出具否定意见或者无法表示意见的审计报告；

（2）最近一个会计年度财务报告内部控制被注册会计师出具否定意见或者无法表示意见的审计报告；

（3）控制权发生变更、公司合并或分立；

（4）法律法规规定不得实行股权激励的情形。

2. 激励对象层面，激励对象未发生如下任一情形：

（1）具有《公司法》规定的不得担任公司董事、高级管理人员的情形；

（2）存在违法犯罪行为；

（3）严重违反公司规章制度，对公司利益造成重大损失；

（4）出现重大职务调整、非因退休或非因公司原因离职、非因执行职务丧失劳动能力而离职、非因执行职务身故；

（5）激励对象所在子公司发生控制权变更。

三、股权激励的税务筹划

当前，相关法律法规明确规定的股权激励主要模式包括限制性股票（权）、股票（权）期权、股票增值权、虚拟股权、股权奖励、员工持股计划等。无论何种模式的股权激励本质都是通过各种方式以让员工取得股权或收益等经济利益的方式实现对员工的激励。限制性股权和股权期权激励中员工以较低的价格获授了公司股权，虚拟股权和股票增值权激励中员工无偿获得了公司股东让渡的收益，核心均是让激励对象获得收益。但是，股权激励实施过程中多数企业容易忽视激励对象的税务成本、公司的扣缴义务以及不同激励模式的税务备案义务。

近年来，我国出台了多项关于股权激励的税收征管规定，实务中处于有限责任公司阶段的企业很少关注股权激励实施过程中的税务问题，仅在其有上市规划并逐步进入报告期时，方才在中介机构的提示下，逐步关注税务事项。随着税收征管政策的完善，我国对于股权激励的税收监管日益趋严。

导向问题 38

股权激励中企业的报备义务主要有哪些？

实务分析

2021 年 10 月 12 日，国家税务总局颁布《深化税务领域放管服通知》，明确提出加强股权激励个人所得税管理，要求企业严格执行个人所得税政策，实施股权（股票，下同）激励的企业应当在决定实施股权激励的次月 15 日内，向主管税务机关报送股权激励情况报告表及相关税务申报资料。股权激励计划已经实施但尚未执行完毕的，也需要在 2021 年年底之前向主管税务机关报送股权激励情况报告表和相关资料。该通知直接将股权激励过程中个人所得税的报备作为企业的义务提出。

导向问题 39

股权激励中激励对象的纳税义务主要有哪些？

实务分析

激励对象参与股权激励取得的收益应当依法缴纳个人所得税。通常而言，股权激励实施过程中激励对象可能取得的收益如下：限制性股权授予阶段或期权行权阶段，激励对象以低于公允价值的价格取得的激励股权、持有激励股权时获得的股息和红利、激励股权解锁后及服务期届满后的转让激励股权获得的增值收益等。根据收益种类的不同，激励对象缴纳个人所得税时适用不同的税率，纳税政策也有所不同。

导向问题 40

激励对象参与股权激励时有哪些不同的持股方式？不同的持股方式下，税负成本有何不同？

1. 持股方式

（1）激励对象直接持股

直接持股方式下的股权激励价值感最强，激励对象直接持有本公司股权，可以直接行使股东的各项权利，包括表决权、分红权等各项自益权和共益权。但是，激励对象直接持股会改变公司现有股权架构，并可能影响控股股东的控制权以及企业的经营，降低决策效率。若产生相关股权纠纷也将直接影响公司层面的股权架构稳定。如果员工退出，还需要频繁进行工商变更，手续比较烦琐，且影响公司将来的资本运作。所以，除非激励对象是核心管理层人员或部分创始人员等较为有限的人员群体，否则不建议采用直接持股的方式实施股权激励。

（2）持股平台间接持股

持股平台作为载体进行股权激励是当前最为流行的激励方式。在有限合伙企业作为持股平台的情况下，鉴于有限合伙企业的特点，尽管实际控制人一定程度地让渡了部分股权，其仍可以作为持股平台的普通合伙人享有对持股平台的控制权，做到让利不让权。而且在激励对象通过持股平台间接持股的情况下，激励对象的退出也不会影响公司层面的股权架构的稳定。

持股平台模式的核心点是选择持股平台的具体形式，通常考虑税负成本问题，多数公司会选择有限合伙企业的载体形式，并尽量将持股平台设置在税收洼地，以保证激励对象行权或股权转让时，可以承担更少的税负成本或者享受一定的税收返还优惠。

2. 税负成本比较

按照持股形式的不同，各类股权激励模式的税负成本比较如表 2-2 所示。

表 2-2　不同主体股权激励税负成本对比

持股形式	主要法规	被激励对象	纳税时点
自然人	《个人所得税法》、《关于个人转让上市公司限售股所得征收个人所得税有关问题的通知》、《关于我国居民企业实行股权激励计划有关企业所得税处理问题的公告》、《关于实施上市公司股息红利差别化个人所得税政策有关问题的通知》、101 号文	股份转让：限售股转让税率为 20%，如按核定征收，税率为股权转让所得的 20%×（1-15%），即 17%	在满足一定条件的情况下，授予个人的股票期权、限制性股票和股权奖励，可在股票期权行权、限制性股票解禁或取得股权奖励之日起，不超过 12 个月的期限内缴纳个人所得税
		股息红利：所得税税负为 20%。持股期限在 1 个月以上 1 年以内（含 1 年）的，上市后限售期内分红个人所得税率为 10%；持股期限在 1 年以上的，解禁后免征收个人所得税	分红派息时由上市公司履行代扣代缴义务
有限责任公司	《企业所得税法》《关于我国居民企业实行股权激励计划有关企业所得税处理问题的公告》	股份转让：转让限售股时，平台公司以 25% 的税率缴纳企业所得税；公司向自然人股东分红时，自然人股东按 20% 的税率缴纳个人所得税，可合理降低税负	递延纳税政策暂不适用

续表

持股形式	主要法规	被激励对象	纳税时点
有限责任公司		股息红利：员工持股平台公司取得分红时不需要缴纳企业所得税。上市公司分红时，员工持股平台公司向员工股东分红的所得税税负为20%。可合理降低税负	居民企业取得分红派息自行申报纳税，无须代扣代缴
合伙企业	《合伙企业法》《关于个人独资企业和合伙企业投资者征收个人所得税的规定》《个人所得税法》《关于我国居民企业实行股权激励计划有关企业所得税处理问题的公告》	股份转让：普通合伙人比照5%~35%的个体商户累进税缴纳，有限合伙人按20%的所得税缴纳（部分地区有一定的优惠政策）；有限合伙人为企业的按25%的企业所得税率缴纳	递延纳税政策暂不适用；合伙企业的股权转让所得属于合伙企业的生产经营所得，采取“先分后税”原则，即先模拟应分配所得，后计算各合伙人应纳税额，并由合伙企业代扣代缴
		股息红利：上市公司分红缴税时，所得税税负为20%	

此外，部分通过持股平台持有公司股权的激励对象，实务中通过设立一人有限责任公司方式持有合伙企业的股权，其后通过一人有限责任公司出现“亏损”或者激励对象实施“特定”业务导致一人有限责任公司“亏损”的方式来规避相关的所得税纳税义务。对此，编者不建议采用该等方式，在无正常交易实质的情形下，单纯因“避税”而设立一人有限责任公司，存在一定的风险。

导向问题 41

激励对象直接持股时，个人所得税如何缴纳？

实务分析

根据《个人所得税法》的规定，工资、薪金所得适用3%~45%超额累进税率。激励对象被授予或行权时获授的低于公允价值的价格取得的股权，在不适用递延纳税的情况下，按照股票（股权）实际购买价格与公平市场价格之间的差额，根据“工资、薪金所得”项目，适用3%~45%的7级超额累进税率征收个人所得税。

101号文等相关的税收政策出台之前，员工股权激励收入按照“工资、薪金所得”和“财产转让所得”两个环节征税；101号文税收优惠政策将前述两个环节征税合并在“财产转让所得”一个环节征税。

101号文颁布后，对于符合条件的非上市公司股票期权、股权期权、限制性股票和股权可适用递延纳税政策，经向主管税务机关备案后，可实行递延纳税政策，员工在取得股权激励时可暂不纳税，递延至转让该股权时纳税，且按照20%的税率计算缴纳个人所得税。

导向问题 42

通过持股平台间接持股时，激励对象通常还会面临哪些税务负担？

实务分析

实践中，税务机关普遍认为101号文适用的主体系直接持有公司股权的激励对象，至于持股平台并不适用递延纳税的相关规定，但是在部分地

本章小结

本章对股权激励方案设计过程中的核心要素、股权激励方案制订方式、实施流程及相关重要问题作了系统性介绍。

从股权激励的实施流程来看，股权激励方案作为最为重要的纲领性文件，呈现了各个核心要素，相关的配套文件均系围绕股权激励方案制订和实施。股权激励方案的设计、制订流程较为烦琐，并非简单地参照同行业公司或者简单地套用模板即可完成，需要结合企业自身特点、行业特点及发展阶段等进行设计。良好的股权激励方案的设计，一定以充分了解和反映企业的基本情况、发展规划为前提，在综合考虑企业融资等战略规划的基础上制订。最终形成的股权激励方案，不仅能够有效实现员工激励，也能够助力企业发展战略的最终实现。

同时，股权激励方案设计涉及企业、股东、激励对象等多方利益，典型的激励模式无不与股东切身利益密切相关。因此，股权激励方案还需依据《公司法》和公司章程，履行相关审议程序，且由激励对象签署相关配套协议后，方可形成有约束性的文件。本章第二节详细介绍了股权激励方案的制订流程，通过访谈问卷向读者呈现了股权激励方案设计过程中与公司息息相关的诸多事项。

股权激励实施过程还涉及诸多重要问题。本章第三节选择了业绩考核指标、合规条件设置以及税务筹划各方面的问题进行了详细的介绍。前述重要问题中，尤以考核指标的设置最能反映企业实施股权激励的目的和企业特点，特定股权激励模式下，虽然核心要素层面并无较大差异，但仍可通过考核指标的设计，反映不同企业的不同特点和不同需求。

实务中，多数企业实施股权激励过程中不会主动考虑税务事项，部分筹备上市的企业也仅因股权激励涉及股份支付费用处理、税务合规核查等事项，在中介机构的提示下方才关注税务问题的处置。事实上，股权激励的整个过程中，无论是授予和行权阶段、持有阶段还是转让阶段，均与税务事项息息相关。从持股平台的形式选择、递延纳税的条件适用，再到激励对象的个税返还政策，股权激励的每一步都有进行相应事项税务筹划的必要性。

本分册各章节始终贯穿着“股权激励方案”这一逻辑主线，通过详述核心要素、方案制订、方案实施及其中的重要问题，层层递进，帮助读者进一步深化对股权激励方案制订和实施的认识。需要进一步提示读者注意的是，股权激励涉及法律、财务、税务、人力资源、战略发展等多方面的知识。一叶障目，不见泰山，在股权激励方案设计和实施过程中切忌孤立地从法律层面或者其他某个层面审视股权激励的问题，而应结合各方面因素进行综合考量。

第三章

不同发展阶段公司的股权激励

股权激励本质上是对企业人力资本的重视和肯定，也是企业根据自身发展处理内部人力资源关系的一种方式。一方面，从股权激励的动机和出发点来看，处于不同发展阶段的公司愿意且能够为内部员工让渡的利益有所不同，对不同类型人才的需求程度也不同，在此基础上制订的股权激励方案及相对应的激励模式、考核指标等内容各有侧重点，充分反映着该阶段企业内部人力资源关系的协调与企业发展之间的密切关系；另一方面，从员工参与股权激励的意愿来看，由于股权价值是企业价值的表征和体现，而处于不同发展阶段的企业所对应的股权价值不同，股权激励对企业员工的吸引力也是不同的，企业需要结合员工的真实想法与意愿，制订不同的股权激励方案。

初创期的企业处于发展阶段，股权价值不高，对员工的吸引力不强，企业利润较少，资金压力较大，该阶段的企业更加关注创业团队的搭建；发展期的企业已经有了一定资本和技术积累，股权价值相应提高，员工参与股权激励的意愿增强，企业更加关注人才绑定；成熟期企业大多已经拥有了较为稳定的市场、技术和盈利能力，企业更多考虑的是持续发展和做大做强，因此筛选对企业有重要价值的员工加入股权激励计划是助力企业发展的有效途径，该阶段企业的员工一般也愿意通过参与股权激励获得身份上的认同感和归属感，将自身价值实现与企业发展相绑定。

本分册反复强调股权激励应因企制宜，不仅应兼顾企业所处行业，更应着重考虑企业所处的发展阶段，聚焦该阶段内企业的需求和个性。股权激励方案的设计应服务于不同阶段企业的不同需求，侧重于企业的发展实际，切勿好高骛远或套用同行业企业的激励方案。由此，本章拟基于不同发展阶段企业的特点，结合实务中各阶段企业实施股权激励实施模式的选择和激励方案的设计，向读者详细展示各阶段股权激励方案设计的要点及重要问题。

第一节

成长期企业股权激励方案设计

根据企业发展的基本规律，企业的生命周期通常包含初创期、发展期、成熟期、衰退期四个阶段。初创期企业和发展期企业虽在发展阶段上存在差异，但在股权激励需求层面及激励方式适用层面差异不大，在激励方案核心要素等层面存在较高的相似性，因此，本节特将两阶段企业合并为“成长期企业”，一并论述。重点介绍成长期企业在激励模式选择、激励对象确定、考核指标设定、股权来源、价格设定、退出机制等方面需要特别关注的问题。

一、成长期企业特点

导向问题 44

何为“成长期企业”？该类企业有何特点？

实务分析

成长期企业包含了初创期企业和发展期企业，两类企业分别有着各自的特点。初创期企业处于发展阶段，通常利润较少，资金需求压力较大，企业大多希望通过将创业团队和企业进行利益捆绑的方式，来实现企业的平稳发展。发展期企业通常已经有了一定的资本和技术积累，企业需要依据发展需求引入满足核心技术研发能力的团队，或者奖励现有核心管理人员、技术人员，以保证该等人员可全力投入企业发展或者协助实现企业的技术突破，以真正形成企业的核心竞争能力。

初创期企业和发展期企业虽在企业特点上存在差异，但基于类似的发展阶段，实施股权激励过程中，在模式选择和要素设计方面一般不会存在实质性差异。

导向问题 45

成长期企业一般适合采用哪些股权激励模式？不同股权激励模式对企业和激励对象有什么不同的作用和影响？

实务分析

企业股权激励模式的选择关乎股权激励最终效果的实现。成长期企业尚处于起步阶段或发展阶段，企业的核心诉求通常为形成稳定的创业团队或者引入、留住核心人员或团队。基于成长期企业的性质和自身特点，该阶段企业实施股权激励在模式选择层面的灵活性最大，《公司法》《证券法》等相关法律法规也未对股权激励模式选择设置任何限制，企业可以依据所处行业、自身特点和员工诉求等因素，灵活选择股权激励模式。

1. 限制性股权

本分册第一章第三节对限制性股权激励及其主要特点进行了介绍。限制性股权重在实施阶段的实股授予即公司层面的直接持股或是持股平台财产份额授予。限制性股权激励在实施阶段即授予激励对象一定数量的公司股权，在取得股权、解除限售等方面进行限制，激励对象只有在完成工作年限、业绩目标、个人指标等条件且不存在损害公司利益的情况下，才可出售限制性股权并从中获益。需要注意的是，限制性股权激励的股权处置权存在转让时间与转让对象的限制，且需办理股权变更登记手续，如激励对象较多，则会导致手续繁复，操作难度较大。

2. 期权

本分册第一章第三节已对期权激励及其主要特点进行了介绍。期权重在授予激励对象购买本公司股权的选择权，在未来条件成熟时按照事先约定的价格（行权价）购买公司一定数量的股权，但股权期权本身不能转让。期权激励方式下，激励对象到期可以选择行权也可以选择不行权，不行权时，企业及激励对象均没有任何额外的损失。在企业未达到相关发展预期且激励对象不选择行权时，就失去了绑定激励对象的作用。换言之，股权增值才有行权的价值，公司股价在高于行权价的条件下，激励对象行权后才能获利；如公司业务不景气，增值空间小，则激励效果不明显。

3. 虚拟股权

本分册第一章第三节已对虚拟股权及其主要特点进行了介绍。在虚拟股权中激励对象无法获得实股，仅可以享受一定数量的虚拟股权的分红权和股价升值收益，无所有权、表决权，不能转让和出售，且通常在激励对象离开企业时自动丧失该权利。

虚拟股权激励模式一般包括奖励基金、股权增值收益、虚拟股分红三种方式。

在奖励基金方式的虚拟股权中，企业针对虚拟股计提一部分利润作为奖励基金，再按照激励对象拥有的虚拟股数量向激励对象分配拟制分红权，使其获得与虚拟股权收益金额相等的激励基金，相关收益均源自股东对于收益权的部分让渡，相关收益由公司支付。当年度奖励基金的总额基于当年度净利润、虚拟股权总数和实际的股本情况最终确定并提取，具体计算方式为：当年激励基金总额=考核年度净利润×加权虚拟股权总数÷加权实际总股本。

股权增值收益通常将虚拟股的价格与企业某个财务指标关联（通常为每股净资产），员工的虚拟股权价值伴随企业成长而增值，退出时以现金方式进行结算。股权增值收益下，激励对象最终获得的增值收益的计算方式如下：增值收益=（虚拟股权回购时公司的每股净资产或每股净利润-虚拟股权授予时公司的每股净资产或每股净利润）×虚拟股权授予数量。

企业进行分红时，激励对象持有的虚拟股也参与分红，激励对象根据持有的虚拟股数量分配相应的收益。虚拟股分红方式下激励对象最终获得的收益计算方式如下：分红总额=考核年度净利润÷加权总股本×激励对象持有的虚拟股数量。

虚拟股权实施过程中，被激励对象一般无须出资，操作手续也相对简单，虚拟股权的授予，一般只需签署内部协议，无须增资或原股东进行股权转让，也不用在工商部门进行股东变更登记。因为虚拟股只有分红权，而不享有表决权等其他权利，所以不会直接改变原有的公司股权架构，一定程度上有利于维持公司股权架构稳定性。企业可根据实际情况自由组合奖励权益，例如是否同时享有分红权和股权的增值权，以及是否需要出资等，各种情况均可组合。

正因为虚拟股权激励实施过程中，激励对象不实际获得股权，激励对象获得感不强，可能导致其过于重视短期利益，而不关心公司长远发展，后续解除可能还需公司支付一定费用，如果激励数量较大，且要求每年分红，还可能导致公司在短时间内现金支出压力较大。

前述三种激励模式并不是相互排斥的，也不是择一适用的，因此成长期公司可以考虑同时采用两种甚至两种以上的激励方式，诸如选择限制性股权、期权抑或虚拟股权等，并针对不同的激励对象实施不同的激励方式。

总的来说，处于成长期企业的股权激励模式的选择关键在于企业考虑拟释放的股权数量及成本、激励对象是否愿意承担成本及承担能力、企业是否在实施激励期间有相应的上市计划等。对于仍处于发展初期的有限责任公司而言，激励方式的选择相对自由。

参考案例

以编者参与的成长期企业的股权激励为例，太阳公司系一家以自主打印机研发、生产、销售为主体的企业，多年来业务主要集中于打印机的外协装配业务。随着企业的发展，太阳公司不再满足原有的外协装配业务，准备建设自有技术中心和研发体系，开发自有的打印机主控系统和主控芯片。为满足企业以上发展战略需求，太阳公司拟引入同行业创业公司的完整技术团队，技术团队的核心诉求之一系太阳公司对技术团队进行股权激励。在太阳公司找到编者团队时，其并不了解应当选择何种股权激励方式，对于限制性股权、期权、虚拟股权、股权收益权的优劣也无客观准确的认识与判断。那么，太阳公司应如何选择适合的股权激励方式？

首先，编者团队了解了太阳公司实施本次股权激励的原因系拟引入的技术团队要求获得实股激励，因此，股权激励模式的选择需同时满足太阳公司和技术团队的共同诉求。

其次，编者团队尽调阶段充分了解了太阳公司的发展阶段、财务情况、业务结构、发展状况及发展规划，明确了技术团队对于激励方式、激励股权数量、激励股权成本承担等方面的诉求，确定了虚拟股权、期权和限制性股权激励三种方式。结合技术团队人员不愿意付出任何前期成本、匹配同行业公司激励模式以及最终需要取得公司的实股等要求，兼顾太阳公司引入技术团队的科研目的，编者团队协助客户选择了期权激励模式。

在前述案例关于股权激励模式选择过程中，编者通过调研同行业企业，为太阳公司梳理了近10家同行业公司股权激励情况，最终协助太阳公司确定了期权激励方式，考虑到太阳公司的后续发展，在股权激励方案制订过程中还增加了提前解除和提前行权的相关条款，为后续股权激励方案的调整提前做好准备。

二、激励方案设计要点

导向问题 46

成长期企业在进行股权激励时如何合理确定激励对象范围？

实务分析

成长期企业股权激励目的性较强且较为统一，主要是根据企业发展需求引入拥有核心技术的团队，或者奖励核心管理人员、核心技术人员，以保证该类人员可全力投入企业发展或者协助企业实现技术突破。因此，成长期企业股权激励对象范围不宜过大，应当针对核心团队人员（如公司核心董事和高级管理人员、核心技术人员和业务人员等）。当然，实务中，公司会依据实际情况选择对部分外聘顾问人员、外籍员工等进行激励，但切忌激励对象范围过大。

参考案例

以编者参与的一则成长期企业股权激励案件为例，月亮公司系一家主要从事体育用品生产的企业，实际控制人每年多数时间旅居美国，并实际掌握公司的海外销售渠道，国内作为其生产基地，主要由特定的管理人员协助其全权负责管理。经过几年的发展，月亮公司逐步进入稳定的增长期，为更好地稳定国内的管理层人员及核心员工，实际控制人准备对境内人员实施股权激励。月亮公司实际控制人对于该公司实施的首次股权激励应以哪些岗位人员作为激励对象存在较大困惑。那么月亮公司应如何确定适合自身的股权激励对象范围呢？

在与实际控制人的初步沟通中，我们发现月亮公司偏向于劳动密集型，不同于生物医药和半导体行业，其整个企业并无特别的核心技术和研发需求，该公司的核心竞争力实际为实际控制人控制的海外销售渠道。该公司实施本次股权激励的核心目的仅是表彰该公司的核心管理人员，希望通过股权激励进一步提高核心销售人员的积极性，打开国内市场。通过前期尽职调查和沟通，编者团队详细了解了月亮公司的业务特点和业务模式，我们协助实际控制人将股权激励对象范围确定为分管生产、销售的副总经理、财务总监以及主要生产和销售部门的部长等不超过10名核心人员。

导向问题47

成长期企业在进行股权激励时如何设定考核指标？

实务分析

《股权管理办法》第11条[1]及《股权激励和员工持股计划的监管要

---

〔1〕《股权管理办法》第11条第1款、第2款、第3款：绩效考核指标应当包括公司业绩指标和激励对象个人绩效指标。相关指标应当客观公开、清晰透明，符合公司的实际情况，有利于促进公司竞争力的提升。上市公司可以公司历史业绩或同行业可比公司相关指标作为公司业绩指标对照依据，公司选取的业绩指标可以包括净资产收益率、每股收益、每股分红等能够反映股东回报和公司价值创造的综合性指标，以及净利润增长率、主营业务收入增长率等能够反映公司盈利能力和市场价值的成长性指标。以同行业可比公司相关指标作为对照依据的，选取的对照公司不少于3家。激励对象个人绩效指标由上市公司自行确定。

求》[1]在规则层面就上市公司及非上市公众公司实施股权激励考核指标的设定进行了原则性规定，推荐了可以选取的财务性指标，并规定考核指标原则上应为反映股东回报和市场价值的综合性指标，符合公司的实际情况。

因非上市公司公开披露信息较少，且法律并未明确规定，仅以编者参与的非上市公司股权激励而言，企业通常会根据企业自身情况选定相关的考核指标，很少有企业单纯将财务数据作为考核指标。

考核指标的设定通常和激励对象的选择息息相关，实施规模和激励对象范围较大的股权激励，考核指标的设定通常具有普适性，如参照上市公司设定一定的企业净利润和营收指标并辅以个人岗位的考核指标。

成长期企业考核指标的选定，通常会考虑股东收益率、营业收入、净利润等能够反映股东回报和公司价值创造的综合性指标或能够反映公司盈利能力和市场价值的成长性指标。也有少数企业采用项目进展、研发进展、特定板块业务收入、与研发相关的财务指标等特殊指标。通常特定范围人员的股权激励更容易设定特殊性考核指标，如激励对象主要为技术团队，则可以将考核指标设定为某项技术的开发成功、特定产品的销售增长率、新药物的临床试验批件等指标。

参考案例

以编者参与的一则成长期企业的股权激励案件为例，南极公司是一家主营业务为生物新药产业化、专注于研发细胞免疫治疗创新药物的公司，该公司实施股权激励前正在进行一系列细胞免疫药物的研发和生产。

---

〔1〕《股权激励和员工持股计划的监管要求》第1条第6项：挂牌公司应当合理设立激励对象获授权益、行使权益的条件，并就每次激励对象行使权益分别设立条件。激励对象为董事、高级管理人员的，挂牌公司应当设立绩效考核指标作为激励对象行使权益的条件。绩效考核指标应当包括公司业绩指标和激励对象个人绩效指标。相关指标应当客观公开、清晰透明，符合公司的实际情况，有利于促进公司竞争力的提升。

因南极公司并未盈利，为提振该公司核心人员的信心，确保药物尽快研发成功并获得上市许可，该公司拟对核心人员实施股权激励。但对于该类企业的考核指标如何设定并无考虑，仅提出因该公司尚未盈利，一般性的业绩考核指标无法适用，希望编者团队协助其有针对性地选择适合其发展阶段的考核指标。那么南极公司的业绩考核指标应当如何设定？

我们在与实际控制人的初步沟通中了解到，南极公司设立至今一直处于药品研发及攻坚阶段，因尚未进行市场销售，因此，该公司至今未实现盈利。但基于其行业特点，一旦新药品研发成功，通过临床试验并获批上市，其业绩可能将会获得爆发式增长。

考虑其业务特点，我们选择了近10家同行业上市公司作为参照，研究其相关指标的选择，以协助设计南极公司的业绩考核指标。对同行业上市公司的研究表明，该类企业因发展阶段的不同，考核指标的差异性也会很大。如某上市公司选择了“新增与主营业务相关的专利授权量、某种新药业务收入增长率、研发费用增长率作为公司层面业绩考核指标”；还有上市公司选择“两个研发项目取得临床试验批件、两个研发项目进入或完成以适应证为上市目的的后期临床试验”为考核指标；甚至发展较为成熟的公司直接以一般性财务指标作为考核指标。

最终，我们通过大量案例研究并结合其业务特点、发展阶段，为南极公司设定了4年考核期内的不同考核指标，即2021年度完成特定研发项目Ⅱa期临床试验入组；2022年度完成特定研发项目启动Ⅱb期临床试验；2023年度完成特定研发项目Ⅲ期临床试验并获得上市批准；2024年度生物工程新药产业化生产车间获得药品生产许可证。

导向问题48

成长期企业股权激励考核指标的设计应遵循哪些原则和要求？

实务分析

（1）考虑企业发展阶段。初创期企业，尤其是以创业伙伴作为激励对象时，建议直接授予实股且不设置相关指标；对于那些已经形成特定市场的初创期企业，则可考虑特定项目进展、研发进展等指标；如企业进入高速成长期，则可以考虑以特定业务收入、特定产品市场占有率等作为考核指标，但必须满足指标的可考核性及客观性要求。

（2）考虑激励对象范围。如激励对象系管理层人员，则可以选择较为普通的财务指标或者业绩的增长率等可以综合反映企业情况的指标；如激励对象系核心技术人员和研发人员，则可考虑某项产品或技术的攻关；如激励对象系核心市场人员，则可考虑某类产品的市场占有率、销售数量或销售增长率等。

（3）考虑企业的业务特点。通常不同企业自身业务特点不同，可以选择的个性指标的内容也差异较大。如制造业企业可以选择净资产收益率、净利润增长率、新增与主营业务相关的专利授权量、特定业务收入增长率等指标；半导体企业可以选择研发费用增长率、特定业务增长率等；生物制药企业可以选择新型药品的研发阶段等。

实务中考核指标的设定还可基于公司历史业绩、行业发展状况、市场竞争情况以及公司未来的发展规划等相关因素制定。设定的考核指标应具有一定的挑战性，有助于提升公司竞争能力，调动员工的积极性，确保公司未来发展战略和经营目标的实现，为股东带来更高效、更持久的回报。

导向问题 49

成长期企业实施股权激励的股权来源通常包括哪些途径？

实务分析

成长期企业实施股权激励的股权来源通常包括创始人股东预留股权、原股东出让股权、增资扩股等途径，详情如图 3-1 所示：

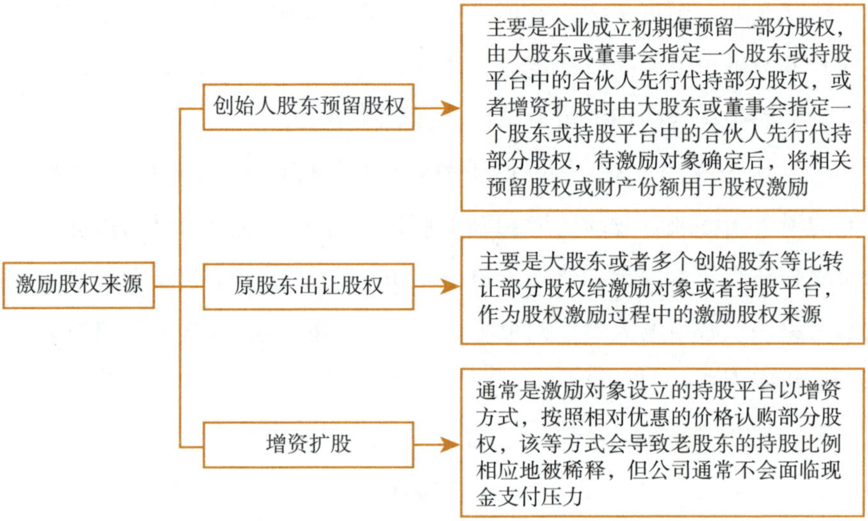

图 3-1　成长期企业实施股权激励之激励股权来源示意

如采用虚拟股权或者股票增值权，则无须考虑激励股权来源问题。虚拟股权激励主要包含奖励基金、股权增值收益、虚拟股分红等具体方式，均不涉及实股的授予。

参考案例

以编者参与的一则成长期企业进行股权激励案件为例，北极公司是一家以商用 POS 机及商用操作系统为主营业务的企业。该公司逐步进入高速成长期，为激励核心人员，该公司拟实施限制性股权激励。激励过程中，北极公司实际控制人就激励股权来源的确定进行咨询。北极公司系 5 名创始股东共同控制的公司，第一大股东的持股比例仅为25%，其余4名股东的持股比例均为15%左右，激励对象倾向于无偿获授实股。那么北极公司应当如何确定激励股权来源？

我们在与北极公司交流过程中发现，北极公司并未预留特定股权用于后期股权激励且该公司核心员工出资意愿不强。得益于该公司的高速发展，北极公司现已开始筹备上市工作，老股东也倾向于给予员工实股，以确保后续年度的业绩增长，协助北极公司实现上市计划。综合考虑以上企业情况、创始股东和员工诉求，最终我们协助确定激励股权来源于5名创始股东，避免激励股权来源于某一股东从而导致其持股比例过分降低，打破原有股权架构的平衡。另外，该公司确定最近3年不会作为上市的报告期，因此，即使零对价授予形成股份支付费用，也不会实际影响该公司的上市规划。

导向问题50

成长期企业实施股权激励时，激励股权价格设定应考虑哪些因素？

实务分析

现行《公司法》、《证券法》及其他相关规定均未对企业实施股权激励授予价格如何确定作出明确规定。实践中，成长期企业股权激励价格的确定方式主要有估值价格、净资产、外部投资者入股价格、注册资本、无偿等多种方式。非上市公司或新三板挂牌公司，通常对股权激励的授予价格规则没有过多限制，可以根据公司账面净资产价值，员工的历史贡献情况，授予股权的数量等多重因素综合确定。

授予价格的最终确定取决于实际控制人的意见。如激励股权来源为创始股东时，为保证激励效果的实现，通常实际控制人愿意无偿或以1元/注册资本的价格授予股权；如公司发展较好，公司发展现金流充沛、每年度分红也较多，则实际控制人可能会考虑提高授予价格；部分临近上市的公司，考虑股份支付费用和后续审核问询，甚至会考虑按照略低于净资产或者外部投资者进入价格授予股权。

参考案例

同样以北极公司为例，北极公司在实施股权激励过程中，因刚步入高速发展期，最近3年不作为报告期，员工对于其持续经营能力仍存在疑问，支付出资款购买激励股权的意愿不强。北极公司应当如何确定授予价格？

在同公司实际控制人的沟通中我们了解到，该公司的实际控制人更倾向于以授予实股的方式进行股权激励，让员工切实获得相关的激励股权。考虑其员工的学历水平和接受程度，排除了虚拟股权和期权等激励方式，最终实际控制人通过设立持股平台，将北极公司股权间接以0元价格转让给了激励对象，5年后北极公司顺利提交了创业板首次公开发行股票申请文件。

导向问题 51

股权激励实施过程中为何必须重视退出机制的预设？

实务分析

以更小的风险获取更高的收益是激励对象追求的主要目标，考虑到部分激励对象的资金实力和身份属性，单纯抛开流通性风险，即使激励对象不离职，也仍然可能存在其他的退出需求。因此，激励对象退出方式、退出条件的设定，显得更有必要。

激励对象的退出方式和条件的设定还涉及退出价格的设定，需要在股权激励方案制订过程中进行通盘考虑。

一般而言，激励对象退出股权激励的原因主要分为两种：一是激励对象原因或者过错导致退出；二是非激励对象原因或过错导致退出。设计激励对象的具体退出机制时，应充分考虑具体的退出情形，并进行详细约定。除此之外，在不同方式退出情形中还需进一步考虑激励对象所持激励股权的时间或退出的时点，企业可以根据自身的情况，有选择地约定激励对象的退出情形和退出价格。

参考案例

以一起期权激励为例。恒星公司是一家以打印机装配制造为主营业务的制造业企业。其拟对引进的技术人员实施期权激励，技术团队人员共计8名且均已落户上海市。恒星公司研发地点目前位于山东省，准备在研发团队搭建成熟后再设立上海研发中心。恒星公司管理层较为担心技术人员的稳定性以及技术人员退出时股权处理事宜。恒星公司应当如何设计技术人员的退出机制？在项目实施过程中，我们充分了解到技术团队的基本情况，与技术团队的负责人员进行了充分的沟通，最终就行权之前、行权之后及特殊情况下的激励对象退出情形设计了退出机制，就不同的退出情形还设定了不同的退出价格，涵盖了期权激励过程各种可能的退出情形，详情如表 3-1 所示：

表 3-1 恒星公司期权激励退出机制一览

类别	退出性质	退出情形	退出价格
行权之前的退出	行权之前的退出即激励对象尚未满足行权要求，即离开公司	(1) 激励对象死亡、被人民法院宣告死亡或者宣告失踪的； (2) 激励对象患病或者负伤丧失劳动能力，公司终止与其的劳动关系或聘用关系的；	0 元

续表

类别	退出性质	退出情形	退出价格
行权之前的退出		(3) 激励对象因退休而离职的； (4) 激励对象因公司根据《劳动合同法》第41条的规定进行经济性裁员而被裁员的； (5) 激励对象按照相关规定提出辞职申请并获得公司同意，与公司协商一致解除劳动合同的； (6) 公司与激励对象签订的劳动合同期限届满且公司决定不再续签劳动合同的； (7) 激励对象因违反国家有关法律、行政法规或公司章程的规定，给公司造成重大经济损失的； (8) 激励对象因犯罪行为被依法追究刑事责任的； (9) 激励对象因涉嫌犯罪被司法机关立案侦查或者涉嫌违法违规被政府部门立案调查的； (10) 激励对象因严重失职、渎职、营私舞弊，给公司造成重大损害的； (11) 公司有充分证据证明该激励对象在任职期间，由于受贿、索贿、侵占、盗窃、泄露商业秘密，以及违反公司有关竞业限制的规定，给公司造成损害或影响公司声誉的； (12) 激励对象被证券交易所认定为不适当人选或被采取市场禁入措施的； (13) 激励对象单方面解除劳动合同的；	

续表

类别	退出性质	退出情形	退出价格
行权之前的退出		(14) 公司与激励对象签订的劳动合同期限届满且公司拟和激励对象续签劳动合同但激励对象不同意续签的； (15) 激励对象违反竞业限制义务，与其他单位建立劳动关系或在其他单位兼职的； (16) 激励对象不能胜任工作，经过培训或者调整岗位，仍不能胜任工作而被公司辞退的	
行权之后的退出	主动退伙	(1) 合伙协议约定的退伙事由出现； (2) 经执行事务合伙人同意； (3) 其他合伙人严重违反合伙协议约定的义务	(1) 完成上市前。转让价款或回购价款=按照激励对象所持全部出资份额对应合伙企业最近一年度净资产的公允价值扣除所需的税费（如有）和手续费后的余额； (2) 上市后，锁定期届满前原则上不得转让； (3) 上市期间后，锁定期满。转让价格或回购价格为转让事项发生之日前 20 个交易日的公司股票均价所对应出资份额之公允价值扣除所需的税费（如有）和手续费后的余额
	正面退伙	(1) 激励对象患病或因职务行为负伤丧失劳动能力，公司与其终止劳动关系或聘用关系的； (2) 激励对象因公司根据《劳动合同法》第 41 条的规定进行经济性裁员而被裁员的； (3) 激励对象因退休而离职的； (4) 激励对象按照相关规定提出辞职申请并获得公司同意，与公司协商一致解除劳动合同的； (5) 经公司或执行事务合伙人认定的其他正面退伙的情形	

续表

类别	退出性质	退出情形	退出价格
行权之后的退出	中性退伙	(1) 激励对象死亡、被人民法院宣告死亡或者宣告失踪的; (2) 因法院判决或激励对象同其配偶协议离异时进行财产分割导致配偶一方获得激励对象的全部合伙份额的; (3) 激励对象在合伙企业中的全部合伙份额被人民法院强制执行的; (4) 经公司或执行事务合伙人认定的其他未对公司造成负面影响的情形	(1) 完成上市前及上市锁定期届满前 经执行事务合伙人同意继承人可以行使继承权，无执行事务合伙人不同意，则转让价款或回购价款=该激励对象受让合伙份额时的实际出资额×（1+5%×N）-已收到合伙企业的分红总额，其中N=（自激励对象受让合伙份额之日起至退伙事宜发生之日止的天数）÷360; (2)锁定期届满后 转让价格或回购价格为转让事项发生之日前20个交易日的公司股票均价所对应出资份额之公允价值扣除所需的税费（如有）和手续费后的余额
	负面退伙	(1) 激励对象单方解除劳动合同的; (2) 激励对象不能胜任公司工作，经过培训或者岗位调整，仍不能胜任工作而被公司辞退，且未经公司或执行事务合伙人同意保留合伙份额的; (3) 经公司或执行事务合伙人认定的其他对公司造成负面影响的情形	(1) 上市前 转让价款或回购价款=该激励对象受让合伙份额时的实际出资额×（1+5%×N）-已收到合伙企业的分红总额，其中N=（自激励对象受让合伙份额之日起至退伙事宜发生之日止的天数）÷360;

续表

类别	退出性质	退出情形	退出价格
行权之后的退出	除名退伙	(1) 激励对象未履行出资义务的； (2) 激励对象违反国家有关法律、行政法规或公司章程的规定，给公司造成重大经济损失的； (3) 激励对象严重失职、渎职、营私舞弊，给公司造成重大损害的； (4) 激励对象因犯罪行为被依法追究刑事责任的； (5) 激励对象因涉嫌犯罪被司法机关立案侦查或者涉嫌违法违规被政府部门立案调查的； (6) 公司有充分证据证明该激励对象在公司任职期间，由于受贿、索贿、侵占、盗窃、泄露商业秘密或技术秘密，给公司造成损害或影响公司声誉的； (7) 激励对象被证券交易所认定为不适当人选或被采取市场禁入措施的； (8) 激励对象违反竞业限制义务，与其他单位建立劳动关系或在其他单位兼职的； (9) 发生合伙协议约定的其他事由或合伙企业认定存在对公司造成负面影响情形的	(2) 上市后，锁定期届满前 转让价款或回购价款=该激励对象受让合伙份额时的实际出资额×（1+5%×N）-已收到合伙企业的分红总额，其中N=（自激励对象受让合伙份额之日起至退伙事宜发生之日止的天数）÷360。转让价款或回购价款应在扣除该激励对象给公司造成的损失后由受让方或合伙企业支付给该激励对象； (3) 锁定期届满后 按照转让事项发生之日前20个交易日的公司股票均价所对应出资份额之公允价值扣除所需的税费（如有）和手续费后的余额的价格收回该激励对象所持剩余部分的合伙份额，转让价款或回购价款应在扣除该激励对象给公司造成的损失后由受让方或合伙企业支付给该激励对象

导向问题 52

如何为股权激励提前进行股权预留？

实务分析

股权预留，是指在公司成立之初，为方便后续股权激励而预留部分股权的情况。该部分预留股权一般由大股东代持或者由持股平台合伙人持有或者是由多名股东代为持有，通常比例不会太大，基本维持在5%～15%。如果预留股权的目的不单纯出于股权激励，还包括后续的股权架构动态调整等时，则预留股权的相关比例可能会更多。

股权激励中的预留股权并非单纯地预留一部分股权，需要充分考虑预留股权设置时的架构设计问题，在股权激励中设置预留股权时，企业应当综合考虑预留股权代持主体、所有权归属、具体用途、对应注册资本的出资来源以及表决权设定等问题，最好以书面协议方式进行约定。

对于国有企业而言，政策层面允许进行一定比例的股权预留，但未明确具体的预留比例。编者建议国有企业股权预留比例不宜过大，相关预留股权选择特定的自然人、机构或者外部投资人进行代持，但原则上不应导致国有资本的流失问题。通常情况下，不建议采用认缴股权的方式进行股权预留，原因如下：

（1）随着企业发展，认缴期间企业估值通常会发生较大变化，如果注册资本长期无法实缴到位，可能面临相应的减资问题。

（2）预留股权涉及国有股东权益问题，且相关评估报告有相应有效期的规定，认缴处理涉及复杂的审核审批以及评估问题。

此外，需要特别注意的是，新《公司法》对认缴制的收紧将会对股权预留产生较大影响。鉴于实践中公司一般通过“认缴+代持”模式预留激励股权，该部分股权对应的出资一般要待股权激励正式实施后方得以实缴到位，在原《公司法》实行全面认缴制的背景下，该操作模式虽面临不确定性风险，但总体符合法律的规定。但是，新《公司法》第47条规定有限责任公司股东认缴的出资额需要在5年之内缴足，第98条则取消了股份有限公司认缴制，改为一律实缴出资。因此，新《公司法》生效后，对于股份有限公司而言，通过认缴方式预留股权因与新《公司法》的规定冲突而完全丧失了可操作性；对于有限责任公司而言，若预留的股权未能在5年内予以释放并由激励对象缴足，那么代持该部分预留股权的股东可能会承担相应责任。对此，在新《公司法》的框架下有两种处理方式：一是由该代持股东完成实缴，但前提是该股东具有实缴的资产能力及实缴意愿，后期若实施股权激励时，可考虑由该股东释放该部分股权，由激励对象直接购买；二是对该部分预留股权作定向减资处理，从而使该部分预留股权归于消灭。

第二节

拟上市公司股权激励方案设计

拟上市公司实施股权激励过程中，除按照交易所要求选择期权激励和限制性股权激励等特定模式外，因其上市财务审核要求和合规要求，还需关注授予价格、授予数量等要素对股份支付费用的影响，授予条件设定是否构成“隐含服务期”，股东穿透核查以及税务的合规等问题。

一、激励模式选择

导向问题 53

拟上市公司在股权激励模式的选择上有什么特殊性？应重点关注哪些问题？

实务分析

《首次公开发行股票注册管理办法》要求发行人应当股权清晰，控股股东和受控股股东、实际控制人支配的股东所持发行人的股份不存在重大权属纠纷。

基于上述规定，监管机关会关注拟上市公司的股权是否清晰稳定。因此，拟上市公司对股权激励方式的选择需要有利于股权清晰，避免对公司上市计划造成影响。

以虚拟股权激励为例，虽然《公司法》《证券法》等相关法律法规均未限制虚拟股权的激励方式，但实践中上市前实施虚拟股权激励的公司，无一例外都在上市前终止了虚拟股权激励方案或者直接转换为实际持股。例如，在华勤技术（2022 年 4 月 29 日终止审核）案例中，华勤技术于 2017 年 6 月与 2020 年 8 月开始规范虚拟股权激励，并以员工持股计划的方式取代虚拟股权激励。激励对象通过认购持股平台的财产份额的方式成为持股平台的合伙人，再以持股平台向华勤技术进行增资的方式，通过持股平台间接持有华勤技术的股份，同时原激励对象持有的虚拟股权均做注销处理。

即使对于允许实施的期权激励和限制性股权激励模式，监管机构依然会关注多方面内容。

企业首次申请公开发行股票过程中，监管机构就拟上市公司实施期权激励通常会关注如下问题：（1）期权激励计划的基本内容、制订计划履行的决策程序、目前的执行情况；（2）期权行权价格的确定原则，以及和最近一年经审计的净资产或评估值的差异和原因；（3）期权激励计划对公司经营状况、财务状况、控制权变化等方面的影响；（4）涉及股份支付费用的会计处理等。

截至目前，监管层面仍只接受拟上市公司在上市之前选择限制性股权激励和期权激励两种激励方式。为保证股权的清晰稳定，监管层面仅认可公司在首发申报前制订的期权激励计划，且该等期权激励计划需要在上市后实施，同时还需满足如下原则性要求：

原则 1：（1）激励对象应当符合上市规则相关规定。（2）激励计划的必备内容与基本要求，激励工具的定义与权利限制，行权安排，回购或终止行权，实施程序等内容，应参考《股权管理办法》的相关规定予以执行。(3) 期权的行权价格由股东自行商定确定，但原则上不应低于最近一年经审计的净资产或评估值。

原则2：(1) 公司全部在有效期内的期权激励计划所对应股票数量与上市前总股本的比例原则上不得超过15%，且不得设置预留权益。(2) 在审期间，发行人不应新增期权激励计划，相关激励对象不得行权；最近一期末资产负债表日后行权的，申报前须增加一期审计。(3) 在制订期权激励计划时应充分考虑实际控制人稳定，避免上市后期权行权导致实际控制人发生变化。

原则3：激励对象在发行人上市后行权认购的股票，应承诺自行权日起3年内不减持，同时承诺上述期限届满后比照董事、监事及高级管理人员的相关减持规定执行。

随着全面注册制改革的推进，监管机构可能会不断放开原有的规则限定，不断接受具有创新性的设计方案，以更好地帮助企业留住核心人才、增强公司的凝聚力、确保公司的长期稳定发展。

二、激励方案设计要点

导向问题54

拟上市公司股权激励的目的是什么？

实务分析

随着资本市场注册制改革的全面展开，监管机构对于拟上市公司实施股权激励也不断提出新的要求。拟上市公司股权激励方式的选择、股权穿透核查、股权激励的会计处理、隐含服务期问题以及上市后行权等问题也逐步引起市场的关注和探讨，股权激励方案的制订过程不可避免地应围绕前述问题展开。

以限制性股权激励为例，拟上市公司股权激励方案的制订通常需要关注如下方面：

拟上市公司股权激励的主要目的是稳定核心团队，旨在增强员工凝聚力，保证公司管理人员及核心员工能够分享企业成长带来的利益，实现股东、公司、员工的利益共享，以更好地捆绑核心成员。上市审核过程中，尤其是拟申报科创板、创业板的拟上市公司，因监管层面对企业的科创属性或者“三创四新”业务定位有明确要求，而公司拥有核心技术的重要体现之一即为拥有稳定的核心技术人员。因此，监管部门通常会关注公司就保证核心人员稳定采取的措施，股权激励恰恰是最为行之有效的方式之一。在长华化学、佛朗斯等申报创业板的审核过程中，深圳证券交易所均关注了公司避免核心技术人员流失采取的相关措施，审核意见回复中，前述公司均提及了员工股权激励，核心人员均参与了公司股权激励方案。

导向问题 55

拟上市公司在制订股权激励计划时应遵循哪些原则？

实务分析

拟上市公司实施股权激励通常要遵循依法合规、自愿参与、风险自担等原则，具体方案设计过程中也需要依据企业实施股权激励的目的，结合上述原则进行具体设计。

1. 依法合规原则

拟上市公司实施股权激励需遵守证监会、证券交易所的特定要求。实务中，拟上市公司通常参照《股权管理办法》等规定，结合监管指引、证券交易所审核动态及窗口指导意见的要求，在模式选择、权益授予、授予程序及会计处理等方面均严格遵守审核要求。因此，拟上市公司不可突破依法合规原则，否则股权激励方案在整个首次公开发行股票审核过程中，可能无法通过审核。另外，对于国有控股的拟上市公司，除需要遵守前述一般性要求外，还需要遵守4号文、133号文等的规定。

除此之外，拟上市公司实施股权激励还应遵守国家就股权激励在财税方面的规定。自2016年开始我国就完善股权激励和技术入股制定了一系列的税收征管文件，随着《深化税务领域放管服通知》的施行，主动进行股权激励税务备案已成为企业法定义务。税务监管日趋严格，值得公司关注。

2. 自愿参与原则

股权激励在稳定核心团队，增强员工凝聚力方面有着较好的作用，拟上市公司一定要让员工看到企业的发展潜力和发展前景，自愿参与到股权激励当中。拟上市公司在制订股权激励方案时应当全面考虑激励方案对员工的吸引力以及员工是否会因资金问题不愿参与股权激励的情况。

企业可以通过访谈或调查问卷等方式，初步确定激励对象资金实力和认购意向，避免员工的资金压力。就拟上市公司而言，因上市规划已较清晰，如果上市预期较为明朗，很少存在激励对象不愿认购的情形。

3. 风险自担原则

股权激励一定程度是将员工利益同公司利益进行绑定，使激励对象与公司共同进退。如发生公司发展未达预期、特定期间内无法上市、公司经营发生重大变化等情形，导致激励对象获授股权价值减损时，激励对象需承担相应的风险。对拟上市公司而言，上市过程不仅涉及控股股东、实际控制人利益，还会涉及投资方的引进，因此事先设计好不同情况下激励对象的退出机制十分必要。

4. 激励与约束结合原则

企业在制订股权激励方案时，通常会配套制订公司业绩和个人绩效的考核机制及勤勉尽责要求，约定正面事项、中性事项、负面事项等各类退出情况下的价格及处理原则，最大限度明确激励对象的义务和责任，避免激励对象从事损害或者变相损害公司利益的行为。同时，股权激励方案应明确在激励对象无法完成考核指标或者损害公司利益的情形下，其所获的授予股权可能会被剥夺，甚至被要求赔偿公司经济损失等。

导向问题 56

拟上市公司中股权激励方案的通过须经哪些审批流程?

实务分析

拟上市公司实施股权激励时的公司性质可能是有限责任公司也可能为股份有限公司，但就审批而言并无太大差异，均需董事会和股东会审议。以股份有限公司为例，实施股权激励通常应履行如下审批程序：

（1）股权激励计划的内容、实施、变更、终止，需经董事会、股东会表决通过，形成决议；涉及国有资产处置的，需先行报国有资产管理部门审查和批准。

（2）董事会通常负责拟定、修订激励计划，股东会最终审批同意激励计划，并授权董事会在授权范围内实施本次激励计划相关事项。

（3）监事会负责核实、审查激励对象名单，并对本次激励计划实施是否符合相关法律、行政法规、部门规章及规范性文件进行监督。

需要特别注意的是，对于已改制为股份有限公司的拟上市公司，还需考虑是否设立了薪酬与考核委员会，薪酬与考核委员会通常须先行对股权激励方案进行审议，然后才可提请董事会审议。

导向问题 57

拟上市公司如何选择激励对象?

实务分析

参与拟上市公司股权激励的人员范围通常包含核心技术人员、核心业务人员、核心销售人员、管理层人员等各岗位人员，人员范围和数量参照公司需求确定，但原则上应全部为公司在职人员，公司外部人员一般不能作为股权激励的激励对象。

公司通常会结合员工职级、工作岗位及内容、服务年限、业绩贡献等各项因素确定激励对象范围，并结合符合激励条件对象的认购意愿，确定最终的激励对象，比例通常不会太大，一般遵循“二八原则”即可，即最终确定的激励对象约占公司员工数量的 20%，对于知识密集型、技术密集型企业，股权激励参与人员的比例可相对提高。

部分拟上市公司因各种原因，激励对象中可能存在少量外部人员，监管层面通常会关注非员工持股的原因，是否存在股份代持，是否存在股权纠纷或潜在纠纷，是否与拟上市公司及其董事、监事、高级管理人员、发行人主要客户、供应商存在关联关系或资金业务往来等一系列问题。

参考案例

以编者参与的一则拟上市企业股权激励案件为例。火星公司系一家以肥料生产为主营业务的拟上市公司，该公司拟于上市前实施限制性股权激励，因该公司之前未曾实施过股权激励，该公司实际控制人就上市前股权激励的激励对象范围选定向编者团队提出能否有外部人员参与等问题。那么火星公司上市前的股权激励应当如何确定激励对象范围?

外部人员涵盖了拟上市公司离职员工、外部顾问、员工亲属、外部投资者、实际控制人的朋友、客户和供应商的关联人员、实际控制人控制的其他企业的员工。审核过程中，监管层面允许存在少量的外部人员，但需要遵循“少量”“披露充分”“讲得清”等原则，离职员工、员工配偶或去世员工的继承人等人员持股有一定的合理性，而不具有特殊身份的实际控制人的朋友、外部投资人等，需要根据入股价格、是否涉及股份支付、是否存在利益输送等因素综合判断。

同时，尽量避免客户和供应商的关联人员以及实际控制人控制的其他企业的员工作为激励对象。结合当前审核实践动态，拟上市公司股权激励应尽量避免外部人员进入，如确实需要激励外部人员，也应单独设立持股平台企业，同时控制激励股权的授予价格。

导向问题 58

拟上市公司激励股权的来源包括哪些?

实务分析

拟上市公司股权激励依据激励方式的选择来源多样。以限制性股权激励为例，其激励股权主要来源为老股东（实践中主要是实际控制人和控股股东）的转让、增资扩股、持股平台的预留份额或预留股权等，与成长期企业不存在实质性差异。

需要注意的是，原《公司法》第 141 条中规定“发起人持有的本公司股份，自公司成立之日起一年内不得转让”，鉴于拟上市公司一般会通过股改完成从有限责任公司向股份有限公司的形式转变，根据证监会发布的

《首次公开发行股票并上市管理办法》股改通常采用发起设立的方式，因此对于很多拟上市公司而言，一旦进行股改，则老股东持有的公司股权即面临一年的强制锁定期，因而无法通过老股东转让股权的方式释放股权激励所需的股权，故许多有股权激励计划的拟上市公司往往选择在股改之前完成股权激励，或者先行搭建一个持股平台，将老股东拟释放的股权转至持股平台上，后期通过对持股平台的股权实施股权激励，使激励对象通过持股平台间接持股拟上市公司。

而新《公司法》则直接删除了股份有限公司自成立之日起 1 年内不得转让股权的规定，该变化可能也意味着直接持股拟上市公司的激励模式有了更大的操作空间，即不必再通过搭建持股平台的方式代持激励股权，即使股改完成后，拟上市公司老股东也可以不受 1 年强制锁定期的限制而将股权转让给激励对象。

导向问题 59

拟上市公司中激励对象的持股方式包括哪些?

实务分析

拟上市公司股权激励过程中多数会通过设立持股平台方式使激励对象间接持股，避免因激励对象直接持有拟上市公司股权而可能导致频繁的股权变更或者产生纠纷直接影响到拟上市公司等情形。此外，通常申报基准日后拟上市公司直接层面的股权架构不得再进行变化，为方便激励对象可能的退出以及拟上市公司的审核事宜，亦通常不宜采用使激励对象直接持股的方式。

实践中，如激励对象是特定的创始高级管理人员，离职可能性很小，则可选择使其直接持股的方式。激励对象通过持股平台方式持股，不仅可以实现激励，在后续退出、转让层面也有较大灵活性。

参考案例

以编者参与的一则拟上市企业股权激励案件为例，水星公司是一家传统的化工类企业，拟在上市前实施股权激励。考虑到激励对象中存在一名从水星公司创立至今一直在公司工作的核心人员，目前担任副总经理，水星公司就是否可以通过股权激励方案的设计，给予该名核心人员更好的激励咨询编者团队。那么如何实现分层次的股权激励?

水星公司设立之初，该名核心人员作为实际控制人曾对其控制权的维系发挥了很大的积极作用，并多次牺牲自身利益保护水星公司实际控制人利益。实际控制人希望其可以按照股权激励价格直接持有水星公司股份，参与到股权激励中。因此，我们协助设计了该名核心人员直接持股，其他激励对象通过持股平台持股的方案，同时水星公司进行了股权激励递延纳税备案，减轻了该名核心人员的税务负担。

导向问题 60

拟上市公司如何合理确定激励股权的价格?

实务分析

1. 公允价值确定

激励股权的授予价格通常与公允价值密不可分，而公允价值的判断方式则较为复杂。

股权激励权益工具公允价值的确定方式通常有如下几种：(1) 以相近时间的外部投资者的入股价格作为公允价值。引入外部投资者与实施股权激励期间间隔小于6个月的，外部投资者入股价格对股权激励权益工具公允价值具有较大的参考价值。税务机关在计算税款缴纳事宜时，亦会关注股权激励或股权转让前后是否存在引入外部投资者的情形，如存在，通常亦会以此作为公允价值的衡量依据。（2）以激励股权对应的净资产价值作为公允价值。实施股权激励时，企业通常会聘请评估机构对公司的净资产进行评估，以经评估的每股净资产值作为公允价值或者直接以经审计的激励股权对应的净资产值作为公允价值。

随着监管政策趋严，单纯按照净资产账面值、成本法评估值来确认股权激励权益工具的公允价值可能会受到监管部门的质疑。因此实践中需要选择尽可能接近股权激励实施时间的净资产评估值，参考最近6个月股东增资或者转让股份的价格，同行业企业同类交易定价等来确定权益工具的公允价值，以避免产生其他不合规风险。

2. 授予价格设定

股权授予价格是指激励对象为了获得激励股权而需要支付的对价。不同拟上市公司股权授予价格的确定通常存在较大差异，需要因企制宜。

授予价格通常以不低于1元/注册资本为准则，相较于公允价格不宜过低。已经进入报告期的拟上市公司，如实施股权激励的价格较低，股权激励授予价格与公允价格之间的差额需要做股份支付费用处理，实施股权激励的规模越大对净利润的影响越大，可能一定程度上影响上市审核中对于拟上市公司财务指标的要求。

导向问题61

拟上市公司激励对象在获取资金时通常需要注意哪些事项？

实务分析

在股权激励实施过程中，应充分考虑员工实际购买力，否则容易让股权激励达不到应有的效果。激励总量的设置既要考虑单独主体的获授数量，又要匹配其出资能力。实务中认购资金需由激励对象自筹，因监管规定要求，其资金不得来自发行人及其控制的其他企业，且该等主体也不得为激励对象的资金筹集提供担保。尤其对于国有拟上市公司而言，更加不允许企业为员工出资进行垫资或提供资金担保。

参考案例

以编者参与的宁波一家国有企业实施的上市前员工持股计划为例。该企业为解决员工参与持股计划的资金压力，同银行沟通了如下融资方案：

（1）以员工持股平台为融资主体，银行可以向持股平台提供上限可达员工持股计划增资总额60%的借款，融资期限为5+2年，允许员工持股平台提前还款，结息方式为按半年付息，还款方式为借款期间象征性还本，如每年偿还借款总额的10%（可商谈），剩余借款到期后一次性还款。

（2）如借款期间完成上市，员工持股平台取得分红款与减持款，需要提前偿还贷款。

（3）增信方式为员工持股平台将持有的拟上市公司的股权质押以及激励对象个人提供连带责任保证。

导向问题 62

拟上市公司激励股权授予的数量和激励对象的认购数量有何特殊要求？

实务分析

就拟上市公司而言，虽无规定限制授予的股权数量，但基于对上市需求和原股东股权稀释的考虑，授予的激励股权数量不宜过多。通常需要考虑行业竞争性、人力资本依附程度和企业所处的发展阶段等因素。行业竞争性强和人力资本依附性强的企业，股权激励的股权数量可以适当多一些，但最好参照《股权管理办法》确定的上市公司全部在有效期内的股权激励计划所涉及的标的股票总数累计不得超过公司股本总额的 10% 的标准，通常，成熟度越高的企业股权价值越高，授予的激励股权的数量越少。

非上市公司股权激励总额度的设定不受法律强制性规定的限制，在公司确定股权激励总额度时需要对激励对象的范围和人数、企业的整体薪酬规划、企业控制权及资本引进、企业的资产规模等因素进行考量。

一般而言，各激励对象可受让的激励股权的数量或价值由公司董事会根据激励对象的认购意愿、职级、对公司贡献程度等因素综合确定，最终激励股权数量在董事会确定的认购数量或价值的基础上根据激励对象本人有效认购的结果而最终确定。

导向问题 63

拟上市公司股权激励中如何合理设定考核指标？

实务分析

拟上市公司实施股权激励设定的指标基于科学性和合理性通常分为两个层次，一是公司层面的业绩考核指标；二是个人层面的绩效考核指标。

依据企业所处行业的不同，公司通常选择不同的业绩考核指标，如净利润增长率、净资产收益率和研发费用占营业收入的比例等公司比较核心的财务指标。这些指标充分反映了公司的盈利能力、企业成长性及研发创新能力。

部分公司还会结合行业特点和激励的具体目的，选择符合行业特点的特定领域的业务收入、营业收入增长率或者某类单品的销售数量、某类产品的研发成果等指标。个人考核指标通常较为简单，主要是激励对象所在部门或者公司对该等激励对象日常表现的评价考核，以确保激励对象认真履行了岗位职责和公司的日常管理。

此外，拟上市公司通常也会给激励对象设定一定的服务期，在服务期内，激励对象要认真履行工作职责，完成所在岗位的工作职责，遵守公司规章制度、积极维护公司利益，保证不存在违法行为或因故意或过失严重违反公司规章制度的情形。

导向问题 64

拟上市公司激励对象的退出机制如何设计？主要包含哪些内容？

实务分析

激励对象在公司上市后减持激励股权的，需要依据其直接或间接持股方式进行区分。退出原因不同，对应的退出价格也存在差异。拟上市公司实施股权激励通常不会直接授予激励对象公司股权，即使少量实施直接持股的激励，上市基准日后该等股权亦不得发生变动。

（1）退出情形设计。对于激励对象通过员工持股平台间接持有激励股权的情形，实践中通常会设定激励对象退出和转让的相关限制，且会区分退出的具体时点。如上市前的退出，通常还要区分退出的原因，包括但不限于主动退伙[1]、正面退伙[2]、中性退伙[3]、负面退伙[4]、除名退伙[5]等。每一类情形均可以再依据公司的情况进行细化设定或变化设定。

（2）退出价格设计。对于退出价格，以正面退伙和主动退伙为例，上市前的主动退伙或者正面退伙，持股平台可以按照激励股权届时的公允价值回购；如果激励对象在公司上市之后、锁定期届满之前主动退伙或正面退伙，亦可以按照激励股权届时的公允价值回购；激励对象在锁定期届满后主动退伙或正面退伙的，则除该激励对象已转让的合伙份额所获收益之外，持股平台可以直接变现激励股权对应的公司股份后交与激励对象。其他情形下的退伙，公司则可以考虑按照授予价格或授予价格附带一定的利息进行回购。

导向问题 65

如何在股权激励方案中对激励对象设置相应的义务条款？义务条款通常包括哪些类型？

---

〔1〕 例如，合伙协议中约定的退伙事由出现；执行事务合伙人同意的退伙等。

〔2〕 例如，激励对象因职务行为负伤丧失劳动能力，公司与其终止劳动关系或聘用关系；激励对象根据《劳动合同法》第 41 条的规定进行经济性裁员而被裁员；激励对象因退休而离职；激励对象按照相关规定提出辞职申请并获得公司同意等。

〔3〕 例如，激励对象死亡、被人民法院宣告死亡或者宣告失踪；因法院判决或激励对象同其配偶协议离异时进行财产分割导致配偶一方获得激励对象的全部合伙份额；激励对象在合伙企业中的全部合伙份额被人民法院强制执行等。

〔4〕 例如，激励对象单方解除劳动合同；激励对象不能胜任公司工作，经过培训或者岗位调整，仍不能胜任工作而被公司辞退；对公司造成负面影响等。

〔5〕 激励对象未履行出资义务；激励对象违反国家有关法律、行政法规或公司章程的规定，给公司造成重大经济损失；激励对象严重失职、渎职、营私舞弊，给公司造成重大损害；激励对象因犯罪行为被依法追究刑事责任；激励对象因涉嫌犯罪被司法机关立案侦查或者涉嫌违法违规被政府部门立案调查；公司有充分证据证明该激励对象在公司任职期间，由于受贿、索贿、侵占、盗窃、泄露商业秘密或技术秘密，给公司造成损害或影响公司声誉；激励对象违反竞业限制义务，与其他单位建立劳动关系或在其他单位兼职等。

实务分析

义务条款需约定于书面合同中，不能简单以公布股权激励方案、与激励对象口头约定、劳动合同等替代。如制订股权激励方案或股权激励管理办法，通常股权激励的主要条款（含义务条款）在以书面合同方式约定的同时，还会将股权激励方案等文件作为合同附件，以确保主要条款的法律效力。义务条款通常分为如下几大类：

1. 竞业禁止义务

实践过程中，员工可能存在利用职务之便谋取私利或者从事与公司相竞争的业务的情况，包括但不限于以下情形：（1）以投资、参股、合作、承包、租赁、委托经营或其他任何方式参与有关业务；（2）直接或间接受聘于其他公司或组织参与有关业务；（3）直接或间接地从同公司有竞争关系的企业获取经济利益；（4）自营或者为他人经营与公司同类的产品；（5）自办或协助他人开办与公司有竞争关系的企业或单位，包括但不限于以隐名股东或投资人的身份进入竞争单位或协助亲友开展竞争性业务等情形。在上述利益冲突中，如果激励对象利用所拥有的信息和控制优势，则公司通常会处于受损害的不利地位。

对于激励对象中的董事及高级管理人员等主体，《公司法》作出了相关规定；对于一般员工，应通过协议方式对竞业限制事宜进行约束，激励对象在享受激励的同时应履行竞业禁止义务。竞业禁止不仅限于劳动关系存续期间，还包括离职后的特定期间。因掌握公司商业秘密（如核心技术、客户资源、市场策略等）的特定岗位的人员，在离职后可能继续占有与原雇主不公平竞争的信息优势，所以许多公司都与股东、董事、高级管理人员或特定雇员签订在任职期间和离职后的竞业限制协议。

2. 勤勉义务

“勤勉”是指认真、谨慎、称职、尽职尽责地履行义务。虽然《公司法》仅对董事和高级管理人员的勤勉义务进行了规定，但实务中激励对象通常会按照公司岗位的要求，履行勤勉尽责、恪守职业道德的要求，通常情况下会以协议方式进行约定，确保激励对象勤勉尽责地为公司的长期发展服务。

编者建议，可以在协议或股权激励方案中约定激励对象如下勤勉义务：(1) 任职期内，遵守公司制定的各项规章制度，不得为损害公司利益、形象和商业信誉的行为；(2) 未经公司批准或授权，不得擅自以公司或所在部门名义对外实施代理行为；(3) 重要研发参与人员不得存在侵犯其他单位专利权、技术秘密或存在导致公司侵权或涉诉的其他事项；(4) 不得擅自处分、侵占公司财产；(5) 未经公司批准或同意，不得从事与公司相竞争的业务；(6) 严格保守公司的商业秘密、财务信息和技术机密信息。

3. 保守公司商业秘密的义务

《反不正当竞争法》第 9 条将“商业秘密”表述为“不为公众所知悉、具有商业价值并经权利人采取相应保密措施的技术信息、经营信息等商业信息”。根据《商业秘密规定》第 1 条可知，上述技术信息包括“与技术有关的结构、原料、组分、配方、材料、样品、样式、植物新品种繁殖材料、工艺、方法或其步骤、算法、数据、计算机程序及其有关文档等信息”，上述经营信息包括“与经营活动有关的创意、管理、销售、财务、计划、样本、招投标材料、客户信息、数据等信息”。

关于在技术信息和经营信息之外的“商业信息”的范围，结合《中华人民共和国政府和美利坚合众国政府经济贸易协议》关于“双方同意，确保对商业秘密和保密商务信息的有效保护”的约定及对“保密商务信息”

的界定可知，除《商业秘密规定》所列举的技术信息和经营信息之外，商业流程、作品风格、物流信息、商业交易活动、利润、损失或费用的金额或来源以及其他具备商业价值的信息均属于商业秘密的信息范围。在满足商业秘密之秘密性要件和保密性要件的前提下，前述信息即可作为商业秘密而成为法律保护对象。

通常股权激励方案和激励计划仅会对激励对象的保密义务进行原则性规定，如约定激励对象任职期间不得泄露公司的商业秘密或技术秘密，部分激励计划和方案中会进一步将保密义务细化为技术秘密、客户信息和供应商信息。具体包含如下方面：(1) 公司的技术机密包括但不限于：公司技术标准、技术类程序文件、检验规范、公司产品的设计开发方案、图纸、样品、实验检测报告；(2) 禁止以任何形式向外界提供公司的技术机密，包括但不限于纸质文件、电子文档、网上传播、口头传播；(3) 禁止私自拷贝公司的技术机密于个人电脑、U 盘等私人存储设备中；(4) 公司客户信息包括但不限于客户名称、地址、联系人等基本信息资料、客户订单、单价、客户图纸、检验规范、技术标准、图纸、样品、往来邮件等；(5) 严禁将客户信息直接或间接提供、泄露给任何第三方，严禁将客户信息用于个人用途；(6) 公司供应商信息包括但不限于供应商名称、地址、联系人等基本信息资料、检验规范、技术标准、图纸、样品、往来邮件等；(7) 严禁将供应商信息直接或间接提供、泄露给任何第三方，严禁将供应商信息用于个人用途等。

4. 保证财产份额无权利限制和瑕疵

激励计划或者激励方案中通常会要求激励对象不得对其持有的激励股权设置任何权利负担、进行收益权转让、实施份额代持等限制，亦不得使用激励股权去偿还个人债务，进而导致持股主体的变更。如激励对象因任何诉讼、仲裁等而使其持有的股权受到查封、冻结、拍卖、变卖等司法限制，则公司或者执行事务合伙人可行使优先受让的权利。

导向问题 66

拟上市公司如何适时对激励计划进行调整？

实务分析

在股权激励方案实施完毕之前公司有资本公积金转增股份、派送股份红利、派息、股份拆细或缩股等事项，激励对象获授的激励股权数量需要进行相应调整。

此外，考虑拟上市公司的特殊性，还需在激励方案中明确约定若在激励计划有效期内公司因首次公开发行股票计划或被并购计划要求，董事会、股东会有权根据实际情况提前调整、终止激励方案规定的包括但不限于服务期等约定。

三、拟上市公司股权激励重点实操问题分析

拟上市公司实施股权激励，最重要的便是考虑后续监管审核要求及合规要求，激励方案应当与上市计划相衔接，避免与企业上市规划相冲突，影响股权激励方案的设计初衷。就激励方案与上市计划的衔接而言，应对如下实操问题给予重点关注。

导向问题 67

拟上市公司如何选择恰当合理的激励模式？

实务分析

对于拟上市公司，监管层面仅认可其选择限制性股权激励、期权激励以及员工持股计划等方式。对于其他激励方式，由于各种原因尚未在审核层面获得监管认可。

拟上市公司的股权激励，除建立合理的内部流转、退出机制及股权管理机制外，还应当满足审核过程的披露要求。如激励对象的构成、人员离职后的股权处理、股权的锁定等。中介机构亦需要核查股权激励对象的构成、价格公允性、员工减持、税务缴纳等情况，并就股权激励实施是否合法合规、是否存在损害公司利益的情形发表明确意见。

对于期权激励模式，若激励计划为上市前制订，上市后实施，应当充分关注行权与审核进程的匹配度，后续可能面临延迟行权要求，激励方案的制订也应参照《股权管理办法》，在审期间不新增期权激励计划，相关激励对象不得行权。

导向问题 68

拟上市公司激励对象人数如何确定？

实务分析

拟上市公司激励方案的设计通常需要遵循“虽将相关利益分配出去，但控制权需要保留于创始人”的原则，通常会通过搭建持股平台的方式，让实际控制人作为持股平台的执行事务合伙人。部分国有企业为规避执行事务合伙人无限责任的风险，通过管理层设立有限责任公司方式，使其作为持股平台的执行事务合伙人，以实现风险隔离和集体决策。

以合伙形式的持股平台为例，合伙企业的合伙人通常不得超过 50 人，非上市股份公司的股东人数不得超过 200 人，拟上市公司上市过程的股东人数需要穿透计算，即需要对员工持股平台进行穿透计算股东人数，而非按一名股东计算。随着注册制的全面实施，各板块相继放宽了股东人数计算要求，在持股平台满足闭环原则的前提下，可不再穿透计算股东人数，但仍要求持股平台内不存在客户、供应商、员工亲属等公司外部人员，否则该等人员仍需要穿透计算。

导向问题 69

激励方案和上市计划衔接不当时可能引发哪些问题?

实务分析

1. 影响上市申报

以持股平台的人数为例，如持股平台的搭建无法满足闭环原则的规定，则可能无法保证将持股平台作为一名股东计算，进而可能影响上市申报，届时再去拆分则会比较困难。另外，如出现授予价格过低，导致股份支付费用过大，影响企业净利润的情况，可能导致企业的财务数据无法满足审核要求或者影响监管层面对公司的判断。

2. 激励目的无法达到

以期权为例，目前监管层面允许的期权激励系首发申报前制订、上市后实施的期权激励计划，如期权激励方案上市前已经开始行权且尚未实施完毕，则可能被要求提前终止。激励计划的终止必然涉及股东权益的处置，如处置不好，不仅无法达到激励目的，还会导致核心员工的离职。

第三节

上市公司股权激励的方案设计

通过层层筛选脱颖而出的上市公司几乎汇集了中国各行业具有投资价值的企业。多数上市公司都拥有着稳定的市场和技术积累、稳定的客户资源和业务模式，进而拥有着相对稳定的盈利能力和持续经营能力，并更加成熟地运用薪酬证券化的手段让核心人员分享企业发展红利，以保证企业的持续发展和做大做强。

自 2006 年以来，上市公司退出股权激励计划的数量逐年增加，尤其是自 2020 年以来企业生态环境的变化，更多的上市公司开始通过中长期的股权激励平衡自身的薪酬压力，提升企业的薪酬竞争力。

一、激励模式选择

导向问题 70

上市公司股权激励模式如何选择？

实务分析

根据《股权管理办法》《关于上市公司实施员工持股计划试点的指导

意见》的规定，上市公司股权激励方式通常有三种形式，限制性股票、股票期权、员工持股计划。其他如虚拟股票、股票增值权以及业绩股票等在内的激励方式也有部分公司选择，但相对前三种方式实施的上市公司相对较少，市场热度不高。

上市公司实施股权激励时，可选择单独采用限制性股票、股票期权、股票增值权等其中一种方案，亦可针对不同需求，在一次股权激励方案中同时采取几种方式的组合激励方案，如限制性股票和股票期权、限制性股票和股票增值权、股票期权和股票增值权等组合。部分国有企业为简化审批流程，有时会报审国资监管机构审议一次长期股权激励方案，其后经内部机构审批或国有股东审批制订更加具体的分期方案。

二、股权激励实施流程

导向问题 71

上市公司股权激励流程有何特殊性？具体包含哪些流程？

实务分析

相较于成长期企业和拟上市公司审议流程的固定性，上市公司实施股权激励的流程较为复杂，涉及复杂的公告程序和配套文件制订，甚至可能因考核指标设置的合理性问题而收到交易所的问询函。上市公司股权激励的审议流程通常以《股权管理办法》规定为基础，配合公司章程中关于股权激励的约定履行审议程序。虽然审议程序和公告文件复杂，但基本已形成了固定的标准化流程，以限制性股份激励为例大致如表 3-2 所示。

表 3-2 上市公司限制性股票激励法律规定汇总

阶段	主要文件	注意事项
薪酬与考核委员会审议阶段	（1）薪酬与考核委员会通知； （2）股权激励计划草案	—
董事会审议	（1）董事会、监事会通知； （2）董事会、监事会以及独立董事分别审议股权激励计划草案并发表意见； （3）公司披露董事会和监事会决议、股权激励计划草案、独立董事和监事会意见； （4）律师对股权激励计划出具法律意见书； （5）公司披露律师事务所就股权激励计划出具的法律意见书；召开股东会审议股权激励计划的通知；独立董事关于股权激励公开征集委托投票权之报告书	（1）拟作为激励对象的董事或与其存在关联关系的董事应当回避表决； （2）独立董事公开征集委托投票权
内部公示阶段	（1）股权激励计划人员名单； （2）监事会对股权激励对象名单的核查意见； （3）独立董事征集投票权	（1）公示期不少于 10 天； （2）在股权会审议股权激励计划前 5 日披露
股东会审议阶段	（1）公司召开股东会审议股权激励计划； （2）公司披露股东会决议公告、股权激励计划以及内幕信息知情人买卖本公司股票情况的自查报告； （3）董事会、监事会通知	（1）经出席会议的股东所持表决权的 2/3 以上通过。除上市公司董事、监事、高级管理人员、单独或合计持有上市公司 5%以上股份的股东以外，其他股东的投票情况应当单独统计并予以披露。 （2）拟为激励对象的股东或者与激励对象存在关联关系的股东，应当回避表决

续表

阶段	主要文件	注意事项
授权	(1) 董事会就股权激励计划设定的获授条件是否成就进行审议； (2) 独立董事及监事会就激励对象名单发表明确意见； (3) 律师出具法律意见书	上市公司向激励对象授出权益与股权激励计划的安排存在差异时，独立董事、监事会、律师事务所应当同时发表意见
行权	(1) 律师事务所就激励对象行使权益条件是否成就出具法律意见； (2) 公司披露董事会和监事会决议文件及独立董事及监事会的意见； (3) 公司披露权益授予公告及授予日的股权激励对象名单	—
解除限售或回购注销	(1) 律师出具解除限售的法律意见书； (2) 律师出具回购注销的法律意见书； (3) 公司发出回购注销公告	—

另外，股东会审议通过之前变更股权激励方案、终止股权激励方案或者股东会审议通过之后变更股权激励方案、终止股权激励方案、因标的股份除权、除息或者其他原因需要调整权益价格或数量的，也需要履行相关董事会、股东会的审议、律师事务所出具法律意见书等程序。

上市公司股东会或董事会审议通过终止实施股权激励计划决议，或者股东会审议未通过股权激励计划的，自决议公告之日起 3 个月内，上市公司不得再次审议股权激励计划。

三、激励方案设计要点

资本市场及上市公司对于股权激励并不陌生，从证监会颁布《股权管理办法（试行）》至今已历经两次修订，证监会对于上市公司股权激励的规范和监管也已走过近 16 个年头。我国对于上市公司股权激励的股票来源、实施条件、对象范围、定价机制、预留权益、解除限售、回购安排等方面的规定逐渐细化、放宽，股票期权、限制性股票、股票增值权等股权激励实操案例也已不胜枚举，各核心要素内容在规则层面设计中也已逐渐成熟。

尽管如此，上市公司股权激励计划设计过程中仍存在值得关注、思考和把握的特殊之处。下面，编者从激励股权的来源、价格设定、激励对象的选择、限售期设置等四个方面分别予以论述。

导向问题 72

上市公司激励股权的来源主要包含哪些途径？

实务分析

上市公司实施股权激励，激励股权的来源途径主要有两种：公司定向发行股票和上市公司回购股票，其中，当前市场更多上市公司选择回购股票用于股权激励。2018 年 10 月，《公司法》迎来重大修订，将上市公司维护公司价值及股东权益所必需等事项纳入上市公司股票回购事项范围内，库存股的上限及持有时间也出现了大幅调整，极大地提升了上市公司股份回购的热情。根据市场主流观点和上市公司公告，将回购股份用于员工持股计划和股权激励是上市公司股份回购最为常见的用途。单纯从两种激励股权来源角度讲，两种方式的优劣对比如表 3-3 所示。

表 3-3　上市公司股权激励股份来源优劣对比

定向增发	优点	（1）对上市公司现金流有正面影响，员工出资一定程度可补充上市公司现金流； （2）增加股本和资本公积，股权权益增加，负债率降低； （3）对股价有一定程度正面影响，能够反映公司及员工对公司发展的信心
	缺点	一定程度增加了公司净资产收益率的业绩压力
回购	优点	（1）增加了每股收益，对公司股价有一定正面影响； （2）纠正了公司估值水平，有利于提升市场预期
	缺点	（1）对现金流有负面影响，公司需要出资从二级市场回购公司股票； （2）如后期股价上升，可能影响激励效果，增加股份支付费用，进而增加公司管理费用； （3）操作程序复杂，需要履行相关的公告程序； （4）一定程度提高了公司负债率

导向问题 73

上市公司激励股权价格如何设定？应注意哪些事项？

实务分析

不同于非上市公司股权激励，上市公司激励股票授予价格的确定存在特定的要求，《股权管理办法》第 23 条和第 29 条已就限制性股票和股票期权授予价格确定方式作出了明确规定，有激励计划草案公布前 1 个交易日、20 个交易日、60 个交易日、120 个交易日的公司股票交易均价可供选择，存在较大的不确定性。因此，上市公司股权激励授予价格的确定核心在于激励时点的确定，也即股权激励的“择时”问题。

实务中，许多上市公司推出了折扣力度非常大的股权激励方案。但也不乏上市公司实施股权激励时，公司股价正处于高位，二级市场的股价波动以及行业周期会直接影响激励对象的盈利空间，降低激励对象对股权激励的期望值，进而无法达到股权激励的效果。因此，上市公司实施股权激励应尽量选择公司股价相对低迷期。如此不仅可以提升激励对象的盈利空间，还可进一步降低上市公司股份支付费用的摊销成本，减小股权激励对业绩的冲击以及提高激励对象的收益预期。另外，股票低迷期发行股权激励一定程度上也会被看作公司向二级市场释放的积极信号，一定程度有助于公司股票尽早走出低迷期。

价格过高的股权激励，不仅不具有吸引力，相应的激励性也会不足。对于A股上市公司而言，授予价格与所使用的激励工具密切相关，股票期权的授予（行权）价格通常与市价接近，而限制性股票的授予价格则可以近期市价为基础给予相应折扣比例。随着全面注册制的实施，各个板块对第二类限制性股票的授予价格有了更高的折扣力度。

上市公司中，员工持股计划或股权激励计划尚未实施就终止的案例屡见不鲜，原因各不相同，涉及企业业绩下滑导致公司层面业绩指标无法完成、员工因企业股价低迷放弃行权等，仅2023年就有超过10家上市公司公告终止实施尚未实施完毕的股权激励计划，究其原因还是因为员工收益无法保障。

导向问题74

上市公司如何选择激励对象？

实务分析

不同于非上市公司股权激励，上市公司激励股票激励对象的范围存在特定要求。《股权管理办法》第8条已就上市公司股权激励对象范围作出了明确规定，上市公司股权激励对象选择的特殊性在于外籍员工的选择，外籍员工又包含了“在境内工作的外籍员工”和“外籍工作员工”。

2018年9月15日实施的《股权管理办法》将可以成为境内上市公司外籍员工的范围，从“在境内工作的外籍员工”扩大到“全部外籍员工”。至此，在境外工作的境内上市公司外籍员工也可以成为A股上市公司股权激励的激励对象。同时，相配套出台的《关于符合条件的外籍人员开立A股证券账户有关事项的通知》取消了境外工作的外籍员工开户限制。实务中在境外工作的外籍员工参加股权激励，并不单是监管政策允许问题，还会涉及资金的流入和流出监管、未来解除限售或行权时纳税等问题。

为了解决外籍员工参与A股上市公司股权激励的外汇、股票登记手续问题，部分上市公司曾采用实施股票增值权的方式来实施激励，以上市公司股票为虚拟标的股票，在满足行权条件的前提下，由上市公司以现金方式支付行权价格与兑付价格之间的差额。随着制度的不断完善，更多的外籍员工也主动选择通过限制性股票和股票期权参与股权激励。

导向问题75

上市公司股权激励为何要设置限售期？

实务分析

《股权管理办法》明确规定了限制性股票和期权的解除限售期限制及行权期限制，每期时限均不得少于12个月。股权激励实施过程中，因激励对象贡献、岗位、重要性等层面的差异，部分上市公司更有针对性地依据激励对象的岗位职责、任职期限、激励需求差异，在考虑激励连续性和有效性的前提下，对不同激励对象设定了不同的解锁期，以更好地提高激励计划的针对性和精准度。A股市场中诸如迪哲医药（688192）、新雷能

（300593）、固德威（688390）等上市公司股权激励计划草案中就不同激励对象规定了不同的解锁期或行权期。

部分上市公司还会针对激励对象设置更有针对性的锁定期限制。如在股票激励计划中以股权激励方案发布日为基准，在公司任职满两年的员工为第一类激励对象，在公司任职未满两年的员工为第二类激励对象，对任期更短的员工获授的股份设定了更长的锁定期。

四、上市公司股权激励重点实操问题分析

导向问题 76

上市公司实施股权激励过程中，已获授但未解除限售股票的股利应如何处理?

实务分析

上市公司实施的限制性股票激励通常在满足授予条件时进行一次性授予，但会设定不同的限售期，激励对象通常在解除限售后才可进行股票的交易。激励计划设置过程中，部分上市公司可能会忽视已获授股份的股息是先由公司留存解除限售后发放还是直接按照激励对象获授股份情况发放问题。结合实务经验来看，部分上市公司及中介机构认为，对于已获授尚未解除限售的激励股份，激励对象获得分红更有利于提高激励对象参与股权激励的热情。

编者认为，股权激励实施过程中，不可避免会存在部分激励对象获授股份最终无法解锁需要公司回购注销的情形。如激励计划中约定激励对象对已获授尚未解除限售的股票享有分红权，则股息发放时上市公司需要扣除相应的所得税。如激励对象后续无法解除限售，上市公司回购该部分激

励股份时，在计算回购价格时需要扣除已向激励对象支付的股息，扣除金额为上市公司实际派送的股息。因此，会导致无法解除限售的激励对象，最终不仅无法享有相关股息还要损失部分所得税，甚至由此产生了激励对象和上市公司之间的纠纷。

导向问题 77

上市公司股权激励过程中股份支付费用对上市公司业绩会产生哪些影响？

实务分析

股权激励费用通常需要计入管理费用，因此，不可避免会对上市公司业绩形成一定的影响，尤其在加速行权时影响更大。所以上市公司在选择股权激励方式时，需要重点关注股权激励费用未来摊销时对上市公司业绩的影响，尽量避免因股权激励费用摊销而导致上市公司业绩下滑的情形发生。

另外，上市公司业绩考核指标的设置不宜过高。考核指标应当参照往期业绩进行设定，同时应注意业绩指标设定的合理性和可行性，即业绩目标在通常情况下应是确保可以实现的，不宜采用过高的业绩指标来影响员工参与股权激励的热情。

导向问题 78

上市公司股权激励实施的“窗口期”是什么？“窗口期”有哪些特别注意事项？

实务分析

为避免董事、监事和高级管理人员利用内幕信息买卖上市公司股份，监管层对董事、监事和高级管理人员买卖上市公司股份的时间进行了较多的限制，比如上市公司定期报告公告前30日内，上市公司董事、监事和高级管理人员不得买卖上市公司股票。

现行有效的《股权管理办法》第17条已经允许“上市公司启动及实施增发新股、并购重组、资产注入、发行可转债、发行公司债券等重大事项期间，可以实行股权激励计划”。但是，如果激励对象中存在董事、监事和高级管理人员时，还是需要关注不允许增持的“窗口期”事宜，上市公司不要贪图在重大事项之前股价相对较低的便宜，避免引发被监管机构质疑“存在内幕交易行为”。

导向问题79

上市公司实施股权激励过程中激励对象开设的存放股票激励计划限售股票的证券账户，是否可以后续在二级市场继续买卖该上市公司及其他上市公司股票？

实务分析

股权激励过程的限售股已经在中国证券登记结算有限责任公司登记，如不解除限售无法在二级市场买卖。但是单独为存放激励计划限售股票开设的证券账户通常不影响买卖上市公司股票及其他二级市场股票。

导向问题 80

激励对象证券账户中存有未解除限售的股权激励的股票，是否可以利用账户中股票的市值“打新股”？

实务分析

根据《中国证监会关于进一步推进新股发行体制改革的意见》（证监会公告〔2013〕42 号）第四部分第 5 条“改进网上配售方式”的规定，持有一定数量非限售股份的投资者才能参与网上申购。网上配售应综合考虑投资者持有非限售股份的市值及申购资金量，进行配号、抽签。如证券账户存在股票激励计划未解除限售的股票，不可以作为申购资金量的判断，须以投资者持有的非限售股份的市值及申购资金量作为“打新”的判断。

导向问题 81

股权激励方案中关于个人权利和义务中，因股票激励计划获得的收益，如何进行个人所得税缴纳？

实务分析

上市公司进行现金分红时，激励对象就其获授的限制性股票应取得的现金分红在代扣代缴个人所得税后由激励对象享有，原则上由公司代为收取，待该部分限制性股票解除限售时返还激励对象；若该部分限制性股票未能解除限售，对应的现金由分红公司收回，并进行相应会计处理。

导向问题 82

是否可以采用除权除息方式变相突破授予价格的下限?

实务分析

编者参与上市公司股权激励过程中，某公司曾提出如下变相降低股权激励价格的方式：该公司选择以股权激励计划草案公布前 1 个交易日的公司股票交易均价 20 元为授予价格。在此之前，该公司先实施了每股派发 1.5 元的现金分红，其股价除息后为 18.5 元，随后推出的股权激励计划的授予价格为 18.5 元的 50%即 9.25 元。该公司提出，如先推出股权激励计划，授予价格按照 20 元的 50%确定为 10 元，在激励股权授予前进行利润分配，授予价格被调整为 8.5 元，通过以上操作对比可以明显降低激励股权的授予价格。尽管以上操作并不存在明显违规之处，但是仍应审慎考虑，切忌变相突破价格下限，否则将引发交易所的关注和问询。

导向问题 83

关于限制性股票股权激励，公司业绩未达标，审议回购注销事宜是否存在“窗口期”限制?

实务分析

上市公司激励股票的回购注销通常可在年报公告后，董事会召开会议审议。对于之前授予的限制性股票，只是不能解锁，未达到业绩考核指标的，直接回购注销即可。上市公司限制性股票第一期解除限售条件已经成就，可召开董事会审议解除限售事项，但如临时有激励对象提出离职，那么限制性股票解除限售和限制性股票回购注销的事项需要根据股权激励计划草案约定，通常可以同时审议。

导向问题 84

限制性股票、期权授予的登记与期权行权上市时间可否在“窗口期”内？

实务分析

对于期权而言，期权可以在窗口期登记及上市，因为行权的时点才是真正买入股票的时点，登记及上市只是预告未来可以行使买入股票的权利。对于限制性股票而言，授予限制性股票视同买入股票行为，因授予价格早已预先确定，即使在“窗口期”也无影响，不存在套利行为。

如果激励对象有董事、高级管理人员、证券事务代表，在“窗口期”授予限制性股票因视同买入股票，属于敏感期交易，虽然授予价格早已预先确定，并不存在利用内幕信息优势买卖股票。但是，实践中即使没有董事和高级管理人员参与，监管机构通常不允许在“窗口期”进行登记及上市。

本章小结

如果将企业发展过程视为纵向的坐标轴，那么不同发展阶段对应的是这一坐标轴的不同区间。在不同区间内，影响股权激励的内外部因素存在差异，从而使得最终出台、落地的股权激励方案各有不同。这也印证了股权激励的工具性价值，即是否实施股权激励、如何实施股权激励都要以企业自身发展的需要为出发点，股权激励作为协调企业与内部员工关系的纽带，不存在实施或不实施的绝对性，亦没有固定的模板。

企业不同的发展阶段是影响股权激励的关键性因素，也是一条梳理股权激励方案设计和模式选择的天然时间线。本章内容即在遵循这一时间线的基础上展开论述，系统地介绍了成长期公司（含初创企业和发展期企业）、拟上市公司、上市公司的股权激励方案设计中的关注要点，结合公司的发展特点和实务中同阶段公司的情况，全面地向读者呈现了不同阶段公司在股权激励方案设计过程中的不同点。通过对不同阶段企业特定问题的呈现，协助读者总结出股权激励方案设计的一般规则，在此基础上，将相关知识点连点成线、连线成面，以达到融会贯通、举一反三的效果。

但是，实际股权激励方案的实施效果并非仅取决于“特立独行”的方案设计，实务中，过于“高级”的激励方案可能因为不够“接地气”而难以贯彻执行，从而无法起到良好的预期效果。总的来说，激励方案的设计应以简单、有效、便于执行为前提，在此前提之下再去聚焦企业需求，避免激励对象无法理解过于复杂的激励方案。

股权激励设计根植于现代企业制度及市场环境，其模式、要素也随着政策的变化而不断改变。以拟上市公司为例，从最初的否定各类模式的股权激励，到监管机构开始认可限制性股权激励，再到认可期权，市场和监管机构对于股权激励的认识也在经历一个变化的过程，因此，股权激励方案设计中的诸多问题及其解决方案也无法通过本分册论述而穷尽，而是随实务的发展不断调整、更新。

4 第四章

国有企业的股权激励

近年来，国企改革备受瞩目，激发国有企业潜力，提高国有企业市场竞争力有利于推动整个经济社会高质量发展。

陆续出台的国企改革政策中，“股权激励”频繁被提及，国资监管部门对于股权激励在激发国有企业职工积极性、激发企业活力和创造力方面的认识也在不断加深。股权激励作为提升国有企业市场竞争力的有效手段，被非上市国有企业和国有控股上市公司广泛采用。

当前，国资监管部门正在逐步扩大国有企业股权激励的适用主体范围和方式，配套出台了一系列政策鼓励国有企业员工持股、国有控股上市公司股权激励、国有科技型企业股权和分红激励的中长期激励政策，以及超额利润分享、项目跟投、虚拟股权等激励方式。实务中，非上市国有企业采用的中长期股权激励政策主要为混改试点企业员工持股、国有科技型企业股权激励（含股权出售、股权期权、限制性股权、项目收益分享、岗位收益分享及超额收益分享等）。国有控股上市公司则更多地选择限制性股票、股票期权和股票增值权等激励方式。

《国企改革三年行动方案（2020—2022 年）》中曾明确提出进行大胆充分的激励，以促进关键核心技术攻关和科研成果转化，完善市场化薪酬分配机制，灵活开展多种方式的中长期激励，探索更加多样、更加符合市场规律和企业实际的激励方式。当前科技部、财政部及国务院国资委的政策性文件对于国有控股上市公司和非上市国有企业的股权激励提出了不同的要求和指导，也为国有企业实施股权激励作出了有益的方向性指导。需要特别提示的是，地方性国有企业实施股权激励时还应重点关注所属国资委下发的各类中长期股权激励实施办法。

本章旨在通过对国有企业股权激励政策的介绍，让读者深入了解国有企业实施股权激励的特殊要求和内容；通过对非上市国有企业股权激励和国有控股上市公司股权激励要素和重点问题的介绍，让读者充分了解国有企业激励方案的设计、实施，精准把握和预判可能的风险点，规避风险。

第一节
国有企业股权激励的特别规定

国有企业股权激励在激励对象范围、激励股权价格和资金来源、授予数量等方面均存在一定的特殊性。因此，以落实政策要求为基础，结合国有企业行业特点、业务发展状况、员工心理态度等诸多因素，是形成符合国有企业实际情况的个性化激励方案的前提。

一、国有企业实施股权激励的特殊性及主要政策性规定

国有企业股权激励的雏形源于20世纪90年代初的“内部职工股”。由于当时配套规则不尽完善，出现了许多超范围、超比例发行职工股的情况。其后为了整改出现的问题，我国陆续颁布了一系列规范性措施、政策，国有企业股权激励也曾一度趋于沉寂。

导向问题85

目前我国针对国有企业股权激励出台了哪些政策性规定？

实务分析

股权激励真正发展始于科技部、财政部关于高新技术企业股权激励试点相关意见的颁布，完善于2003年国务院国资委成立。科技部、财政部、国务院国资委为有效激发国有企业经营活力，规范国有企业的激励机制，陆续颁布了一系列政策性文件，不断拓展、放开国有企业股权激励的企业范围和选择方式，相关政策梳理如表4-1所示。

表4-1　国有企业实施股权激励政策一览

政策文件	主要内容
2002年8月21日，财政部、科技部颁布《关于国有高新技术企业开展股权激励试点工作的指导意见》（国办发〔2002〕48号）（已失效）	主要规定了国有高新技术试点企业开展股权激励的条件、试点名单的审核与批复、股权激励的对象、股权激励方式及制度和实施方法等内容
2002年11月18日，财政部、科技部颁布《关于实施〈关于国有高新技术企业开展股权激励试点工作的指导意见〉有关问题的通知》（财企〔2002〕508号）（已失效）	主要明确了“国有控股”是指国有股权在50%以上的有限责任或股份有限公司（上市公司除外）。各省、自治区、直辖市、计划单列市选择的试点企业不超过5户，试点企业名单应抄报财政部、科技部备案
2004年4月30日，国务院国资委、科技部办公厅颁布《关于高新技术中央企业开展股权激励试点工作的通知》（国资厅发分配〔2004〕23号）（已失效）	主要规定了高新技术中央企业开展股权激励试点的重要意义及其申报程序
2006年3月1日，国务院国资委、财政部颁布国有控股上市公司股权激励8号文	主要规定了国有上市公司（境外）股权激励计划的拟订、审核、管理等方面的内容
2006年9月30日，国务院国资委、财政部颁布国有控股上市公司股权激励175号文	主要规定了国有控股上市公司（境内）股权激励计划的拟订、申报、考核和管理等方面的内容

续表

政策文件	主要内容
2007年5月18日，国务院国资委颁布《中央科研设计企业实施中长期激励试行办法》（国资发分配〔2007〕86号）	主要规定了国资委履行出资人职责的转制科研院所、设计企业，以及中央管理企业所出资控股的已实现企业化转制的科研院所和设计企业实施中长期股权激励的计划拟订、申报、管理
2007年10月10日，国务院国资委颁布《关于严格规范国有控股上市公司（境外）实施股权激励有关事项的通知》（国资发分配〔2007〕168号）	主要针对国有控股上市公司（境外）实施股权激励过程中存在的股权激励计划未经审核，违规擅自实施；有的股权激励计划不够规范，股权授予批次过多、过频，行使权限制时间过短，且股权授予数量过大；有的业绩考核不严格，甚至没有业绩考核等乱象，提出了细化的要求
2008年10月21日，国务院国资委、财政部颁布《关于规范国有控股上市公司实施股权激励制度有关问题的通知》（国资发分配〔2008〕171号）	主要规定了国有控股上市公司实施股权激励的实施条件、业绩考核指标和水平设置、股权激励对象范围、股权激励公允价值计算参数等内容
2008年9月16日，国务院国资委139号文	放开搞活国有中小企业，鼓励职工自愿投资入股，国有大型科研、设计、高新技术企业改制，按照有关规定，对企业发展作出突出贡献或对企业中长期发展有直接作用的科技管理骨干，经批准可以探索通过多种方式取得企业股权，符合条件的也可获得企业利润奖励，并在本企业改制时转为股权
2010年2月1日，财政部、科技部颁布《中关村国家自主创新示范区企业股权和分红激励实施办法》（财企〔2010〕8号）（已失效）	主要规范了中关村国家自主创新示范区企业股权和分红激励
2010年10月11日，国务院国资委颁布《关于在部分中央企业开展分红权激励试点工作的通知》（国资发改革〔2010〕148号）（已失效）	规范部分中央企业开展分红权激励试点，主要规定了部分中央企业开展试点的基本条件、激励方式、激励方案的制订与审批、激励方案的考核与管理及试点工作的组织事项

续表

政策文件	主要内容
2016 年 2 月 26 日，财政部、科技部、国资委颁布 4 号文	允许国有科技型企业实施股权激励，国有科技型企业的具体类型，包括：（1）国家认定的高新技术企业；（2）转制院所企业及所投资的科技企业；（3）高等院校和科研院所投资的科技企业；（4）纳入科技部“全国科技型中小企业信息库”的企业；（5）国家和省级认定的科技服务机构
2016 年 8 月，国务院国资委、财政部、证监会颁布 133 号文	对国有控股混合所有制企业开展员工持股试点的原则、试点企业条件、企业员工入股、企业员工股权管理、试点工作实施等作出了明确的指导性规定
2018 年 9 月，财政部、科技部、国务院国资委颁布《关于扩大国有科技型企业股权和分红激励暂行办法实施范围等有关事项的通知》（财资〔2018〕54 号）	将国有科技型中小企业、国有控股上市公司所出资的各级未上市科技子企业、转制院所企业投资的科技企业纳入激励实施范围
2019 年 6 月 24 日，国务院国有企业改革领导小组办公室颁布《关于支持鼓励“双百企业”进一步加大改革创新力度有关事项的通知》（国资改办〔2019〕302 号）	主要对“双百企业”股权激励事项进一步作了相应规定
2019 年 10 月 24 日，国务院国资委发布《关于进一步做好中央企业控股上市公司股权激励工作有关事项的通知》（国资发考分规〔2019〕102 号）	主要对中央企业控股上市公司股权激励对象、激励方式、权益授予数量、授予价格、股权激励收益分别作出进一步的规范，以加大股权激励力度，该规定对强化正向激励导向发挥了积极作用
2019 年 10 月 31 日，国务院国资委印发《中央企业混合所有制改革操作指引》（国资产权〔2019〕653 号）	主要对混合所有制企业、中央企业控股上市公司、国有科技型企业的股权激励进一步明确

二、政策适用

导向问题 86

与非国有企业相比，国有企业实施股权激励计划应特别注意哪些规则限制？

实务分析

相较于非国有企业，国有企业实施股权激励计划有着更加严格的规则限制。

首先，国有企业实施股权激励需要履行相关的国资审批程序，并非全部国有企业均可实施股权激励。

其次，国有企业实施股权激励在模式选择上有着更严格的要求，因为前置审批程序的存在，尤其是非上市国有企业，仍不能随意选择激励模式，仍以员工持股计划为主。

再次，持股对象、入股价格、持股方式、退出机制等方面也存在诸如激励对象应为对公司发展有直接或较大影响的科研人员、经营管理人员和业务骨干，入股价格不低于经核准或备案的每股净资产评估值，持股平台不得从事除持股以外的任何经营活动，辞职、调离、退休、死亡等应将激励股权进行内部转让等限制，该等限定更多是为了防止国有资产的流失，走出一条适用于多数国企的股权激励路径，防止盲目放开后的乱象产生。

最后，诸如国家认定的高新技术企业、转制院所企业及所投资的科技企业、高等院校和科研院所投资企业、纳入科技部“全国科技型中小企业信息库”的企业、国家和省级认定的科技服务机构等主体实施股权激励，可以选择股权出售、股权奖励和股权期权等方式。以科技成果转化收益为标的的国有科技型企业，还可采取项目收益分红，多种激励方式相结合的方式。大、中型企业不得采取股权期权的激励方式。中央企业二级（含）以上企业以及各省、自治区、直辖市及计划单列市和新疆生产建设兵团所属一级企业原则上暂不开展员工持股试点。因此，仅就国有企业而言，可能依据具体性质、是否为试点企业不同又存在特定的差异。

非上市国有企业的股权激励规定，散见于财政部、国务院国资委等颁布的各项规定中，不同规定下的不同政策适用于特定主体，因此，对规则的了解和梳理对于国有企业股权激励的实施意义重大。

第二节

非上市国有企业股权激励

非上市国有企业实施股权激励在工具选择、激励对象、激励股权价格和资金来源、授予数量等方面均存在特殊要求，在实施股权激励过程中有以下几点需要关注。首先，应重点关注地方国资监管机构出台的规范性文件和国家层面的政策规定。以上海地区国有科技型企业为例，上海市国资委就上海地区的国有企业出台了《上海市国资委系统国有科技型企业中长期激励实施办法》，不同于4号文之规定，其提出实施股权激励的国有企业两年内不得启动上市计划。

其次，关注国有企业类型。国有企业主要包括两种类型，一为国有科技型企业；二为符合要求的混改试点企业。对于国有科技型企业，其可以选择如股权出售、股权奖励、股权期权、分红激励等多种激励模式，而混改试点企业仅限于员工持股计划。

最后，在了解地方国资监管机构的相关要求和国有企业类型后，确定最终适用的规则、明确限制性要求，进而制订相关股权激励方案履行相关程序。

类似于非国有企业，国有企业实施股权激励的目的也是提高公司在未来创造价值的能力和长远竞争力，激发经营团队与核心技术人员、业务骨干的积极性、主动性和创造性，使其共享改革发展成果、共担市场竞争风险。因此，国有企业也应结合企业和政策情况形成贴合公司实际情况的整体性方案。本节将依据国有企业的政策性规定，就非上市国有企业实施过程中员工范围确定、入股价格、持股比例、持股方式以及股权激励实施过程中的重点问题进行分析和介绍。

一、股权激励方案设计

导向问题 87

非上市国有企业实施股权激励时一般可以选定哪些类型的激励模式？

实务分析

国务院《改革国有资本授权经营体制方案》明确提出支持国有资本投资、运营公司依法合规地采用股票期权、股票增值权、限制性股票、分红权、员工持股及其他股权激励方式。该规定对 4 号文审批权限、模式选择等进一步完善。实务中，因为国有企业性质的特殊性，履行出资人职责的国资监督机构、企业在审议股权激励方案时，就股权激励工具的选择仍存在局限性，一般不会轻易突破，仍多局限于员工持股计划。

2022 年 12 月，上海市国资委和上海市科学技术委员会率先出台了《上海市国资委系统国有科技型企业中长期激励实施办法》，虽未公开颁布，但确实有了较大突破，将中长期股权激励的模式明确，包含股权出售、股权期权等股权激励模式以及项目收益、岗位收益分享和超额收益分享等现金激励，类似于《改革国有资本授权经营体制方案》的实施细则，进一步为上海地区国有企业股权激励的实施指明了方向。国有企业在结合自身情况选择适合的股权激励方式的基础上，小微企业可以选择股权期权方式，大中型企业原则上不得实施股权期权，承担国家和省级科技创新任务的中型企业，可采用股权期权方式。随着上海地区国有企业股权激励的有益突破，各地必将借鉴，后续国有企业的股权激励必将呈现多元化的模式选择。

但是，无论最终确定选择何种模式，国有企业均应关注采用直接或间接方式持有激励股权。当前实务中国有企业倾向于通过设立股权激励平台统一进行管理。股权激励平台仅限于代持激励对象股权，不从事任何生产经营活动，持股架构模式通常如图 4-1 所示：

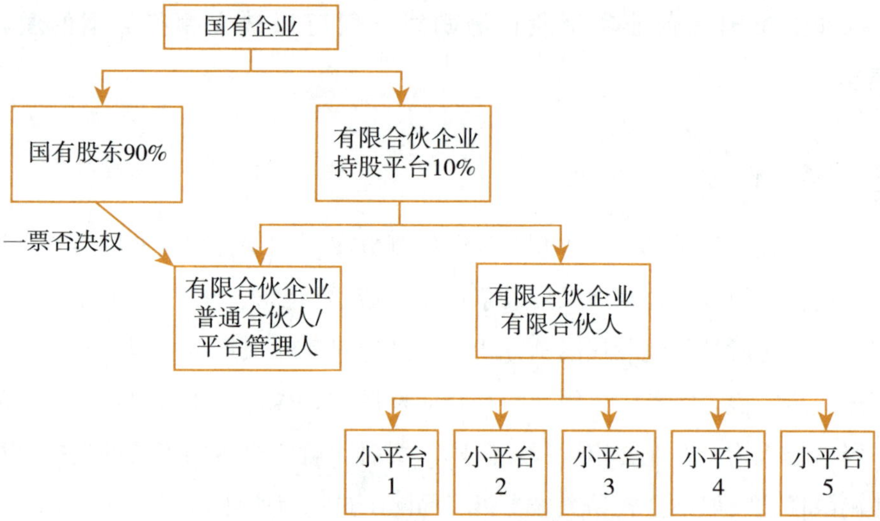

图 4-1 国有企业股权激励持股平台架构示意

导向问题 88

现行政策文件对国有企业股权激励对象的范围有何特别规制？

实务分析

关于国有企业股权激励对象范围的规定，散见于众多政策文件中，如表 4-2 所示：

表 4-2 国有企业股权激励对象政策一览

企业类别	依据规定	激励对象范围
国有企业	139 号文	职工入股原则限于持有本企业股权。国有企业集团公司及其各级子企业改制，经国资监管机构或集团公司批准，职工可投资参与本企业改制，确有必要的，也可持有上一级改制企业股权，但不得直接或间接持有本企业所出资各级子企业、参股企业及本集团公司所出资其他企业股权。科研、设计、高新技术企业科技人员确因特殊情况需要持有子企业股权的，须经同级国资监管机构批准，且不得作为该子企业的国有股东代表
国有科技型企业	4 号文	激励对象为与企业签订劳动合同的重要技术人员和经营管理人员，具体包括： (1) 关键职务科技成果的主要完成人，重大开发项目的负责人，对主导产品或者核心技术、工艺流程做出重大创新或者改进的主要技术人员； (2) 主持企业全面生产经营工作的高级管理人员，负责企业主要产品（服务）生产经营的中、高级经营管理人员； (3) 通过省、部级及以上人才计划引进的重要技术人才和经营管理人才
混改试点企业	133 号文	参与持股人员应为在关键岗位工作并对公司经营业绩和持续发展有直接或较大影响的科研人员、经营管理人员和业务骨干，且与本公司签订了劳动合同

续表

企业类别	依据规定	激励对象范围
上海市国有企业	《上海市国资委系统国有科技型企业中长期激励实施办法》	参与人员包含： （1）关键职务科技成果的主要完成人，重大开发项目的负责人，对主导产品或者核心技术、工艺流程做出重大创新或者改进的主要技术人员； （2）与企业科技创新相关的中、高级管理人员； （3）通过省级、部级及以上人才计划引进的重要技术人才和经营管理人才； （4）与科技创新项目或技术相关的高技能人才； （5）承担本市重大科技成果转化任务或者对在本市成功转化科技成果有突出业绩的个人，企业董事会认为其他对企业科技创新发展有重要贡献或能够发挥重要作用、有必要纳入激励范围的人员

如表4-2所示，国家层面就国有企业股权激励对象的范围逐步扩大，呈现如下特点：（1）激励对象应与国有企业签署劳动合同；（2）激励对象应为对国有企业有重大影响的科研人员、经营管理人员和业务骨干等关键岗位人员；（3）引进的高技能人才。从上海国资委的政策文件中可以看出，地方国资委以4号文和133号文为基础，在激励对象认定范围上进行了扩大，给予国有企业董事会一定的自主决定权。

导向问题89

除政策文件的明确规定外，国有企业员工持股还应遵循哪些原则？

实务分析

实务中，国有企业员工持股还应遵循其他的原则性规定，如激励对象仅限于持有本企业股权，确有必要的可以持有上一级改制企业股权，但不得直接或间接持有本企业所出资各级子企业、参股企业及本集团公司所出资其他企业股权。科研、设计、高新技术企业科技人员确因特殊情况需要持有子企业股权的，经同级国资监管机构批准可以有所突破。

需要特别说明的是，党中央、国务院和地方党委、政府及其部门、机构任命的国有企业领导人员不得持股，外部董事、监事（含职工代表监事）不参与员工持股，如直系亲属多人在同一企业时，只能一人持股。

参考案例

以编者参与的中科院下属科研院所的技术成果转化激励项目为例，星辉公司系一家中科院下属研究所作为控股股东的企业，为研究所技术成果转化的技术实施主体，其核心技术均受让自研究所。按照《中国科学院关于新时期加快促进科技成果转移转化指导意见》的规定，“院属各单位正职领导，是科技成果主要完成人或者对科技成果转化作出重要贡献的，可以按照促进科技成果转化法的规定获得现金奖励，原则上不得获取股权激励”。

在技术成果转化奖励过程中，获取股权奖励最多的人员系转让技术团队的负责人，其同时担任研究所正职中层领导，星辉公司不确定其是否可以获得股权奖励。那么，该名技术团队负责人是否可以获得股权奖励？

编者认为上述问题的提出主要系对中科院体系下内部政策的理解问题。参与该项目后，我们调研了中科院实施产业化的相关案例，以访谈方式与中科院的相关人员进行沟通，中科院下属研究所对中科院技术成果转化的规定进行了政策解读，确定院所正职领导的具体范围，确定了该名技术负责人（现任院所副所长）目前及受让奖励时均为适格的主体。

由此而看，不同的国有企业隶属体系，存在较多细节性差异。如中科院体系企业、中央企业、地方国有企业、烟草系统企业、高校投资企业等国有企业隶属体系的差异，导致相关企业在激励对象范围确定等方案要素上存在不同。

导向问题 90

现行政策文件对国有企业股权激励的数量有何特别规制？

实务分析

根据 4 号文、133 号文等的规定，国有企业在实施股权激励计划时，对激励对象获授激励股权数量存在如下要求（见表 4-3）。

表 4-3　国有企业股权激励额度政策汇总

企业类别	依据规定	激励股权数量要求
国有企业	139 号文	无明确规定
国有科技型企业	4 号文	（1）大型企业的股权激励总额不超过企业总股本的 5%； （2）中型企业的股权激励总额不超过企业总股本的 10%； （3）小、微型企业的股权激励总额不超过企业总股本的 30%，且单个激励对象获得的激励股权不得超过企业总股本的 3%
混改试点企业	133 号文	员工持股总量原则上不高于公司总股本的 30%，单一员工持股比例原则上不高于公司总股本的 1%，员工持股实施完毕后，国有股东的持股比例不得低于公司总股本的 34%
上海市国有企业	《上海市国资委系统国有科技型企业中长期激励实施办法》	企业实施股权激励，激励额度按照大、中、小微企业规模，分别控制在企业总股本的 5%、10% 和 30% 以内。大、中型企业个人获授权益不超过企业总股本的 1%，小微企业个人获授权益不超过企业总股本的 3%

导向问题 91

不同类型的国有企业实施股权激励时，在总体授予额度、单一对象激励额度及保障国有控股股东地位方面存在哪些差异？

实务分析

（1）激励份额授予总量差异。国有科技型及上海地区就股权激励授予数量的规定分为三个层次：大型企业激励额度控制在企业总股本的 5%以内；中型企业激励额度控制在企业总股本的 10%以内；小、微型企业激励额度控制在企业总股本的 30%以内。混改试点企业实施员工持股计划时，员工持股总量原则上不高于企业总股本的 30%。

（2）单一对象激励份额限制差异。国有科技型企业仅对小微企业单一对象激励份额限制在企业总股本的 3%以内。上海国资委对大中型国有企业单一对象激励份额限制在企业总股本的 1%以内，对小微企业单一激励对象激励份额与国有科技型企业无差异。混改试点企业实施员工持股计划时，单一对象激励额度限制在企业总股本的 1%以内。

（3）实施股权激励过程中对国有股东控股地位要求的差异。国有科技型企业和上海地区国有企业均不得因实施股权激励改变国有股东控股的地位，混改试点企业不仅要求不得改变国有股东控股地位，还要求国有股东的持股比例不低于公司总股本的 34%。

实务中，在部分激励对象认购不足额的情形下，符合持股条件的人员，可以在企业与其设立的持股平台管理专业委员会的指导下，满足单个激励对象获授股权数量合计不超过公司总股本的 1%的前提下，内部进行份额协商调剂。

导向问题 92

现行政策文件对国有企业激励股权的定价有何特别规制？

实务分析

根据 4 号文、133 号文等的规定，国有企业在实施股权激励计划时，对激励股权的授予价格存在如下要求（见表 4-4）。

表 4-4　国有企业股权激励授予价格汇总

企业类别	依据规定	激励股权数量要求
国有企业	139 号文	无明确规定
国有科技型企业	4 号文	不低于资产评估的结果
混改试点企业	133 号文	员工入股价格不得低于经核准或备案的每股净资产评估值
上海市国有企业	《上海市国资委系统国有科技型企业中长期激励实施办法》	股权出售的授予价格、股权期权的行权价格不得低于经核准或者备案的每股评估价值，股权期权的行权价格还应结合科技成果成熟度及其转化情况、未来至少 5 年的盈利能力、拟授予全部股权数量等因素综合确定

如表 4-4 所示，国有科技型企业、混改试点企业及上海国资委下属国有企业实施股权激励均遵循“员工入股价格不得低于经核准或备案的每股净资产或资产评估结果”的要求。因上海国资委下属国有企业股权激励方式的拓展，上海国资委就股权期权的行权价格确定规定了科技成果成熟度及其转化情况、未来至少 5 年的盈利能力、拟授予股权数量等综合判断要素。

整体而言，国有企业股权激励模式的选择仍主要集中于员工持股计划，股权激励授予价格仍遵循不低于经核准或备案的每股净资产或资产评估结果的定价原则。

导向问题 93

现行政策文件对国有企业激励股权与资金的来源有何特别规制？

实务分析

根据 4 号文、133 号文等规定，国有企业在实施股权激励计划时，对于激励资金来源存在如下要求（见表 4-5）。

表 4-5 国有企业股权激励资金来源政策汇总

企业类别	依据规定	激励资金来源要求
国有企业	139 号文	国有企业不得为职工投资持股提供借款或垫付款项，不得以国有产权或资产作标的物为职工融资提供保证、抵押、质押、贴现；不得要求与本企业有业务往来的其他企业为职工投资提供借款或帮助融资
国有科技型企业	4 号文	企业不得为激励对象购买股权提供贷款以及其他形式的财务资助，包括为激励对象向其他单位或者个人贷款提供担保
混改试点企业	133 号文	试点企业、国有股东不得向员工无偿赠与股份，不得向持股员工提供垫资、担保、借贷等财务资助，持股员工不得接受与试点企业有生产经营业务往来的其他企业的借款或融资帮助
上海市国有企业	《上海市国资委系统国有科技型企业中长期激励实施办法》	股权来源主要有三种途径，一为向激励对象增发股份，二为向现有股东回购股份，三为现有股东依法向激励对象转让其持有的股权

如表 4-5 所示，混改试点企业实施员工持股计划、国有科技型企业实施股权激励计划，对于资金来源的原则性规定基本一致。混改试点企业和国有科技型企业、上海国资委下属国有企业均不得为激励对象购买股权提供贷款及其他形式的财务资助，不得为激励对象获得贷款提供担保。

导向问题 94

现行政策文件对国有企业激励股权的来源有何特别规制？

实务分析

根据 4 号文、133 号文等的规定，国有企业在实施股权激励计划时，对于激励股权来源存在一定要求（见表 4-6）。

表 4-6　国有企业股权激励股权来源政策汇总

企业类别	依据规定	激励股权来源要求
国有科技型企业	《国有科技型企业股权和分红激励暂行办法》（财资〔2016〕4 号）	股权来源主要有三种途径，其一为向激励对象增发股份，其二为向现有股东回购股份，其三为现有股东依法向激励对象转让其持有的股权
混改试点企业	《关于国有控股混合所有制企业开展员工持股试点的意见》（国资发改革〔2016〕133 号）	员工主要通过货币出资或者科技成果出资方式取得股权
上海市国有企业	《上海市国资委系统国有科技型企业中长期激励实施办法》	股权来源主要有三种途径，其一为向激励对象增发股份，其二为向现有股东回购股份，其三为现有股东依法向激励对象转让其持有的股权

如表 4-6 所示，混改试点企业实施员工持股计划、国有科技型企业实施股权激励计划，对于激励股权来源存在一定差异，上海国资委下属国有

企业和国有科技型企业就激励股权的来源保持了一致，规定了增资、回购和转让三种方式，混改试点企业激励股权来源相对单一，仅有通过货币或技术成果出资的增资方式获得激励股权。

导向问题 95

现行政策文件对国有企业激励股权授予条件存在哪些要求？

实务分析

根据 4 号文、133 号文等的规定，国有企业在实施股权激励计划时，对于激励股权授予条件存在如下要求（见表 4-7）。

表 4-7　国有企业股权激励授予条件政策汇总

企业类别	依据规定	授予条件设置
国有企业	139 号文	无明确规定
国有科技型企业	4 号文	企业应当与激励对象约定股权期权授予和行权的业绩考核目标等条件。业绩考核指标可以选取净资产收益率、主营业务收入增长率、现金营运指数等财务指标，但应当不低于企业近 3 年平均业绩水平及同行业平均业绩水平。成立不满 3 年的企业，以实际经营年限计算
混改试点企业	133 号文	优先支持人才资本和技术要素贡献占比较高的转制科研院所、高新技术企业、科技服务型企业开展员工持股试点。 除前述要求外，对于实施混改试点的企业还存在如下要求：（1）主业处于充分竞争行业和领域的商业类企业；（2）股权结构合理，非公有资本股东所持股份达到一定比例；（3）公司治理结构健全；（4）营业收入和利润 90%以上来源于所在企业集团外部市场

续表

企业类别	依据规定	授予条件设置
上海市国有企业	《上海市国资委系统国有科技型企业中长期激励实施办法》	设置经营业绩考核指标，原则上选取股东回报指标（净资产收益率等）、成长性指标（净利润增长率等）、企业运营指标（现金营运指数等），一般不低于企业近3年平均业绩水平，并进行行业对标

如表4-7所示，混改试点企业实施员工持股计划对于授予条件无明确限制，国有科技型企业及上海国资委下属国有企业则对授予条件进行详细设置，原则上要求选取净资产收益率、主营业务收入增长率、现金营运指数等财务指标作为业绩目标，并要求业绩目标不低于近3年平均业绩水平。

导向问题96

现行政策文件对国有企业激励对象退出机制存在哪些要求？

实务分析

根据4号文、133号文等的规定，国有企业在实施股权激励计划时，对于激励对象退出机制存在如下要求（见表4-8）。

表4-8 国有企业股权激励调整和退出机制政策汇总

企业类别	依据规定	授予条件设置
国有企业	139号文	无明确规定
国有科技型企业	4号文	（1）因本人提出离职或者个人原因被解聘、解除劳动合同，取得的股权应当在半年内全部退回企业； （2）因公调离本企业的，取得的股权应当在半年内全部退回企业；

续表

企业类别	依据规定	授予条件设置
国有科技型企业		（3）在职激励对象不得以任何理由要求企业收回激励股权
混改试点企业	133 号文	（1）公司各方股东应就员工股权的日常管理、动态调整和退出等问题协商一致，并通过公司章程或股东协议等予以明确； （2）持股员工因辞职、调离、退休、死亡或被解雇等原因离开本公司的，应在 12 个月内将所持股份进行内部转让
上海市国有企业	《上海市国资委系统国有科技型企业中长期激励实施办法》	（1）因本人提出离职或者个人原因被解聘、解除劳动合同，因公调离本企业等情形按国家相关规定办理； （2）在职激励对象不得以任何理由要求企业收回激励股权

如表 4-8 所示，混改试点企业实施员工持股计划、国有科技型企业实施股权激励计划时，在退出机制原则上基本一致：（1）不得要求企业回购；（2）因辞职、调离、退休、死亡或被解雇等原因离开公司，通常需进行内部转让或激励股权退回。通常对于锁定期满的员工，股权激励退出机制设计过程中，会设置流转或退出至满足条件的在职员工，或者考虑转让给第三方股东，国有股东结合管理意图也有选择回购的权利等。

国有企业员工持股流转退出机制设置，主要遵循的原则是持股员工离开企业的必须退出，不能强制约定企业或国有股东进行股权回购。

二、股权激励方案制订和实施

导向问题 97

非上市国有企业实施股权激励一般应遵循哪些流程？

实务分析

非上市国有企业实施股权激励并无特定的程序性规定，根据 4 号文、133 号文等规定并结合实务案例，混改试点企业实施员工持股计划、国有科技型企业实施股权激励计划通常遵循如下流程。

1. 国有企业拟定股权激励方案或员工持股计划

因为股权激励方案的复杂性、主体的特殊性及国资审核程序要求，无论是混改试点企业或者国有科技型企业在实施员工持股计划或股权激励方案过程中，通常选择聘请中介机构协助实施员工持股计划或股权激励，由中介机构根据公司诉求和国有企业集团公司、国资监管部门要求拟订股权激励方案或员工持股计划。股权激励方案或员工持股计划通常涵盖持股目的、持股员工、授予模式、持股额度、股权来源、持股形式、持股定价、资金来源、业绩考核及退出机制等主要内容。

中介机构拟订初步方案后，由国有企业进行内部讨论、调整及沟通，基本确定员工持股计划或股权激励方案的核心要素。

2. 股权激励计划或员工持股计划预沟通

国有企业因其主体性质的特殊性，其就股权激励审批流程有别于民营企业。员工持股计划或股权激励方案初步拟订后，通常需按照国资审批流程与国有企业集团公司或国资监管部门进行政策咨询和预沟通，初步将股权激励方案细节进行交流，适当按照沟通情况调整方案内容，并取得国有企业集团公司或国资监管部门的口头批复。

3. 听取员工意见

国有企业实施股权激励需充分听取员工意见，实务中国有企业多通过召开员工代表大会方式听取员工代表对于员工持股计划或股权激励初步方案的相关意见，且通常在方案细节确定后与员工进行沟通，以便向员工传达确定性的员工持股计划或股权激励方案内容。

不同于非国有企业，员工持股计划或股权激励方案通常在确定方案细节后与员工进行沟通，实际无法很好地反映员工诉求。因不同地区国资监管部门或国有企业集团公司对于非上市国有企业实施股权激励无明确的流程性规定，有待通过更多的实务案例进行修正、调整。

4. 国资监管部门或企业批准

国资监管部门或企业就国有企业提报的股权激励或员工持股计划请示资料依照正式流程进行审核，如无异议，则出具相应的审核批复意见。审核完毕后，国有企业正式进入股权激励方案或员工持股计划实施阶段。

现有规则并未明确国有企业实施股权激励的审批机构。国务院于2019年4月颁布的《改革国有资本授权经营体制方案》（国发〔2019〕9号）规定，授权国有资本投资、运营公司董事会审批子企业股权激励方案。该规定进一步完善了审批权限，对于符合条件的国有企业实施的员工持股计划或股权激励计划，履行出资人职责或国有资产监督职责的企业拥有审批权限，其董事会为具体审批机构。随着国有企业改革的深化，多数国有企业将股权激励的审批权限下放至履行出资人职责的国有企业集团公司层级。

需要特别说明的是，前文中我们提到国有科技型企业实施股权激励的激励股权来源方式主要有：（1）向激励对象增发股份；（2）向现有股东回购股份；（3）现有股东依法向激励对象转让其持有的股权等。

员工持股或股权激励从目的性而言与一般外部投资有着本质差异，在国有企业进行股权激励过程中，由于企业性质的特殊性，通常需考虑股权激励或员工持股计划是否导致国有资产流失问题，但如果进场交易可能导致本应该激励给激励对象的股权会被其他摘牌方取得，不进场交易又没有明确的法律依据。

实务中，如激励股权来自增发股份（非上市公司源于增资）或国有股东转让股权，在不满足协议转让或非公开协议增资的前提下，通常需履行进场交易程序。多数国有企业会基于审慎合规的角度，通过方案设计按照国资流程履行相应的进场交易程序。但4号文第11条明确了企业实施股权出售，应按不低于资产评估结果的价格，以协议方式将企业股权有偿出售给激励对象。实务中也常见，国有非上市公司引入投资者的同时实施股权激励，投资者通过进场交易确定价格后，股权激励之间按照投资者挂牌交易价格出资购买股权的案例。上海市《关于本市地方国有控股混合所有制企业员工持股首批试点工作实施方案》（沪国资委改革〔2017〕18号）明确规定："试点企业参照本市国有企业改制中审计评估工作相关要求，开展财务审计和资产评估，并按规定备案或核准。非上市公司以增资扩股方式实施员工持股可不进场交易，入股价格不低于评估值；非上市公司实施混合所有制改制同步开展员工持股的，员工持股入股价格应与非公资本实际入股价格一致，且不得低于评估值。"可见，国有企业实施员工持股计划或股权激励时，国有企业在满足协议转让的条件或政策规定的条件下可不履行进场交易程序。

此外，鉴于国有股权转让和国有企业增发股份（非上市公司源于增资）应履行的进场交易程序与员工持股或股权激励的审批存在一定竞合，以增发股份（非上市公司源于增资）或国有股东股权转让方式作为激励股权来源的企业，两事项是否统一审批或分开审批，还需预沟通阶段充分听取主管机关或企业的意见，编者认为基于两种行为的关联性，无须重复审批。

5. 国有企业董事会和股东会审议股权激励方案或员工持股计划

国有企业对于股权激励方案的审议通常需先行经过董事会审批，再由股东会审批。董事会审批通常可以放在国资正式审批之前，在取得国有企业集团公司或国资监管部门同意后，国有企业召开股东会审议股权激励方案。

6. 监管备案

国有企业通常应在股东会审议通过员工持股或股权激励计划后 5 个工作日内，将相关决议、批准文件及激励方案报国有企业集团公司备案。

7. 股权激励方案或员工持股计划的实施

国有企业完成股权激励备案后即可按照股权激励方案或员工持股计划实施股权激励。需要特别说明的是，如企业内部决策机构在召开股东会前撤销激励计划或者股东会审议未通过激励计划，则还应当向国有企业集团公司提交撤销原激励计划审核（备案）的报告，部分地区还要求撤销股权激励计划的国有企业当年度不得再提交激励计划。

三、非上市国有企业股权激励重点实操问题分析

基于混改试点企业实施员工持股计划、国有科技型企业实施股权激励的政策要求以及非上市国有企业股权激励方案设计和实施路径，员工持股计划或股权激励计划实施过程中应重点关注以下几个问题：

导向问题 98

非上市国有企业股权激励的持股主体是否可以突破“上持下”“下持上”等限制?

实务分析

“上持下”系指上级公司员工持有下级公司股权，“下持上”系指下级公司员工持有上级公司股权。实务中，众多国企内部存在上级公司人员同时任职下级公司董事、高级管理人员或主要技术负责人等核心岗位情形，

交叉任职对国有企业的发展也产生了积极影响。规则层面，非上市国有企业股权激励原则上禁止上级公司员工持有下级公司股权（仅国有科技型企业特定条件下可突破“上持下”限制）。究其原因还是避免国有企业相关人员过度关注自身利益进而做出短视行为，损害国有企业整体利益。

国务院国有企业改革领导小组曾于2019年8月下发《关于支持鼓励“双百企业”进一步加大改革创新力度有关事项的通知》（国资改办〔2019〕302号）。该通知规定，“双百企业”及所出资企业如属于科研、设计、高新技术企业，其科技人员确因特殊情况需要持有子企业股权的，可以报国有企业集团公司批准后实施，并报同级国资监管机构事后备案。地方“双百企业”为一级企业，本级企业科技人员确因特殊情况需要持有子企业股权的，须报经同级国资监管机构批准后实施。该等例外政策，仅适用于特定科技人员，存在严格的审批要求，实务中不建议主动突破。

139号文规定，职工入股原则限于持有本企业股权。国有企业集团公司及其各级子企业改制，经国资监管机构或国有企业集团公司批准，存在一定例外。实际139号文和4号文仅规定持股对象应与企业签署劳动合同，未明确限制“下持上”的发生。编者认为实务中诸如有研粉材（688456）、中国电研（688128）等国有控股上市公司的案例，充分说明了133号文和4号文中的公司和企业均应解释为“国有企业及其各级控股子公司”。

参考案例

在成都华微电子科技股份有限公司（以下简称成都华微）（预披露）案例中，发行人自设立以来存在自然人股东因从成都华微科技有限公司（以下简称华微有限）（发行人）离职后在实际控制人控制的其他企业任职情形，导致其持股不符合139号文不得实施“左持右”的规定，原因均系相关自然人职务变动所致，如表4-9所示：

表 4-9　成都华微激励对象“左持右”情形一览

序号	姓名	规范情况
1	王某安	(1) 王某安于 2007 年取得华微有限，其控股股东系中国振华电子集团有限公司，以下简称中国振华）股权，当时其在华微有限任职； (2) 2010 年 4 月，王某安从华微有限离职并创办成都环宇芯科技有限公司（以下简称成都环宇芯），2016 年 7 月，中国振华取得成都环宇芯的控制权，王某安当时担任成都环宇芯董事，其持股行为构成 139 号文规定的“左持右”的情形； (3) 2022 年 1 月，王某安辞去成都环宇芯的董事职务，其持有华微有限的股权不再违反 139 号文的规定
2	唐某拓	(1) 唐某拓于 2014 年取得华微有限股权时，在华微有限任职； (2) 2016 年 7 月，唐某拓入职中国振华控股子公司振华风光，并担任中层以上管理人员，其持股行为构成 139 号文规定的“左持右”的情形； (3) 2019 年 6 月，唐某拓将其持有的华微有限的股权转让给华微有限其他员工，不再违反 139 号文的规定
3	赵某辉	(1) 赵某辉于 2014 年首次取得华微有限股权时，在华微有限任职； (2) 2017 年 2 月，赵某辉入职中国振华控股子公司振华风光，并担任中层以上管理人员，其持股行为构成 139 号文规定的“左持右”的情形； (3) 赵某辉于 2017 年 12 月进一步取得成都华微股权时，已从成都华微离职，取得该等股权构成 139 号文规定的“左持右”的情形； (4) 2018 年 12 月，赵某辉将股权转让给华微有限其他员工，不再违反 139 号文的规定
4	王某宁	(1) 王某宁分别于 2007 年受让取得成都华微 75 万元股权，于 2011 年增资取得成都华微 572 万元股权，同年受让取得成都华微 16 万元股权，合计持有成都华微 663 万元股权。王某宁取得股权时均在华微有限任职； (2) 2015 年 2 月，王某宁从华微有限离职，2015 年 3 月至 2017 年 1 月，王某宁担任振华科技副总经理，属于中层以上管理人员，其持股行为构成 139 号文规定的“左持右”的情形；

续表

序号	姓名	规范情况
		(3) 2017 年 1 月至今，王某宁担任苏州盛科通信股份有限公司(以下简称盛科通信) 副总经理，并持有盛科通信 133.57 万股股份。盛科通信无实际控制人，中国电子合计控制盛科通信 32.66%的股份

根据上述自然人的持股形成过程，盛科通信第一大国有股东中国电子出具关于成都华微股权演变相关事项的确认，对王某安、唐某拓、赵某辉等人员的持股及规范情况予以确认。因王某宁在 2015 年 3 月至 2017 年 1 月在振华科技任职期间持股行为构成了 139 号文规定的“左持右”的情形，为进一步规范王某宁的持股情况，王某宁将其持有的全部成都华微股权予以转让。

在开普检测案例中，开普检测于 2013 年 12 月进行改制并实施员工持股。改制完成后员工共计持有开普检测 70%的股权。姚某清、韩某林、张某玲、李某勇、周某萍等人当时均在开普检测母公司开普电气任职。该等人员均因改制直接持有开普检测股份，其持股不符合 139 号文不得实施“上持下”的规定。其后，韩某林、张某玲、李某勇分别将各自所持开普检测全部 20 万元出资额（共计 60 万元出资额）转让给姚某清；姚某清辞去开普电气职务并在开普检测任职；周某萍办理了退休手续。

综上，尽管“上持下”“左持右”的原则通常意义上不得突破，但实务中也确实存在突破条件限制的案例，但或进行了整改或取得了省级国资监管机构就相关事项的确认。如开普检测上市时，其虽未清理存在“上持下”情形的员工持股，但开普检测已就前述违规情形取得了河南省人民政府、河南省国资委、许昌市人民政府等政府部门的确认函。因此，实务中我们仍建议读者关注上述问题，避免因违规导致股权激励方案批复受阻。

导向问题 99

国有企业员工退休后所持激励股权应如何处理？

实务分析

混改试点企业相关政策中就持股员工因辞职、调离、退休、死亡或被解雇等离开国有企业，应将股权进行内部转让进行规定。国有科技型企业的相关政策中则仅就本人提出离职或者因个人原因被解聘、解除劳动合同、因公调离企业规定退回股权，并未就员工因退休而规定强制进行股权转让或退回。

因此，国有科技型企业参与股权激励的员工退休后存在继续持有公司股权的政策空间，国有企业在制订方案时可充分与审核机关沟通，以确定参与持股后退休的激励对象是否保留其已持有的激励股权。

导向问题 100

政府任命的国有企业领导人员是否可以参与股权激励？

实务分析

国有企业监管体系下，部分国有企业的领导人员存在由各级政府或各级国资委委派的情形，以更好地确保出资人职责的履行。该等人员通常担任国有企业的高级管理人员或董事等职务。编者参与的混改试点企业和国有科技型企业实施股权激励过程中均曾问及国有企业领导能否参与国有企业股权激励。133 号文第 3 条明确规定，党中央、国务院和地方党委、政府及其部门、机构任命的国有企业领导人员不得持股。外部董事、监事

（含职工代表监事）不参与员工持股。4 号文中未限制该类人员参与国有企业的股权激励。实务中，暂未发现政府部门任命的企业领导人员参与任职国有企业股权激励的情形。政策、法律规定也限制国有企业领导人员持股，中国科学院关于技术成果转化的相关规定中甚至明确相关科研院所的正职领导不得获得相关的股权奖励。如读者确系遇到类似问题，编者建议在激励方案预沟通阶段充分与国有企业集团公司或国资监管部门沟通持股事宜。

导向问题 101

国有企业股权激励中员工的资金问题如何解决？

实务分析

混改试点企业、国有科技型企业以及相关地方性政策，当前均规定国有企业不得为员工持股提供借款或垫付资金以及其他方式的资助，不得为职工融资提供担保，不得要求与企业有业务往来的客户、供应商等为员工持股提供借款或融资。139 号文限制了国有企业实施股权激励过程中可能发生的各类财务资助情形。

国有企业相关规定对于员工兼职、投资的限制，必然导致多数员工的经济收入来源仅有工资，在混改试点企业实施员工持股计划或国有企业实施股权激励过程中，其可能没有足够的资金用以认购激励股权。实务中，为解决相关资金来源问题，确保员工能够参与到员工持股计划或股权激励计划中，部分银行就国有企业员工持股计划或股权激励开发了多种融资方案，一定程度上缓解了员工的资金压力。

导向问题 102

为股权激励计划而预留的股权份额如何处理?

实务分析

133 号文明确规定，企业可采取适当方式预留部分股权，用于新引进人才，但是其并未对预留股权的授予时间、授予方式等具体问题作出规定。那么预留股权应当如何设置、由谁持有、是否需要实缴出资?

其一，对于非上市国有企业而言，相关政策对股权激励预留股权比例无明确规定，如混改试点企业的相关政策仅限制员工持股总量原则上不高于公司总股本的 30%，单一员工持股比例原则上不高于总股本的 1%，实务中部分国有企业预留股权比例高达 20%。

其二，对于国有企业而言，预留股份的目的系用于未来激励。员工持股计划实施或股权激励实施时，只能通过代持方式实施，存在诸如大股东代持、外部投资人代持、持股平台管理公司代持以及员工代持。考虑到国有企业性质的特殊性，实务中，更多选择引入外部投资方时由外部投资方让渡部分股权或者由持股平台管理公司进行代持。

其三，以混改试点企业相关政策为例，员工入股主要通过货币方式，但 133 号文并未要求员工一次性实缴到位，出资时间和比例均可通过公司章程和相关协议进行约定。在中节能大地环境修复有限公司员工持股案例中，在员工全部认缴出资的 3333 万元中，只有 618.28 万元由现有员工持股平台的合伙人认购并于 2017 年 6 月 30 日前缴付到位，其余 2714.72 万元即 20.36%的股权为预留股权池，其最后出资缴付期限为 2022 年 6 月 22 日。在江铜国际贸易有限公司员工持股案例中，员工认缴的 1609.09 万元出资可以分期缴纳。在员工全部认缴出资中，执行事务合伙人上海德裕纯申企业管理有限公司出资 160.5 万元，出资缴付期限长达 19 年，最迟到 2039 年 6 月 13 日前实缴到位。

需要特别注意的是，正如前文所提到的，新《公司法》对认缴制的收紧使原本预留股权进行股权激励的操作模式受到很大影响。首先，鉴于新《公司法》生效后，有限责任公司的认缴期限缩短为 5 年，股份有限公司则实行全面认缴制，因此，股份有限公司中采用“认缴+代持”方式预留激励股权已丧失操作空间，而有限责任公司中，认缴并代持预留股权的股东则需要在 5 年内将该部分股权进行释放用于股权激励，否则就需要自行实缴到位或进行定向减资处理。其次，认缴制的收紧导致参与股权激励的员工所面临的资金压力增大。在原《公司法》下，股权激励可以将员工股东的出资期限拉长以缓解员工股东的出资压力，例如前述江铜国际贸易有限公司员工持股案例中，缴付期限长达 19 年，但新《公司法》出台后，如果员工通过直接持股方式参与股权激励，那么出资期限最长只能为 5 年，公司股权激励方案制订的灵活性降低，激励员工面临的资金压力将增加，故新《公司法》生效后，欲实施股权激励的公司（特别是通过直接持有股权方式实施股权激励的公司）应在综合考虑员工负担能力和资金来源渠道的基础上，合理确定股权激励的规模，以避免股权激励实施后员工股东无法按时实缴资本而给公司带来后续风险。

此外，除了新《公司法》规定的法定认缴期限外，国有企业在实施股权预留时，还应充分考虑上市时间安排，以满足发行人注册资本足额实缴的上市要求。如符合持股条件的员工数量较少或员工出资问题导致相关预留股权无法完成授予，则可在后续调整原有持股方案。部分国有企业采用员工持股平台剩余预留股权所对应的未实缴出资由控股股东认购并实缴的处理方式，在保证国有资产不流失的前提下也可以作定向减资处理。

参考案例

在厦门厦钨新能源材料股份有限公司（以下简称厦钨新能）案例中，厦钨新能作为福建省第一批国有控股混合所有制企业员工持股试点企业，引入战略投资者、员工持股平台、福建国改基金及其他投资者。根据133号文以及《福建省国有控股混合所有制企业开展员工持股试点的管理办法》的规定，企业可采取适当方式预留部分股权，用于后续员工激励和新引进人才持股。厦钨新能员工持股采用分期方式实缴出资，未实缴部分为预留股权，用于公司后续新增人才（包括新引进的人才和符合持股条件的未持股员工）的激励及现有持股人员的调整。

其后，为加快新能源有限股份制改制进程，厦门厦钨新能源材料有限公司（系厦钨新能前身）对混合所有制改革方案进行调整，将宁波海诚领尊创业投资合伙企业（有限合伙）（厦钨新能员工持股平台）未实缴出资部分（预留股权部分）调整由控股股东厦门钨业股份有限公司（系厦钨新能控股股东）认购并实缴，其余股东的持股比例保持不变。

第三节

国有控股上市公司（境内）的股权激励

与民营企业和非上市国有企业相比，国有控股上市公司的特殊性在于国有控股上市公司股权激励融合了国有企业的监管规定、上市公司的监管规定以及国有上市公司的特殊规定，因涉及信息披露和中小股东利益，实操层面需更加谨慎、审批也更加严格。

本节主要根据国有控股上市公司股权激励的规则要求，重点介绍国有控股上市公司的模式选定、激励对象范围、激励股权的数量、激励股权的定价、业绩目标设置、程序性要求和重点关注问题，为读者实施股权激励提供有益借鉴。

一、股权激励方案设计

导向问题 103

国有控股上市公司可以选择哪些激励模式?

实务分析

国务院国资委等部门发布的《关于规范国有控股上市公司实施股权激励制度有关问题的通知》规定，国有控股上市公司可选择限制性股票、股票期权及股票增值权等三种模式。2018 年修订的《股权管理办法》则未再将股票增值权纳入股权激励工具。

股票增值权激励模式下，激励对象不拥有股票的所有权，也不拥有股东表决权、配股权，仅系取得一定期间和条件下规定数量股票的价格上升带来的收益权利。实务中，国有控股上市公司鲜有选择股票增值权的案例，部分曾于重大资产重组过程中配套实施股票增值权的案例，后续也被终止且近年来几乎没有新增案例。《关于进一步做好中央企业控股上市公司股权激励工作有关事项的通知》提及可以结合股票交易市场其他公司实施股权激励的进展情况，探索试行法律、行政法规允许的其他激励方式，考虑到实务中国有控股上市公司股权激励模式的选择，还是建议公司谨慎选择非常规的激励模式。

导向问题 104

国有控股上市公司激励对象的范围有何特殊规定?

实务分析

国有控股上市公司除须遵循一般国有企业的要求外，激励对象选择范围原则限于上市公司董事、高级管理人员以及对上市公司整体业绩和持续发展有直接影响的核心技术人员和管理骨干等。监事、独立董事以及由控股公司以外的人员担任的外部董事，暂不纳入股权激励计划。国有科技型企业还需结合4号文的特殊规定进行激励对象的选定。另外，已参加其他上市公司股权激励计划的员工，通常不能同时参与两个及以上股权激励计划。股权授予日，单独或合计持有上市公司5%以上有表决权股份的人员，未经股东会批准，不得参加股权激励。

需要特别说明的是，持有上市公司5%以上有表决权的股份并不等同于持股5%以上，而是进行了更严格的限制，通过协议或其他方式导致持股5%以上的情形均涵盖在内。此外，党委、政府及其部门、机构任命的国有企业的领导人员通常不得参与股权激励。

导向问题 105

国有控股上市公司如何确定激励股权的数量？

实务分析

国有控股上市公司实施股权激励需要考虑上市公司和国有企业在不同路径下的政策要求。《股权管理办法》明确规定上市公司全部在有效期内的股权激励计划所涉及的标的股票总数累计不超过公司股本总额的10%。非经股东会特别决议批准，任何一名激励对象通过全部在有效期内的股权激励计划获授的本公司股票，累计不得超过公司股本总额的1%。国有控股上市公司首次实施股权激励计划授予的股权数量原则上应控制在上市公司股本总额的1%以内；中小市值上市公司及科技创新型上市公司，首次实施股权激励计划授予的权益数量占公司股本总额的比重，最高可以由1%上浮至3%。

导向问题 106

现行政策文件对国有控股上市公司股权激励中的股权授予价格或行权价格有哪些特别规制？

实务分析

国有控股上市公司股权激励 175 号文要求根据公平市场价原则确定股权的授予价格或行权价格，且不得低于下列价格较高者：股权激励计划草案摘要公布前一个交易日的公司标的股票收盘价；股权激励计划草案摘要公布前 30 个交易日内的公司标的股票平均收盘价。

《股权管理办法》规定上市公司在授予激励对象限制性股票时，应当确定授予价格和授予价格的确定方法。授予价格不得低于股票票面金额，且原则上不得低于下列价格较高者：股权激励计划草案公布前 1 个交易日的公司股票交易均价的 50%；股权激励计划草案公布前 20 个交易日、60 个交易日或者 120 个交易日的公司股票交易均价之一的 50%。

《关于进一步做好中央企业控股上市公司股权激励工作有关事项的通知》规定，上市公司应当按照股票上市交易地监管规定和上市规则，确定权益授予的公平市场价格。股票期权、股票增值权的行权价格按照公平市场价格确定，限制性股票的授予价格按照不低于公平市场价格的 50% 确定。股票公平市场价格低于每股净资产的，限制性股票授予价格原则上按照不低于公平市场价格的 60% 确定。

根据上述规定，建议国有控股上市公司实施股权激励时选择遵守《股权管理办法》的相关规定，审慎依据不同激励模式选择确定激励股权授予价格。

导向问题 107

国有控股上市公司激励股权及激励对象的资金来源是什么？

实务分析

前文介绍了非上市国有企业实施股权激励的激励股权来源方式，国有控股上市公司激励股权来源也采取向激励对象发行股份（增量）、回购公司股份（存量）等方式。不同于非上市国有企业，国有控股上市公司不得仅由国有股东等部分股东支付股份或衍生权益，非上市国有企业则可以采取股东向激励对象转让股权的方式。

对于激励对象资金来源的要求，同非上市国有企业一样，必须为激励对象的自有资金，国有控股上市公司不得为激励对象提供财务资助或担保。

导向问题 108

如何合理设置股权激励的业绩目标？

实务分析

《股权管理办法》要求上市公司股权激励实施过程中设置公司业绩指标和激励对象个人绩效指标，并要求相关指标应当客观公开、清晰透明。因此，实务中中介机构通常会选择同行业可比上市公司进行对比分析。业绩目标的选取范围和非上市国有企业基本一致，包含了能够反映股东回报和公司价值创造的综合性指标和能够反映公司盈利能力和市场价值的成长性指标。以同行业可比公司相关指标作为对照依据的，选取的对照公司不少于3家。

国有控股上市公司股权激励175号文出台时间较早，未明确对于业绩目标的设置进行规定，但是当前有效的《中央企业控股上市公司实施股权激励工作指引》则为业绩指标的设定作出了详细的规定，明确提出了结合企业经营特点、发展阶段、所处行业等情况，科学地进行考核指标设置，细化了综合性指标、成长性指标以及企业运营质量指标的内容，为国有控股上市公司制订业绩目标提供了借鉴。

导向问题109

如何合理设定股权激励的退出机制？

实务分析

在退出机制设置上，国有控股上市公司实施股权激励通常会在激励计划中设置激励对象正常调动、退休、死亡、丧失民事行为能力时激励股权的处置机制，也会就出现违反法律法规情形时尚未解除限售或尚未获授股权的处置进行规定，但就退出机制设定与非国有企业和普通上市公司无实质性差异。

二、股权激励方案制订和实施

导向问题110

国有控股上市公司在制订和实施股权激励方案时应遵循哪些政策文件？

实务分析

国有控股上市公司承担着国有资产保值增值的责任，经营活动受到国资监管部门的监管，实务中除应当适用《股权管理办法》、国有控股上市公司股权激励 175 号文以及证监会和交易所的业务规则、指南等通用性规定、规则外，还需遵循 4 号文、133 号文等国资监管的规定。国有控股上市公司实施股权激励涉及的规定如表 4-10 所示：

表 4-10　国有控股上市公司股权激励政策汇总

规定	适用范围
《股权管理办法》（中国证券监督管理委员会令第 148 号）	普适性规定，适用于全部 A 股上市公司
175 号文	适用于中央企业和地方国有控股上市公司
《关于规范国有控股上市公司实施股权激励制度有关问题的通知》（国资发分配〔2008〕171 号）	
《关于进一步做好中央企业控股上市公司股权激励工作有关事项的通知》（国资发考分规〔2019〕102 号）	适用于中央企业控股上市公司，地方国有控股上市公司优先参照所在地相关政策实施股权激励，所在地未出台政策的，参照执行
《中央企业控股上市公司实施股权激励工作指引》	

除上述规定外，特定板块的上市公司还要遵循交易所关于信息披露相关事宜的规定。

导向问题 111

通常情况下国有控股上市公司实施股权激励计划的流程包含哪些步骤？

实务分析

1. 股权激励计划制订

国有控股上市公司根据自身业绩预测数据、发展规划、业务数据等信息，聘请中介机构协助制订股权激励计划草案、考核管理办法及其他文件，拟定股权激励的汇报请示文件，做好预沟通准备。

2. 与国资监管部门进行预沟通

国有控股上市公司将初步形成的股权激励计划草案提交给国有企业集团公司国资监管部门，与国有企业集团公司国资监管部门进行预沟通，并依据国有企业集团公司或国资监管部门意见对股权激励计划草案进行调整。

需要特别说明的是，预沟通的时间通常存在不确定性，实务中在制订时间规划时，应当预留充足的时间，直至获得国有企业集团公司的口头同意。

3. 董事会和监事会审议

国有控股上市公司在取得国有企业集团公司或国资监管部门的口头同意后，着手准备董事会、监事会审议文件及公告文件，履行上市公司就股权激励事宜的董事会、监事会审议程序。

4. 提报国有企业集团公司或国资监管部门

国有控股上市公司履行完毕董事会和监事会审议程序后，即可将相关股权激励资料正式提交至国有企业集团公司或国资监管部门，履行正式的国资批复程序。

需要特别说明的是，申报材料中应当附有股权激励情况说明、关键要素说明、预期收益占比、激励人员名单、对标企业说明等文件。

5. 股东会审议

国有控股上市公司正式取得国有企业集团公司或国资监管部门的批复

后，即可着手履行股东会的审议程序和公告程序，并由中介机构出具相应的核查意见、独立财务顾问报告及法律意见书等文件。

6. 员工宣讲

股权激励最终效果的实现还应有员工的认可和参与。股东会审议通过后，国有控股上市公司即可着手准备员工宣讲事宜，对股权激励方案进行解释介绍，员工配合公司签署授予协议书等文件。

7. 激励股票的登记

股权激励实施完毕后，企业通常需向中国证券登记结算有限公司提交诸如上市公司实施股权激励计划申请书、风险承诺书、股票授予登记明细、股票授予公告、验资报告等相关文件，以完成激励股票的登记。

参考案例

以编者参与的星月公司限制性股票激励为例，星月公司在项目审核过程中履行了如下审批程序：

（1）拟定股权激励计划草案。星月公司聘请专业团队初步拟定了股权激励计划草案及其他配套文件并就国有企业集团公司重点关注的关键要素说明、预期收益占比、激励人员名单、对标企业说明等事宜形成单独文件。

（2）提报股权激励咨询申请。星月公司拟定完毕股权激励计划草案后，向国有企业集团公司进行了政策咨询、方案细节沟通，了解审核部门的关注事项和意见，根据审批部门的意见对股权激励计划草案进行修订和调整。

（3）国资监管初审。国有企业集团公司对股权激励计划草案合规性进行初审，并反馈审核意见，中介机构配合星月公司予以调整、修改，最终获得国有企业集团公司的口头批复。

（4）董事会审议。星月公司董事会、监事会对股权激励计划草案进行审议，审议通过后报国资监管部门审核。

（5）国资监管部门正式审批。国资监管部门就星月公司提报的申请材料，按照正式审核流程审核，并给予批复意见。

（6）股东会审议。星月公司召开股东会审议股权激励计划草案，国有控股股东代表根据国资监管部门审核意见，在股东会上行使表决权。

综上，国有控股上市公司实施股权激励程序较为烦琐，拟定股权激励计划之前建议同国有企业集团公司或国资监管部门进行预沟通，充分了解国资监管部门对相关事项的要求，是否有特殊关注事项。国有控股上市公司实施股权激励的审批主体通常是国有控股上市公司控股股东，很少由履行出资人职责的主体审批。需要特别说明的是，国有控股企业上市公司激励股权来源不论是增发或者老股转让，同样有国有资产交易的审批问题，预沟通阶段应明确是否再适用国有资产的交易程序，是否控股股东层面审议后即可。

三、国有控股上市公司股权激励重点实操问题分析

国有控股上市公司实施股权激励过程的重点实操问题与非上市国有企业基本一致，除本章第二节第三部分陈述的相关问题外，在国有控股上市公司股权激励过程中，还应重点关注以下几个问题。

导向问题 112

激励股权授予权益数量能否突破 1%的限制？

实务分析

规则层面，国有控股上市公司股权激励 175 号文明确规定上市公司首

次实施股权激励计划授予的股权数量原则上应控制在上市公司股本总额的1%以内。中央企业控股上市公司在此基础上进行了适当调整，《中央企业控股上市公司实施股权激励工作指引》规定中小市值上市公司及科技创新型上市公司可以适当上浮首次实施股权激励计划授予的权益数量占股本总额的比例，原则上应当控制在3%以内。部分地区国资监管机构还对中小市值上市公司作出了界定，上海市国资委发布的《本市地方国有控股上市公司股权和分红激励办事指南》将股票市值小于100亿元的上市公司认定为中小市值上市公司。

通过检索国有控股上市公司案例可以发现，国有控股上市公司首次实施股权激励时授予权益总量存在突破了公司股本总额1%的限制的案例。如新华制药（000756. SZ）在其第二期股票期权激励计划确定的拟授予股票期权约占公司股本总额的3.97%；复旦张江（688505. SH）在其限制性股票激励计划确定的拟授予激励股票数量占公司股本总额的3.64%。由此可见，国有控股上市公司首次授予权益数量突破公司股本总额1%并无实质性障碍，但应在预沟通阶段重点讨论并取得国有企业集团公司或国资监管部门的批复确认。

导向问题 113

国有控股上市公司能否选择股票增值权作为激励模式?

实务分析

股票增值权本质上融合了虚拟股权和期权的特点，由企业授予激励对象特定权利，不进行股票交易，通过模拟股票市场价格变化的方式，按照激励方案设定的期间，在达成授予条件后，激励对象获得公司支付的行权价格与行权日股票市场价格之间的差额。股票增值权的实质是股票期权的现金结算，比照实施期权计划可获得的收益，由公司以现金形式支付给激励对象。

实务中国有控股上市公司，尤其是央企控股上市公司选择股票增值权实施股权激励的案例较少。规则层面，国有控股上市公司并不禁止选择股票增值权的激励方式。如选择股票增值权作为激励工具，应特别关注下述事项：

（1）规则层面不禁止并不意味着国有企业集团公司或国资监管部门接受该种激励方式。国资监管的地域性和特定性也决定了国有控股上市公司选择股权激励工具过程中向监管企业和国资监管部门提前汇报和获得其认可。

（2）股票增值权以现金奖励作为最终兑付方式，上市公司应考虑两方面事项：其一，股票增值权对于上市公司现金流的影响；其二，如激励对象中存在境外主体，还应当在股权激励计划制订之前，考虑境外劳动用工、员工激励、税收等方面的规定，确保激励效果的实现。

（3）股票增值权涉及国有股东权益的直接让渡，国有企业审计及国资监管层面均会重点关注，必须确保程序合规和完备。

参考案例

在东方明珠新媒体股份有限公司（600832）［以下简称东方明珠（600832）］首期股票增值权激励案例中，东方明珠（600832）向激励对象授予的股票增值权总量涉及的虚拟标的股票数量为13.43万股，占公司股本总额的0.012%，激励对象为公司两名副总裁陈某源、黄某钧，激励有效期为5年。

导向问题 114

国有控股上市公司在股权激励中如何设定合理的业绩指标？业绩考核目标的计算有哪些需要特别注意的事项？

实务分析

国有控股上市公司股权激励门槛较高，除符合证监会的规定外，还要符合国有控股上市公司实施股权激励的业绩指标设定要求。国有控股上市公司实施股权激励，业绩目标应在综合性指标、成长性指标、企业收益质量指标中至少择其一。业绩考核目标的计算应符合会计准则要求并遵循如下原则。

（1）业绩目标水平应不低于公司近3年平均业绩水平及同行业（或选取的同行业境内、外对标企业，行业参照证券监管部门的行业分类标准确定，下同）平均业绩（或对标企业50分位值）水平。

（2）业绩目标应结合上市公司所处行业特点和自身战略发展定位。业绩目标应在授予时业绩水平的基础上有所提高，并不得低于公司同行业平均业绩（或对标企业75分位值）水平，凡低于同行业平均业绩（或对标企业75分位值）水平以下的不得行使。

（3）合理控制股权激励实际收益水平。相关政策中，股权激励收益与业绩指标增长挂钩浮动，设置了最高上限。在行权有效期内，激励对象股权激励收益占当期股票期权或股票增值权授予时薪酬总水平的最高比重，境内上市公司原则上不得超过40%。股权激励实际收益超出上述比重的，尚未行权的股票期权或股票增值权不再行使或将行权收益上交公司。

导向问题 115

如何将股权激励与薪酬体系进行结合与协调?

实务分析

股权激励作为国有上市公司薪酬体系的重要组成部分，同样遵循了薪酬证券化的逻辑。国有控股上市公司制订股权激励档案时，也应当考虑国有控股上市公司薪酬体系的水平和结构。股权激励带来的收益将极大提高管理层收益，由此，国务院国资委在政策制定过程中明确考虑股票期权和股票增值权下股权激励收益占激励对象整体收益的水平以及限制性股权激励核定股权激励预期收益时，除考虑赠与部分价值还须考虑赠与部分与未来增值收益情况。

国有控股上市公司实施股权激励的初衷是引导管理层对企业整体业绩和长期发展的关注，在确保国有企业资产保值和增值的基础上进行利润的分享。如果股权激励收益过高可能导致经营者为了短期业绩，为巨额套现而放弃整体利益。

本章小结

近年来，围绕国有企业股权激励的激励力度、业绩考核、审批备案等一系列改革举措渐次落地带动了整个资本市场国企股权激励热潮迭起，改革红利加速释放，推动相关企业业绩显著增长；特别是在充分竞争行业领域的技术密集型、人才充分流动的企业，以及国有科技型企业中，股权激励明显提速，整体实施比例和数量都有了显著增加。

资本市场的活跃与国企改革的深入是国有企业股权激励逐渐推广的背景条件，而相关政策的出台则是国有企业股权激励方案得以落地实施的必要前提。究其原因在于：一方面，国有企业出资方系国家，其经营活动需服务于国有资产保值增值的目标，而股权激励系将国有企业的一部分所有权授予被激励员工，从保护国有资产的角度出发，国有企业的股权激励天然存在滑向“私分行为”“掏空行为”的风险，必须引起足够的重视；另一方面，国有企业的股权激励与国有企业改革特别是混合所有制改革密切相关，而国企改革的每一步都必须有相应的政策依据，如果政府层面未明确允许某些类型的国企的股权激励行为或者未出台明确的政策性指引，那么国有企业的股权激励也将因为缺少政策依据而寸步难行。

综上，相较于民营企业，国有企业在实施股权激励时面临更多的限制，也要遵循更多的规范。在实务中，保持国有股东的控股地位，避免国有资产流失更是员工股权激励的前提和底线。因此，相较于本分册第二章、第三章的内容，本章更多的是以目前国有企业股权激励的关键性政策

(特别是133号文和4号文)为行文重点，对股权激励实施过程中的重点实操问题分析也以上述政策规定为出发点和落脚点。本章所列的政策文件首先解决了国有企业股权激励“可不可以做”，其次指明了“如何去做”，不仅解决了可行性问题，也回答了合规性问题。在此基础上，本章重点关注了实操领域的股权激励方案设计和其他重点问题，通过对国有企业股权激励的激励模式、激励对象范围、股权来源、激励数量等问题进行逐一详述，层层递进，以期帮助读者形成对混改试点企业股权激励、国有科技型企业股权激励、国有控股上市公司股权激励的基础性和整体性认识，真正对其实操股权激励提供有益借鉴。

5 第五章

股权激励重要法律文书

股权激励的落地最终还需以法律文件为载体，通过法律文件明确约定公司和激励对象的权利义务，形成对公司和激励对象有约束力的法律文件，让企业和激励对象严格执行股权激励各项文件设定的权利和义务，确保股权激励可预期、可执行。

股权激励不单单是将股权授予激励对象，更需要激励对象认可企业的价值，赋予员工作为“企业主人”权利和责任的同时，对员工进行有效的限制，让员工清楚地认识到服务期、股权回购、考核指标等商业安排的合理性。以上事项的实现无一不需要以法律文件为基础。

实务中，股权激励涉及的法律文件包括了增资协议或财产份额转让协议、股权激励方案、授予协议、持股平台合伙协议或公司章程、考核管理办法、激励份额转让协议、竞业限制协议等。一套内容完备、权利义务明确、符合公司需求的法律文件不仅可以定分止争，还可以预防风险、化解风险，让股权激励真正回归本源，促进企业高质量发展。股权激励法律文件还是一项融合法律、财务、业务、管理、税务、资管、信托等多学科、多领域知识的文件。以激励方案为例，完善的股权激励方案会充分考虑法律条款设置、股份支付费用处理、财务指标设定、业务指标设定、税务筹划、持股平台形式选择等各类问题，甚至还可能会考虑与企业上市计划的衔接问题，可谓牵一发而动全身，直接影响参与各方的权益，需要企业和各参与方给予足够的重视。

第一节
股权激励方案

实务中，有些企业习惯于模仿、套用成功企业的激励方式，以期实现相同的效果，没有基于公司未来发展的需要，结合企业、员工利益的一致性和个体的特殊性去思考不同企业股权激励的个性。企业家更多地聚焦于授予多少股权，存在一“授”了之的心态；激励对象则更多聚焦于“是否需要花钱，需要花多少钱”。在此情况下，股权激励之于各方更像是对利益的简单分配，以上问题恰恰反映了企业股权激励实施过程的难点，即如何通过股权激励的实施形成企业和员工之间趋同的价值观和使双方达成共识。一套较为完备的股权激励方案，可以将企业、股东、员工关系从“利益追求”变为对于公司的“价值认同”，实现共创共赢。

股权激励方案是股权激励实施过程中最核心的文件，也是股权激励其他法律文件形成的基础，涵盖了股权激励实施过程中的全部核心要素。不同的股权激励模式下，股权激励方案的内容存在一定差异，本节内容将以限制性股权激励方案关键条款为例，并适当兼顾其他激励方式，系统介绍激励对象范围、授予数量和价格、考核指标、服务期和退出机制等关键条款，深入解读股权激励方案文书如何规划、设计和制作。

一、激励对象范围条款

条款含义

激励对象，顾名思义是指参与企业股权激励并获得激励股权的人员，通常包含了对公司具有激励价值的各类核心人员。但股权激励不是全员激励，主要是对现有的以及未来需要招募的核心人员的激励。核心人员的范围包含了管理层、技术类核心人员、市场营销人员等。对非上市公司而言，股权激励的对象范围主要根据企业行业属性和岗位重要性决定。

实务分析

股权激励不是全员激励，激励对象范围的划定对于股权激励的效果意义重大，有助于让员工认识到自身的重要性和价值所在，让核心员工形成对企业发展的共识。如果激励范围过大，无法体现出对核心员工的价值认可，股权也会显得价值不足；如果激励范围过小，核心员工可能会形成“不患寡而患不均”的心态。由此，股权激励对象的范围确定，一定是在充分考量岗位层级、岗位价值、岗位重要性等因素的基础之上，有层次、有计划地进行。企业在确定激励对象范围时要根据自身情况设计合理的标准，这些标准应当明确、可操作，还要注意公平公正，所有这些都要通过条款确定下来。

激励对象范围条款的制订要充分契合企业实施股权激励的目的，体现和反映实施本次股权激励的核心目的，并以此为基础考虑具体的人员范围和授予激励股权的数量和比例。需要特别注意的是，处于不同发展阶段的企业在激励对象的选择上侧重点不同，这一问题在本分册第三章中已经进行了详细介绍，此处不再赘述。

为避免部分企业拟激励人员无法满足激励条件，考虑到当前法律法规亦未明确限定激励对象范围，激励范围条款制订过程中还可以设置一定的灵活性条款，如“董事会认为有必要也可作为激励对象实施激励”，以确保该条款具有更充分的灵活性。

条款示例

示例一

本次股权激励对象的范围：(1) 公司核心技术人员或者核心业务人员；(2) 公司董事、监事、高级管理人员；(3) 虽未满足上述全部条件，但公司董事会认为应当激励的对公司经营业绩和未来发展有直接影响的其他员工。

示例二

本次股权激励对象的范围：(1) 为公司的发展作出突出贡献、绩效优异的关键技术人员；(2) 依据激励对象过往经验、经历，对公司将来的贡献综合预估后，对公司发展至关重要而引进的新员工；(3) 除上述人员外，激励对象亦包括为适应公司发展状况及阶段而由公司董事会认定的其他激励对象。

二、授予数量和价格条款

条款含义

激励股权授予数量即公司愿意拿出多少股权去激励员工，具体的激励价格如何确定。对于上市公司而言，《股权管理办法》明确规定了上市公司全部在有效期内的股权激励计划所涉及的标的股票总数累计不得超过公司股本总额的10%。非经股东会特别决议批准，任何一名激励对象通过全部在有效期内的股权激励计划获授的本公司股票，累计不得超过公司股本总额的1%。因无明确的限制性规定，非上市公司在激励股权授予比例方面的灵活性较大，但也应当考虑对企业控制权的影响，匹配企业后续的发展规划。

对于授予价格，不同的企业通常存在不同考虑。实务中，企业通常会选择某些特定性指标作为公允价格的参考数据，必要时还会聘请评估机构确定公司的净资产值，公允价值通常存在如下选择：（1）经评估的净资产；（2）前后6个月的外部投资者价格；（3）同行业可比上市公司的市盈率等。此外，授予价格的确定还应当考虑激励对象的接受度，以确保公司利益、股东利益和激励对象利益的平衡。

实务分析

1. 关于授予总量条款

企业发展过程中必然会经历多次股权稀释，包括但不限于以增资方式引入投资人时的稀释、进入公开市场发行新股阶段的稀释等。因此，股权激励的授予数量也要契合企业的战略规划。实务中，一次股权激励授予股权数量不宜过多，为保证激励股权的稀缺性，多数企业上市前通过股权激励授予的激励股权总量控制在3%~20%，公司可以结合自身发展规划，考虑如下因素：

（1）公司整体薪酬和福利水平。

（2）公司设定的业绩指标情况。

（3）公司股东的分享意愿、对控制权的影响。

（4）公司净资产的大小。

（5）同行业可比公司情况。

（6）未来预留股权及稀释。

企业通常需要根据自身情况酌情决定股权激励的总量。尤其是对于拟上市公司而言，一方面基于公司情况，另一方面也需要预防控制权变更问题，一旦后续变为公众公司，主要股东将持续迎来股权稀释，如果股权激励比例过大，很容易导致控制权转移。

同理，确定单个激励对象获授的激励股权的数量时，也存在较多考量因素，应当以公司整体薪酬水平为标准，考虑激励对象的薪酬和福利水平、不可替代性、工作年限、心理预期以及激励对象所在工作岗位整体激励情况。基于上述考量因素，设定相应的员工职级系数和绩效系数，最终计算激励对象应当获授的激励股权数量。

2. 关于授予价格条款

创始阶段的企业，作为共同创始人的创业团队通常会以 1 元/注册资本的价格授予股权，也存在实际控制人 0 元授予股权的情形；发展阶段的企业，实际控制人可以 1 元/注册资本的价格授予股权或者是其他低于净资产价格或者低于外部投资者入股价格（公允价格）授予激励对象激励股权；成熟期的企业，尤其是已经在筹划上市阶段且已经进入报告期的企业，因低价授予激励对象股权，公司需要就授予价格和公允价格之间的差额部分进行股份支付费用处理，一定程度会影响上市阶段的公司利润，通常授予数量不宜过多且授予价格介于公允价格和每股净资产价格之间，在确保激励效果的同时，考虑对公司上市的影响。

授予数量和授予价格条款无须复杂的约定，重点在于数量和价格的合理性，授予价格和股份支付费用作为天平的两端，需要寻找一个平衡点。通常而言，企业均会采用“折价授予”的方式，由公司主动承担部分甚至大部分费用，部分企业甚至以无偿授予的方式将激励股权授予给激励对象。编者建议考虑到股权激励的固有属性，企业一般不要以无偿方式将激励股权授予激励对象。

此外，授予过程中需要考虑激励股权的预留问题，即企业预留部分股权作为后续的员工激励或人才引进。上市公司实施股权激励对于预留股份有明确的比例要求，不得超过拟授予权益数量的20%。非上市公司则无明确规定，实践中预留股权比例各异，实务中常见的是预留整体授予股权总量的10%~20%的规模，用于后续的员工激励或人才引进。企业发展过程中存在多轮股权稀释，编者建议在首次股权激励时结合控股股东的持股比例、预留外部投资者持股比例、考虑后续上市的稀释比例，以测算可以用于激励员工的股权规模，并适当预留相应的股权比例用于后续的激励。

此外，企业还应当注意激励对象认购股权的资金来源应为自有资金或者自筹资金，公司不得提供资金支持和担保，且激励对象不得私下转让认购权利。

条款示例

示例一

激励对象获授激励股权的分配原则：个人激励股权=个人积分÷总积分×常规总激励股权。实务中总激励股权的额度一般为持股平台总财产份额的2/3左右。

积分计算规则：个人积分=（职位积分+工龄积分）×长期发展系数。

（1）职位积分：副总经理=3分；总监级别（含对应技术序列岗位）=2分；任职满5年的经理级（含对应技术序列岗位）=1分。

（2）工龄积分：满10年=1分，不满10年为0分。

（3）不满足激励范围的，每位副总经理可推荐≤2人、总经理可推荐≤4人，被推荐人经公司董事会审查，认为确有必要进行激励的，每人享受

0.5 分的积分。

（4）长期发展系数。为确保激励对象能够长期为公司贡献价值，对于存在以下情况的激励对象，激励系数按照 0.8 计算：激励对象自股权授予之日起 3 年内达到退休年龄的；经董事会评估激励对象 3 年内存在较大离职概率的；经董事会评估激励对象目前处于关键岗位，但价值观与公司贴合度较低的。

特殊贡献奖励：对于对公司上市有特殊贡献的人员，除上述常规积分激励外，从另外 1/3 的总激励额度中单独再给予部分额外激励，具体数量由董事会决定。

示例二

授予价格条款：

（1）本次股权激励的价格为 15 元/1 元财产份额（合伙企业持股平台 1 元出资的授予价格为 15 元），即在公司 1000 万元注册资本下激励对象直接或间接取得 1 元出资额需支付的对价为 15 元。

（2）本次认购激励股权的资金由激励对象自筹，公司不提供资金支持和担保。

（3）必须由激励对象本人实名认购激励股权，不允许私下转让认购权利、代持激励股权。如有违反，激励对象为持股平台合伙人的，由普通合伙人或其指定的公司员工按认购价格原价回购，由此引起的损失、法律纠纷解决费用和其他费用由违反者本人承担。

三、考核指标条款

条款含义

股权激励的考核指标又称绩效考核指标，即企业为确定激励对象是否满足授予要求或者行权要求而设定的激励对象应该完成的义务事项，通常包含公司业绩指标和个人绩效指标两部分。业绩指标通常设定为财务指标，如净资产收益率、净利润增长率、主营业务收入增长率等。上市公司还会使用每股收益、每股分红等反映股东回报的指标。

实务分析

通常情况下，考核指标是激励机制的重要组成部分，也是确保激励效果能够达到预期的前提。鉴于考核指标的重要作用，本分册第二章第三节专门对股权激励的考核指标进行了详细介绍。考核指标一般包含业绩考核指标和个人考核指标两部分。

就公司层面而言，考核指标的选取即公司采用何种考核方式和内容作为解锁激励股权或者取得期权的限制性条件，前文中多次提及了包括但不限于净利润增长率等考核指标。需要特别提示的是，公司层面的考核指标并非必然选择具有财务属性的业绩指标，还可以设定研发进展、产品销量、知识产权积累、技术开发、产品产量等经营性指标、研发产业化指标等。

不同于公司层面的考核指标，企业通常不会设置较为特殊的个人考核指标，如果激励对象未出现如收受商业贿赂、泄露商业秘密等严重违反规章制度的情形，个人业绩考核指标通常不会成为限制激励对象获得激励股权的“绊脚石”。

公司层面考核指标设定时，切忌生搬硬套，盲目选择考核指标，一定要结合股权激励目的，制订个性化的考核指标。在符合监管要求的前提下，考核指标应尽量与企业的业务特点、未来发展密切相关，辅助实现企业新业务增长点的培育、业绩的持续性、前沿技术的不断突破等发展目的。实务中，考核指标设定具有特殊性和多样性，以期权考核指标为例，遵循的设计原则有股权激励目的性原则、易于查明和举证的原则、兼顾劳动法规定和司法实践的原则。因此，股权激励计划在设计授予股权（期权）、期权行权条件、限制性股权解除限制条件以及公司对激励股权的回购条件时，需要结合股权激励纠纷案件审理的现状。站在公司角度，设定的考核指标应确保公司有证明激励对象是否满足相关条件的举证能力。

条款示例

赛微微电（688325）股权激励计划草案选择的研发产业化目标如表5-1所示。

表 5-1 赛微微电公司层面考核指标一览

归属期	考核年度	研发产业化目标
第一个归属期	2023 年	2/3 串电池全保护芯片项目以及两串锂电池计量芯片项目研发产业化，两项目产品合计实现累计销售额不低于 500 万元
第二个归属期	2024 年	多串锂电池计量芯片项目研发产业化，相关产品实现累计销售额不低于 500 万元
第三个归属期	2025 年	BMS 多串 AFE 芯片项目研发产业化，相关产品实现累计销售额不低于 500 万元

四、服务期条款

条款含义

服务期即通过设置激励对象为企业服务的一定期限，从而绑定员工的一种限制，可以是直接设定获授限制性股权后需要继续为公司服务特定年限，也可以是在企业上市前离职或者某特定条件下出现某种情况时，企业按照授予价格收回激励股权，其实质仍为股权回购条款的延续和变通。

实务分析

服务期设置的核心目的是绑定员工，确保获得限售股权的激励对象能够为企业服务特定的年限，但是服务期并非越长越好，员工也不会因为存在服务期而选择不离职。拟上市公司如存在服务期设置，还会影响股份支付费用的分摊等会计处理。因此，是否设置服务期、设置多长的服务期需要因企制宜。当然，限制性股权激励可以设定服务期也可以不设定服务期，并无必然要求。

服务期设置本身并无特殊性，企业可根据自身特点自由选择。拟上市公司在实施股权激励时应重点关注激励方案中的隐含服务期。

比如，A公司通过员工持股平台实施股权激励计划，A公司实际控制人担任持股平台执行事务合伙人，被授予股份的员工担任有限合伙人，持股平台仅为实施股权激励计划设立，不开展实质性业务。持股平台的合伙协议中约定，有限合伙人在A公司首次公开发行上市前离职的，该有限合伙人持有的份额由执行事务合伙人收回；该有限合伙人取得份额时支付对价的，由执行事务合伙人返还其实际支付的对价。除上述约定外，持股平台不存在其他关于等待期、服务期的具体条款。

从员工角度而言，如果员工于A公司上市前离职，其无法享受任何股权激励计划带来的利益。因此，员工为最终获得股权激励的利益，必须为A公司提供服务至成功上市。基于实质重于形式的原则，上述条款构成隐含服务期的可行权条件，股权激励实施日至成功上市日之间的期间就是隐含服务期。

隐含服务期的存在更多涉及股份支付费用的分摊，也即拟上市公司无法一次性确认股份支付费用，服务期内股份支付费用的分摊可能长期影响拟上市公司净利润。

条款示例

本次股权激励的服务期为60个月，自激励股权授予日至在公司任职满60个月，服务期内，激励对象不得转让其持有的财产份额。同时，员工在服务期内主动离职的，公司有权通过普通合伙人要求该激励对象将其持有的财产份额转让予普通合伙人或其指定的第三方。转让的价格为按照此部分激励股权的认购价格并加以转让当日中国人民银行同期同档定期存款利率计算的利息。服务期内，激励对象要认真履行工作职责，完成岗位工作职责，遵守公司规章制度，积极维护公司利益，不为违法犯罪行为或因故意或过失严重违反公司规章制度。

五、退出机制条款

条款含义

退出机制，是指激励对象在企业设定的不同情形下的退出方式和价格设置。按照退出的情形，可以将股权激励退出机制分为强制性退出、允许类退出、选择性退出，也可称为负面退伙、中性退伙、正面退伙抑或过错性退出、非过错性退出。完善的退出机制不仅可以提高激励对象的参与意愿，更能够消除激励对象的顾虑和隐忧，避免退出时产生纠纷。

所谓强制性退出，即企业在预先设定的条件被触发后，按照约定的价格收回已经授予尚未解除限售的激励股权或者直接剥夺激励对象按照特定价格行使期权选择权的权利。

所谓允许类退出，即在预先设定的条件被触发后，激励对象有权要求企业或者协议指定主体按照约定价格回购其股权或者不再行使被赋予的期权选择权。

所谓选择性退出，即企业在预先设定的条件被触发后，有权决定激励对象是否继续保留激励股权或者有权决定激励对象是否继续享有期权选择权。

实务分析

股权激励实施中，激励对象需支付相应对价以取得激励股权。股权激励的对价性也决定了当激励对象没有满足服务期要求或者未满足考核指标要求，无法取得获授的限制性股权或者无法行使其期权选择权时，企业应通过退出机制收回激励对象获授的激励股权。即使在限制性股权激励中，激励对象获授股权后也并非直接成为企业的股东，只有在满足服务期、完成考核要求后才能真正取得企业低价授予的股权，如果不设定退出机制，服务期和考核指标等条款的设置也将不再有意义。

此外，基于激励对象角度，无论限制性股权激励、期权或者员工持股计划、股票增值权，激励对象通常需要支付一定的对价。对于激励对象来说激励对价可能是一笔巨款，可能因各种主客观原因导致存在刚性的退出需求。

因此，无论从企业实施股权激励的初衷出发抑或从激励对象的需求出发，设置退出机制均具有较强的必要性。

1. 退出机制触发条件的设定

股权激励退出机制设定中，退出机制触发条件可以依据员工是否存在过错以及过错程度，分为强制类退出、选择类退出、允许类退出，详情如下：

（1）强制类退出。强制类退出，通常是指员工因严重违反企业制度或严重损害企业利益等自身过错原因，导致其被强制要求退回获授股权或者被取消期权授予，强制类退出的触发条件可以归为如下几类：

①激励对象违法、犯罪，严重违反企业规章制度或者严重损害公司利益。

②激励对象失职、渎职或未经公司允许擅自离职。

③激励对象违反约定，擅自处置获授激励股权或期权。

④激励对象擅自在外投资同类企业，违反竞业限制规定。

（2）选择类退出。选择类退出，通常是指员工非因主观过错原因，触发激励股权回购条件，在未给企业造成任何负面影响的情况下，企业有权根据该员工历史贡献等因素决定允许其继续持有激励股权，选择类退出的触发条件可以归为如下几类：

①激励对象因诸如退休、离职、意外去世等客观原因无法完成服务期。

②激励对象调职、公司同意辞职。

③激励对象因利益导致激励股权被分割或者因其他原因被强制执行。

（3）允许类退出。允许类退出通常是指员工在符合股权激励授予协议约定、经企业同意等条件下，激励对象要求企业按照公允价格回购其获授的股权或回购其已行权的股权。允许类退出的触发条件可以归为如下几类：

①激励对象因患病、职务行为负伤、被经济性裁员。

②激励对象满足合伙协议约定事由、执行事务合伙人同意。

③激励对象未违反合伙协议约定义务。

2. 退出机制条款设计时的关注因素

一套相对完善的股权激励条款通常能够反映股权激励的核心目的。企业实施股权激励无非就是激发员工的工作积极性、留住员工以及吸引优秀员工。基于前述目的，股权激励退出条款设计过程中应当充分关注如下因素：

（1）适当设置服务期或限制期。一般非上市公司实施股权激励应将企业发展规划和预期绑定核心员工的期限相结合，服务期和锁定期不宜过长，以3~5年为宜。对制造业企业、医药类企业以及高新技术企业来说，3~5年通常是一个发展周期或技术迭代周期，符合企业的客观发展实际，也不至于让员工认为遥遥无期。流通性是激励对象参与股权激励的重要考虑因素，退出机制的设计应当充分考虑激励股权的流通空间。

（2）退出价格的设定。前文中我们提及了激励对象退出的不同情形，并加以定义和归类。此举是为激励股权不同退出情形设定不同的退出价格。例如，强制类退出情形的退出价格可以设定为授予价格，原价退出；选择类退出，如企业决定激励对象不再保留激励股权，退出价格可以设定为授予价格加同期同类银行存/贷款利息或者固定的年化利率对应的利息，年化利率可以设定为3%或5%，通常最低标准等于或高于同期同类银行的存款利息。

（3）退出程序的设定。若退出条件被触发，企业或指定人员通常应尽快收回激励对象获授的激励股权。股权激励授予协议或股权激励方案中可以明确退出的程序，提前准备程序性文件。限制性股权激励模式下为防止激励对象不配合签署相关文件、不配合办理变更手续导致激励股权退出不及时或不能转让给其他拟议激励人员，股权激励实施阶段通常需要明确激励对象的程序性义务并涵盖其需要签署的文件。

条款示例

以某国有企业员工持股计划为例，退出机制条款如下。

一般情况下的退出：

1. 企业上市前，持股员工持有的已解锁且满禁售期的个人获授股权按下述方式退出：

（1）企业引入外部投资者时，已解锁且满禁售期获授股权可根据公司统一安排并结合外部投资者的意愿，经股东会审议通过，持股员工按外部投资者实际入股价格向外部投资者转让退出。

（2）在合法合规的前提下，经持股平台管理委员会（国有股东指定人员组成）批准，持股员工之间可以在窗口期就已解锁且满禁售期的个人获授股权按照持股计划之约定进行内部交易。如受让方不是持股员工，由持股平台管理委员会确认其是否满足成为持股计划持股员工并承接个人获授股权的条件。具体交易价格、交易方式和交易对象均须经持股平台管理委员会批准。

2. 公司上市后，持股员工所持有的已解锁且满禁售期的个人获授股权可在满足上市禁售要求后，经持股平台管理委员会批准同意由平台管理人将员工持股平台所持公司股权按上市规则在二级市场出售。持股员工应经持股平台管理委员会批准同意通过退伙、清算等方式获得退出收益。公司上市后的减持、退出制度由持股平台管理委员会另行规定。

特殊情况下的退出：

1. 在发生以下情况时，若员工持股平台、持股员工与国有股东对持股计划的处置及安排存在另行约定，则以各方的另行约定为准：（1）公司控制权发生变更；（2）公司发生合并、分立；（3）公司发生其他重大变更。

若员工持股平台、持股员工与国有股东对上述特殊情形下持股计划的处置及安排不存在另行约定，则全体持股员工有权独立选择是否继续参与持股计划。对于选择不再参与持股计划的持股员工，应当：（1）由持股员工所属员工持股平台回购，员工持股平台减资并向持股员工退还财产份额，持股员工从员工持股平台退伙；（2）经国有股东同意后按照其要求转让给国有股东或其指定受让方；（3）通过内部交易的模式将持股员工所持有的全部或部分个人获授股权（无论是否解锁）转让给持股平台管理委员会指定的其他持股员工或公司员工。对于选择继续参与持股计划的持股员工，持股计划继续有效。

2. 在发生如下情形时，持股平台管理委员会有权要求持股员工随时按照本款约定的退还或转让价格退出员工持股平台，持股员工应在下列情形发生半年内将所持有的全部个人获授股权（无论是否解锁）。（1）由持股员工所属员工持股平台回购：①员工持股平台减资并向持股员工退还财产份额，持股员工从员工持股平台退伙；②作为激励股权授予给其他持股员工。或（2）经国有股东同意后按照其要求转让给国有股东或其指定受让方。（3）通过内部交易的模式使持股员工将所持有的全部个人获授股权（无论是否解锁）转让给持股平台管理委员会指定的其他持股员工或公司员工。无论持股平台管理委员会选择上述哪一种方式，持股员工应根据持股平台管理委员会的要求和安排给予任何必要的配合并完成相应的国资内部流程（如需）和工商变更登记：

（1）持股员工有重大违法违规行为或受到严重行政处罚（重大和严重情形应以公司董事会判断为准），或因触犯法律、违反职业道德、泄露公司机密、失职或渎职等任何行为损害公司（或其关联方）或员工持股平台利益或声誉的。

（2）经公司董事会审议通过认为该持股员工有违反竞业限制行为的。

（3）持股员工不能胜任工作岗位、考核不合格、未充分履行岗位职责或违反公司其他劳动纪律的。

（4）持股员工在劳动合同期限未满而提前辞职或在劳动合同期限届满后未与公司续签劳动合同的。

（5）持股员工私自转让或通过其他方式处置个人获授股权及其对应的员工持股平台合伙份额的。

（6）持股员工未依约履行持股计划项下的任何义务的。

（7）持股员工不配合平台管理人的工作给公司引入投资方、公司并购、重组、实际经营、持股计划实施、股权架构进行调整造成重大阻碍或给公司（或其关联方）或员工持股平台造成其他不利影响的。

（8）持股员工向任何第三人透露、披露、告知、交付、传递公司的商业秘密；未经公司许可，以任何形式使之公开（包括发表、网上发布、申请专利等）的。

（9）锁定期届满但未达成解锁条件的。

（10）其他经持股平台管理委员会判断持股员工存在过错，或者给公司（或其关联方）或员工持股平台造成或可能造成损失的情形发生的。

出售价格按照如下公式计算：退还或转让价格=约定的个人获授股权出售单价×该持股员工持有个人获授股权数量。上述公式中，个人获授股权退还或转让价格为如下孰低者：（1）约定情形发生之日前最近一次经公司董事会审议确定的会计师事务所审计所得的每股净资产；（2）约定情形发生之日前最近一次经备案且在有效期内的每股评估价值；（3）所述每股成本价，即出让方取得其个人获授股权的每股成本价格，分次取得的分别计算。

无论持股平台管理委员会选择哪一种方式要求持股员工退出，持股平台管理委员会均有权要求付款方将该持股员工给公司及/或公司股东造成的全部损失（包括直接损失和间接损失）对应的款项予以扣除后再行支付，该持股员工应无条件同意并配合。如持股平台无法回购或减资，由国有股东决定是否回购或者减资。

3. 在持股员工不存在过失、过错且未损害公司利益的前提下，如发生如下情形时，持股平台管理委员会有权随时要求持股员工按照约定的退还或转让价格退出员工持股平台或减少持有员工持股平台的份额，持股员工应在下列情形发生半年内将所持有的全部个人获授股权（无论是否解锁）。(1) 由持股员工所属员工持股平台回购：①员工持股平台减资并向持股员工退还财产份额，持股员工从员工持股平台退伙或减少持有员工持股平台的份额；或②作为激励股权授予给其他持股员工。(2) 经国有股东同意后按照其要求转让给国有股东或其指定受让方。(3) 通过内部交易的模式使持股员工将所持有的全部个人获授股权（无论是否解锁）转让给持股平台管理委员会指定的其他持股员工或公司员工。无论持股平台管理委员会选择上述任意一种方式，持股员工应根据持股平台管理委员会的要求和安排给予任何必要的配合并完成相应的国资内部流程（如需）和工商变更登记：

(1) 持股员工依据国家法定退休年龄办理退休的；

(2) 持股员工死亡、被人民法院宣告死亡、宣告失踪或丧失劳动能力的；

(3) 根据公司单方要求而工作调任的；

(4) 因公司单方原因（包括裁员、业务转变等原因），公司主动与持股员工友好解除劳动合同关系的；

(5) 持股员工因身体原因连续 1 年无法履职的；

(6) 公司股东会决定终止员工持股计划的；

(7) 公司董事会认定持股员工存在其他终止服务行为的。

出售价格按照如下公式计算：出售价格 = 本款如下约定的个人获授股权回购单价×该持股员工持有的个人获授股权数量。个人获授股权若未满禁售期，出售价格为如下孰高者：(1) 约定情形发生之日前最近一次经公司董事会审议确定的会计师事务所审计所得的每股净资产；(2) 所述每股成本价，即出让方取得其个人获授股权的每股成本价格，分次取得的分别计算。个人获授股权若已满禁售期，出售价格为如下孰高者：（1）约定情形发生之日前最近一次经公司董事会审议确定的会计师事务所审计所得的每股净资产；（2）约定情形发生之日前最近一期在有效期内的每股评估价值并按照评估基准日至约定情形发生之日的期间损益调整后的每股价格；（3）所述每股成本价，即出让方取得其个人获授股权的每股成本价格，分次取得的分别计算。如小平台无法回购或减资，由国有股东决定是否回购或者减资。

4. 在发生上述未提及的其他情况时，由公司股东会或股东会授权公司董事会决定持股员工的退出方式，并确定持股计划的继续执行、修订、中止或终止。

六、其他激励模式下的特殊条款

（一）虚拟股权激励模式“激励基金的提取、分配和发放”条款

条款含义

虚拟股权主要是激励对象通过被授予的虚拟股权的数量参与企业分红并享有虚拟股权升值收益。虚拟股权激励基金即企业实施虚拟股权过程中，企业股东让渡的一定比例的分红收益作为激励对象的激励资金形成的资金池。通常而言，企业按照每个考核年度公司业绩目标的达成情况，按照企业该年度净利润和虚拟股权占比核算和提取虚拟股权激励基金。

实务分析

虚拟股权的提取比例和规模是企业实施虚拟股权激励时首要考虑的问

题，激励基金源于公司收益，提取的比例和规模直接影响股东权益。在公司实现既定业绩目标的情况下，股权激励方案中会通过设定股权激励基金的计算公式，确定应当提取的奖励基金总额，并通过公式确定出个人实际可分配虚拟股权收益。通常我们会在激励方案中设定如下计算公式：

当年激励基金总额=考核年度净利润×加权虚拟股权总数/加权实际总股本，其中，加权虚拟股权总数，根据每位激励对象的虚拟股权的最终授予数量进行加权汇总。

虚拟股权激励基金主要来自净利润，但是，根据考核条件的设定，净利润很可能不会全部被分配。实务中，每个考核年度结束后，该考核年度的激励基金总额参考当年度的财务数据和激励对象考核评定情况进行预提。在预提激励基金总额时，因股权激励计划而产生的成本费用不从净利润中提前扣除。该考核年度的财务报表经审计后，根据经审计的净利润，最终确定该考核年度激励基金实际应发放金额，剩余部分结转下一年度。

假如A企业当年度分红基金数额预提数为30万元，当年度最终分红兑现所需资金系预提分红基金的80%，则当年度预提分红基金的20%结转至下一年度，并累计至下一年度的分红基金中。确定分红基金总额后，则按照“考核年度净利润×加权虚拟股权总数/加权实际总股本/实际参与分配的最终授予虚拟股权总数”的公式计算出虚拟股权每股收益，进而计算出激励对象当年度收益。

条款示例

激励基金的提取、分配和发放条款：

1. 年度激励基金总额的确定

根据公司层面业绩目标的约定，按照每个考核年度公司业绩目标的达成情况，按照公司该年度净利润和虚拟股权占比核算和提取虚拟股权激励基金。当年度激励基金总额=考核年度净利润×加权虚拟股权总数/加权实际总股本，其中，加权虚拟股权总数，是根据每位激励对象的虚拟股权的最终授予数量进行加权汇总。

2. 虚拟股权激励基金的提取

每个考核年度结束后，该考核年度的激励基金总额参考当年度的财务数据和激励对象考核评定情况进行预提。在预提激励基金总额时，因股权激励计划而产生的成本费用不从净利润中提前扣除。该考核年度的财务报表经审计后，根据经审计的净利润，最终确定该考核年度激励基金实际应发放金额。

3. 虚拟股权收益的核算与分发

（1）虚拟股权每股收益

虚拟股权每股收益=考核年度净利润×加权虚拟股权总数/加权实际总股本÷实际参与分配的最终授予虚拟股权总数。

（2）激励对象个人收益

个人实际可分配虚拟股权收益=虚拟股权每股收益×个人最终授予虚拟股权总数。个人应缴纳的相关税费由个人承担，公司代扣代缴。

（3）收益发放

每个考核年度的虚拟股权收益在次年四月底前发放，虚拟股权收益以公司人力资源部通知为准。

（二）员工持股计划持股架构条款

条款含义

员工持股计划通常由公司拿出一部分股权直接或者以设立持股平台公司的方式由员工直接持有或通过平台公司间接持有公司股权，并依据规则向员工分配认购权。有认购权的员工出资认购该部分股权或财产份额，并委托公司对相关激励股权进行集中管理。就上市公司股权激励而言，相较于其他激励方式，员工持股计划在激励对象的选择、股份来源以及激励定价、考核安排等方面更加灵活；非上市公司因并无具体法律法规规制，差异不太大，但因其激励范围较大，除国有非上市公司外，其他企业并不热衷于该种激励措施。

实务分析

员工持股计划的特点之一为参与持股员工范围较大，少则上百多则上千，如何解决员工参与人数问题是员工持股计划需要解决的重要问题。当前市场最常使用的模式还是持股平台嵌套模式，一方面管理层可以设立有限责任公司作为持股平台的执行事务合伙人继续控制公司，另一方面层层嵌套也可以解决员工持股人数问题。市场上也将该种模式称为绿地模式，首先，即由高管等管理层人员设立有限责任公司作为员工持股平台的普通合伙人（GP）；其次，根据员工持股计划主体人数，设立相应数量的有限合伙企业，有限合伙企业的普通合伙人均为之前设立的有限责任公司；最后，由设立的有限合伙企业和有限责任公司共同设立员工持股平台，仍由有限责任公司作为普通合伙人，以员工持股平台直接持股目标公司。以持股平台嵌套模式为例，完成后的股权架构详情如图 5-1 所示：

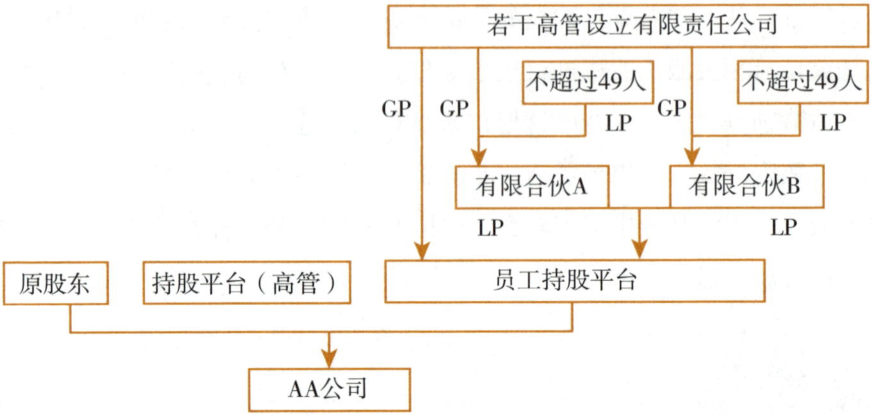

图 5-1　嵌套模式下持股平台持股架构示意

在员工持股计划实施过程中，员工通常可以自然人身份直接持股或者通过公司制企业、合伙企业、资产管理计划等持股载体持有股权。以最为常见的合伙制企业为例，嵌套合伙企业模式下，可采用绿地模式以实现管理层对整个持股平台的控制，并实现管理层以少量的资金撬动全部的员工出资。由管理层设立有限责任公司并担任公司股东，该有限责任公司作为其他小合伙企业的 GP，以实现控制，后续小合伙企业将表决权和管理权等权益委托给大合伙企业的 GP 行使，详细持股架构搭建模式如图 5-2 所示：

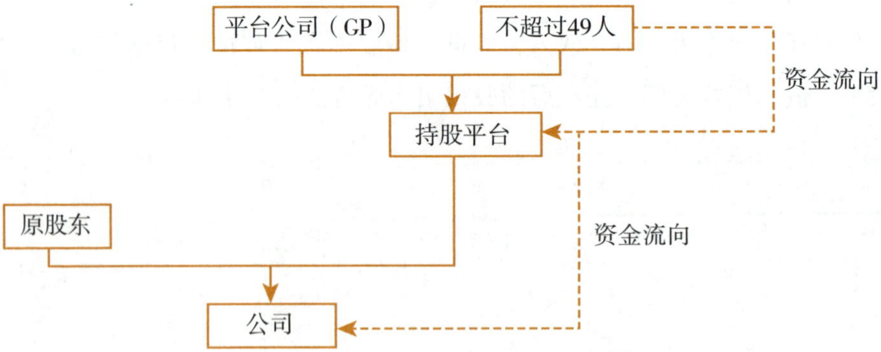

图 5-2　嵌套合伙企业模式下持股平台 GP 风险隔离示意

条款示例

以某国有企业员工持股计划为例，因参与员工持股计划人数较多，编者团队设计了持股架构仅供参考（见图 5-3）。

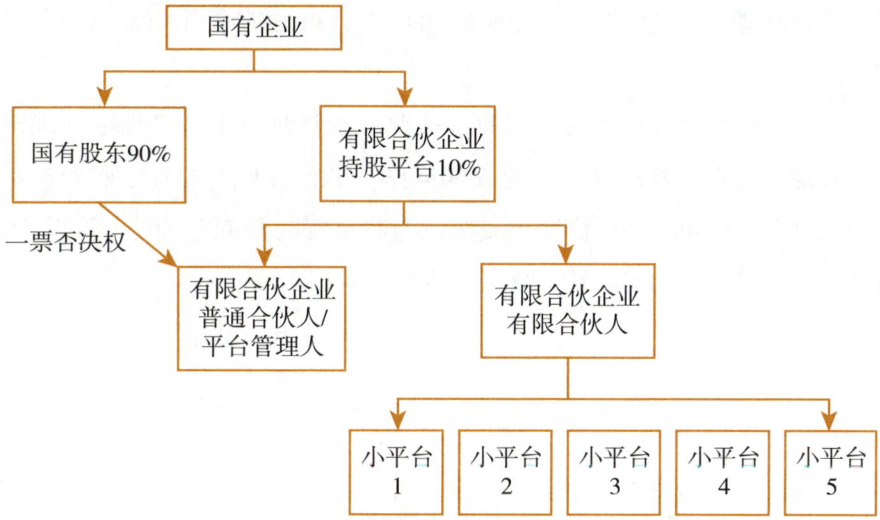

图 5-3 嵌套合伙企业模式持股架构设计示意

综上，持股架构应配套如下管理机构：

1. 股东会

股东会为公司的最高权力机构，审议批准员工持股计划的实施、变更和终止，确定激励对象的名单及获授激励股权的额度。

2. 董事会

董事会作为股权激励计划的执行管理机构，负责股权激励计划的安排、实施、管理、跟踪以及相关协议的签署和管理，并实施股东会授权的相关事项（涉及本次激励事项，董事为激励对象应回避表决或经国有股东同意，按照国有股东意见表决）。

3. 股权激励计划专业委员会

公司设立股权激励计划专业委员会，由国有股东指定人员组成，具体负责股权激励平台的管理工作，主要涉及持股平台方案及管理细则的制定，监督管理股权激励平台内的各项事宜。

4. 平台管理人

平台管理人是公司国有股东的代理人，由国有股东指定相关人员成立。

根据股权激励计划委员会授权，按照激励计划、平台管理细则规定，平台管理人负责股权激励平台的日常运作。平台管理人的日常职责包括：股权激励平台的设立、工商登记变更、缴收出资购股资金、资金管理、安排授予、解锁、回购、转让、分红、清算等事宜。

第二节

股权激励授予协议

股权激励授予协议是企业和激励对象就股权激励各项核心要素及权利义务作出约定的重要法律文本。在股权激励过程中公司不能仅仅公布激励计划或方案、公司内部管理办法，或者与激励对象进行口头约定，又或者以劳动合同替代股权激励授予协议，与激励对象在劳动合同中对股权激励进行约定。一定要将股权激励的核心事项落实到股权激励授予协议中，最终形成约束各当事方的有效法律文件。

《股权管理办法》规定，上市公司应当与激励对象签订协议，确认股权激励计划的内容，并依照该管理办法约定双方的其他权利义务。因此，对于上市公司，除了按规定制订股权激励计划，并进行登记、公告，还须与激励对象签订授予激励股权的协议。

对于非上市公司，虽然多数公司也会制订股权激励方案，但由于并不像上市公司被要求对股权激励计划进行登记和公告，有些非上市公司可能并不制订股权激励计划，而仅与激励对象订立股权激励授予协议。在这种情况下股权激励授予协议对于激励对象就显得更为重要。

股权激励模式不同，股权激励授予协议的内容也不尽相同，但不同模式的股权激励协议通常包含一些共性条款。比如授予的激励股权数量、授予价格（行权价格）、行权期（服务期）、行权条件（解除限售条件）、行权安排（解除锁定安排）、股权限制期、回购安排、违约责任、争议解决方式等。

本节拟通过对股权激励授予协议共性条款的介绍和个性条款的提示，让读者更好地理解股权激励授予协议如何设计、设计过程应当关注的问题以及如何防范法律风险。

一、授予数量和来源条款

条款含义

授予数量和来源，顾名思义是指公司用以激励员工的股权数量及来源，是各种激励模式实施过程中首先需要明确的事项。

实务分析

非上市公司（尤其是无明确上市计划的公司）在股权激励授予数量层面无明确的限制性规定。但是无论从激励效果、对控制权的影响或者是企业后续发展角度而言，授予权益的数量均不宜过高，且单个激励对象获授股权数量也不宜过高。鉴于激励对象直接持股不仅会带来烦琐的工商变更程序，而且也会对公司股权架构乃至控制权等产生更大影响，因此股权激励通常会以持股平台作为载体，股权激励通常以激励对象直接持有的持股平台的财产份额所对应的间接层面的公司股权比例体现。需要特别注意的是，在间接持股的情形下，公司需要让员工充分认识到其获授的激励股权如何衔接或对应至公司股权，以便更好地理解“激励股权”的价值。

本分册第二章在介绍股权激励方案的核心要素时已经提到，授予股权来源可以是控股股东转让或其他创始股东转让的股权、通过增资方式取得的股权以及企业设立阶段预留的股权。

在众多激励模式中，虚拟股权激励模式“授予数量和来源”条款设置更具特殊性。虚拟股权的实质还是一种分红权，没有所有权、表决权，无法转让、处分或继承。虚拟股权激励对象获得的收益来源于公司股东对相应股权收益的让渡，相关收益需要公司支付。在每一个考核年度，公司结合激励对象的岗位价值、业绩贡献等综合因素，确定该年度的激励对象、虚拟股权数量和激励份额，并以会计年度为周期，将激励基金发放给激励对象，使激励对象分享公司成长带来的收益。

条款示例

每一位激励对象享有的虚拟股权授予数量按照以下程序确定：

(1) 每个年度初始，公司参照激励对象所处的职位、岗位评估等级和岗位价值，确定激励对象的虚拟股权分配系数和虚拟股权基准数额。(分配系数，即根据每一个激励岗位的岗位价值评估结果，确定的每一激励岗位拟授予的虚拟股权的点值单位；基准数额，即在计算每一位激励对象被授予的虚拟股权总数时，每一单位分配系数对应的虚拟股权数量。)

(2) 每个考核年度结束后，公司根据年终激励对象年度绩效考核结果，确定该激励对象当年最终应被授予的虚拟股权数量。

(3) 每个考核年度结束后，公司经测算确定每一位激励对象该年度最终应被授予的虚拟股权数量后，报执行董事审议批准。计算公式如下：虚拟股权的初始授予数量=基准股数×分配系数。虚拟股权的最终授予数量=虚拟股权的初始授予数量×公司层面考核系数×个人层面绩效考核系数。

(4) 持股计划实施后，公司未来因权益分派或其他因素总股本变动的，则上述基准股数按照注册资本变动同步调整，相应基准数量按照变动时间进行加权平均计算确定。

（5）每个年度结束后将根据公司业绩、个人业绩及持股计划相关规定进行具体核算。

二、授予价格条款

条款含义

授予价格是所有股权激励协议中都需要明确的事项，授予价格通常根据公允价格进行一定折价，而期权激励的授予协议中，确定的是期权成熟后的行权价格。[1]

实务分析

授予价格通常为一项个性化的条款，除国有企业员工持股计划外，通常各种模式下的股权激励均可采用无偿授予、低价或折价授予、按照每股净资产价格授予等方式，除非存在特殊情况，建议不要采用无偿授予的方式。就该项条款，不同激励模式存在较强的相似性。

实务中，国有企业实施的员工持股计划在授予价格上存在一定特殊性，133 号文、4 号文均对授予价格进行明确规定，即员工入股价格不得低于经核准或者备案的每股净资产评估值（详见 133 号文第 3 条第 3 项规定[2]、4

---

〔1〕 若行权时激励股权的价值高于行权价格，激励对象通常会选择行权。反之，若行权价格“倒挂”，激励对象则会本着“趋利避害”的投资原则放弃行权。

〔2〕 133 号文第 3 条第 3 项：（三）入股价格。在员工入股前，应按照有关规定对试点企业进行财务审计和资产评估。员工入股价格不得低于经核准或备案的每股净资产评估值。国有控股上市公司员工入股价格按证券监管有关规定确定。

号文第 11 条规定[1]及第 14 条规定[2])。

本分册第二章在介绍激励股权的定价时提到，授予价格的确定直接关系股权激励的效果。拟上市公司尤其要关注授予价格的确定，价格不宜过低，否则会直接导致股份支付费用过高或者激励对象无法充分认识到激励股权的价值和稀缺性；授予价格也不宜过高，如按照前后 6 个月外部投资者进入价格、净资产价格，甚至可以参考同行业公司估值价格作为授予价格，过高的授予价格会直接导致激励对象失去对股权激励的兴趣。

此外，外部投资方之所以接受公司按照估值进行定价，通常是充分考虑股权投资中的风险溢价，在增资协议中通过上市对赌、业绩对赌、估值对赌等各类特殊权利条款及安排，对冲了风险溢价因素，在公司无法实现相关对赌条件时，实际控制人和控股股东通常需要承担相应的回购及赔偿义务。因此，股权激励实施过程中，也不宜直接采用外部投资人入股价格或者外部融资的估值价格，应该有针对性地进行折价，给予员工更优惠的价格。

当然，员工持股计划中，因为国资规定的限制，授予价格不能低于每股净资产的价格，授予价格通常高于民营企业股权激励的价格，因此，需要充分考虑拟授予的股权未能按期全额授予或者授予股权未能足额授予等问题。以某国有企业为例，基于行业原因该企业属于重资产型企业，拟授予激励对象激励股权的比例为 10%。根据预估价格，对应员工出资额度接近 1.3 亿元，导致激励对象出资压力过大，实施过程中出现了股权未能足额授予的问题。针对该等情形，我们在员工持股计划中设置了内部协商调

---

〔1〕 4 号文第 11 条：企业实施股权出售，应按不低于资产评估结果的价格，以协议方式将企业股权有偿出售给激励对象。资产评估结果，应当根据国有资产评估的管理规定，报相关部门、机构或者企业核准或者备案。

〔2〕 4 号文第 14 条：企业用于股权奖励的激励额，应当依据经核准或者备案的资产评估结果折合股权，并确定向每个激励对象奖励的股权。

剂机制，在部分员工认购不足额的情形下，符合持股条件的人员，可以在公司与专业委员会的指导下，满足单个激励对象获授股权数量合计不超过公司总股本1%的前提下，内部协商调剂，适当放大管理层额度。

条款示例

示例一

考虑公司的后续发展情况，本激励计划各成熟期内，满足行权条件后的激励对象获授的股权的行权价格：各个行权期满足行权条件后的激励对象获授的合伙份额的行权价格均以“公司最近一轮外部投资者入股价格的50%”或“行权时公司最近一年经审计或评估的净资产值”二者中孰高者为准。

示例二

本协议项下授予期限为5年，即2022年至2026年，激励对象无偿享有公司给予的一定比例的激励收益。有效期满后，本协议自动失效，虚拟股权的持有者不再享受任何激励收益。

示例三

本次股权激励的价格为15元/1元财产份额，即在公司2000万元注册资本下激励对象直接或间接取得1元出资额需支付的对价为15元。本次认购激励股权的资金由激励对象自筹，公司不提供资金支持和担保。

三、服务期或期权成熟期条款

条款含义

不同激励模式下就激励对象的服务期限可设定不同的限制性条款。对于限制性股权激励而言，通常会约定明确的服务期，如果激励对象未满足服务期要求离职，则可能导致已经授予的股权以较低的价格由持股平台执行事务合伙人回购；对于期权而言，通常会设置期权的成熟期，为了实现股权激励留住人才的目的，实施股权激励的公司通常选择在一定期间内分阶段逐步释放授予激励对象的股权，如无法实现考核条件，则最终获授期权无法完成行权。

实务分析

前文已详细介绍了激励方案中服务期条款的设置，在此不再赘述。授予协议中的限售期条款是将股权激励方案项下关于限售期的规定以协议条款方式进行呈现。

期权的成熟期与服务期条款存在一定差异，期权通常可以分期成熟，如分三期成熟或五期成熟。每期成熟后，激励对象按照预定价格选择是否行权，如行权期限内选择行权，则激励对象可以实际获得相应股权，如放弃行权则对其个人而言也无任何损失。服务期的设置更侧重于对于已经获授股权的激励对象的限制，如无服务期条款的设置，员工取得股权之后可以选择离职，离职后仍为公司的股东，无法实现对员工的限制。通过服务期条款的设置，员工获授限制性股权后，如未满足确定的服务年限，在中途离职，则董事会指定人员可以按照股权激励方案项下已经确定的价格实现股权回购，进而保证员工在获授股权后继续为公司服务。

条款示例

示例一

本激励计划为股权期权激励计划，所授期权为激励对象在未来一定期限内以预先确定的价格和条件受让的持股平台的合伙份额。期权的成熟期为5年，成熟期内每年激励对象可实际成熟的期权数目须严格依照公司年度考核结果和个人绩效考核结果综合确定。成熟期各期届满后，激励对象需按照公司安排一次性行权，统一将已成熟期权转换为实股。

激励对象的获授期权将分五期成熟，具体如表5-2所示。

表5-2 期权成熟期设置示例

单位:%

成熟期	成熟数目占激励对象获授期权的最高比例
成熟期第一年：自授予日的次日起12个月止	20
成熟期第二年：自成熟期第一年届满之日的次日起12个月止	20
成熟期第三年：自成熟期第二年届满之日的次日起12个月止	20
成熟期第四年：自成熟期第三年届满之日的次日起12个月止	20
成熟期第五年：自成熟期第四年届满之日的次日起12个月止	20

示例二

本次股权激励的授予日、禁售期、锁定期、业绩考核期、匀速解锁期如表5-3、图5-4所示。

表5-3 股权激励要素一览

项目类别	内　　容
授予日	激励对象与公司签署股权激励授予协议及其他相关文件、在董事会指定时间向股权激励平台足额缴付激励股权对应的认缴款项、并完成工商变更登记备案手续之日
禁售期	自激励对象获授股权的授予日起的5年

续表

项目类别	内　　容
锁定期	自激励对象获授股权的授予日起的 2 年。但由于锁定期届满应进行业绩考核，如业绩考核结果尚无法确定（例如公司指标实际值尚未确定或个人业绩考核结果尚未确定），锁定期延续至业绩考核确定之日
业绩考核期	解锁时考核的公司业绩周期
匀速解锁期	锁定期届满，公司考核业绩达成，根据激励对象个人考核结果计算个人获授股权解锁额度的期间

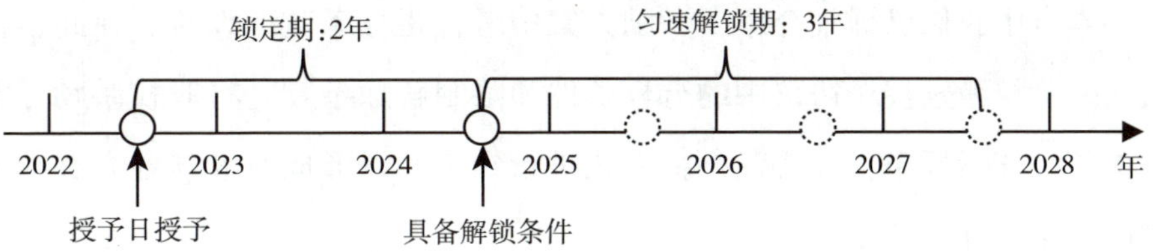

图 5-4　锁定期时间轴示意

四、行权条件或限制解除条款

条款含义

行权条件即前文中提及的考核指标条款，期权激励中股权激励授予协议约定的行权条件成就，激励对象方可对被授予的激励股权行权，以约定的行权价格认购激励股权。限制性股权激励中，如达到相关的考核条件，则激励对象前期获得的激励股权解除限售。虚拟股权激励中，同样会设置相应的公司业绩指标和个人业绩考核指标，只有达到指标才能够对应获得相应数量的虚拟股权。通常，股权激励授权考核指标的设定逻辑如图 5-5 所示。

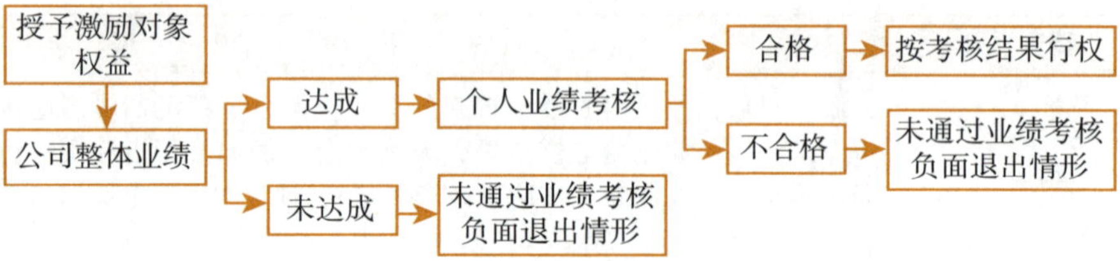

图 5-5　解锁考核流程

实务分析

本章中我们已详细介绍了激励方案中考核指标条款的设置，在此不再赘述。股权激励授予协议中的行权条件和限制解除条款是将股权激励方案项下的考核指标条款以协议条款方式进行约定，以形成对参与各方有约束力的法律文件。

实务中，相较于其他激励模式，期权激励模式下的行权条件或限制解除条款更容易出现问题。限制性股权激励中，如考核指标无法达成，可能导致指定人员回购授予股权。期权激励下行权期分为多期，即使某一期的期权行权条件全部或部分未成就，激励对象不得行权，但仍可以设置将部分未成就的期权递延至行权条件成就的下一期行权期行权，如果下一期条件成熟可以一并行权。

条款示例

本条约定的行权条件成就，激励对象方可行权：公司方面的行权条件为截至行权日之前，公司年度营业收入连续两年每年增长 10%及以上；激励对象方面的行权条件为截至行权日之前，激励对象每年度绩效考核均达到合格及以上等次。行权条件全部或部分未成就的，激励对象不得行权，已成熟但行权条件全部或部分未成就的期权应递延至行权条件成就的下一期行权期行权。

五、非聘用承诺条款

条款含义

非聘用期限即股权激励方案及股权激励授予协议中，公司对股权激励的服务期、锁定期、成熟期等相关条款的设置或约定，不作为劳动者与公司之间就劳动期限的承诺，激励对象不得以此主张与公司之间的劳动关系。激励对象在股权激励授予协议中作出的前述承诺条款即为非聘用承诺条款。

实务分析

非聘用承诺条款设置的核心目的系保证不致因股权激励方案、股权激励授予协议中关于服务期的设置后续被认定为构成对员工的服务期，进而在出现劳动合同无法延续时，被员工作为确定劳动期限的约定，并以此主张劳动关系的存在，进而产生纠纷。

非聘用承诺条款相对简单。由于激励对象签订股权激励授予协议时，与公司之间的劳动合同期限不尽相同，可能为一定年限的固定期限，也可能是无固定期限劳动合同，为避免将股权激励授予协议中约定的行权期、股权限制期等理解为公司在该等期间聘用激励对象的承诺，股权激励授予协议中还通常会包含专门条款，明确排除将股权激励授予协议中约定的行权期、股权限制期等理解为公司在激励对象现有劳动合同或聘用协议到期时续签合同至相关期间届满的承诺。

条款示例

本协议的签订不构成对激励对象劳动合同或聘用协议的任何承诺，也不构成对公司与激励对象之间劳动合同或聘用协议的修改或取代，公司与激励对象的劳动合同或聘用协议的期限仍以双方订立的劳动合同或聘用协议的约定为准。

六、争议解决条款

条款含义

争议解决条款即激励对象与公司就股权激励相关事项出现纠纷或争议时，用于确定争议解决方式的条款。

实务分析

目前的司法实践中，不同法院或者同一法院在不同时期，甚至同一时期受理的不同案件中，对于股权激励纠纷究竟属于劳动争议还是民商事合同纠纷均存在不同观点和做法，以股权激励为关键词通过威科先行搜索裁判文书，截至 2022 年 10 月 31 日，案由分布如图 5-6 所示。

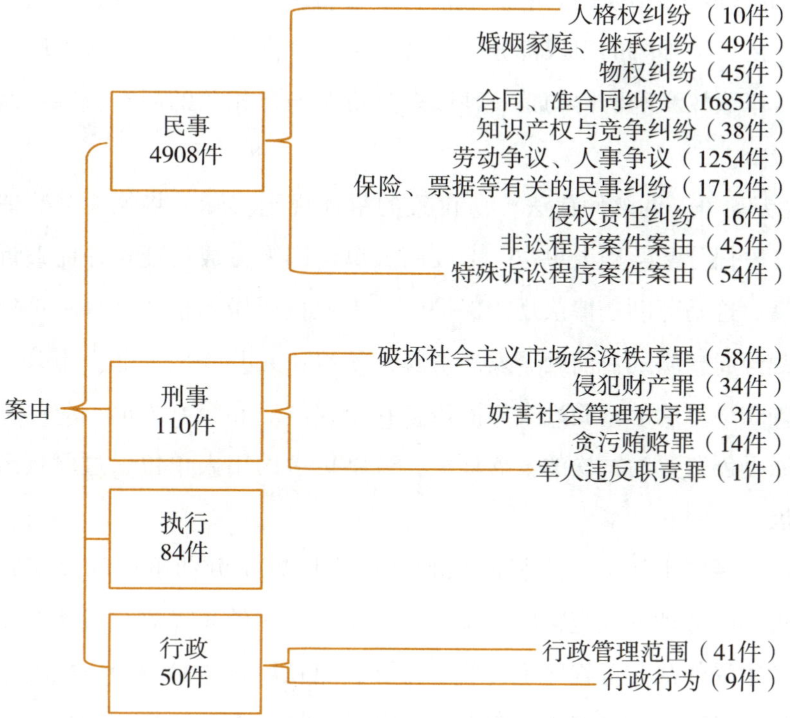

图 5-6　股权激励争议案由分布

案由为劳动争议、人事争议的 1254 件，案由为合同、准合同纠纷的 1685 件；案由为保险、票据等有关的民事纠纷的 1712 件。2023 年 3 月 31 日，山东省高级人民法院审监三庭发布的《关于审理劳动争议案件若干问题的解答》认为，用人单位与劳动者就股权激励发生的争议，一般情形下应作为劳动争议案件予以受理。

编者认为，在将股权激励纠纷定性为劳动争议还是民商事合同纠纷时，不应仅着眼于股权激励与劳动关系之间的联系，还应考虑现行劳动争议仲裁及诉讼在举证责任分配等方面的特别规定，劳动争议案件中用人单位的胜诉率以及劳动仲裁和法院审判力量在专业程度上的差别等因素对股权激励案件裁判结果的影响。是否属于劳动纠纷，关键在于股权激励是否是确定的劳动报酬的组成部分，是否与劳动合同的履行有直接关联，激励对象基于股权激励所得的是一种股东身份及与之相关的股东权利，而非仅仅是报酬。

《劳动争议调解仲裁法》所设置的举证规则实际上将绝大多数情况下的举证责任分配给用人单位，造成用人单位因未完成举证责任而败诉的比率较高。这是劳动法律法规为保护劳动者权益所做的价值选择和平衡。但是，我国股权激励目前处于发展的初期阶段，尤其是广大非上市公司，多数尚处于最早期的试验性实施阶段，在争议解决和裁判方面，应尽可能为股权激励创造更为宽松的发展环境，鼓励更多的用人单位通过股权激励促进发展。

编者倾向于认为，应将股权激励纠纷作为非劳动争议的民事案件受理，可不经劳动仲裁直接向法院起诉。站在公司的角度看，虽然劳动争议的劳动争议仲裁前置程序不可约定排除，但在股权激励纠纷应归类于劳动争议还是民商事合同纠纷仍存在较大分歧的情况下，股权激励授予协议中的争议解决条款可约定直接向管辖地法院起诉或约定仲裁条款，以尽可能争取法院将股权激励纠纷作为民商事合同纠纷直接受理或由仲裁机构审理，而不必经前置劳动仲裁程序后才可向法院起诉。

条款示例

凡因执行本协议所发生的或与本协议有关的一切争议，协议各方应通过友好协商解决。如果各方在争议发生后不能通过友好协商解决，则任何一方均可以向协议签订地有管辖权的人民法院提起诉讼。

第三节
持股平台法律文书

股权激励实施过程的持股方式主要分为员工直接持股和员工间接持股。其中，间接持股方式又因持股平台性质的不同区分为公司性质的持股平台和合伙企业性质的持股平台。直接持股通常适用于激励企业元老、极少数的核心人员或者对于公司发展不可或缺、不可替代的极少数人员。企业股权激励实施过程中应当谨慎选择人员且不宜过多。股权激励实施前便直接持有企业少量股权的重要员工更适合适用直接持股的股权激励，对于其他激励对象建议通过使其间接持股的方式持有激励股权。

直接持股相较于间接持股优点在于被激励对象直接在公司层面持股，可直接参与公司重要事项决策，享有公司的股息和分红，激励效果明显。但是，直接持股方式下，公司对持股员工的限制力相对较弱，尤其是企业上市之后员工可以直接在二级市场套现，企业对于员工的牵制力更弱。间接持股方式下，公司在股权架构上更为稳定，即使激励对象离职也不会导致股权架构的变化，尤其在激励对象较多的情况下，更加便于企业管理。

搭建员工持股平台的激励模式下，持股平台的形式选择需要重点考虑和关注。《证券法》《公司法》甚至是上市公司或拟上市公司上市过程适用的监管指引等规定，均未限制搭建员工持股平台的具体形式。《首发业务若干问题解答》（已失效）也仅明确了“发行人实施员工持股计划，可以通过公司、合伙企业、资产管理计划等持股平台间接持股”。实务中，员工持股平台最常用的形式有两种，一是有限合伙型，二是公司型，其中，又以有限合伙型更为常见。

相较于公司型的持股平台，有限合伙型持股平台有更多优势，表现在：

其一，内部治理机制更加灵活，有利于企业创始人掌握公司控制权。有限合伙型持股平台能够最大限度地增加普通合伙人的决策权，合伙人之间的权利义务、权益分配、入伙退伙等都可以通过合伙协议进行约定，将涉及企业运营及经营管理的重大决策均赋予普通合伙人，更便于其牢牢掌握控制权。

其二，税负成本相对更低。公司型持股平台减持股票或者转让股权需确认减持所得，并缴纳企业所得税，一般适用税率为25%（高新技术企业为15%），持股平台公司进一步向自然人股东进行利润分配时，仍需要按照股息红利所得缴纳个人所得税，适用税率为20%，合并税率为40%；而合伙企业实行“先分后税”，合伙企业层面不作为所得税纳税主体，由合伙人承担5%~35%的超额累进税率，部分地区还可以向政府争取个税返还政策，综合税率更低。因此，实践过程中后者更多地被企业青睐。

其三，更加便于资本运作。有限合伙型持股平台更加便于对员工的动态管理，一方面非直接持股，规避了员工流动导致的股权架构方面的频繁变化；另一方面减少了公司型平台股东会、董事会等烦琐的审议程序，在投资和融资方面也具有一定优势。

需要特别说明的是，有限责任公司适合作为家族持股平台，在股权传承时具备优势，更适合长期持股。有限责任公司作为持股平台时，为保证实际控制人对持股平台的控制权，应当充分利用有限责任公司的特点，在公司章程中作出一些安排。比如，将表决权委托给实际控制人所有保证其控制权，由实际控制人优先受让特殊情形下（退休、离职、死亡等）退出股东所持股权等。实务中因工商登记备案要求，为避免特殊约定无法获得备案，企业通常会选择与激励对象签署股东协议的方式，将持股平台内部流转、退出机制及股权管理机制等在股东协议中进行约定。不同于合伙型持股平台，公司型员工持股平台没有当然退伙、强制退伙的相关规定，激励对象的退出相对更加复杂，需要充分运用公司章程的自治原则，通过公司章程的表决权委托条款、人走股留条款、股权转让条款、公司回购条款、股东除名条款、股权定价条款等，进一步将股权激励方案和股权激励授予协议中的相关内容在公司章程中予以明确。如何设计和起草公司章程，以及如何利用股东协议、公司决议、公司规章制度来补强备案章程的局限性，本书编者此前出版的《法说章程——章程的量身定制与公司治理》一书有详尽的论述，可供读者参考。

由于有限责任公司作为持股平台，在现实中使用相对较少，股份有限公司更为少见，本节不展开介绍。

此外，综合考虑激励股权的两种不同来源路径：（1）由激励对象以向企业增资方式获得股权；（2）由大股东将其持有的企业部分股权转让给持股平台，激励对象通过持有持股平台财产份额的方式持有激励股权。这两种方式会导致持股平台文件设计存在差异。在第一种方式下，部分企业有时不会制订完备的股权激励文件，而是选择直接将股权激励方案的内容体现于合伙协议条款中。在该种股权激励下，合伙企业实际承载了股权激励方案、考核管理办法及合伙协议的综合职能，内容上也更为复杂重要。在第二种方式下，企业通常会增加一项财产份额授予协议，便于后续激励份额的转让。

本节将重点介绍合伙企业持股平台涉及的上述两份法律文件，通过重点内容的介绍，让读者进一步了解持股平台文件如何设计、设计过程中应当关注的问题以及如何防范法律风险，并在本分册附录部分通过一个完整的合伙协议文本，给读者一个更为直观的参考。

一、合伙企业经营范围条款

条款含义

经营范围条款即持股平台工商登记的合伙企业经营范围。

实务分析

经营范围内容的选定，看似平淡无奇，但并非可以随意设置，其与持股平台的作用密切相关。当前金融监管环境下，部分地区经营范围带有“投资类”词汇的合伙企业，就需要经当地金融办同意后方可办理登记手续。对于以自有资金投资作为经营范围的企业，目前仍可进行设立登记。因此，合伙企业设立过程中，可采用“自有资金投资”“投资咨询”“管理咨询”等作为经营范围，且应当提前与当地工商登记部门进行沟通。

为保证更顺利地通过审核，以股权激励为目的的持股平台在设立目的中还可以明确“本合伙企业仅为员工持股平台，旨在投资本企业，分享企业发展的成长收益”。

条款示例

本企业的经营范围：

以自有资金从事投资活动；自有资金投资的资产管理服务；创业投资（限投资未上市企业）；除依法须经批准的项目外，凭营业执照依法自主开展经营活动。

二、利润分配和亏损分担条款

条款含义

利润分配和亏损分担条款系合伙协议的必备条款。根据《民法典》规定，合伙的利润分配和亏损分担，按照合伙合同的约定办理；合伙合同没有约定或者约定不明确的，由合伙人协商决定；协商不成的，由合伙人按照实缴出资比例分配、分担；无法确定出资比例的，由合伙人平均分配、分担。

实务分析

限制性股权激励模式，企业在实施股权激励时通常会忽视利润分配条款的重要性，导致回购时损害员工利益。限制性股权激励通常会设置相应的服务期及考核指标，虽然激励股权实际授予激励对象，但如最终限制条件未成熟，则仍面临相关激励股权的收回。此外，还存在其他强制性收回等事由。不同事由下，激励股权的收回价格存在一定差异。企业实际授予激励股权后，为增加激励效果，通常会将相应期间的分红在代扣代缴所得税后分配给员工，然而回购时，相关的分红款通常会按照扣税前金额加以扣除，如果激励对象最终未获授激励股权，将损失一部分个人所得税。

实务中，比较好的解决方式是在限售条件解除前，如企业存在分红可以由企业代为持有，在限制性股权解除限制条件后，又由企业发放给激励对象，以解决上述问题。

利润分配条款设计的核心要点在于收益的派发程序。对于合伙企业的收益分配，《合伙企业法》并未约定强制性程序，合伙协议中可以设定特定的程序和路径，如合伙企业投资企业取得的投资收益，应当由合伙企业先行扣缴税费后，再按照合伙企业的约定进行派发，派发的收益从合伙企业指定银行账户汇至各合伙人在持股平台设立时提交的账户中。

条款示例

合伙企业在计算可分配利润时，应依法扣除合伙企业在设立及存续过程中所产生的费用，以及企业在正常经营中所产生的相关成本、支出、费用及因签署各类协议所产生的支出费用等。合伙企业扣除相关成本、支出、费用及税负后的净利润，由全体合伙人按照实缴出资比例分配，但合伙人另有约定的除外。合伙企业的亏损，由全体合伙人按照认缴出资比例分担，但合伙人另有约定的除外。合伙企业不得将全部利润分配给部分合伙人。

三、执行事务合伙人职权范围条款

条款含义

执行事务合伙人职权范围系合伙协议中对于执行事务合伙人决策事项的范围设置。实务中，为确保执行事务合伙人对持股平台的控制力，除有限合伙人可以参与决定的普通合伙人入伙、退伙、对企业的经营管理提出建议等事项外，通常会尽可能扩大执行事务合伙人的决策权利，在日常运营管理事务外，尽可能地扩大至经营决策、财务决策、经营管理权等方面。

实务分析

实务中，尤其是通过老股转让方式低价授予给激励对象的激励股权，实际控制人通常会作为持股平台的执行事务合伙人，并将持股平台持有的公司股权作为其实际控制的权益。日常经营管理权并不必然等于控制权，为确保控制权的实现，通常会将执行事务合伙人职权范围扩大至合伙事务执行、对外代表企业、合伙人的引入和退伙、投资决策委员会人员的任免等方面以确保其能够对合伙企业的经营决策产生重大影响，确保执行事务合伙人实际控制合伙企业。

为确保实际控制人的控制权，合伙企业形式的持股平台执行事务合伙人通常系企业的实际控制人。这样不仅有助于实现股权激励的效果，还能保证即使通过转让股权进行股权激励，实际控制人仍可以实现对于持股平台的有效控制，保证控制权的稳定性。合伙协议项下可适当扩大执行事务合伙人的职权范围，减少合伙人会议的决策事项，确保执行事务合伙人对于持股平台的控制力。

条款示例

执行事务合伙人的职权范围如下：

1. 执行事务合伙人。

合伙企业的普通合伙人为执行事务合伙人。普通合伙人变更后，新的普通合伙人自动成为执行事务合伙人。为执行合伙事务，普通合伙人：

（1）对合伙企业的运营、合伙企业投资业务及其他事务的管理和控制拥有排他性的权利，应为合伙企业作出所有投资及投资退出的决策，并可对本协议及合伙人另行约定的普通合伙人有权独立决定的事项独立作出决定而无须进一步取得其他合伙人的同意。

（2）为实现合伙目的及履行合伙人之间的约定，拥有完全的权利和授权代表合伙企业缔结合同及达成其他约定、承诺，管理及处分合伙企业的财产（包括不动产、知识产权及其他财产权利等），从事所有其他必要的行动，并对合伙企业产生约束效力。

（3）应履行《合伙企业法》（无论是否为合伙企业利益）规定的普通合伙人应履行的职责，各方在此确认普通合伙人有完全的权利和授权履行该等职责。

（4）根据《合伙企业法》的规定接受有限合伙人对其执行合伙事务情况的监督。

（5）普通合伙人独占及排他的权利包括但不限于：

①决定、执行合伙企业的投资及其他业务。

②代表合伙企业取得、拥有、管理、维持和处分合伙企业的财产（包括不动产、知识产权及其他财产权利等）。

③采取为维持合伙企业合法存续、以合伙企业身份开展经营活动所必需的一切行动。

④开立、维持和撤销合伙企业的银行账户和证券账户，开具支票和其他付款凭证。

⑤聘用专业人士、中介及顾问机构为合伙企业提供服务。

⑥选聘合伙企业财务报表的审计机构。

⑦订立与合伙企业日常运营和管理有关的协议。

⑧处分合伙企业因正常经营业务而持有的不动产、知识产权及其他财产权利。

⑨聘任合伙人以外的人担任合伙企业的经营管理人员。

⑩为合伙企业的利益代表合伙企业提起诉讼或应诉，进行仲裁；与争

议对方进行妥协、和解等，以解决合伙企业与第三方的争议。

⑪采取所有可能的行动以保障合伙企业的财产安全，减少因合伙企业的业务活动而对合伙企业、普通合伙人及其财产可能带来的风险。

⑫根据国家税务管理规定处理合伙企业的涉税事项。

⑬采取为实现合伙目的、维护或争取合伙企业合法权益所必需的其他行动。

⑭代表合伙企业对外签署、交付和执行文件。

2. 全体有限合伙人通过签署本协议向普通合伙人进行如下不可撤销的特别授权，授权普通合伙人代表全体及任一有限合伙人在下列文件上签字：

（1）修改或修订本协议的相关文件。

（2）使合伙企业主体资格存续、能够继续以合伙企业名义行动并符合相关监管规定的登记、备案文件，包括但不限于合伙企业符合本协议约定之变更事项的企业登记、备案文件。

上述变更事项包括但不限于合伙企业的名称、主要经营场所、执行事务合伙人、经营范围、合伙企业类型、合伙人姓名或者名称及住所、认缴或者实际缴付的出资数额、缴付期限、出资方式、合伙期限及《合伙企业法》规定的其他登记、备案事项的变更；上述企业登记、备案文件包括但不限于变更登记申请书、认缴或实缴出资确认书、变更决定书、执行事务合伙人委托书、执行事务合伙人委派代表的委派书及其他登记、备案文件。

（3）有关符合本协议约定的合伙人入伙、退伙、合伙权益转让事项的文件，包括但不限于入伙协议、退伙协议、合伙权益转让协议、增加或减少认缴出资协议。

（4）当普通合伙人担任合伙企业的清算人时，合伙企业根据本协议约定及《合伙企业法》的要求解散和终止的相关文件。

3. 如执行事务合伙人有故意不当或重大过失行为，致使合伙企业受到重大损失，经合伙人作出生效决议，可将执行事务合伙人除名。合伙人在作出将执行事务合伙人除名之生效决议同时，可决定接纳继任的执行事务合伙人，如没有继任的执行事务合伙人，则合伙企业进入清算程序。

4. 执行事务合伙人的更换应履行如下程序：

（1）合伙人在作出将执行事务合伙人除名的生效决议同时作出接纳继任的执行事务合伙人的生效决议；

（2）继任的执行事务合伙人签署书面文件确认同意受本协议约束并履行本协议规定的应由执行事务合伙人履行的职责和义务。

5. 有限合伙人不执行合伙事务，不得对外代表合伙企业。任何有限合伙人均不得参与管理或控制合伙企业的投资业务及其他以合伙企业名义进行的活动、交易和业务，或代表合伙企业签署文件，或从事其他对合伙企业形成约束的行为。

四、服务期设置条款

条款含义

服务期条款即激励对象获授股权后需要在企业继续工作的时间，设置该条款的目的系更好地绑定和留住员工。长效激励效果的产生与服务期密切相关。持股平台股东（合伙人）均系公司员工，十分强调人合性，如果不设置任何服务期，员工获授后即可以离职，离职后即可以按照公允价值转让持有的激励股权，则可能导致持股平台股东（合伙人）的混乱。因此，股东（合伙）协议会通过服务期的约定限制员工离职。

实务分析

合伙协议中的服务期和激励方案、股权激励授予协议中的服务期通常无任何实质性差异，应保持一致性。

若要产生长效的激励效用，股权激励授予协议中可以设置离职回购条款或者服务期限售条款，以确保股权激励对于员工的稳定具有一定的约束力，不至于员工获得股权后直接选择离开，造成得不偿失的后果，具体分析如下。

离职回购条款：一般在一次性授予、未设定服务期的情形下，为保障上市前激励对象的稳定性，可以约定在上市前如果激励对象离职，普通合伙人或者董事会指定人员可以按照约定价格（如出资金额加上资金成本）回购其持有的平台出资份额。

服务期限售条款：公司可以与激励对象约定一定期限的服务期，并在服务期内分批解除持股限售，以3年服务期为例，可按照3：3：4的比例，在授予股权后每工作满1年，相应解除部分股权限售，该部分股权在其离职后仍归其所有并在协议约定范围内自由处置，其他未解除限售部分由公司按照约定价格（一般为出资金额加资金成本）回购。之所以采取上述机制，其原因在于激励的同时必须加以限制，以此增加员工离职成本，强化长期留人的效用。同时可以将股份支付费用在服务期限内分期摊销并计入经常性损益，从而降低股份支付费用对利润的影响。

条款示例

服务期约定：

（1）本协议项下新入伙有限合伙人的服务期为60个月，自标的公司股东会审议批准公司股权激励计划之日至新入伙有限合伙人在标的公司任职满60个月，服务期内，除本协议另有约定，新入伙有限合伙人不得转让其持有的财产份额。同时，新入伙有限合伙人在服务期内主动离职的，标的公司有权通过合伙企业要求该有限合伙人将其持有的财产份额转让于普通合伙人或其指定的第三方，转让价格为按照此部分激励股权所对应的认购价格并加以转让当日中国人民银行同期同档定期存款利率计算的利息。

（2）前述服务期内，有限合伙人还需同时履行如下义务：认真履行工作职责，遵守标的公司规章制度，积极维护标的公司利益，不存在违法犯罪行为或因故意或过失严重违反标的公司规章制度的情形。

（3）本协议约定的服务期，不适用于第一批参与股权激励的有限合伙人，仅适用于新入伙有限合伙人。

第四节

其他配套法律文书

本分册前文中我们多次提到把握平衡、因企制宜，才能挖掘出股权激励的最大价值，股权激励过程中核心要素的确定直接决定了激励效果。本节旨在介绍股权激励过程中其他必备配套文件，以期让读者实操股权激励时有所借鉴和思考。

一、考核管理办法

股权激励的目的是通过激励的手段，使激励对象与公司进行利益捆绑。而授予激励股权后如何考核激励对象是股权激励实施过程中企业经常抛出的问题。

本分册第二章已经详细介绍了考核指标的设定事宜，为了配合激励方案和股权激励授予协议，还需设计考核管理办法，主要包含考核机构及职责分工、考核程序以及考核结果管理等内容。

（一）考核机构及职责分工条款

条款含义

考核机构即股权激励方案实施过程中协助董事会确定激励对象是否完成业绩考核指标及个人考核指标的相关机构。为便于对员工进行考核，公司通常会将人力资源部门作为激励对象个人考核指标完成情况的考核机构，指标的设定由财务部门或者研发部门进行。但考核指标并非由前述部门自行制订，最终需要由董事会决策。

实务分析

如前所述，股权激励考核指标主要由业绩指标和个人绩效考核指标两个维度构成。业绩指标通常由公司董事会授权财务部门进行判断，以公司的客观财务数据作为判断依据；个人绩效考核指标通常为日常考核，主要参照日常考核制度进行分级判断，由人力资源部门负责完成。

一般情况下，企业对于部门设置、岗位设置都存在特定要求和标准，个人绩效考核也更加具有主观性，激励对象也更容易对考核结果产生怀疑。因此，客观的标准和考核的结果反馈、申诉就显得更为重要。

考核管理办法中，考核机构相关条款设置的关键系相关人员是否熟悉相关考核指标且能够准确判断考核指标的完成情况。如公司层面考核指标为业绩指标，则可能会更加倾向于财务部门负责处理相关考核事项；如公司层面考核指标为研发事项或技术事项，则会更加倾向于研发部门或者技术部门负责处理相关考核事项。

此外，股权激励相关指标的考核是一项严肃、重要的工作。考虑到个人绩效考核标准设定时的主观性较强，实务中，激励对象经常会质疑考核结果的合理性。因此，考核办法制订过程应当明确考核的负责机构，以保证考核过程和结果可追溯、可验证。

条款示例

考核机构和责任分工：

公司董事会负责制订与修订本办法。公司董事会负责领导和审核考核工作，并负责对所有激励对象进行考核，对考核结果进行审议并作出确认决定。公司董事会授权公司人力资源部门负责具体实施考核工作并对董事会负责及报告工作。公司人力资源部门及财务部门等相关部门负责考核数据的收集与提供，并对数据的真实性及可靠性负责。

（二）考核程序条款

条款含义

考核程序条款即考核管理办法中公司就激励对象是否完成考核指标约定的考核流程。

实务分析

股东会审议通过股权激励事宜后，股权激励具体实施通常由董事会主导，并由其委派人力资源部门和财务部门具体就特定考核指标的实现进行考核，根据两部门形成的考核报告以确定激励对象的行权事宜。

考核程序条款的设计核心在于程序的明确性。明确的考核流程下最终确定的考核结果才更能够使激励对象信服。

条款示例

考核程序：

公司人力资源部门在董事会的指导下负责具体的考核工作，保存考核结果，并在此基础上形成绩效考核报告上交董事会。董事会根据考核报告确定激励对象是否满足行权条件以及当期可行权的数量。

（三）考核结果反馈与申诉条款

条款含义

考核结果反馈与申诉条款，即考核管理办法中设置的被考核对象在考核工作结束后了解考核结果，并就考核结果的异议按照考核管理办法进行申诉沟通的条款。在无法通过沟通解决相关质疑时，被考核对象还可以进一步向董事会进行申诉，并由董事会确定最终考核结果或等级。

实务分析

股权激励的考核结果通常涉及激励对象的核心利益，激励对象有权了解自己的考核结果，有权质疑和申诉。为避免纠纷和争议，企业通常会在考核管理办法中设置激励对象对考核结果的申诉程序，以解决争议。

考核结果反馈与申诉条款涵盖两项核心内容，一为公司层面和个人层面考核机构的设定；二为激励对象对于考核结果存在异议时的申诉程序。通常考核机构应当为熟悉考核指标设置并能够准确判断考核指标完成情况的机构。考核结果异议则通常需要设置两级申诉程序，在直接考核机构对于质疑和申诉无法通过沟通方式解决时，激励对象还可以通过向董事会等机构申诉以取得最终的考核结果。

考核结果反馈与申诉条款设置过程中还应进一步确保反馈和申诉条件的明确性和可执行性。

条款示例

考核结果反馈与申诉：

1. 激励对象有权了解自己的考核结果，公司人力资源部门应当在考核工作结束后 5 个工作日内将考核结果通知激励对象。考核结果作为股权期权行权的依据。

2. 激励对象对年度绩效考核结果及当年实际成熟的期权数目存在异议的，可在接到考核结果通知的 5 个工作日内向公司董事会提出申诉，公司董事会需在接到申诉之日起 10 个工作日内进行复核并确定最终考核结果。申诉成功的，公司将根据申诉结果调整申诉人的年度绩效考核结果及当年实际成熟的期权数目。

（四）考核结果归档条款

条款含义

考核结果的归档即考核管理部门对考核结果所涉相关文件进行归档保存管理，并需要按照要求保存一定年限。

实务分析

员工离职之前即使对股权激励考核存在异议也不会直接诉诸法律程序，但为避免员工离职后通过法律程序主张相关权益或提出异议，实务中，企业通常会对股权激励考核结果进行留存，以便于应对后续的诉讼和核查。

绩效考核相关记录的保存期至少为 3 年，以确保产生争议和纠纷后随时可以调取作为证据资料。

条款示例

考核归档：

（1）考核结束后，人力资源部应保留绩效考核所有考核记录档案（含书面记录及电子文档）。

（2）绩效考核记录保存期至少为 5 年。对于超过保存期限的文件与记录，经公司董事会同意由人力资源部统一销毁。

二、行权通知设计要点

条款含义

行权通知主要指期权激励过程中，激励对象在满足行权条件要求，期权成熟后，向企业提交的按照既定的价格和条件取得前期确定数量的股权的书面通知。

实务分析

期权激励过程中，激励对象满足行权条件后，行权之前通常需要向公司提交行权通知，注明应当获得的激励股权的数量和价格。实际早在 2016 年上海证券交易所已就期权激励制定了《关于股权激励计划股票期权自主行权相关事项的通知》（已失效），就激励股份源于上市公司向激励对象增发股份的情形可适用自主行权模式进行了规定。一如前文强调，非上市公司至今无明确的法规来规范期权激励的实施。意思自治作为民事法律关系的核心，给予市场更大的自由度，只要不突破基础的法律框架和逻辑的新生事物，都值得在市场环境中被尊重。

行权通知通常包含两部分内容，一是激励对象获授期权的相关情况；二是激励对象要求公司按照特定价格同意其认购特定数量的持股平台财产份额。

条款示例

行权通知

致武当产业有限公司：

鉴于本人于2022年10月20日与武当产业有限公司及武当产业合伙企业（有限合伙）签署了期权授予协议，约定本人以期权方式获得相当于武当产业有限公司注册资本10万元的武当产业合伙企业（有限合伙）合伙份额的资格，在满足行权条件后，本人有权以1.2元/注册资本的价格出资入股武当产业合伙企业（有限合伙），并间接持有武当产业有限公司10万元股权。

因此，本人特此发出本通知如下：

本人兹要求行使期权授予协议项下的期权，由本人以1.2元/注册资本的价格认购相当于武当产业有限公司注册资本10万元的武当产业合伙企业（有限合伙）合伙份额，本人将遵守合伙协议、期权授予协议及武当产业有限公司股权激励计划等相关文件中的规定，并受其约束。请贵方在收到本通知后，立即依据期权授予协议的约定，办理本人入伙武当产业合伙企业（有限合伙）之必要手续。

签字：________

××××年××月××日

三、参与意向调查表设计要点

条款含义

股权激励参与意向调查表即股权激励过程中企业了解拟激励对象持股意愿的调查问卷。参与意向调查表并非股权激励实施过程中的必备文件，公司实施股权激励时可以有选择地对激励对象的持股意向进行调查。

实务分析

股权激励实施前的尽职调查阶段，我们通常会通过意向调查的方式，初步了解激励对象的持股意向及参与意愿、出资能力、获授激励股权的数量等要素。该项程序虽非必要程序，但仍有其实际意义。尤其对于上市公司而言，授予价格与二级市场股价相关，激励对象参与限制性股票激励的资金压力较大，需要提前筹集相关资金。

在参与意向调查表设计过程中，企业需要根据拟授予的激励股权总量、激励对象数量、单个激励对象可能的获授数量、授予价格，大致确认股权激励对象参与股权激励可能付出的成本并通过对其持股意愿和成本支付能力的判断，进而对原有方案进行适当调整。

条款示例

股权激励计划参与意向调查表

尊敬的员工：

您好！武当实业有限公司（以下简称公司）为实现企业和个人共赢，让员工分享公司上市后的红利，特组织本次意向调查，完善员工的全面薪酬体系，以期做到公平公正。本次调查是针对公司部分员工的抽样调查，以确认员工后续参加公司股权激励的相关意向，为完善公司薪酬体系作参考，请您如实填写以下信息：

本人<u> 张三 </u>（姓名）作为公司员工，如本人符合公司后续实施股权激励计划的条件，本人愿意参与本次股权激励，并有意向购买激励股权。如本人符合公司后续实施股权激励计划的条件，本人承诺本人有能力且能够在规定期限内缴纳全额认购资金至指定账户。

本人已仔细阅读并愿意遵守本调查表正文及说明部分的全部内容。

特此确认！

签字：________

××××年××月××日

说明：此调查表为前期抽样调查，实际激励对象名单以公司股东会审议通过的最终名单为准。

四、竞业限制协议设计要点

条款含义

竞业限制协议即企业按照《劳动合同法》要求，就知悉用人单位商业秘密的特定岗位人员，在与企业劳动合同终止或解除后，一定期限内不能到与企业具有竞争关系的用人单位任职或从事同类业务经营活动的协议。

实务分析

竞业限制主要是企业与知悉企业商业秘密、技术秘密或者其他可能对企业经营有重大影响的劳动者，在终止或解除劳动合同后，在不超过 2 年的时间内，限制劳动者不得从事竞争业务或在与其有竞争关系的企业任职，也不得自身设立或经营与企业有竞争关系业务的义务。

竞业限制的范围通常系企业的高级管理人员、高级技术人员和其他负有保密义务的人员，人员范围通常不宜过大。对于签署竞业限制协议的离职人员，企业应当及时支付经济补偿金，避免因不支付经济补偿金导致被离职员工起诉或其在通知企业支付经济补偿金后，如企业仍不支付，其不再履行竞业限制协议。

此外，竞业限制协议起草过程中企业还会关注如下问题：

（1）竞业限制协议是否适用于员工在职期间。通常在职期间因双方劳动关系存续，通常无法设计诸如违约金支付条款等保护性条款，企业实际可将类似内容以“义务”方式列入企业的规章制度中，可以据此要求违反企业规章制度的员工赔偿损失。

（2）能否以保留激励股权替代经济补偿。实务中，我们确实遇到部分客户要求以激励股权的保留替代经济补偿金的支付。虽然法律法规并无明确的禁止性规定，但该等处理方式不仅违背了股权激励的初衷，不符合股权激励的限制条件解除要求，员工也不见得能够接受。因此，我们不建议采用保留激励股权方式替代应当履行的经济补偿义务。

经济补偿金标准条款设计过程中，竞业限制经济补偿应当合理，正常情况下竞业限制补偿金参照离职前12个月的平均工资的30%进行设定且不低于当地的最低工资标准，也有部分企业设定了离职前一年从该企业获得的年报酬总额的1/2或1/3。

竞业限制的违约责任作为违反竞业限制协议约定后的经济惩罚，通常和员工造成的损失直接相关。如果竞业限制协议中无违约责任条款，企业在出现违约行为时，将很难追究员工违反竞业限制协议的责任，甚至可能无法弥补员工因违反竞业限制义务给公司带来的损失。

条款示例

示例一

竞业限制补偿金：

从员工离职之次日起开始计算竞业限制期，企业应在竞业限制期限内按月向员工支付竞业限制补偿金。补偿金的标准为员工离职前12个月的平均工资的30%并且不低于当地最低工资标准。

示例二

违反竞业限制的违约责任：

员工违反本协议约定义务的，应当承担违约责任：除应向企业返还已支付的所有经济补偿外，还须向企业支付24个月经济补偿总额5倍数额的违约金。同时，员工的违约行为给企业造成损失的，员工应当赔偿企业的损失（企业因调查和处理员工的违约行为而支付的合理费用，包括但不限于调查费、律师费、鉴定费等，应当包含在企业损失内）。如果员工获得相关收益，应当将所获收益全部归还企业。

员工支付违约金后，除非双方另有书面约定，竞业限制义务仍然应当继续履行。如企业认为约定的竞业限制不再必要时，有权书面通知员工，本协议自通知到达员工之日起解除，企业无须再向员工支付任何竞业限制补偿金。情节严重的，企业将移送司法机关，追究责任人员的刑事责任。

本章小结

股权激励具有涉及面广、程序复杂、周期长的特点，如果不能落实到法律文件上，势必会产生各类纠纷。本章内容是股权激励的尾声，也是股权激励方案的真正落地。经过前期对公司股权激励需求的研究、对激励方案各个要素的反复斟酌与衡量、与股权激励各相关方的反复博弈以及对激励对象的讲解与宣传，企业股权激励最终会走向成文的书面协议等法律文件，将前期谋划、探索和磋商的“结晶”以书面形式固定下来，以期对各参与方特别是企业和激励对象产生法律约束力。书面文件可以提高实施股权激励的管理效能，实现股权激励“有章可循”，又能帮助企业和激励对象避免相关纠纷的产生，既是一颗“定心丸”，也是一道“防火墙”。

事实上，股权激励纠纷案件近年逐渐增多。经过检索中国裁判文书网，自2019年起，与股权激励纠纷有关的裁判文书就超过了千件，这也提醒企业要重视股权激励法律文件的规范性和实效性。

对于企业来讲，股权激励是把“双刃剑”，如何在授予员工股权后既能激发员工的积极性，又能保证淘汰不符合条件的员工，是企业必须要考虑的问题。股权激励与对激励对象的考核犹如“一枚硬币的两面”，是无法也不能分割的，企业在实施股权激励时，必须通过法律文件予以明确，否则，甚至可能出现激励对象获得股权后，反而丧失工作积极性坐等分红等后果。

当然，本章只是就股权激励中的一些重要法律文件进行了分析解读，企业在实施股权激励时，要根据实际需要制定完善、合理的法律文件，形成满足企业实际需要的相关规章制度体系，让企业和激励对象都能将自己的诉求落实到书面上，保障股权激励的顺利实施。

附录一　股权期权激励实施计划

恒星智能产业有限公司

股权期权激励实施计划

2022 年 8 月

目　　录

第一章　总　　则

一、本激励计划的目的

为进一步完善恒星智能产业有限公司（本计划涉及的公司名称均为虚构，以下简称公司）的治理结构，实现长期激励与约束，充分调动员工积极性，提升效率，促进团队持续贡献，实现利润增长，根据《中华人民共和国公司法》及公司章程等规定，公司制订了本股权期权激励实施计划（以下简称本激励计划）。

为实施本激励计划，公司搭建了合伙企业形式的员工持股平台水星智能管理咨询合伙企业（有限合伙）（以下简称持股平台或合伙企业）。公司、持股平台将与激励对象签署股权期权授予协议（以下简称授予协议），授予激励对象在未来一定期限内以预先确定的价格和条件受让持股平台的合伙份额，从而间接持有公司股权的权利。

本激励计划选取的激励对象为对公司未来业务发展有重要作用的研发人员（以下简称激励对象）。公司将基于角色重要性、岗位职责及潜在贡献等方面综合评估，严格选取激励对象，确保实现最优的激励带动效果。

二、总体要求

1. 定义

本激励计划中使用的术语具有下列含义：

（1）公司：指恒星智能产业有限公司。

（2）持股平台：指公司为实施本激励计划设立的员工持股平台，即水星智能管理咨询合伙企业（有限合伙）。

（3）本激励计划：指公司之股权期权激励实施计划。

（4）激励对象：指公司研发团队人员中符合公司股权期权激励计划的员工。

（5）授予协议：指激励对象与公司、持股平台签署的股权期权授予协议。

（6）股权期权/期权：指公司授予激励对象在未来一定期限内以预先确定的价格和条件受让持股平台的合伙份额，从而间接持有公司股权的权利。

（7）授予日：公司向激励对象授予股权期权的日期。

（8）成熟期：授予日至可行权日之间的时间段，本计划项下期权的成熟期为5年。

（9）期权成熟：期权达到行权条件。

（10）行权：激励对象根据授予协议，在规定的行权期限内以预先确定的价格和条件受让持股平台的合伙份额，从而间接持有公司股权的行为。

（11）可行权日：指激励对象可以行权的日期。

（12）行权价格：指公司通过持股平台向激励对象授予期权时签署的授予协议中所确定的激励对象受让持股平台合伙份额的价格。

（13）行权条件：激励对象行使期权所必须满足的条件（含公司年度考核结果和个人绩效考核结果）。

2. 授予原则

公司将依照员工对公司未来发展的重要性确定激励对象。同时，考虑岗位价值、岗位职级、贡献或潜在贡献及价值观等因素综合评定拟授予期权的数量。

3. 激励方案

本激励计划为股权期权激励计划，所授期权为激励对象在未来一定期限内以预先确定的价格和条件受让的持股平台的合伙份额。期权的成熟期为5年。成熟期内每年激励对象可实际成熟的期权数量须严格依照公司年度考核结果和个人绩效考核结果综合确定。成熟期各期届满后，激励对象需按照公司安排一次性行权，统一将已成熟期权转换为实股。因公司实施本激励计划的主要目标系引入研发团队推动相关产品的研发及量产工作，成熟期内公司可能无法依赖研发产品盈利，无法采用收入、利润等指标作为本次股权激励公司层面的考核指标。因此，本次期权激励公司层面考核以研发团队产品和技术的研发实施进度等作为公司层面考核指标，以反映公司当前阶段的发展成果。

4. 期权的成熟

激励对象的获授期权将分5期成熟，具体如表1所示：

表1 期权成熟期示例

单位：%

成熟期	成熟数量占激励对象获授期权的最高比例
成熟期第一年：自授予日的次日起12个月止	20
成熟期第二年：自成熟期第一年届满之日的次日起12个月止	20
成熟期第三年：自成熟期第二年届满之日的次日起12个月止	20
成熟期第四年：自成熟期第三年届满之日的次日起12个月止	20
成熟期第五年：自成熟期第四年届满之日的次日起12个月止	20

5. 期权收回原则

公司将依照行业惯例，对成熟期内当年未成熟部分的期权予以收回；对于行权之前退出本激励计划的激励对象，公司将按本激励计划的规定对其获授的期权进行处置。

三、本激励计划的管理机构

1. 公司执行董事（后续如设立董事会则由董事会负责，下同）负责审核、批准及决定实施本激励计划，并有权对本激励计划进行变更或终止。

2. 公司人力资源部为本激励计划的执行管理机构，负责：

（1）拟订和修改本激励计划，提交执行董事审议；

（2）拟订激励对象名单及其相应的授予额度，提交执行董事审议；

（3）设置行权条件并按公司的指示与激励对象签署授予协议；

（4）根据本激励计划之要求，对激励对象进行定期考核；

（5）本激励计划规定的由公司人力资源部负责的其他事项。

3. 公司执行董事委派公司的人力资源部办理与本激励计划相关的实施操作。

四、与本激励计划实施相关的整体安排

1. 本激励计划以持股平台的合伙份额为标的，通过授予激励对象相应数量的期权的方式实施。激励对象在满足行权条件后，有权按照行权价格受让一定数量的持股平台的合伙份额。

2. 公司不会为激励对象依本激励计划行权而提供贷款或其他任何形式的财务资助，包括为其贷款提供担保。

3. 公司执行董事、监事和高级管理人员在本激励计划的实施过程中应当诚实守信、勤勉尽责，维护公司和全体股东的利益。

4. 公司实施本激励计划所涉财务处理及税收等问题，应按相关法律法规、财务制度及会计准则的规定执行。

第二章　激励对象的确定与限制

一、激励对象的确定

根据《公司法》等有关法律、行政法规、规范性文件和公司章程的有关规定，结合公司实际情况确定本激励计划的激励对象。

1. 激励对象的确定范围

本激励计划的激励对象为与公司签署正式劳动合同且已转为正式员工的研发人员，具体范围如下：

（1）为公司的发展作出突出贡献、绩效优异的关键技术人员；

（2）依据激励对象过往经验、经历，对公司将来的贡献综合预估后，对公司发展至关重要而引进的新员工；

（3）除上述人员外，激励对象亦包括为适应公司发展状况及阶段而由公司执行董事认定的其他人员。

具体激励对象名单及获授期权的数量由研发部门向公司人力资源部提名，经执行董事审核批准后确定。公司人力资源部有权对激励对象进行绩效考核。在满足本激励计划确定的行权条件后，该激励对象方可被授予一定额度的期权。

2. 激励对象的调整

公司执行董事可依据相关法律法规及本激励计划的有关规定，视公司的实际发展状况及阶段对激励对象名单及其获授期权的数量进行调整。

二、激励对象的限制

1. 下列人员不得成为本激励计划的激励对象：

（1）触犯法律，违反与公司签订的劳动合同、保密协议及竞业限制协议等合同的相关人员；

（2）有盗窃、受贿、索贿、泄露公司秘密、严重失职、贪污腐败、侵占公司利益等严重损害公司利益或声誉行为的相关人员；

（3）未经公司允许，从事同业竞争或在与公司有竞争关系企业任职等严重损害公司利益的人员；

（4）近5年内被中国证监会及其派出机构行政处罚或被采取市场禁入措施的人员；

（5）近5年内被依法追究刑事责任的人员；

（6）严重违反公司内部管理和规章制度，给公司带来重大损失的人员；

（7）违反本激励计划或相关激励文件规定之义务的人员；

（8）本激励计划及相关激励文件规定的其他情形。

2. 激励对象应严格遵守下列职业操守：

（1）任职期内，恪守职业道德，树立严谨的工作作风，严守工作纪律，遵守公司制定的各项规章制度，不得有损害公司利益、形象和商业信誉的行为。

（2）未经公司批准或授权，不得擅自以公司或所在部门名义对外实施代理行为。

（3）重要研发参与人员不得存在侵犯其他单位专利权、技术秘密或存在导致公司侵权或涉诉的其他事项。

（4）不得擅自处分、侵占公司财产。

（5）未经公司批准或同意，不得从事与公司相竞争的业务，包括但不限于：

①以投资、参股、合作、承包、租赁、委托经营或其他任何方式参与有关业务；

②直接或间接受聘于其他竞争公司或组织参与有关业务；

③直接或间接地从同公司有竞争关系的企业获取经济利益；

④自营或者为他人经营与公司同类的产品；

⑤自办或协助他人开办与公司有竞争关系的企业或单位（包括但不限于以隐名股东或投资人的身份进入竞争单位或协助亲友开展竞争性业务）。

（6）不得挪用公司公款。

（7）严格保守公司的商业秘密、财务信息和技术机密信息。

①公司的技术机密包括但不限于公司技术标准、技术类程序文件、检验规范、公司产品的设计开发方案、图纸、样品、实验检测报告；

②禁止以任何形式向外界提供公司的技术机密，包括但不限于纸件、电子文档、网上传播、口头传播；

③禁止私自拷贝公司的技术机密于个人电脑、U 盘等私人存储设备中；

④以上规定的禁止事项因工作需要，按照公司规定操作的除外。

（8）保守公司客户信息：

①公司客户信息包括但不限于客户名称、地址、联系人等基本信息资料、客户订单、单价、客户图纸、检验规范、技术标准、图纸、样品、往来邮件等；

②严禁将客户信息直接或间接泄露给任何第三方，严禁将客户信息用于个人用途；

③以上规定的禁止事项因工作需要，按照公司规定操作的除外。

（9）保守公司供应商信息：

①公司供应商信息包括但不限于供应商名称、地址、联系人等基本信息资料、检验规范、技术标准、图纸、样品、往来邮件等；

②严禁将供应商信息直接或间接泄露给任何第三方，严禁将供应商信息用于个人用途；

③以上规定的禁止事项因工作需要，按照公司规定操作的除外。

在本激励计划的实施过程中，如激励对象出现本激励计划及相关激励文件规定的不得成为激励对象之情形，或激励对象存在违反职业操守之情形，该激励对象获授且已行权的全部期权将由公司按照行权价格进行收回，已获授未行权的期权将由公司按照零对价进行收回。对于违反职业操守并给公司造成损失的激励对象，公司有权采取进一步追偿措施。

第三章　激励标的来源及数量

本激励计划的标的为合伙企业持有的公司150万元出资额（对应公司3%股权，以下简称激励标的）。行权后，激励对象通过受让合伙份额的方式成为合伙企业的有限合伙人，从而间接持有公司股权。

本激励计划共授予的总期权数量为150万份，每份期权对应公司1元出资额。

行权之前，如公司发生资本公积转增股本、缩股等事宜，或公司因原股东追加投资或引入新投资人等原因增资扩股，前述激励标的对应公司的股权比例会因为该等事宜而有所调整。

第四章　激励对象获授的激励标的分配情况

一、激励标的的分配情况

本激励计划项下授予的激励标的在各激励对象间的分配情况如表2所示。

表2　激励标的分配示例

激励对象	获授期权数量/万份	占公司股权比例/%	占本激励计划的比例/%
研发中心人员	150	3	100

本激励计划项下具体的期权成熟安排及方案，应按本激励计划规定的

行权条件综合确定。

二、期权的授予和追加授予

1. 期权授予：公司每年确定一次达到授予条件的激励对象名单及相应的授予额度，并每年对激励对象进行一次集中授予。

2. 成熟期内，当年未成熟部分的期权，以及因激励对象退出本激励计划而由公司收回的部分期权（无论是否成熟）可以作为追加授予期权的来源，用以奖励符合条件的在职优秀员工。追加授予的期权在获授后无须考核直接成熟。在追加授予前，在部门提报、人力资源部评估确认后，由执行董事确定追加授予的期权数量及激励对象人选等事宜。

3. 行权价格：考虑公司的后续发展情况，本激励计划各成熟期内，满足行权条件后的激励对象获授的合伙份额的行权价格均为 10 元/1 元财产份额，即由满足行权条件的激励对象无偿取得合伙企业的财产份额。

第五章 期权成熟考核办法

一、考核原则

激励对象获授的期权需根据成熟期内每年的行权条件考核情况确定当年的成熟比例，未成熟部分的期权将无法行权。

二、期权行权

1. 除非授予协议另有约定，每一期成熟的股权期权均应自成熟之日起 6 个月内行权。期满未行权的，则该部分股权期权应自动终止，激励对象就该部分股权期权不享有任何权利。

2. 行使期权时，公司会在激励对象当期股权期权成熟前的至少 5 个工作日前，向激励对象发出书面通知，列明可行权的股权期权的数量和行权期。

3. 激励对象行权时，须向公司提交行权通知，书面通知公司行权事宜。

4. 为使行权工作有序开展，公司人力资源部会根据公司整体工作安排统一在可行权期内确定具体的行权日，且不晚于激励对象提交行权通知后的 30 个工作日内。

三、考核范围

本激励计划的考核范围为全体激励对象。

四、考核机构

公司执行董事负责领导和组织考核工作，授权公司人力资源部实施和执行，人力资源部须对数据的真实性和可靠性负责。

五、考核期间与次数

年度绩效考核的周期为每年一次，具体考核启动时间为次年的 6 月，原则上应于次年 6 月 30 日之前完成。激励对象的年度绩效考核结果将由公司人力资源部汇总，报公司执行董事确认后向激励对象公布。

六、考核指标

1. 公司层面考核要求

本激励计划授予的股权期权，在考核期中，分年度进行绩效考核并行权，以达到考核目标作为激励对象当期的行权条件之一。若各行权期内，当期对应的考核目标未达成，所有激励对象对应考核当年所获授的股权期权均不予授予。

本激励计划有效期内授予的期权各个行权期公司考核目标如表3所示。

表3 业绩考核指标

行权期	考核目标
第一个行权期	具体指标详见本激励计划之附件
第二个行权期	具体指标详见本激励计划之附件
第三个行权期	具体指标详见本激励计划之附件
第四个行权期	具体指标详见本激励计划之附件
第五个行权期	具体指标详见本激励计划之附件

注：行权期考核目标根据公司战略发展如有调整，以调整后为依据，考核目标的调整需按照本计划约定，履行相关审议程序。

2. 个人层面业绩考核要求

激励对象个人层面的考核按照公司现行员工考核的相关规定组织实施（见表4）：

表4 个人考核指标

单位：%

等级	A	B	C
当期行权比例	100	100	0

若激励对象在每期股权期权的可行权日的前一会计年度个人绩效考核等级为A、B，则激励对象可按照本激励计划规定的行权比例进行行权。

若激励对象在每期股权期权的可行权日的前一会计年度个人绩效考核等级为C，公司将按照本激励计划的规定，取消该激励对象当期行权额度。

七、反馈与申诉

1. 激励对象有权了解自己的个人绩效考核结果，公司人力资源部应当在考核工作结束后5个工作日内将考核结果通知激励对象。考核结果作为股权期权行权的依据。

2. 激励对象对年度考核结果及当年实际成熟的期权数量存在异议的，可在接到考核结果通知的5个工作日内向公司执行董事提出申诉，公司执行董事应在接到申诉之日起10个工作日内进行复核并确定最终考核结果。申诉成功的，公司将根据申诉结果调整申诉人的年度考核结果及当年实际成熟的期权数量。

3. 考核结束后，人力资源部应保留绩效考核所有考核记录档案（含书面记录及电子文档）。绩效考核记录保存期至少为5年。对于超过保存期限的文件与记录，经公司执行董事同意由人力资源部统一销毁。

第六章　退出与转让

一、本激励计划的授予日

1. 本激励计划的授予前提为本激励计划获得公司执行董事的批准，每个激励对象的授予日在期权协议中约定。

2. 公司人力资源部将根据公司整体安排，在授予日后30个工作日内，就激励对象已经行权的期权统一办理确权及相关的工商登记手续。公司不应因为延迟办理工商登记而向激励对象承担任何责任。

3. 除本激励计划另有约定外，激励对象通过行权取得的合伙份额不得向执行事务合伙人或其指定的持股平台合伙人以外的任何第三方进行转让。

4. 除非授予协议另有约定，激励对象不得以任何方式将其通过行权取得的持股平台的合伙份额用于设定抵押、质押、担保、赠与、交换、还债、在其上设置任何权利负担或以其他任何方式处分被授予的持股平台的合伙份额，否则公司有权取消激励对象的任何未成熟期权，已成熟未行使部分的期权自动失效，并且公司有权按该激励对象的行权价格回购其已行权分配的合伙份额。

5. 激励对象如要转让持股平台的合伙份额，或要求公司回购持股平台的合伙份额，只可以转让给执行事务合伙人或其指定的持股平台的其他合伙人，未经公司书面确认，不能转让给其他任何第三方。公司执行事务合伙人有权根据授予协议的约定优先购买拟转让的持股平台的合伙份额。

6. 如发生合伙份额回购，激励对象应当无条件配合公司完成回购的全部手续和法律文件，否则应当承担违约责任并按照授予协议约定的回购合伙份额的公允价格支付等额的赔偿金。

二、行权之前的退出

1. 激励对象有下列情形之一的，应退出本激励计划：

（1）激励对象死亡、被人民法院宣告死亡或者宣告失踪的；

（2）激励对象患病或者负伤丧失劳动能力，公司终止与其劳动关系或聘用关系的；

（3）激励对象因退休而离职的；

（4）激励对象因公司根据《劳动合同法》第 41 条的规定进行经济性裁员而被裁员的；

（5）激励对象按照相关规定提出辞职申请并获得公司同意，与公司协商一致解除劳动合同的；

（6）公司与激励对象签订的劳动合同期限届满且公司决定不再续签劳动合同的；

（7）激励对象因违反国家有关法律、行政法规或公司章程的规定，给公司造成重大经济损失的；

（8）激励对象因犯罪行为被依法追究刑事责任的；

（9）激励对象因涉嫌犯罪被司法机关立案侦查或者涉嫌违法违规被政府部门立案调查的；

（10）激励对象因严重失职、渎职、营私舞弊，给公司造成重大损害的；

（11）公司有充分证据证明该激励对象在任职期间，由于受贿、索贿、侵占、盗窃、泄露商业秘密，以及违反公司有关竞业限制的规定，给公司造成损害或影响公司声誉的；

（12）激励对象被证券交易所认定为不适当人选或被采取市场禁入措施的；

（13）激励对象单方面解除劳动合同的；

（14）公司与激励对象签订的劳动合同期限届满且公司拟和激励对象续签劳动合同但激励对象不同意续签的；

（15）激励对象违反竞业限制义务，与其他单位建立劳动关系或在其他单位兼职的；

（16）激励对象不能胜任工作，经过培训或者调整岗位，仍不能胜任工作而被公司辞退的；

（17）经公司认定的其他情形。

2. 行权之前退出的期权处理。

激励对象在股权期权成熟前发生本条第一项事件的，未成熟部分的股权期权自动终止。激励对象在行权之前退出本激励计划且签署相关竞业限制协议的，公司或持股平台的执行事务合伙人有权决定该激励对象是否保留部分期权，具体保留比例由公司或执行事务合伙人综合确定；若公司或执行事务合伙人决定不允许该激励对象保留期权或该激励对象因不愿签署相关竞业限制协议而自愿放弃获得期权，则该激励对象获授的全部期权（无论是否成熟）将由公司以零对价收回。

三、行权之后的退出

1. 在合伙企业存续期间，有下列情形之一的，激励对象可以主动退伙（以下简称主动退伙）：

（1）合伙协议约定的退伙事由出现；

（2）经执行事务合伙人同意；

（3）其他合伙人严重违反合伙协议的约定。

2. 有下列正面退出情形之一且未经公司或执行事务合伙人同意保留合伙份额的，激励对象当然退伙（以下简称正面退伙）：

（1）激励对象患病或因职务行为负伤丧失劳动能力，公司与其终止劳动关系或聘用关系的；

（2）激励对象因公司根据《劳动合同法》第 41 条的规定进行经济性裁员而被裁员的；

（3）激励对象因退休而离职的；

（4）激励对象按照相关规定提出辞职申请并获得公司同意，与公司协商一致解除劳动合同的；

（5）经公司或执行事务合伙人认定的其他正面退伙的情形。

3. 有下列中性退出情形之一的，激励对象当然退伙（以下简称中性退伙）：

（1）激励对象死亡、被人民法院宣告死亡或者宣告失踪的。

（2）因法院判决或激励对象同其配偶协议离婚时进行财产分割导致配偶一方获得激励对象的全部合伙份额的。此种情形下，公司或执行事务合伙人有权按照行权价格回购激励对象获授合伙份额，激励对象配偶取得回购款，不能获得合伙份额。

（3）激励对象在持股平台中的全部合伙份额被人民法院强制执行的。

（4）经公司或执行事务合伙人认定的其他未对公司造成负面影响的情形。

4. 有下列负面退出情形之一且未经公司或执行事务合伙人同意保留合伙份额的，激励对象当然退伙（以下简称负面退伙）：

（1）激励对象单方解除劳动合同的；

（2）激励对象不能胜任工作，经过培训或者岗位调整，仍不能胜任工作而被公司辞退，且未经公司或执行事务合伙人同意保留合伙份额的；

（3）经公司或执行事务合伙人认定的其他对公司造成负面影响的情形。

5. 有下列情形之一的，经执行事务合伙人同意，可以将该激励对象除名（以下简称除名退伙）：

（1）激励对象未履行出资义务的；

（2）激励对象违反国家有关法律、行政法规或公司章程的规定，给公司造成重大经济损失的；

（3）激励对象严重失职、渎职、营私舞弊，给公司造成重大损害的；

（4）激励对象因犯罪行为被依法追究刑事责任的；

（5）激励对象因涉嫌犯罪被司法机关立案侦查或者涉嫌违法违规被政府部门立案调查的；

（6）公司有充分证据证明该激励对象在公司任职期间，由于受贿、索贿、侵占、盗窃、泄露商业秘密或技术秘密，给公司造成损害或影响公司声誉的；

（7）激励对象被证券交易所认定为不适当人选或被采取市场禁入措施的；

（8）激励对象违反竞业限制义务，与其他单位建立劳动关系或在其他单位兼职的；

（9）发生合伙协议约定的其他事由或持股平台认定存在对公司造成负面影响情形的。

对激励对象的除名决议应当书面通知被除名人。被除名人接到除名通知之日，除名生效，被除名人退伙。被除名人对除名决议有异议的，可以自接到除名通知之日起30日内向公司所在地人民法院起诉。

6. 行权之后的转让与变现。

（1）在公司申请首次公开发行股票并上市事宜进行期间（包括公司完成辅导备案登记之日起至上市申请终止、撤回或通过审核之日），未经执行事务合伙人同意，激励对象不得转让或要求向他人转让其持有的合伙份额。

（2）对于激励对象主动退伙或正面退伙的：

①如果激励对象在公司上市前或上市之后、锁定期[1]届满之前主动退伙或正面退伙，持股平台执行事务合伙人可通过指定受让人受让或持股平台回购等两种方式收回该激励对象持有的合伙份额。如激励对象在成熟期内退出，转让价款或回购价款=该激励对象受让合伙份额时的实际出资额；如激励对象成熟期后退出，转让价款或回购价款=该等激励对象所持合伙份额届时的公允价值。

②如果激励对象在锁定期届满后主动退伙或正面退伙，则除该激励对象已转让的合伙份额所获收益之外，持股平台执行事务合伙人可通过指定受让人受让或持股平台回购等两种方式收回该激励对象所持剩余部分的合伙份额，转让价款或回购价款为剩余部分合伙份额所对应公司股份变现后的价值。

（3）对于激励对象中性退伙的：

---

〔1〕锁定期即根据届时公司选择的上市板块对应的股票上市规则或中国证监会届时的有效规定确定的，公司首次公开发行股票并上市后特定股东禁止转让股票的限制期限。

①经执行事务合伙人同意的，该激励对象所持合伙份额的法定受让人可以成为持股平台的有限合伙人。执行事务合伙人不同意的，合伙企业执行事务合伙人应通过指定受让人受让或持股平台回购等方式收回该激励对象持有的合伙份额，并将转让价款或回购价款支付给该法定受让人。

②如果激励对象在公司上市前或上市之后、锁定期届满之前中性退伙，持股平台执行事务合伙人可通过指定受让人受让或持股平台回购等两种方式收回该激励对象所持剩余部分的合伙份额。如激励对象成熟期内退出，转让价款或回购价款=该激励对象受让合伙份额时的实际出资额；如激励对象成熟期后退出，转让价款或回购价款=该等激励对象所持合伙份额届时的公允价值。

③如果激励对象在锁定期届满后中性退伙，则除该激励对象已转让的合伙份额所获收益之外，持股平台执行事务合伙人可通过指定受让人受让或持股平台回购等两种方式收回该激励对象所持剩余部分的合伙份额，转让价款或回购价款为剩余部分合伙份额所对应公司股份变现后的价值。

（4）对于激励对象负面退伙或除名退伙的：

①如果激励对象在公司上市前或上市之后、锁定期届满之前负面退伙或除名退伙，如激励对象成熟期内退出，持股平台执行事务合伙人可通过指定受让人受让或以持股平台回购等方式以激励对象行权价格收回该激励对象持有的合伙份额，且激励对象须返还持有财产份额期间收到的分红款总额，并赔偿给公司造成的损失、税费。如激励对象成熟期后退出，持股平台执行事务合伙人可通过指定受让人受让或以持股平台回购等方式收回该激励对象持有的合伙份额，转让价款或回购价款=该激励对象受让合伙份额时的实际出资额×（1+5%×N）-已收到持股平台的分红总额，其中N=自激励对象受让合伙份额之日起至退伙事宜发生之日止的天数÷360。转让价款或回购价款应在扣除该激励对象给公司造成的损失、税费后由受

让方或持股平台支付给该激励对象。

②如果激励对象在锁定期届满后负面退伙或除名退伙，持股平台执行事务合伙人可通过指定受让人受让或以持股平台回购等方式收回该激励对象持有的剩余合伙份额。转让价款或回购价款＝该激励对象受让合伙份额时的实际出资额×（1+5%×N）－已收到持股平台的分红总额。其中 N＝自激励对象受让合伙份额之日起至退伙事宜发生之日止的天数÷360。转让价款或回购价款应在扣除该激励对象给公司造成的损失、税费后由受让方或持股平台支付给该激励对象。

四、特殊情况下对员工期权的调整

1. 公司有权在未来上市过程中，根据聘请的专业中介机构（包括承销商、律师事务所、会计师事务所）的专业意见和证券监管部门的监管和审核要求，对本激励计划进行调整。根据公司的上市计划及公司实际经营需要，公司可能相应修订本激励计划，并对本激励计划项下规定的员工期权的具体安排作出相应调整。激励对象届时有义务采取一切必要的措施配合公司的上市计划和满足公司的实际经营需要及因此对本激励计划所作之调整，包括但不限于签署法律文件、如实提供相关证明材料等。

2. 在公司未来引入投资者、股份改制、公司现有股东增资、筹备发行上市等重大事项需要激励对象通过持股平台行使股东权利时，激励对象同意依据持股平台合伙协议约定，由执行事务合伙人负责行使相关权利。激励对象充分理解并同意，公司未来引入投资者，公司现有股东增资或者进行其他融资安排，可能导致激励对象间接持有的公司权益因此被稀释或摊薄，公司有权根据相关投资者的要求相应修订本激励计划，并对本激励计划项下规定的员工激励股权的具体安排作出相应调整。激励对象届时有义务采取一切必要的措施配合公司对本激励计划所作之调整，包括但不限于签署法律文件、如实提供相关证明材料等。

第七章　权利与义务

一、公司的权利与义务

1. 公司拥有对本激励计划的解释权和执行权，并有权按本激励计划对激励对象进行绩效考核。

2. 公司对激励对象的确定，不意味着该激励对象享有在成熟期内继续为公司工作的权利，不构成公司对激励对象劳动期限的承诺。公司同激励对象的劳动关系仍按双方签订的劳动合同执行。

二、激励对象的权利与义务

1. 激励对象应按公司岗位的要求，勤勉尽责、恪守职业道德，为公司的发展作出应有贡献。

2. 激励对象应当遵守本激励计划项下同转让与变现相关的规定要求。

3. 激励对象的行权资金应为其自有或自筹资金。

4. 激励对象在行权之前并不享有获授期权对应公司股权的投票权，或通过抵押、质押等方式支配该等期权以获取利益的权利。

5. 激励对象的获授期权在行权之前不得以任何方式转让，用于担保、偿还债务或在其上设置任何权利负担。

6. 激励对象因本激励计划获得的收益，应按国家税收相关法律法规自行承担个人所得税及其他税费的缴纳。

7. 因公司首次公开发行股票并上市的相关要求，公司需要对激励对象持有合伙份额的数量及形式进行调整的，或需要激励对象签署承诺函或其他相关文件的，激励对象应予以配合。

8. 激励对象应遵守法律法规、本激励计划及公司相关文件的其他相关规定。

第八章　本激励计划的终止

一、公司情况变更

公司出现下列情形之一时，本激励计划即行终止：

1. 公司出现解散等情形。

2. 公司出现合并、分立等情形，且合并、分立后的执行董事决定不再执行本激励计划。

3. 公司最近一个会计年度被注册会计师出具否定意见或无法表示意见的审计报告。

4. 公司执行董事批准终止本激励计划。

二、激励对象情况变更

1. 激励对象仍在公司或子公司任职，但职务或职位发生变更的，应综合考虑该激励对象当年职务或职位变更前后任职时间等因素，综合确定其当年应成熟期权的比例。

2. 出现本激励计划未规定的情况时，由公司执行董事确定处理方式。

第九章　附　　则

1. 本激励计划经公司执行董事审批通过后生效。本激励计划未尽事宜，按国家有关法律、法规、规范性文件和公司章程的规定执行，本激励计划与有关法律、法规、规范性文件以及公司章程的有关规定不一致的，以有关法律、法规、规范性文件以及公司章程的有关规定为准；本激励计划如与国家日后颁布的法律、法规、规范性文件或经合法程序修改后的公司章程相抵触时，按照国家有关法律、法规、规范性文件和公司章程的规定执行，并立即修订、报公司执行董事审议批准。

2. 公司不时制订的本激励计划相关文件，应作为本激励计划的附件，构成本激励计划的一部分。本激励计划构成授予协议不可分割之组成部分，激励对象一旦与公司签署授予协议，即视为其同意并接受本激励计划的约束并享有相应的权利和承担相应的义务。

3. 本激励计划应替代公司或其控股子公司、现有或历史股东、执行董事、高级管理人员口头或书面作出的任何关于员工股权期权激励、委托持股等的承诺、协议及安排。

4. 本激励计划由公司人力资源部负责解释。

5. 本激励计划所指公司、执行董事、公司经理，均包括其内部决策程序指定的主体。

6. 除本激励计划另有说明外，本激励计划由公司执行董事根据公司实际经营发展情况和法律政策进行修订、变更或终止。

恒星智能产业有限公司

2022 年 8 月

附件：考核指标

行权期	考核目标
第一个行权期	完成具有同行业领先水平的技术中心的建成及研发体系建设，完成办公地点选定，引进及招聘主控系统开发人才不少于7人，具备能够自主开发主控系统的开发能力，建成具备主控系统开发的基本设备。 配合支援公司完成所有ODM产品的测试及产品上市前的技术支持工作。 公司申请与主控系统相关的发明专利1项及软件著作权2项
第二个行权期	继续进行技术中心的建设，实现技术图纸、技术资料、设计变更等开发标准化建设，完成标准化开发相关的开发流程制度文件不少于5份。 实现年开发2个主控系统的开发能力，引进人才不少于10人。 开发主控芯片在产品上的应用，并应用开发1个主控系统且实现当年度量产。 公司申请与主控系统相关的发明专利不少于2项及软件著作权不少于3项
第三个行权期	建设完成具有同行业领先水平的实验室，实验室具备主控系统开发所需要的设施。 具备开发主控系统平台的开发能力，并完成2.5个主控系统开发，且在当年度实现量产。 公司申请与主控系统相关的发明专利不少于2项及软件著作权不少于3项
第四个行权期	完成具有同行业领先水平的软件开发实验室的建设，具备产品开发所需要的各种专业设备。 完成2.5个主控系统开发。 公司申请与主控系统相关的发明专利不少于2项及软件著作权不少于3项
第五个行权期	完成具有同行业领先水平的研发实验室的建设，具备整机稳定性测试的能力，具备整机开发能力。 达到2.5年开发1个整机平台的能力，并开发一个整机平台达到设计验证阶段。 公司申请与主控系统相关的发明专利不少于2项及软件著作权不少于3项

附录二　期权授予协议

期权授予协议

依据《中华人民共和国公司法》以及其他有关法律、法规的规定，本期权授予协议（以下简称本授予协议）由以下三方于______年______月______日于山东省滨海市签署：

甲方：恒星智能管理咨询合伙企业（有限合伙）

一家根据中华人民共和国法律合法成立并存续的合伙企业，其注册地址为：滨海市滨海中路888号。

乙方：张三

身份证号：97998319××0×0×50××，住所：滨海市滨海中路90号，国籍：中国。

丙方：水星智能企业管理有限公司

一家依据中华人民共和国法律合法成立并存续的有限责任公司，其注册地址为：滨海市滨海中路889号。

在本协议中，甲乙丙三方单称一方，合称各方。

鉴于：

（1）甲方是根据中华人民共和国法律，在滨海市滨海区市场监督管理局登记注册并有效存续的合伙企业，系恒星智能产业有限公司（以下简称恒星智能或公司）股权激励计划项下的员工持股平台。

（2）公司拟通过甲方对公司的核心研发人员进行股权激励。丙方作为公司员工持股平台的普通合伙人，拟通过出让持有的甲方合伙份额的方式对激励对象实施激励。甲方同意在满足本授予协议约定的前提条件下，授予乙方部分期权，使乙方在未来一定期限内依据本授予协议确定的条件购买甲方一定数量的合伙份额。

（3）乙方作为公司员工，系激励对象之一。根据恒星智能于2022年9月15日召开的股东会会议批准的恒星智能股权期权激励实施计划（以下简称期权激励计划）以及激励对象名单及授予额度，乙方愿意在遵守本授予协议约定的前提下按照期权激励计划取得期权。

各方兹就期权授予事宜，一致同意达成如下条款：

1. 定义

除非本授予协议中另有约定或明确定义，本授予协议所使用的下列词语具有特定含义（见表1）。

表1 释义

本授予协议	期权授予协议及其附件
期权	甲方授予激励对象在未来一定期限内以预先确定的条件购买甲方一定数量合伙份额的权利
激励对象	获得期权激励的公司员工
期权激励计划	恒星智能于2022年9月15日召开的股东会会议批准实施的恒星智能股权期权激励实施计划
考核管理办法	附录三恒星智能2022年期权激励计划考核管理办法
授予日	甲方向乙方授予期权的日期，即本授予协议生效日
有效期	乙方满足获授期权的行权条件之日起6个月
成熟期	见本授予协议第3.1条
行权	乙方根据本授予协议约定，行使其所拥有的期权的行为，在本授予协议中行权即为乙方按照本授予协议规定的时间和条件并以甲方认可的方式从丙方购买甲方合伙份额的行为

续表

本授予协议	期权授予协议及其附件
行权价格	乙方购买甲方合伙份额的价格
行权条件	乙方行权所必须满足的条件
主动退伙	附录一恒星智能股权期权激励实施计划“第六章激励对象的退出与转让”之“第3条第1项主动退伙”
正面退伙	附录一恒星智能股权期权激励实施计划“第六章激励对象的退出与转让”之“第3条第2项正面退伙”
中性退伙	附录一恒星智能股权期权激励实施计划“第六章激励对象的退出与转让”之“第3条第3项中性退伙”
负面退伙	附录一恒星智能股权期权激励实施计划“第六章激励对象的退出与转让”之“第3条第4项负面退伙”
除名退伙	附录一恒星智能股权期权激励实施计划“第六章激励对象的退出与转让”之“第3条第5项除名退伙”
工作日	除国家法定假日、公休日以外的任何一天
权利负担	系指（1）抵押、质押、留置或其他担保权益；（2）债权从属（约定某一债权劣后于其他债权受偿的）协议或安排；或（3）设置或执行上述权利的协议
主体	任何自然人、合伙企业、有限责任公司、股权有限公司、信托、非公司制团体、合资企业、企业法人、政府实体或其他任何实体
法律	宪法、法律、条约、行政法规、部门规章、地方性法规及任何适用的规范性文件
税收	由有管辖权的政府机构或其授权机构征收的现有的和将有的任何税收、规费以及其他任何性质的政府收费，包括但不限于印花税、增值税、所得税和其他税
政府机构	（1）中国各级人民政府、人民代表大会、人民法院（含专门法院）、人民检察院（含专门检察院）；（2）中国仲裁机构及其分支机构；（3）任何在上述机构领导下或以上述机构名义行使行政、立法、司法、管理、监管、征用和征税权利的政府授权机构、事业单位和社会团体

续表

本授予协议	期权授予协议及其附件
中国	中华人民共和国（就本授予协议而言不包括香港特别行政区、澳门特别行政区以及中国台湾地区）
元、万元	人民币元、人民币万元

2. 期权的基本情况

2.1　甲方向乙方授予的期权源于丙方所持有的甲方合伙份额。本授予协议中行权即乙方按照本授予协议规定的时间和条件并以甲方认可的方式从丙方购买甲方合伙份额的行为。

2.2　甲方拟向乙方授予________份期权，在满足行权条件的情况下，乙方获授的期权拥有在其有效期内以行权价格购买丙方所持有的甲方合伙份额的权利，具体可购买的甲方合伙份额数量按照公司期权激励计划在行权时确定。

2.3　本授予协议生效日为公司授予乙方期权之日。

2.4　若某一考核期内公司层面考核条件和乙方个人层面业绩条件均达标，则乙方需于该考核期届满之日起6个月内将书面行权通知送达甲方和丙方。有效期届满，乙方尚未行权的期权全部失效作废。

3. 期权的成熟期

3.1　本授予协议项下期权的成熟期为5年。乙方获授的期权，在达到本授予协议约定的行权条件时，将分五期成熟，具体如表2所示：

表 2 成熟期设置

单位:%

成熟期	成熟数量占乙方获授期权数量的最高比例
成熟期第一年：自授予日后的次日起 12 个月止	20
成熟期第二年：自成熟期第一年届满之日的次日起 12 个月止	20
成熟期第三年：自成熟期第二年届满之日的次日起 12 个月止	20
成熟期第四年：自成熟期第三年届满之日的次日起 12 个月止	20
成熟期第五年：自成熟期第四年届满之日的次日起 12 个月止	20

乙方尚未成熟的期权不得按照本授予协议的规定行权。

3.2 期权的业绩条件分为公司层面考核条件及个人层面业绩条件两类。某一考核期内，仅当公司层面考核条件和乙方的个人层面业绩条件同时达标时，该考核期对应的期权乙方方可行权。乙方成熟期各年度实际成熟的期权数量需结合公司的考核结果及其个人绩效考核结果确定。

3.2.1 个人考核指标

根据公司制订的考核办法，对个人绩效考核结果分为以下档次，对应的可行权比例如表 3 所示。

表 3 个人考核指标

等级	A	B	C 及 C 以下
标准系数	1.0	1.0	0

乙方成熟期各年度实际成熟期权数量=标准系数×乙方成熟期各年度最高可成熟数量。其中标准系数按照对应成熟期所在年度届满之日前最后一

次个人绩效考核结果确定；成熟期各年度乙方未能成熟的期权自动失效注销。

3.2.2　公司考核指标

公司层面的考核指标详见附录一《期权激励实施计划》。若某一考核期内公司业绩未达标，则该期期权不能行权。

3.3　在期权有效期内，发生如下情形之一的，乙方获授的期权自动失效注销：

3.3.1　乙方主动辞职且不满足本授予协议第3.4条规定的条件；

3.3.2　乙方严重违反公司规章制度而被公司辞退；

3.3.3　乙方因负伤丧失劳动能力，公司终止与其劳动关系或聘用关系；

3.3.4　公司与乙方的劳动合同期限届满且公司决定不再续签劳动合同；

3.3.5　公司有充分证据证明乙方任职期间，由于受贿、索贿、侵占、盗窃、泄露商业秘密，以及违反公司有关竞业限制的规定，给公司造成损害或影响公司声誉；

3.3.6　乙方单方面解除劳动合同；

3.3.7　公司与乙方签订的劳动合同期限届满且公司拟和乙方续签劳动合同但乙方不同意续签；

3.3.8　乙方严重失职、营私舞弊给公司造成重大损害而被公司辞退；

3.3.9　乙方不能胜任工作，经过培训或者调整岗位，仍不能胜任工作而被公司辞退；

3.3.10　乙方违反竞业禁止义务，与其他单位建立劳动关系或在其他单位兼职；

3.3.11　乙方因涉嫌犯罪被司法机关立案侦查或者涉嫌违法违规被政

府部门立案调查；

3.3.12　乙方被依法追究刑事责任；

3.3.13　乙方被证券交易所认定为不适当人选或被采取市场禁入措施；

3.3.14　乙方死亡或依法被宣告死亡；

3.3.15　乙方丧失偿债能力；

3.3.16　法律规定或甲方合伙协议规定合伙人必须具有相关资格而乙方丧失该资格；

3.3.17　其他经公司或甲方认定的乙方对公司造成负面影响的情形。

3.4　有效期内，若乙方主动从公司辞职，在同时满足以下条件的前提下，乙方获授的已成熟期权按照本授权协议第3.5条规定执行：

3.4.1　乙方不存在本授予协议第3.3.2条至第3.3.17条所述之任一情形；

3.4.2　乙方按照公司要求签署相关竞业限制协议。

3.5　有效期内，若乙方主动从公司辞职时满足本授予协议第3.4条规定的全部条件，甲方和丙方有权决定是否允许乙方保留期权以及保留的期权数额，保留的期权应在公司和甲方指定时点一并行权；若甲方和丙方决定不允许乙方保留期权或乙方自愿放弃期权，则乙方对已成熟的期权不再行权，尚未成熟的期权自动失效注销。

3.6　若某一考核期内公司层面考核条件和乙方个人层面业绩条件均达标，则乙方须于该考核期届满之日起6个月内将书面行权通知送达甲方和丙方，否则乙方该期期权作废。

4　期权的行权

4.1　有效期内，同时满足以下条件时，乙方获授的期权方可行权：

4.1.1　乙方未发生本授予协议第3.3条规定的任一情形；

4.1.2 行权价格符合本授予协议第4.2条的约定；

4.1.3 乙方获授期权已全部成熟。

4.2 期权的行权价格具体如下：

考虑公司的后续发展情况，本激励计划成熟期各年度内，满足行权条件后的激励对象获授的合伙份额的行权价格：各个行权期满足行权条件后的激励对象获授的合伙份额的行权价格均为10元/1元财产份额，即由满足行权条件的激励对象无偿取得甲方的合伙份额。

4.3 乙方行权时应当与丙方签署合伙份额转让协议，乙方行权后应当遵守甲方合伙协议的约定。

4.4 乙方获授的期权不得以任何方式转让，用于担保、偿还债务或在其上设置任何权利负担。

4.5 有效期内，若公司启动首次公开发行股票或被并购计划，如经公司同意，乙方可就全部或部分尚未成熟的期权加速行权，无须满足成熟期和行权条件的达成，具体加速行权方案和行权价格由公司和甲方届时确定。

5. 行权之后的转让及变现

5.1 在公司申请首次公开发行股票并上市事宜进行期间（包括公司完成辅导备案登记之日起至上市申请终止、撤回或通过审核之日），未经执行事务合伙人同意，乙方不得转让或要求向他人转让其持有的合伙份额。

5.2 对于乙方主动退伙或正面退伙的：

5.2.1 如果乙方在公司上市前或上市之后、锁定期届满之前主动退伙或正面退伙，丙方可通过指定受让方受让或甲方回购等两种方式收回乙方持有的合伙份额。如乙方在成熟期内退出，转让价款或回购价款=乙方受让合伙份额时的实际出资额（0元）；如乙方成熟期后退出，转让价款或回购价款=乙方所持合伙份额届时的公允价值。

5.2.2　如果乙方在锁定期届满后主动退伙或正面退伙，则除乙方已转让的合伙份额所获收益之外，丙方可通过指定受让方受让或甲方回购等两种方式收回乙方所持剩余部分的合伙份额，转让价款或回购价款为剩余部分合伙份额所对应公司股份变现后的价值。

5.3　对于乙方中性退伙的：

5.3.1　经丙方同意的，乙方所持合伙份额的法定受让人可以成为甲方的有限合伙人。丙方不同意的，丙方应通过指定受让方受让或甲方回购等方式收回乙方持有的合伙份额，并将转让价款或回购价款支付给该法定受让人。

5.3.2　如果乙方在公司上市前或上市之后、锁定期届满之前中性退伙，丙方可通过指定受让方受让或以甲方回购等方式收回乙方持有的剩余合伙份额。如乙方成熟期内退出，转让价款或回购价款=乙方受让合伙份额时的实际出资额（0元）；如乙方成熟期后退出，转让价款或回购价款=乙方所持合伙份额届时的公允价值。

5.3.3　如果乙方在锁定期届满后中性退伙，则除乙方已转让的合伙份额所获收益之外，丙方可通过指定受让方受让或甲方回购等两种方式收回乙方所持剩余部分的合伙份额。转让价款或回购价款为剩余部分合伙份额所对应公司股份变现后的价值。

5.4　对于乙方负面退伙或除名退伙的：

5.4.1　如果乙方在公司上市前或上市之后、锁定期届满之前负面退伙或除名退伙，如乙方在成熟期内退出，丙方可通过指定受让方受让或以甲方回购等方式以零元对价收回乙方持有的合伙份额，且乙方需返还持有财产份额期间收到的分红款总额，并赔偿给公司造成的损失、税费；如乙方在成熟期后退出，丙方可通过指定受让方受让或以甲方回购等方式收回乙方持有的合伙份额。转让价款或回购价款=乙方受让合伙份额时的实际出资额×（1+5%×N）-已收到甲方的分红总额，其中N=自乙方受让合伙份额之日起至退伙事宜发生之日止的天数÷360。转让价款或回购价款应在扣除乙方给公司造成的损失、税费后由受让方或甲方支付给乙方。

5.4.2　如果乙方在锁定期届满后负面退伙或除名退伙，丙方可通过指定受让方受让或以甲方回购等方式收回乙方持有的剩余合伙份额。转让价款或回购价款=乙方受让合伙份额时的实际出资额×（1+5%×N）-已收到甲方的分红总额，其中N=自乙方受让合伙份额之日起至退伙事宜发生之日止的天数÷360。转让价款或回购价款应在扣除乙方给公司造成的损失、税费后由受让方或甲方支付给乙方。

6. 陈述与保证

6.1　甲方向乙方和丙方作出如下陈述和保证，下述各项陈述和保证在本授予协议签订日为真实和准确。

6.1.1　甲方具有签订本授予协议的主体资格。

6.1.2　自本协议生效日起，本授予协议即对甲方具有法律约束力。

6.2　乙方向甲方和丙方作出如下陈述和保证，下述各项陈述和保证在本授予协议签订日为真实和准确：

6.2.1　乙方具有签订本授予协议的主体资格，并已获得签订和履行本授予协议的相应授权或批准。

6.2.2　乙方充分理解本授予协议的各项条款，乙方保证其为签订、履行本授予协议而向转让方提供的所有证明、文件、资料和信息，均在提供资料的当日和适用/使用期内是真实、准确和完整的，不存在虚假记载、误导性陈述或重大遗漏。

6.2.3 自本授予协议生效日起，本授予协议即对乙方具有法律约束力。

6.2.4 乙方签订和履行本授予协议不违反或抵触适用于受让方的任何法律的规定，也不违反或不会导致受让方违反其作为一方或对其或其财产有约束力的任何有效协议或合同的规定。

6.2.5 乙方了解并确认甲方有关期权授予的规章制度，包括但不仅限于期权激励计划、考核管理办法及相关规定。

6.3 丙方向甲方和乙方作出如下陈述和保证，下述各项陈述和保证在本授予协议签订日为真实和准确：

6.3.1 丙方具有签订本授予协议的主体资格。

6.3.2 自本授予协议生效日起，本授予协议即对丙方具有法律约束力。

7. 税收与费用负担

除非本授予协议中另有明确约定，各方将按照现行有效的中国法律的规定各自承担其因签订和履行本授予协议而产生的相应税收与费用。

8. 违约责任

任何一方（违约方）违反其在本授予协议中所作的陈述与保证、承诺或义务，或其在本授予协议中所作的有关陈述与保证是不真实、不准确或存在重大遗漏的，另一方（守约方）有权通知违约方在通知指定期限内予以补正，违约方应赔偿因其违约而造成的守约方的全部实际损失并承担由于其违约而引起的一切经济、行政或法律责任。

9. 适用法律和争议解决

9.1 本授予协议的签订、成立、效力、解释、履行等事宜均适用中国法律。

9.2　凡因执行本授予协议所发生的或与本授予协议有关的一切争议，各方应通过友好协商解决。若任何争议无法在争议发生后30日内通过协商解决，则任何一方有权将该争议提交滨海仲裁委员会按照该委员会届时有效的仲裁规则进行仲裁，仲裁地为滨海。仲裁结果具有终局性，对各方均具有法律约束力。

10. 保密条款

10.1　除本条款另有规定外，乙方在其任职期间以及在离任后应持续履行信息保密义务，不得将有关甲方及其关联方、丙方及其关联方中任何成员之交易、业务、产品、技术、科技、账目、财务、客户或其他事务的秘密或内部资料，或前述成员有责任为第三者保守秘密的资料（在与第三者约定的保密期内）（保密信息），向任何人士泄露或告知（但向有权知道上述资料的人或根据法律或监管机构的规则而作出的披露除外），或利用作为其个人用途，或因未能采取一切必要的谨慎和小心行事而导致在未经许可情况下将其透露。

10.2　所有保密信息均为甲方、丙方、公司之财产，其可随时要求乙方交还。乙方因任何原因离职时，必须将其上述所有文件尽快交还。

10.3　乙方于本授予协议终止后仍对甲方、丙方、公司负有保密义务直至该保密信息成为公开信息。

11. 其他约定

11.1　本授予协议经甲方和丙方盖章、乙方签字后成立并生效。

11.2　本授予协议代表各方对本授予协议项下所述事宜的完全一致的协议，除非经各方签署书面文件，否则不得对本授予协议作出修订、变更或增补。

11.3　各方均已参与了本授予协议的起草。如果在意图或解释方面出现不明确或疑问，对本授予协议的解释应公平客观，不得因任何一方制定了本授予协议的任何条款而在认定和举证方面偏袒或损害任何一方。

11.4　未经各方事先书面同意，任何一方不得转让其在本授予协议项下的任何权利或义务或在前述权利或义务上设定任何抵押权、质权或其他权利负担。

11.5　如果本授予协议的某条款被宣布为无效，应不影响本授予协议任何其他条款的效力。

11.6　本授予协议中所有条款的标题仅为查阅方便，在任何情况下均不得被解释为本授予协议之组成部分，或构成对其所指示之条款的限制。

11.7　本授予协议生效后，甲方就期权授予制订的期权激励计划及考核管理办法适用于本授予协议，并作为本授予协议不可分割的一部分，与本授予协议具有同等效力。如有未尽事宜，则各方可签订补充协议。

11.8　本授予协议正本一式肆份，各方各执壹份，公司留存壹份，各份均具有同等法律效力。

（以下无正文）

（本页无正文，为期权授予协议的签字盖章页）

甲方：恒星智能管理咨询合伙企业（有限合伙）（盖章）

执行事务合伙人或授权代表（签字）：________________

乙方：张三（签字）：________________

丙方：水星智能企业管理有限公司（盖章）

法定代表人或授权代表（签字）：________________

年　　月　　日

附录三　股权期权实施考核管理办法

恒星智能产业有限公司
2022年股权期权激励计划考核管理办法

为保障恒星智能产业有限公司（以下简称恒星公司或公司）2022年股权期权激励计划（以下简称期权激励计划）的顺利实施，明确期权激励计划激励对象的行权条件，保证激励对象行权的合规性，根据《中华人民共和国公司法》等有关法律法规和规范性文件以及恒星公司章程、恒星公司期权激励计划的相关规定，并结合恒星公司的实际情况，恒星公司制定本办法。本办法中各词语释义与恒星公司2022年股权期权激励实施计划一致。

一、考核目的

为了进一步建立健全恒星公司激励机制，充分调动本公司核心研发人员的积极性，留住人才、激励人才，将本公司核心研发人员的利益与公司利益更加紧密地结合，提高公司综合竞争力、增强公司凝聚力、维护公司长期稳定发展。建立健全激励的约束长效机制，有利于兼顾员工与公司长远利益，为公司持续发展夯实基础，确保公司股权激励计划的顺利进行，并最大限度发挥其激励约束作用，促成公司发展战略和经营目标的实现，促进公司健康长远可持续发展。

二、考核原则

考核评价以公正、公开、公平的原则为基础，严格按照本办法和考核对象的业绩进行评价，以实现期权激励计划与激励对象工作业绩、贡献紧密结合，从而提高管理绩效，实现公司与全体股东利益最大化。

三、考核范围

本办法适用于期权激励计划所确定的所有激励对象。

四、考核机构及职责分工

1. 公司执行董事负责制定与修订本办法。

2. 公司执行董事负责领导和审核考核工作，并负责对所有激励对象进行考核，对考核结果进行审议并作出确认决定。

3. 公司执行董事授权公司人力资源部负责具体实施考核工作并对执行董事负责及报告工作。

4. 公司人力资源部及财务部等相关部门负责相关考核数据的收集与提供，并对数据的真实性及可靠性负责。

五、考核期间与次数

（一）考核期间

激励对象每期股权期权可行权日的前一年度。

（二）考核次数

激励对象股权期权行权期间，每年度考核一次。

六、考核程序

公司人力资源部在执行董事的指导下负责具体的考核工作，保存考核结果，并在此基础上形成绩效考核报告上交执行董事。

执行董事根据考核报告确定激励对象是否满足行权条件以及当期可行权的数量。

七、业绩考核指标及标准

期权激励计划业绩考核指标分为两个层面，分别为公司层面考核指标、激励对象个人层面业绩考核指标。期权激励计划授予的股权期权，在考核期中，分年度进行考核并行权，以达到公司考核目标作为激励对象当年度的行权条件之一。

（一）公司层面业绩考核要求

本次期权激励计划授予的股权期权，分五期行权，在考核期内分年度进行绩效考核并行权，以达到考核目标作为激励对象当年度行权的条件之一。若各行权期内，公司当期未完成考核目标，所有激励对象对应考核当年所获授的股权期权由公司注销，不得行权。因公司实施本次期权激励的主要目标系引入研发团队推动相关产品的研发工作，成熟期内公司可能无法依赖研发产品盈利，无法采用收入、利润等指标作为股权激励公司层面的考核指标。因此，本次期权激励公司层面考核以研发团队产品和技术的研发实施进度、实验室建设、整机的生产与销售、知识产权申请等作为公司考核指标，以反映公司当前阶段的经营成果。

期权激励计划有效期内授予的股权期权各年度公司考核指标如表1所示。

表1 业绩考核指标

行权期	考核目标
第一个行权期	完成同行业领先水平的技术中心的建成及研发体系建设，完成办公地点选定，引进及招聘主控系统开发人才不少于7人，具备能够自主开发主控系统的开发能力，建成具备主控系统开发的基本设备。 配合支援公司完成所有ODM产品的测试及产品上市前的技术支持工作。 公司申请与主控系统相关的发明专利1项及软件著作权2项

续表

行权期	考核目标
第二个行权期	继续进行技术中心的建设，实现技术图纸，技术资料，设计变更等开发标准化建设，完成标准化开发相关的开发流程制度文件不少于5件。 实现年开发2个主控系统的开发能力，引进人才不少于10人。 开发主控芯片在产品上的应用，并应用开发1个主控系统且实现当年度量产。 公司申请与主控系统相关的发明专利不少于2项及软件著作权不少于3项
第三个行权期	完成同行业领先水平的软件开发实验室的建设，具备产品开发所需要的各种专业设备。 并完成2.5个主控系统开发。 公司申请与主控系统相关的发明专利不少于2项及软件著作权不少于3项
第四个行权期	完成同行业领先水平的研发实验室的建设，具备整机稳定性测试的能力，具备整机开发能力。 整机开发周期2.5年1个整机平台的开发能力，并开发一个整机平台达到设计验证阶段。 公司申请与主控系统相关的发明专利不少于2项及软件著作权不少于3项
第五个行权期	完成同行业领先水平的技术中心的建成及研发体系建设，完成办公地点选定，引进及招聘主控系统开发人才不少于7人，具备能够自主开发主控系统的开发能力，建成具备主控系统开发的基本设备。 配合支援公司完成所有ODM产品的测试及产品上市前的技术支持工作。 公司申请与主控系统相关的发明专利1项及软件著作权2项

（二）个人层面业绩考核要求

激励对象的个人层面的考核按照本办法及现行绩效考核的相关规定组织实施，详情如表2所示。

表 2　个人考核

单位：%

等级	A	B	C
当期行权比例	100	100	0

若激励对象在每期股权期权可行权日的前一会计年度个人绩效考核等级为 A、B，则激励对象可按照期权激励计划规定的行权比例进行行权，当期未行权部分由公司注销。若激励对象在每期股权期权可行权日的前一会计年度个人绩效考核等级为 C，公司将按照期权激励计划的规定，取消该激励对象当期行权额度，由公司注销。

八、考核结果管理

（一）考核结果反馈与申诉

1. 激励对象有权了解自己的考核结果，公司人力资源部应当在考核工作结束后 5 个工作日内将考核结果通知激励对象。考核结果是股权期权行权的依据。

2. 激励对象对年度绩效考核结果及当年实际成熟的期权数目存在异议的，可在接到考核结果通知的 5 个工作日内向公司执行董事提出申诉，公司执行董事应在接到申诉之日起 10 个工作日内进行复核并确定最终考核结果。申诉成功的，公司将根据申诉结果调整申诉人的年度绩效考核结果及当年实际成熟的期权数目。

3. 考核结果是股权期权行权的依据。

（二）考核结果归档

1. 考核结束后，人力资源部应保留绩效考核所有考核记录档案（含书面记录及电子文档）。

2. 绩效考核记录保存期至少为 5 年。对于超过保存期限的文件与记录，经公司执行董事同意由人力资源部统一销毁。

九、附则

1. 本办法由公司执行董事负责制定、解释及修改。

2. 若本办法与日后发布实施的法律、行政法规、规章或其他规范性文件存在冲突，则以日后发布实施的法律、行政法规、规章或其他规范性文件规定为准。本办法中未明确规定的，则按照国家有关法律、行政法规、规章或其他规范性文件规定、期权激励计划执行。

3. 本办法经公司股东审议通过并自期权激励计划生效后实施。

恒星智能产业有限公司

2022 年 9 月 15 日

附录四　合伙协议

水星智能管理咨询合伙企业（有限合伙）
合伙协议

第一章　总　　则

第一条　为维护水星智能管理咨询合伙企业（有限合伙）（以下简称合伙企业）与合伙人的合法权益，规范合伙企业的组织和行为，根据《中华人民共和国合伙企业法》和其他有关法律、行政法规的规定，经全体合伙人协商一致，达成本协议。

第二条　合伙企业是由普通合伙人和有限合伙人组成的有限合伙企业，普通合伙人对合伙企业的债务承担无限连带责任，有限合伙人以其认缴的出资额为限对合伙企业的债务承担责任。

第三条　本协议自生效之日起，即对全体合伙人具有约束力。

第二章　合伙企业的名称和住址

第四条　合伙企业名称：水星智能管理咨询合伙企业（有限合伙）。

第五条　合伙企业住址：滨河市滨河区滨河路 555 号。

第三章　合伙企业的目的、经营范围与经营期限

第六条　合伙企业的目的：通过投资公司的股权，为合伙人创造合理的投资回报。

第七条　合伙企业的经营范围：社会经济咨询服务。

第八条　合伙企业的经营期限为 20 年。

第四章　合伙人的姓名、住所

第九条　合伙企业由 40 名合伙人共同出资设立，其中普通合伙人 1 人，有限合伙人 39 人。

第五章　合伙人的出资方式、数额、出资期限情况

第十条　全体合伙人均用货币方式出资。合伙人总出资金额为 1000 万元人民币，对应的合伙企业总出资额为 800 万元人民币，对应的合伙企业管理费用为 200 万元人民币（合伙企业的管理费用包括但不限于进场交易费用、税费、办理工商登记相关费用等）。合伙企业的管理费用按全体合伙人均等分配方式承担。

第十一条　合伙人认缴出资数额及出资比例、出资期限如附件二。

第六章　利润分配、亏损分担方式

第十二条　合伙企业的全体合伙人按本协议约定的实缴出资比例分配利润、分担亏损，每年具体的利润分配由合伙人会议协商确定。

第七章　合伙事务的执行

第十三条　合伙企业由普通合伙人执行合伙事务，普通合伙人为执行事务合伙人，对外代表合伙企业。执行事务合伙人负责执行合伙企业的日常运营管理事务。

执行事务合伙人应当每年向其他合伙人报告事务执行情况以及合伙企业的经营和财务状况，其执行合伙事务所产生的收益归合伙企业，所产生的费用和亏损由合伙企业承担。合伙人为了解合伙企业的经营状况和财务状况，有权查阅合伙企业会计账簿等财务资料。

有限合伙人不执行合伙事务，不得对外代表合伙企业。有限合伙人的下列行为，不视为执行合伙事务：

（一）参与决定普通合伙人入伙、退伙；

（二）对合伙企业的经营管理提出建议；

（三）参与选择承办合伙企业审计业务的会计师事务所；

（四）获取经审计的合伙企业财务会计报告；

（五）对涉及自身利益的情况，查阅合伙企业财务会计账簿等财务资料；

（六）在合伙企业中的利益受到侵害时，向有责任的合伙人主张权利或者提起诉讼；

（七）执行事务合伙人怠于行使权利时，督促其行使权利或者为了合伙企业的利益以自己的名义提起诉讼；

（八）依法为合伙企业提供担保。

第十四条 合伙企业的下列事项应当经全体合伙人三分之二（含三分之二，下同）以上表决权同意：

（一）改变合伙企业的名称；

（二）改变合伙企业的经营范围、主要经营场所的地点；

（三）处分合伙企业的不动产；

（四）转让或者处分合伙企业的知识产权和其他重大财产权利；

（五）以合伙企业名义为他人提供担保；

（六）聘任合伙人以外的人担任合伙企业的经营管理人员；

合伙企业对上述（五）项、（六）项事项的表决通过，应当取得执行事务合伙人的书面同意。

第十五条 除经全体合伙人一致同意外，合伙人不得同本合伙企业进行交易，不得自营或者同他人合作经营与合伙企业相竞争的业务，不得将其在合伙企业中的财产份额出质。

第十六条 经执行事务合伙人同意，有限合伙人可以增加或者减少对合伙企业的出资。

有限合伙人向合伙人以外的人转让其在合伙企业中的全部或者部分财产份额时，须经执行事务合伙人同意；普通合伙人向合伙人以外的人转让其在合伙企业中的财产份额的，在同等条件下，其他合伙人有优先购买权。

合伙人之间转让在合伙企业中的全部或者部分财产份额时，应当经普通合伙人同意并通知其他合伙人。

合伙人进行上述变动后，普通合伙人应根据变动情况相应修正合伙协议中的涉及合伙人姓名、出资等相关事项并依法送登记机关存档。

第十七条 合伙人的出资、以合伙企业名义取得的收益和依法取得的其他财产，均为合伙企业的财产，除本协议另有规定外，合伙人在合伙企业清算前，不得请求分割合伙企业的财产。

第十八条 执行事务合伙人不按照合伙协议或者全体合伙人的决定执行事务的，经其他合伙人作出书面决议一致同意，可以决定撤销对其的委托。

第十九条 执行事务合伙人在执行合伙事务时有严重不正当行为的，经其他合伙人作出书面决议一致同意，可以将其除名。在唯一的普通合伙人被除名之前，除该合伙人之外的其他合伙人应再确定至少一名新的普通合伙人。

第八章 入伙与退伙

第二十条 新合伙人入伙，应当经全体合伙人三分之二以上表决权同意，并依法订立书面入伙协议。订立入伙协议时，原合伙人应当向新入伙的合伙人如实告知合伙企业的经营状况和财务状况。

入伙的新合伙人与原合伙人享有同等权利，承担同等责任。新入伙的普通合伙人对入伙前合伙企业的债务承担无限连带责任，新入伙的有限合伙人对入伙前合伙企业的债务，以其认缴的出资额为限承担责任。订立入伙协议时，原合伙人应当向新入伙的合伙人如实告知原合伙企业的经营状况和财务状况。

第二十一条 除非法律另有规定或本协议另有明确约定，在合伙企业存续期间，普通合伙人不得退伙。

第二十二条 在合伙企业存续期间，有下列情形之一的，合伙人可以退伙：

（一）合伙协议约定的退伙事由出现；

（二）经全体合伙人一致同意；

（三）发生合伙人难以继续参加合伙的事由；

（四）其他合伙人严重违反合伙协议约定的义务。

第二十三条 在合伙企业只有一名普通合伙人时，除非更换新的普通合伙人或合伙企业解散，否则普通合伙人不得退伙。

第二十四条 普通合伙人违反本协议规定退伙的，应当赔偿由此给合伙企业造成的损失。

第二十五条 普通合伙人有下列情形之一，有限合伙人有（一）、（三）、（四）、（五）项情形之一的，当然退伙：

（一）作为合伙人的自然人死亡或者被依法宣告死亡；

（二）个人丧失偿债能力；

（三）作为合伙人的法人或者其他组织依法被吊销营业执照、责令关闭撤销，或者被宣告破产；

（四）合伙人在合伙企业中的全部财产份额被人民法院强制执行；

（五）发生根据《合伙企业法》适用于合伙人的被视为当然退伙的其他情形。

普通合伙人被依法认定为无民事行为能力或者限制民事行为能力人的，经其他合伙人一致同意，可以依法转为有限合伙人。作为有限合伙人的自然人在合伙企业存续期间丧失民事行为能力的，其他合伙人不得因此要求其退伙。

在唯一的普通合伙人转为有限合伙人之前，除该合伙人之外的其他合伙人应当确定至少一名新的普通合伙人。

第二十六条 合伙人有下列情形之一的，经其他合伙人一致同意，可以决议将其除名：

（一）未履行出资义务；

（二）因故意或者重大过失给合伙企业造成损失；

（三）执行合伙事务时有不正当行为；

（四）发生合伙协议约定的事由。

对合伙人的除名决议应当书面通知被除名人。被除名人接到除名通知之日，除名生效，被除名人退伙。被除名人对除名决议有异议的，可以自接到除名通知起三十日内，向人民法院起诉。

在唯一的普通合伙人被除名之前，除该合伙人之外的其他合伙人应在他们中间确定至少一名新的普通合伙人。

第二十七条 合伙人死亡或者被依法宣告死亡的，对该合伙人在合伙企业中的财产份额享有合法继承权的继承人，经全体合伙人一致同意，从继承开始之日起，取得合伙企业的合伙资格。

有下列情形之一的，合伙企业应当向合伙人的继承人退还被继承合伙人的财产份额：

（一）继承人不愿意成为合伙人；

（二）法律规定或者合伙协议约定合伙人必须具有相关资格，而该继承人未取得该资格；

（三）合伙协议约定不能成为合伙人的其他情形。

合伙人的继承人为无民事行为能力人或者限制民事行为能力人的，经全体合伙人一致同意，可以依法成为有限合伙人，未能同意的，合伙企业应当将被继承合伙人的财产份额退还该继承人。

第二十八条 普通合伙人退伙后，对基于其退伙前的原因发生的合伙企业债务，承担无限连带责任。

有限合伙人退伙后，对基于其退伙前的原因发生的合伙企业债务，以其退伙时从合伙企业中取回的财产承担责任。

第二十九条 普通合伙人转变为有限合伙人，或者有限合伙人转变为普通合伙人，应当经三分之二以上的合伙人一致同意。

有限合伙人转变为普通合伙人，对其作为有限合伙人期间合伙企业发生的债务承担无限连带责任。普通合伙人转变为有限合伙人的，对其作为普通合伙人期间合伙企业发生的债务承担无限连带责任。

第三十条 有限合伙人发生当然退伙及自愿退伙情形的，只须经执行事务合伙人同意，即可以修改或者补充合伙协议，修订后的合伙协议由执行事务合伙人代表全体合伙人签署即发生效力，无须全体合伙人签署。

第九章 争议解决办法

第三十一条 因本协议引起的及与本协议有关的一切争议，首先应由相关各方之间通过友好协商解决，如相关各方不能协商解决，相关方可向合伙企业住所地有管辖权的法院起诉。

第十章 合伙企业的解散与清算

第三十二条 合伙企业有下列情形之一的，应当解散：

（一）合伙期限届满，合伙人决定不再经营；

（二）合伙协议约定的解散事由出现；

（三）全体合伙人决定解散；

（四）合伙人已不具备法定人数满三十天；

（五）合伙协议约定的合伙目的已经实现或者无法实现；

（六）依法被吊销营业执照、责令关闭或者被撤销；

（七）法律、行政法规规定的其他原因。

第三十三条　合伙企业解散，应当由清算人进行清算。清算人可以由全体合伙人担任，经全体合伙人过半数同意，也可以自合伙企业解散事由出现后十五日内指定一个或者数个合伙人，或者委托第三人，担任清算人。清算人自被确定之日起十日内将合伙企业解散事项通知债权人，并于六十日内在报纸上公告。清算人在清算期间执行下列事务：

（一）清理合伙企业财产，分别编制资产负债表和财产清单；

（二）处理与清算有关的合伙企业未了结事务；

（三）清缴所欠税款；

（四）清理债权、债务；

（五）处理合伙企业清偿债务后的剩余财产；

（六）代表合伙企业参加诉讼或者仲裁活动。

清算期间，合伙企业不得开展与清算无关的经营活动。合伙企业财产在支付清算费用和职工工资、社会保险费用、法定补偿金以及缴纳所欠税款、清偿债务后的剩余财产，由合伙人按照权益比例分配、分担；清算结束，清算人应当编制清算报告，经全体合伙人签字、盖章后，十五日内向企业登记机关报送清算报告，申请办理合伙企业注销登记。合伙企业注销后，原普通合伙人对合伙企业存续期间的债务仍应承担无限连带责任。

第十一章　违约责任

第三十四条　合伙人对合伙协议约定必须经全体合伙人三分之二以上

表决权同意始得执行的事务擅自处理，给合伙企业或者其他的合伙人造成损失的，依法承担赔偿责任。

第三十五条 合伙人执行合伙事务，或者合伙企业管理人员利用职务上的便利，将应当归合伙企业的利益据为己有的，或者采取其他手段侵占合伙企业财产的，应当将该利益和财产退还合伙企业；给合伙企业或者其他合伙人造成损失的依法承担赔偿责任。

第三十六条 合伙企业登记事项发生变更，执行合伙事务的合伙人未按期申请办理变更登记的，应当赔偿由此给合伙企业、其他合伙人或者善意第三人造成的损失。

第三十七条 不具有事务执行权的合伙人擅自执行合伙事务，给合伙企业或者其他合伙人造成损失的，依法承担赔偿责任。

第三十八条 合伙人违反合伙协议的约定，从事与合伙企业相竞争的业务或者与合伙企业进行交易的，取得的收益归合伙企业所有；给合伙企业或者其他合伙人造成损失的，依法承担赔偿责任。

第三十九条 清算人未依照本法规定向企业登记机关报送清算报告，或者报送清算报告隐瞒重要事实，或者有重大遗漏的，由此产生的费用和损失，由清算人承担和赔偿。

第十二章　其　　他

第四十条 本协议自全体合伙人签字之日起生效。

第四十一条 本协议条款如与国家法律、行政法规相抵触，按照国家法律、行政法规执行。

第四十二条 本协议修改时，当修改内容为本协议规定的需要有限合伙人同意事项之相关内容时，经符合约定数量的合伙人签署合伙人会议决议或出具同意的书面文件后普通合伙人即可进行修订；当修改内容为本协议规定的普通合伙人独立决定事项之相关内容时，普通合伙人可独立进行修订。普通合伙人签署本协议的修正案或修改后的协议后，应通知有限合伙人。

第四十三条 本协议各方均应对因协商、签署及执行本协议而了解的其他各方的商业秘密承担保密责任。有限合伙人并应对其通过财务报告、投资报告及合伙人会议中所了解到的合伙企业经营信息承担保密责任。

第四十四条 本协议未尽事宜，由各合伙人另行达成补充协议或其他书面文件予以解决，补充协议或其他书面文件自各合伙人或其授权代表签字之日起生效，构成本协议不可分割的组成部分，与本协议具有同等法律效力。如补充协议或其他书面文件与本协议之规定有不一致之处，以补充协议或其他书面文件为准。

第四十五条 本协议一式三份，送登记机关存档一份，其余由本企业留存备用，每份具有同等的法律效力。如提交工商登记管理机关备案之合伙协议需根据政府部门要求另行提供版本时，则提供工商登记管理机关备案之合伙协议并不作为各方间权利义务依据，各方间权利义务均应以本协议约定为准。

附件一：有限合伙人

序号	姓名	住所	身份证号
1			
2			
3			
4			
5			
6			
7			
8			
9			
		……	
49			

附件二：合伙人认缴出资数额及出资比例、出资期限

序号	姓名	认缴出资数额/元	出资方式	认缴出资比例/%	出资期限
1					
2					
3					
4					
5					
6					
7					
8					
9					
10					
11					
……					
40					

[本页无正文，为水星智能管理咨询合伙企业（有限合伙）合伙协议的签字页]

全体合伙人签字：

序号	姓名	签字	序号	姓名	签字
1			21		
2			22		
3			23		
4			24		
5			25		
6			26		
……			……		
19			39		
20			40		

签署日期：　　年　　月　　日

附录五　合伙协议之补充协议

水星智能管理咨询合伙企业（有限合伙）

合伙协议之补充协议

二〇二二年十一月

水星智能管理咨询合伙企业（有限合伙）
合伙协议之补充协议

鉴于：

1. 水星智能管理咨询合伙企业（有限合伙）（以下简称本合伙企业或合伙企业）之全体合伙人于2022年11月20日签署了水星智能管理咨询合伙企业（有限合伙）合伙协议（以下简称合伙协议）。

2. 各合伙人拟对上述合伙协议中的有关事项予以进一步明确。

根据《中华人民共和国民法典》《中华人民共和国合伙企业法》《中华人民共和国市场主体登记管理条例》等有关规定，各合伙人经协商一致，订立本协议如下：

第一条　定义

（一）本合伙企业或合伙企业：指水星智能管理咨询合伙企业（有限合伙）。

（二）合伙协议：指本合伙企业之全体合伙人于2022年11月20日签署的水星智能管理咨询合伙企业（有限合伙）合伙协议。

（三）合伙人：指本合伙企业之全体合伙人的合称或分称。

（四）本协议：指水星智能管理咨询合伙企业（有限合伙）合伙协议之补充协议。

（五）各方：指本协议之签署方的合称或分称。

（六）一方：指本协议之签署方的分称。

（七）公司/恒星科技：指滨河恒星科技产业有限公司。

（八）员工跟投方案：指恒星科技执行董事依据股东会之授权审议通过的核心员工跟投持股方案。

（九）普通合伙人：指持有合伙企业的部分合伙企业份额，执行合伙企业的合伙事务和对外代表合伙企业的合伙人。合伙企业的普通合伙人由张三先生担任。

（十）有限合伙人：指签订合伙协议等相关文件，并认缴或受让合伙企业份额之后成为合伙企业的有限合伙人。

除本协议另有规定外，本协议中有关用语的定义与合伙协议相同。

第二条　合伙目的

合伙人一致同意，本合伙企业系合伙人为实现间接持有恒星科技股权之目的而设立，除间接持有、出售恒星科技股份之外，本合伙企业不直接或间接从事其他任何经营性行为。

为此目的，合伙人亦不得在任何时间、任何地点、向任何人，代表本合伙企业从事任何其他经营性行为。

第三条　合伙人出资

（一）本合伙企业将以各合伙人对本合伙企业合计 800 万元现金出资通过进场公开竞价的方式对恒星科技进行增资。

若合伙人的实缴出资额低于认缴出资额，差额部分由公司指定的该合伙企业的其他合伙人在实缴出资到期之日起三日内完成缴纳。

合伙人的出资资金来源为参与人员自筹，包括个人合法薪酬、个人及家庭财产以及其他符合法律法规的资金来源。

（二）为确保合伙企业能如期进场公开竞价，合伙人应当在公司指定时间内完成出资实缴，并由普通合伙人办理进场竞价的相关事宜。

第四条　合伙事务管理

（一）合伙企业由普通合伙人执行合伙事务，普通合伙人为执行事务合伙人，对外代表合伙企业。执行事务合伙人负责执行本企业的日常运营管理事务。

因合伙企业为恒星科技的员工持股平台，全体合伙人一致同意由恒星科技决定委派和更换合伙企业的执行事务合伙人。全体合伙人在此确认并承诺，遵守恒星科技核心员工跟投持股方案及相关管理制度，在合伙人会议上行使表决权时，与恒星科技就相关事项通过的决议保持一致。

（二）执行事务合伙人不按照合伙协议或者全体合伙人的决定执行事务的，经其他合伙人作出书面决议一致同意，可以决定撤销对其的委托，并由恒星科技指派新的执行事务合伙人。

（三）执行事务合伙人在执行合伙事务时有严重不正当行为的，经其他合伙人作出书面决议一致同意，可以将其除名。在唯一的普通合伙人被除名之前，应当由恒星科技指派新的执行事务合伙人。

（四）普通合伙人被依法认定为无民事行为能力或者限制民事行为能力人的，经其他合伙人三分之二以上表决权同意，可以依法转为有限合伙人。作为有限合伙人的自然人在合伙企业存续期间丧失民事行为能力的，其他合伙人不得因此要求其退伙。

在唯一的普通合伙人转为有限合伙人之前，恒星科技应当确定并委派至少一名新的普通合伙人。

（五）当普通合伙人从合伙企业退出时，恒星科技可指派新普通合伙人入伙，新普通合伙人对原普通合伙人持有的合伙份额享有优先认购权。

第五条　合伙人间接享有的恒星科技股权

各合伙人按照出资比例就本合伙企业持有的恒星科技出资额（包括该等出资额因恒星科技改制为股份公司、上市、分红、配股等原因而取得的股份）中的特定份额享有专属权利。

第六条　恒星科技股权（份）上市前的减持安排

鉴于恒星科技拟申请首次公开发行股票并上市，本合伙企业的合伙人所持恒星科技的股权（份）上市前受到以下限制：

（一）合伙人通过股权激励方案取得合伙企业的出资额及通过合伙企业间接持有的公司股权（份），在公司首次公开发行股票并上市之前，除按照本管理办法约定的特殊情况下调整外，不得转让、出售或捐赠，或对所持出资额进行质押、冻结等权利限制。

（二）在公司首次公开发行股票并上市之前，合伙人发生下列特殊情况的，其所持有的标的股权应当按照如下方式进行处置：

1. 合伙人职务发生变动的，合伙人职务发生变动但与公司劳动关系不变的或在公司及其下属公司间调动的，则其所持合伙企业出资额不作变更。但是，合伙人因不能胜任岗位工作、触犯法律法规、违反职业道德、泄露公司机密、失职或渎职、严重违反公司制度、违反公序良俗等行为损害公司利益或声誉而导致职务变更或调动时，普通合伙人有权依据公司总经理的决定处理该合伙人持有的合伙企业出资份额，其申购安排及后续处理与持股人员离职的规定一致。

2. 合伙人从公司离职的，包括主动辞职、因公司裁员而离职、劳动合同/聘用协议到期不再续约、因个人过错被公司解聘、协商解除劳动合同或聘用协议、公司辞退等，其所持持股平台的出资额应在持股人员离职之日起九十日内按以下顺位、条件进行转让：

（1）公司总经理指定的符合股权激励方案参与条件的参与人员受让，包括已经持有合伙企业份额的员工以及其他符合股权激励方案参与条件的参与人员。

（2）水星智能管理咨询合伙企业（有限合伙）剩余持股人员受让。持股平台剩余持股人员申购的，如剩余持股人员合计申购额等于或低于拟转让的持股平台的出资额，则按照剩余持股人员申购金额获得出资额；如剩余持股人员合计申购额高于拟转让的持股平台的出资额，其可实际获得的出资额数量＝拟转让的持股平台的出资额×（剩余持股人员各自申购数量÷

剩余持股人员合计申购总量)。

以上（1）（2）两项受让的购买价格的计算方式为：该持股人员取得持股平台出资额的成本+持股人员持有合伙企业份额的实际天数÷365×合伙企业设立时根据一年期定期存款基准利率计算的利息（1.5%）。

若离职人员持有的出资额按照以上（1）（2）两项均未被申购受让或仅部分申购受让，未申购部分对应的出资额不得转让，未申购的合伙企业出资额及未来减持或转让等产生的收益部分均归该持股人员所有。

若相关持股人员拒绝或怠于按照上述规定对其合伙份额进行处置，持股平台的普通合伙人有权指定相关人员办理，且该合伙份额处置所得收益超过按上述购买价格的部分，由持股平台剩余合伙人按持股比例享有。

3. 合伙人退休（含退休后返聘到公司任职或以其他形式继续为公司提供劳动服务）、丧失劳动能力、丧失民事行为能力的，其通过合伙企业所持有的公司股份可继续持有并后续通过二级市场减持。

4. 合伙人身故的，其所持合伙企业出资额可由其指定的财产继承人或法定继承人继承，并按照合伙人身故前股权激励方案规定的程序进行锁定和减持。

5. 公司未来改制成为股份公司后，如部分合伙人基于其特定身份须遵守特别减持限制规定，依照相关法律法规的规定执行。

（三）股权激励方案未规定的其他情况，由公司执行董事认定，并确定其处理方式。

第七条　恒星科技股份锁定期及上市后的减持安排

公司实现首次公开发行股票并上市后，合伙人转让其持有的合伙企业财产份额，受到以下锁定期的限制：

（一）如公司实现首次公开发行股票并上市后，在合伙企业按照证券监管要求作出的锁定期内，合伙企业不得转让或者委托他人管理其在公司改制上市日前已直接持有的公司股份，也不得要求公司收购该部分股份。合伙企业的合伙人亦不得将其所持合伙企业出资额转让、出售或捐赠，或对所持出资额进行质押、冻结等权利限制。

公司实现首次公开发行股票并上市后，在合伙企业按照证券监管要求作出的锁定期内，如合伙企业的合伙人身故，按照股权激励方案合伙人身故的方式处理。

（二）如公司实现首次公开发行股票并上市，在合伙人满足证券监管要求的锁定期届满后，合伙人可通过合伙企业按照届时证券监管相关法律法规依法减持，届时由合伙企业的普通合伙人根据公司执行董事指定的公司内部机构制定减持细则予以执行。

（三）公司实现首次公开发行股票并上市后，合伙人无论以任何方式离职的，离职的合伙人应当在满足证券监管要求的锁定期届满后六个月内减持完毕，或在公司依据实际情形确定的最短的合理期限内减持完毕。若相关合伙人拒绝或怠于按照上述规定进行处置，合伙企业的普通合伙人有权指定相关人员办理。

（四）公司实现首次公开发行股票并上市后，如部分合伙人基于其特定身份须遵守特别减持限制规定，依照相关法律法规的规定执行。

第八条　对合伙协议以及本协议的修订

（一）为更好地实现合伙企业的管理之目的，经恒星科技执行董事决议通过，普通合伙人有可能根据实际情况对合伙协议及本协议不时予以调整及修订。合伙人一致同意，其有义务采取适当行为根据普通合伙人的该等调整及修订相应修订合伙协议和/或本协议。

（二）本协议修订时，当修订内容为合伙协议和/或本协议规定的需要有限合伙人同意事项之相关内容时，经符合约定数量的合伙人签署合伙人会议决议或出具同意的书面文件后普通合伙人即可进行修订；当修订内容为合伙协议和/或本协议规定的普通合伙人独立决定事项之相关内容时，普通合伙人可独立进行修订。普通合伙人签署本协议的修正案或修订后的协议后，应通知有限合伙人。

第九条 违约责任

任何合伙人违反其在本协议项下的责任和义务，均视为违约行为，均应就因此等违约行为而给其他合伙人造成的实际损失承担赔偿责任，但承担赔偿责任的限额为本合伙企业设立时合伙人所实际缴纳的原始出资额。

第十条 不可抗力

（一）本协议所称的不可抗力是指一方不能预见或虽能预见但对其发生和后果不能避免或不可克服的，导致该方不能履行其在本协议项下义务的事件。不可抗力事件包括但不限于，政府或公共机关的禁令或行为、动乱、战争、敌对行动、火灾、水灾、地震、风暴、海潮或其他自然灾害。

（二）发生不可抗力时，遇有不可抗力的一方，应立即以可获得的有效方式通知对方，由双方协商解决方案。并且，遇有不可抗力的一方应在十五日内，提供不可抗力详情及协议不能履行，或者部分不能履行，或者需要延期履行的理由的有效证明文件，此项证明文件应由不可抗力发生地区的公证机构出具。

（三）任何一方因不可抗力不能履行，或者部分不能履行本协议时，应尽其最大努力采取任何必要的措施以防止或减少可能给对方造成的任何损失和损害。

（四）若任何一方因不可抗力事件而无法履行其在本协议项下的任何义务，则该方不对此不履行或部分不履行承担责任。

第十一条 保密

本协议及其任何修订的所有条款及内容均属保密信息，合伙人因签订或履行本协议而从本协议其他方取得的信息均属保密信息。除非适用法律或证券交易所规则另有规定，未经本合伙企业其他合伙人事先书面一致同意，合伙人不得向任何第三方透露，除非该第三方是本协议一方的合伙人、代理人及/或一方为签订或履行本协议之目的而聘用的财务顾问、会计师、法律顾问等专业人员，合伙人亦不得为本协议之外之目的使用该等信息。合伙人应该并应促使其合伙人、代理人及/或专门聘用的中介机构遵守保密义务，且不将上述保密信息用于除履行本协议项下义务之外的任何目的，但法律规定须予披露的除外。本条项下的保密义务在本协议履行完毕或因任何原因终止后仍对合伙人具有约束力。

第十二条　适用法律及争议解决

本协议之签署、效力、解释、履行和争议的解决，均受中华人民共和国法律管辖。

凡因本协议或与本协议有关的一切争议，合伙人之间应首先通过友好协商的方式解决。如在争议发生之日起六十日内不能通过协商解决该争议，任何一方有权向本合伙企业所在地的人民法院提起诉讼。

第十三条　不弃权

本协议任何一方放弃或者延迟行使其在本协议项下一项或多项权利不应视为其放弃本协议项下的任何其他权利或在其他情形下亦放弃行使同样的权利。

第十四条　可分性

如果在任何时候本协议之任何条款在任何方面是或成为非法、无效或不可强制执行的条款，本协议的其他条款不应受到任何影响。

第十五条　协议转让

任何一方未经其他方事先书面同意，不得将其在本协议项下的任何权利、权益或义务予以转让，并且任何该种转让的尝试均为无效。在遵循前述规定的前提下，本协议将对本协议各方及其继受者和受让人具有约束力。

第十六条 标题

本协议中使用之标题仅为参考之便，并非为本协议之条款作定义或对其予以限制。

第十七条 效力

本协议与合伙协议具有同等法律效力。本协议经全体合伙人签署后生效。如果本协议的内容与合伙协议的内容有任何的冲突，以本协议的内容为准。

第十八条 文本

本协议以中文书就，一式三份，普通合伙人执两份，提交工商登记管理机关备案一份，每份具有同等的法律效力。如提交工商登记管理机关备案之合伙协议需根据政府部门要求另行提供版本时，则提供工商登记管理机关备案之合伙协议并不作为各方间权利义务依据，各方间权利义务均应以本协议约定为准。

（以下无正文）

［本页无正文，为水星智能管理咨询合伙企业（有限合伙）合伙协议之补充协议的签字页］

全体合伙人签字：

序号	姓名	签字	序号	姓名	签字
1			21		
2			22		
3			23		
4			24		
……			……		
18			38		
19			39		
20			40		

签署日期：　　年　　月　　日

参 考 文 献

一、著作

1. 熊川等：《拟上市公司股权激励实务问答》，中国商业出版社 2020 年版。

2. 黄治民：《股权激励操盘手册——国内知名企业高管十六年股权激励实践总结》，清华大学出版社 2017 年版。

二、网络文章

1. 《【Newsletter】铁禾观点丨价值与激励系列之2020年度 A 股股权激励市场概况回顾》，载微信公众号“信公股份”2021 年 2 月 7 日，https：//mp. weixin. qq. com/s/Y7aGWqHJJrO2W2rU7YXnKg。

2. 《热点！A 股股权激励应如何改革?》，载微信公众号“信公股份”2021 年 6 月 18 日，https：//mp. weixin. qq. com/s/MUUPdrRF - rWzRxs-GaKW-ag。

3. 《百择说丨等闲识得东风面——掀起薪酬证券化的红盖头》，载微信公众号“信公股份”2022 年 7 月 27 日，https：//mp. weixin. qq. com/s/GK73T7wCTM4RJh94eRtamA。

4. 李长虹、王婧等：《国有拟上市公司实施股权激励的若干实操问题》，载微信公众号“中伦视界”2021 年 8 月 19 日，https：//mp. weixin. qq. com/s/Unsk53CJrNUH-8PcTdJwsw。

5. 杜国平、李皓月：《国有企业股权激励制度的简要历史沿革》，载微信公众号“如风行空无所圭疑”2023 年 8 月 22 日，https：//mp. weixin.

qq. com/s/zmztyYMEo7GCszMXoN_ 00g。

6. 谢秋荣：《关于外籍员工参与 A 股上市公司股权激励的研究》，载微信公众号“红颜资本”2016 年 8 月 26 日，https：//mp. weixin. qq. com/s/wtFvvN2ZNMjMPDMd4VezQA。

青岛市律师协会“法说”系列丛书

法说

CORPORATE SHAREHOLD

股 权

股权融资

主　　编 / 李晶鑫
执行主编 / 郭凡炬　代宝义

法律出版社
LAW PRESS·CHINA
北京

图书在版编目(CIP)数据

法说股权 : 全三册 / 李晶鑫主编. -- 北京 : 法律出版社, 2024

ISBN 978-7-5197-8863-6

Ⅰ. ①法… Ⅱ. ①李… Ⅲ. ①股权管理－公司法－研究－中国 Ⅳ. ①D922.291.914

中国国家版本馆 CIP 数据核字(2024)第 037790 号

法说股权(全三册)
FASHUO GUQUAN (QUANSANCE)

李晶鑫 主编

责任编辑 翁潇潇
装帧设计 汪奇峰
封面题字 马 澜
篆 刻 王进家

出版发行 法律出版社
编辑统筹 法规出版分社
责任校对 王语童 裴 黎
责任印制 耿润瑜
经 销 新华书店

开本 710 毫米×1000 毫米 1/16
印张 60.25 **字数** 810 千
版本 2024 年 5 月第 1 版
印次 2024 年 5 月第 1 次印刷
印刷 北京金康利印刷有限公司

地址:北京市丰台区莲花池西里 7 号(100073)
网址:www.lawpress.com.cn
投稿邮箱:info@lawpress.com.cn
举报盗版邮箱:jbwq@lawpress.com.cn

销售电话:010-83938349
客服电话:010-83938350
咨询电话:010-63939796

书号:ISBN 978-7-5197-8863-6
定价(全三册):158.00 元

法说股权

CORPORATE SHAREHOLD

股权融资

分目录

Contents

前　言

《法说股权》是青岛市律师协会公司专业委员会继《法说公司》《法说章程》之后，着力打造的"法说"系列专著，本分册是本书的第三册。

近年来，随着我国多层次资本市场体系不断完善，资本市场融资规模持续扩大，股权融资在我国得到快速发展。编者试图从股权融资这一被广泛应用于公司及股东商业实践中的融资工具入手，剖析股权作为一种特殊的交易资产和增信工具在实现融资、整合资源、推动公司高质量发展中的作用和风险。根据股权在直接融资及间接融资中交易方式、交易结构及角色的不同，编者将林林总总的股权融资分为典型方式的股权融资和非典型方式的股权融资两大类。结合编者在该领域的诉讼及非诉讼执业实践，以案说法，进行系统的探究和分析。编者希望本分册能够给广大的公司法实务工作者以及从事该领域研究的读者以一定的参考和借鉴。

股权是企业的法宝，也是企业家的法宝。股权的财产属性，决定了它可以成为交易、置换、增信的标的物。股权的交易往往会引起公司股权架构的联动变化，从而影响公司的治理和发展。股权融资对许多公司而言非常重要，基于此，股权融资成为相关从业人士大有可为的"舞台空间"。本分册将有关股权融资的点点滴滴及散落各处的智慧成果加以整合，聚沙成塔、集腋成裘，为读者直观展示出股权融资的含义、流程、风险，以及股权融资过程中商业计划书、估值、股权架构、税收筹划、融资平台等关键事项。

本分册在第一章从"你的公司需要股权融资吗?"这一问题展开。在分析股权的属性及股权融资与债权融资区别的基础上，对股权融资的功能进行剖析，重点对融资主体是否真正存在股权融资的需求及股权融资时机的选择进行剖析，揭示了股权融资过程中的成本超负荷风险、“对赌”失败风险、知识产权风险、刑事合规风险等五类高发风险。企业的发展具备鲜明的阶段性特征，本分册对初创期、成长期、成熟期、扩张期、纾困期企业全周期的股权融资应遵循的原则和要求，进行了重点的分析。

第二章介绍了股权增发、股权转让、股权挂牌交易及IPO、股权并购和股权众筹五种“典型方式”的股权融资；第三章介绍了股权质押、股权让与担保、债转股、明股实债四种非典型方式的股权融资。通过这两章系统揭示了股权作为一种融资工具在公司或者股东直接融资及间接融资中的具体适用场景。为了增强实务性、可读性，本分册采取了以案说法的表述方式来讲“股权融资故事”，以小说创作“杂取种种人合为一个”的手法，对诸案例进行了串讲，无论是典型股权融资方式中的三国公司、蜀汉公司、曹魏公司、东吴公司还是非典型股权融资中的及时雨公司、玉麒麟公司、智多星公司等，连同它们的股东、投资人，或互动，或串场，或联袂在上述九种股权融资方式的“大剧”中，生动上演了一出股权融资的“悲喜剧”，从而全面地介绍了每一种融资方式的适用场景、融资流程及相关风险管理预案和建议。在论述板块上，承接了本丛书“参考案例”“导向问题”“实务分析”的导读式表述方式，同时通过“融资流程图”直观地向读者展示了每种融资方式的关键节点和步骤。

第四章介绍了股权融资过程中的关键问题。除股权结构的设计与调整外，商业计划书、估值、税收筹划、融资平台的搭建与数字金融的运用等重点事项都有些边界学科的意味。但这些问题都是股权融资中的重要问题，关涉融资的成败、效率和风险。囿于篇幅，本分册从如何认识这些问题在股权融资中的作用入手，择要介绍了做好上述工作的注意事项和应对技巧。

股权融资合同的商业属性和法律特征决定了该类合同常常是企业的重大合同、高风险合同，其博弈性和动态性决定了融资合同风险的系统性和不确定性。第五章承接前四章，对典型与非典型的股权融资合同分别通用条款和各类合同的关键条款，从“条款含义”“实务分析”“条款示例”三个板块进行论述，为了更好地揭示风险，还适当引用了裁判文书的观点进行佐证。最后，以股权融资合同的风险管理的要素控制和流程控制进行归结。

鉴于新《公司法》已经于2023年12月审议通过并将于2024年7月1日正式生效施行，为阐述简洁凝练之需要，本书均以新《公司法》之称谓代指2023年12月审议通过的《中华人民共和国公司法》版本，以原《公司法》之称谓代指2023年12月修法之前的《中华人民共和国公司法》版本。本书特别就新《公司法》新增或修订的主要内容（包括但不限于无面额股制度、类别股制度、授权资本制度、有期限的认缴制、优先认缴制度等）与股权融资的内容相结合，力求在新《公司法》的框架之下展示股权融资的法律依据与注意事项，将新的修法内容落实到实操层面，为各位读者带来新的启发与思考。

赢以融，输以融，输赢关融；你也说，我也说，今日法说。

本书编委会

二〇二四年四月

1

第一章

您的公司需要股权融资吗

从设立科创板、改革创业板，到合并深市主板、设立北交所，再到如今启动全面的注册制改革，近年来，我国多层次资本市场体系不断完善，资本市场融资规模持续扩大，与之相对应的，股权融资在我国也得到了快速发展。

根据清科集团提供的《2021 年中国股权投资市场回顾与展望（完整版）》研究报告的数据，2021 年，我国股权投资市场整体表现活跃，募投总额及数量均打破历史纪录。其中，股权募资金额为 2.21 万亿元人民币，同比增长 84.5%；投资金额为 1.42 万亿元，同比增长 60.4%；投资数量为 12,327 起，同比增长 63.1%。（见表 1-1）

表 1-1　2021 年中美股权投资市场对比

美国（VC/PE①）			中国（早期投资/VC/PE）		
募资金额	4295.28 亿美元	同比增长 55.2%	募资金额	2.21 万亿元人民币	同比增长 84.5%
投资数量	25,678 起	同比增长 46.2%	投资数量	12,327 起	同比增长 63.1%
投资金额	1.57 万亿美元	同比增长 81.3%	投资金额	1.42 万亿元人民币	同比增长 60.4%
退出数量	3606 笔	—	退出数量	4532 笔	—

注：①VC：风险投资（Venture Captical）；PE：私募股权投资（Private Equity）。

资本市场持续活跃，境内外 IPO[1] 数量、融资额再创新高。2021 年中企境内外上市 645 家，同比上升 12.0%；融资总规模 8562.10 亿元，同比上升 1.6%。图 1-1 为 2011~2021 年中国企业境内外上市融资总金额的汇总。

---

〔1〕 IPO：首次公开募股（Initial Public Offering）。

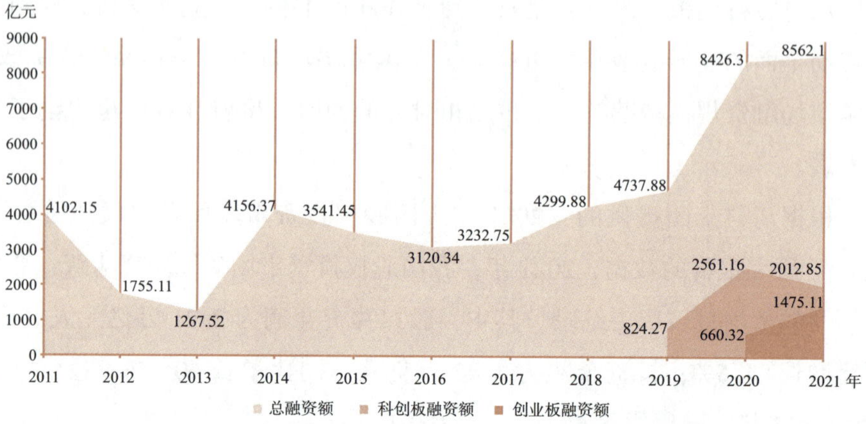

图 1-1　2011~2021 年中国企业境内外上市融资总金额

通过上述分析和了解 2021 年中国股权投资有关数据，我们可以看出，股权融资在资本市场投资领域呈现出非常活跃的态势。股权融资在为公司带来新的投资的同时，也给公司带来资本市场的各种要素资源，从而赢得战略发展的机遇和动能，促进公司高质量发展。同时，也应清醒地看到，股权融资是一把“双刃剑”，在为公司带来资本及其他社会资源的同时，也会带来包括但不限于资金供应不到位及成本超负荷风险、对赌失败风险、知识产权及商业秘密侵权风险、控制权争夺风险、刑事合规风险等在内的诸多潜在风险。对于公司及股东而言，正确认识股权融资，了解股权融资的特征、功能及潜在风险是顺利实现股权融资的前提条件。

花和刺，天使和魔鬼，这是股权融资。

第一节

认识股权融资

一、股权的属性及特征

（一）股权的属性

在股权融资中，股权是融资行为的媒介，因此要想认识股权融资，首先要对“股权”的属性及特征有所了解。

股权，是指股东基于出资拥有的、基于股东资格享有的、从公司经营净收益获得盈余收益并参与公司经营管理的股东权益。

与传统的有形财产不同，股权是一种无形财产，其本质是一束权利的集合，而不是单一权利。以股东行使股权的目的和内容为标准，可将股权区分为共益权和自益权。共益权是指参与公司治理的权利，包括参与公司经营管理的决策、监督等，包括表决权、会议主持与召集权、代表诉讼提诉权等，具有直接为全体股东的共同利益、间接为自己的利益的特性；自益权是指股东为自己的利益而行使的权利，主要表现为金钱利益，包括分红权、新股认购优先权、剩余财产分配请求权、知情权等。

《民法典》第125条规定：“民事主体依法享有股权和其他投资性权利。”这表明股权作为民事主体享有的财产权，其权利归属应遵循法律约束，交易行为亦受到法律的保护。基于股权的财产权属性及自身价值，其可以通过转让、质押等方式“换取”其他财产性权益和所需资源，这也是股权融资存在并快速发展的内在驱动力之一。

（二）股权的特征

1. 股权的权利行使与股东身份密切相关

如上所述，股权的本质是一束权利的集合，股权所包含的各项具体权利的行使与股东身份密切相关。一方面，股权所包含的各项具体权利的行使必须依赖于股东身份，如果丧失了股东身份，则一般情况下也就不享有对应的股权；另一方面，只有与股东身份相结合时，股权所包含的各项具体权利的行使才有其意义和价值。

通过股权进行融资的情况下，投资人往往通过向公司投资等方式取得公司股权，进而享有目标公司股东身份。也正是基于股权的这一特征，目标公司在引进新的投资人时应注意满足《公司法》及公司章程规定的股东变更要求，及时办理工商变更登记手续，同时也应该注意在引入新股东之后可能引发的控制权变动及对原股东股权比例的稀释等情形，提前为接纳新股东做好股权架构方面的设计与准备。

2. 股权价值随公司发展处于动态变化中

股权是一种无形财产，其价值一般依据专业的评估鉴定机构进行综合评估与鉴定。公司在一般情况下不会启动评估鉴定程序，但通过股权进行融资时，出于准确确定股权价值，平衡投融资双方的利益分配与风险承担，合理确定税费缴纳等诸多原因，通常会委托专业机构对股权价值进行量化。

目前常见的确定股权价值的评估方法有“资产分析法”“可比公司分析法”“可比交易分析法”“现金流折现分析法”“销售额分析法”等，对此本分册第四章的“公司估值”部分会进行展开介绍。

总体来看，这些方式虽然有所不同，但内在原理其实是一致的，即股权的价值与公司整体估值息息相关。当一个公司处在上升期时，其业务规模扩张、盈利水平增加、市场占有率增加，相应地会带来股权价值的上升。反映在股权融资方面，即目标公司在融资过程中，信誉较好、发展前景较好，对各类投资人的吸引力较大，目标公司及原股东在融资协议的具体谈判上也往往具有优势地位。这类公司多采用后文所述的股权转让、增资、挂牌交易、众筹等典型方式完成股权融资的过程。以字节跳动为例，2018 年 10 月，字节跳动的估值已达 800 亿美元，通过出让 5%的股权一举获得 40 亿美元 Pre-IPO[1] 轮融资，投资方为软银愿景基金、KKR[2]、春华资本、云锋基金、泛大西洋投资等知名投资机构。

与之相对的，当一个公司发展状况不佳，负债较多时，其股权价值也会下跌，甚至出现股权价值为负的情形。此类公司往往处于发展的纾困期，在进行股权融资时一般处于弱势地位，往往需要借助债转股、股权质押、股权让与担保、明股实债等非典型的股权融资方式融来资金及其他社会资源。在与投资人进行谈判时，目标公司及原股东往往处于劣势地位，甚至会主动让渡公司控制权来换取资本“输血”。这表明股权价值并非孤立的，也不是一成不变的，而是随着公司的发展处于动态变化中。

二、什么是股权融资

（一）股权融资的含义及方式

公司要生存、发展和壮大，依赖于资金流的稳健延续，股权融资是获

〔1〕 Pre-initial public offering，是指企业在首次公开发行股票之前的阶段。

〔2〕 KKR 集团（Kohlberg Kravis Roberts & Co. L. P.，KKR），中文译为“科尔伯格-克拉维斯”。

取资金流乃至其他多种社会资源的有效途径之一。狭义的股权融资是指以股权增发、股权转让等方式为公司融集资金的行为。广义的股权融资，多指公司（或股东）以股权作为工具进行融资金、融资源、融市场的行为。为了全面论述的需要，本书采用了股权融资的广义概念。

股权融资的方式多种多样，本分册第二章与第三章从融资方式的适用范围及典型性角度出发，将股权融资方式总体划分为两大类，即典型方式的股权融资和非典型方式的股权融资。其中，典型方式的股权融资包括股权增发、股权转让、股权挂牌交易及 IPO、股权并购、股权众筹五种具体融资方式，非典型方式的股权融资包括股权质押、股权让与担保、明股实债和债转股四种具体融资方式。对于这些具体方式在实务中的具体流程、适用性分析及注意事项等，本分册第二章及第三章将会进行详细介绍，此处不再展开。

（二）股权融资与债权融资的对比分析

与债权融资相比，一般情况下，股权融资能够更切实地解决资金困难的问题，改善公司的财务状况。具体而言，典型方式的股权融资和部分非典型方式的股权融资（如债转股融资）的优势比较突出，一般表现为以下几点。

（1）长期性。股权融资筹措的资金无到期日，不需归还本息，融资方可以一直使用；而债权融资筹措的资金，融资方需要到期还本付息，有明确的归还期限。

（2）不可逆性。公司采用股权融资筹措的资金，投资人欲收回本金，需借助于流通市场或公司回购；而债权融资筹措的资金，债权人可以直接要求公司偿还，不需借助于流通市场。

（3）无负担性。股权融资没有固定的回报负担，股利的支付与否和支付多少视公司的经营情况而定，债权融资一般都有固定的利息回报，利息的高低由借贷双方在法定范围内约定。在资产负债表中，债权融资体现为负债，股权融资体现为所有者权益，这对于一些处于特定时段的公司特别是拟上市公司而言，可以“美化”财务报表，塑造公司形象。

但与之相对的是，公司的投资人在成为股东之后，往往面临比一般债权人更大的资金风险。

首先，从法律性质上来看，债权是权利人基于资金使用权的让渡而对公司享有的请求返还本金与支付利息的权利。也就是说，当公司向特定债权人借款时，无论后续经营状况如何，在约定的还款期限届满时，公司必须无条件按照约定的利息还本付息，而股权融资则不同。前文也提到，股权价值并非一成不变的，而是伴随公司经营状况及整体估值的变化呈现波动态势，因此投资人向目标公司投入的资金会转化为其对公司整体的所有权，最终分配时则以公司的净资产为基础，理论上公司无须就基于股权融资而获得的资金偿还本金和支付利息。当然，在一些特定情况下，投融资双方会在融资协议中约定固定收益条款，使投资人的收益与公司的经营状况和整体估值不挂钩，投资人不承担公司亏损。这类股权融资的本质其实是债权融资，在本分册第三章所介绍的“明股实债融资”方式中会进行详细论述。

其次，股权融资的投资人在成为股东之后要比一般债权人承担更多的因公司经营失败所导致的风险。最典型的就是在公司经营不善而进入破产清算程序时，股东要劣后于债权人参与公司财产分配，这导致股权融资的投资人要比一般债权融资的债权人承担更大的风险。

三、股权融资的主要功能

从实务经验来看，股权融资是公司迅速扩大市场规模，树立行业地位，快速进入新型业务领域的有效途径，也是公司实现跨越式发展以及寻找到第二条增长曲线的最佳策略。具体而言，股权融资的主要功能主要体现在促进公司跨越式发展、协助公司获取资金及其他资源、倒逼公司治理结构的优化和完善三个方面，下文将展开论述。

（一）促进公司跨越式发展

1. 快速募资

公司通过股权融资的方式可以快速募集资金、获得大量流动资金，并利用资金及优厚的资源领先竞争对手，迅速占领行业制高点，以实现公司裂变式的增长。尤其在像大型商超、跨境电商等诸多以量取胜和（或）以价取胜的行业中，资金优势以及完整的闭环产业链的形成，将帮助公司筑起高高的商业“防火墙”和经营优势。对于一些创新商业模式的公司而言，资金更是发展的关键，如果公司不能抓住初期发展机遇，等其他资金雄厚的竞争对手开始进入市场时，很可能会被抢走市场，丧失发展先机。根据披露资料，快手仅在2019年就获得过腾讯领投的两轮投资，一轮是腾讯战略投资的12.5亿美元，另一轮是腾讯领投的30亿美元，也正是从这一年开始，快手创始人宿华一改以往佛系的性格，开始大规模投放广告，此后快手更是成为2020年央视春晚独家互动合作伙伴，与之相呼应，快手的日活跃用户激增，市场规模迅速扩大，抢占了小视频类软件的发展先机。

2. 成本相对较低

典型方式的股权融资和部分非典型方式的股权融资具有长期性、稳定性、无负担性的特点，相对于其他融资方式更加有利于对初创期公司或新兴领域业务的培育及孵化。股权融资的长期性和稳定性，可以使公司心无旁骛地专注于公司本身的发展，而无须过多考虑因融资导致公司成本过重等问题。股权融资的投资方，追求的是长期回报，注重公司长远利益，这些都有利于公司的发展。

3. 促进创新

在现代新技术、新消费、新模式日新月异的变革力量的推动下，很多公司往往难以根据市场变化及时作出调整，或者即使看到了变化，但是以自身的力量难以作出相应的调整以适应新的市场需求，最终导致许多公司不得不退出原有市场，甚至走向消亡。股权融资通过引入新的资金和资源方，可以使公司更好地根据变化的市场需求，创造新的产品或服务，探索、发掘并开拓新的技术及业务领域。

4. 打通产业链

一些特殊行业的公司或者发展到一定阶段的公司，容易形成对行业上游或下游产业链的依赖，从而导致自己的发展受限，这种情况下就有了打通行业产业链的迫切需求。公司如果依靠自身的发展去实现打通产业链的目标，往往需要较长的时间，而且还会面临一定的行业壁垒。通过股权融资构建新的产业链或加入某个待完善的产业链，公司可以迅速开拓新的市场，增加新的客户、技术、品牌资源，打通上下游的行业产业链。处于产业链上下游的公司，也可以通过股权互换等方式，形成利益共同体，甚至组建新的公司，从而实现打通行业产业链的目标。

（二）协助公司获取资金及其他资源

通过股权融资可以获得资金支持，为公司的发展及扩张持续“输血”，这毋庸置疑。但除了资金以外，投资方带给公司的还有新的客户资源、政府资源和其他诸多市场资源。

1. 投资方本身的背景及价值

投资方的背景与其能够为公司带来的价值往往息息相关，许多投资方本身可能就是该行业的“翘楚”，他们提供的产品、技术方面的专业建议，或关于公司管理、商业模式、战略方向的经验及思考，对公司的重要性可能远远超过所获取的资金价值。投资方通常还会根据自己的从业经验，给创业期公司带来一定的管理经验、商业经验及市场分析建议或最前沿的市场信息。

2. 优秀的人力资源

作为既有经验又具有行业知名度的投资方，往往会熟悉诸多公司管理经营所需要的人才，并可以帮助公司找到和培养优秀的人才。投资方也会通过自身的一些渠道，去帮助融资公司提高国内、国际市场知名度。投资方往往还会拥有许多同行业或与之相关的客户及供应商资源，帮助融资公司获得更多的客户和更优质的供应商，取得更有利的市场地位。

3. 信息优势

许多专业投资人拥有跟不同的政府部门进行沟通交流的丰富经验，掌握更多的政府扶植政策及行业信息，可以帮助公司与政府进行沟通、连接，争取各类优惠政策，为公司未来的发展计划作出更加精准的预判及更好的防范政策风险。

总之，投资方的诸多资源，常常能够给公司带来很多资金之外的附加价值，从而助推融资方实现其商业目的。

（三）倒逼公司治理结构的优化和完善

治理结构，是指为实现公司的战略发展目标，公司各机关的功能、定位与相互关系的结构性制度安排，包括但不限于公司章程等法律文件以及公司“三会一层”（股东会、董事会、监事会和管理层）的运作模式及任职变动等。

公司的治理结构是公司健康发展的基础。若公司治理结构不完善，将极大制约公司进一步发展壮大。因此，为了获得更长远的投资回报，控制投资风险，一些投资方往往对公司治理结构的合法合规性及科学合理性有特别的要求。实践中，对目标公司治理结构的调查也是股权投资法律尽职调查的重要组成部分，因此可以说，目标公司的治理结构是否科学、合规已经成为影响投资者决策的重要因素。

为了更顺利吸引投资人，获取资金及其他支持，公司在进行股权融资之前往往需要对自身的治理结构进行完善，以满足投资人的需要。融资人需向投资人证明其发展前景和盈利能力，从而更顺利地获得资金及其他社会资源。其中，不仅包括对公司章程等法律文件的审查和完善，还包括对公司“三会一层”的审查和完善等，这些都会产生倒逼公司完善治理结构的效果，从内部制度层面为公司发展更好地保驾护航。

四、股权融资过程中常见的五类风险

成功的股权融资，可以帮助公司实现跨越式发展。反之，则会给公司带来诸多现实的或者是潜在的风险。编者对目前股权融资中存在的典型风险进行了归纳总结，列举了包括资金供应不到位及成本超负荷风险、“对赌”失败风险、知识产权及商业秘密侵权风险、控制权争夺风险、刑事合规风险在内的五类常见风险类型。

需要提示的是，上述所列风险并未穷尽实践中存在的所有股权融资风险类型，不同公司因其自身发展阶段、融资目标及外部融资环境的不同，可能会导致产生其他风险。

(一) 资金供应不到位及成本超负荷风险

在股权融资过程中的资金是否能够按约及时供应，会直接影响融资时长、融资成本以及融资目标。为防范资金供应风险，必须认真作好投资方信用和资金来源的尽职调查。在选择投资方时，同等条件下应当选择资金实力强、既往信誉好、风险承受能力强的投资方。同时，融资方应当提前对公司持续盈利能力作好测算和评估，超过可负担性的资金一律不可使用，避免饮鸩止渴。

现实中，一些公司由于在融资时承诺的条件过于严苛，导致公司为了满足条件不得不采取一些急功近利的短期行为，给公司的长远发展造成了伤害。更为严重的情形是，融资方为了获得融资将股权的价值定得较低，融资时出让过多的股权，导致公司实际控制人发生变更，影响公司的稳定和发展。在进行股权融资之初，公司应当提前对如遭遇银行提前抽贷、公司业绩不理想或市场发生变化等情况拟定应对措施以及可行的其他计划，如没有应对措施，很可能就会面临公司难以为继甚至破产的局面。

（二）“对赌”失败风险

“对赌”失败风险，是指公司在股权融资过程中因签署“对赌协议”且未按照协议约定完成“对赌”内容而引发的相关风险。《九民会议纪要》将“对赌协议”描述为“估值调整协议”，表明“对赌”本身是一种对目标公司的估值调整机制。从股权融资的角度来看，公司价值判断是关键，也是最难的一环，所谓“对赌”就是为股权投融资的一级市场的价值修正提供了一种工具，避免投融资双方信息不对称带来的掣肘。简单而言，“对赌协议”是对投资人的一种保护，而触发“对赌条款”则往往意味着产生对融资公司的不利风险。

通常情况下，目标公司的业绩或上市时间等是融资双方的“对赌”内容，如果未完成业绩承诺或未按照约定时间上市，则融资的公司或其股东可能面临股权调整、现金补偿、股权稀释、股权回购等一系列违约赔偿。

实践中，很多创始人因为对赌输掉了自己一手建立的公司。比如陈晓与摩根士丹利及鼎辉“对赌”，输掉永乐电器；李途纯“对赌”英联、摩根士丹利、高盛，输掉太子奶；等等。有的公司会因为“对赌”失败从此一蹶不振，也有的公司会因为“对赌协议”执行所引发的纠纷而深陷诉讼的泥潭，导致公司运行陷入停滞。因此，“对赌协议”对融资的公司及其股东来说存在较大风险，一旦出现市场判断失误、经营不善等导致公司业务的发展不及预期，就可能会失去公司的控制权或面临其他巨大的违约责任，因此在签署“对赌协议”之前，应该对于“对赌”失败可能导致的后果进行全面的预估与评价。

（三）知识产权及商业秘密侵权风险

在股权融资的过程中，一些外部投资人可能会成为融资公司的潜在竞争者，对该公司的知识产权和商业秘密的保护构成威胁。一些行业巨头的公司为了保护其产业优势的最大化，往往会以战略投资者的身份深入一些可能会对他们的产品带来威胁的创新公司。这样的投资会专注于打开新技术的信息渠道，开发新的产品或者替代产品，甚至利用雄厚的资金和技术力量研发更新的技术以提前实现产品的发展，融资公司的知识产权和商业秘密还可能在战略投资者退出后失去价值。

因此，关于知识产权和商业秘密的保护及其法律风险的控制，公司应该在股权融资时予以重点关注，提前签署相关保密协议。同时在融资安排中，就知识产权的归属和收益分配通过协议做好约定，避免发生相关纷争和自身品牌形象的弱化。

（四）控制权争夺风险

在公司进行股权融资的过程中，公司的控制权状况可能出现两种发展趋势：一是公司的创始股东始终保持对公司的控制权；二是随着引进新的投资人，公司控制权出现“易主”的情况。在实践中这两种情形都是存在的。

对于公司自身的发展而言，公司由何人控制固然重要，但相较于控制权的最终归属，避免因控制权争夺损害公司利益才更为关键。公司控制权的不稳定会导致股东之间的矛盾频繁发生，无法就特定决策达成一致意见，甚至滋生涉诉风险，导致公司的正常生产经营陷入停滞状态，丧失盈利能力。

对此，需要明确的是对于公司的原股东而言，股权融资的过程也是其股权不断被稀释的过程，原控股股东、实际控制人可以通过提前搭建金字塔架构、设立有限合伙企业持股、委托投票权等一系列股权架构设计方式保障自身对公司的控制权，维护公司控制权的稳定；但是，对于一些需要大量融资的公司而言，随着多轮融资的推进，当创始股东享有的股权已不足以控制公司时，应以公司长远发展为先，在引入新的投资人及社会资源的同时，完成控制权的平稳过渡，实现新的利益平衡，避免因控制权争夺损害公司利益。

（五）刑事合规风险

近年来，公司因为融资问题触犯刑法的现象屡见不鲜，很多公司的实际控制人因此锒铛入狱。曾经的国货之光隆力奇被曝出以股权融资之名行非法集资之实，根据“南方都市报”的报道，江苏隆力奇集团有限公司董事长徐之伟因涉嫌非法集资被苏州警方取保候审，该公司在 2015 年至 2018 年以众筹和股权融资名义，在国内向社会公众吸收存款高达 8 亿元。

融资作为公司参与市场经济的重要方式，其合规性一直以来备受监管部门的关注。为防范和控制融资行为带来的合规风险，公司需要建立相应的合规管理体系。合规管理体系除了关注民事和行政法律风险以外，还应当重点关注刑事法律风险。融资是公司经营过程中极易触发刑事法律风险的重点领域，从融资方案的选择到实施整个过程都需要做好刑事风险防范工作。

公司融资行为的刑事合规业务内容通常包括一般刑事法律风险诊断（事前刑事合规）、特定风险事项的处理（事中刑事合规）、刑事调查的应对（事后刑事合规）等方面。公司可根据融资方案实施过程中的具体刑事法律风险事项、处理方案等，编写阶段性或者整体性的刑事合规审查报告，总结融资行为刑事合规审查工作的经验，建立完善融资行为审查管理和执行制度。

第二节 全周期的股权融资及应遵循的原则与要求

一、公司全周期的股权融资

股权融资的时机存在并贯穿于公司生命周期的始终。在公司发展的每一个阶段，股权融资都可以为公司发展带来助力，解决其特定阶段的融资需求及其他问题。本节将按照公司的初创期、成长期、成熟期（IPO）、扩张期（上市公司再融资）以及纾困期（重整期）的顺序，全面阐述股权融资的时机选择和不同方式。

（一）初创期

公司的初创期，是指公司刚刚创立或起步，业务尚未或者刚刚进入正轨的阶段。初创期公司普遍面临缺乏经验、资金短缺、人才匮乏、组织体系尚未完善等问题。由于公司资本实力弱，规模较小且资产配置较为单一，产品和服务及盈利能力均不太稳定，资金常常呈现流出状态，抗风险能力也较弱。此时，任何不确定的风险因素都会直接或间接地转化为对投资增加需求。[1]

1. 融资目标及模式

基于初创期公司的特点和面临的困难，该阶段的公司战略目标应为迅速完善公司组织体系，争取尽快扩大市场份额，形成较为稳固的长期客户群体。此阶段的股权融资目标应按照创业发展的阶段性需求，设定阶段性的融资规模，计算并设计初次需要融资的资金规模及可以释放出的股权比例。

除充分利用国家和所在区域对创新公司的扶持和孵化政策进行融资外，还可以采用股权增发融资、股权转让融资、股权并购融资、股权众筹融资等方式的股权融资。

2. 融资过程中需注意的问题

（1）在融资前应注意完善自身的股权架构和公司治理体系，避免在融资过程中创始股东丧失对公司的控制权。

（2）完善并突出公司产品及服务的特色、优势，以吸引投资方的青睐。

（3）初创期公司在进行融资时往往较为急迫，需要避免因对资金的迫切需求而丧失融资底线。例如，让渡的股权可能影响下一轮的融资计划或者影响公司控制权，签订的“对赌协议”的条件过于苛刻导致承担过高的违约责任，实际融资成本过高导致付出的代价太大等。尤其是对于融资成本的上限和可负担性的预判，公司应当根据产品或服务的利润率进行精确计算。

（二）成长期

公司的成长期，是指公司度过了初创期，找到了独特的盈利模式，进

〔1〕 参见谢子春：《基于公司生命周期的激励机制建设》，载《公司科技与发展》2009 年第 8 期。

入经营业绩快速成长的期间，此期间的公司大部分为中小公司。我国法律对中小公司并没有太明确的定义，根据2011年7月《中小企业划型标准规定》（工信部联企业〔2011〕300号）的规定，将公司的雇员总数、营业收入、资产总额作为划分的标准，大致将雇员300人以下，营业收入30,000万元以下的公司称为中小公司。

在成长期的公司开始从小变大，实力逐步增强，公司的收益增长使创始股东看到了希望，因而公司的组织活力、创造性和凝聚力较强。在成长阶段，公司有一定的销售收入和现金流，但是为支持高速发展、扩大市场占有率的资本性支出较多，因此该类公司的资产负债率通常较高，此时需要较多的资金投入。伴随公司的进一步发展壮大，产品或服务的销售量猛增，市场占有率大幅度提高，公司以及公司的产品或服务开始具有一定的品牌知名度。

1. 融资目标及模式

该阶段公司发展思路渐渐清晰，公司进入高速发展轨道。公司在持续加强内部管理的同时，追求市场规模的几何级数增长，开始关注行业地位和市场占有率。此时的融资目标为，通过资本的裂变和聚合作用，实现运营规模的扩大和资本效益的增强。以瑞幸咖啡为例，其在最初创办的一年半的时间里便进行了三轮大规模融资，其中第三轮融资额高达1.5亿美元，公司的估值也上涨至29亿美元。成长期公司主要通过寻找天使投资方、战略投资者、风险投资方、私募股权基金等方式来获得股权融资。

该阶段股权融资方式主要有股权增发融资、股权转让融资、股权挂牌交易融资、股权并购融资、股权众筹融资、股权质押融资、股权让与担保融资、明股实债融资等。

2. 融资过程中需注意的问题

（1）商业计划书对融资成功与否起着决定性的作用。商业计划书一定要注意内容和宣传的真实性、可信性，避免过于主观、夸大宣传、专业度不够等问题。否则，不仅公司的信誉可能受损，融资自然也不可能顺利完成。

（2）切忌对投资方的要求过高。期望通过融资获得资本的同时，还能获得各种其他产业资源。

（3）控制好融资规模。股权融资并不是越多越好，一般情况下，公司在上轮股权融资融到的资金，能支撑到下一轮股权融资就可以了。如果一开始就争取大量融资，未来稀释股权的空间将会变小，也不利于创始股东控制公司，而且过多的融资也往往容易使资金难以得到有效的利用。

（4）谨慎签订“对赌协议”。“对赌协议”中限制性条件过多，不仅会影响创始股东开拓市场的规划和节奏，也会给公司发展留下隐患。因此，绝不能为了融资而将公司的前途命运作为赌注。

（三）成熟期（IPO）

公司的成熟期，通常是指公司的商业模式和盈利模式均较为稳定的期间。此时公司发展速度趋缓，产品或服务已逐步达到成熟，公司形象已经确立，形成了自己的品牌优势，同时公司内部组织体系也趋于完备。为了改善公司资本结构，拓宽公司的融资渠道，为公司拓展业务提供进一步的资金支持，该时期的公司可能会选择上市，即准备IPO，进入资本市场。

1. 融资目标及模式

公司在成熟期，各个方面的发展都比较充分，拥有稳定的市场占有率。但是同时，由于同业竞争者的进入、技术进步等因素导致产品或服务的差异逐步缩小，市场需求饱和。面对行业的激烈竞争和艰难的市场环境，成熟期的公司战略应当考虑在保持现有市场规模和占有率的同时，通过进入资本市场，发挥体量优势，降低成本，扩大品牌知名度和影响力，从而占领更多市场份额，进一步促进公司发展和创新。此时公司的股权融资目标即进行首次公开募股，也就是通常说的 IPO。

截至 2022 年 10 月 31 日，沪深交易所和北交所共有 4945 家公司，[1] 可见成熟期公司进行 IPO 已经成为一种趋势，也形成了较为成熟完善的流程和方案。IPO 的具体流程如图 1-2 所示，本分册第二章将对此进行详细介绍，此处不再展开。

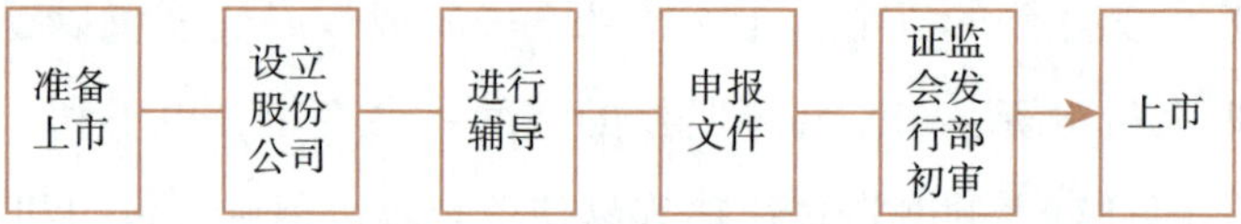

图 1-2　公司 IPO 基本流程示意

2023 年 2 月 1 日，证监会就全面实行股票发行注册制主要制度规则向社会公开征求意见。全面注册制改革作为 A 股市场的大变局，对公司融资、投资者投资将产生广泛而深刻的影响，IPO 的规则将发生重大变化，融资者应当给予关注。

2. 融资过程中需注意的问题

（1）在进行 IPO 上市前，需要检查公司是否独立运营以及主营业务是否区别开来，公司是否符合上市要求，是否拥有规范的公司组织架构和完善的财务会计体系。具体来说，需要检查控股股东及其他关联方的关系，妥善处理同行业竞争和相关问题，建立规范的制度。需要检查公司在设立股份公司、改制重组、股权设置、资产评估、资本验证等方面是否合法，产权关系是否明确等。总之，需要对公司是否满足发行和上市的要求进行全面评估。

---

〔1〕 参见《上市公司“三季报”释放哪些信号》，载腾讯网，https：//view. inews. qq. com/a/20221109A00E8700。

（2）检查公司股权架构、治理结构是否存在漏洞，避免公司在上市之后出现控制权危机。参见本书股权架构分册第三章关于拟上市公司股权架构设计的相关论述。

（3）提前进行上市培育和辅导。上市培育及辅导期通常为 3 年，为了避免发生某些难以预测的事件，尽量提前 5 年开始进行上市培育及辅导，以充裕的时间换取更大的空间。

（4）聘请专业性强、靠谱的中介机构，如券商、会计师事务所、律师事务所等。近年来，有不少公司的上市进程因为中介机构被处罚而受到影响，甚至不得不更换中介机构，给公司造成重大损失。

（四）扩张期（上市公司再融资）

公司的扩张期，也称为公司再发展的时期，在一级市场再融资的上市公司，属于典型的扩张期融资。上市公司再融资，是指上市公司通过股权质押、增发新股、配股、发行可转换公司债券等方式进行的再融资。

1. 融资的目标及模式

上市公司通过再融资，可以更好地利用资本优势，帮助公司扩展产业链，打通上下游产业渠道，更好地筑牢公司的防火墙，提高公司的抗风险能力，加快公司转型升级，扩大产品及服务的辐射深度及广度。

该阶段股权融资方式主要有股权质押、增发新股、配股、发行可转换公司债券等。此处需要提示读者的是，鉴于可转换公司债券具有在一定条件下转为公司股票的特点，给予了投资者充分的可选择性与安全性，因而受到投资者的青睐成为近些年的网红投资产品。为促进投资，此次新《公司法》允许将股份有限公司发行可转债的权限下放至董事会，即新《公司法》第 202 条中规定："股份有限公司经股东会决议，或者经公司章程、股东会授权由董事会决议，可以发行可转换为股票的公司债券，并规定具体的转换办法。”该新增规定受此次公司法修订中“董事会扩权”这一修法理念的影响，在一定程度上鼓励了公司通过可转换公司债券的方式融资，同时提高融资效率。

2. 融资过程中需注意的问题

（1）股权质押比例不宜过高，以免影响公司信誉。

（2）充分考虑增发新股对股价及投资者信心的影响。

（3）充分衡量公司是否拥有稳定的盈利能力。

（4）充分考虑政策风险。很多上市公司在融资扩张时，通常对市场风险都会有严谨的评估及把控，但却往往容易忽略了政策风险。

（五）纾困期（重整期）

公司的纾困期，是指公司在经营过程中，出现资产负债率超过警戒线甚至已出现负债大于资产、面临诸多诉讼、信用评级降低及公司形象严重受损、融资能力几近消失等情形。同时，该期间内市场对公司提供产品的需求逐渐减少，公司的市场份额也日益缩小，盈利能力大幅度下降，公司管理及运营能力削弱甚至丧失。公司的纾困期，也被称为公司重整期，采取的主要方法有债转股、债务重整、业务重整、资产重整甚至是破产重整。

1. 融资目标及模式

处于纾困期的公司，首先要重新梳理和制定公司发展战略，通过对宏观环境、行业环境、自身资源的详尽评估，重新确定公司经营计划及偿债计划，对公司面临的种种问题进行逐一梳理和整顿。在公司的发展历程中，这样的衰退危机可能会不止一次地出现，如何有效地做到化危为机、涅槃重生，是每一个公司都可能面临的战略问题。此时的公司，需要对发展潜力及发展模式进行深刻反思及重新评估，通过股权融资，助力公司脱危解困。

纾困期股权融资模式主要包括股权并购融资、股权转让融资、股权挂牌交易融资、债权转股权融资、破产重整等。[1]

2. 注意事项

（1）与原债权人确定可以债转股的债权本息、违约金等具体范围。

（2）明确约定债转股的适用条件、期限，对股权的评估方式及转股价格、原股东的权益进行调整。

（3）确定部分债权转为股权后，剩余债权的处理方案。

（4）约定股权回赎、退出条款，充分考虑导致债转股无效的情形及风险。

（5）特别注意有无法律及政策性的限制性规定，如国有公司、特殊行业、债转股比例等，保障债转股整体方案可行性。

二、股权融资应遵循的原则与要求

上文已经介绍了在不同的发展阶段，公司股权融资有着不同的方式、特征和使命，在公司全周期的股权融资过程中，相对于其他融资方式，股权融资有以下原则与要求。

1. 融资规模适宜性和控制融资成本相结合

对于融资方来说，确定适当的融资规模是非常重要的，融资额度过大有可能造成资金闲置、浪费，增加融资成本，导致公司负债过多；融资额

---

[1] 本分册将破产重整作为纾困期重整的重要方式，是因为公司被裁定破产重整后，可以通过引入新的投资方、债务减免、原股东权益调整、债转股等方式拟定和实施破产重整计划，待其成功实施后，帮助公司脱离纾困期。破产重整且重整计划成功实施表现在公司股权方面，就是增加了公司出资、股东数量，调整了股东的股权比例；同时，也是公司业务、债务、股权等综合调整的结果。基于上述原因，本分册将破产重整中的债转股作为债转股融资的一种方式进行了分析和阐述，但未对作为非典型方式的股权融资进行介绍。

度太小，又会影响公司的资金使用和业务开展，所以公司进行股权融资时，应当注重与公司规模及发展计划相匹配。

公司应当根据自身的实际状况及资金需求状况确定融资规模，具体来说，公司可以根据其在运营过程中对资金的预期需求及借款的难易程度和资金使用成本，量力而行地确定融资规模。实践中，可以采用销售比例法〔1〕、项目预算法〔2〕、财务模型测算法〔3〕、简单分析法〔4〕4种常用方法来确定融资额度。〔5〕在确定融资规模的同时，融资方需要为每次融资提前制定好能够接受的融资成本上限。融资成本指标以融资成本率来表示：融资成本率=资金使用费÷（融资总额-融资费用），公司融资成本实际上包括两部分，即融资费用和资金使用费。〔6〕需要指出的是，上述融资成本的含义仅仅只是公司融资的财务成本，或称显性成本，除了财务成本外，公司融资还存在机会成本或称隐性成本。在分析公司融资成本时，机会成本是一个必须考虑的因素，特别是在分析公司自有资金的使用时，机会成本〔7〕非常关键。〔8〕

---

〔1〕 销售比例法是最常用的一种测算融资规模的方法，是指按照对公司在借贷期内可能达到的销售额的预测，用目前公司的资产、负债、所有者权益的比例关系来进行测算，得到资金缺口的具体数字。

〔2〕 很多公司融资的原因是需要增加新的项目，因此只要对新项目的预算进行严格测算，就可以得出融资的数额。融资的数额能够满足项目需要即可，切忌以项目为噱头，盲目融资。

〔3〕 财务模型测算法就是根据公司的发展趋势，建立公司未来的财务模型，然后根据财务模型编制预测的现金流量表，从而得出现金流量的缺口。

〔4〕 简单分析法通常适用于规模较小、业务较简单的公司。具体来说就是指公司经营团队根据有关的历史数据，依靠团队的经验、主观分析和判断能力，集思广益，通过广泛的交流来确定公司的融资规模。

〔5〕 参见王丽、王鹏宇：《中小公司合理融资规模的研究》，载《中国商贸》2013年第8期。

〔6〕 参见于海霞：《融资对企业收益的影响》，载《商场现代化》2015年第23期。

〔7〕 机会成本是经济学的一个重要概念，它是指把某种资源用于某种特定用途而放弃其在其他各种用途中的最高收益。

〔8〕 参见李剑峰：《融资成本与风险对融资方式选择的影响》，载《经济师》2012年第1期。

2. 融资利益与风险相匹配

前文已经提到，股权融资在为公司带来丰富的资源与收益的同时，也会导致诸多的潜在风险。因此，公司在作出股权融资决定前，应当对公司是否需要进行融资、需要融入的资金规模、融资预期收益、融资风险进行综合评估，并制定相应的风险防范措施。在融资过程中，融资方和投资方对股权融资中风险的认识和关注并不一致，但又密切相关。融资的谈判过程实际上就是投融资双方努力寻找利益和风险平衡点的过程，也是双方对风险进行再分配的过程。相对于经验丰富的专业投资方而言，公司在股权融资谈判中，往往会面临信息不对称、内部信息泄露等风险，一旦融资谈判失败，公司不但不能获得融资利益，还会面临一系列的善后问题。

因此，公司应当更好地提升自身的风险防控能力，对风险与收益进行控制与权衡，在融资的整个过程中，把控好公司面临的各种风险，实现融资利益与风险的平衡。

3. 合理设定融资期限

融资期限是指公司拥有融入资金使用权的期限，即公司使用某笔资金的起止期限。按照资金使用时间来划分，融资可分为短期融资和长期融资。

公司要根据融资目的和融资成本等因素来决定使用某笔资金的起止期限。如果公司融资是为了长期投资或者购置固定资产，资金需求大、占用时间长，就适合选择长期融资，比如典型方式股权融资中的股权增发融资、股权转让融资、股权并购融资、股权众筹融资等；如果公司融资是为了购置周转快、易变现、占用时间短的流动资产，那么就适合选择短期融资，比如非典型方式股权融资中的股权质押融资、股权让与担保融资、明股实债融资等。所以，公司要根据融入资金的使用目的及公司现金流压力来综合设计合理的融资期限。

4. 协调投融资双方关系

投资人与融资公司的合作本身就是对立统一的。由于内在目标的分歧，双方在合作过程中可能互不相让，结果导致投资人怠于履行投资承诺和增值服务义务，而融资公司固执己见，最后往往出现“双输”的局面。这样的风险通常还会导致管理层更迭或者投资人被迫转让股权的后果。

事实上，融资公司和投资人的最终目标是一致的，那就是创造并赚取更高的利润。融资公司控制股权投资的风险，就是为了避免投融资双方出现法律上的纠纷，为了更好地促进投融资双方的合作和共同目标的实现。如果能够在准备阶段就从法律上厘清投融资双方的利益分配，那么在以后的合作中就能有效地避免投融资双方矛盾的出现以及可能导致的“双输”的后果。融资方应当明确投资方不仅是壮大公司的合作者，也是风险控制的合作者，而不是风险控制的对象。只有明确了这个原则性问题，以谨慎的相互信任和充分的彼此合作为基础，以做大做强企业、创造更高利润为目标，才能创造共赢的局面。

5. 合理设计融资股权架构

前文在介绍股权的特征时已提到，股权本身与股东身份相挂钩，股权融资的本质决定了其在大部分情形中都伴随公司所有权和控制权的再分配。换言之，在股权融资模式下，投资人会进入公司股东层成为新的股东，这必然会对公司原本的股权架构产生一定的影响。一般情况下，就投资方的角度而言，除了部分以追求金钱回报为单一目的的财务投资人，多数投资人出于对资金安全、战略发展等自身利益的考虑，往往期待拥有更多目标公司的监督权与干预权，甚至是追求控制权；而从进行融资的公司原控股股东、实际控制人角度而言，对现有股权架构进行适当调整和优化，以便更好地接纳新的投资人股东，才能控制股权投资的风险，尽可能避免投融资双方出现法律纠纷影响公司正常发展。

控股股东、实际控制人对公司股权架构的调整既包括对既有股权架构的调整和优化，也包括对股权的结构底线及退出机制的前瞻性设计。在股权融资的过程中，合理确定股权释放比例、搭建持股平台、约定“对赌条款”或回购条款、设定反稀释条款等都是常见的股权架构设计及调整方式。例如，如果创始股东、实际控制人倾向于在股权融资后仍保持对公司的控制权，那么可以在制订融资方案时适度控制股权释放的比例，或者在股东与融资公司之间搭建持股公司或者合伙企业作为引入投资方的平台等；又如，公司在签订股权融资协议时，可以同时约定股权回购条款或者其他的股权退出方式条款，待特定的回购情形发生时，可以实现投资人按约定方式退出公司，以避免纠纷。当然，这些都是建立在融资方拥有较多谈判资本的前提下，如果公司目前正处于困境，急需资本“输血”，则公司的控股股东、实际控制人在与投资人的磋商中会处于劣势地位，无法在投融资谈判中占据主导地位，最终可能会导致公司控制权易主等股权架构“大换血”的情况。

总体来看，融资股权架构的设计是一个多方面、复杂性的过程，对此本分册第四章将进行专门论述，此处不再展开。

本章小结

随着我国市场经济和资本市场相关法律制度的健全与完善，股权融资正逐渐成为公司发展到一定阶段必须考虑的战略问题。公司是继续在原有经营框架下慢慢积累，还是借助资本的力量加快发展的脚步，这将关系到公司的未来。

股权融资与债权融资相比有独特的优势，对公司的发展可以起到很多债权融资无法实现的作用，因而正逐渐成为许多公司融资方式的首选之一，但股权融资同时也会带来诸多风险，如果选择不当，则可能成为公司进一步发展的“绊脚石”。

股权融资要根据公司的实际情况进行，公司处于不同的发展阶段，采取的融资方式也不同，股权融资时机的选择对于公司能否融资成功以及对公司起到的作用至关重要。公司和实际控制人在融资前还应当清楚股权融资的总体要求，避免盲目进行股权融资。对于公司的原控股股东、实际控制人来说，如何在进行股权融资的过程中保证自己对公司的控制权是需要仔细衡量的，应当提前做好准备。同时，公司原控股股东、实际控制人也必须认识到，要想融资成功，做出适当的让步是必不可少的。

债权融资成就了银行等金融机构，股权融资则成就了证券交易所等资本市场，不可否认的是，证券交易所等资本市场正在发挥着越来越大的影响力，不同层次资本市场的繁荣，为公司进行股权融资提供了越来越多的渠道，也为公司提供了多样化的发展新思路。

2 第二章

典型方式的股权融资

狭义的股权融资，是指以股权增发、股权转让等方式为公司筹集资金的方式。在实务中，还存在将股权作为工具的融资方式，这些融资方式超出了狭义股权融资的范畴，但又与股权息息相关。因此，为了更加全面地对股权融资的相关内容进行介绍，本书采用的是广义的股权融资概念，即公司（或股东）以股权为工具进行融资金、融资源、融市场的整体方案。本章与第三章分别阐述了股权融资的典型方式及非典型方式，是股权融资方式的姊妹章。

本章重点介绍股权增发、股权转让、股权挂牌交易及IPO、股权并购、股权众筹这五种股权融资的典型方式，以便于学者研究、商者运用。实践中，上述几种典型方式有众多的共同点，通常都包括签订股权转让（认购）协议、将公司股权作为交易标的、对股权进行合理估值、履行公司章程规定的交易程序、通过股东会决议、办理工商登记变更等流程。但这几种典型方式又各有不同，例如股权增发直接的获益者是公司；股权转让的直接获益方是转让股权的股东；股权挂牌交易中全国中小企业股份转让系统（以下简称“新三板”）市场和区域性股权交易市场主要面向合格投资者和私募基金的柜台交易；IPO通过证券交易所交易系统网上发行的主要针对散户投资者；通过证券交易所网下发行的，主要针对机构投资者和个人投资者股权并购重点在于交易目的和路径；股权众筹多为初创期和发展期公司向外部特定投资方进行融资等。

鉴于此，本章以“何时、因何、何种方式、如何进行”四个维度对五种股权融资的典型方式进行区分介绍、分析并提出建议。同时，本章将以典型案例引导读者了解股权融资实务，阐述典型股权融资的具体方式，揭示典型股权融资的种类、目的、路径、后果、风险点，结合公司融资的具体需求，帮助公司制订适合、安全、可行的股权融资方案。

第一节

股权增发融资

股权增发是有限责任公司新增注册资本、股份有限公司发行新股的简称，是公司股权融资中常见的方式之一。

有限责任公司增资既可以由现有公司股东按照公司章程关于增资的规定认缴增加的出资，也可以由外部投资方加入公司作为新的股东认缴增加出资。鉴于股份有限公司尤其是上市公司增发新股主要依据《证券法》及证监会和各证券交易所相关指引来规范操作流程，因此本节主要论述有限责任公司通过新增注册资本进行融资的情形。

为了便于读者理解，本分册融合多个实务案例，通过讲述某市三国新材料有限公司（以下简称三国公司）的融资过程，分阶段介绍典型股权融资的知识。

一、三国公司的股权增发融资

（一）面向现股东曹魏公司的股权增发融资

参考案例

2010 年 9 月，三国公司注册成立，该公司是一家具有国资背景的、专注于某种新能源材料研发生产的有限责任公司。公司注册资本为 1 亿元，分别由国企某省蜀汉通信有限公司（以下简称蜀汉公司）认缴 2000 万元、民企某市曹魏通信科技有限公司（以下简称曹魏公司）认缴 5000 万元、自然人刘帝认缴 3000 万元。三国公司的股权架构为：蜀汉公司持股 20%，曹魏公司持股 50%，刘帝持股 30%。三国公司股权架构情况具体见图 2-1。

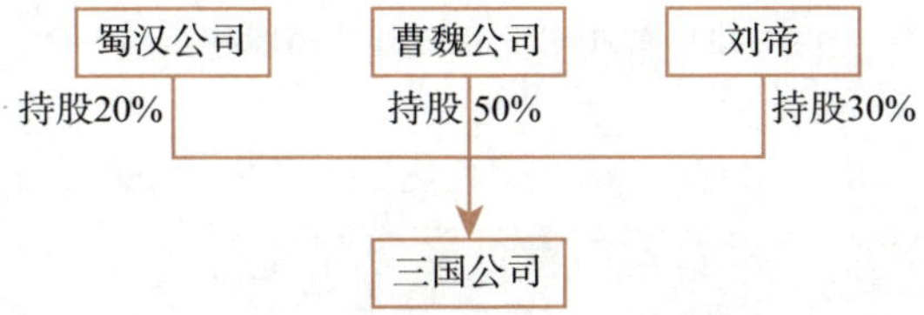

图 2-1　三国公司成立时的股权架构

公司董事会由 3 名董事组成，3 名股东各提名 1 名董事。

三国公司成立后，因产品竞争力不足，导致销售业绩不理想，再加上初期研发投入过大，公司流动资金出现约 2000 万元的缺口。

为缓解资金压力，三国公司首先欲以银行贷款的方式解决资金困境，但由于公司没有足够的可供抵押的财产，且无法负担贷款产生的高额利息，最终放弃。

鉴于三国公司自成立以来处于持续亏损状态，难以寻找外部投资方，在内部股东中，蜀汉公司、刘帝也因自身原因无力增加出资，只有曹魏公司尚有出资能力，所以董事会根据公司的情况，提出了融资方案，要求曹魏公司增加出资。

三国公司全体股东经过协商达成增资方案，由曹魏公司新增出资 2000 万元，其他股东放弃优先认购权。增资方案经国企蜀汉公司上级国资主管部门批准后，三国公司股东会通过由曹魏公司增加注册资本 2000 万元的决议，三国公司注册资本增加到 12,000 万元。曹魏公司 2000 万元新增认缴出资到位后，三国公司解决了这次流动资金短缺问题，度过了危机。

三国公司增资后的股东持股情况如图 2-2 所示。

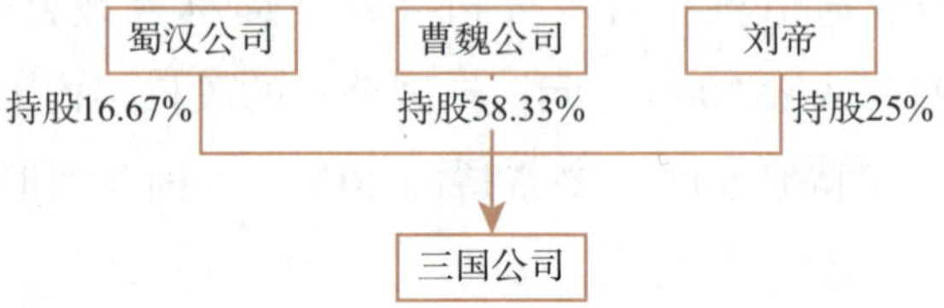

图 2-2　首次增发后三国公司股权架构

（二）引入新股东东吴公司进行股权增发融资

参考案例

三国公司进行第一次股权增发后，公司有了较为充足的资金，产品研发取得突破，销售业绩节节攀升。

随着我国鼓励新能源产业的利好政策不断出台，新的竞争对手不断出现，三国公司面临市场被瓜分的局面，如果不能迅速扩大规模，提高产能，三国公司在未来将会面临激烈的竞争，甚至可能会丧失部分市场份额。为此，三国公司决定进行第二次融资，但 3 名股东都已经无力再增加出资，只能寻找外部投资者。

董事会根据公司的情况，提出了融资方案，请求引进外部投资者。三国公司股东会通过了引进外部投资者的决议，全体股东放弃了优先认购权。

2013 年 2 月，经股东刘帝介绍，三国公司与某省东吴通信材料有限公司（以下简称东吴公司）进行了沟通，在东吴公司看过三国公司的融资商业计划书后，双方达成了初步合作意向。在经过五个多月的尽职调查和谈判之后，双方对增资金额、公司估值等事项达成了一致意见。随后，三国公司全体股东经过协商达成增资方案，由东吴公司投资 5000 万元，其中 3000 万元用于增加注册资本，2000 万元计入资本公积。三国公司股东会通过了增资决议，多方签订了融资协议，东吴公司按照约定履行了投资义务，三国公司办理了股东变更登记手续，注册资本增加到 15,000 万元。得益于东吴公司的此次投资，三国公司获得了足够的资本支持，得以迅速扩大产能，抢占市场。

三国公司第二次增发后的股权架构如图 2-3 所示。

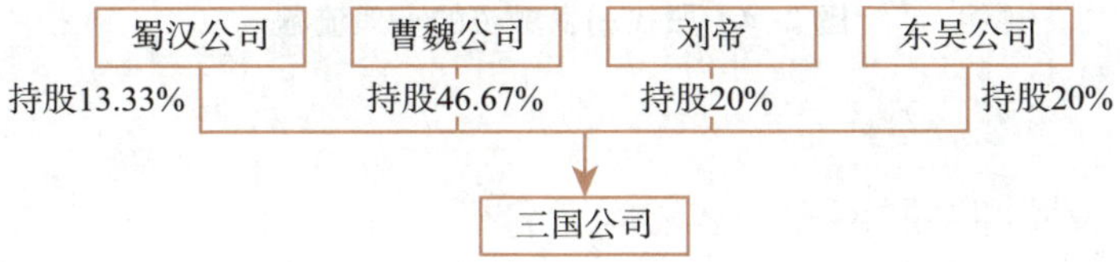

图 2-3　第二次增发后三国公司股权架构

二、股权增发融资的一般流程

通过三国公司的两次股权增发融资可以看出，股权增发融资可以根据公司经营或者发展战略需要，通过新增注册资本的方式，由现股东达成增资决议并按照决议的内容增加出资，以满足公司的融资需求（如三国公司的第一次增资）；也可以引入投资方作为新的股东，以新股东提供的认购出资和资本溢价款实现融资需求（如三国公司的第二次增资）。

三国公司两次股权增发融资的过程为我们展示了股权增发融资的基本流程。一般来说，以融资为目的的股权增发，主要包括如图 2-4 中所示的步骤。

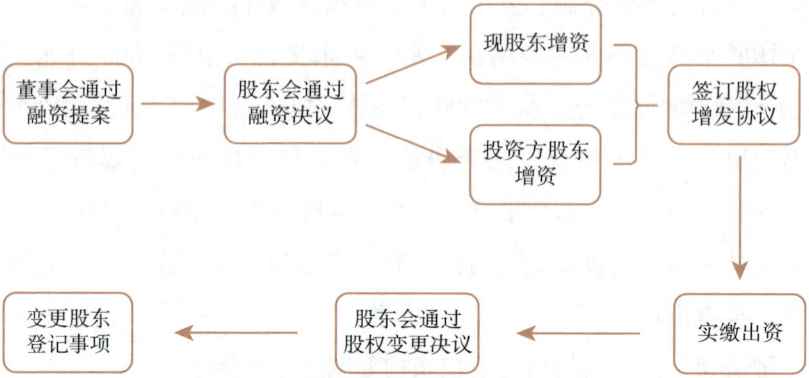

图 2-4 股权增发融资的一般流程

三、股权增发融资相关实操问题分析

导向问题 1

股权增发要遵守哪些规范?

实务分析

涉及公司股权增发的法律规定为新《公司法》第 227 条[1]。根据该规定，有限责任公司和股份有限公司的股权增发以等比例增资为原则，但是在有限公司股东达成一致约定或者股份有限公司章程另有规定或达成股东会决议的情形下，可以进行非等比例增资，在实践中，非等比例增资最

〔1〕 新《公司法》第 227 条：有限责任公司增加注册资本时，股东在同等条件下有权优先按照实缴的出资比例认缴出资。但是，全体股东约定不按照出资比例优先认缴出资的除外。股份有限公司为增加注册资本发行新股时，股东不享有优先认购权，公司章程另有规定或者股东会决议决定股东享有优先认购权的除外。

常见的类型是定向增资。换言之，新《公司法》的前述规定明确了定向增资需要满足的条件。此外，此外无论是有限责任公司还是股份有限公司，如果公司章程对股权增发有特别约定的，也要一并遵守。实操过程中的常见情形有以下几种。

1. 公司章程中关于股东优先认缴增资的规定。如规定“公司新增资本时，股东有权按照实缴或认缴的出资比例优先认缴出资”。此种情形下，如需对外部投资方进行定向增发融资，则需要通过股东会决议修改公司章程中上述规定，或者股东会作出定向融资决议，其他股东做出放弃优先认购权的声明。

2. 公司基于商业上的特殊安排，提前通过公司章程赋予部分股东认缴增资特别优先权（定向增资）或者劣后权。例如约定“公司新增资本时，股东甲有权优先于其他股东按照实缴或认缴的出资比例认缴出资”。此外，公司也可以通过股东会决议赋予部分股东优先权，例如前述案例中三国公司首次增发通过了“由曹魏公司增加注册资本2000万元的决议”。

3. 公司章程为后期进行股权增发融资预设相关规定。如“大股东甲增加出资，股东乙也需要同比例增资”“面向外部投资方的定向增资，股东乙有权利同比例增资，保障持股比例不降低”等。

导向问题2

股权增发融资适用于公司的哪些发展阶段？

实务分析

公司股权增发融资具有明显的商业目的。公司无论处于初创期、成长期、成熟期（IPO）、扩张期（上市公司再融资）、纾困期（债转股）等任何一个发展阶段，都会有不同的融资需求，利用股权增发融资，可以为公司提供资金、先进管理经验、技术支持、市场资源等商业和战略帮助。如前述案例中的三国公司，该公司进行第一次和第二次股权融资时尚处于公司的成长期，不失为通过公司股权增发方式为公司发展提供所需资金的典型案例。

导向问题 3

公司如何根据自身发展的阶段及特定融资需求等因素确定增发数额？

实务分析

一般来说，处于不同发展阶段的公司有不同的融资需求，增发数额与融资数额也有差异。

1. 初创期和发展期的公司在面向股东增发股权时，融资数额通常与增发数额相一致。这主要是因为公司处于起步阶段，无论是在业界的影响力还是市场占有率都不高，甚至公司经营本身可能存在亏损，公司缺乏议价能力。

2. 成熟期、扩张期的公司融资数额一般大于增发数额。这主要是因为该阶段的公司经营状况良好，股权会产生一定的溢价。公司在该阶段融到的部分款项以注册资本金方式投入，剩余部分甚至大部分款项则进入资本公积，该部分资本公积在未来可以用于增加公司资本。比如前述案例中的三国公司，第二次融资数额为 5000 万元，增发数额仅为 3000 万元，其中 2000 万元的差额计入资本公积的“股本溢价”中。

3. 纾困期公司的融资数额与注册资本占比相关。处于纾困期的公司往往债务较多，且多数已资不抵债，公司股权价值下跌，因此在同等数额的情况下，该阶段内融资数额所占全部注册资本的比例一般大于原出资所占全部注册资本的比例。例如，公司注册资本金 100 万元，外部投资方认缴增资 50 万元，其出资占 1/3，但可以约定其表决权、分红权、增资优先权、清算分配权等均占 50%。在纾困期公司使用债转股融资的情形下，投资方将对公司的债权作为出资，该出资债权的估值结果与公司净值之间的比例也会体现在投资方进入公司后所享有的股权占比中。

导向问题 4

股权增发过程中，投资方认购的资金数额如何进行工商登记？

实务分析

公司进行股权增发时，按投资方的认购资金进行注册资本增资登记。如投资方按照约定条件分期支付，约定条件未达成时，相应的工商信息登记和章程内容不能变更。比如，投资方 A 认购 500 万元（含认缴出资 50 万元），首期支付 300 万元（其中认缴出资 30 万元），二期 200 万元（含认缴出资 20 万元）待公司经营达到某目标时再支付，在投资方首期支付 300 万元后未支付二期 200 万元。公司工商信息中登记的投资方出资额应是其认缴的 50 万元，而不是已经实缴的 30 万元。投资方 A 的实缴数额以及其他权利，应当按照增资协议的约定进行登记。

导向问题 5

股权增发之前，原公司股东的认缴出资是否实缴到位对股权增发有何影响？

实务分析

在公司股东认缴出资未实际到位前，特别是实缴数额与认缴数额差距较大时（比如，认缴1000万元，实缴100万元），公司应优先考虑通过加快股东认缴出资到位来满足公司的融资需求。如果无法实现，再考虑面向部分股东或者外部投资方进行股权增发。如果加速认缴出资到位难以实现，可以根据公司目前的资产状况选择合理的估值方式对公司进行估值，吸引外部投资方进行融资进而实现股权增发融资。

认缴出资是否实缴到位，关系到公司整体的资产状况，进而影响股权估值的结果。外部投资方进行股权投资时，会尽调查明原股东认缴出资的实缴情况，以评判作出的股权估值是否公允。由此可见，认缴出资是否实缴到位会影响外部投资方对目标公司投资价值的评判，进而间接影响股权增发的融资数额。

需要注意的是，随着新《公司法》对公司注册资本制度的收紧，有限责任公司股东认缴的注册资本必须在5年之内缴足，而股份有限公司发起人必须在公司注册成立前就完成实缴全部注册资本，因此，伴随新《公司法》的生效，原公司股东认缴出资未实缴到位的情况在一定程度上会减少。此外，鉴于新《公司法》第52条新增了股东失权制度，因此若在融资前无法协调原公司股东加速出资一事，可考虑通过股东失权制度将出资未实缴到位的股权收回，用于融资目的，或者由其他股东缴足，避免影响对公司投资价值的评判及后续融资。

导向问题6

如何平衡投资方和原股东的利益？

实务分析

在进行股权增发融资，特别是引入新股东时，创始股东和原股东应充分考虑股权增发引起的股权稀释，以及对表决权的影响。在可能引起表决权出现变化的关键比例节点（如2/3、1/2、1/3、1/10等），可以采取溢价认购的方式保护创始股东和原股东的权益，也可以通过表决权、分红权、增资扩股认购权、清算分配权等股东权益的让渡，来保护因股权比例发生变化情形下的创始股东和原股东的权益。比如新股东与创始股东签订一致行动人协议；或者将公司经营决策且非股东权益类的表决权让与创始股东，由创始股东享有并行使；或者新股东以小额资金认购增发股权、以溢价计入资本公积的方式进行投资，从而减少新股东持股对公司控制权的影响。

通过溢价认购来保护原股东的权益，需要平衡好原股东保留的股权比例与融资数额的关系，在确定原股东需保留的股权比例的前提下，确定股权溢价率和融资数额。

区分股权内部不同权能，运用“同股不同权”的方式通过股东权益让渡来保护原股东的权益。换言之，原股东因股权增发稀释了股权，但仍可以通过公司章程约定享有增发前的股东权益，新进入的股东所享有的控制权、分红权等均可以与其所持股权比例存在差异。原《公司法》对有限责任公司通过章程对公司股权进行“同股不同权”的设计未加以禁止，新《公司法》亦沿用了该立法态度，故有限责任公司可以通过章程设计达到平衡投资方与原股东利益的目的。对于股份有限公司而言，原《公司法》未作明确规定，实践中争议颇多导致“同股不同权”的设计无法广泛落地执行，而此次新修订的《公司法》第144条明确规定，公司可以按照公司章程的规定发行与普通股权利不同的类别股，同时特别明确了“优先或者劣后分配利润或者剩余财产的股份”及“每一股的表决权数多于或者少于普通股的股份”，为股份有限公司“同股不同权”的设计提供了明确的法律支持。

导向问题 7

在股权增发过程中，公司原股东为了避免股权比例被稀释可以采取哪些方式?

实务分析

如前所述，股权增发意味着会同时稀释公司原股东的持股比例，除了前面已经提到的对原股东和投资方的利益进行平衡的方式之外，原股东还可以采取优先认购和同比例增资等方式来保障持股比例不被新股东稀释。

首先，新《公司法》第227条规定：“有限责任公司增加注册资本时，股东在同等条件下有权优先按照实缴的出资比例认缴出资。但是，全体股东约定不按照出资比例优先认缴出资的除外。股份有限公司为增加注册资本发行新股时，股东不享有优先认购权，公司章程另有规定或者股东会决议决定股东享有优先认购权的除外。”根据该条规定，在公司进行股权增发的情况下，如果有限责任公司股东未达成相反意见或者股份有限公司章程无特别规定且股东会也未作出相关决议的情况下，即使在引入新的投资方的情况下，股东也均有权利要求按照实缴的出资比例认购出资，从而保障持股比例不被投资方过分稀释。

其次，公司原股东还可以采取同比例增资的方式，即在股权增发的情形下原股东在保持持股比例不变的情况下进行增资，使公司的注册资本再次增加，这样可以使增资的公司原股东在新股东进入之后依然享有原持股比例。

但是，通过股权增发并吸纳外部新股东的方式进行融资的公司，往往面临原股东资金状况不佳的境况，因此即使是在认缴制的前提下原股东也不需要实缴相应优先认购的出资或增资。但外部投资方一般不会同意原股东只认缴不实缴的做法，从长远来看，也不利于公司实现融资目的，解决资金困难的情况，特别是新《公司法》对认缴制度作出了极大限制的情况下，未来原公司股东只认缴不实缴的做法不仅会给公司融资及投资人带来负面影响，也面临违反《公司法》强制性规定的风险。

导向问题 8

新《公司法》引入“无面额股”对股权增发融资有什么影响?

实务分析

新《公司法》第 142 条规定：“公司的资本划分为股份。公司的全部股份，根据公司章程的规定择一采用面额股或者无面额股。采用面额股的，每一股的金额相等。公司可以根据公司章程的规定将已发行的面额股全部转换为无面额股或者将无面额股全部转换为面额股。采用无面额股的，应当将发行股份所得股款的二分之一以上计入注册资本。”该条款系我国《公司法》首次正式引入“无面额股”的概念，对股份有限公司的资本制度带来重大变革，未来将对股份有限公司的股权增发融资产生实质性影响。新《公司法》出台前，股份有限公司一律实行面额股制度，将股本等额拆分，一般每份对应一股，面额通常为 1 元 1 股，因此注册资本等于股票的面额×发行的股票数额。如果股东严格按照面额购入股票，那么股东交付给公司的资金就等于注册资本。

在原《公司法》的框架下，为了保证公司注册资本充实，规定了股票发行价不得低于票面金额，即不得折价发行股票。在公司经营状况良好、股票供不应求的情况下，这一规定很容易满足，但是在公司经营状况较差甚至进入破产重整等极端情形下，禁止折价发行新股会严重降低投资人的投资意向，阻碍公司通过股权增发的方式进行融资。而无面额股制度则可以改善这种情况——无面额股票上不再记载票面金额，而是仅标注“××股”，即只记载份额，不记载金额，股票发行价格随行就市，不存在最低票面金额的问题，故不再受“禁止折价发行”的约束，具有灵活性。因此可以预见，新《公司法》引入无面额股制度，对于经营状况较差甚至进入破产重整的股份有限公司而言，可以极大地促进股权增发融资方式的运用，投资人以市场价格认购公司增发的新股，对于投资人而言更加公平有利。

值得注意的是，公司发行“无面额股”时，需要根据公司章程的规定将已发行的面额股全部转换为无面额股。即公司不能同时存在面额股和无面额股。

第二节

股权转让融资

股权转让，是指股东通过签订转让协议并接受转让对价，将目标公司的出资及对应的股东权益转让给投资方的行为。股权转让后，目标公司需要同时办理股东变更、公司章程变更等公司变更登记手续。股权转让可以使公司原股东获得转让对价，使投资方获得目标公司股权，从而使目标公司的股东结构和持股比例等也随之发生变化。需要注意的是，在新《公司法》出台前，有限责任公司股权转让中的受让方何时成为公司的股东缺乏明确的法律依据，实践中，有以股权转让协议签署完成为准、以股权转让款支付完成为准、以工商登记变更为准、以公司股东名册变更为准等多重标准，由此引发的争议纠纷亦不在少数。对此，新《公司法》第 86 条明确规定，“股权转让的，受让人自记载于股东名册时起可以向公司主张行使股东权利”，明确了有限责任公司股东明册系股东身份确认的唯一依据，对此应予以特别注意，及时变更股东名册。

本节主要从目标公司获得投资方实缴出资和股东融资两个角度出发，对股权转让这一典型方式的股权融资进行介绍。

一、三国公司的股权转让融资

（一）股东刘帝转让未缴出资为公司融资

参考案例

三国公司经历过两次融资后，公司业务发展迅速，市场份额不断扩大。又过了两年多，新的竞争者进一步增多，竞争对手为了抢占市场，开始大幅度降低产品价格，并给予客户较长账期等优惠福利。

在此情况下，三国公司也不得不积极应对，这对公司的流动资金提出了更高的要求。

2015 年 7 月，三国公司再次出现 1000 万元的资金缺口，公司现有 4 名股东无力增加出资。股东刘帝提出再次进行股权增发引进新的投资者，其他 3 名股东却提出了不同意见，他们认为进行股权增发将会稀释现有股东的股权，在公司遇到短暂困难但发展前景良好的情况下，这种做法得不偿失。相反，他们要求刘帝将尚未实缴的 1000 万元出资实缴，解决公司的资金困难问题，平衡股东之间的利益。

经过多次协商谈判，4 名股东达成了折中方案，即同意刘帝将认缴出资 1000 万元（未实缴）所对应的股权转让给外部投资方，以获取公司所需资金。

融资讯息发布后，某市西晋投资有限公司（以下简称西晋公司）主动找上门来。经过商谈，西晋公司以 2000 万元受让股东刘帝的认缴出资 1000 万元后，将 1000 万元实缴到位，另外 1000 万元支付给股东刘帝。同时，西晋公司与刘帝签订一致行动人协议，协议约定在西晋公司持有股权期间，其在股东会的表决意见与刘帝保持一致，并赋予刘帝代理表决权。

刘帝通过股权转让，在未降低公司其他股东的持股比例的同时，引入西晋公司，并将1000万元出资实缴到位，解决了三国公司的资金缺口需求，公司研发、生产经营迅速得到发展。

股权转让后，三国公司的股权架构情况如图2-5所示。

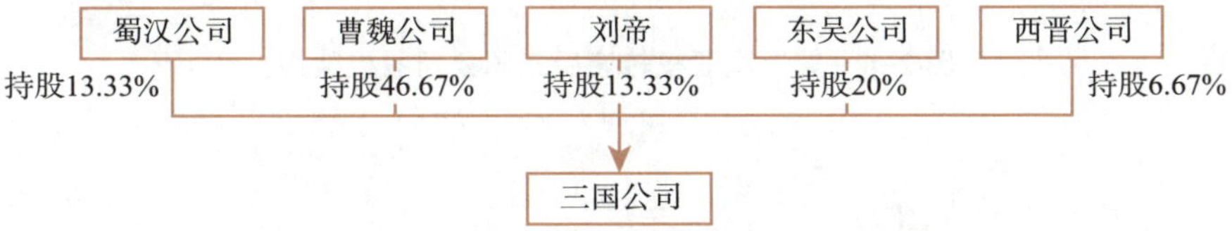

图2-5　第一次股权转让后三国公司股权架构

（二）股东刘帝转让出资为其他项目融资

参考案例

在完成上述融资后，股东刘帝以获得的1000万元资金与其他股东一起联合投资新设了某市东汉房地产开发有限公司（以下简称东汉公司），该公司以招拍挂方式取得一宗土地使用权用于商品房开发建设，支付了土地出让金2.18亿元。后来，东汉公司投资建设的该项目出现资金链断裂面临停工。为了实现“保交楼”的任务，东汉公司在无法获得外部融资的情况下，要求股东增加出资，刘帝资金不足，最终选择再次转让持有的三国公司股权。

因此，2017年，股东刘帝突然提出再转让持有的三国公司1000万元出资，转让价格为2500万元。西晋公司再次受让了刘帝的1000万元出资，向刘帝支付了2500万元。刘帝将资金全部用于认缴东汉公司的增发股权，东汉公司获得资金后，地产项目恢复建设施工，完成了“保交楼”任务。

刘帝再次转让出资后，三国公司的股权架构情况如图 2-6 所示。

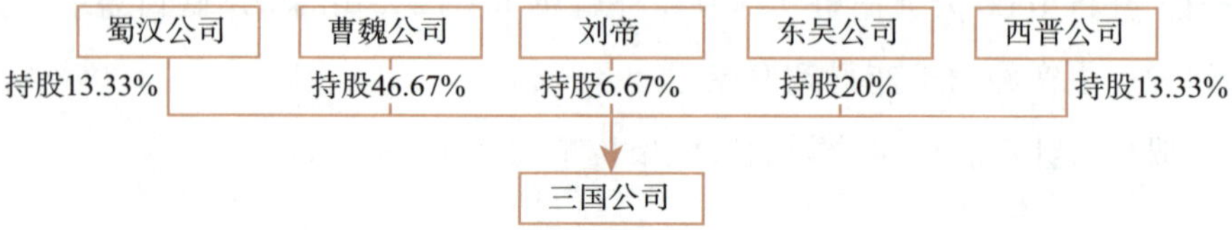

图 2-6　第二次股权转让后三国公司股权架构

二、股权转让融资的一般流程

通过上述两个案例可以看出，股权转让融资既可以解决目标公司的融资需求，也可以解决股东的融资需求。投资方的资金既可以通过实缴出资的方式进入目标公司，也可以支付给转让股东，转让股东可以利用该资金注入其他项目，保证投资权益的持续发展和增值保值，实现经营目标和战略目的。

上述两种不同目的的股权转让的流程略有不同，分别如图 2-7 和图 2-8 所示。

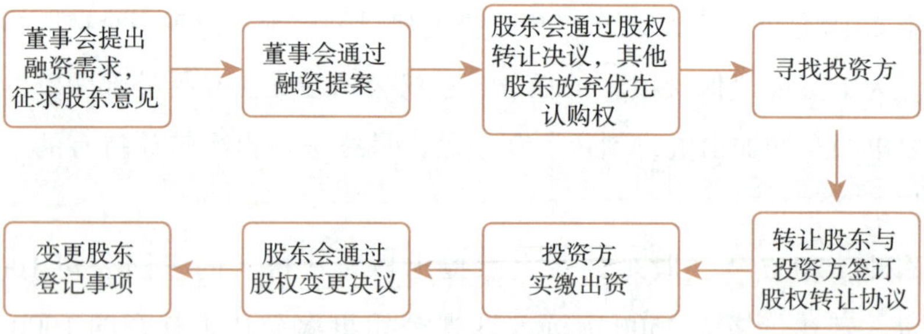

图 2-7　股东转让未缴出资为公司融资流程

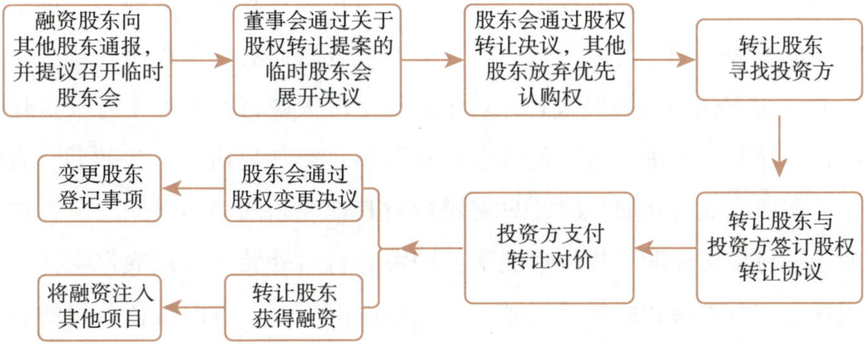

图 2-8　股东转让出资为股东其他项目融资流程

三、股权转让融资相关实操问题分析

导向问题 9

股权转让应适用哪些规范?

实务分析

有限责任公司股权转让的法律依据为新《公司法》第 84 条[1]。股份有限公司股权转让的法律依据为新《公司法》第 157 条[2]。除前述规定之外，在不违反《公司法》规定的前提下，公司章程中关于股东与股东之

〔1〕 新《公司法》第 84 条：有限责任公司的股东之间可以相互转让其全部或者部分股权。股东向股东以外的人转让股权的，应当将股权转让的数量、价格、支付方式和期限等事项书面通知其他股东，其他股东在同等条件下有优先购买权。股东自接到书面通知之日起三十日内未答复的，视为放弃优先购买权。两个以上股东行使优先购买权的，协商确定各自的购买比例；协商不成的，按照转让时各自的出资比例行使优先购买权。公司章程对股权转让另有规定的，从其规定。

〔2〕 新《公司法》第 157 条：股份有限公司的股东持有的股份可以向其他股东转让，也可以向股东以外的人转让；公司章程对股份转让有限制的，其转让按照公司章程的规定进行。

间、股东对外转让股权的规定，以及股东转让股权程序性的规定，都是股权转让的章程依据。与原《公司法》对于股权转让的规定相比，新《公司法》对有限责任公司的股权转让规定进行了较大修订，取消了有限责任公司股东转让股权必须经过其他股东同意限制。新《公司法》生效后，有限责任公司股东欲转让股权时，只需履行对其他股东的书面通知义务，在其他股东不行使优先购买权的情况下，即可自行对外转让，该规定降低了有限责任股东对外转让股权的门槛，一定程度上缓和了有限责任公司的封闭性，顺畅了有限责任公司的股东退出机制，同时将对有限公司通过股权转让方式进行融资有极大的促进作用。

需要特别提示的是，股东之间的股东协议及股东会决议在某种程度上也是股权转让过程中需要遵循的规范。股东间的协议在很多情况下会做出一些限制股权转让的约定，但基于协议相对性，该部分内容往往不对外公开。因此，投融资双方在进行股权转让的交易之前，务必对公司内相关文件进行全面核查，以避免出现违背股东协议或股东会决议导致融资效力出现瑕疵的情况。

导向问题 10

股权转让融资适用于公司的哪些发展阶段？

实务分析

一般而言，股权转让融资适合公司发展的全生命周期。

处于初创期和成长期的公司，在公司净资产与实缴出资没有较大差距的情况下，可以选择将部分股东未实缴到位的出资进行转让，达到公司融资的目的，这在三国公司股东刘帝首次进行股权转让的融资过程中得以反映。

而股东刘帝第二次进行股权转让融资是为解决自己的资金需求，在这种情况下，公司无论处于初创期、成长期、成熟期、扩张期（上市公司再融资）、纾困期（债转股）哪个发展阶段，当公司的股东出现资金需求且无法通过其他途径解决或其他途径融资成本过高时，一般可以考虑通过转让股权进行融资。但是，转让的标的股权应当具备一定的价值，才能获得相应对价，这是股权转让融资的基本要求。

导向问题 11

股权转让中的转让份额如何确定？份额的大小会对公司控制权产生哪些影响？

实务分析

转让份额以出资数量、股权份额为表现形式，是股权转让中的重要内容，也是股权转让中股权融资方与投资方博弈的标的。总体来看，转让份额需要依据融资规模和投资方可投资金额来确定，亦要兼顾公司股权结构及公司控制权的相对稳定、公司战略要求及商业安排等诸多因素，并综合考虑公司股权的估值、公司盈利前景、产品美誉度和市场占有率等方面。

相比于股权增发，股权转让会直接导致出让股权的股东持股比例下降，从而直接影响其对公司的控制力和影响力。公司的控股股东或实际控制人如果选择股权转让融资，则需要衡量其对控制权的影响，合理确定转让份额，以免失去对公司的控制权。

导向问题 12

股权转让需要签订的法律文书有哪些？

实务分析

股权转让融资签订的协议一般为股权转让协议（合同），其与融资方案、投资协议和有关股东会决议一起构成股权转让融资的法律文书。

签订协议时，首先需要列明协议的真实目的，便于在协议条款约定不明、合同法定解除及确定违约责任时，明确双方的权利义务和责任。如前述案例中三国公司股东刘帝首次进行股权转让是为了目标公司融资，股东与投资方签订的协议中应明确约定投资方接受股权转让后实缴到位的出资数额、期限以及违约责任，甚至可以约定先将出资所需资金支付至指定账户（可以是第三方监管账户），然后再签订转让协议，办理转让变更登记等有关手续。而三国公司股东刘帝第二次进行股权转让主要是为了股东个人融资，股东与投资方签订的协议中就需要确定所转让股权信息、公司信息（经营状况、资产状况等）、股权是否存在权利瑕疵以及转让股权前后的权益归属和实现方式等内容。股权转让协议除转让各方持有外，还应在工商登记部门备案一份，同时编者建议应交付公司保留一份。

导向问题 13

股权转让对价的支付时间和方式应如何确定？怎样才能避免恶意拖延支付？

实务分析

股权转让对价的支付条款是股权转让融资过程中最为重要的条款，明确具体的支付时间和金额尤为重要。为满足融资的需要，建议注明转让对价为货币资金，不宜选择商业承兑汇票等支付方式。公司在融资的情况下，建议在投资方实缴出资时进行验资。转让对价可以一次性支付，也可以按照办理程序的节点分次分期支付。分次分期支付的，转让方可以要求受让方提供担保或者第三方的保证，同时约定明确的违约情形和责任。

此外，为了防止支付义务一方以不满足支付期限为由故意拖延支付，侵害另一方的权益，在约定对价支付的条件时，需要明确是支付期限条件还是支付先决条件。

例如，实务中有的股权转让协议中约定投资方在取得其上级公司董事会批准后才支付转让款。若该上级公司董事会拒绝批准，投资方依上述约定拒不支付转让款是否合适？司法实践中，往往对“经过上级主管机关批准后支付转让款”存在争议，部分观点认为是附条件的支付，在条件未实现的情况下，不符合支付条件；部分观点认为是附有最后支付期限，不影响转让股东要求其支付对价。编者认为，应以交易的商业目的和善意履行为原则，将其解释为最晚支付期限为宜。如解释为支付的先决条件，则可能存在支付方“恶意”不成就该条件的情形，不利于交易的安全性。为了避免出现争议，融资方应当避免在融资协议中做出类似约定。

导向问题 14

可以通过哪些途径设置股权转让限制？

实务分析

股东可以通过签订股东合作协议约定对股权转让中涉及的股东资格，股权转让数量、价格、程序等的限制条款，也可以在公司章程中规定对股权转让的程序、股东资格的取得、股东退出、部分股东的优先权和劣后权等方面的限制条款。

股东合作协议是股东间的内部约定，一般情况下不能对外约束投资方，如股东合作协议的适用和效力，因此股东在转让股权时，负有向投资方提供股东合作协议的义务。除非该协议在对外章程中披露，否则一般情况下对投资方不具有约束力。

导向问题 15

可以规定哪些股权转让方面的优先权和劣后权？

实务分析

可以规定对部分股东的股权转让期限和数量的限制。比如，担任公司董监高的自然人股东在任职期间不得转让股权，或者转让股权不得超过持有股权总数的 30%；也可以规定限制股东向有竞争关系等不利于公司经营管理或者商业秘密保护的潜在投资方转让股权，比如与公司有竞争关系的公司或者在有竞争关系的公司任职的自然人，不得成为公司的股东；可以规定转让股权在一定期限内某些股东权益上的劣后，比如投资方成为新的股东后，在一年内不具有表决权和分红权；可以赋予投资方在公司重大事务中的“一票通过权”或者“一票否决权”，甚至赋予其对公司的审计权。

导向问题 16

股权转让过程中需要注意公司章程、股东会决议中的哪些限制或者禁止条款？

实务分析

某些公司章程中明确规定，股东认缴出资未实缴到位前，不得转让出资；创始股东或者财务投资股东在持有公司股权 3 年内，禁止转让股权。

在股权转让融资过程中，需要对公司的章程及有关股东会决议进行调查核实，防止有关限制或者禁止条款影响股权转让融资的法律效力或存在后续争议。

导向问题 17

区分股权转让的商业目的很重要吗?

实务分析

区分不同商业目的的意义在于当股权转让协议出现违约、无法正常履行时，如何选择解决路径以及如何进行相应的价值评判取舍。

现实中较为常见的一种股权转让是以目标公司的“资质平移”为目的，其实质是为了让受让方通过间接的方式取得目标公司的某项资质。“资质平移”的做法违反有关资质取得、维护和使用的行政管理规定，但股权转让并不因此无效。在无法达到相应资质商业目的的情况下，若受让方仍继续履行股权转让协议，还可能因此承担目标公司的债务。

在股权转让出现无相应的约定也无法提前预计的情况时，需要根据股权转让协议具体条款的约定内容确定交易的商业目的，然后选择解决路径和进行价值取舍。

导向问题 18

为什么要设计可期利益条款和退出机制?

实务分析

在股权转让融资过程中，考虑到受让方的直接目的，除战略发展、市场占有、补足产品短板、不正当竞争等因素以外，大部分为谋取投资回报利益，即投资方的投资是为了达到某种商业预期回报。一些专业投资公司的投资目的就是获取回报，故愿意在持股期间将股份对应的表决权授予其他股东行使，但会要求一些其他方面的权利保障自己的投资收益。

所以，转让股权的股东应在设计融资方案时，清楚认识到上述情况，在获得投资的同时做好“送神”的准备，即设计、拟定投资方可期利益条款及退出机制。

同时，融资方应注意可期利益约定与明股实债的区别，不建议设定定期或固定收益的投资回报方式，否则将可能被视为明股实债。投资方的退出条件（公司回购、转让、定向转让）、退出触发条件、退出对价等退出机制内容也需充分设定。

第三节

股权挂牌交易融资及 IPO 融资

股权挂牌交易，是指在“新三板”[1] 挂牌公司股票的交易或在区域性股权交易所挂牌公司股权的交易。除在上海、深圳、北京证券交易所进行的股票交易之外，经国务院或者省级人民政府批准的公开股权交易方式，被称为“新三板”股票交易和区域性股权交易。

“新三板”股票交易市场具有全国性公开证券市场的性质，主要为创新型、创业型、成长型中小企业发展服务，符合条件的股份公司均可通过主办券商申请挂牌，公开转让股份，进行股权融资、债权融资、资产重组等。

区域性股权交易市场是一个非公开的私募股权市场，为特定地区的企业提供股权、债券转让和融资服务。

区域性股权交易市场[2] 接受非上市股份有限公司及其他依法可进行

---

〔1〕 参见全国中小企业股份转让系统，载百度百科网，https：//baike. baidu. com/item/%E5%85%A8%E5%9B%BD%E4%B8%AD%E5%B0%8F%E4%BC%81%E4%B8%9A%E8%82%A1%E4%BB%BD%E8%BD%AC%E8%AE%A9%E7%B3%BB%E7%BB%9F？fromtitle=%E5%85%A8%E5%9B%BD%E8%82%A1%E8%BD%AC%E7%B3%BB%E7%BB%9F&fromid=15913974&fromModule=lemma_ search-box。

〔2〕《青岛蓝海股权交易中心：中心资质》，载青岛蓝海股权交易中心官网，https：//www. qeec. cn/page/s/djtg/zxzz。

登记、托管、交易、结算的公司的委托，提供以下服务：(1) 投资者账户的设立和管理；(2) 公司股份（股权）或其他权益类产品的托管和过户；(3) 公司股份（股权）或其他权益类产品持有人名册登记及其权益登记；(4) 依法提供与股份（股权）或其他权益类产品登记结算业务有关的信息咨询、培训、出证、质押、冻结等服务；(5) 公司股份（股权）或其他权益类产品持有人份额和资金的清算交收及相关管理；(6) 代办工商登记、质押、改制等事项；(7) 其他服务。

从上述分析可以看出，"新三板"股权交易市场和区域性股权交易市场在市场定位、入驻公司的标准、投资者准入条件、股权交易数量和规模、信息披露、交易程序规定、公开性等方面均有着较大的差异。"新三板"比区域性股权交易市场更为规范和高效，本节重点对"新三板"的挂牌交易展开论述。

另外，如果交易涉及国有企业或国有控股企业、国有参股企业中的国有资产股权交易，为达到国有资产合理流动和优化配置、防止国有资产流失、国有资产处置公开透明和提高处置股权收益的目的，交易必须通过产权交易机构向不特定的投资方以公开征集并确定某一投资方的方式转让股权，这种交易方式被称为场内挂牌交易。但这种通过某一固定场所或者平台公开发布转让股权信息，征集符合条件的投资方的方式，与本节股权挂牌交易存在较多不同，最大的不同是公告方式的场内挂牌交易属于股权转让，而股权挂牌交易属于再融资。场内挂牌交易除转让股权方案需提前取得上级国资管理部门的批准、在产权交易机构公开征集投资方环节外，其他环节与本章第二节涉及的股权转让基本一致。故本节不对场内挂牌交易展开详细论述。

本节以三国公司在"新三板"通过利用股权进行融资的活动为例进行分析和阐述，帮助读者了解区域性股权交易以及通过产权交易机构场内挂牌的股权交易的融资流程和方式。

一、三国公司股东的股权挂牌交易融资

（一）蜀汉公司股权挂牌交易之定向增发融资、股东质押股票融资

参考案例

2015 年 2 月，三国公司的股东之一蜀汉公司（公司已经变更为某省蜀汉通信股份有限公司，为表述方便，仍然简称为蜀汉公司）在“新三板”挂牌。挂牌后，蜀汉公司进行了两次定向增发：第一次是 2015 年 4 月，为了募集资金用于扩建仓库及补充公司流动资金等，发行 7500 万股，募集资金 3 亿元；第二次是在 2015 年 6 月，为公司日常运营需要发行了 24,000 万股，募集资金 12 亿元。但上述 15 亿元并没有完全用于公司的正常经营，其中部分闲置资金被对外拆借，截至 2015 年年末，仍有 2.73 亿元被拆借资金尚未收回。

2015 年 7 月至 2016 年 8 月，蜀汉公司的控股股东某市益州控股集团有限公司（以下简称益州集团）进行了 15 次股权质押融资，累计股权质押比例最高的时候达到了 38.88%，不仅将所有的股权质押，还存在重复质押的情况。蜀汉公司 2016 年年底到期未偿还的借款本金为 11.53 亿元。

蜀汉公司股价在 2015 年维持在 2～3 元，2016 年 12 月 15 日股价为 1.05 元，2016 年 12 月 23 日股价为 0.62 元，面临上述质押的股票被强行平仓的风险。

（二）曹魏公司股东转让股票后违规代持

参考案例

2016 年，三国公司的另一股东曹魏公司（公司已经变更为某市曹魏通

信科技股份有限公司，为表述方便，仍然简称为曹魏公司）也在“新三板”挂牌。

2018年3月，韩献弟与曹魏公司的股东曹大、曹二签署《股份转让协议》，约定曹大将其持有的曹魏公司的1.6万股股票以40万元的价格转让给韩献弟，曹大将案涉股份过户到韩献弟名下之前，双方构成代持关系，即韩献弟为案涉股份所有权人，曹大代韩献弟持有股份，曹大不享有代持股份任何收益权和处分权，并约定双方为一致行动人。同时，还约定若曹魏公司在2019年12月31日被收购或启动IPO上市，则韩献弟获利退出，否则韩献弟有权请求曹大、曹二回购其所持有的股份。

2018年3月29日，韩献弟与曹大、曹二签署《补充协议》，约定韩献弟可以要求曹大、曹二在2019年3月30日无条件回购其受让的股份。

2019年3月27日，韩献弟要求曹大回购其持有的曹魏公司股份。曹大答复同意按照协议履行，回购金额总额为56万元。

经查，曹魏公司前200名证券持有人名册显示韩献弟是排第61位的股东；曹魏公司因股份代持违规、信息披露违规受到“新三板”自律监管措施和纪律处罚。

二、股权挂牌交易融资及IPO融资的一般流程

通过上述两个案例可以看出，“新三板”挂牌公司可以在“新三板”通过股权定向增发、股权质押、股权转让等方式进行股权融资。股权挂牌交易既可以为挂牌公司进行直接融资，也可以为其债权融资提供质押担保，挂牌公司的股东还可以通过转让股权的方式进行融资。在股权挂牌交易中，应遵循“新三板”股票交易的规则和程序，否则就会受到处罚。

“新三板”挂牌公司的股权挂牌交易融资包括股权定向增发、股权质

押（分为公司融资和股东融资两种情形）、股权转让等方式的融资，其一般流程按方式的不同，分为以下步骤。

1. 除本章第一节股权增发融资流程内容外，“新三板”挂牌公司还需要注意以下几点：

（1）由公司董事会就股票挂牌交易（股权定向增发）有关事项作出提案，发行方案公告，公告应包括发行目的、募集资金用途、发行对象范围、发行价格及定价方法、发行数量、除息除权、分红派息及转增股本情况、发行前未分配利润的处置方案、拟提交股东会批准和授权的事项等事项。

（2）公司董事会提交公司股东会就挂牌交易事项作出决议。

（3）公司与主办券商签订发行协议。发行期开始，公告股权发行认购程序包括投资者认购及配售办法、外部投资者认购程序、现有股东认购程序、认购时间和资金到账要求。

（4）股票发行完成后，公司公告股票发行情况，发布定向增发股票完成登记后股票挂牌并公开转让的公告。

上述股权挂牌交易融资的常规流程，如图 2-9 所示。

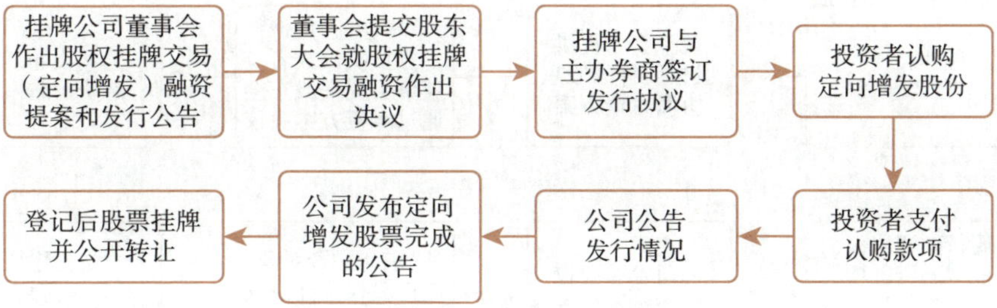

图 2-9　股权挂牌交易融资（股权定向增发）的常规流程

2. 除本分册第三章第一节股权质押融资中的流程内容外，“新三板”挂牌公司将股东持有的股权质押进行融资还有以下几个不同的步骤：

（1）挂牌公司需要融资，董事会应征求同意提供股权质押的股东的意见，并进行协商达成由股东提供其持有的股票作为质押的融资方案。

（2）公司董事会通过融资方案决议，如融资规模超过董事会审批权限，需召开股东会通过融资决议。

（3）公司发布融资公告。

（4）公司选择融资对象，并商谈融资规模、用途、期限、质押股权数量及期限等，签订融资协议。

（5）股东签订股权出质协议；股东可以要求公司提供质押股权的担保，在公司融资还本付息出现违约的情况下，因股权质权人要求实现质权而给该股东造成损失的，公司应承担赔偿责任。

（6）在“新三板”办理股票质押登记。

（7）公司发布股权出质融资公告。

（8）公司取得融资款项后，履行融资协议。

（9）公司履行完毕融资协议约定的还本付息义务后，办理股权质押的解除手续。

上述股权挂牌交易融资的常规流程，如图 2-10 所示。

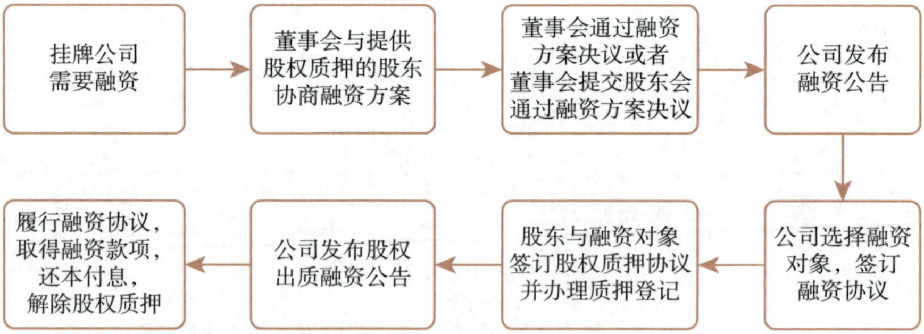

图 2-10 股权挂牌交易融资（股权质押为公司融资）的常规流程

3. 正如前述案例中蜀汉公司控股股东益州集团进行了 15 次股权质押

融资所涉及的流程，公司股东质押持有的挂牌公司股票进行融资的一般流程有以下几个重点步骤：

（1）融资股东制作融资商业计划书。

（2）该股东需要向公司董事会汇报融资商业计划书，作出融资承诺，包括融资对象、数量、期限、本息偿还、用途、出质股权信息等。

（3）公司董事会可以要求该股东提供质押股权的担保，在其融资还本付息出现违约的情况下，因股权质权人要求实现质权而给公司造成损失的，该股东应承担赔偿责任。

（4）该股东选择融资对象，并商谈融资规模、用途、期限、质押股权数量及期限等，签订融资协议和质押协议。

（5）在“新三板”办理股票质押登记和公示。

（6）公司发布股东融资质押信息公告。

（7）该股东取得股权质押的融资款项，并按照融资协议履行权利义务。

（8）该股东按照融资协议履行完毕还本付息义务后，办理股权质押的解除手续。

上述股权挂牌交易融资的常规流程，如图 2-11 所示。

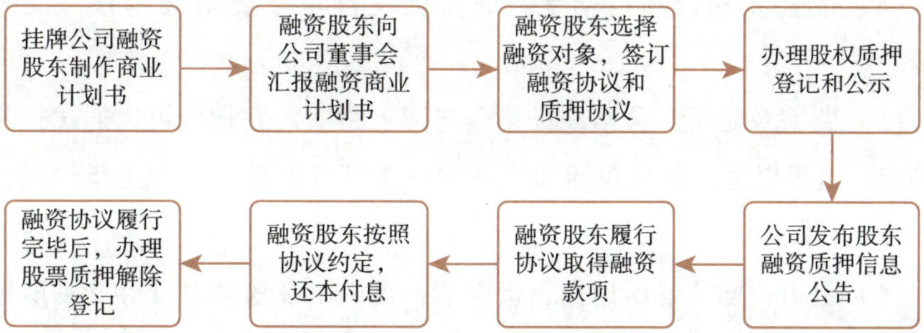

图 2-11　股权挂牌交易融资（股权质押为股东融资）的常规流程

4. 挂牌公司的股东将持有的公司股票转让取得融资的情况下，按照“新三板”的规定，应通过“新三板”进行股票交易。通过股权转让方式进行融资与本章第二节股权转让融资基本一致，本节不再进行分析和阐述具体流程。

5. IPO 融资已经形成了较为成熟完善的流程和方案，但整个融资流程十分复杂和庞大，限于本分册篇幅，仅简要介绍 IPO 融资的一般流程，不再展开其他论述。IPO 融资的具体流程如下：

（1）设立股份公司：即通常所称的“股改”，具体是指在确定中介机构的基础上，通过重组和规范、审计、评估完成公司组织形式的转变，将非股份制公司转变为股份公司，同时进行工商变更登记。股改是一个较为复杂的过程，相关流程可以参考本书股权架构分册第三章关于拟上市公司股份制改组的具体介绍。

（2）进行辅导：包括签订辅导协议、申请辅导备案等工作，帮助待上市公司完善治理结构，确保其达到上市要求。

（3）申报文件：包括尽职调查、规划募投项目、准备申报材料（招股说明书、发行保荐书、审计报告、内控鉴证报告、法律意见书等）、召开董事会和股东会、内核、向证监会申报等。

（4）证监会发行部门初审：证监会发行审核委员会审核，证监会核准。

（5）路演及定价：包括现场路演与网上路演。发行价可以通过初步询价确定，也可以通过累计投标询价确定，还可以由发行人与主承销商自主协商确定等。

（6）上市：向交易所递交上市申请，在满足证监会及证券交易所设定的相应条件后，刊登上市公告书。

上述流程如图 2-12 所示。

图 2-12　IPO 融资流程

2023 年 2 月 1 日，证监会就全面实行股票发行注册制主要制度规则向社会公开征求意见。2023 年 2 月 17 日，全面实行股票发行注册制相关制度规则正式发布实施。全面注册制改革作为 A 股市场的大变局，对公司融资、投资者投资将产生广泛而深刻的影响，IPO 的规则将发生重大变化，融资者应当给予关注。

三、股权挂牌交易融资实务分析

导向问题 19

股权挂牌交易的限制有哪些？

实务分析

在前述案例中，曹大将其持有的在“新三板”挂牌的曹魏公司 1.6 万股股票以 40 万元转让给韩献弟，曹大将案涉股份过户到韩献弟名下之前，双方构成代持关系，该代持关系违反“新三板”关于“保证权属清晰”的规定。“新三板”挂牌公司的股票只能通过“新三板”进行交易，并且需要保证权属清晰，即不得有股权代持行为。

公司发布股票增发公告后，符合“新三板”准入条件的投资者可以通过书面委托、电话、自助终端、网络等方式委托主办券商进行股票买卖。益州集团作为蜀汉公司的股东发布股票质押融资信息后，该部分股票在未解除质押登记前无法正常转让；该部分股票提高质押率或者再次质押时，也需要办理公告和登记手续。如该部分质押股票价值随着“新三板”公司股票价值波动，当价值接近或者低于质押数额时，可导致质权人要求实现质权而被强行“平仓”。

另外，挂牌公司的信息披露制度要求有关参与人员，董事、监事、高管、券商工作人员、审计人员、评估人员、律师等参与者遵守保密制度，不得违规泄露挂牌交易信息。

导向问题 20

股权挂牌交易融资适用于公司的哪些发展阶段？

实务分析

前述两个案例中的挂牌公司已经完善了股权架构、法人治理、规范经营等符合“新三板”要求的形式要件，其经营信息披露的真实性和公开性得到“新三板”的规范和认可，因此一般而言通过股权挂牌交易融资的公司已经跨越了初创期和成长期的前期，处于成长期的中期和后期，甚至处于成熟期和扩张期。因此，股权挂牌交易融资适用于股权架构完善、法人治理规范的成长期、成熟期或者扩张期的公司。

导向问题 21

挂牌交易的对象有哪些？

实务分析

股权挂牌交易中股权增发、转让的对象为“新三板”准入的投资者，一般将投资者分为专业投资者[1]和普通投资者[2]。普通投资者在信息告知、风险警示、适当性匹配等方面享有特别保护，经申请可以转化为专业投资者，即挂牌交易的投资者，既有专业投资者也有普通投资者，且都有必要的准入“门槛”。

对于股权挂牌交易中股权质押的对象即质权人，并没有明确的准入规定和要求，通常可以是银行、小额贷款公司、典当行等金融机构，也可以是普通的机构甚至是自然人。

导向问题22

公司章程和股东会决议可限制股东转让（或者质押）股票的情形有哪些？

---

〔1〕《证券期货投资者适当性管理办法》第8条：符合下列条件之一的是专业投资者：(1) 经有关金融监管部门批准设立的金融机构，包括证券公司、期货公司、基金管理公司及其子公司、商业银行、保险公司、信托公司、财务公司等；经行业协会备案或者登记的证券公司子公司、期货公司子公司、私募基金管理人。(2) 上述机构面向投资者发行的理财产品，包括但不限于证券公司资产管理产品、基金管理公司及其子公司产品、期货公司资产管理产品、银行理财产品、保险产品、信托产品、经行业协会备案的私募基金。(3) 社会保障基金、企业年金等养老基金，慈善基金等社会公益基金，合格境外机构投资者（QFII）、人民币合格境外机构投资者（RQFII）。(4) 同时符合下列条件的法人或者其他组织：①最近1年末净资产不低于2000万元；②最近1年末金融资产不低于1000万元；③具有2年以上证券、基金、期货、黄金、外汇等投资经历。(5) 同时符合下列条件的自然人：①金融资产不低于500万元，或者最近3年个人年均收入不低于50万元；②具有2年以上证券、基金、期货、黄金、外汇等投资经历，或者具有2年以上金融产品设计、投资、风险管理及相关工作经历，或者属于本条第（1）项规定的专业投资者的高级管理人员、获得职业资格认证的从事金融相关业务的注册会计师和律师。前款所称金融资产，是指银行存款、股票、债券、基金份额、资产管理计划、银行理财产品、信托计划、保险产品、期货及其他衍生产品等。

〔2〕《证券期货投资者适当性管理办法》第10条：专业投资者之外的投资者为普通投资者。经营机构应当按照有效维护投资者合法权益的要求，综合考虑收入来源、资产状况、债务、投资知识和经验、风险偏好、诚信状况等因素，确定普通投资者的风险承受能力，对其进行细化分类和管理。

实务分析

股东是否可以转让（或者质押）持有的股票，需要看公司章程和股东会相关决议中是否有限制性约定。比如，某公司的公司章程中约定：创始股东在公司挂牌之日起5年内禁止出质和转让股票；持股超过公司总发行股票数量5%的股东，在公司挂牌之日起5年内出质持有的股票的比例不得高于持有量的30%，在公司挂牌第6年至第10年出质（转让）持有的股票的比例不得高于持有量的70%。也就是说，公司章程可以对股东出质公司股票作出身份、数量和期限的限制。

导向问题 23

公司股权挂牌交易定向增发为何需要重点考虑股东人数是否超过200人的问题？

实务分析

200是一个公司股东人数上比较敏感的数字，是股份有限公司股东人数的上限，对于“新三板”挂牌公司而言，也是一个自律审查和监管核准的门槛。

股权挂牌交易定向增发后股东人数累计不超过200人的，由“新三板”自律审查；累计超过200人的，应当在取得“新三板”出具的自律监管意见后，报证监会核准。

导向问题 24

公司股权挂牌交易融资协议与一般融资协议有何不同？

实务分析

1. 股权定向增发的股票认购协议。公司董事会决议确定具体发行对象的，挂牌公司应当与相应发行对象签订附生效条件的股票认购协议，认购协议应当载明该发行对象拟认购股票的数量或数量区间、认购价格、限售期、发行终止后的退款及补偿安排、纠纷解决机制等，同时约定经公司董事会、股东会批准（或经证监会核准）后生效。

2. 股权质押融资协议和股权转让融资协议与本分册第三章第一节和第二章第二节内容基本一致，本节不再赘述。

导向问题 25

通过股权挂牌交易的融资途径有哪些？

实务分析

“新三板”公司挂牌的目的，就是通过规范股权架构、公司治理、经营管理、公开公正披露信息，增加经济实力、扩大商业影响，解决融资难、融资成本高的难题。

通过股权挂牌交易进行融资的途径，一般包括定向发行股票（一次核准、分期发行）、中小企业私募债（审核采取备案制、审批周期快、资金使用监管较松、资金用途灵活）、股权质押（银行融资采用较多）、资产证券化（将特定资产组合或特定现金流作为目标，发行可交易证券，在公司现金流不稳定等因素的影响下，该方式的进行有一定的困难)[1]、公司内部融资（公司良性发展下的资金流）等。

导向问题 26

股权挂牌交易如何避免成为“明股实债”？

实务分析

首先，股权挂牌交易的目的是取得公司股权、获得公司经营盈余分配、转让退出获取投资收益，故在有关协议中应避免出现诸如要求目标公司回购股权以获取固定收益的表述和约定或在挂牌交易及具体环节中隐藏借贷的约定等。其次，股权挂牌交易需要符合挂牌交易规则，避免出现股权代持、绕开“新三板”进行交易等行为，而且务必在“新三板”内部达成交易。

导向问题 27

除权除息对股东有何影响？

实务分析

除权除息，是指挂牌公司股票发生权益分派、公积金转增股本等情况，“新三板”在权益登记日的次一交易日对股票作除权除息处理。

除权除息是挂牌公司以股票股利分配给股东，也就是公司的盈余转为

---

〔1〕 参见周晓垣：《股权融资整体解决方案》，台海出版社 2018 年版，第 56~58 页。

增资时，或进行配股时，就要对股价进行除权（XR）［XR 是 exclude（除去）right（权利）的简写］。挂牌公司将盈余以现金分配给股东，股价就要除息（XD）［XD 是 exclude（除去）dividend（利息）的简写］。在除权（息）日，挂牌公司应变更证券简称，在简称前冠以“XR”“XD”“DR”等字样。“XR”代表除权；“XD”代表除息；“DR”代表除权并除息。除权除息日购入该公司股票的股东不可以享有本次分红派息或配股。

第四节

股权并购融资

股权并购融资是指并购发起方为了达到参与或者控制目标公司、提高市场占有率、布局产品战略、丰富供给端产品线等目的，以现金和资产形式进行的购买目标公司股权或者认购目标公司增发股权，或者以股权置换方式取得目标公司股权，成为目标公司股东，从而实现参与或者控制目标公司的商业综合行为。

与资产并购下双方的交易短暂性和不可持续性相比，股权并购可以促进投融资双方的长期深度合作，对双方经营产生可持续性的影响，有利于实现“1+1>2”的共赢效果。因此，在并购过程中，目标公司、目标公司股东和并购发起方都可能是股权并购融资行为的动议者和最终受益者。

根据我国法律法规所调整对象的不同，公司并购方式主要分为有限责任公司并购、非上市公众公司并购、上市公司并购、国有企业并购和外资并购[1]等。并购发起方需要根据自身商业目的以及目标公司的实际状况

〔1〕 参见《重庆市律协关于律师办理公司并购业务指引》第3条，载重庆律师网2021年11月29日，http：//www. xblaw. com/index. php/Home/Index/articleInfo/cId/fq * 2TIT_ ZZ7XQQm * DkaMzw = =/aId/_ yYJUjxZazlzWhhfuQb26A = =。

选择合适的并购方式。

本节以有限责任公司为股权并购中的目标公司，诠释股权并购融资的流程、要点和建议。

一、三国公司的股权并购

参考案例

赤壁新能源新材料设计研究院是一家成立于1990年的设计研究院，2004年改制为有限责任公司，名称改为赤壁新能源新材料设计研究院有限公司（以下简称赤壁设计院）。赤壁设计院注册资本金为500万元，开发设计的很多新能源材料产品获得了大量专利。赤壁设计院共有股东13名，其中12名自然人股东（改制时转换身份为股东）持股80%，法人股东持股20%，该法人股东也是由该12名自然人股东设立。

赤壁设计院目前存在经营管理层年龄老化、年轻核心员工无法发展为公司股东、年轻员工工作积极性不足、公司缺少持续发展所需资源和资金等问题。股东和管理层也认识到上述问题，迫切希望解决，同时希望可以找到能够提供资源和资金的合作方或者投资方。

经赤壁设计院了解，三国公司近几年发展迅速，但其下属的二级子公司——某市冀州设计院有限公司（以下简称冀州设计院）在新能源新材料开发设计业务方面市场占有率不高、年经营产值较低且不能满足三国公司的长期发展规划，因此三国公司需要在省内收购一家同行业公司以解决经营业务短板问题，推动集团整体业务发展。

三国公司与赤壁设计院经过沟通，达成股权并购意向，由三国公司下属一级子公司某市豫州贸易有限公司（以下简称豫州公司）出资收购12名自然人个人持有的赤壁设计院80%的股权；同时，赤壁设计院定向增发出资，由赤壁设计院、豫州公司和冀州设计院各自的35名核心员工出资设立有限合伙持股平台认购。

经过各自上级单位批准和股东会决议通过股权并购方案，各方迅速签订有关股权转让协议、完成持股平台搭建。根据各方约定，豫州公司持有45%股权，由赤壁设计院、豫州公司和冀州设计院各自的35名核心员工出资设立的有限合伙持股平台持有35%股权，赤壁设计院原股东持股平台持有20%股权。并购后股权架构如图2-13所示。

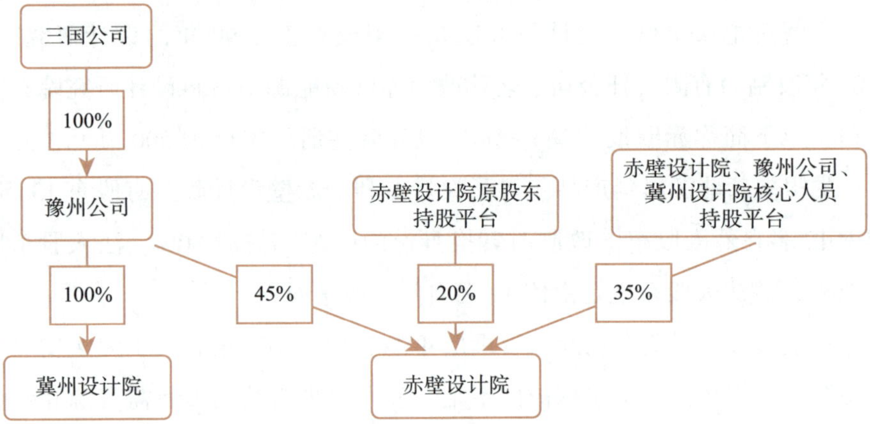

图2-13 赤壁设计院股权并购后的股权架构

通过上述股权并购，三国公司完全控制了赤壁设计院，其业务板块中的新能源新材料设计市场份额及占有率迅速提升；赤壁设计院得到新增资本认购款1000万元（269.23万元作为注册资本，730.77万元计入资本公积），有了三国公司的支持，其迅速扩大了业务区域范围，其核心员工间接持有了公司股权，工作积极性和效率明显提升。通过上述股权并购融资，三国公司和赤壁设计院实现了业务和战略上的共赢。

二、股权并购融资的一般流程

在上述案例中，股权并购融资不单纯是以融资为目的，而是各方综合需求和商业目的的有机融合，达到融资金、融资源、融发展、融人员的共赢目的。同时，股权并购融资不同于股权增发、股权转让等融资方式，股权并购仅仅是一个工具和途径，其目标是股权并购双方、其他参与方对于目标公司的经营管理期望，以及目标公司在股权并购中获得资金、技术、市场等资源。该过程涉及不同的相关参与方和利益方。其一般流程如图2-14所示。

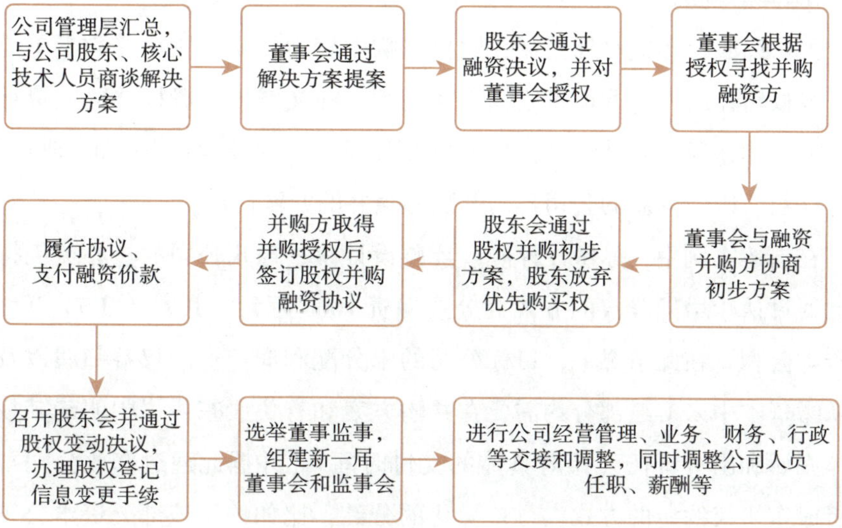

图 2-14　股权并购融资的一般流程

在上述基本流程中，影响股权并购融资的还有两个关键环节：一是，目标公司需要将股权并购融资方案通过股东会审议并取得授权，如果并购方是国有企业，还需要其上级单位批准股权并购融资方案并载明融资资金的来源及具体支付时间；二是，在目标公司与并购方商谈之初需签订保密协议，就有关合作事项严格保密，防止并购不成，导致目标公司股东、核心人员产生不稳定情绪，影响公司经营和可持续发展。

三、股权并购融资相关实操问题分析

导向问题 28

股权并购是否为投融资双方的直接股权交易？

实务分析

公司以股权形式对外投资在股权并购中较为常见，股权并购不单纯是通过股权转让或者认购增发股权方式进行。在实践中，股权并购融资存在多种方式和途径：有并购方直接与目标公司合并的并购情形，也有目标公司分立后，以新分立的公司再与并购方合并的并购情形。

在前述案例中，赤壁设计院、冀州设计院、豫州公司的核心员工持股平台通过认购增发股权的方式为公司融资 1000 万元，其中 730.77 万元计入资本公积。在此情况下，目标公司的未分配利润、资产权益归属以及股东认缴资本中未实缴部分均需要在并购方案和有关股东协议中明确其权益具体归属和出资责任（相对具体的支付时间）。并据此通过修改公司章程或者股东协议约定的方式实行差异化的分红，比如约定该部分资本公积只针对除并购方之外的原股东分红；或者规定公司未来再次增资的特殊安排，比如约定将来各股东利用资本公积进行同比例增资，则赤壁设计院、冀州设计院、豫州公司的核心员工持股平台 730.77 万元范围内的增资不视为分红，而可以直接作为增资款。

导向问题 29

股权并购融资适用于公司的哪些发展阶段？

实务分析

处于不同阶段的公司有各自不同的需求、优势和劣势，对产品线、资金、资源和人员都有不同程度的考量，股权并购融资可以改善公司在某个发展阶段存在的发展乏力、业务短板和同业劣势。

大部分的股权并购可能会引起公司控制权的变动：对于因此获得目标公司控制权的并购方而言，是一个“不战而屈人之兵”的胜利；对于转让股权的原控股股东而言，是一个“华丽转身而去”的机会；对于获得股权的公司核心员工而言，是一个得到与公司共荣、共发展、共享经营效益的好机会。因此，股权并购融资较为适合成长期、成熟期和纾困期的公司。

导向问题 30

股权并购融资的对象有哪些？

实务分析

股权并购融资对象一般直接包括并购方和目标公司股东，间接包括并购方决策层及一致行动人、目标公司、股东和目标公司的核心员工等。股权并购融资是在并购方和目标公司之间均存在向外部谋求合作和发展的诉求的基础上，双方共意采取的优选合作方式和途径。

实践中，合作方的整体实力不一定比目标公司强，二者之间还可能存在竞争关系。例如，在前述案例中，三国公司所属的冀州设计院在经营业务等整体实力上远远弱于赤壁设计院，且冀州设计院与赤壁设计院之间存在竞争关系，但这并不妨碍三国公司与赤壁设计院就股权并购达成一致意见。

导向问题 31

为何保密协议在股权并购的过程中具有不可替代的作用？

实务分析

股权并购过程中，必然伴随多方面的尽职调查。根据商谈进展和附属工作需要，各方提供各自的经营信息供对方聘请的会计师、律师等进行尽职调查。鉴于此过程中对双方经营信息的深度摄取，因此并购方和目标公司决策层进行初步沟通后，需要先就股权并购融资意向签订保密协议，授权和限定并购过程的参与人员，并约定详细的保密义务。

在后续商谈中，各方均需要注意维护己方核心利益和核心需求，防止错失良机及因小失大，或者因未达成股权并购融资协议导致泄露商业秘密。也需注意在达不成并购融资协议的情况下，目标公司的股东和核心人员可能产生不稳定情绪，需防止核心员工因此产生“离心力”而转投竞争对手。

所以，在股权并购融资过程中，应与接触有关信息的人员签订保密协议，将有关信息局限在有限范围内。保密工作的成功与否，直接影响股权并购融资的估值及交易环节商谈的难易度，影响目标公司股东、董监高和核心人员的稳定性。

导向问题 32

在股权并购的过程中，如何对原股东的利益进行合理的切割与分离？

实务分析

根据并购融资方案中对于股权价值认定的不同，存在以下两种情况：

（1）并购前，将目标公司固定资产、无形资产、未分配利润、前期业务在并购后的收益等公司涉及的财产进行整体评估，得出股权价值，该种情况下股权价值较高，将考验并购方的资金支付能力。

该种情况大大减少了属于原股东利益内容的切割分离工作，但并购后仍会涉及原股东部分利益，比如分红纳税、股转纳税等。

（2）并购前，目标公司将固定资产、无形资产、未分配利润等进行提前处置，并购时，股权定价为目标公司处置后的净值。该种情况下股权价值较低，但在并购后，会在长时间内面临切割分配属于原股东的利益的情况，比如前期业务在并购后的收益等。

目标公司在经营过程中，往往无法完全切割并购前的经营收益归属、跨越并购的经营收益归属和并购后的经营收益归属。实践中，这类问题大多通过并购方与原股东达成相关协议的方式进行处理，比如约定经营成果中属于原股东权益的利益范围、计算方式、成本承担、利益分配、支付条件和期限、违约责任、连带责任方或者履约担保等内容。

导向问题 33

股权并购融资协议履行后的各股东权益如何处理？

实务分析

目标公司的股东权益受公司章程、股东合作协议、股东会有关决议约束。公司经营管理事项的表决权、公司盈余分配权、增资扩股权、清算分配权、请求公司回购权等权益在没有新的公司章程规定、股东约定和股东会决议变更前，股东权益保持不变。但并购方与目标公司原股东之间有关于股东权益的特别约定的，比如协议中约定了“对赌退出条款”，在不增加目标公司义务和不损害其他股东权益的情况下，由并购方和原股东按照特别约定履行。

导向问题 34

如何对目标公司中的国有企业股东持有的股权进行并购融资[1]？

实务分析

1. 履行内部决策程序

针对国有企业股东持有的股权进行并购融资应当做好可行性研究，制订股权并购融资方案，按照公司章程和公司内部管理制度的规定进行决策，并形成书面决议。涉及职工安置事项的，安置方案应当经职工代表大会或全体职工大会审议通过，公司设立工会的，还应当征求工会意见。公司对金融机构负有债务的，还应先行取得金融机构书面同意的债权债务处理协议或有效文件。

---

〔1〕 参见《重庆市律协关于律师办理公司并购业务指引》第 11 条第 3 款，载重庆律师网 2021 年 11 月 29 日，http：//www. xblaw. com/index. php/Home/Index/articleInfo/cId/fq ＊ 2TIT_ ZZ7XQQm ＊ DkaMzw＝＝/aId/_ yYJUjxZazlzWhhfuQb26A＝＝。

2. 进行外部审批程序

国有资产监督管理机构负责审核国家出资公司股权转让事项。其中，因股权转让致使国家不再拥有所出资公司控股权的，须由国有资产监督管理机构报本级人民政府批准。

国有资产监督管理机构所出资公司的子公司转让股权的，原则上由子公司国有产权直接持有者决定，并报国有资产监督管理机构备案。但对主业处于关系国家安全、国民经济命脉的重要行业和关键领域，主要承担重大专项任务的子企业的产权转让，须由国家出资公司报同级国有资产监督管理机构批准。

导向问题 35

如何对外国投资者及外商投资公司所持有的外资股权进行并购融资[1]？

实务分析

1. 股权并购融资需要符合负面清单管理

外商投资准入负面清单规定禁止投资的领域，外国投资者不得投资。负面清单规定限制投资的领域，外国投资者进行投资应当符合负面清单规定的股权要求、高级管理人员要求等限制性准入特别管理措施。

2. 办理外商投资信息报告手续

外国投资者或者外商投资公司应当通过公司登记系统以及企业信用信

---

〔1〕 参见《重庆市律协关于律师办理公司并购业务指引》第 11 条第 4 款，载重庆律师网 2021 年 11 月 29 日，http：//www. xblaw. com/index. php/Home/Index/articleInfo/cId/fq * 2TIT_ ZZ7XQQm * DkaMzw = =/aId/_ yYJUjxZazlzWhhfuQb26A = =。

息公示系统向商务主管部门报送投资信息。

3. 向发展改革部门办理核准、备案

外商投资需要办理投资项目核准、备案的，由发展改革部门对投资项目进行核准、备案。

4. 取得行业许可

外商投资者在依法需要取得许可的行业、领域进行投资的，由行业主管部门负责实施许可。

5. 注意国家安全审查

受目标公司经营业务范围、服务对象、持有专有技术、资金来源等因素的影响，对于涉及影响或可能影响国家安全的外资股权并购融资须依法向有关部门进行国家安全审查，得到相应批准后，方可继续进行。

导向问题 36

在为特定公司定制专属的股权并购方案时，应特别关注哪些方面？

实务分析

股权并购融资是“量体裁衣”式的综合设计和安排，需要在明确商业目的后，综合考虑股权和控制权的让渡、有关利益调整的具体应对、有关风险可控、商业成本可接受等因素。

首先，应关注合作方的履约能力，若交易对方涉及多个主体，需关注各方责任分担的问题；若涉及交易担保方，需明确担保方的责任承担问题。

其次，需要注意股权并购融资涉及的项目和金额、支付条件和期限、有关交割条件和手续、付款与监管账户、并购涉及的税费承担、股权转让过渡期间的特别安排，以及各方关于善意履行协议的承诺、违约责任、解除和终止、通知、争议解决等条款内容。

最后，股权并购融资可能涉及的风险包括合作方的寻觅筛选和确定风险、融资方案设计缺陷风险、合作方的并购意图和履约能力风险、付款与共管账户管理风险、并购融资过渡期风险、合规性风险等。

第五节

股权众筹融资

2015 年 7 月 14 日，中国人民银行等十部门联合印发了《关于促进互联网金融健康发展的指导意见》（银发〔2015〕221 号），该意见第一次明确提出了股权众筹融资的定义，即指小微企业通过互联网形式在股权众筹融资中介机构平台进行公开小额股权融资的活动。同时，明确股权众筹融资业务由证监会负责监管。其后，随着人人投、众投邦、大家投、创投圈、原始会、云筹网等国内知名股权众筹平台的兴起，股权众筹融资经历了“野蛮”发展的同时，也经历了多层次的专项整治。

2021 年 1 月 26 日，国务院发布了《防范和处置非法集资条例》，规定由有关行业主管部门、监管部门以及国务院金融管理部门分支机构、派出机构对涉嫌非法集资的以发行或者转让股权、募集基金等名义吸收资金行为进行调查认定，同时要求企业、个体工商户名称和经营范围中不得包含“股权众筹”等字样或者内容。至此，通过互联网平台所进行的股权众筹基本退出了公众的视野。

但是，中小微企业融资难、融资贵的问题始终是制约其发展的痛点问题，民间的“股权众筹”依然大量存在，有深入研究的必要。

为了表述方便，我们将本分册所指的股权众筹融资界定为：发起人出让一定比例的股权，特定投资者通过购买该股权出资入股，并获得股权收益或者转让收益的私募股权众筹融资。实践中，这种线下方式进行的股权众筹，通常由新设公司的发起人或者现公司的股东围绕着特定的融资项目发起募集。

一、三国公司股东刘帝的股权众筹

参考案例

随着三国公司的发展壮大，三国公司的员工越来越多，不久就超过了千人，公司员工的吃饭问题成了大问题。三国公司的自办食堂越来越不能满足员工的需求，而且由于自办食堂不是营利单位，公司投入的资金越来越多，还滋生出了一些腐败现象。

2020 年，三国公司决定停办公司食堂，将餐饮服务外包，引进专业餐饮公司。此时，股东刘帝已经退出公司管理，房地产公司也已聘请了职业经理人管理，刘帝自己经营着某特色餐厅有限公司（以下简称特色餐厅），听说了三国公司的打算以后，刘帝主动提出为三国公司提供餐饮服务。经三国公司股东会同意，股东刘帝的特色餐厅与三国公司签订了餐饮服务外包合同。

为履行与三国公司签订的餐饮服务外包合同，刘帝的特色餐厅需要购买新的餐饮设备、招聘新员工等，从而面临较大的资金缺口。刘帝决定以股权众筹的方式为特色餐厅进行增资。

2020 年 6 月，特色餐厅面向具有同一所大学教育背景的 20 位同学，按照每人投资 25 万元的标准，股权众筹了 500 万元成立了“三国公司餐饮外包项目”，项目独立核算。该项目由刘帝作为公司负责人进行餐饮服务的经营，拟后续成立自主经营的连锁经营店，继续承包类似项目。由于三国公司员工数量较多，刘帝经营有方，“三国公司餐饮外包项目”进展顺利，公司业绩十分稳定。

随着时间的推移，特色餐厅一直没有分红，但为了公司业务发展，股东们对此也没意见。但在 2021 年 1 月新设项目时，部分股东发现按照原合作协议的约定，在刘帝不同意的情况下，刘帝之外的其他股东没有跟随投资的权利。经过部分股东进一步调查发现，特色餐厅是以刘帝名义注册的一人公司，注册资本金仅为 10 万元，其他 20 名股东均不是该公司的工商登记股东。于是，股东出现了关于股东身份、公司经营、业务和账目混乱、分红及后续发展的一系列矛盾。

二、股权众筹融资的一般流程

（一）新设项目公司的股权众筹融资

新设项目公司的股权众筹融资流程较为复杂，一般包括如下环节。

1. 项目发起人签订项目发起协议，约定项目概况、所需投资额、各自投资数额、投资出资时间、项目推进计划、项目无法成立时的处理程序和费用承担等。

2. 项目发起人拟定股权众筹融资方案，其中根据实际需求设计融资轮次及融资数额、对应的股权比例，避免面向不特定的投资者进行敞开式融资。上述特定的投资者往往不单纯需要资金，还需要有产品技术、产品市场等项目所需的资源。

3. 项目发起人制作商业计划书，按照股权众筹融资方案面对特定的投资者进行股权众筹融资。

4. 项目发起人与投资者签订股权众筹协议，约定投资者出资数额、出资时间、所占股权比例，但不要约定固定投资回报；如需约定“对赌协议”，则需要明确承担对赌责任的责任人，特别是是否由项目公司兑现和履行“对赌责任”。

5. 项目发起人与投资者签订项目公司的股东协议，制定公司章程。

6. 项目发起人作为发起人股东召集成立股东会，通过公司章程、选举产生董事监事、成立公司管理部门等决议，并根据股东会有关决议办理公司注册手续。

7. 公司登记成立后，按照商业计划书、股权众筹融资协议、股东协议、公司章程的规定开展项目工作，实现股东的投资计划。

上述股权众筹融资的常规流程，如图 2-15 所示。

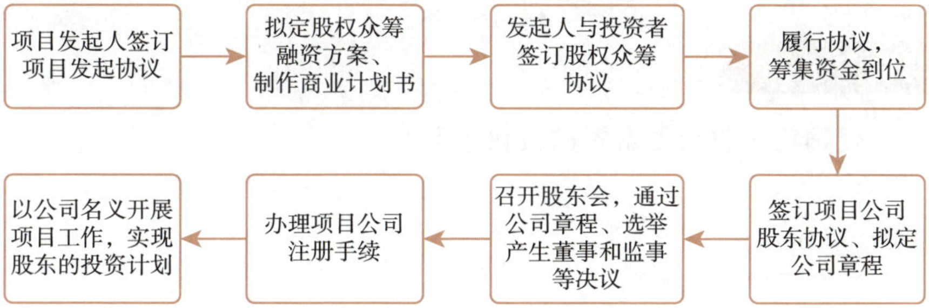

图 2-15 新项目股权众筹融资的常规流程

（二）现有公司发起的股权众筹融资

现有公司发起的股权众筹融资，首先需要公司股东会通过股权众筹融资决议，后续流程与新设项目公司的股权众筹融资流程基本一致，只是签约主体从项目发起人变成了现有公司。

三、股权众筹融资相关实操问题分析

导向问题 37

线下进行股权众筹融资是否有人数限制？

实务分析

通过线下进行的股权众筹融资一般包括发起人、投资者和监管人。

投资者是发起人寻找的特定的认购股份的出资人，总数一般需要控制在200人以内，一旦超过200人，则可能会涉嫌非法集资；监管人是发起人与投资者共同委托的、负责资金用于融资公司或者项目、保证融资不成功时将资金安全返回投资者的第三方。

导向问题38

如何确定股权众筹融资的股权来源？

实务分析

公司在设立后急需发展资金，在考虑以股权众筹方式进行融资的前提下，首先按照公司发展规划，在保持公司控制权不变的前提下，对公司股权结构和比例进行分析后，设定部分比例的股权用来众筹融资。该部分股权可以通过公司股权增发方式提供，也可以通过股东转让股权方式提供。通过股权转让方式提供的股权，建议由现股东认缴出资而未实缴到位的股权提供，投资者认购增发股权出资到公司，或者投资者接受股权转让后实缴出资到公司，公司达到融资的目的。

导向问题39

股权众筹融资对公司股东结构、法人治理和控制权有何影响？

实务分析

股权众筹融资如通过股权增发方式进行，则对公司股权比例会产生影响，创始股东的股权会被稀释。通过股权转让方式进行股权众筹融资，则对公司股权比例产生影响较小。无论哪种方式，都会直接或者间接影响公司股东结构，新加入的股东必然会参与公司的发展规划和经营管理。

股权众筹融资后的新股东加入、股权比例变化，对公司股东会、董事会、监事会、高管等原有法人治理规则一般不产生影响。

股权众筹融资对公司控制权可能会产生影响，比如公司在召开股东会议对某项议题进行表决时，新股东的表决权可能对议题表决的结果产生微妙或者巨大的影响，这种影响源于公司股权的增发数量，以及股东间一致行动人计划的实施。因此，公司在决定进行股权众筹融资时，需要考虑其对公司控制权的影响问题。

导向问题 40

股权众筹融资也需要商业计划书吗？

实务分析

商业计划书是公司为了达到股权众筹融资目的，根据一定格式和内容要求而编写的向投资者全面展示公司现状、未来发展的书面材料。通过商业计划书让投资者在短时间内对公司有一个准确、真实的了解，并对未来公司发展有一个可展望、可预期的期待。因此，商业计划书应对公司产品或者项目、管理队伍、核心竞争力、行业及市场情况、公司经营管理、财务管理、公司发展方案、投资方退出计划等进行阐释。如何编写一份优秀的商业计划书，可以参见本分册第四章第一节商业计划书的部分内容。

导向问题 41

股权众筹融资方案中应该包含哪些内容？

实务分析

一份完善的股权众筹融资方案中应包括：融资方式、融资对象（投资者）具体信息、供股权众筹融资的股权份额、公司估值报告、众筹商业计划书、股权认购（或转让）协议、股权众筹融资流程及关键节点、设定融资最低数额标准、投资者退出规划等内容。

其中，选择投资者较为重要，需提前确认具体投资者信息，不得面对不特定的投资者发布信息、征集投资者，不得以预设投资回报吸引投资者。

导向问题 42

公司可否通过平台及广告等方式公开宣传、征集投资者？

实务分析

公司应绝对避免通过股权众筹融资平台、广告等公开宣传、征集投资者。

股权众筹融资虽然来源于公募融资，本应面向不特定的大众投资者，但目前国务院及有关部门对股权众筹融资设定了不得公开面向大众投资者的红线，故在通过股权众筹融资平台进行融资时，必须隔离有关风险。

根据现有法律法规的规定，通过股权众筹融资平台公开宣传、征集投资方可能涉嫌非法集资、欺诈发行股票，因此公司应避免通过股权众筹融资平台面向不特定的公众公开宣传和征集投资方。

导向问题 43

可否通过设立有限合伙企业等形式突破《公司法》对股东人数的限制？

实务分析

新《公司法》第 42 条规定："有限责任公司由一个以上五十个以下股东出资设立。"第 92 条中规定："设立股份有限公司，应当有一人以上二百人以下为发起人。"与原《公司法》相比，新《公司法》删除了对股份有限公司股东必须为两人以上的限制，肯定了一人股份公司的合法性。除《公司法》的相关规定外，《证券法》规定，向特定对象发行证券累计超过 200 人为公开发行，但依法实施员工持股计划的员工人数不计算在内。《合伙企业法》规定，有限合伙企业由 2 个以上 50 个以下合伙人设立。现实生活中，虽然可以采取设立数个有限合伙企业的方式来规避《公司法》对有限责任公司的股东人数的限制，但这种规避仅仅是形式上的表象，还会带来其他法律风险。

特别是在公司为上市公司的情况下，还可能会产生对公司合法合规的规范审查以及有限合伙企业股东的异议，从而引起证监会等有关部门的审查。如以发行股票为目的设立数个有限合伙企业来规避《公司法》对股东人数的限制，则可构成擅自发行股票罪，公司及有关决策人、负责人都将面临刑事处罚。[1]

---

〔1〕 参见姚万勤：《厘清擅自发行股票债券犯罪应把握五个重点》，载《检察日报（中央级）》2017 年 6 月 12 日，第 3 版。目前对"擅自发行"的认定标准为：第一，只要采用广告、公开劝诱和变相公开方式等公开募集形式发行证券的，无论是针对特定对象还是不特定对象，不论对象人数累计是否超过 200 人，均属于公开发行证券的行为；第二，只要发行证券的对象累计超过 200 人，无论其采取何种募集形式，发行对象是否特定，均属于公开发行证券的行为。

因此，不建议公司通过设定数个有限合伙企业来规避《公司法》对股东人数的限制。

导向问题 44

为什么要同时设计投资者退出机制？投资者一般会在哪些情形下退出？

实务分析

投资者的投资目的是获得投资回报，但在股权投资下，投资者的投资回报必然与公司经营状况相挂钩，因而无法承诺固定投资回报，只能在公司经营产生收益后，通过分红方式和退出时取得退出对价获得收益，这也是股权融资与债权融资最大的区别之一。

鉴于在众筹融资下，多数投资者为财务投资人，具有获取投资回报特别是后期将股权变现的基本诉求，因此大部分投资者一般不会陪伴公司一生，而是大概率会在将来某个特定时刻选择退出。因此，设计投资者退出机制就显得尤其重要。公司应与投资者商定投资者在股权众筹融资后的退出机制，一般包括：

（1）采用控股股东与投资者对赌的方式，待条件成就时退出；

（2）设定公司回购条款，待符合条件时由公司回购；

（3）公司在发展中再融资时，将股份转让给其他投资者；

（4）在公司上市后，通过股票交易退出。

此处需要补充说明的是，若无其他股东主动认购或无其他特别约定的情况下，公司回购的投资者股权一般会进行注销。实务中为了简化相关程序，投资者一般与公司会约定“定向减资”条款，以实现公司回购股权并注销的效果。具体操作为：在满足回购条件的情况下，由股东会作出定向减资决议，投资者配合股东就相应股权进行减资程序，以实现投资者顺利退出公司并相应减少注册资本的效果。对于“定向减资”的问题，在新《公司法》公布前，虽未有明文禁止，但实务中对此争议较多，主要集中在定向减资的决议适用资本多数决的表决制度还是需由全体股东一致同意通过以及股份有限公司中如何实现对投资者定向减资等问题。而新《公司法》第224条第3款则对此进行了明确，即“公司减少注册资本，应当按照股东出资或者持有股份的比例相应减少出资额或者股份，法律另有规定、有限责任公司全体股东另有约定或者股份有限公司章程另有规定的除外。”该规定明确了公司减资以等比例减资为原则，但是在有限责任公司全体股东决议通过或者股份有限公司章程已经明确规定的情况下非等比例减资特别是定向减资是可以实现的。换言之，新《公司法》的前述规定为投资领域中的股权回购协议的落地实施将起到积极作用。

导向问题45

如何确定股权众筹融资的比例？

实务分析

采用股权众筹的方式吸引财务投资者和战略合作者进入公司，股权众筹融资的比例应从公司管理经营参与成本、经营收益来源、股东盈余分配权相匹配等角度考量，尽可能保持公司控制权不发生变化。特别是在公司主要依靠经营管理获得市场效益的情况下，不宜扩大财务投资者和战略合作者在公司的股权占比，从而保护公司内部承担经营职责的股东的权益，避免可能存在通过损害公司和其他股东利益获取不当利益的道德风险。建议单个投资者的出资不超过公司总注册资本的5%，股权众筹融资累计出资额不超过公司总注册资本的20%。

本章小结

公司从诞生到发展壮大的过程中，每个阶段可能都会有股权融资的需求，公司应当根据所处的发展阶段和公司股东的情况，选择合适的股权融资方式。典型方式的股权融资一般是公司在决定进行股权融资时优先考虑的方式，也是传统的股权融资方式。本章按照股权增发、股权转让、股权挂牌交易及IPO融资、股权并购、股权众筹的顺序对典型方式的股权融资进行了系统介绍和分析，并根据其各自不同的流程和实操要点分别提出了针对性的建议。

从另一个角度来看，股权融资对公司本身也有一定的要求，能吸引优质投资人的公司必然有一定的“门槛”。投资人之所以选择入股某个公司，最看重的是该公司的发展前景和投资回报，从这个意义上来说，公司在进行股权融资时，应当着重向投资人展示公司的成长空间以及在未来几年内可预期的投资回报。

股东间基于对公司发展经营充满信心的资本坚持和人合基础是公司的发展基石之一，对股权的灵活运用极大地拓展了股东间以及公司与外部投资人之间的合作领域。

公司在利用股权进行融资时如何灵活运用股权的性质及股权所内含的具体权能并使之成为公司融资的助力和路径，从而实现融资的目的，是本章重点分析和论述的核心内容之一。在分析和论述的基础上，本章也提出了新的思考方向，即如何利用股权进行融资，怎样的股权融资方式才是公司的最优选择。

在典型方式的股权融资领域，希望本章能带给公司决策层和股东一个在不增加公司债务压力的情况下，可以主动选之、自主选择、适配公司不同发展阶段的融资方式。同时，为公司、股东及公司决策层提供一个可以发挥主观能动性的资产、资金和经营管理的平衡支撑，从而找到一个切合的、能够满足公司长治久安和稳定发展的融资渠道。

第三章

非典型方式的股权融资

本章是第二章典型方式的股权融资的姊妹篇，所阐述的非典型方式的股权融资，是指与债权紧密结合的、以股权为媒介的非典型的股权融资方式。实务中常见的非典型股权融资方式主要包括股权质押、股权让与担保、明股实债和债转股 4 种，本章将对此逐一展开介绍。

长期以来，受股权操作复杂，股权估值难、处置难，投资方注重实物抵押，相关融资商业方式及法律效力存在争议等因素影响，非典型股权融资并未成为主流的股权融资方式。多数情况下，股权仅仅作为融资中的担保工具或者补充途径。但近年来，随着我国公司法律体系及市场经济制度的不断完善，多层次资本市场的繁荣，以及网络拍卖等新型资产处置方式的兴起，非典型方式的股权融资开始被运用于越来越多的融资场景中，逐渐成为实践中重要的融资方式之一。

作为与债权紧密结合的融资方式，非典型方式的股权融资与资产抵质押、保证、信用等债权融资方式相比，在融资战略、规划与规模、融资成本及收益分析、还本付息等商务内容方面大致相同。但又因其与股权紧密结合的特点，在法律适用和风险防控上又与普通债权融资方式存在明显的差异。

本章主要从融资公司和融资股东的角度出发，结合案例，对 4 种非典型股权融资方式的融资流程、实务操作进行阐述分析，以助力融资方作出合理的融资决策，同时做好相应的风险防控工作。

除上述四种非典型方式的股权融资外，公司破产重整且重整计划的成功实施也被认为是一种以股权为媒介工具进行融资金、融资源、化解债务危机的重要方式，甚至可称为是股权融资与债务处置相结合的一种方式。因为这种方式不仅解决了公司纾困期困境，还可以直接引入新的投资方，进行业务重整、股权重整、资产重整等。破产重整中，通过债权和股权二者之间相互转换，可以很好地解决公司存续、恢复生产经营、引入投资、化解债务危机等困境和僵局。但《企业破产法》中的破产重整程序是结合了引入新的投资方、债务减免、原股东权益调整、债转股等多种方式并用的结果。本分册认为，因为众多因素的不确定性和《企业破产法》第93条第1款[1]的规定，破产清算具有不可逆性，本分册虽未将公司破产重整作为股权融资的非典型方式进行阐述，但在第四节债转股融资中，将预重整程序和破产重整程序中的债转股情形作为一种特殊情况，进行了分析阐述。

〔1〕《企业破产法》第93条第1款：债务人不能执行或者不执行重整计划的，人民法院经管理人或者利害关系人请求，应当裁定终止重整计划的执行，并宣告债务人破产。

第一节

股权质押融资

股权质押融资，是指股东将股权质押给债权人提供担保，或者为债权担保人提供反担保，从而为融资方融入资金的一种融资方式。这种方式不仅可以适用于公司融资、股东融资的情形中，甚至在一些第三方融资的情形下也能够很好的匹配适用。

根据公司不同发展阶段，股权质押融资主要分为上市公司股票质押融资和非上市公司股权质押融资两种类型，两种类型的质押从本质上并无不同。

基于上市公司具有完善的法人治理结构、信息披露制度、办理程序规范等特点，上市公司股票质押融资较为完善，规模较大和数量众多。截至2021年12月31日，进行股权质押融资业务的上市公司共有2517家，占上市公司总数的53.4%，质押笔数合计1.96万笔，质押总股数4198.27亿股，股权质押总市值达4.18万亿元。[1]

相较于上市公司，非上市公司进行股权质押融资的数量更多，也更值得融资方研究、关注、使用。但是，目前在股权质押融资方面缺少完善的

---

〔1〕 参见《在经济发展的过程中，我国上市公司股权质押现状如何?》，载百家号网2022年8月13日，https://baijiahao.baidu.com/s?id=1741036732986329161&wfr=spider&for=pc。

法律体系和配套监管措施，因此本节主要对非上市公司股权质押融资相关事项进行分析阐述。

下面我们通过某市水浒科技有限公司（以下简称水浒公司）的融资过程向大家介绍非典型方式股权融资的实操流程及相关问题的处置。

一、水浒公司的股权质押融资

参考案例

2012 年 12 月 1 日，水浒公司由股东及时雨控股有限公司（以下简称及时雨公司）和股东玉麒麟机械制造有限公司（以下简称玉麒麟公司）共同出资成立，注册资本为 1 亿元，及时雨公司实缴出资 5100 万元，玉麒麟公司实缴出资 4900 万元，公司主营新能源光伏设备设计和制造。水浒公司股权比例为及时雨公司持股 51%、玉麒麟公司持股 49%，水浒公司成立时的股权架构如图 3–1 所示。

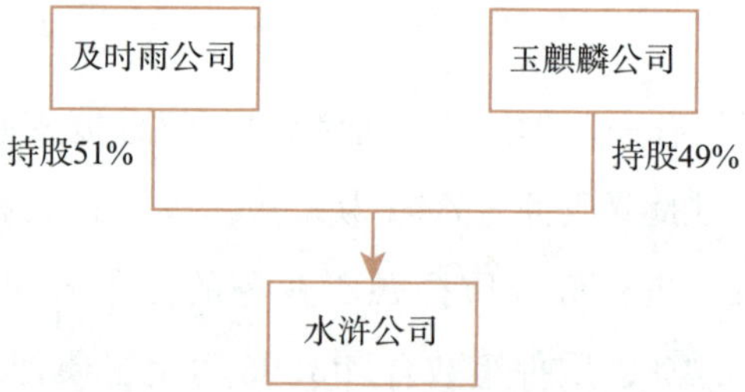

图 3–1　水浒公司成立时的股权架构

因经营发展需要，水浒公司拟向小旋风小额贷款有限公司（以下简称小旋风公司）以借款形式融资人民币 1 亿元，融资期限 3 年。为帮助水浒公司融资，及时雨公司将持有的水浒公司 51% 的股权向小旋风公司提供了最高额股权质押担保，担保的最高额主债权为本金人民币 1 亿元及利息、违约金、实现债权的合理费用等。玉麒麟公司将持有的水浒公司49%的股权为及时雨公司提供了股权质押作为反担保，担保范围为：债务本金，但最高不超过及时雨公司承担担保责任的一半。借款合同和担保合同签订后，各方按照约定办理了股权质押登记，水浒公司如约获得经营发展所需资金。

小旋风公司向水浒公司发放资金一年半后，经小旋风公司同意，及时雨公司以认缴方式向水浒公司进行了增资扩股，水浒公司注册资本增加到1.2亿元，及时雨公司质押给小旋风公司的股权比例由51%降低至了42.5%。水浒公司第一次增资后的股权架构如图3-2所示。

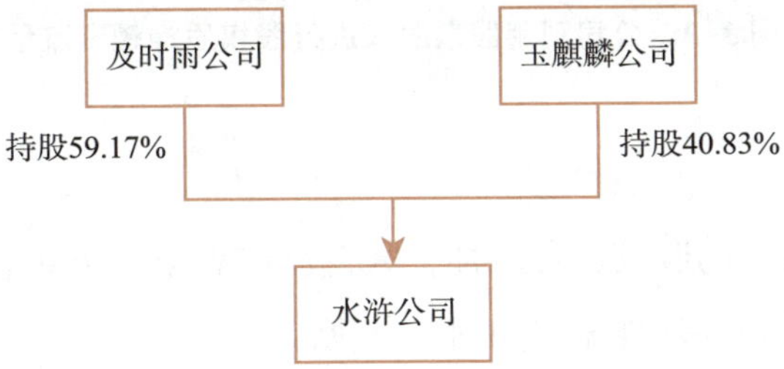

图3-2　水浒公司第一次增资后的股权架构

经过3年的经营发展，及时雨公司将认缴的增资全部实缴，水浒公司如期归还了小旋风公司的借款本息，及时雨公司和玉麒麟公司分别提供质押担保和反担保的股权也办理了质押解除登记。小旋风公司获得了出借款项的利息回报，同时为水浒公司的经营发展提供了资金助力，各方实现了共赢。

二、股权质押融资的一般流程

（一）公司利用股东股权进行融资

公司利用股东股权进行股权质押融资的常规流程，如图3-3所示。

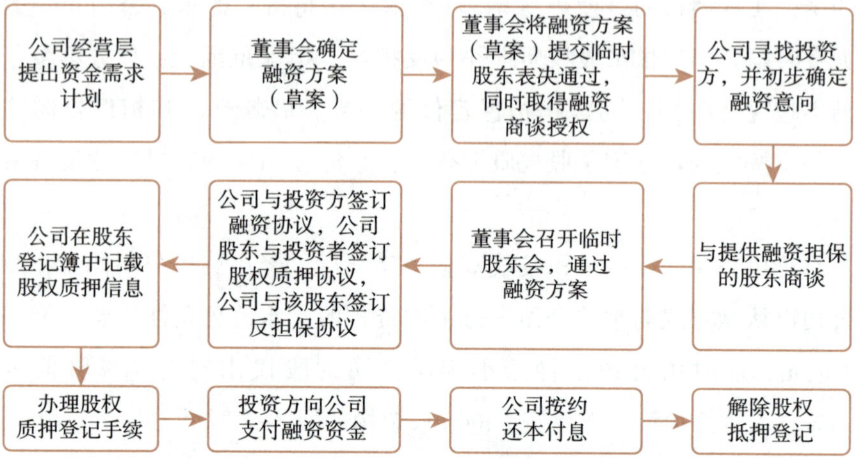

图 3-3　公司利用股东股权进行股权质押融资流程

（二）股东利用持有的股权进行质押，为自己或者第三方进行融资

股东利用持有的股权进行质押，为自己或者第三方进行融资的流程与前述流程略有不同，常规流程如图 3-4 所示。

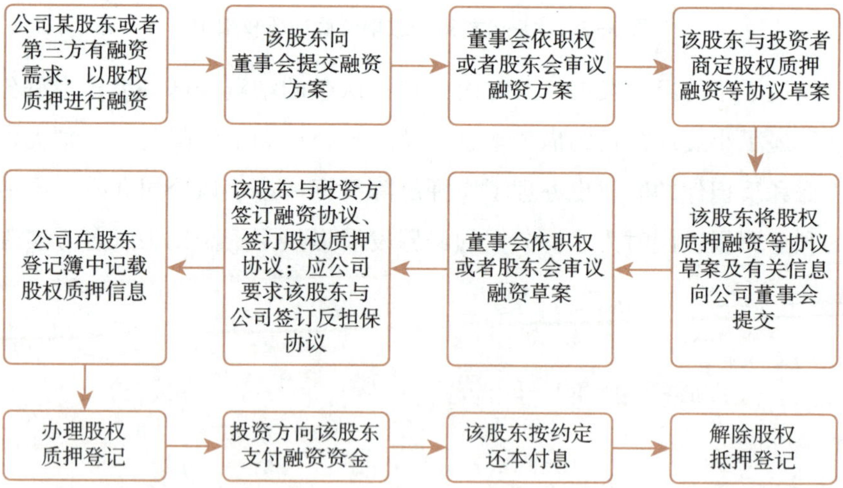

图 3-4　股东利用持有的股权进行质押，为自己或者第三方进行融资流程

三、股权质押融资相关实操问题分析

导向问题 46

股权质押的法律及章程依据有哪些？

实务分析

公司股权质押本质上属于动产质押，故应当遵循现行《民法典》对于动产质押的相关规定，主要包括《民法典》第 403 条“以动产抵押的，抵押权自抵押合同生效时设立；未经登记，不得对抗善意第三人”之规定和第 427 条中的“设立质权，当事人应当采用书面形式订立质押合同”之规定。

此外，与一般动产质押不同的是，公司股权的质押不仅需要履行与外部权利方的相关手续，也需要经过公司内部的决议程序，否则可能会导致质押行为存在效力瑕疵。

根据新《公司法》第 15 条，公司向其他企业投资或者为他人提供担保，按照公司章程的规定，由董事会或者股东会决议；公司章程对投资或者担保的总额及单项投资或者担保的数额有限额规定的，不得超过规定的限额。公司为公司股东或者实际控制人提供担保的，应当经股东会决议。前款规定的股东或者受前款规定的实际控制人支配的股东，不得参加前款规定事项的表决。该项表决由出席会议的其他股东所持表决权的过半数通过。在公司章程中，针对为股东股权质押提供担保事项一般也会有诸如以下规定。

1. 股东将股权质押应向股东会申请的程序

股东将持有的股权进行质押的，应将股权质押申请，质押涉及的主合同、合同当事人、合同可行性分析等资料向公司董事会提交。董事会收到上述资料后，应召开临时股东会对该股东股权质押进行审议，欲进行股权质押的股东一般在表决过程中要进行回避。如董事会已经获得审议授权，可以直接作出决定。

2. 对于为股权质押提供反担保

股东会经过审查，认为股权质押可能导致股权转让以及其他可能被强制执行的情形出现，则可以要求该股东提供反担保，用于赔偿该股权质押给公司造成的损失和质权人行使质权变现时不增加新的股东。

3. 股权质押信息披露

一般情况下，公司股东质押的股权超过公司注册资本 10%，或者超过该股东出资总额的 50%，公司应将股权质押信息披露。

4. 质押登记

公司股东将持有的股权质押的，应在公司股东登记簿中如实记录，并在工商登记部门进行股权质押登记；质押事由、金额、期限、质押权人等相关信息应一致。

5. 股权质押导致权益受损的赔偿

股东将持有的股权进行质押，对公司造成损失的，应承担赔偿责任。

6. 股权质押导致股权变更的股东行使优先购买权

股东将持有的股权进行质押，如质权人要求行使质权处置和变现股权时，该股东应及时通知其他股东，以便于其他股东行使优先购买权。

故股权质押融资应符合上述法律和公司章程的规定。这既是对公司和股东的保护，也是对投资方的保护。

导向问题 47

股权质押融资适用于公司的哪些发展阶段？

实务分析

从股权质押法律性质上来看，公司仅仅是质押股权指向的目标公司，公司无论处于初创期、成长期、成熟期（IPO）、扩张期（上市公司再融资）、纾困期（债转股）等任何一个发展阶段，都可以采用公司股权质押的方式进行融资。但从商业角度来看，成长期、成熟期和扩张期公司的股权质押，对债权人的吸引力更大。

导向问题 48

质押股权估值、股权质押率及质押数量如何确定？

实务分析

在股权质押融资中，公司的融资数额主要取决于质押股权的估值、股权质押率及质押数量限制。

1. 质押股权估值

在股权质押融资中，一般采用资产分析法对质押股权进行评估，很少采用可比公司法、现金流折算法等其他估值方式。在大多数情况下，融资各方并不对质押股权进行评估，而是通过协商方式确认质押股权价值。

2. 股权质押率

有限责任公司的股权质押率是指融资金额占双方评估或确认的质押股权价值的比率。在实际操作中，金融机构对股权质押率大多有严格的限制，一般为50%左右，其他融资对象一般会根据公司的资信状况、发展前景、股权价值等因素，与公司股东协商确定股权质押率，但股权质押率一般也不超过80%。

3. 股权质押数量限制

在办理股权质押时，如涉及国有股东股权质押，需要注意其可供质押的股权数量有明确的限制。按照《财政部关于上市公司国有股质押有关问题的通知》的规定，国有股东授权代表单位持有的国有股只限于为本单位及其全资或控股子公司提供质押。国有股东授权代表单位用于质押的国有股数量不得超过其所持该上市公司国有股总额的 50%。

根据融资合同约定的不同，一般分为固定额质押和最高额质押。在前述参考案例中，水浒公司股东及时雨公司为小旋风公司提供的是最高额为人民币 1 亿元的股权质押；另一股东玉麒麟公司为股东及时雨公司提供了持有水浒公司的 49%的股权作为反担保。本分册建议，应根据融资数额的实际需求与投资方进行协商，灵活运用包括股权在内的融资工具，最终确认股权质押价值和数量。

导向问题 49

处置和变现质押股权时，其他股东是否享有优先购买权？

实务分析

在股权质押融资过程中，如融资方无法按时偿还债务，会导致质权人实现质权，要求处置或者变现质押股权并优先受偿。处置或变现股权的程序与股权转让基本相同，因此也应遵循《公司法》关于公司股权转让的相关规定。根据新《公司法》第 85 条的规定，“人民法院依照法律规定的强制执行程序转让股东的股权时，应当通知公司及全体股东，其他股东在同等条件下有优先购买权。其他股东自人民法院通知之日起满二十日不行使优先购买权的，视为放弃优先购买权”。因此，在质押股权需要进行处置和变现时，如果没有特殊约定，质押股权所属公司的其他股东具有同等条件下的优先购买权。根据处置途径的不同，该优先购买权需要在法定期限内行使，在法定期限内不行使的，视为放弃优先购买权。

导向问题 50

股东认缴而未实缴出资到位的股权可以用于质押融资吗？

实务分析

有学者认为，认缴而未实缴到位的股权属于法律义务，并非权利，不能质押融资，甚至有的登记机关对认缴而未实缴到位的股权质押不予登记。

编者认为，认缴而未实缴到位的股权，实质上是股东按照法律规定以一定的价格按期缴纳出资的权利，具有财产属性，完全可以设立质权。《最高人民法院关于人民法院强制执行股权若干问题的规定》第 14 条[1]规定，人民法院可以强制执行股东的认缴股权；《股权出质登记办法》亦不限制认缴股权的出质登记。因此，认缴而未实缴到位的股权可以设立质权，可以进行质押融资。

虽然与实缴到位的股权仍存在不同，但公司和股东应充分认识到认缴而未实缴到位的股权的财产价值，在制订股权质押融资方案时，可以与实缴股权一样，与融资方协商确定认缴股权的估值方式和质押率，从而最大限度发挥认缴股权的融资作用。

---

〔1〕《最高人民法院关于人民法院强制执行股权若干问题的规定》第 14 条：被执行人、利害关系人以具有下列情形之一为由请求不得强制拍卖股权的，人民法院不予支持：（1）被执行人未依法履行或者未依法全面履行出资义务；（2）被执行人认缴的出资未届履行期限；……

导向问题 51

质押股权的孳息归谁所有？

实务分析

股权质押属于权利质押，其特殊之处在于股权在质押期间会产生孳息，即股息或者红利。《民法典》第430条第1款[1]规定：质权人有权收取质押财产的孳息，但是合同另有约定的除外。因此，提供股权质押的股东可以与投资方约定，在股权质押期间，因质押股权获取的分红属于出质股东，可以约定该分红应暂存于公司，质押期满而发生实现质权的情形的，由出质股东领取该暂存于公司的分红；或者在股权质押协议中约定，质押范围包括质押股权及质押期间的分红。约定质押范围包括分红的，应及时通知公司，以便于公司协助。

导向问题 52

质押股权担保范围可以约定吗？

实务分析

如公司融资或者第三方融资，提供股权质押的股东可以要求融资方自行承担部分担保责任，同时约定股权质押担保的具体范围。

---

〔1〕《民法典》第430条第1款：质权人有权收取质押财产的孳息，但是合同另有约定的除外。

根据《民法典》第389条[1]和《民法典担保制度解释》第15条第1款[2]规定，提供股权质押的股东与投资方可以约定担保范围，担保范围可以包括主债权及其利息、违约金、损害赔偿金、保管担保财产和实现担保物权的费用，也可以是其中的一项或者几项。

质押股权所担保的范围关乎出质股东将来可能承担责任的项目及对应的金额，因此出质股东务必重视。对于公司融资或者第三方融资而言，股权质押约定担保范围的种类越少越好，最好是局限在融资本金范围内，以便减少未来承担担保责任的范围，同时扩大其他担保的份额，有利于促进融资本息的归还和分担担保风险。对于股东融资而言，对于担保范围的约定一般较多也较为全面，但无论约定担保的项目多或者少，该股东都需要承担全部的融资本息归还责任。

根据担保金额的不同，提供最高额担保的股权质押其担保的范围一般情况下是多而全的。而提供固定金额担保的股权质押，约定的担保范围多少与投融资双方的博弈息息相关。

导向问题53

质押股权的股东实际承担的责任有可能大于质押股权价值吗？

实务分析

股权质押作为一种担保物权，股权出质人承担担保责任的范围仅限于

---

〔1〕《民法典》第389条：担保物权的担保范围包括主债权及其利息、违约金、损害赔偿金、保管担保财产和实现担保物权的费用。当事人另有约定的，按照其约定。

〔2〕《民法典担保制度解释》第15条第1款：最高额担保中的最高债权额，是指包括主债权及其利息、违约金、损害赔偿金、保管担保财产的费用、实现债权或者实现担保物权的费用等在内的全部债权，但是当事人另有约定的除外。

质押股权的变现价值。但是，根据《民法典担保制度解释》第17条[1]的规定，提供股权质押的股东与投资方均有过错的，该股东承担的赔偿责任不应超过融资方不能清偿部分的1/2；该股东有过错而投资方无过错的，该股东对融资方不能清偿的部分承担赔偿责任；投资方有过错而该股东无过错的，该股东不承担赔偿责任。融资主合同无效导致第三人提供的担保合同无效，该股东无过错的，不承担赔偿责任；该股东有过错的，其承担的赔偿责任不应超过融资方不能清偿部分的1/3。

依据上述规定，因出质股东的过错导致股权质押合同无效，出质股东应当承担赔偿责任，承担赔偿责任的范围与拟出质股权的变现价值无关，而是根据融资方不能清偿的债务金额确定，即质押股东最终承担赔偿责任的范围可能会大于出质股权的变现价值。

导向问题 54

股权质押后，如果公司拟增发股权应如何处理？

实务分析

股权质押后，未经投资方同意，出质股东不能转让股权，但法律并未限制公司的股权增发。因此股权质押后，公司可以根据自身战略或经营发展需要，进行股权增发，投资方仍对质押股权享有质权。

在注册资本认缴制下，新增股东认缴的出资如果实际缴纳，则会质

[1]《民法典担保制度解释》第17条：主合同有效而第三人提供的担保合同无效，人民法院应当区分不同情形确定担保人的赔偿责任：(1) 债权人与担保人均有过错的，担保人承担的赔偿责任不应超过债务人不能清偿部分的二分之一；(2) 担保人有过错而债权人无过错的，担保人对债务人不能清偿的部分承担赔偿责任；(3) 债权人有过错而担保人无过错的，担保人不承担赔偿责任。主合同无效导致第三人提供的担保合同无效，担保人无过错的，不承担赔偿责任；担保人有过错的，其承担的赔偿责任不应超过债务人不能清偿部分的三分之一。

押股权的比例虽然发生变化，但对应的价值并未发生减损，投资方通过质押股权优先受偿所能获得的实际利益亦未发生减损。但如果新股东认缴的出资并未实际缴纳，则导致质押股权占注册资金的比例减少，投资方的实际利益亦会减少。因此在司法实践中，如果公司是以认缴方式增发股权的，可能会被认定为恶意损害投资方利益而面临股权增发无效的法律后果。

编者建议公司质押股权后，根据自身战略或股权激励等需要，可以在征得投资方同意的情况下，进行实缴到位的股权增发，避免以认缴出资进行股权增发被认定为无效。

导向问题 55

质押股权被处置时，公司和股东应如何应对？

实务分析

根据《民法典》第 436 条[1]规定，如果融资方不履行到期债务或者发生当事人约定的实现质权的情形，投资方可以与股东协商以质押股权折价，也可以就拍卖、变卖质押股权所得价款优先受偿。因此，处置质押股权时，股东可以通过协商折价、拍卖、变卖三种方式参与定价。

在实践中，存在股东或公司不积极配合股权定价，致使法院无法正常处置的情形。但 2022 年 1 月 1 日实施的《最高人民法院关于人民法院强制

---

〔1〕《民法典》第 436 条：债务人履行债务或者出质人提前清偿所担保的债权的，质权人应当返还质押财产。债务人不履行到期债务或者发生当事人约定的实现质权的情形，质权人可以与出质人协议以质押财产折价，也可以就拍卖、变卖质押财产所得的价款优先受偿。质押财产折价或者变卖的，应当参照市场价格。

执行股权若干问题的规定》第 11 条[1]、第 12 条[2]规定，面对这种情况，在股权价值无法评估时，可以按适当高于执行费用的金额确定起拍价。

编者认为，发生约定实现质押股权的情形时，质押股东应积极与投资方协商折价。如协商不成，应积极配合司法机关对质押股权进行评估定价，避免质押股权被低价处置。同时，该股东应积极协调融资方还本付息或者与投资方达成还款计划，避免启动执行程序。在执行程序无法避免的情况下，质押股东还应积极筹措资金偿还债务，避免质押股权被处置。如果质押股权面临被拍卖的情况，应及时通知公司的其他股东，保障其他股东对质押股权的优先购买权。

在上述过程中，公司或者股东如对法院委托评估的价格有异议，可以依法向法院提出异议。

---

〔1〕《最高人民法院关于人民法院强制执行股权若干问题的规定》第 11 条：拍卖被执行人的股权，人民法院应当依照《最高人民法院关于人民法院确定财产处置参考价若干问题的规定》规定的程序确定股权处置参考价，并参照参考价确定起拍价。确定参考价需要相关材料的，人民法院可以向公司登记机关、税务机关等部门调取，也可以责令被执行人、股权所在公司以及控制相关材料的其他主体提供；拒不提供的，可以强制提取，并可以依照民事诉讼法第一百一十一条、第一百一十四条的规定处理。为确定股权处置参考价，经当事人书面申请，人民法院可以委托审计机构对股权所在公司进行审计。

〔2〕《最高人民法院关于人民法院强制执行股权若干问题的规定》第 12 条：委托评估被执行人的股权，评估机构因缺少评估所需完整材料无法进行评估或者认为影响评估结果，被执行人未能提供且人民法院无法调取补充材料的，人民法院应当通知评估机构根据现有材料进行评估，并告知当事人因缺乏材料可能产生的不利后果。评估机构根据现有材料无法出具评估报告的，经申请执行人书面申请，人民法院可以根据具体情况以适当高于执行费用的金额确定起拍价，但是股权所在公司经营严重异常，股权明显没有价值的除外。依照前款规定确定的起拍价拍卖的，竞买人应当预交的保证金数额由人民法院根据实际情况酌定。

第二节

股权让与担保融资

原《担保法》以及《民法典》均没有规定让与担保的定义和有关规范，故让与担保并不是我国法律明文规定的典型担保方式。

根据《九民会议纪要》第 71 条[1]和第 89 条第 2 款[2]、《民法典担

〔1〕《九民会议纪要》71.【让与担保】债务人或者第三人与债权人订立合同，约定将财产形式上转让至债权人名下，债务人到期清偿债务，债权人将该财产返还给债务人或第三人，债务人到期没有清偿债务，债权人可以对财产拍卖、变卖、折价偿还债权的，人民法院应当认定合同有效。合同如果约定债务人到期没有清偿债务，财产归债权人所有的，人民法院应当认定该部分约定无效，但不影响合同其他部分的效力……

〔2〕《九民会议纪要》89.【资产或者资产收益权转让及回购】……当事人在相关合同中同时约定采用信托公司受让目标公司股权、向目标公司增资方式并以相应股权担保债权实现的，应当认定在当事人之间成立让与担保法律关系。当事人之间的具体权利义务，根据该纪要第 71 条的规定加以确定。

保制度解释》第 68 条[1]和第 69 条[2]的规定，在股权让与担保融资中，融资方或者提供担保的股东与投资方订立股权让与担保协议，约定将作为担保的股权形式上转让至投资方名下。融资方到期清偿债务，投资方将该财产返还给融资方或提供担保的股东，融资方到期没有清偿债务，投资方可以将提供担保的股权拍卖、变卖、折价偿还融资本息；但不得约定融资方到期没有清偿债务，担保股权归投资方所有。

根据上述司法解释的规定，股权让与担保约定的标的不是股权的所有权，而是将提供担保的股权处置或者变现后投资方的优先受偿权。

股权让与担保融资，是指为公司、股东或者第三方融集资金的需要，股东将股权形式上转让给投资方，作为融资期间的担保，并在公司股东登记簿上做变更记载，同时在公司工商登记机关做登记备案和公示。该股东虽然将提供担保的股权转让给投资方，但实际上在担保期间其仍是该股权的实际所有人，且投资方也认可该股权仍属于原股东。

跟股权质押融资一样，股权让与担保融资也是将股权作为担保进行的

[1] 《民法典担保制度解释》第 68 条：债务人或者第三人与债权人约定将财产形式上转移至债权人名下，债务人不履行到期债务，债权人有权对财产折价或者以拍卖、变卖该财产所得价款偿还债务的，人民法院应当认定该约定有效。当事人已经完成财产权利变动的公示，债务人不履行到期债务，债权人请求参照民法典关于担保物权的有关规定就该财产优先受偿的，人民法院应予支持。债务人或者第三人与债权人约定将财产形式上转移至债权人名下，债务人不履行到期债务，财产归债权人所有的，人民法院应当认定该约定无效，但是不影响当事人有关提供担保的意思表示的效力。当事人已经完成财产权利变动的公示，债务人不履行到期债务，债权人请求对该财产享有所有权的，人民法院不予支持；债权人请求参照民法典关于担保物权的规定对财产折价或者以拍卖、变卖该财产所得的价款优先受偿的，人民法院应予支持；债务人履行债务后请求返还财产，或者请求对财产折价或者以拍卖、变卖所得的价款清偿债务的，人民法院应予支持。债务人与债权人约定将财产转移至债权人名下，在一定期间后再由债务人或者其指定的第三人以交易本金加上溢价款回购，债务人到期不履行回购义务，财产归债权人所有的，人民法院应当参照第二款规定处理。回购对象自始不存在的，人民法院应当依照民法典第一百四十六条第二款的规定，按照其实际构成的法律关系处理。

[2] 《民法典担保制度解释》第 69 条：股东以将其股权转移至债权人名下的方式为债务履行提供担保，公司或者公司的债权人以股东未履行或者未全面履行出资义务、抽逃出资等为由，请求作为名义股东的债权人与股东承担连带责任的，人民法院不予支持。

融资，而非实质转让股权。但股权让与担保融资与股权质押融资也存在极大的不同，最典型的区别是股权让与融资从形式上通过股权转让的方式，将提供担保的股权的所有权在形式上转让给投资方，使投资方在担保期间取得股东身份，并办理相应的工商变更登记。

在股权让与担保融资中，“股权”和“债权”存在相互依存、相互转化的情形，而且从形式上来看，投资方已经通过公示登记的方式成为公司名义上的股东，因此对于公司外部债权人、公司及其他股东而言，单纯从股东登记形式上很难区分名义股东与实际股东。实务中，以股权让与担保进行融资的方式也面临股权转让目的和性质的认定难题，同时鉴于被暂时让渡的股权已经办理完成了工商变更登记，因此在股权让与期间内该部分股权还会因为实际权利人和名义权利人不一致而面临“失控”的相关风险。2022 年 10 月 20 日，编者在科威先行网选择“裁判文书”条目，输入“股权让与担保”关键词，查询到 1083 份法律文书，可见现实中存在众多与股权让与担保纠纷有关的案件。本节将阐述和展现股权让与担保融资的“特质”。

一、水浒公司利用股东股权进行股权让与担保融资

参考案例

2017 年 7 月，水浒公司为扩大生产规模，需要新上两条生产线，为此还需要配套扩建厂房和招聘新员工，整个项目急需 5000 万元资金。公司经过股东会决议，决定对外融资 5000 万元，由股东玉麒麟公司以股权提供担保。

经过协商，某银行同意为水浒公司提供借款，水浒公司与银行签订借款协议，借款 5000 万元，借期一年。玉麒麟公司与银行签订让与担保协

议，将持有的水浒公司4900万元出资通过股权转让的方式，在形式上转让给银行，为水浒公司的5000万元借款本息及其他费用提供担保。

上述协议签订后，玉麒麟公司将名下的4900万元出资转让给了银行并办理了变更登记，银行如期向水浒公司出借5000万元，用于新生产线项目的投资建设。根据让与担保合同的约定，银行与玉麒麟公司签订一致行动协议，并通过全权不可撤销方式委托玉麒麟公司参加水浒公司的股东会、委派董事参加董事会等公司治理活动。水浒公司在获得资金的同时，保持了公司治理的稳定。水浒公司偿还借款后，银行将股权回转给了玉麒麟公司。

玉麒麟公司将股权让与给银行后，水浒公司的股权架构如图3-5所示。

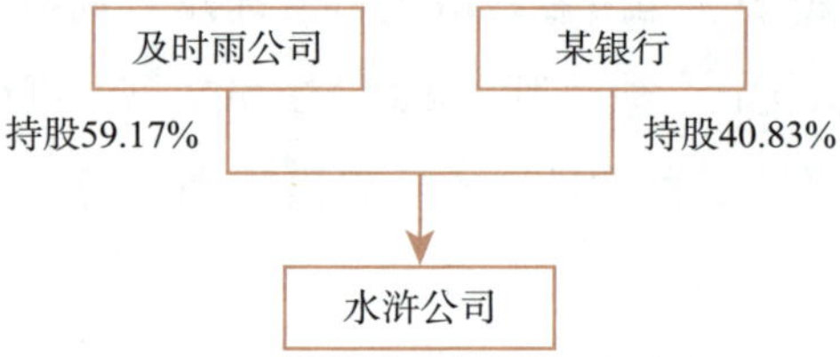

图3-5 股权让与担保后水浒公司的股权架构

二、股权让与担保融资的一般流程

股权让与担保融资与股权质押担保融资都是以股权为担保物，为公司、股东或者第三人融资活动提供担保。本节仅以公司融资为例，介绍股权让与担保融资的一般流程。股权让与担保融资的常规流程如图3-6所示。

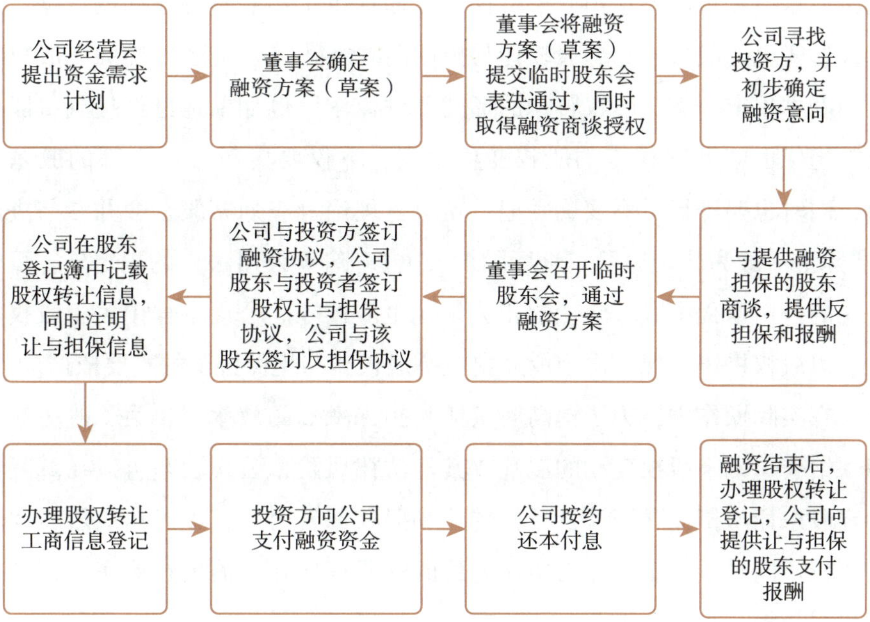

图 3-6　股权让与担保融资的常规流程

三、股权让与担保融资实务分析

导向问题 56

股权让与担保的法律及章程依据有哪些?

实务分析

截至目前，股权让与担保在法律层面尚无明确规定或者依据。《九民会议纪要》第 71 条和第 89 条第 2 款、《民法典担保制度解释》第 68 条和第 69 条等规定，提出了让与担保的概念、司法认定原则，并对投资方成为名义股东后是否需要承担股东责任等方面提供了司法解释层面的依据。因涉及形式上的股权转让，股权让与担保还需遵循《公司法》中关于股权转让的基本规定，满足股权转让的形式要件需求，例如前述已经提到，股权让与担保也应办理相应的股权变更手续，不仅要更新公司内部的股东名册，同时也要进行工商变更登记；新股东理论上应列席股东会并参与决议（实际上一般为代理原股东进行股东表决）。除《公司法》的规定外，目标公司的公司章程中股权转让的相关规定也应遵守。公司章程中关于股权转让、以股权提供担保等内容的规定也是股权让与担保融资的重要依据。

在实际操作中，为了提高股权让与担保融资的效率，也为了避免让与担保给公司带来股权变动的混乱或其他法律风险，公司股东可以在章程中约定股东让与担保融资涉及股权转让和股权回转时，其他股东应放弃优先购买权。同时，规定以让与担保为目的的股权转让，需要在股东登记簿中载明并公示。

导向问题 57

股权让与担保融资适用于公司的哪些发展阶段？

实务分析

从股权让与担保法律性质来看，股权让与担保能够让投资方成为公司名义上的股东，公司股权估值、经营和发展态势应该给了投资方足够的信息和吸引力。就商业角度而言，处于成长期、成熟期的公司提供股权让与担保，无论是从融资成本还是办理程序的角度来看，对投资方的吸引力更大，与投资方容易达成融资协议。

从公司融资角度来看，公司处于初创期、成长期、纾困期内，利用股东股权或者第三方股权进行融资较为可行和有效。

导向问题 58

股权让与担保中的股权转让对价及费用承担（特别是税费）如何确定?

实务分析

股权让与担保涉及两次持股主体的变更，即原股东将股权转让给投资方、在完成担保事项后由投资方将股权回转给原公司股东，每次股权转让都面临价格和费用问题。在完整的股权让与担保融资协议中，建议明确股权转让的价格及计算依据，这是因为基于股权让与担保的特殊目的，两次股权转让对应的股权转让对价均不是股权实际价值。在实践中，为了体现股权让与担保的从合同属性，通常将股权转让价格确定为零元或象征性金额，但这种约定价格远低于股权自身的真实价值，因而存在税收方面的潜在风险。编者建议可以尝试通过股权让与担保融资协议中约定的协议性质、协议目的及让与担保实现路径等内容，向税务部门解释零价值取得所转让股权行为的合理性，争取避免高额的增值税负担。在无法向税务部门合理解释股权让与担保性质的情况下，投资方、股东和融资方应在协议中约定此种情况下的税费如何承担。

导向问题 59

股权让与担保履行中，其他股东应放弃优先受让权吗?

实务分析

采用股权让与担保融资方式时，无论是股权转让还是股权回转，均涉及其他股东的优先购买权问题。如股东让与股权是为了帮助公司融资，其他股东自然会放弃优先购买权；但如果是为了股东自身或帮助第三人融资，如与其他股东沟通不畅，则可能会出现其他股东行使优先购买权的情况。鉴于新《公司法》第84条第3款规定了公司章程可以对股东行使优先购买权的问题作出另行约定，因此在公司章程层面，为提高股权让与担保效率，可以通过约定方式排除其他股东的优先购买权。在具体操作层面，让与担保股东应如实向其他股东披露股权转让的真实性质和目的，取得其他股东支持，通过股东会决议或单方声明的形式，其他股东预先放弃优先购买权。

导向问题60

一份完善的股权让与担保融资协议应当包含哪些主要内容?

实务分析

股权让与担保融资涉及股权让与担保和融资两大部分，这两部分协议内容既可以合并签订也可以分别签订。协议中，应将签订各方当事人信息、协议的背景信息、协议目的、融资条款、股权让与担保条款、审批前置条款、股权转让与回转的程序及触发条件等内容详细列入协议。同时，让与股权所属公司其他股东预先放弃优先购买权条款、工商变更条款、投资人取得股权后与原股东一致行动条款、无条件不可撤销委托代理出席股东会条款等内容也需要专门设计。需要特别注意的是，目前鉴于我国立法及司法实践中普遍对流质条款的效力持否定态度，因此不建议约定“在债务履行期限届满前，与让与担保股东约定融资方不履行到期债务时让与担保股权归投资方所有的”等类似流质的条款。如果投资方为了自身利益坚持要求保留上述类似条款时，可以在该条款后面附加“届时应委托评估机构对让与担保股权的真实价值进行准确评估，如果股权价值高于债务价值时，投资方需要返还对应差额”等类似的结算条款，维护融资方利益的同时也能促成双方尽快达成一致意见。

导向问题61

股权让与担保期间，原股东如何“正常”行使股东权益?

实务分析

根据股权让与担保协议的约定，提供让与担保的股东可以将其持有股权中的一部分转让给投资方，自己仍持有剩余股权。投资方虽然在形式上已经因取得让与担保的股权而具有了股东资格，但作为各方均认可的实际股东即原股东，建议和前述参考案例中的某银行与玉麒麟公司一样，通过签订一致行动人协议或者全权不可撤销授权委托方式，以原股东为主，参与有关的股东会等法人治理活动。

让与担保期间，让与担保股权对应的分红权可以约定由原股东享有，也可以约定在让与担保期间内该股权对应的分红留存公司，由公司负责保管，待让与担保结束且股权回转后，将分红支付给原股东。

导向问题62

如何避免各方对股权让与担保的性质产生争议?

实务分析

根据融资真实目的，设计和签订提供股权让与担保的融资协议，如实反映股权让与担保情形下的股权转让和股权回购。

在股权让与担保融资实操中，一旦各方就“股权转让”性质产生不同主张和理解，在没有明确约定或者约定不一致的情况下，一般需要根据融资背景和对融资及股权转让的专业理解，去探究各方真实意思表示来认定。本书编者通过分析大量公开案例，建议在股权让与担保协议中约定以下内容。

1. 让与担保内容；
2. 存在主债权；
3. 有股权转让对价的合理解释或者对价合理；
4. 限制投资方行使让与担保股权对应的股东权利或处置该股权；
5. 投资方不参与公司法人治理和管理经营；
6. 明确告知其他股东股权转让性质及要求其他股东放弃优先购买权；
7. 在董事会、股东会会议记录中体现让与担保的目的；
8. 在股东登记簿上如实记载让与担保股权性质和股权变更；
9. 在办理变更工商登记信息时，提供如实记录股权让与担保性质的股东会决议，进行备案。

导向问题 63

如何降低投资方行使股东权利甚至控制公司的风险？

实务分析

投资方通过受让股权方式，取得融资担保，同时获得对公司经营管理的知情权，甚至参与权。但在实践中，除了将股权在形式上转让给投资方外，有时还会把公司印鉴、营业执照、账户 U 盾等交给投资方保管。上述行为存在的风险是，投资方作为名义股东，完全可以直接行使股东权利，甚至可以更换法定代表人和公司印鉴，从而实际控制公司。

为了降低投资人行使股东权利甚至控制公司的风险，本书编者建议在设计和执行股权让与担保方案时，应该做到以下几点。

1. 在股权让与担保协议中对投资方的权利进行限制，比如约定投资方在未经原股东同意的情况下不得行使任何股东权利；设定投资方行使股东权利后的违约及损害赔偿责任等。

2. 尽量不要将持有的公司股权全部转让给投资方，从而可以利用未转让股权对投资方进行监督和牵制。

3. 从保守商业秘密和对公司控制的角度来看，对投资方提出监管印鉴、证照或安排人员参与核心部门管理等要求，应持谨慎态度。

导向问题 64

如何规避投资方擅自处分担保股权?

实务分析

因投资方拥有形式上的让与担保股权所有权，故其可以以转让、质押、增资、投资、以物抵债等方式对让与担保股权进行处分，从而损害原股东利益。实践中，股权让与担保法律关系清晰且有相应协议约定、股东会决议的，原股东可以通过必要诉讼程序进行救济，但如果协议约定不清且无法证明原股东真实意思等情况下，投资方对让与担保股权的处分行为可能会产生法律效力。

为避免投资方擅自处分担保股权，本书编者建议提供股权让与担保的股东和公司在设计股权让与担保合同时，应注意以下几点。

1. 对投资方的权利进行限制，比如禁止处置股权，设定擅自处分股权的违约及损害赔偿责任等；

2. 通过协议约定、股东会决议载明、股东登记簿如实记录、工商信息登记备案注明等方式充分体现股权让与担保合同的“担保”性质。

对于融资方来讲，对于融资需求、商业可行性、投资回报应有一个较为客观甚至保守的预测，避免超过运营和盈利能力范围的融资。一旦出现可能导致无法还本付息的情形，应与投资方积极协商延期还款、避免产生违约责任，也可以积极与提供让与担保的股东、公司其他股东进行协商，提供再次融资的机会，借新还旧也不失为一个好办法。

导向问题 65

如何降低担保股权无法顺利回转风险?

实务分析

股权让与担保是对融资本息清偿的担保，在融资本息偿还完毕后，投资方应及时将股权转回给原股东。但实践中，投资方可能会因各种因素不配合原股东的股权回转请求。

为了降低股权无法顺利回转风险，本书编者建议，应在股权让与担保协议中明确约定回转的触发条件、股权回转请求权行使流程、各方具体的配合回转义务、惩罚性违约责任等条款内容。股权回转触发条件可以设定为：融资本息偿还完毕、投资方免除融资本息、融资债务发生混同等。回转流程可以设定为：触发股权回转条件的，投资方应无条件配合原股东的股权回转要求，也可以在股权转让时通过股东会决议方式确认股权回购条件；投资方不配合情况下股东会有对其除名和在此种情况下无条件授予原股东股权的权利。

第三节

明股实债融资

明股实债融资与股权让与担保融资有一定的共同点，即在这两种融资方式下，投资方均在一定期限取得股权，并成为融资公司名义上的股东。具体而言，明股实债融资是投资方作为名义上的股东进行出资，而其实质是作为公司债权人进行的债权性质的投资，对内不产生股东资格、出资义务、股权交易的后果；股权让与担保融资是采用形式上变更股权持有主体的方式为主债权提供担保，股权所有权实质上不发生变化。

“明股实债”并不是一个标准的法律概念，而是资本市场在融资实务中由通行做法总结创设的一种融资方式，在内涵和外延上都没有准确的界定。在实务操作中有广义和狭义之分：广义的明股实债融资包括一切形式的名为股权实为债权的融资，投资方取得股权的方式包括投资于股权增发、股权转让、债转股、股权让与担保以及不同方式的组合；狭义的明股实债融资，则主要是指投资方以投资方式取得公司股权，收取固定收益而不承担公司经营风险，并签署远期受让协议，提前约定公司或者公司股东在一定期限内或条件下回购投资方股权并支付投资本金和固定收益的融资方式。

狭义的明股实债融资是实务操作中比较常见的一种融资方式，该融资方式与股权质押融资、股权让与担保融资相比，更进一步接近于典型股权融资方式中的股权增发融资和股权转让融资。但由于签订了固定收益条款、预设回购条款，并且投资人的收益与公司经营业绩并不挂钩，投资人不承担公司亏损，其投资实质仍为债权融资。本节主要对狭义的明股实债融资进行阐述分析。

一、水浒公司的明股实债融资

（一）投资方为未实缴到位股东提供融资，用于公司经营

参考案例

2018 年，为了进一步提升公司的研发实力，提高产品质量，水浒公司决定进行增资，引进第三位股东智多星新能源研发有限公司（以下简称智多星公司）。经全体股东同意，水浒公司增资至 1.5 亿元，增加的注册资本 3000 万元，由智多星公司认缴，首期出资 1000 万元，剩余 2000 万元在 2 年内缴足。水浒公司第二次增资后的股权架构见图 3-7。

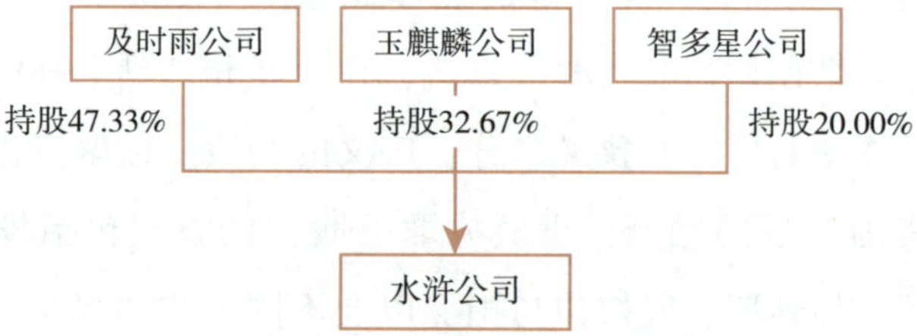

图 3-7 水浒公司第二次增资后的股权架构

2019 年 2 月，水浒公司因建设新工厂项目急需资金，股东会决定，各股东应将认缴出资实缴到位。智多星公司因无力筹集 2000 万元资金实缴出资，向股东会提出采用明股实债融资方式进行出资，并提出了具体融资方

案，水浒公司股东会通过了该融资方案决议。智多星公司经过寻找和筛选，与投资者入云龙投资有限公司（以下简称入云龙公司）达成初步投资意向。智多星公司将投资意向细化为融资合作方案，提交公司股东会表决通过。

按照智多星公司、水浒公司和入云龙公司的约定，入云龙公司向水浒公司提供1亿元融资，智多星公司将未实缴2000万元出资所对应的股权转让给入云龙公司，由入云龙公司按照水浒公司要求实缴出资到水浒公司。同时，三方约定入云龙公司向水浒公司提供8000万元借款，年息为9%，借期为3年；借款到期后，智多星公司负责将上述2000万元股权按照原价回购，同时按照9%的年息支付股权投资收益（含融资期间得到的股权分红）；水浒公司仍由原董事会负责经营，入云龙公司在投资期间负责为水浒公司提供商业合作机会。

按照上述约定，水浒公司获得了2000万元的实缴出资款和8000万元的借款，新工厂项目如期开工建设。入云龙公司成为名义上的股东以后，水浒公司的股权架构如图3-8所示。

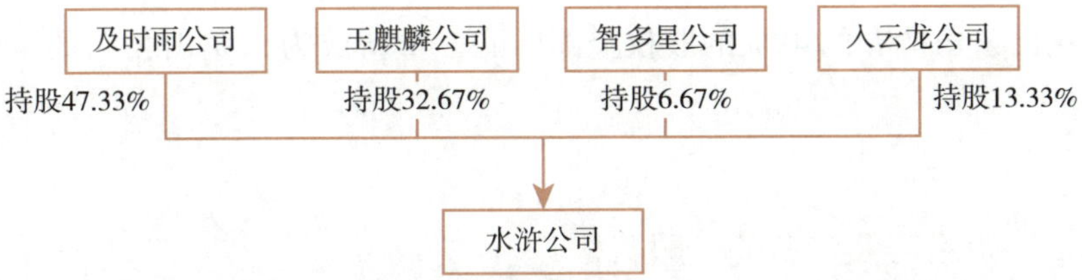

图3-8 水浒公司在入云龙公司成为名义股东后的股权架构

（二）投资方直接认购公司股权增发，为公司提供融资

参考案例

水浒公司获得入云龙公司的投资后，积极筹备新项目，为了享受土地

和税收优惠政策，水浒公司到邻省注册成立了全资子公司二龙山新能源科技有限责任公司（以下简称二龙山公司），由二龙山公司作为新项目的运营实体。二龙山公司注册资本1亿元，但成立一年以后，资金面临短缺。

为了避免提高二龙山公司的资产负债率，水浒公司决定以名股实债方式为二龙山公司进行融资。水浒公司与投资方桃花山投资有限公司（以下简称桃花山公司）约定：桃花山公司以人民币2亿元认购二龙山公司增资股权，认购增资股权完成后，水浒公司和桃花山公司分别持有二龙山公司51%和49%的股权；增资完成2年后，水浒公司和桃花山公司均有权要求对桃花山公司持有的二龙山公司的股权进行回购，回购价格计算方式为，投资成本2亿元加上桃花山公司出资期间二龙山公司累计净利润的49%；如桃花山公司分得净利润低于年化4倍贷款市场报价利率（LPR）利息收益，则无论二龙山公司盈亏，差额部分均由水浒公司补足；桃花山公司向二龙山公司委派一名董事，对某些重大事项享有一票否决权。

桃花山公司在2年投资期间内，获得的分红大于年化4倍LPR利息收益。2021年，水浒公司提出回购主张，在支付了2亿元对价后，水浒公司将桃花山公司持有的49%的股权全部回购，重新成为二龙山公司的全资母公司。

二、明股实债融资的一般流程

在公司融资的情况下，明股实债融资的一般流程包括如下步骤。

（一）投资方为未实缴到位股东提供融资，用于公司经营

如本节参考案例一所示，通过转让未实缴到位股权，由投资方进行实缴出资，融资期满后，由原股东支付固定收益进行股权回转。该种明股实债融资的常规流程如图3-9所示。

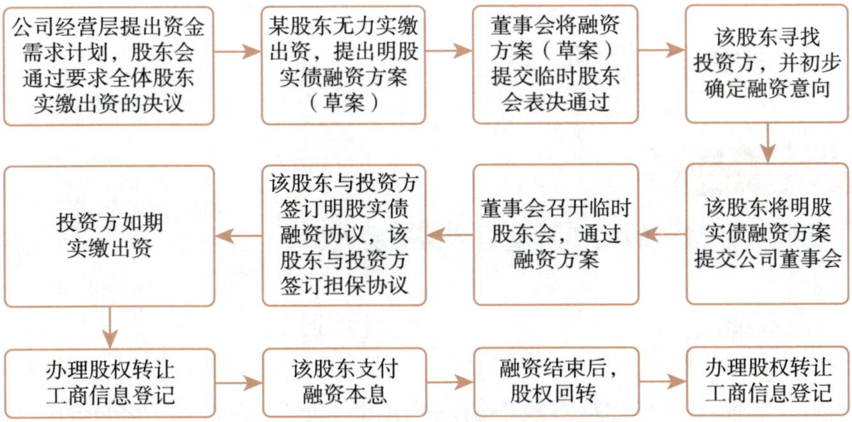

图 3-9　投资方为未实缴到位股东提供融资

（二）投资方直接认购公司增发股权，为公司提供融资

如本节参考案例二所示，投资方直接认缴公司增发股权，进行实缴出资，融资期满后，由原股东支付固定收益进行股权回转。这种明股实债融资的常规流程如图 3-10 所示。

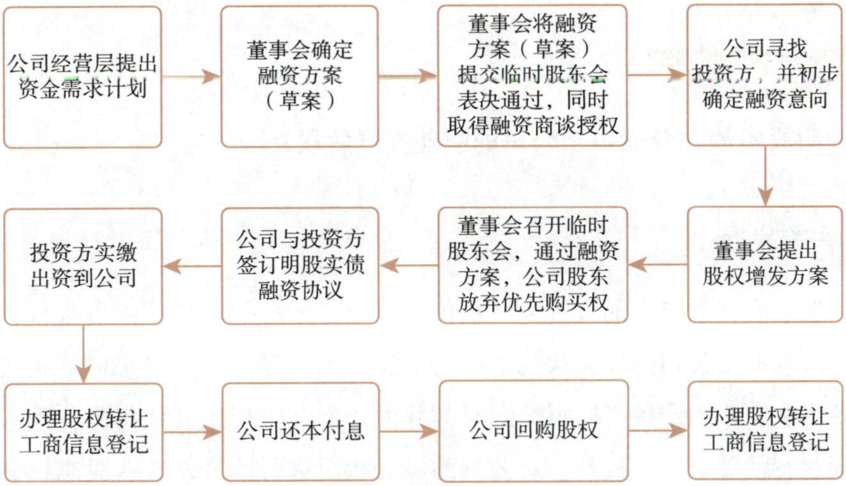

图 3-10　投资方直接认购公司增发股权

三、明股实债融资实务分析

导向问题 66

明股实债融资的法律及章程依据有哪些?

实务分析

明股实债融资是融资实践中创设的介于“股”和“债”之间的一种融资方式，并非法律概念，因此法律层面没有明确依据。但明股实债融资的主要表现形式为投资方以向公司认购增资或者实缴出资的方式提供资金，并最终由公司、股东回购股权。因此，《公司法》和公司章程中关于股权增发、股权转让、股权回购等规定都可以作为取得股权部分的依据，但在融资方和投资方无明确约定以股权收益作为融资回报的情况下，投资方取得股权的行为并不必然产生股权收益作为融资回报的效果。

导向问题 67

明股实债融资适用于公司的哪些发展阶段?

实务分析

明股实债融资中的投资方，不仅依据股权的价值来确认投资规模，其对于股权所属公司的经营状况也更为关注。投资方通过明股实债方式进行投资，在获取固定投资回报的同时，并未让融资方提供其他担保，而一般是通过行使部分股东权利，对公司的经营状况进行监督。这些股东权利一般有知情权、对部分事项的否决权、对董事的推荐权等。

因此，明股实债融资适用的公司发展阶段不同于股权让与担保融资，各阶段的公司都可以采用明股实债的方式进行融资。

导向问题 68

明股实债的融资对象有何特别之处?

实务分析

采用明股实债方式融资的公司大多集中于资金高度密集的房地产等行业，实践中很多金融机构亦通过信托通道，以明股实债方式向房地产公司提供资金，但监管层面已收紧了此类融资对象的资金发放。近年来，随着房地产行业持续低迷，国家层面已开始加大对该行业的融资支持力度，特别是加大“保交楼”融资支持力度，不排除会放松对金融机构等融资对象的监管力度。

另外，公司选择融资对象时，应尽量选择资源丰富的投资方，除了获取资金外，还可以借助融资对象的品牌等影响力促进公司发展。

该种融资方式因所需资金额较大，从产业机构、融资回报的角度来看，融资对象既包括公司产业的上下游关联方，也包括银行等金融机构，还可能包括竞争对手公司。

导向问题 69

一份完善的明股实债融资协议应包含哪些主要内容?

实务分析

因明股实债融资并非典型方式的股权融资，因此法律层面并未列明明股实债融资合同的主要条款。采用明股实债融资的目的是为股东融资支付认缴出资或者为公司直接融资，因此设计明股实债融资协议时，应重点体现以下五个方面内容。

1. 明确明股实债融资的真实意思和协议目的；

2. 对投资方行使股权对应的股东权利进行必要限制；

3. 明确约定股权回购条款，包括但不限于回转时间、条件以及流程等；

4. 明确获取的融资固定收益、融资期间股权价值发生增减的归属和补偿、分红的归属；

5. 明确投资方不配合股权回购或者回转的违约责任及融资方的救济途径。

导向问题 70

设计明股实债融资方案时，需要重点考虑哪些因素？

实务分析

融资方需要明确明股实债融资的商业安排，掌控融资的主动性，谨防投资方违背融资目的而借助股权真正入驻公司。

实践中，很多公司为粉饰财务报表，降低资产负债率，倾向于采用明股实债方式进行融资，而很多投资方出于各种目的，一般也会接受这种方式。为兼顾融资双方前述诉求，双方在形式上不体现真实的债权关系，而是通过设计复杂的交易架构，签署一系列股权转让协议文件等方式，将债权投资包装为股权投资。如双方没有明确的债权协议或者约定，该投资款实质上就是债权，该融资方式的真实目的较隐蔽也更复杂，导致难以确定融资性质。如果投资方在取得股权、完成变更登记后违背了明股实债的初衷，不放弃股东身份，则会导致包括股东身份确认在内的相关纠纷。因此，在设计明股实债融资方案时，需要明确体现“明股实债”的融资性质，编者建议可以重点考虑以下因素。

1. 债权约定

双方应在明股实债融资协议中明确双方的关系为债权投资，投资方以支付股权转让款或者认购公司增资的形式，将资金出借给原股东或者公司，原股东或者公司支付固定收益作为投资回报。

2. 股权转让或者认购增资目的及回购安排

双方应在融资协议中设计专门条款，明确股权转让或者认购增资的真实目的为交付融资款，而非让投资方成为真实股东。同时，约定股权回转或者回购方式。一般情况下，触发条件为附期限和附条件。无论哪种方式，均与债权投资回报约定密不可分，甚至就是债权投资的具体可执行条款。

3. 债权固定收益安排

作为债权投资，务必约定明确的投资回报利率或者计算方式，避免与公司业绩挂钩。一般情况下明股实债融资投资期间较长，双方约定的投资回报方式包括融资期间先支付利息期满后支付本金和融资期满后支付本息2种。但在实务中，投资方作为公司股东，形式上还可以取得分红，因此双方可以约定分红款抵顶部分融资本息。

4. 融资期间，关于投资方作为股东的权利界定和限制

根据明股实债融资的真实意图，融资期间投资方并不真正具有股东身份，故务必在融资协议中明确股东权益的真实归属以及对投资方行使权利的限制。比如，约定投资方取得股权的所有权仍属于原股东或者公司指定股东；投资方与原股东或公司指定股东签订一致行动协议，在参加股东会等行使股东权利时，以原股东或者公司指定股东的意思表示为准；投资方

给原股东或者公司指定股东出具全权、不可撤销授权委托书，以便于其参加股东会行使股东权利；投资方因股权取得的分红属于原股东或者公司等。

5. 关于经营管理安排

实践中，投资方一般处于强势地位，通常会要求对公司的一些重大事项行使股东权利，比如对可能影响其投资回报的决议须经其同意方可通过。但投资方深度参与公司经营管理，则融资双方的关系容易被认定为股权投资关系。因此，投资人行使股东权利或参与公司经营管理的事项范围应限于知情权、监督权或与其有重大权益关联的事项。

导向问题 71

如何避免投资方拒不履行股权回转或者股权回购？

实务分析

明股实债融资中涉及采用股权转让、股权增发等方式支付融资款的，势必在融资期满后，将进行股权回转或者股权回购。因此，有必要赋予融资方和投资方不同情况下的股权回转或者股权回购请求权，约定对方配合办理的义务。按照上述分析，在附期限或者附条件成就时，触发股权回转或者股权回购，双方按照事先约定的办理程序履行，完成融资的整个过程。

一旦投资方拒不履行股权回转或者股权回购，可按照融资协议中约定的条款通过股东会决议进行救济，必要时还可以将相关内容写进公司章程中，增强其外部对抗效力。比如在融资协议中约定投资方拒不履行股权回转或者股权回购的情况下，权利方可以提议召开临时股东会会议，由股东会直接作出除权决议（协议中可以约定投资方回避该项表决），除权后，权利方取得该股权。为了增强除权救济的法律效力，可以在办理股权转让或者股权增发时，由股东会通过该项对权利方要求除权的特别决议。

导向问题 72

如何防止明股实债融资期间公司法人治理失控?

实务分析

在初创期、发展期、纾困期的公司进行明股实债融资时，投资方一般较为强势，势必会参与公司的法人治理甚至日常经营，还可能实际取得公司的管理权和控制权。为防止上述情况出现，除采取明确约定和权利限制外，还需要融资方维持对公司行政、财务和业务的实际控制，同时约定救济途径和违约损害赔偿责任。比如在约定投资方的知情权、监督权和有限的决议同意权外，避免其掌控公司公章印鉴、银行账户、业务管理、人员安排等。

第四节

债转股融资

最初提出债转股融资概念，是为了解决我国国有银行中的不良资产，化解金融风险，减轻国有企业的债务负担，改善国有企业资产负债结构，推动国有银行和国有企业继续深化改革。为此，党中央、国务院作出了组建金融资产管理公司，依法处置银行不良资产，对部分国有企业的银行贷款以金融资产管理公司为投资主体实施债转股的战略部署，债转股对于我国银行和国有企业改革具有积极的意义。

在公开可查的资料里，债转股概念特指国家组建金融资产管理公司，收购银行的不良资产，把原来银行与企业间的债权债务关系，转变为金融资产管理公司与企业间的控股（或持股）与被控股的关系，债权转为股权后，原来的还本付息就转变为按股分红。

从融资效果上来看，债转股可以让原债权人变身为投资人，同时债务的本息转换为公司的投资款和盈余分配，为公司减少债务负担、化解资金危机提供一种思路，从公司的角度来看也达到了一种特殊股权融资的效果。

根据债权人性质的不同，债转股融资可以分为除商业银行外的金融机构和非金融机构债转股融资两种类别；根据公司发展阶段的不同，债转股融资可以分为经营正常阶段、成长困难阶段以及破产重整阶段债转股融资三种类别；根据债务人主观诉求的不同，债转股融资可以分为主动型债转股融资和被动型债转股融资。

本书从股权融资的角度，扩展了债转股的外延，提出债转股融资的概念，即本书所称的债转股融资是指债务人就债务数额和偿还方式与债权人达成一致，双方同意将债务人公司估值以及债务人所欠债务数额综合衡量估价后，以股权形式抵顶所欠债务。或者相当于债权人认购债务人增发股权，从而使公司债权人成为公司投资人，债务人成为融资人，双方法律关系由债权债务关系变为股权融资关系。

实践中，还存在投资方将其对第三方享有的债权估价后，作为认购目标公司增发股权的出资。该种以债权出资认购股权的情形，与普通的认购增发股权基本一致，不同的是出资为债权这种非货币资产，而不是货币资金或其他常见的资产。实务中，有的观点认为该种方式存在弊端，认为用来出资的债权的真实性及可实现性影响资本的充实；容易为公司大股东、管理层利用，妨害公司股东及债权人的利益等。因此，投资方享有的第三方债权是否可以实现，成为该债权是否能够出资以及接受该出资后目标公司的资本能否充实的关键。因投资人利用第三方债权对融资方进行投资存在利弊不清情况，本节对投资方利用第三方债权转股权的情形不做分析阐述。

近年来，在诸多大型公司破产重整的重整计划方案中，都有加入债转股的清偿方式，即债务人公司的重整投资人除了以现金形式清偿债权人之外，也以债务人公司股权的形式抵顶负债。债转股债权人与重整投资人一起成为重整成功的新债务人公司的股东，共同达到高效解决债务人破产困境、促成重整成功的目的。该种方式的商业目的和价值驱动与普通的债转股略微不同，本节也将在下文从融资减债的角度分析破产重整中的债转股融资。

一、水浒公司的债转股融资

（一）债权人以持有的债权认购融资公司增发股权，由债权变为股权

参考案例

2018年6月，水浒公司的供应商霹雳火新能源科技有限公司（以下简称霹雳火公司）要求水浒公司立即支付拖欠的货款6000万元，否则将终止合作。面对这种情况，水浒公司与霹雳火公司进行了紧急协商，双方达成了债转股的合作意向。

2018年9月30日，双方委托的评估公司出具了“×评报〔2018〕135号”资产评估报告。根据资产评估报告，霹雳火公司对水浒公司的6000万元债权在评估基准日2018年9月30日的评估值为73,000万元。同日，水浒公司和霹雳火公司签署《债转股协议》，约定霹雳火公司认购水浒公司的增资股权，增资价格为2元/注册资本，霹雳火公司认购的新增股权对应注册资本为3000万元。霹雳火公司以其对水浒公司享有的6000万元债权支付本次增资的增资对价，其中3000万元计入注册资本，3000万元计入资本公积。水浒公司利用债转股融资成功化解了此次危机。霹雳火公司入股后的水浒公司股权架构如图3-11所示。

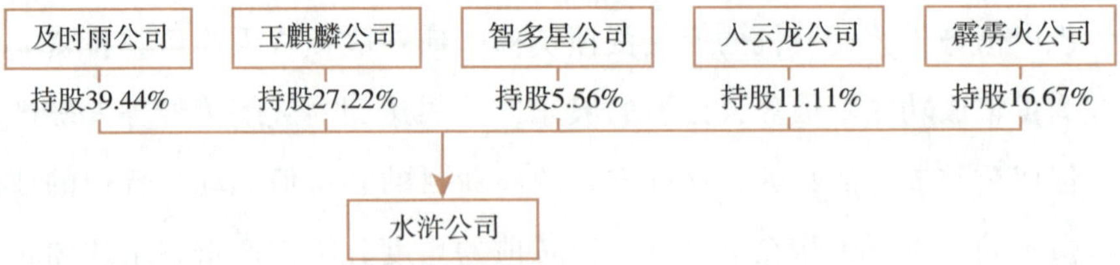

图3-11 霹雳火公司债转股后水浒公司股权架构

（二）充分利用债转股的预重整方案，助力科技馆恢复经营

参考案例

2017年9月，水浒公司和某市城投公司合资成立了少华山科技馆有限公司（以下简称少华山科技馆），少华山科技馆注册资本1亿元，水浒公司出资2000万元，城投公司出资8000万元。双方约定由少华山科技馆建设一座新科技馆，科技馆由城投公司负责项目建设，建成以后由水浒公司运营，同时水浒公司为科技馆提供新能源材料支持。科技馆建成后，将为水浒公司预留一处展览空间，专门展示水浒公司的产品。少华山科技馆成立时的股权架构如图3-12所示。

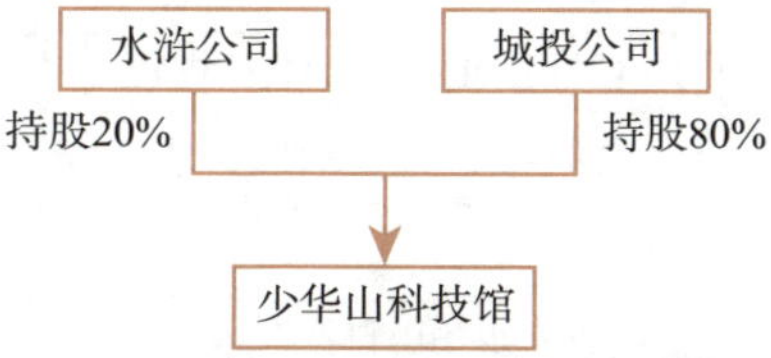

图3-12　少华山科技馆成立时的股权架构

为筹集建设资金，少华山科技馆发行了3笔公司专项债，再加上从银行处获得的贷款，前期筹措到2亿元的资金。后来，因自筹资金无法全部到位和新冠疫情影响，建设工期延期。上述3笔专项债及银行借款陆续到期，少华山科技馆无力偿还本息且仍需融资投入建设。董事会与债权人沟通后，债权人反馈不希望少华山科技馆破产清算。同时，某投资基金拟作为财务投资方对少华山科技馆进行投资。后少华山科技馆向当地人民法院及破产管理人机构咨询，拟定了预重整草案，并获得了上级主管单位批准。

少华山科技馆协调债权人、财务投资者达成预重整草案，债权人同意以债权本金认购少华山科技馆增发股权、免除利息、引入财务投资方。少

华山科技馆将与债权人、某投资基金签署的预重整草案向当地人民法院提交，申请预重整。

法院收到申请后，立即召集少华山科技馆、4 名债权人和某投资基金进行听证，落实预重整草案的可行性后，裁定受理该公司的预重整，指定某律师事务所作为该公司重整的临时管理人。在预破产期结束后，法院根据临时管理人的工作报告，经过听证，裁定债务人进入破产重整程序。管理人以预重整方案为依据拟定重整计划草案，债权人会议通过了破产重整计划。重整计划规定的监督期内，债务人与债权人就重整计划中的债转股融资协议、债务利息减免协议和引入某投资基金提供后续建设资金达成一致，并积极推进。四方的持股比例变为水浒公司持股 10%，城投公司持股 40%，4 名债权人合计持股 20%，某投资基金持股 30%，少华山科技馆破产重整后的股权架构如图 3-13 所示。

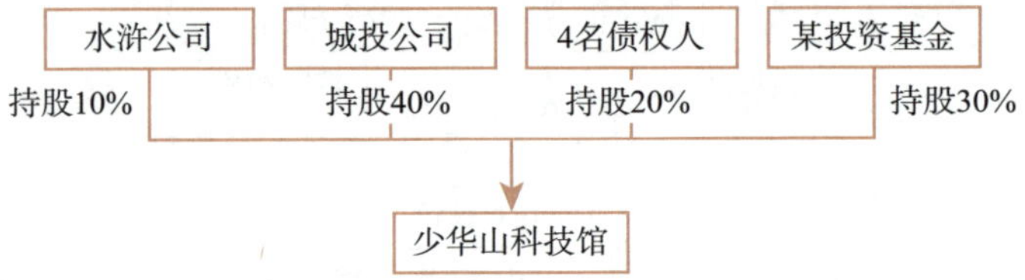

图 3-13　少华山科技馆破产重整后的股权架构

各方组建新的管理团队重启科技馆的建设。通过破产重整计划，少华山科技馆既缓解了债务还本付息的压力，又获得了启动项目的投资资金，最终科技馆顺利竣工验收。债务人的管理团队转换职能与科技馆合作，负责科技馆的运营。科技馆运营 2 年后，原债权人及某投资基金也先后将股权转让，实现投资回报。

二、债转股融资的一般流程

1. 债权人以持有的债权认购目标公司的增发股权，债权变为股权。这种一般情况下的债转股融资的常规流程如图 3-14 所示。

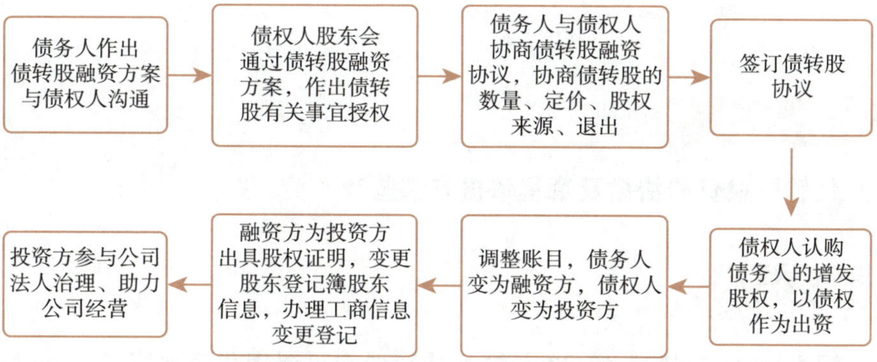

图 3-14　一般情况下的债转股融资流程

2. 在破产重整中，债务人利用债转股融资等方法恢复经营。对于因市场、资金等原因暂时处于经营困顿但产品或者服务有广阔市场的债务人，无论是在破产重整程序中还是在经营中无法偿还债务时，通过债转股方式融资都是一个起死回生的良方。以上述参考案例中的预重整程序为例，这种情况下的债转股常规流程如图 3-15 所示。

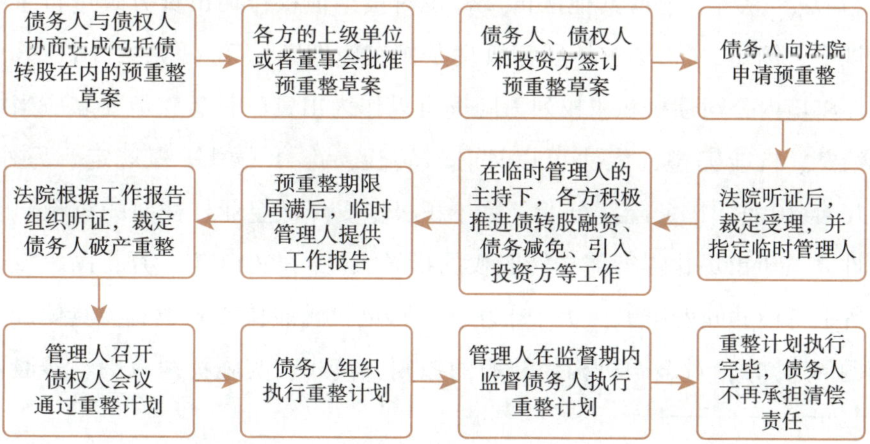

图 3-15　破产重整中债转股融资流程

三、债转股融资实务分析

导向问题 73

债转股融资的法律及章程依据有哪些?

实务分析

根据新《公司法》第 48 条第 1 款“股东可以用货币出资，也可以用实物、知识产权、土地使用权、股权、债权等可以用货币估价并可以依法转让的非货币财产作价出资；但是，法律、行政法规规定不得作为出资的财产除外”之规定，原则上可以用货币估价并可以依法转让的资产均具备作价入股的条件。特别是与原《公司法》相比，新《公司法》明确肯定了“债权”“股权”属法定的出资形式，因此新《公司法》的上述规定为以债权方式入股，也就是“债转股”的融资模式提供了明确的法律依据。除《公司法》之外，一些其他法律文件也对接纳债权作为出资方式进行了明确规定。例如，《市场主体登记管理条例实施细则》第 13 条第 3 款[1]规定，将境内公司债权和股权列为同等可以作为出资的种类，但要求应当权属清楚、权能完整，依法可以评估、转让，符合公司章程规定。另外，2016 年 10 月，国务院发布了《关于积极稳妥降低企业杠杆率的意见》及附件《关于市场化银行债权转股权的指导意见》；2018 年 1 月，国家发改委等七部门共同发布了《关于市场化银行债权转股权实施中有关具体政策问题的通知》，对金融机构债转股的原则、模式、实施机构范围、转股债

〔1〕《市场主体登记管理条例实施细则》第 13 条第 3 款：依法以境内公司股权或者债权出资的，应当权属清楚、权能完整，依法可以评估、转让，符合公司章程规定。

权范围、转股资金来源、转股对象公司条件等作出了明确规定。上述法律文件均为债转股实际操作提供了法律依据。

公司章程中关于股东出资、增资扩股以及因此召开股东会会议通过相关决议的规定，是债转股的章程依据。

导向问题 74

债转股融资适用于公司的哪些发展阶段？

实务分析

债转股融资实质上是债权人以债权对公司出资，属于公司股权增发范畴，可以适用于公司发展的初创期、成长期、成熟期、扩张期和纾困期等各个阶段。实践中，纾困期的公司多采用此方式化解债务还本付息压力。比如地方政府平台设立的城投、城建类的公司，在应对隐形地方债务以及公司还本付息压力的情况下，也可采用包括债转股、债务减免、债务延期、借新还旧等方式纾困，即该融资方式对纾困期公司实际意义较大。

导向问题 75

债转股融资在选择融资对象时有哪些注意事项？

实务分析

融资方的所有债权人都可以成为融资对象，但需要注意，参与债转股的债权人需要遵循有限责任公司的股东人数不能超过 50 名、非上市股份有限公司的股东人数不能超过 200 名的规定。而在实践中，纾困期公司的债权人众多，因此在确定融资对象时应注意《公司法》对不同类型公司的股东人数限制。

债转股有时是一种资源置换、交叉持股、战略调整的好途径。比如前述参考案例中，霹雳火公司是水浒公司的上游材料供应商，为了回收货款，同时也跟水浒公司形成战略和长期合作，霹雳火公司将其持有的对水浒公司的债权，评估作价认购水浒公司的增发股权，从而持有了水浒公司的股权，霹雳火公司和水浒公司实现了战略共赢和深度合作。

综上，债转股融资在选择融资对象时面临的选择面较广，在不违反相关法律规定的前提下，合作方、关联方甚至竞争对手都可以将其持有的可以用货币估价并可以依法转让的债权，通过债转股融资的方式，注入融资公司。

导向问题 76

转股债权的类型和范围有哪些?

实务分析

新《公司法》第 48 条肯定了债权属法定的实物出资形式，也设置了实物出资所应具备的基本条件。实践中，作价入股的债权种类包括但不限于合同之债、生效法律文书确认之债、破产重整计划或和解协议确认之债等，这些债权一般价值明确，且可以依法转让，符合债转股融资对于债权性质即“可以用货币估价并可以依法转让”的基本要求。

同时，考虑到上述因素，以下债权无法作为转股债权。

1. 债权人未完全履行债权所对应的合同义务；

2. 债权所依据的合同中有关于债权不得转让的约定；

3. 因债权人的相对方对债权的实现提出程序或实体上的抗辩导致该债权能否实现存在争议的其他情形；

4. 法律、行政法规或者国务院决定规定不得转让的其他情形。

导向问题 77

如何确定转股价格?

实务分析

新《公司法》第 48 条第 2 款规定，股东以实物资产进行出资时，“对作为出资的非货币财产应当评估作价，核实财产，不得高估或者低估作价”。目前在理论和司法实践中普遍认为，债权人以到期债权对债务人进行债转股，应为货币出资。但投资方以第三方债权进行出资则属于非货币出资。故转股债权一般情况下都需要进行评估。各方在评估的基础上，结合公司发展前景、盈利能力协商确定转股价格。

对于金融机构债权转为国有公司股权的转股价格，《关于市场化银行债权转股权的指导意见》第 3 条第 3 款[1]规定，经批准，允许参考股票二级市场交易价格确定国有上市公司转股价格，允许参考竞争性市场报价或其他公允价格确定国有非上市公司转股价格。

考虑到债务人的发展潜力、盈利能力等因素，债转股的价格可能是溢价也可能是折价，但需符合股权增发的商业规律。比如前述参考案例中，霹雳火公司以其对水浒公司享有的 6000 万元债权支付本次增资的增资对

〔1〕《关于市场化银行债权转股权的指导意见》第 3 条第 3 款：自主协商确定市场化债转股价格和条件。银行、企业和实施机构自主协商确定债权转让、转股价格和条件。对于涉及多个债权人的，可以由最大债权人或主动发起市场化债转股的债权人牵头成立债权人委员会进行协调。经批准，允许参考股票二级市场交易价格确定国有上市公司转股价格，允许参考竞争性市场报价或其他公允价格确定国有非上市公司转股价格。为适应开展市场化债转股工作的需要，应进一步明确、规范国有资产转让相关程序。完善优先股发行政策，允许通过协商并经法定程序把债权转换为优先股，依法合理确定优先股股东权益。

价，其中3000万元计入注册资本，3000万元计入资本公积。

导向问题78

债转股中的股权来源有哪些？

实务分析

债转股融资中的股权来源，既可以是增发股权，也可以是股权转让。

债权人将持有的债权转为债务人的股权，一般情况下，需要债务人进行股权增发，由债权人认购增发的股权，并以债权作为出资履行实缴义务。

但是，一般情况下，公司现有股东不能以持有公司的债权直接抵销其向公司认缴的应缴出资。根据《企业破产法若干规定（二）》第46条[1]规定，以及《最高人民法院关于破产债权能否与未到位的注册资金抵销问题的复函》“破产债权不能与该公司对货柜公司未出足的注册资金相抵销”的规定和《最高人民法院关于审理企业破产案件若干问题的规定》的相关规定考虑到破产债权一般是不足额受偿，但出资义务则需足额支付，出于对公司债权人受偿权的平等保护，出资义务与债权不能抵销。

在债转股过程中，如果以债权出资的股权资本是充实、真实、可实现的，原债权人对债务人的债权抵销出资款是可以的。也就是说，债转股过程中的股权，是融资公司中出资未到位的股东持有的股权，该股东将股权转让给债权人，债权人用该债权作为出资，履行实缴义务。

---

〔1〕《企业破产法若干规定（二）》第46条：债务人的股东主张以下列债务与债务人对其负有的债务抵销，债务人管理人提出异议的，人民法院应予支持：（1）债务人股东因欠缴债务人的出资或者抽逃出资对债务人所负的债务；（2）债务人股东滥用股东权利或者关联关系损害公司利益对债务人所负的债务。

导向问题 79

债转股融资时如何处理公司原股东的优先认购权？

实务分析

在公司章程无限制性规定时，股东对公司增发股权有优先认购权。债转股融资的实质是债权人认购公司增发的股权，故在此情况下，公司股东享有优先认购权。数个股东主张优先认购权的，则股东可以同比例优先认购或者按照已经实缴到位的出资比例进行不同比例的优先认购。

有的公司章程规定，公司在成立之日起 2 年内利用股权进行融资，现有股东无优先认购权。故公司设计债转股融资方案时，如公司章程未限制股东的优先认购权，则股东会应通过股东放弃优先认购的决议或者所有股东出具放弃优先认购的声明，方可启动债转股融资。

导向问题 80

一份完善的债转股融资协议应当包含哪些内容？

实务分析

债转股融资意味着债权人变身为投资方，债务人变身为融资方，主要涉及债权部分（包括债权本金、利息、违约金、应付时间）、股权部分（股权来源、股权定价、债权对应金额与股权对应金额的换算比例、股权优先权益）、参与融资方经营管理和法人治理部分和股东退出机制部分。

为减少争议，债转股融资协议应充分考虑上述内容，设计有关项目及对应的条款，比如协议目的、协议标的、债权评估、股权评估、交易流程等，还应包括债权金额、应付时间、应付金额、转股价格、转股数量、剩余债权处理方式、参与法人治理特别约定、转股股权的交付时间、转股股东退出机制、债转股对应的股东优先权益等。融资方应重点关注债权可实现条款、账户监管条款、债权评估条款、债转股条款、股权价格及数量条款、办理流程条款等内容。

导向问题 81

对于银行机构债权，债转股融资方需要具备哪些基本条件？

实务分析

根据《关于市场化银行债权转股权的指导意见》第 3 条第 1 款[1]规定，银行机构对于其拥有的债权进行债转股，对债务人也就是融资方有明确的要求，这些要求有：发展前景较好，具有可行的企业改革计划和脱困安排；主要生产设备、产品、能力符合国家产业发展方向，技术先进，产品有市场，环保和安全生产达标；信用状况良好，无故意违约、转移资产等不良信用记录。

也就是说，融资方需要有良好的信用，主要设备和产品符合国家产业发展方向，法人治理架构清晰有效，发展前景好等客观条件，同时与银行机构进行沟通，保障其具有知情权和未来可期的收益权。

---

〔1〕《关于市场化银行债权转股权的指导意见》第 3 条第 1 款：明确适用企业和债权范围。市场化债转股对象企业由各相关市场主体依据国家政策导向自主协商确定。市场化债转股对象企业应当具备以下条件：发展前景较好，具有可行的企业改革计划和脱困安排；主要生产装备、产品、能力符合国家产业发展方向，技术先进，产品有市场，环保和安全生产达标；信用状况较好，无故意违约、转移资产等不良信用记录……

导向问题 82

融资方如何杜绝债转股融资无效或者被撤销的情形?

实务分析

在实践中，导致债转股融资出现无效或者被撤销的法律后果的情形主要包括以下几种。

1. 未经各方权力机构的有效审批。例如，债转股一方是国有企业的情况下，若该企业未按规定报监管部门审批或备案，或者未经公司股东会审议通过，则无法顺利实现债转股。

2. 转股债权不具有可转让性，存在权利瑕疵。例如侵权之债一般无法转为股权。

3. 未经评估和公司股东会审议通过，债转股融资以对公司的债权直接抵销了其认缴的应缴出资。

4. 转股程序存在瑕疵。例如融资公司未召开股东会会议通过增资相关决议，或者转股后公司未进行增资扩股变更登记，未通知其他股东导致其他股东主张优先认购权等程序性问题。

5. 债转股协议不规范，被法院或仲裁机构认定为明股实债。比如，有的债转股协议约定转股股东不承担公司经营风险，享有固定收益等。

一旦出现上述情况，通常会导致债转股融资无效或者被撤销，则融资方的商业目的将可能完全落空，无法得到融资且可能继续向债权人承担还本付息的责任。因此编者认为，融资方在采用债转股的融资方式时，为降低债转股风险，应当注意以下事项。

1. 债转股各方都应将债转股方案按《公司法》、公司章程以及国有资产监管规定的特殊要求，向各自有权审批的机构报批报备；

2. 转股债权必须满足可实现、可评估价值和可转让的要求；

3. 债转股完成后应及时办理工商变更登记手续，如涉及上市公司增发股份的，应符合相关证券方面的监管规定；

4. 应当以增发股权方式进行债转股，避免将股东债权直接抵销应付出资额；

5. 签署规范的债转股协议，转股后股东的收益要和公司的经营情况相挂钩，避免对转股股东作出固定收益安排。

导向问题 83

转股债权需要履行评估和验资程序吗？

实务分析

如前文所述，新《公司法》第 48 条第 2 款规定，对作为出资的非货币财产应当评估作价，核实资产，不得高估或者低估作价。目前在理论和司法实践中普遍认为债权出资方式不同于货币出资方式，特别是在股东用公司的债权认购公司增发股权和用投资方对第三方的债权出资入股目标公司的情形下，转股债权更需要进行评估，以确定债转股融资中债权的价值及由双方评判是否可以作为出资，特殊情况下还可要求投资方提供债权出资的担保。

为了避免转股债权出资后，公司的其他股东、债权人等提出异议，建议办理出资的验资手续，并将验资报告存于公司，同时向工商登记机关备案。

导向问题 84

利用破产重整化解公司债务危机的可行性大吗？

实务分析

如前述参考案例，债权人较为看好债务人少华山科技馆经营发展前景，债务人只是因为债务还本付息规模超过其阶段性还本付息能力，暂时陷入困境，债务人仍有继续经营支付融资成本的愿望和能力。债权人与债务人能够就进一步融资达成一致意见，可以采取近期债转股，远期引入新投资方的方式，共同组建经营管理团队，对债务人恢复经营管理。必要情况下，可采取预破产重整方式，通过《企业破产法》的规定给债务人化解债务危机提供合法、合规途径。

本章小结

本章所介绍的四种非典型融资方式具有明显的共性，即与债权紧密结合，且以股权为媒介。与第二章所介绍的典型的股权融资方式相比，本章介绍的四种非典型股权融资方式不仅为投资方提供了融资担保，还让投资方享有了部分与股东身份相关联的权利，如知情权甚至是对部分事务的决策权等。这也是本分册将这四种融资方式称为非典型方式的股权融资的原因。

前三节分析和阐述的股权质押融资、股权让与担保融资和明股实债融资三种融资方式均属于利用股权的财产属性和股东权益的特性为融资提供关键性助力。在这三种融资方式中，股权虽然是融资的媒介，但其并非只是用来增信或提供担保的边缘性的要素，在大部分情形中，其甚至成为决定融资能否成立的决定性因素。

第四节分析和阐述的债转股融资，与股权增发融资和股权转让融资具有众多相同的因素，但也有较大的差异。债转股融资重点是帮助债务人进行债务纾困或者帮助融资方再融资。近年来，很多公司特别是全国各地的政府平台公司以及其出资、参股设立的公司由于承担了部分基础建设、公益项目建设甚至房地产项目建设，融资杠杆率高，债务规模增长速度过快，债务负担不断加重，导致经营困难加剧。从微观角度来看，债转股融资可以帮助此类公司完成债务纾困，从宏观角度来看，又可以降低系统性的金融风险，一定程度上助力维持金融秩序。该方式也可作为预破产重整草案中化解债务的重要方式，按照《企业破产法》的规定合理解决债务人债务危机，同时也给债权人一种可接受的方式。

但是需要注意到的是，与典型方式的股权融资相比，非典型方式的股权融资在司法实践中存在一些模糊之处，因而对融资方提出了更高的要求。融资方在融资过程中要防止融资目的无法实现或者出现其他不可控的结果。非典型方式的股权融资对融资协议和担保协议的要求更高，需要各方在协议中作出明确的约定，否则股权这一融资利器，也会变成伤人的利器。

总而言之，无论是哪种非典型方式的股权融资，提供或者助力达成融资目标，成为投融资双方可选择的融资模式，才是该种融资方式的真正价值所在。

4 第四章

股权融资过程中的重点问题分析

股权融资作为企业重要的一项商事活动，有着收益与风险并存的商业行为之共性。如何实现股权融资目的，同时最大限度地防范风险，是投融资双方都需要考虑和解决的问题。本章主要从融资方的视角，就股权融资过程中的重点问题逐一进行阐述分析，帮助融资方更好地展示项目、预估成本、适配股权架构、完善融资体系、防范融资风险以及搭建融资平台。

商业计划书是打开股权融资之门的“敲门砖”。一份设计精美、内容全面、专业可信的商业计划书，可以为融资方成功融资加分赋能。

估值是股权融资过程中的关键要素之一。实务中虽然也存在投融资双方进行协商估算的方式，但可能会因不够准确而影响将来各方的利益平衡，且这种方式也不适合财务核算较为复杂的公司。所以，股权融资通常需要由专门机构按照专业的估值方法进行估值。

融资方合理的股权架构会对投资方更具吸引力。其既要保证融资方核心团队对公司的控制权，又要有利于保障投资方的投资权益。这就需要在股权融资时对股权架构进行适当的重构和调整。

税负问题也常常是投融资双方需要重点考虑的因素。税负的处理甚至会影响到股权融资的谈判能否成功，以及双方合同目的的实现。

股权融资平台有多种类型，既有传统的融资方自行搭建的融资平台，也有通过股权融资服务平台搭建的融资平台。数字金融利用区块链技术，将融资方和各类投资方连接到一起，起到很好的桥梁作用。

第一节

商业计划书

每年不少投资公司常常会收到来自融资方的上千份商业计划书，但最终被其选中的往往是个位数。在筛选过程中，投资方首先关注商业计划书的目录和摘要部分，并以此进行投资价值的初步认定，之后才会深入研究商业计划书的全部内容。

一、认识商业计划书

商业计划书是公司股权融资项目的一张名片，也是为待融资项目制作的“嫁衣”。对于融资方而言，最重要的实力展示是财务数据、商业模式和市场认可度等。在某种意义上，股权融资的过程也是一种“营销”的过程，其营销的产品载体是股权，其市场价值是公司整体实力和发展潜力。但很多融资方不一定对商业计划书有充分的认知，有的认为是一份文案，有的认为是一份 PPT 简介，等等，这都不是真正意义上的商业计划书。

导向问题 85

什么是商业计划书？如何撰写一份能打动投资方的商业计划书？

实务分析

商业计划书是融资方为了达到股权融资目的，将目标公司基本情况和融资项目情况向投资方进行展示，投资方在充分了解后产生投资意向的一种书面应用文书。

撰写商业计划书，大部分融资方会做得面面俱到，项目名称、公司简介、公司规模、融资需求等均包含在内，而专业的投资方拿到商业计划书后先大概浏览，然后直奔重要的财务分析、盈利模式、市场分析和风险分析等内容进行阅读。所以，融资方的商业计划书要有"硬核武器"，比如过去 3 年"亮眼"的财务报表，该项目或公司产品拥有足够大的市场竞争力和潜力的说明，公司管理层有专业和数据支撑的发展规划，未来几年的各种风险评估等。

导向问题 86

商业计划书主要由哪些内容构成？

实务分析

商业计划书一般分为摘要和正文，摘要一般 1 页到 2 页即可，正文内容结合具体情况，一般在 30 页到 100 页不等。对于文书的表达方式，如果是现场演示，则可做成 PPT 形式；如果是文档，建议采用图文结合形式，使投资方更迅速获取其关注的信息。一份完善的商业计划书通常包括以下几个方面的内容：

（1）公司介绍及愿景、使命、价值观；

（2）公司管理团队、核心业务团队；

（3）公司发展规划；

（4）项目或产品、服务介绍；

（5）收入状况及盈利模式；

（6）市场推广及营销策略；

（7）市场分析及竞争分析；

（8）财务状况及财务预测；

（9）融资需求及资金用途；

（10）资金使用计划及前景展望。

当然，不同的融资方可以根据自身的特点和需求，对商业计划书进行量体裁衣式的设计，以更好地展示融资方和融资项目。

导向问题 87

商业计划书的作用是什么？

实务分析

融资方通过商业计划书告诉投资方：我是谁，我有什么，我能做什么，我具有哪些市场价值和优势，我能带给你什么，我未来的发展趋势如何，我需要怎样的资金支持，我会如何更好地使用贵方投入资金助力公司未来的发展，等等。商业计划书的作用具体体现在以下几个方面：

（1）让投资方快速、全面地了解融资方及项目；

（2）向投资方展示公司的产品或服务以及能给客户带来的价值；

（3）向投资方阐述公司及项目的商业模式和盈利点；

（4）向投资方介绍公司产品或服务的市场潜力和推广渠道；

（5）向投资方分析行业重要的竞争对手以及融资方的优势；

（6）向投资方披露公司历史财务数据和未来财务目标，提出资金需求数额和用途；

（7）让投资方对项目和产品的前景及未来有一个系统的认知。

导向问题 88

投资方眼中优秀的商业计划书是怎样的？

实务分析

在投资人眼中，一份优秀的商业计划书至少应该体现以下几个方面的要求。

1. 对公司、项目所在行业进行了充分的市场调研

无论融资方是否已深耕于该行业，都需要对行业及市场进行全面充分的市场调研，需要有客观数据和图文支撑。这种市场调研由专业的调查咨询机构完成，会更客观全面和有说服力。

2. 文字简洁明了、语言通畅易懂、资料装订精美

商业计划书是给投资方看的，而非专业学术性论文，不需要长篇大论和学理展示，即便是涉及不同行业的专业性表述，也只需要用简洁易懂的语言。在文书可视化展示上也要考虑美感，让投资方感受到融资方的重视程度和专业、敬业的态度。

3. 要做到数据严谨、更新及时、不夸大、不保守

无论是从项目长远合作考虑，还是从投资方合作利益考虑，商业计划书的撰写一定不能背离客观、严谨、及时更新的原则。从法律风险层面来讲，融资方的目的不应是仅仅将投资款融进来，而应是让投资方基于真正的合意进行投资，将投资款用到融资项目上并获取价值。商业计划书的客

观性、严谨性会在很大程度上避免潜在的纷争，更好地实现投融资双方的合作目的。

二、商业计划书的设计制作应注意的关键问题

导向问题 89

如何撰写商业计划书的“摘要”部分？

实务分析

如前所述，投资公司在阅读一份商业计划书时，通常首先看其摘要。摘要是商业计划书的精华部分，需要高度概括融资方和融资项目的优势和可观的发展前景，能足够吸引投资方的眼球。

虽然摘要是商业计划书的浓缩版，但并非对每一事项都要面面俱到，只需将投资方最关注的问题清晰列明即可。比如公司的产品和服务、公司的盈利模式、公司的历史财务数据和未来的财务预测、本次融资的需求规模以及资金用途、对未来市场的分析和预估产值，最后再把既往的业绩以数据和案例的方式进行展示。

参考案例

ABC 公司商业计划书的摘要部分〔1〕

投资亮点：

ABC 公司为集团客户和个人用户提供图书及杂志的数字版权内容，满

〔1〕 参见桂曙光、陈昊阳：《股权融资：创业与风险投资》，机械工业出版社 2021 年版，第 209~211 页。

足用户通过网络对海量、优质内容的检索和合法使用。

产品及服务：

公司已与全国200多家出版社及1000多家杂志社签订数字资源合作协议，通过其专利DRM（数字版权管理）技术，对数字内容进行加密管理，实现安全可靠传播；通过其专有算法保证数字图文内容的高保真显示。

公司为学校、图书馆、企业等集团客户提供数字图书馆及在线支撑软件；为个人用户提供客户端/在线两种方式的免费阅读服务和打印、拷贝、标注、聚合、去除广告等收费增值服务。

盈利模式：

公司通过与出版社及杂志社合作，获得授权的数字内容，所有销售收入与之分成。集团客户的开发通过公司销售团队和全国50个省级代理商共同完成；公司已与合作伙伴ZY发行集团签约，通过其分布全国的超过50,000个网点推广销售个人用户充值卡。同时，公司还会通过网络进行推广。

对于集团客户购买数字图书数据库，收取镜像安装包库费或IP段使用费；对于个人用户，通过充值的方式，收取增值服务费。

市场机会：

中国出版科学研究所第5次国民阅读调查显示，互联网阅读率为40%，仅次于报纸（75%）和杂志（50%）排第三位，图书阅读率仅为35%，网络阅读首次超过图书阅读。据调查，2016年电子图书/杂志的市场规模为1000亿元左右，预测到2020年，市场规模将增长为2000亿元。新出版的图书和杂志中将有95%的图书和杂志可以通过电脑、手机、手持阅读器进行阅读。

竞争优势：

公司的主要竞争对手是F公司、C公司、S公司和L公司。其中F公司是直接竞争对手，其技术水平与公司相当，领先于其他3家，并解决了

C 公司和 L 公司在内容上大量侵犯版权的行为，实现了与出版社及杂志社的共赢。公司在数字内容的选取和互联网平台的应用上，避免了 L 公司的局限性。此外，公司通过与合作伙伴的紧密合作，拥有领先于对手的庞大资源优势和线下销售网络。

目前，公司在专科学校、独立图书馆等领域超越竞争对手，授权合作出版社及杂志社数量位居全国第二，正版数字内容数量位居全国第二。

历史和预计财务收入：

ABC 公司的历史和预计财务收入详情如表 4-1 所示。

表 4-1　ABC 公司的历史和预计财务收入

	2017 年预计	2018 年预计	2019 年预计	2020 年预计	2021 年预计
集团客户数/个	200	500	1500	4000	10, 000
个人用户数/万人	10	300	1000	3000	5000
收入/万元	700	4000	20, 000	50, 000	100, 000
净利润/万元	200	1200	5500	12, 500	30, 000

融资计划及用途：

计划募集 1000 万元。主要用于研发、市场营销、购买数字资源及运营流动资金。

管理团队：

林某某，总经理，15 年的 IT[1] 传媒和互联网经历，擅长内容和市场营销，曾供职于人民邮电出版社，曾任国家信息中心某网站副总经理、今

〔1〕 IT：互联网技术（Internet Technology）。

日头条市场总监，曾创立 2 本期刊并任总编。

刘某某，CTO[1]，具有 12 年的 Unix 操作系统、数字版权保护技术、电子商务等领域的软件开发经验。曾任 A 公司技术总监、B 公司总经理。

这是一份较有说服力的商业计划书摘要部分。其中，投资亮点是对目标公司独特优势的概括，简明扼要地向投资方展示目标公司所在的行业领域及主业范围。产品及服务部分是在此基础上对公司经营现状进行的进一步介绍；盈利模式、市场机会、竞争优势三个部分较为重要，需要充分展示目标公司良好的发展前景与丰富的商业机会，在这三部分的撰写中，严谨翔实的数据相较于简单的陈述和罗列更具有说服力；历史和预计财务收入除了体现当下公司的财务状况之外，还应更直白、更客观地展示给投资方可预期的投资回报，融资计划及用途简洁明了地展示了拟融资的金额和资金用途，便于投资方衡量投入与回报；管理团队部分则介绍了目标公司的主要管理成员具备丰富、优秀的管理经验，这也是吸引投资方的关键点之一。

导向问题 90

商业计划书如何设计投资方的退出机制？

实务分析

退出机制是风险资本循环的中心环节。投资方投资退出大概分为如下几种方式：股权回购、股权转让、公司上市、公司清算、利润分红等。股权融资的商业计划书中，融资方应当对投资方的退出机制做出合理安排，这也是融资方和投资方所需要面对和商讨的重要问题。在商业计划书中，

[1] CTO：首席技术官（Chief Technology Officer）。

要结合企业不同阶段的融资模式，有针对性地进行设计，最好给投资者不同的退出路径选择，同时兼顾好己方风险的防范，这在本分册第二、三章中多有论及，此处不再展开。

导向问题 91

商业计划书如何做到大胆展示机遇和适当提示风险的有机统一？

实务分析

对于融资方来说，商业计划书的现实目的是获得融资，虽然上文提到了商业计划书需要严谨和客观，但它毕竟不是一份尽职调查报告，更不是一份法律意见书，它需要更多地把商业机遇和展望大胆展现出来，以期吸引投资方。比如：公司的历史业绩，包括重点知名合作客户以及订单量情况，公司获得的历史投资数额以及投资回报情况，公司所能享受的优惠政策等；但同时，作为融资方，也需要将该行业所处时段的政府及市场导向、市场风险等客观地披露出来，同时也给投资方表达出这些风险在一定程度上的可控性及公司的相关风险防范措施。另外，公司如有负债也应如实进行披露，以使投资方能够充分考量融资和负债的比率。

如此，既客观披露，又给予信心，给投资方以最大的诚意展示。

导向问题 92

商业计划书如何同时兼顾商业秘密和知识产权的保护？

实务分析

制作商业计划书的目的是获得投资方青睐，因此融资方的专有技术等核心知识产权及商业秘密往往是投资方关注的重要方面。融资方有展示商业计划书的必要但又会担心投资方是否会将核心信息“偷走”，或者多家类似的商业计划书核心内容被投资方合并取用。对于融资方担心商业秘密或知识产权被窃取、被侵权的问题，实务中通常的做法是：首先，不要把核心商业秘密的具体内容展示出来，比如生产技术、工艺、黏度不高的客户信息和上下游供应商信息；其次，知识产权的展示可以提供相关的专利证书或商标注册文书，如尚未申请专利的技术建议不去做具体内容展示，仅用专业术语概括即可。

第二节
公司估值

本书所称公司估值，是指在投融资过程中，投资方需要通过相关财务报表及其他数据，依据相关法律、法规和资产评估准则的规定，对评估基准日特定目的下公司整体价值或者股东全部权益价值（或者股东部分权益价值）等进行分析、估算，以对公司现有实力及未来潜力进行客观展现。

一、公司估值的常见方法[1]

为实现对公司价值的准确评估，实务中存在多种对公司进行估值的方法，这些估值方式的基本原理在于在考虑公司财务状况、发展前景等因素的基础上将公司股权视为一种“有价商品”，在遵循市场规律的前提下对公司价值进行全面、合理的评估。不同的估值方法侧重点不同，最后呈现给投融资双方的估值结果也不尽相同。

〔1〕参见周晓垣：《股权融资整体解决方案》，台海出版社 2018 年版，第 119~123 页。

导向问题 93

股权融资的过程中，常见的公司估值方法主要有哪些？

实务分析

以下 5 种方法是股权融资过程中被采纳较多的公司估值方法，需要提示的是，这 5 种方法不仅可以适用在股权融资中，也能被广泛运用在一些需要对公司价值进行评估的场合，如股权转让、股权回购等。

1. 可比公司分析法

可比公司分析法指的是将所要估值的公司与规模相当、产品相似以及地域相似的公司进行比较从而对目标公司进行估值的方法，这是比较常用的一种估值方法，其关键在于要找到一组合适的可比公司。这个可比公司在规模、产品组合、增长潜力、核心业务、财务特征等方面应该与目标公司高度相似。可比公司分析法通常要根据市场形势以及投资方的心态来反映当前的估值，所以其结果要更接近于市场价格，即与市场的相关性更强。

选择可比公司时，可以从行业内竞争对手入手。从信息披露全面充分的角度考虑，可选择同行业的上市公司。因为，基于上市公司的信息披露制度，能够更容易看到相关的财务数据、财务报表、年报等，这些同类上市公司的上年度财务报表等文件可以为目标公司提供过去 12 个月财务业绩所需要的数据，以衡量目标公司大概的财务数据和比率。从数量上来看，建议一般选择 5 家到 10 家公司作为参照物来对标，这是一种相对合理的评估方式。

具体而言，上市公司的 P/E（市盈率）法、P/S（市销率）法等方法，都是推断融资方股权价值时常用的比率方法。

在国内投资市场，P/E 法是比较常见的估值方法。通常所说的上市公司市盈率有两种：一种是历史市盈率，即当前市值/公司上一个财务年度的利润（或前 12 个月的利润）；另一种是预测市盈率，即当前市值/公司当前财务年度的利润（或未来 12 个月的利润）。所以，P/E 法的估值方式就是：公司价值＝预测市盈率×公司未来 12 个月的利润。其中，公司未来 12 个月的利润可以通过目标公司的财务预测进行估算，这个方法主要是用于预测公司的市盈率。

一般来说，实践中预测市盈率应该在历史市盈率的基础上再打一个折扣，对于上市公司历史市盈率 40 来说，预测市盈率就是在 30 左右。对于同行业、同等规模的非上市公司而言，参考的预测市盈率为 15～20。对于同行业且规模较小的初创企业而言，参考的预测市盈率就是 7～10。

但是，对没有利润参考值的初创企业进行估值时，就不能用 P/E 法了，但是可以用 P/S 法来进行估值，估值方法和 P/E 法大致相同，只不过是以公司销售收入作为计算依据而已。

可比公司分析法的优点在于，财务信息和数据可以在一定程度上反映市场动态，而且这个估值方法操作起来也比较简单、便捷。

2. 可比交易分析法

用可比交易分析法进行估值指的是选择与融资方同行业且在估值前较近一段时间内被投资或被并购的公司进行比较分析的方法。具体而言就是以可比对象融资或并购交易的定价依据为参考，得出一些相应融资价格乘数，从而对目标公司进行估值。

例如，全球首家电梯媒体分众传媒在收购框架传媒和聚众传媒时，便将自己的市场参数作为依据，对框架传媒和聚众传媒进行了估值。此外，完成框架传媒收购以后，框架传媒的估值也作为聚众传媒的估值依据。

在使用可比交易分析法时，还要考虑不同公司规模、不同行业的溢价因素。比如B公司需要价值评估，和它在业务领域相同的A公司刚刚获得融资，B公司在经营规模上比A公司大1倍，那么一般情况下B公司的估值就应该是A公司估值的2倍左右。另外，还要注意的是，因各个行业的特点不同，溢价水平也会有所不同，比如销售行业的溢价水平通常会比较高。也就是说，如果A公司与B公司的规模没有太大差别，但A公司属于销售行业，而B公司属于其他溢价水平比较低的行业，那么在为A公司估值时，最终结果就要相对高一些。[1]

3. 现金流折现分析法

现金流折现分析法指的是通过预测目标公司的未来自由现金流和资本成本，对公司的未来自由现金流进行折现的估值方法，使用这种估值方式时，最终评估出的公司价值即为未来现金流的折现值。巴菲特曾说过，他购买股票时就是通过对未来现金流进行折现从而对公司进行估值的。

使用现金流折现分析法，主要涉及现金流和折现率两个变量。因此，在使用现金流折现分析法时，首先要合理地预测现金流，要考虑影响公司未来获利能力的各种因素，客观、公正地对公司未来现金流做出预测。其次是选择合适的折现率，选择折现率主要依据评估人员对公司未来风险的判断。因为公司经营存在不确定性，对公司未来收益风险的判断至关重要，当公司未来收益风险较高时，折现率也应较高，反之折现率也应较低。

一般而言，折现率是处理预测风险最有效的方法，因为初创公司的预测现金流有很大的不确定性，其折现率比成熟公司的折现率要高得多。比如，寻求种子资金的初创公司的资本成本为50%~100%，早期创业公司的资本成本为40%~60%，中后期创业公司的资本成本为30%~50%。对比起

---

〔1〕 参见黎刚：《股权全案：股权融资+动态股权+股权并购》，清华大学出版社2022年版，第76页。

来，拥有更加成熟经营记录的公司资本成本为10%~25%。

简单地说，有了现金流，又有了折现率，就可以通过现金流折现模型计算出资产的价值，具体计算过程为：资产的价值等于所有的未来现金流经过折扣后的现值的总和。

鉴于初创公司的预测现金流有很大的不确定性，因此现金流折现分析法适用于比较成熟、偏后期公司的估值。

4. 资产分析法

资产分析法指的是用公平合理的市场价格来评估公司现有的全部实物资产（包括动产、不动产和无形资产）来对公司进行估值的方法。

需要提示的是，在对一个公司进行估值时，如果将该公司的评估价值仅仅等同于实物资产，那对于公司技术层面以及核心生产力而言，包括市场、客户、资源等在内的和公司运营相关的所有无形价值均没有被考虑进去，相应地，公司未来的预测经济收益的价值也同样没有被考虑进去。所以，使用这种方法估值，结果可能会是偏低的。

5. 销售额分析法

销售额分析法指的是以销售额为基础，按照行业平均利润率对目标公司进行估值的方法，这种方法比较适合公司还没有产生利润，或者利润比较少的初创公司。比如，某行业内公司平均利润率为X，其上一年度销售额或下一年度预计销售额为Y，则其估值为X×Y。

以上内容是对目前实务中常见的5种公司估值方法的介绍，在股权融资中，不同的估值方式所得到的最终结果往往存在差异，因此估值方式的选择也往往是投融资双方反复博弈的所在。在实际运用中，对于特定公司而言，采用哪种估值方法更合理，更准确，更能兼顾投融资双方的利益等问题不能一概而论，还是要在具体的股权融资实际操作时根据融资方具体情况进行具体分析。

二、公司不同发展阶段的估值

融资方处于不同的阶段，其自身的经营状况、资产情况各有不同，估值方法和要点也会不同。

导向问题 94

处于不同阶段的公司适用哪种估值方法更准确合理呢？

实务分析

1. 天使轮时期公司估值

处于天使轮阶段的公司定位及未来的发展方向处于构思、设立、尝试阶段，没有实际数据供参考和支撑，所以这个阶段的公司估值偏差相对会比较大。

这个阶段虽然估值相对较难，但也可以参考一些因素，比如投资方凭自身经验做出的初步估值、融资的时机、行业的类别和前瞻性、商业模式、融资公司自身的因素、投资方所能带来的资源加持等，这些都是在天使轮阶段估值上可以综合考量的因素。

天使轮时期公司建议采用的估值方法为：可比公司分析法中的 P/S 法、可比交易分析法、销售额分析法。

2. 初创期公司估值

公司发展到初创阶段，商业模式和盈利模式已经日趋成熟，此时需要更多的资金来扩大生产规模、提高市场占有率。处于这一阶段的公司特点为规模小、盈利能力不高、没有足够强大的产品竞争力和市场占有率，公司价值主要是未来可期实现更大的盈利空间。

对这一阶段的公司进行估值主要考量的是融资方的产品竞争性、市场占有率、客户数量、未来发展潜力、创始人和员工、所处行业的现状及其市场竞争力、所拥有的技术或知识产权等。

初创期公司建议采用的估值方法为：可比公司分析法中的 P/S 法、可比交易分析法、销售额分析法。

3. 成长期公司估值

成长期公司，已经具备了比较稳定的客户市场和现金流，收入增长也在加快，客户也比较稳定，市场占有率稳中有升。

这一阶段更多地考量主要是对公司创始人的经营理念及对公司发展前景的准确把控、公司的财务状况及所处的行业前景。考虑到成长期的公司其实更容易遇到“瓶颈”，所以创始人理念、财务操作规范、所处行业的发展状态尤为重要。

成长期公司建议采用的估值方法为：可比公司分析法。

4. 成熟期公司估值

公司进入成熟期后，管理、市场、客户群、利润率基本稳定，但发展增速会放缓，所面临的竞争也愈加激烈，很多发展到成熟期的公司为了进一步拓宽市场，提高知名度，同时方便融资，也往往会准备上市。

投资方对于处在这一阶段的公司进行估值时，会更多地考虑公司所处行业的前景以及在特定行业背景下公司已经显现出的衰退迹象。例如，如果公司所处的行业是传统的汽车生产行业，但其不具备新能源研发及生产能力，则预示着该公司有可能很快进入衰退期。

除了从行业整体的发展前景角度对公司进行估值之外，投资方一般也会考虑公司在市场竞争中的优势地位是否能够持续保持。公司进入成熟期后，经营理念与初创期、成长期也会有很大不同，是否能够适应时代的变革，同时抵抗政策调整及商业模式更新换代所带来的风险，也是对这一阶段公司发展的一个挑战。

另外，对于该阶段的公司，还要看它是否有能力与时俱进、转型升级，这种稳中求新的状态会让公司保持生命的活力和持续适应市场的能力。

成长期公司建议采用的估值方法为：现金流折现分析法。

5. 扩张期公司估值

扩张期阶段的公司一般具有成熟的产业链和盈利模式，该阶段公司的估值可以参照已经存在的持续多年的财务报表数据，因而相对更容易获得较为客观、准确的估值结果。但对于这个阶段的公司进行估值更多的是要考虑既往发展中已经出现的问题以及公司走向发展“瓶颈”的主要因素，同时也要关注该行业当下的政策导向、产业模式及投资方心态。另外，还要重点考虑的是公司的管理模式是否存在问题，以及公司股权架构是否适合当下的发展等。

扩张期公司建议采用的估值方法为：可比公司分析法、可比交易分析法、现金流折现分析法。

6. 纾困期公司估值

处于纾困期的公司一般面临较大的资金压力，也有更多的对资金及其他资源的需求，这一阶段的估值更多的是考虑公司剩余的核心价值相对于负债的比重。鉴于纾困期的公司盈利能力不佳，资产状况恶化，因此无论是在整顿、重整期间还是在债务重组期间，对这类公司的估值更多的要看政府支持的力度、管理人的重整信心以及政策导向是否有利于公司的“复活”。无论是政府、国有企业注入资金还是民营企业认准该核心资产价值愿意投资，都要在投资前去评估整个公司的历史问题和不良现状。

纾困期公司建议采用的估值方法为：销售额分析法和资产分析法相结合。

三、公司估值的关键问题分析

导向问题 95

处于新兴行业中的新型公司如何进行准确、合理估值？

实务分析

在新兴行业中，会有一些经营项目或者经营领域的公司无法用传统的估值方法去评估，最典型的就是互联网公司，近些年兴起的线上直播行业就属于互联网行业中的细分领域。

互联网公司的商业模式和生态系统与传统公司大不相同，对这类行业的公司进行估值时，更多地要将用户、流量、粉丝数、点击率等技术转化为可以量化评价的指标，作为评估收入的新型指标参数。

对于互联网公司，可采用可比公司分析法，用同行业已有的数据进行参考比对是相对较客观的方式。当然，每个互联网公司也各有不同，所以除了可比公司分析法，建议估值参考的指标应更加全面，有利于估值结果的准确性和客观性。

导向问题 96

对处于蓝海市场的“黑马”公司，如何进行准确、合理估值？

实务分析

处于蓝海市场的公司依赖于创始团队的生产技术和研制方法等知识产权价值，对于这类极具成长潜力的“黑马”公司，在估值时虽然可以参考上面所讲的各类分析法，但因其占据了非常有利的市场时机，机遇和产品是当下不可替代的，所以估值应更加考虑成长潜力。当然，这类估值带有一定的冒险因素，可能会获取较大的市场利润回报，也会因此承担市场前景不确定的商业风险。

导向问题 97

公司估值结果是否越高越好？

实务分析

虽然估值的高低是对公司综合水平的一个评价，但公司的估值并非越高越好，尤其对于中小公司而言，估值过高有时反而不利。具体而言，估值过高意味着每单位的公司股权在变现后会获得更高的回报。在实践中，这种溢价回报很可能会导致公司高管“套现”离去，从而不利于吸引新一轮的投资，或者导致股权激励达不到激励目的，引发核心团队不稳定等不利后果。同时，估值过高也给公司带来超出自身可承受的经营业绩压力，打乱公司良性、可持续的发展节奏，也会给下一轮融资带来困难。

导向问题 98

股权融资金额是否越多越好？

实务分析

股权融资是以股权换资产，因此投资方进入公司是要稀释原有股东股权比例的，所以对于创始股东团队来说，融资金额的多少一定程度上决定了创始团队向外部投资人释放的股权比例。从这个角度来说，融资金额也并非越多越好，要根据公司的需求谨慎确定。

例如，某宠物用品公司，正处于公司成长期，需要的是扩大生产规模和提高市场占有率。公司原本的生产技术、客户资源、市场利润率已经有很不错的表现，这时如果投资方想投入较多资金，不仅超出了融资公司自身的合理所需，还会过多稀释创始股东的持股比例，影响其对公司控制权的把控。所以，对于股权融资规模和数量，融资方需要结合自身所处的阶段和自身财务、市场情况进行客观预估，融资金额并非越多越好。

第三节

股权架构的分析与调整

股权架构是公司治理机制的基础，不仅直接影响着公司内部治理结构和决策机制，还会在很大程度上影响公司的对外经营活动。

就融资方的角度而言，公司是否进行股权融资、具体融资方案的磋商与通过等事项均需要通过公司的内部决策机制进行表决并最终确定，而股权架构往往会对公司的决策机制产生直接影响，因而决定了某项融资决定能否通过及实施。就投资方的角度而言，为了获取更稳定的投资回报，或者取得公司控制权等商业目的，目标公司的股权架构也是其关注和考察的重要方面，目标公司的股权架构是否科学合规，是否给投资者进入公司预留了合理的空间是决定股权融资协议能否达成的关键因素之一。

一、股权架构的构成要素

导向问题 99

公司股权架构的主要构成要素有哪些？其对公司及股东有何法律意义？

实务分析

股权架构的构成因素有很多，为论述清晰并贴合股权融资的主题，下文主要针对持股比例、股东构成、股权调整空间三个因素进行介绍。

1. 持股比例是股权架构中的最重要因素，关系到股东的切身利益和公司的决策机制。不同的持股比例所代表的法律含义也是不同的，表 4-2 中对常见的几种持股比例及其特定意义进行了归纳总结。通常在没有特别约定的情况下，股东所持有的表决权、分红权、优先认购权等具体比例与持股比例是一致的，但在特殊情况下，也会出现“同股不同权”的情形。在股权融资过程中，目标公司的持股比例特别是表决权比例的分布情况往往决定着某项融资决定能否通过；而对于投资方来说，基于不同的投资目的，会对持股比例的分配以及股权内部各种具体权能的比例分配有不同的要求。

表 4–2 特定持股比例的含义及其法律依据

表决权比例/%	含义		法律依据	
	有限责任公司	股份有限公司	有限责任公司	股份有限公司
67	＊绝对控制权：股东会会议作出修改公司章程、增加或者减少注册资本的决议，以及公司合并、分立、解散或者变更公司形式的决议，必须经代表2/3以上表决权的股东通过	＊绝对控制权：股东会作出修改公司章程、增加或者减少注册资本的决议，以及公司合并、分立、解散或者变更公司形式的决议，必须经出席会议的股东所持表决权的2/3以上通过	新《公司法》第66条	新《公司法》第116条
51	＊相对控制权：公司股东会会议一般事项的议事方式和表决程序由公司章程约定。章程没做特殊约定的，一般按照多数决表决原则 （注：新《公司法》新增了有限责任公司股东会决议一般表决权过半的规定，即新《公司法》第66条第2款规定“股东会作出决议，应当经代表过半数表决权的股东通过”。）	＊相对控制权：股东会作出决议，必须经出席会议的股东所持表决权过半数通过	新《公司法》第66条	新《公司法》第116条
34	＊重大事项一票否决权：相对于绝对控制权	＊重大事项一票否决权：相对于绝对控制权	新《公司法》第66条	新《公司法》第116条

续表

表决权比例/%	含义		法律依据	
	有限责任公司	股份有限公司	有限责任公司	股份有限公司
10	*股东会临时会议召开提议权：代表1/10以上表决权的股东有权提议召开临时会议。 *股东会会议召集和主持权：董事会（执行董事）以及监事会（监事）不履行召集股东会会议职责的，代表1/10以上表决权的股东可以自行召集和主持。 *解散公司请求权：公司经营管理发生严重困难，继续存续会使股东利益受到重大损失，通过其他途径不能解决的，持有公司全部股东表决权10%以上的股东，可以请求人民法院解散公司	*临时股东会召开请求权：单独或者合计持有公司10%以上股份的股东有权请求召开临时股东会。 *股东会会议召集和主持权：董事会以及监事会不履行召集股东会会议职责的，连续90日以上单独或者合计持有公司10%以上股份的股东可以自行召集和主持。 *解散公司请求权：同有限责任公司	新《公司法》第62条、第63条、第231条	新《公司法》第113条、第114条、第231条
3	—	*临时提案权：单独或者合计持有公司1%以上股份的股东，可以在股东会召开10日前提出临时提案并书面提交董事会；董事会应当在收到提案后2日内通知其他股东，并将该临时提案提交股东会审议	—	新《公司法》第115条

续表

表决权比例/%	含义		法律依据	
	有限责任公司	股份有限公司	有限责任公司	股份有限公司
		(注：新《公司法》将临时提案权的门槛降低为1%，旨在保障小股东参与公司运营的权利；此外，新《公司法》第115条第2款中还增加了“公司不得提高提出临时提案股东的持股比例”之规定，将公司对临时提案权自由约定的权力加以限制，排除在公司自治的范畴之外，以避免控股股东恶意提高行使临时提案权的门槛，进一步保护中小股东的利益，将落实平权保护的理念进一步贯彻。)	—	新《公司法》第115条
1	＊知情权：股东（不限股权比例）有权查阅公司章程、股东会会议记录、董事会会议决议、监事会会议决议、财务会计报告和会计账簿等公司资料。 ＊股东代表诉讼权：公司利益受损时，公司监事会（监事）或者董事会（执行董事）经依法请求拒绝提起诉讼的，股东（不限股权比例）可以代表公司提起诉讼	＊知情权：股东（不限股权比例）有权查阅公司章程、股东名册、公司债券存根、股东会会议记录、董事会会议决议、监事会会议决议、财务会计报告，对公司的经营提出建议或者质询。 ＊董事会临时会议召开提议权：代表1/10以上表决权的股东可以提议召开董事会临时会议	新《公司法》第57条、第189条	新《公司法》第110条、第123条、第189条

续表

表决权比例/%	含义		法律依据	
	有限责任公司	股份有限公司	有限责任公司	股份有限公司
1		*股东代表诉讼权：公司利益受损时，公司监事会或者董事会经依法请求拒绝提起诉讼的，连续 180 日以上单独或者合计持有公司 1%以上股份的股东可以代表公司提起诉讼。公司全资子公司的董事、监事、高级管理人员有前条规定情形，或者他人侵犯公司全资子公司合法权益造成损失的，有限责任公司的股东、股份有限公司连续 180 日以上单独或者合计持有公司 1%以上股份的股东也可以代表公司提起诉讼，该制度系本次《公司法》修订引入的“双重股东代表诉讼制度”		

2. 公司的发展需要依托各种各样的资源，股东的行业背景、资本实力、技术知识、市场资源、管理经验等都是推动公司做大做强的动力。在进行股权融资的过程中，如果目标公司的股东结构中包含了具备该等资源的人员或者机构，则公司在面对激烈的市场竞争时将会更具优势，也会更容易获得投资方的青睐。同样，在获取资金需求的目的之外，投资方的上述优势也往往被融资方看好。

3. 股权融资会引入新的股东，会导致股权架构的动态变化。预留股权调整空间的主要作用体现在两个方面，一是对于目标公司自身而言，股权架构需要根据公司的实际情况进行适当调整，以满足公司发展的需求；二是对于投资方而言，预留股权调整的空间有利于其顺利进入目标公司取得相应股权，降低股权交割时的磋商成本及法律风险。

二、不同股权架构对股权融资的影响[1]

股权架构类型主要包括高度分散型、高度集中型、平均型、制衡型等，下文将主要从股权融资的角度来分析不同股权架构对股权融资的影响及其调整方式。

（一）高度分散型的股权架构

导向问题 100

高度分散的股权架构有何特征，对股权融资有哪些影响？

---

〔1〕 参见韩中华：《小公司股权融资全案》，中国经济出版社2018年版，第202~205页。

实务分析

1. 高度分散的股权架构是指公司股权分散在众多股东手里的股权架构模型，这类公司往往不存在所谓的控股股东，各股东持股比例较小，最大股东的持股比例一般不超过1/3。由于缺少控股股东，股权架构高度分散的公司一般面临较高的决策成本，甚至可能出现某些事项迟迟无法达成决策的情况。

2. 对股权融资的影响。（1）谈判过程漫长且复杂。由于融资公司的决策者较多，股东意见难以统一，每一次商谈事项都需要告知和经过全部股东协商。更为关键的是，投资方进入后需要稀释原有股东的股权，影响原股东的切身利益，因此更需要与诸多股东进行反复谈判，从而导致整个股权融资过程会变得异常冗长。（2）控制权不稳、决策效率低下。高度分散型的股权架构下，公司不存在控股股东，且各股东持股比例相近，因此各股东之间利益关系复杂，公司的控制权相对不稳定。而且，鉴于高度分散型股权架构下公司决策成本高、效率低，因此会导致公司组织机构无法有效运行，甚至出现公司僵局。以上这些缺陷都可能影响投资方对公司发展方向的把控及投资回报的取得。就融资方角度而言，这些缺陷也会对其吸引投资方造成阻碍，妨碍股权融资顺利进行。

导向问题 101

在股权融资的过程中，如何对高度分散型股权架构进行有针对性的优化和调整？

实务分析

在股权融资的过程中，对于高度分散型股权架构的调整与优化不可一概而论。

持股分散通常意味着不存在控股股东或实际控制人，因此新的投资方在进入公司后可以依靠资本优势进一步争取公司控制权；而且，这类公司的经营管理制度通常比较完善，形成了较为健全的公司治理结构和决策机制，在一定程度上可以实现科学决策，这对投资方而言也是比较有利的。因此，从以上角度出发，投资方可能倾向于在维持高度分散型股权架构的前提下对原股东的持股比例进行释放，从而引进新的投资方，这一谈判过程比较漫长，需要各股东之间的妥协以及与新的投资方之间进行反复协商。

但是，鉴于高度分散型股权架构对股权融资存在一定的消极影响，因此如果目标公司欲改变此类情形，或者投资方对公司股权架构的调整提出一定要求时，可采用同股不同权或者多层次的股权架构进行调整，塑造控股股东或者起到与控股股东相同作用的控制人，从而提高公司决策效率。对此可以参照本书股权架构分册第二章中关于高度集中型股权架构优化的相关论述，主要包括股权架构转型或表决权集中以及控制董事会等。

（二）高度集中型的股权架构

导向问题 102

高度集中的股权架构有何特征？这些特征本身对股权融资有哪些影响？

实务分析

1. 一般情况下，普通公司的大股东持股比例超过60%的就属于高度集中型股权结构，在上市公司中可以实际支配上市公司股份表决权超过30%

的，就视为拥有上市公司的控制权。从功能上来看，这种股权架构在某种程度上省去了决策不畅的烦恼，公司运营效率较高，控制权稳定。但这种“一股独大”的股权架构会导致“一言堂”的情况出现，一旦公司掌舵者的认知、战略出现问题，公司往往就会面临风险。在这类公司中，还可能会产生公司和股东财务边界不清的情况，甚至出现控股股东或实际控制人利用控制权地位随意挪用公司资金的情况。

2. 对股权融资的影响。(1) 磋商过程相对简单。在高度集中型的股权架构下，控股股东或实际控制人控制着股东会，主导着股东会决议的形成，因此该类公司决策效率较高。在进行股权融资时，投资方一般只需要与控股股东或实际控制人进行谈判，无须再与其他小股东等进行逐一谈判，可以减少磋商成本，提高股权融资的效率。(2)“一股独大”，易引发控制权争夺。在高度集中型的股权架构下，原控股股东、实际控制人一般拒绝让渡控股地位，因此投资方很难取得目标公司的控制权。如果投资方在进入公司之后对公司的发展战略、目标定位等与原控股股东、实际控制人产生分歧，则很难通过股东会决策程序来贯彻自己的主张，进而导致投资方“委曲求全”，或与原控股股东、实际控制人就公司控制权产生争夺，造成公司股权架构的不稳定。实践中，投资方对于这种简单且高度集中的股权架构也多为担忧，担心自己的投资权益无法得到保障。

导向问题 103

在股权融资的过程中，如何对高度集中型的股权架构进行有针对性的优化和调整？

实务分析

为了吸引投资，消除投资方的顾虑，在股权融资中，对高度集中型股权架构的优化和调整分为两种思路。

一是进行股权架构的转型，改变“一股独大”的情况。例如，可以调整表决权通过比例，将股东会一般事项或者特别事项的表决权通过比例提高，超出原控股股东、实际控制人拥有的表决权比例，对于关系到公司及全体重大利益的事项，甚至可以约定需经全体股东一致同意。但是，这种方式因涉及对原控股股东、实际控制人的控制权优势地位的部分剥夺，因此很难获得通过，除非目标公司已处于资金链断裂等严重困难时期，否则原控股股东、实际控制人不会轻易放弃对公司的控制权。

二是在融资过程中适当让渡一定的控制权给投资方，或者约定其他可以在一定程度上保障投资方利益的条款。例如，在维持原控股股东、实际控制人的控制权地位的同时，使投资方的持股比例超过1/3，即让投资方对公司特别表决事项享有一票否决权，如果该比例过高，则可以考虑向投资方释放10%的持股比例，使其享有临时股东会召开请求权、解散公司请求权等必要的救济权利，在一定程度上消除投资方的担忧，实现顺利融资。除了持股比例层面的变动之外，目标公司还可以在某些特定表决事项中直接约定投资方的一票否决权或一票通过权等。

（三）平均型股权架构

导向问题 104

平均型股权架构有何特征？这些特征本身对股权融资有哪些影响？

实务分析

1. 平均型股权架构，是指每位股东股权比例基本一致或完全一致的股权架构。这种股权架构与高度分散型股权架构的特征类似，即公司决策效率不高，各股东一旦对于决议事项出现分歧，便容易出现拉帮结派情形或者造成公司僵局；在利益平衡上，这类股权架构多为公司在初创期时的设计，股东之间关系较为密切。但随着公司的发展，均分股权的架构往往会导致股东的贡献度和股权比例失衡，股东之间产生隔阂、矛盾加剧。

2. 对股权融资的影响。平均型股权架构给股权融资造成的影响与高度分散型股权架构的影响相类似，即各股东持股比例基本一致，在释放股权方面难以达成一致，投资方在进入公司之前往往面临较为复杂漫长的磋商过程。但与高度分散型股权架构相区别的是，平均型股权架构中各股东往往存在较为密切的人情关系，因此在内部协商中可以利用人情因素较为顺利地达成一致意见。

导向问题 105

在股权融资的过程中，如何对平均型的股权架构进行有针对性的优化和调整？

实务分析

在平均型股权架构下，投资方进入公司成为新的股东可能会等额稀释原股东的持股比例，使平均型股权架构成为高度分散型或制衡型股权架构。当然，投资方的进入也可能会不等额地稀释原股东的持股比例，打破原本的股权均分状态，甚至使股权架构向高度集中型转型。

对于拟融资的目标公司而言，鉴于平均型股权架构往往是公司特定阶段的产物，所以有的股东对于推动股权架构转型存在诉求。甚至一些公司会借助股权融资的机会引入新股东，调整股权架构，打破原本的股权均分状态，提高决策的效率等。这对于投资方而言是较为有利的条件，可以节省磋商成本，实现高效融资。

但是，为了避免因股权均分带来的决策效率低下从而影响股权融资的进程，目标公司股东可以在进行融资之前就对公司的股权架构进行优化，以扬长避短，更好地吸引投资者。主要途径包括股权架构转型和表决权集中，其内在逻辑是根据公司发展需要适时塑造公司控股股东或实际控制人，从而提高决策效率。对此可以参照本书股权架构分册第二章中关于平均型股权架构优化的相关论述。

(四) 制衡型股权架构

导向问题 106

制衡型股权架构有何特征？这些特征本身对股权融资有哪些影响？

实务分析

1. 制衡型股权架构下，公司存在多个较大持股比例的股东，但都不具有控制权，股东之间形成相互牵制关系。实务中，制衡型股权架构的产生往往伴随着对“一股独大”的警惕和否定。事实上，相互制衡型股权架构有利有弊，有利的是股东之间相互牵制，降低了公司决策的风险；弊端是公司决策效率低，且容易出现僵局。

2. 对股权融资的影响。(1) 治理结构完善，吸引投资方。在制衡型股权架构下，目标公司决策较为民主化，公司治理结构较为完善，比较符合投资方对目标公司治理结构科学性和合规性的要求，投资方在进入公司后也比较容易维护自身的投资利益，避免出现“股东压制”等情况。因而对投资方比较有吸引力。当然，对于制衡型股权架构所带来的决策成本大、效率低、易产生公司僵局等缺点，投资方同样也会有所警惕。(2) 谈判过程漫长且复杂。制衡型股权架构下同样缺少控股股东或实际控制人，各股东的持股比例虽不是均等的，但非常接近高度分散型股权架构，因此不可避免地存在与高度分散型股权架构相类似的问题。投资方在进入新公司时，原股东之间就股权释放问题可能会产生互不相让的情况，股权融资方案的出台往往要经历漫长的磋商过程，甚至存在无法达成一致的风险。

导向问题 107

在股权融资的过程中，如何对制衡型股权架构进行有针对性的优化和调整？

实务分析

在通过股权融资引入新股东的过程中，既可以保持原制衡型的股权架构设计，也可以借助股权融资实现股权架构的转型。如果投资方无法取得较高的持股比例，则往往会倾向于维持制衡型股权架构不变，以最大限度地实现对大股东的牵制，保障自身投资权益；如果投资方处于优势地位，可以取得较高的持股比例，则其倾向于打破既有的制衡状态，在某些特别表决事项甚至绝大部分事项的决策中取得控制权。

需要提示的是，如果目标公司决定维持制衡型股权架构，则可以增加设置僵局处理机制，如股东间叫价收购机制，预设一票否决权、一票通过权等，以在一定程度上避免制衡型股权结构下公司容易出现僵局的情况。

三、股权融资中股权架构设计与调整的关键问题

导向问题 108

股权架构间接调整是什么？善用股权架构间接调整对股权融资而言有何积极意义？

实务分析

股权架构间接调整指的是不直接变动目标公司的持股比例，而是通过调整股权所内含的表决权、分红权、优先认购权等内部权能的比例，实现股权架构调整的效果。在进行股权融资时，目标公司及其股东以及投资方之间往往无法就持股比例的调整达成一致意见，原股东不想让渡过多股权或者对股东内部之间让渡的股权份额存在争议，而较低的股权比例往往无法吸引投资者，最终导致无法实现股权融资的目标。

事实上，很多对既有股权架构的优化方式都可以采用不直接变动持股比例的方式，而是仅对股权所内含的具体权能的比例进行调整，即间接调整，以更顺利地促成股权融资谈判，实务中常见的“同股不同权”的设计就是遵循了这一原理。对于有大量资金需求，引入投资方会严重稀释创始股东股权比例的公司，就可以采用同股不同权制度，给予投资人同等的甚至高于出资比例的收益权，但不按照出资比例分配表决权，实现投资人获得投资收益、创始股东保有控制权的目标。

导向问题 109

股权融资过程中，如何利用“纠偏机制”弥补股权架构自身的缺陷？

实务分析

股权架构与公司的治理结构特别是决策机制息息相关，因此股权架构的调整不仅仅关乎股权，还应该与其他制度相呼应、相匹配。通过前文对不同类型股权架构的优点和潜在风险的论述我们可以发现，任何一种股权架构都并非十全十美的，因此在股权融资过程中需要辅助设置一些必要的“纠偏机制”，以弥补股权架构自身的缺陷。例如，对于表决权偏集中的公司，可以通过设计表决权回避制度来防止利益输送等损害公司和其他股东利益的行为；又如，设计公司僵局处理制度（一票通过权、一票否决权等）以在公司出现僵局时有可行的化解办法等。

导向问题 110

如何以股权融资为契机达成预设股权架构调整机制的效果？

实务分析

无论是否进行股权融资，公司的股权架构都需要根据公司的发展情况进行动态调整，但对于目标公司而言，股权融资是预设股权动态调整机制的一个契机。一般而言，股权融资意味着新股东的加入以及对原股东持股比例的调整，可以形象地将其理解为股权架构的“洗牌”过程。在此期间内，如果投资方与融资方一同针对股权架构未来可能出现的问题预设调整方案，或者通过制订阶段性目标以达成股权调整等，是动态平衡双方利益的一种有效途径，对此可以参照本书股权架构分册第五章的内容。

需要提示的是，在股权融资过程中，投资方与目标公司或者目标公司原股东签署的对赌条款中往往包含了股权回购、股权补偿等内容。这也是一种常见的股权动态调整机制，其作用在于从长期发展的视角平衡投资方与目标公司及原股东之间的利益。

第四节
股权融资的税负分析

股权融资作为一项商业活动，不可避免地存在税负承担的问题，不同的融资方式和交易结构所涉及的税负问题常常有较大的差别，也关系投融资双方的利益，是股权融资过程中不可忽视的重要一环。本节以不同股权架构融资主体和不同融资方式的实务案例为切入点，对相关问题进行阐述分析。

一、三种不同股权架构融资主体的税负分析〔1〕

股权融资中常见的股权架构通常有如下3种模式：自然人直接持股模式、控股公司直接持股模式、有限合伙企业直接持股模式，这3种模式的股权架构税负结果不同。作为融资方在设计股权架构时，需要在考虑公司控制权的同时，重点关注税负的承担和筹划问题。

---

〔1〕参见肖太寿、钟天宁编著：《股权布局控税》，中国财政经济出版社2022年版，第98~121页。

（一）自然人直接持股模式下的股东税负分析

导向问题 111

自然人股东从公司获取收益的个人所得税及增值税应该如何缴纳？

参考案例

铭家公司创立时是由几位自然人股东直接持股，主要由创始人贾某、创始人的合作伙伴李某、创始人的同学任某一起设立并持股（见图 4-1）。公司发展壮大后计划上市，但首先需要进行股改，在股改前，公司员工和高管得知公司要上市的消息，纷纷想入股，贾某等创始股东便将一些骨干人才以自然人直接持股的方式纳入股东团队中（见图 4-2）。

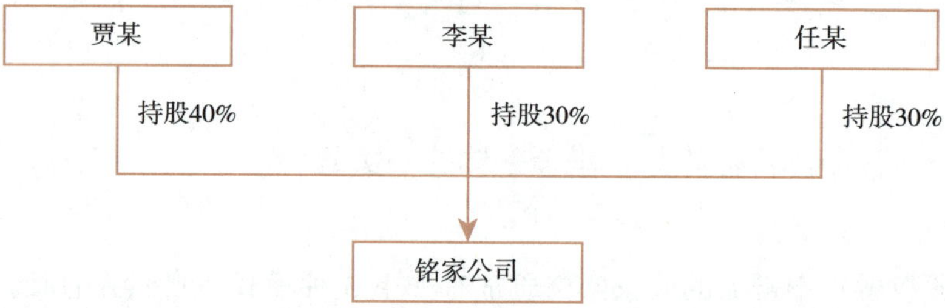

图 4-1 铭家公司自然人持股下的股权架构

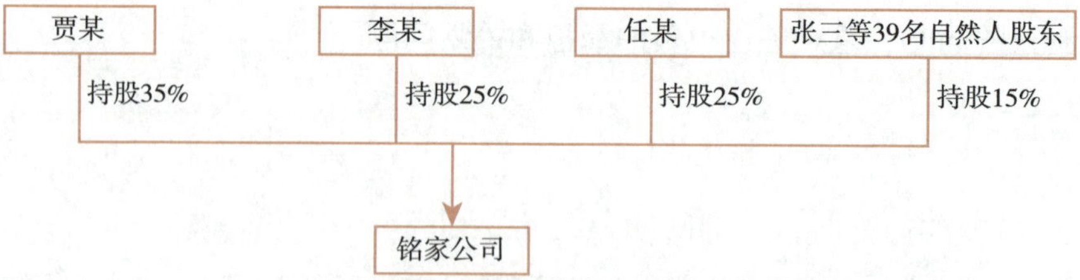

图 4-2 铭家公司股权架构调整后的股权架构

在这个过程中，3名创始股东拟将前几年未分配的利润转增为股本，趁此对公司加大投入，以期上市后的未来收益。

实务分析

1. 自然人股东从持股的目标公司获得的股息、红利等权益性投资收益，应当依法缴纳20%的个人所得税。根据《个人所得税法》第2条第6项和第3条[1]的相关规定，如果是自然人对目标公司持股，则自然人从目标公司分配所得的股息应当依法按照20%的税率计征个人所得税。

2. 自然人股东将目标公司的未分配利润转增注册资本的，应当按照20%的税率缴纳个人所得税。根据《国家税务总局关于进一步加强高收入者个人所得税征收管理的通知》（国税发〔2010〕54号）第2条第2款第1项[2]的相关规定，自然人股东将其在目标公司中的未分配利润直接转增注册资本和股本的，应当依法按照20%的税率计征个人所得税。

3. 自然人股东从目标公司借款，该纳税年度终了后既不归还，又未用于企业生产经营的，应当依法按照20%的税率缴纳个人所得税。根据《财政部、国家税务总局关于规范个人投资者个人所得税征收管理的通知》（财税〔2003〕158号）第2条[3]、《国家税务总局关于印发〈个人所得

---

〔1〕《个人所得税法》第2条第6项和第3条：利息、股息红利所得应当缴纳个人所得税，适用比例税率为20%。

〔2〕《国家税务总局关于进一步加强高收入者个人所得税征收管理的通知》（国税发〔2010〕54号）第2条第2款第1项：……加强企业转增注册资本和股本管理，对以未分配利润、盈余公积和除股票溢价发行外的其他资本公积转增注册资本和股本的，要按照“利息、股息、红利所得”项目，依据现行政策规定计征个人所得税。

〔3〕《财政部、国家税务总局关于规范个人投资者个人所得税征收管理的通知》（财税〔2003〕158号）第2条：纳税年度内个人投资者从其投资企业（个人独资企业、合伙企业除外）借款，在该纳税年度终了后既不归还，又未用于企业生产经营的，其未归还的借款可视为企业对个人投资者的红利分配，依照“利息、股息、红利所得”项目计征个人所得税。

税管理办法〉的通知》（国税发〔2005〕120号）第35条第4项[1]的相关规定，对股东借款自借款之日起超过一年未归还，且又未用于企业生产经营的，应当依法按照该规定计征20%个人所得税。

根据《财政部、国家税务总局关于企业为个人购买房屋或其他财产征收个人所得税问题的批复》（财税〔2008〕83号）的规定，“符合以下情形的房产或其他财产，不论所有权人是否将财产无偿或有偿交付企业使用，其实质均为企业对个人进行了实物性质的分配，应依法计征个人所得税。（一）企业出资购买房屋及其他财产，将所有权登记为投资者个人、投资者家庭成员或企业其他人员的；（二）企业投资者个人、投资者家庭成员或企业其他人员向企业借款用于购买房屋及其他财产，将所有权登记为投资者、投资者家庭成员或企业其他成员，且借款年度终了后未归还借款的”。

针对上述规定，可以得出以下两个结论：第一，自然人股东从目标公司借款超过12个月未还，且又未用于公司经营的，未归还的借款可视为目标公司对股东的红利分配，依照“利息、股息、红利所得”项目缴纳个人所得税。第二，从目标公司借款用于购买房屋及其他财产，将所有权登记在自然人股东名下的，借款年度终了后未归还借款，也未用于公司生产经营的，同样视为公司对自然人股东的红利分配，依照“利息、股息、红利所得”项目缴纳个人所得税。

4. 自然人股东转让目标公司股权须依照20%税率缴纳溢价部分的个人所得税。根据《股权转让所得个人所得税管理办法（试行）》（国家税务总局2014年公告第67号）的规定，自然人股东转让目标公司股权，如果

---

〔1〕《国家税务总局关于印发〈个人所得税管理办法〉的通知》（国税发〔2005〕120号）第35条第4项：加强个人投资者从其投资企业借款的管理，对期限超过一年又未用于企业生产经营的借款，严格按照有关规定征税。

是溢价转让股权，则自然人股东应当对股权转让的应纳税所得额按照“财产转让所得”缴纳个人所得税，应纳税所得额为股权转让收入减除股权原值和合理费用后的余额。而且，为了加强对个人股权转让领域内税收的监管和规范，一般不允许通过随意折价或平价转让股权来规避纳税。如果股权转让的双方当事人之间约定的股权转让价格符合《股权转让所得个人所得税管理办法（试行）》第 12 条[1]对股权转让收入“明显偏低”的界定而不具备该管理办法第 13 条[2]规定的正当理由的，则税务机关可以核定股权转让收入，而不采纳股权转让双方约定的股权转让价格。根据《股权转让所得个人所得税管理办法（试行）》第 14 条[3]的规定，税务机关

---

〔1〕《股权转让所得个人所得税管理办法（试行）》第 12 条：符合下列情形之一，视为股权转让收入明显偏低：（1）申报的股权转让收入低于股权对应的净资产份额的。其中，被投资企业拥有土地使用权、房屋、房地产企业未销售房产、知识产权、探矿权、采矿权、股权等资产的，申报的股权转让收入低于股权对应的净资产公允价值份额的；（2）申报的股权转让收入低于初始投资成本或低于取得该股权所支付的价款及相关税费的；（3）申报的股权转让收入低于相同或类似条件下同一企业同一股东或其他股东股权转让收入的；（4）申报的股权转让收入低于相同或类似条件下同类行业的企业股权转让收入的；（5）不具合理性的无偿让渡股权或股份；（6）主管税务机关认定的其他情形。

〔2〕《股权转让所得个人所得税管理办法（试行）》第 13 条：符合下列条件之一的股权转让收入明显偏低，视为有正当理由：（1）能出具有效文件，证明被投资企业因国家政策调整，生产经营受到重大影响，导致低价转让股权；（2）继承或将股权转让给其能提供具有法律效力身份关系证明的配偶、父母、子女、祖父母、外祖父母、孙子女、外孙子女、兄弟姐妹以及对转让人承担直接抚养或者赡养义务的抚养人或者赡养人；（3）相关法律、政府文件或企业章程规定，并有相关资料充分证明转让价格合理且真实的本企业员工持有的不能对外转让股权的内部转让；（4）股权转让双方能够提供有效证据证明其合理性的其他合理情形。

〔3〕《股权转让所得个人所得税管理办法（试行）》第 14 条：主管税务机关应依次按照下列方法核定股权转让收入：（1）净资产核定法。股权转让收入按照每股净资产或股权对应的净资产份额核定。被投资企业的土地使用权、房屋、房地产企业未销售房产、知识产权、探矿权、采矿权、股权等资产占企业总资产比例超过 20%的，主管税务机关可参照纳税人提供的具有法定资质的中介机构出具的资产评估报告核定股权转让收入。6 个月内再次发生股权转让且被投资企业净资产未发生重大变化的，主管税务机关可参照上一次股权转让时被投资企业的资产评估报告核定此次股权转让收入。（2）类比法。①参照相同或类似条件下同一企业同一股东或其他股东股权转让收入核定；②参照相同或类似条件下同类行业企业股权转让收入核定。（3）其他合理方法。主管税务机关采用以上方法核定股权转让收入存在困难的，可以采取其他合理方法核定。

核定转让收入的方法依次为净资产核定法、类比法及其他合理方法，该三类方法的适用具有先后顺序，即一般情况下税务机关通常按照净资产核定法确定股权转让收入。

5. 自然人股东转让目标公司股权免征增值税。根据《财政部、国家税务总局关于全面推开营业税改征增值税试点的通知》（财税〔2016〕36号）附件3《营业税改征增值税试点过渡政策的规定》第1条的规定，自然人股东转让目标公司股权免征增值税。

（二）控股公司直接持股模式下的税负分析

在控股公司对目标公司直接持股模式中，自然人不直接持有目标公司股权，而是利用中间的一层或几层控股公司对目标公司（包括核心公司）进行控制并享有股权。

导向问题112

控股公司作为股东从目标公司获得的投资收益应如何纳税？

参考案例

C公司是一家能源公司，其创始人股东为张三和李四夫妻二人，X先生和Y先生系张三和李四的两个儿子。随着产业政策越来越好，公司所接到的订单越来越多，需要扩大厂房和生产规模。在考虑融资之前，张三李四夫妇为了风险防范和控制权把控，通过自然人设立控股公司（张三李四夫妇设立A公司，X先生和Y先生设立B公司），由控股公司A公司和B公司直接持股模式来控制C公司直接持股模式来管控C公司（见图4-3）。

下文将对这类股权架构模式所涉及的税负问题进行详细分析。

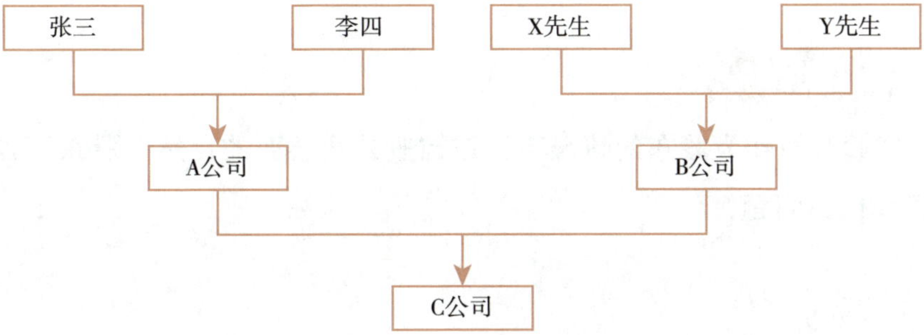

图 4-3 C 公司股权架构

实务分析

1. 控股公司作为股东从目标公司获得的权益性投资收益免征企业所得税。根据《企业所得税法》第 26 条第 2 项[1]、《企业所得税法实施条例》第 83 条[2]的规定，企业因股权投资从被投资企业获得的投资收益，免征企业所得税。

2. 控股公司作为股东将其从目标公司获得的权益性投资收益用于再投资免征企业所得税。综上所述，公司因股权投资从被投资公司获得的投资收益，免征企业所得税。因此，公司将从被投资公司获得的投资收益用于扩大投资，同样也是免征企业所得税的。

---

〔1〕《企业所得税法》第 26 条第 2 项：企业的下列收入为免税收入：……（2）符合条件的居民企业之间的股息、红利等权益性投资收益。

〔2〕《企业所得税法实施条例》第 83 条：企业所得税法第二十六条第（2）项所称符合条件的居民企业之间的股息、红利等权益性投资收益，是指居民企业直接投资于其他居民企业取得的投资收益。企业所得税法第二十六条第（2）项和第（3）项所称股息、红利等权益性投资收益，不包括连续持有居民企业公开发行并上市流通的股票不足 12 个月取得的投资收益。

导向问题 113

控股公司作为股东的情况下，该控股公司层面的自然人股东可能涉及哪些税务问题？

实务分析

1. 控股公司转让其持有的目标公司股权，自然人股东获得的收益需缴纳个人所得税。首先，控股公司转让持有的目标公司股权的转让所得适用税率暂按25%计算，应纳税额要根据企业实际在年终企业所得税汇算清缴后确定；其次，控股公司将股权转让所得的税后利润向控股公司的自然人股东分配，自然人股东必须承担“股息、红利”的个人所得税，税负为（1−25%）×20%＝15%。据此，控股公司转让持有的目标公司股权，在不考虑企业所得税年度汇算清缴的情况下，自然人股东获取收益的总税负为25%+（1−25%）×20%＝40%。

2. 控股公司从目标公司获得的股息、红利等权益性投资收益再分配给控股公司的自然人股东的个人所得税。因控股公司从目标公司获得的股息和红利等权益性投资收益是免征企业所得税的，所以自然人股东从控股公司获取的分红依然按照法律规定缴纳20%的个人所得税即可。

（三）有限合伙企业直接持股模式下的税负分析

导向问题 114

有限合伙企业作为股东从持股的目标公司获得股息及红利等应该如何纳税？

参考案例

A 公司由 K 先生和其他股东创立，经过一段时间发展，A 公司基于实施股权激励和稳定控制权的需要对股权架构进行了调整，调整后 A 公司有自然人股东和有限合伙企业股东。为了激励高管和员工，A 公司将员工 J1 到员工 J25 均放入了 C 有限合伙企业，K 先生在 C 有限合伙企业担任普通合伙人（GP），员工 J1 到 J25 均为有限合伙人（LP）。设计完成后，A 公司的创始人、控股股东、骨干员工的需求都得到了满足（见图 4-4）。

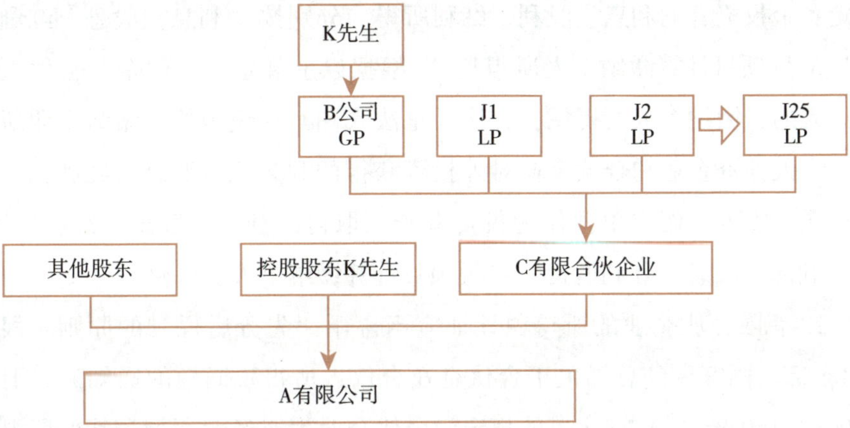

图 4-4　A 公司股权架构

实务分析

1. 有限合伙企业从持股的目标公司获得权益性投资收益后，在有限合伙企业这一层面上不进行征税，而是以有限合伙企业的合伙人为所得税的纳税义务人。具体而言，有限合伙企业的合伙人是自然人的，应缴纳个人所得税，有限合伙企业的合伙人是法人的，应缴纳企业所得税。根据《财政部、国家税务总局关于合伙企业合伙人所得税问题的通知》（财税〔2008〕159号）第2条[1]和《国家税务总局关于〈关于个人独资企业和合伙企业投资者征收个人所得税的规定〉执行口径的通知》（国税函〔2001〕84号）第2条的规定“二、关于个人独资企业和合伙企业对外投资分回利息、股息、红利的征税问题。个人独资企业和合伙企业对外投资分回的利息或者股息、红利，不并入企业的收入，而应单独作为投资者个人取得的利息、股利、红利所得，按‘利息、股息、红利’所得，按‘利息、股利、红利所得’应税项目计算缴纳个人所得税。以合伙企业名义对外投资分回利息或者股利、红利的，应按《通知》所附规定的第五条精神确定各个投资者的利息、股利、红利所得，分别按‘利息、股息、红利所得’应税项目计算缴纳个人所得税。”根据以上规定，合伙企业合伙人是自然人的，缴纳个人所得税；合伙人是法人和其他组织的，缴纳企业所得税。个人独资企业和合伙企业对外投资获得的利息或者股息、红利，不并入企业的收入，而应单独作为投资者个人取得的利息、股息、红利所得，按“利息、股息、红利所得”应税项目计算缴纳个人所得税。

2. 有限合伙企业的所得税计征应当遵循“先分后税”的原则。根据《财政部、国家税务总局关于合伙企业合伙人所得税问题的通知》（财税〔2008〕159号）第3条[2]的规定，合伙企业生产经营所得和其他所得采取“先分后税”的原则，即合伙企业取得的应纳税所得额先分配到各合伙

---

〔1〕《财政部、国家税务总局关于合伙企业合伙人所得税问题的通知》（财税〔2008〕159号）第2条：合伙企业以每一个合伙人为纳税义务人。合伙企业合伙人是自然人的，缴纳个人所得税；合伙人是法人和其他组织的，缴纳企业所得税。

〔2〕《财政部、国家税务总局关于合伙企业合伙人所得税问题的通知》（财税〔2008〕159号）第3条：合伙企业生产经营所得和其他所得采取“先分后税”的原则。具体应纳税所得额的计算按照《关于个人独资企业和合伙企业投资者征收个人所得税的规定》（财税〔2000〕91号）及《财政部、国家税务总局关于调整个体工商户个人独资企业和合伙企业个人所得税税前扣除标准有关问题的通知》（财税〔2008〕65号）的有关规定执行。前款所称生产经营所得和其他所得，包括合伙企业分配给所有合伙人的所得和企业当年留存的所得（利润）。

人，再根据各合伙人适用的税率缴纳所得税。对于自然人合伙人，按照生产经营所得缴纳个人所得税，对于法人企业分配的应纳税所得额并入企业所得税应纳税所得额，计算缴纳企业所得税。所谓的“生产经营所得和其他所得”，包括合伙企业分配给所有合伙人的所得和企业当年留存的所得（利润）。

导向问题 115

有限合伙企业直接持股的情况下，该合伙企业的自然人股东是否享受个人税收优惠呢？

实务分析

根据《国家税务总局关于股权奖励和转增股本个人所得税征管问题的公告》《财政部、国家税务总局关于将国家自主创新示范区有关税收试点政策推广到全国范围实施的通知》的规定，中小高新技术企业利用资本公积、盈余公积、未分配利润转增股本时，自然人股东可以申请递延纳税的税收优惠，但如果自然人通过合伙企业间接持股中小高新技术企业，则无法享受上述税收优惠。

导向问题 116

在我国，有限合伙制创业投资企业可以享受哪些优惠政策？

实务分析

根据《财政部、税务总局关于创业投资企业和天使投资个人有关税收政策的通知》的规定，有限合伙制创业投资企业采取股权投资方式直接投资于初创科技型企业满2年的，该合伙创业投资企业的合伙人享受以下税收优惠政策。

1. 法人合伙人可以按照对初创科技型企业投资额的70%抵扣法人合伙人从合伙创业投资企业获得的所得；当年不足抵扣的，可以在以后纳税年度结转抵扣。

2. 个人合伙人可以按照对初创科技型企业投资额的70%抵扣个人合伙人从合伙创投企业分得的经营所得；当年不足抵扣的，可以在以后纳税年度结转抵扣。

天使投资自然人采取股权投资方式直接投资于初创科技型企业满2年的，可以按照投资额的70%抵扣转让该初创科技型企业股权取得的应纳税所得额；当期不足抵扣的，可以在以后取得转让该初创科技型企业股权的应纳税所得额时结转抵扣。

通过上述三种股权架构主体的涉税处理分析，我们做出了三种股权架构主体持有核心公司的股权转让和从核心公司分回的股息分红收入的涉税处理总结，具体见表4-3和表4-4。

表4-3 三种股权架构融资主体发生的股权转让收入的税负比较

持股方式	股东最终税率	备注
个人直接持股	20%	按“财产转让所得”应税项目计税
通过有限公司间接持股	双重征税，综合税率40%	持股公司企业所得税25%，股东个人所得税20%，综合税率=25%+（1-25%）×20%=40%
通过合伙企业间接持股	5%~35%超额累进税率，可享受一定的税收优惠政策	合伙企业以每个合伙人为纳税义务人，合伙人为自然人的，征收个人所得税

表 4-4 三种股权架构融资主体从核心公司分回的股息、红利收入的税负比较

单位:%

持股方式	股东最终税率	备注
个人直接持股	20	按“利息、股息、红利所得”应税项目计税
通过有限公司间接持股	20	居民企业直接投资于其他居民企业取得的股息、红利等权益性投资收益为免税收入，但公司持股平台将得到的股息、红利分配给个人股东时，需要按20%的税率计个人所得税
通过合伙企业间接持股	20	合伙企业对外投资分回的股息、红利，不并入合伙企业的收入，而是单独作为有限合伙企业个人所得的利息、股息、红利所得应税项目计税

二、不同股权融资方式的税负分析

结合本分册第二、三章所述，以股权增发融资和明股实债融资为例，来分析股权融资过程中税负问题的处理。

导向问题 117

以股权增发方式进行融资时会面临哪些税负?

实务分析

股权增发往往是公司为扩大生产经营规模而依法增加注册资本的结果，在此过程中可以优化股权比例和结构，提高公司的资信度和竞争力。股权增发是一种典型的股权融资方式，大致可分为溢价增资、平价增资、折价增资。常见的股权增发方式主要有以公司未分配利润或资本公积金转增注册资本、公司原股东增加出资、新股东投资入股等。

未分配利润就是公司的经营产生的留存收益。留存收益转为注册资本的时候，税务上是按照先分配再入股的操作认定。对于自然人股东，大部分的情况下都是需要缴税的。以下按照不同的组织形式进行分析。[1]

1. 中小高新技术企业及其他企业（非上市、非挂牌）

非上市、非挂牌的中小高新技术企业以未分配利润、盈余公积、资本公积（除资本溢价）向个人股东转增股本的时候，自然人可以选择5年递延纳税。非上市、非挂牌的其他企业，以未分配利润、盈余公积、资本公积（除资本溢价）向个人股东转增股本时，没有免税政策，正常应按照20%的税率缴纳。

2. 资本溢价（资本公积金）免税

目前实务中，关于溢价形成的资本公积对于有限责任公司而言是否免税，各地存在争议。股份制企业股票溢价发行收入所形成的资本公积金才可以享受免税政策；有限责任公司的资本溢价，目前是谁的溢价，免谁的个税。

综观相关税法及各类法律文件的规定，以原股东增加出资和新股东投资入股（仅指货币出资）方式扩大公司注册资本的，一般而言不产生相应税负。究其原因是增资过程的本质是股东或投资方将其资金投入公司中扩大生产，该过程并未产生收益，所以无论是企业所得税法还是个人所得税法，均未将股东的货币投资行为列入征税范围。

导向问题 118

为什么明股实债融资方式被广泛运用于公司融资中？以明股实债方式进行融资时会面临哪些税负？

---

〔1〕 参见 Atom 言税：《资本公积金转增注册资本是否要缴税?》，载知乎网 2022 年 5 月 18 日，https：//www. zhihu. com/question/24986820。

参考案例

海达公司股东赵总为创始股东，海达公司拥有稀缺的矿产经营资质，但因资金不足，无法保证连续生产，导致营业额持续下滑。宝玉公司系投资公司，对海达公司的资质和市场资源十分看好，计划对海达公司增资入股1亿元，但要求其必须满足两个条件。其一，不管海达公司是盈利还是亏损，宝玉公司都要每年获得固定分红3000万元；其二，不论投资盈亏，3年后海达公司必须返还宝玉公司1亿元资金，并有义务回购宝玉公司持有的股权。在该案例中，宝玉公司对海达公司的投资行为就是实务中普遍存在的“明股实债”（见图4-5）。

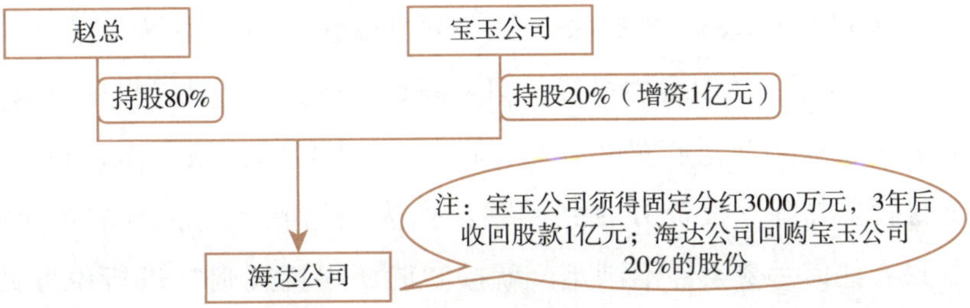

图4-5　海达公司融资过程示意

实务分析

近年来，作为股权融资中非典型融资类型的“明股实债”，在融资中使用得越来越多。从融资方的角度来看，“明股实债”既可以免受银行贷款额度和时间的限制，又可以扩大自身的股本金；从投资方的角度考虑，“明股实债”不仅可以获得相对稳定的收益，还可以避免因其不具备放贷资质而带来的风险。正是因为这种方式对双方的便利性，投融资方越来越多地选择这种方式，但是由于“明股实债”交易结构和合同约定的复杂性，很多融资方会忽略掉融资成本中的“税负成本”，导致融资成本被低估，最终造成融资决策的失误。对于“明股实债”而言，一般会面临以下税负类型。

1. 企业所得税。如果宝玉公司投入的资金被定性为“债权”，则海达公司每年支付的费用将作为利息费用，允许在所得税前扣除，而宝玉公司每年收到的利息收入，则需要缴纳企业所得税。如果宝玉公司投入的资金被定性为“股权”，则海达公司每年支付的费用则作为股息、红利，不能在所得税前扣除，但宝玉公司每年收到的收益则可以作为股息、红利，享受免税待遇。

国家税务总局在2013年出台了《国家税务总局关于企业混合性投资业务企业所得税处理问题的公告》，将“明股实债”称为“混合性投资”〔1〕，并明确了“混合性投资”只要满足下述五个条件，投融资双方就按“债所得税规则”进行处理。〔2〕即融资方支付的款项，作为利息支出的，允许税前扣除，投资方收到的款项作为利息收入，应缴纳企业所得税；如果有任何一个条件不满足，就按“股所得税规则”进行税务处理，即融资方支付的款项，作为股息、红利，不允许税前扣除；投资方收到的款项，作为股息、红利，可以申请免税待遇。

下面是对“混合性投资”进行定性的5个条件：第一，被投资企业接受投资后，需要按投资合同或协议约定的利率定期支付利息（或定期支付

〔1〕《国家税务总局关于企业混合性投资业务企业所得税处理问题的公告》（国家税务总局公告2013年第41号）第1条：企业混合性投资业务，是指兼具权益和债权双重特性的投资业务……

〔2〕《国家税务总局关于企业混合性投资业务企业所得税处理问题的公告》（国家税务总局公告2013年第41号）第2条第1项：对于被投资企业支付利息，投资企业应于被投资企业应付利息的日期，确认收入的实现并计入当期应纳税所得额；被投资企业应于应付利息的日期，确认利息支出，并按税法和《国家税务总局关于企业所得税若干问题的公告》（国家税务总局公告2011年第34号）第1条的规定，进行税前扣除。

保底利息、固定利润、固定股息)；第二，有明确的投资期限或特定的投资条件，并在投资期满或者满足特定投资条件后，被投资企业需要赎回投资或偿还本金；第三，投资企业对被投资企业净资产不拥有所有权；第四，投资企业不具有选举权和被选举权；第五，投资企业不参与被投资企业日常生产经营活动。[1]

2. 增值税。根据国家有关税法的[2]规定，以货币资金投资收取的固定利润或者保底利润，按照贷款服务缴纳增值税。由此可见，对“明股实债”的增值税处理，标准非常简单，仅仅看明股实债的实质——是否共担风险。如果投资方共担风险，则不属于增值税的征税范围；如果投资方不共担风险，收取固定利润或保底利润，就属于增值税的应税项目。

所以，“明股实债”的企业所得税和增值税2个税种的处理原则并不相同。在企业所得税的范畴里，“明股实债”被称为“混合性投资”，在企业所得税的立法规则上，适用的是上述5个条件原则。而在增值税的范畴里标准较为简单，就是“是否共担风险”这个单一的原则。

导向问题 119

基于自然人直接持股模式下的税收特点，哪些公司或股东适合采用自然人直接持股模式?

实务分析

综合目前国家相关税收法律文件来看，作为对目标公司直接持股的自

---

〔1〕 参见《国家税务总局关于企业混合性投资业务企业所得税处理问题的公告》(国家税务总局公告2013年第41号) 第1条规定。

〔2〕 参见《财政部、国家税务总局关于全面推开营业税改增值税试点的通知》 (财税〔2016〕36号) 附件1《营业税改征增值税试点实施办法》中《销售服务、无形资产、不动产注释》“一、(五) 1”。

然人股东，其从目标公司获得的利润、股息或将未分配利润转增资本的均须按20%的税率缴纳个人所得税，该持股方式的税率较为明确。但随着公司发展壮大，股权价值提升，目标公司无论是通过转让股权还是通过增资扩股来进行后续融资时，长期持股的股东在未来一定时期内所面临的税负都会逐渐增高。

因此，该持股方式的税负较适合初创公司或发展平稳的小微企业，这类公司股权架构较为简单，股东关系多为紧密的朋友、家族或夫妻。如果这类公司未来发展壮大，可以考虑再行调整股权架构，以达到更合理的税负。但是鉴于股权架构重新搭建涉及各股东的切身利益，其调整过程并非易事，因此公司初创期进行股权架构设计时，对税负成本的重视和提前筹划是非常有必要的。

导向问题 120

基于控股公司持股模式下的税收特点，哪些公司或股东适合采用控股公司持股的模式?

实务分析

控股公司从目标公司获得的股息、红利等权益性投资收益免征企业所得税，将获得的权益性投资收益用于投资同样免征企业所得税。这比自然人直接持有目标公司股权获得的投资收益节约了20%的税负，这类持股架构方式更适合长期投资者，可以在免征企业所得税的基础上再投资，从而节约投资成本。

但是，控股公司的自然人股东如需退出时，则承担的总税负约为40%，成本较高，故在设计股权架构时也需要考虑到后续可能存在的股东退出及变现的税务负担。对于自然人间接持有目标公司股权最终所获取收益来说，总的税负成本还是偏高，因此不建议有短期套现目的的自然人股东或单纯的财务投资人通过控股公司间接持有目标公司股权。

导向问题 121

从税收筹划的角度来看，哪些公司或股东适合采用通过有限合伙企业进行持股的模式？

实务分析

有限合伙企业在其自身层面并不需要缴纳所得税，仅由其各合伙人缴纳所得税。个人独资企业和合伙企业按照“经营所得”缴纳投资者或合伙人个人所得税后，提取经营所得不再缴个税。但每一个股权架构模式都有它的利弊，关于有限合伙企业合伙人退出时适用的税率，《财政部、税务总局、发展改革委、证监会关于创业投资企业个人合伙人所得税政策问题的通知》规定“创投企业选择按单一投资基金核算的，其个人合伙人从该基金应分得的股权转让所得和股息红利所得，按照20%税率计算缴纳个人所得税”，但未明确其他情形。对于其他情形，退出税率则具有不确定性，有的地区认为按照“生产经营所得”适用5%~35%的税率，有的地区认为属于“财产转让所得”适用20%的税率，有的地区则认为GP和LP应该分别适用不同税率。有限合伙企业的股权架构比较适合出资和控制权高度分离的创始股东、希望短期获取收益的投资方、员工持股平台，这不仅满足了各个不同角色的投资目标，还有利于稳定大股东的控制权。

第五节

股权融资平台的搭建及数字金融的应用

股权融资平台的搭建关系到如何寻求股权融资的合作方，进而实现融资目的。基于融资方自身的融资能力和融资目的的不同，搭建融资平台的方式也会不同。除了传统的股权融资平台之外，近年来随着互联网行业的兴起，数字金融成为互联网及信息技术手段与传统金融服务业态相结合的新一代金融服务方式。

一、股权融资平台搭建类型

导向问题 122

股权融资平台主要包括哪些类型？

实务分析

目前最常用的融资平台主要包括融资方自建股权融资平台和以股权融资为主要功能的融资服务平台。

自建股权融资平台，是指融资方自己搭建股权融资平台，向特定人员或机构进行股权融资，实现吸收特定投资人的融资目的，该类股权融资平台主要包括定向募集的股权私募平台、政府股权融资平台。

股权融资服务平台，是指融资方通过融资服务平台的推介，与服务平台筛选的投资人组建的股权融资平台。该类股权融资平台主要包括互联网股权融资平台、区域性股权市场交易平台等。

导向问题 123

定向募集的股权私募平台有什么特点？在实务中如何运用？

参考案例

近年来，受政策调控、新冠疫情等因素的影响，房地产公司纷纷出现资金问题，导致项目停滞。例如，根据公开信息披露，融创在 2019 年 3 月收购泛海建设控股有限公司，取得上海董家渡地产项目的开发权。因债务危机，融创以该项目进行股权融资，转让给中信信托 64.678%、芜湖华融资本 25%的股权，中信信托、芜湖华融资本和以浦发银行牵头的 6 家银行对董家渡项目注资超 120 亿元，用于该项目的整体开发建设和运营，投资方将来以融创回购股权的方式退出。

又如，A 地产公司与 B 地产公司合作开发房地产项目，成立 C 项目公司，A 地产公司享有 40%的股权，需要缴纳合作资金 1 亿元。因受限于房地产开发贷款的管控，A 地产公司无法通过银行贷款缴纳合作资金，需要进行股权融资。A 地产公司经与 D 信托公司协商，达成股权融资方案，由 A 地产公司与 D 信托公司成立 E 投资公司，A 地产公司持股 10%，D 信托公司持股 90%，再由 E 投资公司持有 A 地产公司 40%的股权，合作资金由 D 信托公司实际提供，通过 E 投资公司交至 C 项目公司，同时 A 地产公司与 D 信托公司约定了 D 信托公司的退出步骤。

实务分析

通过这两个案例可以看出，无论是融资方以自身作为融资平台，还是融资方再设立一个融资平台，都是融资方基于确定的融资需求，通过向多方资金方商谈确定投资方后，按照投融资双方商定的融资方案再行搭建股权融资平台，这种平台就属于定向募集的股权私募平台。这种方式在难以通过银行贷款获得融资的行业或企业中得到越来越多的应用。

导向问题 124

政府股权融资平台有什么特点？在实务中又是如何运用的？

实务分析

政府股权融资平台，是指地方政府成立的以投融资为主要业务目的的公司。其与定向募集的股权私募平台相比，除了融资主体不同外，最重要的是定向募集的股权私募平台多为已经确定的融资项目，而政府融资平台多为先募集资金再寻找项目进行投资的平台。

作为政府股权融资平台，无论是融资环节还是投资环节，都需要复杂的审批程序，烦琐的交易流程。鉴于目前的政策、管理规范的限制，国企参股民营企业、民营企业参股国有企业等混合所有制股权交易皆需通过严格的既定程序及公开的交易平台进行，融资过程比较复杂。

参考案例

例如，2010 年，经市政府批准，X 国有资产管理委员会以货币出资

5000 万元成立投融资平台公司 A 公司，进行投资活动。2012 年，A 公司用资本公积 5000 万元转增注册资本，将注册资本提高到 1 亿元。2015 年，A 公司筹建为集团公司，X 国有资产管理委员会将 4 家国有公司股权无偿划转给 A 集团公司。2018 年，A 集团公司决定通过资本公积转增资本和引进投资人的方式将公司的注册资本由 1 亿元增加至 6 亿元，其中 X 国有资产管理委员会通过资本公积转增资本出资 3.5 亿元，Y 基金以货币投资入股出资 1.5 亿元。增资后，A 集团公司股东变更为 X 国有资产管理委员会和 Y 基金，X 国有资产管理委员会持股 75%，Y 基金持股 25%，A 集团公司的资金实力更为雄厚，挑选并投资了更多优质项目。从 A 集团公司的发展历程可以看出，A 集团公司自成立起即不断地进行融资，通过股东出资、资本公积转增资本、资产划入、引进投资人等持续储备资本后，再寻找合适的项目进行投资，从而获得稳健的投资回报。

导向问题 125

相较于传统融资平台，互联网股权融资平台有什么独特的优势？

实务分析

互联网股权融资平台是指投融资双方通过互联网平台，运用互联网技术进行项目发布、考察及签约的股权融资平台。互联网股权融资平台利用大数据、人工智能、区块链等技术，搭建股权融资服务平台，吸引各类融资方和投资方。通过线上撮合服务，让处于不同发展阶段的公司可以便捷地寻找投资方，也让投资方更高效地选择优质投资项目，推动双方高效对接。

导向问题 126

区域性股权市场交易平台是什么？

实务分析

区域性股权市场交易平台，是指为市场所在地省级行政区域内的企业特别是中小微企业提供股权、债券的转让和融资服务的私募市场，其目的在于促进社会财富与中小企业进行股权投融资的对接。区域性股权交易市场是经省级政府批准设立的股权交易场所，几乎各省份都有自己的区域性股权交易市场，如山东省就设有齐鲁股权交易中心和青岛蓝海股权交易中心。区域性股权交易市场属于较为成熟的股权交易市场，有严格的规则、流程及准入门槛，本部分仅对其作为股权融资平台的一种类型介绍，不再作详细阐述。

二、数字金融在股权融资中的应用

导向问题 127

数字金融是什么？它为股权融资带来了哪些积极的影响？

实务分析

股权融资中，数字金融通常是指融资方向服务平台提出融资申请并提交相应的项目信息，服务平台通过互联网及信息技术手段对融资方提供的信息进行审核，同时挖掘融资方未提供的资料和信息对融资方进行核查。服务平台审核通过后将项目信息展示到平台中供投资方查阅，投资方选择项目进行投资。

数字金融的出现是信息时代下互联网技术的发展对融资方式的变革，它对股权融资有诸多积极的影响，主要包括降低股权融资成本和提升股权融资的效率。

1. 降低股权融资成本

实践中常常出现公司控股股东、实际控制人或者公司高管为了谋取私利而损害公司利益的情况。考虑到投资者自身的风险，投资方需要投入成本对公司进行监督，所以为了填补其监督成本，投资方必然会要求公司提高股权融资成本。比如，要求公司设置专门岗位负责及时向投资方披露公司信息等，然而有的时候这种方式依然无法避免信息滞后以及不对称问题等问题对投资方利益带来的损害。

而在数字金融时代，为了提高投资收益，数字金融通过数据挖掘等方式对融资方实施动态风险评估，形成科学预判。为了应对数字金融强有力的信息获取能力以持续获得外部资金支持，融资方有动力提高资金使用效率，公司管理者追逐私利的行为也会在一定程度上得到抑制。数字金融对公司实施的外部监督，会促使投资方减少对监督成本的补偿要求，最终降低融资方的股权融资成本。此外，融资方可以通过融资平台或者互联网及时地向投资方披露公司信息，方便投资方进行了解、监督。相较于传统金融，数字金融中的股权融资在保证信息披露及时以及对称的同时，极大地降低了成本。[1] 因此，一般而言数字金融发展水平越高，股权融资成本越小。

2. 数字金融能够提升股权融资的效率

在实践中，通过传统方式进行股权融资成功率较低，效率不高。究其

〔1〕 参见余珍、周磊：《数字金融如何影响企业股权融资成本？——机制检验、异质性特征与经济后果》，载《财会通讯》2022 年第 3 期。

原因，除了股权投资的投资回报周期较长的因素外，还有其他原因：其一，传统融资方式使投资方获取的信息较为复杂且不对称、不完整；其二，传统股权融资中，投资方所掌握的融资方信息及融资项目信息不能做到及时更新。这些因素都会导致投资方考虑到股权融资的风险，会对股权融资项目进行反复的尽调、分析，在一定程度上抑制了投资者的投资积极性，大大降低了股权融资的效率和成功率。而数字金融能够在一定程度上解决上述问题。投资方能够通过大数据、区块链、云计算等高新技术充分、及时地汇集企业相关信息，提高股权融资的效率和成功率。

导向问题 128

数字金融下股权融资参与方即融资方、投资方和融资平台本身分别会面临哪些风险?

实务分析

1. 融资方的法律风险

首先，融资方可能触及“擅自发行股票，公司、企业债券罪”。根据《证券法》的规定，公开发行证券除了必须符合法律、行政法规规定的条件外，还必须依法报经国务院证券监督管理机构或者国务院授权的部门批准。证券发行的具体条件在《证券法》第 12 条[1]中也进一步简化并明

〔1〕《证券法》第 12 条：公司首次公开发行新股，应当符合下列条件：（1）具备健全且运行良好的组织机构；（2）具有持续经营能力；（3）最近三年财务会计报告被出具无保留意见审计报告；（4）发行人及其控股股东、实际控制人最近三年不存在贪污、贿赂、侵占财产、挪用财产或者破坏社会主义市场经济秩序的刑事犯罪；（5）经国务院批准的国务院证券监督管理机构规定的其他条件。上市公司发行新股，应当符合经国务院批准的国务院证券监督管理机构规定的条件，具体管理办法由国务院证券监督管理机构规定。公开发行存托凭证的，应当符合首次公开发行新股的条件以及国务院证券监督管理机构规定的其他条件。

确。但是在实务中，很多初创公司或小微公司无法满足《证券法》第 12 条规定的公司首次公开发行新股所应当符合的条件。所以，虽然《证券法》设立公开发行证券的注册制度，但初创公司或小微公司如果通过数字金融的方式进行股权融资，也很有可能因为无法满足公开发行证券的条件而被司法部门认定为涉嫌《刑法》第 179 条[1]规定的“擅自发行股票，公司、企业债券罪”。

其次，融资方可能触及“非法吸收公众存款罪”。在通过数字金融进行股权融资时，必然会向社会发布相关股权融资信息。根据《最高人民法院关于审理非法集资刑事案件具体应用法律若干问题的解释》第 1 条的规定，违反国家金融管理法律规定，向社会公众（包括单位和个人）吸收资金的行为，同时具备规定的四个条件的，除刑法另有规定的以外，应当认定为《刑法》第 176 条规定的“非法吸收公众存款或变相吸收公众存款”。

2. 投资方的法律风险

投资方可能涉及合同欺诈的风险。实务及司法判例中，数字融资服务平台在发挥中介作用时只要尽到信息披露与审查义务即可，数字金融中的股权融资本质上是融资方与投资方之间签订投资合同的过程。实务中，数字金融中的股权投融资模式人部分采用“领投+跟投”的模式，即领投人通过自身专业及经验进行项目分析、尽职调查、项目估值议价后向跟投人提供项目分析和尽职调查结论，跟投人进行跟进投资。由于数字金融属于新生事物，我国目前对该领域的立法尚不完善，导致相关融资活动缺乏监管，甚至处于“无法可依”的状态，这种模式下的投资机制可能会出现融资方与领投人串通欺诈跟投人的情况。

---

〔1〕《刑法》第 179 条：未经国家有关主管部门批准，擅自发行股票或者公司、企业债券，数额巨大、后果严重或者有其他严重情节的，处五年以下有期徒刑或者拘役，并处或者单处非法募集资金金额百分之一以上百分之五以下罚金。单位犯前款罪的，对单位判处罚金，并对其直接负责的主管人员和其他直接责任人员，处五年以下有期徒刑或者拘役。

3. 股权融资平台的法律风险

从数字金融的运行原理来看，股权融资平台的作用主要体现在信息的高效搜集、传输、备份以及后续的保密等方面，这些过程也是股权融资平台的主要法律风险来源。首先，数字金融中的股权融资最突出的优势就是数据的实时性，极大地解决了传统股权融资方式中信息不对称的问题。因此，服务平台最重要的职责是保证数据的实时性，若是因为服务平台导致投融资双方信息未实时同步而造成损失的，服务平台可能要承担相应的责任。其次，服务平台应当保证融资方和投资方在其平台中的信息数据的安全性。在数字科技发达的今天，信息安全无疑是重要的安全注意事项，若因服务平台导致融资方或投资方在平台中的信息安全受到破坏，平台则可能要承担相应的责任。

导向问题 129

不同的股权融资平台还有哪些风险点，投融资方应如何选择？

实务分析

1. 定向募集的股权私募平台，既有纯粹的股权融资，又有表面为股权融资但实际为其他法律关系的非融资行为，可能涉及资产重组、债务重组、资产和股权的交叉转移等。这种涉及多层法律关系以及资产、股权交易的税费处理极为重要，需要提前考虑好交易架构和各种成本。

2. 政府股权融资平台。政府股权融资平台相较于其他融资平台资金更雄厚、体系更成熟、融资更容易。但政府股权融资平台的投融资行为面临着主管部门和监管部门的严密监管，审批严格并且审批期限较长，不适合急需解决资金问题的公司。

3. 互联网股权融资平台。首先，目前国家对互联网股权融资平台缺乏完善的规范，投融资方及平台应严格按照现有的法律规定开展股权融资行为，以避免因违法违规而带来风险；其次，互联网股权融资平台应注意对投融资双方信息的保护，尤其是融资方的商业秘密，如被泄露将会给融资方造成不可估量的损失，以此引发纠纷和诉讼。

导向问题 130

通过数字金融模式进行股权融资如何进行风险防范？

实务分析

数字金融作为新兴产物，目前尚存在诸多法律空白，在实务操作中，既要保障自身权益，又要做到合法合规。

在权益保障方面，股权融资每一个环节都需要依靠相关方之间的合同约定来执行，无论是融资方与服务平台之间的中介合同，还是投资方与融资方之间的投融资协议，均须完成相关合同的签署。对此，可以参考其他金融类行业的合同签署模式，如银行信贷合同、保险合同等线上签署合同的模式。

关于防范法律风险，建议融资方通过平台筛选特定的投资方，然后通过线下的方式进行谈判和操作，节省成本的同时也尽可能地避免相关法律风险。

本章小结

在股权融资的过程中，商业计划书的设计制作、标的的估值、股权架构调整与适配、税收筹划方案的制订、股权融资平台的搭建五个方面并非各自孤立，而是需要相互协调、统筹进行。股权融资虽是以实现融资为核心目的，但其是一项系统工程，一般历时较长，牵涉面广，在此过程中既要注意全局性的部署，又要注意融资过程中关键问题的处理与把握。

从股权融资过程来看，不仅涉及开启融资、资金进入、资金使用、投资人退出的纵向要点，还包括公司股权架构变动等横向要点，每个要点又涉及诸多的重要问题。因此，在进行股权融资时，需要统观股权融资各个环节可能存在的问题，提前进行预设、调整和防范。不仅要确保融资目的的实现，还要确保不因股权融资带来的异动而影响公司的正常发展，甚至将公司和股东拖入无休止的纷争之中。

本章所述问题既是投融资双方利益的交汇点和衔接点，也是股权融资过程中双方磋商和博弈的关键点，投融资双方需要在这些主要问题上取得价值判断的趋同，才能推动股权融资最终走向成功。

5 第五章

股权融资合同关键条款设计

本分册前四章在系统介绍了九种典型和非典型方式的股权融资以及需要特别关注的重点问题后，对于整个股权融资流程而言，最重要的一步莫过于将投融资双方达成的融资方案通过文本形式落实到合同中，从而为双方执行提供依据和保障。从这个角度来说，股权融资合同的签订与履行是投融资双方谈判的主要目的。实践中，无论是何种方式的股权融资，均需签订股权融资合同来确定投融资双方的权利义务，从而保证融资的顺利进行。

股权融资合同的签订实际上是投融资双方进行博弈与谈判的过程，双方均可以通过合同条款的合理设计力求实现己方利益的最大化。首先，本章将介绍股权融资合同的通用条款，这些条款可依实际情况加以调整而适用于各种股权融资合同；其次，介绍典型方式的股权融资合同关键条款与非典型方式的股权融资合同关键条款；最后，介绍股权融资合同的风险管理。

在介绍股权融资合同关键条款时，编者将从条款的目的、融资方的注意事项、条款示例等角度展开论述。除了通用条款外，股权融资合同其他部分的具体条款的拟定是一个“量体裁衣”的过程。一方面，每种股权融资合同因融资方式不同而各具特性，均有属于自己的关键条款，如股权众筹融资合同中的委托事项条款、融资费用与期限条款；股权质押融资合同中的股权质押条款、质权行使条款；股权让与担保融资合同中的受让股东权利限制条款、股权处置条款。另一方面，股权融资合同之间亦存在重合的关键条款，如反稀释条款、“对赌”条款、退出条款在多种股权融资合同中均可适用；主债权条款、担保范围条款在股权质押融资合同、明股实债融资合同、股权让与担保融资合同、债转股融资合同中均会存在。如果通过合同看条款难免会出现重复论述的情形，故本章采取以条款看合同的介绍模式，提醒读者在注意通用条款的基础上，结合各章节具体的股权融资情景，以期将各关键条款在不同种股权融资合同中融会贯通。

第一节

股权融资合同通用条款设计

根据《民法典》第470条的规定，合同一般包括：（1）当事人的姓名或者名称和住所；（2）标的；（3）数量；（4）质量；（5）价款或者报酬；（6）履行期限、地点和方式；（7）违约责任；（8）解决争议的方法等主要条款。股权融资合同主要条款的表现形式虽与上述法律规定的八大主要条款有所不同，但基本是一致的。

单纯从合同内容行文角度来看，一份完整的股权融资合同应包括三部分：合同首部、合同正文、合同尾部。

股权融资合同的合同首部主要包括股权融资具体的合同名称、投融资各方当事人基本信息、合同引言。合同名称需要准确反映合同内容，通过赋予准确名称防止产生歧义。尤其是明股实债、债转股等容易产生不同理解的合同，务必使用准确的合同名称，以便确定双方的法律关系。合同引言通常体现为鉴于条款、知情权条款、合同原则条款等，作用是界定股权融资合同的主旨目的、交代股权融资合同签订的背景以及各方均确认无误的前提和有关事实。

合同正文主要由描述股权融资交易全部内容的各个条款构成，主要包括股权融资标的条款，具体为股权对应的目标公司信息，股权标的数量、价款；履行条款，具体为融资流程，履行期限、方式；违约条款，具体为融资过程中的违约行为、违约责任、违约金计算方法、损失与赔偿；争端解决条款，具体为解决争议的原则、途径和方法；除此之外，还有承诺与保证条款、保密条款、责任与免责条款、解除与终止条款、通知条款、生效条款、份数与效力条款、补充协议条款等。

合同尾部主要包括投融资各方当事人通信信息、附件清单、合同签署栏、签署时间等内容，通常不会涉及融资合同内容条款。

实践中，股权融资合同一般由股权融资意向书、股权融资框架合同、补充合同以及合同各方关于股权融资的股东会决议或者上级单位的批准文件等构成。

股权融资合同主要通用条款包括如下几种。

一、鉴于条款

条款含义

鉴于条款是指在股权融资合同中双方约定的融资方已经将合同目的、合同主旨、目标公司的财务状况、重大缔约关系、重大诉讼、重大债权债务等与融资有关的重要信息明确告知了投资方，投资方已对上述信息充分了解并且自愿投资的条款。同时，投资方申明对此知晓，各方陈述参与投融资的行为得到了股东会决议或者上级单位的批准，保障合同签订有效。此为股权融资合同签订的前提。

实务分析

鉴于条款作用有二：一是体现双方真实意思表示，所陈述和确认的事实属实而非虚假陈述，尤其可以体现投资方自愿确认的意思表示，以防投资方事后以不知道目标公司某些重大事项为由主张欺诈或显失公平等从而影响合同效力；二是确保融资方对目标公司重要事项已尽披露义务，从而保障投资方的投资利益，一般还应当包括双方基本情况的描述以及前面提到的合同目的等内容。

在（2017）青民终33号案件中，《租赁合同》首部约定房屋已通过验收，但截止至庭审之日，出租方消防验收是没有完成的。但法院仍认为：双方当事人签订的合同是真实的意思表示，特别是合同首部的约定是契约的总则，只有总则中的基本原则、实质内容的确定，才能形成合同具体条款的约定，故人民法院认定合同首部的约定对合同缔约方均有约束力。从这一案例中也可以看出合同首部在司法实践中的法律效力，因此在股权融资合同中，合同当事人应对首部所记载的内容及特殊约定事项保持高度注意。

条款示例

融资方保证已将截至基准日的目标公司重大事项（包括但不限于财务状况、重大合同、重大诉讼、重大债权债务）告知投资方，投资方已经充分了解目标公司上述事项（详见附件清单），双方均系自愿签订本合同。

本合同项下的融资行为和投资行为已经分别获得融资方股东会和投资方上级主管单位的批准，投融资方有权利签订本合同。

二、标的条款

条款含义

股权融资合同的标的是融资合同中当事人权利和义务所共同指向的目

标公司股权，即拟用来融资的目标公司股权。该条款是股权融资合同的最基础性条款，与之相随的还有股权融资行为的参与方、股权数量、股权价格等内容。

实务分析

标的条款的表述并不复杂，但在股权转让融资合同中，应当注意公司股权转让与公司资产转让的区别。[1] 若拟转让的公司股权达到100%或者接近100%，比如98%、99.99%，则公司资产的控制权和管理权必然随之转移，从转让效果上来看，都可以实现受让人控制资产效果。但从法律角度来看，二者存在较大的区别：股权转让，公司作为独立的法人主体，其股东发生了变化，但公司的资产和负债的责任主体未发生变化，公司债务仍由公司清偿；资产转让，资产的所有权发生转移，转让公司仍独立承担责任，受让方不会受到公司债务的影响。

基于上述二者的不同，原《公司法》第104条[2]规定转让、受让重大资产等事项必须经股东大会作出决议，但新《公司法》中已经删除了该规定，仅对上市公司的资产转让作出了特别限制[3]。需要特别注意的是，虽然《公司法》中对于有限责任公司和非上市的股份有限公司不设有资产转让内部程序的强制规定，但是若公司章程中要求重大资产转让必须经股东会或董事会决议时，仍应遵守公司章程的相关规定；但是，鉴于公司章

---

〔1〕 参见《公司的股权转让协议中，有哪些关键条款》，载微信公众号“棋盘资本”2018年8月8日，https：//mp. weixin. qq. com/s/F_ cysKGuVPvDhrqB2hGguA。

〔2〕 原《公司法》第104条：本法和公司章程规定公司转让、受让重大资产或者对外提供担保等事项必须经股东大会作出决议的，董事会应当及时召集股东大会会议，由股东大会就上述事项进行表决。

〔3〕 新《公司法》135条：上市公司在一年内购买、出售重大资产或者向他人提供担保的金额超过公司资产总额百分之三十的，应当由股东会作出决议，并经出席会议的股东所持表决权的三分之二以上通过。

程仅具有内部效力，不能对抗外部善意第三人，因此在公司章程已经有相关规定的情况下若公司未按照章程履行内部程序将资产对外转让时，该转让行为并不当然无效，除非外部受让方知晓该公司章程的存在。股权转让则在公司章程中无相关召开股东会会议规定的情况下，无须通过股东会决议。在股权转让融资合同中转让方还应当注意，当拟转让的标的股权未全部实缴到位时，为了规避原股东及目标公司所面临的法律风险，也为了保障公司资本的充实，应当在合同中明确约定转让后受让方应实缴的出资数额和期限，但是需要特别注意的是，股东之间关于实缴义务的约定不能对抗外部善意第三人。

条款示例

本合同的标的为融资方持有的占目标公司注册资本 20% 的出资 100 万元，该出资中尚有 80 万元未出资到位。融资方承诺对本合同标的股权具有完整的所有权，标的股权不存在质押、查封等任何权利受限的情形。

三、价格条款

条款含义

价格条款是股权融资合同中双方针对标的股权的价格及支付方式与支付期限进行约定的条款，也是体现股权融资商业行为性质的条款，该条款是股权融资合同必备条款之一。

实务分析

首先，该条款涉及价格的确定，实践中股权融资的真实价格因种种原因可能会与合同约定的价格不一致，若双方因此发生纠纷则会平添不确定因素，而该条款就是要最大限度地解决这一问题。其次，该条款还涉及支付方式与支付期限的确定，支付方式包括现金支付、转账支付、汇票支付等，支付期限则需要根据是一次性支付还是分次分期支付予以确定。为避免后续支付纠纷，融资方应尽可能与投资方达成一次性支付的约定；而从投资方的角度考虑，为了保障投资利益，通常会选择分期支付的方式。双方还可能约定付款节点与有关条件相承接，比如融资款支付至80%后，办理股权转让工商登记手续；或者约定，投资方以未支付对价部分为基数按照一定标准（如年息8%）向融资方支付补偿款。

条款示例

双方同意并确认，本合同项下的标的股权转让对价为500万元人民币（价款确定方式为：目标公司资产净值2500万元×20%股权）。该价款由投资方于2023年6月6日前以转账方式一次性支付给融资方。每逾期支付一天，投资方支付逾期部分价款的1%作为违约金，逾期超过30天，融资方有权单方解除合同并追究融资方的违约责任。

四、履行流程条款与违约责任条款

条款含义

履行流程条款与违约责任条款是一对合同概念，是前有因（违约）后有果（责任）的逻辑顺序。

股权融资合同的各方均需要履行多种义务，并且履行的顺序也往往有先后，签订合同后，各方该如何履行，要依据合同的约定。因此，约定一个履行流程条款就显得尤为重要了。

该条款还可以确定合同当事人是否违约以及承担何种违约责任，如一方未按照约定履行义务，违约方应按照约定承担违约责任。如果没有相关规定，则很难认定当事人构成违约。

实务分析

在设计该条款时，应将融资合同的内容以行为的方式进行梳理，按照各方行为的先后、性质、衔接等设计流程条款，争取各方依据约定履行义务，达到配合无缝隙、无争议的效果。

与该条款相对应的则是违约责任，该条款涉及的节点、时间等应与明确的违约责任相结合，使可履行性与可追责性协调一致。违约责任如果约定得不明确，法院只能依法判决，这种情况下，法院通常只能将未支付金额等作为本金，按照 LPR 来计算利息。比如在（2015）宁商终字第 1615 号案中，法院认定，截至 2014 年 10 月 31 日，宝泽公司尚有 7186.4 万元未出资到位，其行为构成违约。但关于宝泽公司应承担违约责任的赔偿数额认定问题，由于发起人协议书未作明确约定，故法院最终酌定违约金的标准按照未缴出资额的同期银行贷款基准利率计算。

违约行为与对应的责任应相适应，防止违约行为轻微而责任重大的失调情形出现。但对于严重影响合同目的、导致合同解除或者终止的违约行为，可以约定惩罚性违约责任。

违约责任的承担应以违约方获利、守约方发生损失、守约方可期利益损失等因素设定，也可以根据上述因素设定惩罚性计算方式，比如将守约方实际损失的 1.3 倍金额作为惩罚性违约金。

条款示例

1. 履行流程条款：投资方应在 2023 年 7 月 1 日前支付 30%的股权转让款合计 30 万元，融资方收到上述转让款后，应召开目标公司临时股东会会议，通过股东会决议确认投资方的股东权益。

投资方在召开临时股东会会议后 1 日内支付 60%的股权转让款合计 60 万元，融资方收到上述转让款后，通知目标公司将投资方登记在公司股东名册上。

投资方在召开临时股东会会议后 30 日内支付 10%的股权转让款合计 10 万元，融资方收到上述转让款后，通知目标公司为投资方出具股东出资证明，并与目标公司一起为投资方办理变更股东信息的工商登记手续。

违约责任条款：如投资方逾期支付股权转让款，每逾期一日，投资方应向融资方支付应支付款项的 1%作为违约金，逾期 30 日及以上的，融资方有权利解除本合同，投资方应支付本合同总价款的 25%作为惩罚性违约金。

2. 履行流程条款：融资方应根据目标公司经营的需要，书面通知投资方支付股权增发认缴出资的金额和时间及账户信息；投资方应在收到书面通知后，按照通知时间如期支付出资款。

签订本合同后，投资方在未按照约定支付出资款期间，应以出资款为基数，以年利率 5%支付目标公司财务损失，补偿损失款随融资方书面通知的时间与出资一同支付。

违约责任条款：如投资方逾期支付出资款，每逾期一日，投资方应向融资方支付应支付款项的 1%作为违约金，逾期 60 日及以上的，融资方有权利解除本合同。同时，目标公司股东会召开临时股东会会议对投资方进行股东除名，已经支付的出资款不予退还，投资方应支付本合同总价款的

25%作为惩罚性违约金。

五、承诺与保证条款

条款含义

承诺与保证条款实质上是对合同一方关心的核心内容进行信用担保。该条款也可以在拟定、签署合同之初，双方各自针对曾经发生以及现存的某些重要事实作出承诺。实践中，该条款主要有两种表现方式：一是融资方针对目标公司以及标的股权过去或者现存的重要事项向投资方作出承诺与保证；二是投资方针对投资相关事宜向融资方作出承诺与保证。

实务分析

投资方对外投资需要依据公司章程的规定由股东会或者董事会作出决议，因此投资方应当对本次投资事宜已依据章程规定取得有效的公司决议作出承诺与保证。若无该承诺与保证，融资事宜无法正常进行。融资方还可以在股权融资合同中要求投资方作出其他的承诺与保证，如约定投资方保证某些人事安排、锁定经营模式等。为了赋予该承诺与保证一定的约束力，可设置相应的违约责任。

根据新《公司法》第 84 条[1]删除了原《公司法》中规定的有限责任公司股东对外转让股权必须征得其他股东过半数同意的要求，只要其他股

〔1〕 新《公司法》第 84 条：有限责任公司的股东之间可以相互转让其全部或者部分股权。股东向股东以外的人转让股权的，应当将股权转让的数量、价格、支付方式和期限等事项书面通知其他股东，其他股东在同等条件下有优先购买权。股东自接到书面通知之日起三十日内未答复的，视为放弃优先购买权。两个以上股东行使优先购买权的，协商确定各自的购买比例；协商不成的，按照转让时各自的出资比例行使优先购买权。公司章程对股权转让另有规定的，从其规定。

东未在法定期限内行使优先购买权，便可自行对外转让。但是，如果公司章程已经对股权转让作出了另外的规定（如保留需征得其他股东同意方可对外转让的规定），则公司内部仍需遵照相关章程规定执行。在股权转让融资合同中，还需注意转让方对本次股权转让作出已经取得其他股东过半数同意且不存在损害其他股东优先购买权的承诺与保证。该承诺与保证关系到受让方是否能够实际取得标的股权。特别是在公司章程已经对股权转让条件作出特别规定的情况下，为确保股权转让的顺利进行，转让方应当履行必要的程序，并将有关决议作为合同的附件，以免造成转让不能以及后续违约责任的承担。

在（2019）京民终1646号案中，法院认为，《购买资产协议》约定常某、宋某等16名原股东作为转让方负有保证、承诺拓明科技公司不存在重大诉讼、3年内不存在重大违法行为、高级管理人员不存在重大诉讼的合同义务。现查明拓明科技公司及常某已因犯行贿罪被判处刑罚，足以构成《购买资产协议》第1.1.16条约定的重大不利事件，故依据第13.2条应视为常某、宋某等16名原股东违反该协议的约定。作为转让方之一的宋某已经构成违约，而其是否知晓、是否参与拓明科技公司、常某的违法犯罪活动，不影响其因违反《购买资产协议》中的承诺、保证义务而应承担违约责任。该案例确认了承诺与保证条款具有约束力。

条款示例

融资方保证：

目标公司依法成立并合法存续，注册资本已经足额实缴；

有关目标公司的负债已在附件中完整、准确地披露；

融资方合法持有标的股权，权属清晰，不存在股权代持等情形；

标的股权不存在质押、查封等任何可能影响投资方行使股东权利的情形；

标的股权转让事宜已经取得其他股东过半数同意，已经履行完公司内部批准程序，其他股东均已放弃优先购买权，故不存在侵害其他股东优先购买权的情形。

投资方保证：

本次投资事宜已依据公司章程规定取得有效的公司决议；

按照本合同约定支付投资款；

2 年内不替换目标公司高级管理人员；

2 年内不改变目标公司经营管理模式；

若一方违反上述保证，应支付对方 100 万元违约金。

六、保密条款

条款含义

股权融资合同因涉及股权的增发、转让、抵押等行为，可能对公司控制权、公司治理等产生影响，可能对目标公司管理层、核心员工以及交易方产生影响。在股权融资合同前期洽谈、拟定、签署、履行的过程中，应注意严格保密，防止股权融资不成而产生不利的后果。特别是在商谈、拟定和签订合同前，尤其需要要求合同方及参与人员保密。

该保密条款是双方约定对于在融资过程中了解到的对方有关信息予以保密的条款。

实务分析

对于交易双方而言，投融资业务往往属于公司重大经营决策。在商谈意向期内，投融资意向的泄露可能会引起目标公司以及投资方股权的价格波动；在尽职调查过程中，融资方的财务状况、业务市场信息、债权债务等重大事项均会披露，投资方会掌握融资方的整体状况。故无论是在商谈意向期还是在尽职调查的过程中，交易各方及相关交易信息均应作为保密对象，谨防交易不成，引起商业秘密泄露。

此外，有关投融资的具体事项，如投融资参与方、交易方式、交易时间安排、交易金额、人事变动、战略部署等，这些信息在交易完成前，乃至交易完成后的很长一段时间都不应披露，这是交易双方都要遵守的一个重要条款。尤其对于融资方来说，在整个融资过程中，目标公司的商业秘密被展现和关注较多，而且正如本分册第二章中所述，融资方拟采用股权并购的方式进行融资时，会对股东、董监高、核心员工、业务对象、债权人等产生影响，如果并购失败，上述人员会对融资方丧失信心，产生负面影响和不利行为。所以，保密条款对于融资的稳定推进以及融资方的稳定发展均具有重要意义。

条款示例

合同双方及参与人员保证，有关投融资的一切相关事宜（包括但不限于投融资意向、交易资金、人事变动等）以及在投融资过程中一方接触到的对方一切相关信息（包括但不限于经营战略、发展计划、经营决策、营业状况、财务状况等），双方均不得以任何形式向任何人泄露，除非国家机关要求予以披露（在该情况下应当依法立即书面通知对方）。双方应保证各自参与投融资的工作人员、外聘顾问遵守上述规定。若一方违反保密义务给对方造成损失，应当支付100万元违约金。

七、责任与免责条款

条款含义

责任与免责条款是双方确定的、可能导致一方承担责任或者不承担责任的特别事由，既可以是不可抗力因素，也可以是一方给予的不违约、单方解约的事由。其目的是明确特定情况下，责任承担和免责方式，防止事由出现后双方可能基于利益因素产生歧义或者不同的理解。

责任条款是合同约定的因一方的行为导致他方损失应承担责任的条款，分为一般责任条款与违约责任条款，即上文的履行流程条款和违约责任条款。一般责任条款通常和承诺与保证条款、保密条款等具体义务条款密切联系，即一方违反承诺与保证或者保密等具体义务时应当承担责任的条款。违约责任条款是指一方出现违约行时承担责任的专门条款。

实务分析

融资方应当注意，在股权融资合同中应尽量少约定针对己方的一般责任条款，即少约定针对己方的具体义务，同时在约定己方义务与责任时，要保证与投资方的义务与责任对等。

至于免责条款，因股权融资交易中存在太多不确定的因素会对融资产生重大影响，继而致使合同目的不能实现，故需要约定特定情形下己方责任的豁免，从而规避承担违约责任的风险。如融资方与投资方有对赌条款时，可约定因新冠疫情等不可抗力导致融资方经营状况持续下降致使对赌条件不能实现，不视为融资方违约，融资方对此不承担责任。

免责条款的约定应当合法，不能随意扩大范围。在（2020）最高法民再351号一案中，法院认为，“报建报批所涉的所有行政许可及相关手续未能办理导致无法实施建设，不视为甲乙任何一方违约”。这些约定虽然免除中天公司的违约责任，但并未终止中天公司应当履行的债务。当事人对违约阻却事由和免除违约责任作出特别约定，并不能当然解释为合同当事人一方放弃法定解除权或者构成法定解除权行使的阻却事由。由于中天公司未能办理完毕约定项目文件，致使建设项目有严重逾期之虞，合同目的难以如期实现，造成合同僵局。法院最终认定小城投公司可以解除合同，免责条款不能阻却另一方行使合同解除权。

条款示例

合同双方同意，任何一方违反本合同约定致使融资合同目的不能实现，对方有权单方面解除合同，违约方应支付对方 100 万元违约金。

合同双方同意，本合同下的免责事由有：不可抗力、情势变更、商业风险。

本合同所指不可抗力，是指不能预见、不能避免并不能克服的客观情况，包括但不限于下列任何自然灾害或社会事件。自然灾害：火灾、雷击、暴雨、洪水、台风、暴风、龙卷风、风灾、海啸、海水倒灌、雪灾、雹灾、冰凌、泥石流、崖崩、突发性滑坡、地震、地面下陷或下沉、飞行物体及其他空中运行物坠落等；社会事件：法律法规变更、政策及行政行为、动乱、暴动、骚乱、罢工、纵火、投毒、爆炸、战争或虽未宣战但处于战争状态、敌对行为、瘟疫、法定传染病、核爆炸或事故、恐怖活动、极端行为、突发性集体事件或行为、核污染或化学污染或其他环境污染不适合人类居住或使用、政府征用或征购或国有化等。

本合同所指情势变更，是指合同的基础条件发生了当事人在签订合同时无法预见的、不属于商业风险的重大变化，继续履行合同对于当事人一方明显不公平。

本合同所指商业风险，是指融资方经营状况因市场原因持续下降致使合同目的不能实现的情形。

出现上述免责事由，双方均不承担违约责任，且将通过友好协商解决后续合同履行或解除等事宜。

八、解除与终止条款

条款含义

该条款的目的是在出现双方事先约定的情形时，赋予一方或者各方解除合同的权利，双方在合同中的权利义务处于终止的状态，即先有解除行为后呈现终止状态。

解除条款是因一方的违约行为或者某种事由出现，无法继续履行合同时，合同当事人享有的解除合同的权利的条款。

终止条款是当合同期限届满、履行完毕，或者无法达到合同目的，或者履行合同的成本过大从而致使各方均无法承担时，一方或者各方有权要求终止合同的条款。

实务分析

融资方在合同中约定解除与终止条款，应持谨慎态度，应与流程条款和违约条款相协调，在投资方违约且不配合的情况下或者在己方发生不可控事件时，约定解除合同的权利。通常情况下，终止合同的事由属于导致合同目的已经实现或者无法实现的终极理由。

融资合同解除的法定事由、行使解除权的期限、解除合同的方式、解除的效力与《民法典》相关规定基本一致，本节不再赘述。

合同解除后，投融资方在融资合同中的权利义务关系终止，但通常不影响合同中结算和清理（争议解决）条款的效力。

需要注意的是，守约方行使合同解除权要在合理期限内行使，否则可能不发生合同解除的效力。在（2020）最高法民终 199 号一案中，最高人民法院认为，军威科技公司 2017 年 9 月 22 日向华晋置业公司发出的解除合同通知书并不能产生解除涉案合同的效果，主要理由就是军威科技公司行使解除权超出了合理期限。

条款示例

合同在履行中出现以下情形的，合同解除：

（1）一方出现违约，经另一方书面催告，在 30 日内仍拒不履行的；

（2）投资方违反承诺和保证条款，融资方有权解除本合同，已经取得股东身份的，融资方有权利提请股东会对其进行除名；

（3）股权转让在合同签订后 60 日内未完成股权交割的，本合同解除；

（4）因政府有关部门要求、政策变动、沪市指数低于 3000 点时，本合同解除。

合同解除后，投融资方应互相配合完成合同的清理工作，包括但不限于未进行办理股权变更登记手续的不再办理；已经办理的，通过撤回或者股权再转让将股权回转；返还转让款；返还因履行合同取得的对方商业信息等资料、物品。

第二节

典型方式的股权融资合同关键条款设计

本节将介绍股权增发、股权转让、股权挂牌交易、股权并购、股权众筹等典型方式的股权融资合同中所涉及的关键条款。例如，反稀释条款、“对赌条款”、股权变更登记条款、公司治理条款、优先权条款、股权转让限制条款、过渡条款、风险转移条款、退出条款、委托事项条款、融资费用与期限条款、融资方权利义务条款、平台方权利义务条款。其中，前9种条款可以视为典型方式的股权融资合同中的通用条款，揭示了投资方从进入、参与治理到最后退出的股权融资全过程。后4种条款为股权众筹融资合同中的特有条款。

一、反稀释条款

条款含义

投资方在对目标公司进行投资时，出于对公司治理、投资回报等方面的考虑，一般会要求签订反稀释条款，该条款又称为反股权摊薄条款。目的是在目标公司进行后续融资或者定向增发过程中，投资方为防止持有的股权贬值或持股比例被过分稀释而采取的措施，其中包括等额增资条款或者同比例增资条款。广义的反稀释条款包含两类：对股权价值的反稀释与对持股比例的反稀释。

实务分析

当目标公司后续融资的估值低于投资方投资公司的估值时，投资方有权基于股权价值的反稀释条款要求目标公司或者创始股东采取一定的补偿措施。这些措施包括回溯性地调低投资方投资公司时的估值至后续融资时的估值水平、股份补偿或者现金补偿，从而避免因目标公司降低估值时其股权价值被稀释。当目标公司后续进行股权增发融资或定向增发时，投资方为保持其持股比例不被稀释，有要求同比例认购增发股份的权利，避免失掉话语权被淘汰出局。

该条款的作用是保护投资方的，故融资方应当尽量在股权增发融资合同中避免该条款。若无法避免该条款，目标公司的创始股东应采取一些措施。首先，尽量将该条款约定为“在未来股权增发时，投资方有权利同比例认购增发股权或者要求创始股东转让等比例股权给投资方，以维持其持股比例不变”，但应避免约定“在未来低价融资发生后，目标公司以现金方式补偿投资方估值调整后的差价”。因为《公司法》对公司向股东进行现金补偿的做法有许多限制：一是《公司法》第 3 条规定公司财产独立；二是《公司法》第 23 条规定股东不得滥用股东权利损害公司或者其他股东的利益；三是《公司法》第 210 条规定了利润分配的强制性顺序。其次，创始股东谈判时可以要求在该条款中增加限制赔偿责任范围的内容，如设置赔偿责任上限、设置起赔额等。

从维持资本三原则（“资本确定、资本维持、资本不变”）和公司法对股东权益限制的角度来看，在设定反稀释条款时，应尽量由创始股东与投资者进行约定，避免由目标公司对投资者进行补偿。

反稀释的基本方法分为两种：完全棘轮与加权棘轮。完全棘轮是指若目标公司在后续融资时的估值低于投资方投资公司时的估值，投资方过去投入的资金所换取的股份全部按新的最低价格重新计算。加权棘轮是指若目标公司在后续融资时的估值低于投资方投资公司时的估值，投资方过去投入的资金所换取的股份全部按前一轮发行价格和后续发行价格的加权平均值重新计算。

在（2021）沪 02 民终 7164 号一案中，法院认为，针对该次贬值融资，磐栗投资与睿动公司、睿动公司创始人及原股东就磐栗投资享有的反稀释权补偿事宜进行了多次磋商，最后达成由睿动公司创始人黄某某现金补偿磐栗投资 50 万元人民币，作为对磐栗投资投资份额被稀释部分的补偿的协议。后因睿动公司创始人黄某某未按照协议约定支付现金补偿款，磐栗投资诉至法院，磐栗投资的诉讼请求应当支持。

条款示例

示例一：在完成本次融资后，公司上市前，若后续融资的价格低于投资方本次投资的价格差额超过 200 万元，则投资方的投资价格需按完全棘轮法/加权棘轮法重新调整，调整之后的补偿通过目标公司的创始股东某某公司向投资方支付相应差价的方式进行，最高补偿不超过 50 万元。

示例二：投资方在完成本次认购增发股权后，目标公司进行后续融资时，投资方有权利同比例认购增发股权/或者要求创始股东转让等比例股权给投资方，以维持投资方持股比例不变。

二、"对赌条款"

条款含义

"对赌条款"，又称估值调整条款。对赌条款包含与目标公司"对赌"、与创始股东或实际控制人"对赌"两类。

投资方以股权形式对目标公司进行投资，为获取较好的收益，会与目标公司或者创始股东约定目标公司应达到的经营目标或者公司估值不低于某数值。当经营目标无法完成或者公司估值低于某数值时，由目标公司或者创始股东进行股权回购加现金补偿，或者通过股权转让等方式保持投资者所持股权估值不低于投资时的估值。除了对公司价值、业绩和经营数据的"对赌"之外，实践中常见的还有将"成功上市"作为对赌的标的，这种情况应予以特别注意。

实务分析

由于目标公司的发展具有不确定性，存在完不成"对赌"约定的风险，因此融资方"要尽量在对赌条款中设定一定的业绩浮动，约定业绩下调的允许幅度，弹性控制'对赌条款'。防止目标公司管理层的心态因业绩承诺而发生变化，做出短视决策，不惜用损害公司长期整体价值的方式来争取短期订单，或者过度削减成本。同时，也要避免因不可控的政策因素增加实现承诺的风险"。[1]

《九民会议纪要》中规定：对于投资方与目标公司的股东或者实际控

〔1〕 参见《关于股权融资协议中常见的十个特别条款!》，载微信公众号"全球投融圈"2021年4月3日，https：//mp. weixin. qq. com/s/deKmFe6xDHwlnWwqofJcVw。

制人签订的“对赌协议”，如无其他无效事由，认定有效并支持实际履行，实践中并无争议。但投资方与目标公司签订的“对赌协议”是否有效以及能否实际履行，此前存在争议。

关于与目标公司“对赌”的效力问题，《九民会议纪要》规定，在不存在法定无效事由的情况下该“对赌”有效。

关于实际履行的问题，《九民会议纪要》提出，人民法院应当审查“对赌协议”是否符合《公司法》关于“股东不得抽逃出资”及股份回购的强制性规定，从而判决是否支持其诉讼请求，即投资方请求目标公司回购股权的，目标公司应通过减资程序办理。投资方请求目标公司承担金钱补偿义务的，目标公司应在有利润的情况下，通过利润分配方式进行。

另外，需要特别注意的是，对于拟上市公司而言，在投资协议中约定“对赌条款”时，要尽量避免“对赌”“某一时间节点公司会 IPO 上市”。因为公司能否顺利实现 IPO 上市，除了自身素质过硬（如业绩达标、规范性良好等）外，还会受到股市大环境的影响；此外，以上市为“对赌”标的的“对赌条款”往往导致拟上市公司股权不明晰，从而影响公司上市的进程，因此类似的“对赌条款”应该谨慎约定，特别注意遵循证券相关领域的法律法规对“对赌条款”的约束和限制。

在（2021）沪民终 569 号一案[1]中，法院认定上市公司 IPO 股权投资交易中，与股票市值挂钩的“对赌”约定无效，法院在该案中否认与市值挂钩的“对赌”约定的效力，佐证了司法与证券监管的一致性。

该案另一特别之处在于，涉案公司未在 IPO 阶段披露投资人与实控人之间关于市值“对赌”的约定，市值“对赌”约定系证监会及交易所明令应当清理的“对赌”类型，客观上涉案公司未进行披露有规避证券监管之嫌。

---

〔1〕 一审案号：（2020）沪 02 民初 234 号。

条款示例

示例一：目标公司/创始股东承诺，目标公司于2024年6月6日之前获准首次公开发行股票并在国内主板或创业板证券交易所上市。如果目标公司未能在前述约定日期前完成上市，投资方有权要求目标公司/创始股东回购届时投资方持有的公司股权/对投资方进行现金补偿，股权回购款为600万元/补偿款600万元（此处亦可约定具体的计算方法）。

示例二：创始股东承诺，目标公司在投资方投资后第一年实现可分配利润1500万元，第二年实现可分配利润2500万元，第三年实现可分配利润5000万元。如果目标公司未完成上述经营目标，则创始股东按照上述可分配利润向投资方支付可分配利润差额，如连续3年无法完成经营目标，投资方有权利按照上述可分配利润计算公司估值，并要求创始股东回购投资方所持有的股权。

三、股权变更登记条款

条款含义

投资方通过股权融资协议取得目标公司股权后，需要在公司股东名册上进行变更股权信息后，方可正式成为目标公司股东，而后在公司登记机关作股权变更信息登记，产生对外公示的效力。

股权变更登记条款是股权融资合同中约定的融资方在约定时间内将股权的所有人变更为投资方的条款。股权变更登记条款分为公司内部变更登记条款和工商变更登记条款。

实务分析

根据新《公司法》第 86 条第 2 款的规定，“股权转让的，受让人自记载于股东名册时起可以向公司主张行使股东权利”，该条明确了有限责任公司股权受让方取得股东权利的法定时间节点。但是公司内部变更登记与工商变更登记的作用有所不同，完成公司内部股东名册更新后，投资方即具有股东资格、享有股东权利，只是不具有对抗效力，只有完成相应的工商变更登记，投资方行使股东权利才可以对抗公司外部的第三人。与此对应，新《公司法》第 86 条第 1 款还明确了目标公司配合原股东和投资方股东变更登记的义务，即“股东转让股权的，应当书面通知公司，请求变更股东名册；需要办理变更登记的，并请求公司向公司登记机关办理变更登记。公司拒绝或者在合理期限内不予答复的，转让人、受让人可以依法向人民法院提起诉讼”。

为投资方办理公司内部变更登记与工商变更登记是融资方的义务，考虑到公司内部程序的流程以及工商变更程序的烦琐，融资方应在该条款中为己方留出充足的时间，以便可以按照约定为投资方完成变更登记，避免因违反该条款而承担违约责任。

在（2017）最高法民申 2316 号一案中，法院认为，工商登记中股东股权的变更登记仅具有对外的公示效力，不影响公司内部股东权利的行使，也不是合同解除的法定条件。该案中，法院还认为，对于双方明知转让客体并非公司法意义上的“股权”而仅是投资收益权的，原告以无法变更工商登记为由要求解除合同的，法院不予支持。因此，股权变更登记条款应当在融资合同中作出明确约定，以免双方产生争议。

条款示例

本合同签署且投资方按照约定支付价款后 10 日内，融资方应将投资方记载于公司股东名册，办理股权变更登记，并在之后的 30 日内向公司登记机关为投资方办理股权变更登记。

四、公司治理条款

条款含义

投资方为了规范或约束目标公司及其创始股东、管理层行为，与创始股东就公司治理有关事项进行约定，从而保障自己的投资利益。

投资方关注的公司治理条款主要包括一票否决权条款、肯定性条款与否定性条款等。

1. 一票否决权条款

一票否决权包括股东会一票否决权与董事会一票否决权。

股东会是公司的权力机构。《公司法》第 65 条规定："股东会会议由股东按照出资比例行使表决权；但是，公司章程另有规定的除外。"根据该条规定，投资方可以与创始股东达成约定，在章程中赋予己方对某些特殊事项一票否决的权利。

董事会是股东会的执行机关和公司的决策机关，特别是新《公司法》秉持董事会扩权的修法理念，使未来董事会在公司治理中的地位不断上升。根据新《公司法》第 73 条的规定，董事会的表决原则上应当一人一票，但是章程可以另行规定。所以，投资方可以与创始股东达成其享有推荐董事名额权利的约定，同时在公司章程中规定投资方推荐的董事在董事会中对某些特定事项享有一票否决权。但是，董事会的一票否决权适用范围不能超过董事会本身的职权范围，即新《公司法》第 67 条和公司章程规定的范围。

2. 肯定性条款与否定性条款

肯定性条款与否定性条款是针对目标公司管理层在投资期限内应该从事哪些行为以及不能从事哪些行为进行约定的条款。在上述对赌条款部分曾提到，由于公司所有权与管理权相分离，管理层的行为有时会危害公司及股东的利益，投资方通过该条款可以具体规范管理层的行为，维护自己的投资利益。

实务分析

融资方要考虑融资后对公司的控制权，避免融资后因投资方的一票否决权等治理条款丧失对公司的控制权，致使投资方得以干预公司经营决策。所以尽量不要在股权融资合同中设置一票否决权条款（如非设置不可，可以设定针对一个议题只能行使一次一次否决权的限制），也尽量不要同意投资方推荐过多的董事席位。若融资方被迫设置该条款，也可以通过约定投资方溢价认购股权的方式弥补对目标公司及创始股东权益的侵害。

一票否决权等条款的设定，也要符合法律规定，否则也会被认定为无效。在（2002）沪一中民三（商）终字第 292 号案件中，天马公司的公司章程规定，股东会所议事项必须经全体股东一致通过。后天马公司经营期限届满，召开股东会讨论成立清算组，会上股东文宝商汇行使一票否决权，反对成立清算组。

法院认为：根据《公司法》的规定，公司经营期届满后，可以解散公司，并应当在 15 日内成立清算组。本案中天马公司的经营期限已到，各方股东均没有继续合作经营的意思表示，且工商部门已吊销了天马公司营业执照，故各股东均有义务立即成立清算组对公司的债权债务等财产进行清理。尽管文宝商汇依公司章程的规定在该股东会上行使了“一票否决权”反对成立清算组，但其行使的该“一票否决权”与上述《公司法》规定的应当成立清算组之股东的法定义务有悖，故文宝商汇以此阻碍天马公司股东会依法成立清算组决议形成，于法无据。

条款示例

示例一：本次融资完成后，股东会对于职权范围内的事项的决议，需经投资方的股东代表同意，决议才可通过。

本次融资完成后，目标公司董事会成员共 9 人，包括创始股东委派 6 人，投资方委派 3 人。董事会对于职权范围内的事项的决议，需至少经投资方委派的一名董事同意，决议才可通过。

投资期内，目标公司管理层应该从事以下行为：定期向投资方提交公司的财务报表；确保目标公司持续存在且使公司财产保持良好的状态；及时告知投资方发生的有关诉讼、重大债权债务等对公司经营产生重大影响的事项。目标公司管理层不得从事以下行为：侵占公司财产；偷税漏税；拖欠员工工资；任何对公司利益以及公司名誉造成损害的行为。（融资方应根据实际情况对肯定性条款和否定性条款进行适当删减从而达成有利于己方的约定。）

示例二：投资方与创始股东签订一致行动人协议，委托创始股东在股东会上行使表决权，同时由创始股东代为行使董事推荐权。

创始股东承诺在签订一致行动人协议期间，投资方享有分红优先权，即在可分配利润低于 1500 万元时，创始股东应在己方可分配份额中，按照可分配利润 1500 万元的标准为投资方补足差额。

五、优先权条款

条款含义

为了能够吸引到投资方，并给予其足够的投资信心，融资方和投资方可以通过股权融资协议的约定和公司章程的规定，赋予投资方在某些股东权益方面的优先权。

优先权条款是投资方为了保护自己的投资利益而与目标公司达成的赋予己方一系列优先权利的保护性条款。优先权条款有广义与狭义之分，广义优先权条款包括优先分红权、优先购买权、优先认购权、优先清算权、知情权、共售权、反稀释权、对赌协议、拖带权、保护性条款、回购权、优先投资权、登记权十三类条款。狭义优先权条款只包括前4类。[1] 本节将介绍狭义优先权条款。

1. 优先分红权条款

优先分红权条款是投资方与目标公司股东达成的在公司决定分红、发放股利时有权优先于其他股东取得红利的条款。就有限责任公司而言，新《公司法》未禁止各股东之间不按出资比例进行分红，因此有限责任公司内部可以自行约定优先分红权条款，该约定应是全体股东达成一致，而非通过资本多数决来决定。就股份有限公司而言，新《公司法》第144条通过引入类别股制度，允许股份有限公司发行“优先或者劣后分配利润或者剩余财产的股份”，因此，股份有限责任公司中也可以设置优先分红权条款，但必须将相关事项记载于公司章程之中，公司章程需经股东会决议表

[1] 参见周鑫：《私募股权投资优先权条款的法律效力分析》，西南政法大学2019年硕士学位论文，第3页。

决通过。

2. 优先购买权条款

优先购买权条款是投资方与目标公司股东达成的在股东向非股东转让股权时，投资方有权在同等条件下优先购买的条款。法律依据为新《公司法》第84条[1]。虽然优先购买权属于法定权利，但是根据该条第3款的规定，公司章程对股权转让可以另行规定，即有限责任公司章程可以排除该法定权利。所以，实践中常常会在股权融资合同中约定优先购买权条款。

3. 优先认购权条款

优先认购权条款是投资方与目标公司股东达成的公司在增发股权时投资方有权优先于其他股东认购股份的条款。新《公司法》第227条规定，“有限责任公司增加注册资本时，股东在同等条件下有权优先按照实缴的出资比例认缴出资。但是，全体股东约定不按照出资比例优先认缴出资的除外。股份有限公司为增加注册资本发行新股时，股东不享有优先认购权，公司章程另有规定或者股东会决议决定股东享有优先认购权的除外。”根据该规定，公司新增注册资本时，有限责任公司股东享有优先认购权是原则，除非全体股东另有约定；而股份有限公司股东不享有优先认购权是原则，除非公司章程或股东会决议另有约定。

4. 优先清算权条款

优先清算权条款是投资方与目标公司股东达成的在目标公司发生清算时投资方有权优先于其他股东从公司剩余财产中获得回报的条款。需注意

[1] 新《公司法》第84条：股东向股东以外的人转让股权的，应当将股权转让的数量、价格、支付方式和期限等事项书面通知其他股东，其他股东在同等条件下有优先购买权。股东自接到书面通知之日起三十日内未答复的，视为放弃优先购买权。两个以上股东行使优先购买权的，协商确定各自的购买比例；协商不成的，按照转让时各自的出资比例行使优先购买权。公司章程对股权转让另有规定的，从其规定。

的是，在学术界，优先清算权条款的效力存在争议。[1] 新《公司法》第236条第2款规定，公司财产在分别支付清算费用、职工的工资、社会保险费用和法定补偿金，缴纳所欠税款，清偿公司债务后的剩余财产，有限责任公司按照股东的出资比例分配，股份有限公司按照股东持有的股份比例分配。此款规定与清算优先权条款产生了冲突。但是在实务中，优先清算权条款逐渐被认定为有效，越来越多的判决承认目标公司在支付了法定优于股东之间分配的款项后，股东内部对于分配顺序进行约定并不违反新《公司法》第236条第2款的规定，从而承认增资协议中优先清算权条款的效力。[2]

实务分析

融资方应当注意，优先权条款是投资方为保护投资利益而设计的条款，在签订股权融资合同时应尽量避免该条款，至少应该避免为投资方同时设置以上全部优先条款。比如，在为投资方设置优先分红权时，可以通过为创始股东设置优先清算权来减少对创始股东权益的侵害。

虽然投资人享有优先认购权，但善意的新加入股东的权益同样应该保护，故法院一般对投资人行使优先认购权的期限进行一定限制。在（2010）民提字第48号案件中，法院认为目标公司在持有股权比例为20.03%的股东明确表示反对的情况下，未给予该等股东优先认缴出资的选择权，径行以股权多数决的方式通过了由股东以外的第三人出资认购全部新增股份的决议，侵犯股东按照各自的出资比例优先认缴新增资本的权

---

〔1〕参见刘逸：《私募股权投资中的清算优先权条款的法律效力研究》，华东政法大学2020年硕士学位论文，第15~16页。

〔2〕参见北京市第三中级人民法院民事判决书，（2019）京03民终6335号；成都市中级人民法院民事判决书，（2020）川01民终9209号；嘉兴市中级人民法院民事判决书，（2020）浙04民终2163号。

利，应属无效。同时法院认为，虽然公司决议因侵害了原告股东的优先认购权而无效，但原告股东并未积极主张权利，导致股权变更已经完成且争议股权的价值发生较大变化。如果此时允许原告股东行使优先认购权，将导致已稳定的法律关系遭到破坏，因此未支持原告行使优先认购权取得相应股权的请求。

条款示例

优先分红权条款[1]：本次融资后，目标公司应按照法律以及公司章程的有关规定和程序向投资方足额支付股息红利。若公司当年拟向股东分配利润（“可供分配总利润”）的，投资方有权在公司其他股东分配利润前优先分取当年的利润。在向投资方足额支付红利之前，公司不得向公司的任何其他股东以现金、财产或以公司股权的方式支付任何红利。

优先购买权条款[2]：本次增资后，目标公司除投资方以外的其他股东（“出售股东”）拟向第三方（“预期买方”）出售其拥有的部分或全部股权（“拟出售股权”）时，投资方有权以同等条件及价格优先购买全部或部分拟出售股权。出售股东就上述股权出售事宜应提前 7 个工作日通知公司及投资方，投资方应于 7 个工作日内回复是否行使优先购买权，如投资方未于上述期限内回复出售股东，视为放弃行使本次优先购买权。

优先认购权条款[3]：本次融资后，目标公司若再增发股权，投资方有权但无义务以同等条件按比例优先从公司购买新发行的股份（“新

---

〔1〕 参见尚浩东、柳秋萍、锁晖桐：《私募股权投资系列丨优先条款解析》（上），载微信公众号“中伦视界”2019 年 4 月 23 日，https：//mp. weixin. qq. com/s/0do-rovt5ZkLl3FPTAeYvw。

〔2〕 参见尚浩东、柳秋萍、锁晖桐：《私募股权投资系列丨优先条款解析》（上），载微信公众号“中伦视界”2019 年 4 月 23 日，https：//mp. weixin. qq. com/s/0do-rovt5ZkLl3FPTAeYvw。

〔3〕 参见尚浩东、柳秋萍、锁晖桐：《私募股权投资系列丨优先条款解析》（上），载微信公众号“中伦视界”2019 年 4 月 23 日，https：//mp. weixin. qq. com/s/0do-rovt5ZkLl3FPTAeYvw。

股”）。该新股的价格应不低于本次增资的认购价格。

优先清算权条款：本次融资后，若目标公司发生清算，公司在分别支付清算费用、职工的工资、社会保险费用和法定补偿金，缴纳所欠税款，清偿公司债务后的剩余财产，应优先支付投资方初始投资款及应付而未付的红利。

六、股权转让限制条款

条款含义

投资方对目标公司进行股权融资时，一般要求目标公司的创始股东和管理团队保持稳定，要求其在一定期间内，不得进行股权转让、抵押等影响其股东权益的情形出现。

股权转让限制条款是投资方与创始股东达成的对创始股东转让股权进行限制的条款。该条款可以在一定条件下将创始股东与目标公司捆绑在一起，以此保障投资方的投资利益。如果创始股东可以自由转让股权，会出现其利用公司表面的高估值套现，而投资方被套牢的局面，所以投资方一般会在融资合同中加入股权转让限制条款。

实务分析

《公司法》第 84 条第 3 款[1]是有限责任公司中设置股权转让限制条款的法律依据；同时，新《公司法》第 144 条规定，在公司章程有明确规定的情形下，股份有限公司可以发行“转让须经公司同意等转让受限的股

[1] 新《公司法》第 84 条第 3 款：公司章程对股权转让另有规定的，从其规定。

份”的类别股，综上可知，无论是有限责任公司还是股份有限公司，《公司法》均允许公司章程对股权转让事项（包括股权转让的限制性条件等）进行自由规定。这是公司自治的重要体现。约定对创始股东转让股权等行为的限制也是投资方对目标公司稳定经营持续发展的基本要求，从而实现投资获利的保障。

但投资方应当知道，该自由不是毫无边界的，不给予创始股东退出渠道的股权转让禁止条款是无效的，因为其违反了股权（财产）自由流通的本质要求，损害股权资合性的特点。为了避免股权转让限制条款被认定为股权转让禁止条款，也为了保障创始股东的权益，可以在融资合同中对创始股东可选择的退出渠道予以明确，或者约定股权转让限制的期限、公司估值、转让价格，或者约定投资方有权利在创始股东退出前或者同时以同等条件优先退出等。

从另一角度来说，投融资双方既可能会约定上述限制股权转让的条款，也可能会约定在某些情况下必须进行股权转让的强制条款。而在司法实践中，强制性的股权转让条款（最典型的是“人走股留”条款）的效力也是存在争议的。

在最高人民法院指导案例 96 号宋文军诉西安市大华餐饮有限公司（以下简称大华公司）股东资格确认纠纷案中，最高人民法院认为，基于有限责任公司封闭性和人合性的特点，由公司章程对公司股东转让股权作出某些限制性规定，系公司自治的体现。在本案中，大华公司进行企业改制时，宋文军之所以能成为大华公司的股东，其原因在于宋文军与大华公司具有劳动合同关系，如果宋文军与大华公司没有建立劳动关系，宋文军则没有成为大华公司股东的可能性。同理，大华公司的公司章程将是否与公司具有劳动合同关系作为取得股东身份的依据继而作出“人走股留”的规定，符合有限责任公司封闭性和人合性的特点，亦系公司自治原则的体现，不违反公司法的禁止性规定。另外，大华公司的公司章程关于股权转让的规定，属于对股东转让股权的限制性规定而非禁止性规定，宋文军依法转让股权的权利没有被公司章程所禁止，大华公司的公司章程不存在侵害宋文军股权转让权利的情形。最高人民法院认定大华公司的公司章程不违反《公司法》的禁止性规定。

条款示例

本次融资后，2年之内/在公司上市前，事先未经投资方书面同意，创始股东不得直接或间接地转让、出售、让与、以设定权利负担或以其他方式处分其所拥有的任何公司股权。

如创始股东在上述期限内转让股权，则投资方有权利选择先于创始股东或者同时以同等条件转让股权。

七、过渡条款

条款含义[1]

融资方进行股权转让、股权并购、股权挂牌交易等方式的融资时，可能发生公司控制权或者公司治理的重大变化。在投资方参与股权融资后需要进行股权交割、公司管理交接乃至公司印证章交接等其他过渡性工作，该工作需要在一定时间内进行，因此针对上述工作约定过渡条款就显得尤为重要。

过渡条款是股权融资合同中双方针对过渡期内的相关事项做出安排的

---

〔1〕 参见《股权并购协议重点条款解析【附并购协议通用模板】》，载微信公众号“并购达人”2019年10月31日，https：//mp. weixin. qq. com/s/OM7D0oBPv7JyuUbE--GlQA。

条款。股权融资合同从签署到股权交割完成中间会存在一定的时间间隔，该时间间隔叫作过渡期。过渡期短则数月长则几年，故双方一般会约定在该过渡期内的相互义务。比如，融资方的核心人员不得离职或要遵守竞业限制的约定；投资方不得在过渡期过度裁员、处置融资方股份或资产，维持融资方原经营业务及获得相关收益等。这些过渡期的特殊性条款一般会随着过渡期的结束而终止。

实务分析

融资方应当注意，股权融资会涉及过渡期内经营收益的归属问题。融资方的经营收益分为融资前的经营收益、跨越融资的经营收益、融资后的经营收益。一般情况下，融资前的经营收益属于融资方，融资后的经营收益属于投资方。跨越融资的经营收益，即融资前的业务在融资后产生收益，该收益因在融资后产生，表面上属于投资方。故若融资方想取得跨越融资的经营收益，需要在股权融资合同中明确约定从而避免产生争议。融资方可以与投资方达成有关内容的约定，比如约定经营收益中属于原股东权益的利益范围、计算方式、成本承担、利益分配、支付条件和期限、违约责任、连带责任或者履约担保等内容。

条款示例

示例一：签订合同且投资方支付股权转让对价后 3 日内，融资方将召开目标公司临时股东会会议，通过确认股权转让、投资方取得股权、股权变更等内容的决议，并办理公司股东名册股权变更信息登记和公司登记机关股权变更登记；同时，完成公司印章、业务、财务、行政等物品和材料的交接；融资方协调管理团队签订竞业限制协议，保证在 2 年以内继续在目标公司工作，离职后遵守上述协议约定。

示例二：合同双方同意，融资前结束的业务在融资后产生的收益，属于融资方，由原股东按原持股比例按照原公司章程的规定享有、分配。若融资前的业务持续到融资后产生的收益，根据融资前成本投入与总成本投入的比例，确定属于融资方的收益，该收益由原股东按原持股比例按照原公司章程的规定享有、分配，剩余收益由投资方享有。

八、风险转移条款

条款含义

股权融资中，股权权属变更意味着股权对应的股东权益发生变更，股权的权益人随之发生变更。但与股东权益相对应的股东责任却一直存在，融资方与投资方作为股权变更前后股东责任的承继者和关联者，二者之间的风险转移约定让责任承担更加清晰、明确。

风险转移条款是股权融资合同中双方约定的在发生公司经营亏损以及遭受第三方起诉、查封财产等追究股东责任时，以什么时间节点来划分投资方和融资方风险负担责任的约定；同时，也会涉及投资方承担股东责任后，是否有权利向融资方追偿的约定。

实务分析

前述股权变更登记条款中提到过，对目标公司来讲，股东名册是认定股东资格和股东权益的依据；对公司外部来讲，公司登记机关的工商登记公示信息是认定股东资格和股东权益的依据。在新《公司法》出台前，根据《公司法解释（三）》第18条[1]的规定，风险转移条款只是股权融资

〔1〕《公司法解释（三）》第18条：有限责任公司的股东未履行或者未全面履行出资义务即转让股权，受让方对此知道或者应当知道的，受让方与该转让股东对公司以及公司债权人承担连带责任。

合同双方的内部条款，只对合同双方发生效力，对外部第三方不发生约束力。前述规定的基本内容被吸收进新《公司法》第 88 条，具体规定为："股东转让已认缴出资但未届出资期限的股权的，由受让人承担缴纳该出资的义务；受让人未按期足额缴纳出资的，转让人对受让人未按期缴纳的出资承担补充责任。未按照公司章程规定的出资日期缴纳出资或者作为出资的非货币财产的实际价额显著低于所认缴的出资额的股东转让股权的，转让人与受让人在出资不足的范围内承担连带责任；受让人不知道且不应当知道存在上述情形的，由转让人承担责任"，与《公司法解释（三）》的规定相比，新《公司法》坚持了股权转让协议效力"内外有别"的原则，并进行了细化和完善。

条款示例

示例一：双方同意，自本合同签订之日/投资方支付全部价款之日/办理完毕公司内部变更手续之日/完成工商变更登记之日起有关标的股权的风险承担由融资方转移至投资方。

示例二：双方同意，因公司债权人追究股东责任导致融资方在股权转让后又承担了出资未到位的实缴责任，融资方有权利向投资方追偿。

九、退出条款

条款含义

众所周知，投资方参与融资方的股权融资活动，对目标公司进行投资是为了获取收益，为谋求更大收益，会在合适的时机和条件下通过股权回购、转让等方式退出目标公司。因此，融资方在拟定、签署股权融资合同时，应充分考虑投资方的退出机制，包括退出时机、退出的对价等。

退出条款是投资方为了在保障自己投资利益的前提下能够从目标公司顺利退出而在融资合同中约定的一系列措施条款，包括回购权条款、共售权条款、拖售权条款等。

1. 回购权条款

回购权条款是双方达成的、投资方有权要求目标公司或者创始股东在特定情形下购买其持有的股权的条款。如前所述，目标公司回购股权在履行上有所限制，投资方要求目标公司回购股权的，目标公司应同时完成减资程序。

2. 共售权条款

共售权条款，又称跟售权条款，是双方达成的创始股东拟转让股权时，投资方有权按出资比例以同等条件与创始股东一起向第三方转让股权的条款。此条款可以保证在创始股东欲退出目标公司时，投资方可以随之一起退出。

3. 拖售权条款

拖售权条款是双方达成的投资方拟转让股权时，投资方有权要求创始股东按出资比例以同等条件与自己一起向第三方转让股权的条款。此条款可以在第三方欲收购目标公司而创始股东不同意时发挥作用，投资方可以以此达到退出和止损等目的。但对于创始股东而言，该条款会使其被迫失去公司控股权和控制权，所以在约定该条款时要格外慎重。

实务分析

退出条款是融资方为吸引投资方进行投资和保护投资方的条款，对融资方而言，该条款既是限制条款，又是机遇条款。该条款会将融资方与目标公司以及投资方牢牢绑在一起，同时也可以赋予投资方主动退出的选择权，故融资方在设置该条款时应尽量综合考虑各种因素。

但如果迫不得已约定该条款，可以通过设置一定条件限制该条款的行使。例如，对于回购权条款，若回购条件是一定期限内目标公司没有上市，则应争取约定广泛的“上市”达成方式，如上市地点不限国家也不限证券交易所等，还可以约定合理的回购价格保护融资方；又如，对于拖售权条款，可以约定公司估值不低于一定价格或持有 2/3 以上股权的股东同意才可以行使拖售权。从主动保护的角度来看，融资方应提前预设“一旦发现投资方对公司的继续融资和发展造成阻碍时”，应约定有权利以某种条件让投资方向其转让股权，转让价格部分应尽量列明计算方式，以避免双方后续产生争议纠纷。

在（2020）沪 02 民终 4997 号一案中，法院认为，宽毅晦恩公司已按约向宸华控股公司投入 2400 万元。根据《股东协议》的约定，如珠海项目未能在 2019 年 6 月 30 日之前正式取得危险废弃物经营许可证，则宽毅晦恩公司有权要求董某、安某投资、穆某、孚悦投资、刘某、悦明投资进行股股权回购。该股权回购条款系当事人之间根据企业未来不确定的目标是否实现而对各自权利与义务所进行的一种约定，该约定系当事人真实、自愿的意思表示，不违反公司法的规定，不涉及公司资产的减少，也不影响公司债权人的利益，当属合法有效。

条款示例

回购权条款：若目标公司未能在 2024 年 6 月 6 日前完成上市，投资方在不违反法律、行政法规强制性规定的前提下，有权要求目标公司或创始股东回购其持有的目标公司全部或部分股权。回购方式包括公司回购股权、创始股东受让股权。

融资方在投资方支付出资款 2 年后，有权利要求投资方向其转让股权，转让价格为：投资款本金+投资款本金×投资年限×年息 20%。

共售权条款：创始股东经投资方书面同意向目标公司股东以外的第三方转让其股权时，投资方有权（但无义务）按第三方给出的同等条件，根据创始股东和己方的持股比例共同出售股权。[1] 创始股东有义务促使第三方在同等条件下接受投资方拟跟售的股权。

拖售权条款：投资方拟转让或出售股权时，创始股东应该同意此交易。经持有 2/3 以上股权的股东同意，投资方有权要求创始股东按出资比例以同等条件一起出售股权。

十、委托事项条款

条款含义

鉴于国家对股权众筹的规范和要求，股权众筹融资中融资方应面向特定的投资者进行融资，故寻找合格的投资者成了融资方的工作重点。融资方向股权众筹平台提出寻找特定条件投资者的要求，平台向融资方推荐特定的投资者，并促成该股权众筹融资。委托事项条款就是融资方向股权众筹平台提出寻找合格投资者的要求以及后续有关工作事项与股权众筹平台达成的书面约定。

实务分析

股权众筹融资面对的投资者应具备两个形式要件：一是不得公开征集；二是特定条件投资者。

---

〔1〕 参见《关于股权融资协议中常见的十个特别条款!》，载微信公众号“全球投融圈”2021 年 4 月 3 日，https：//mp. weixin. qq. com/s/deKmFe6xDHwlnWwqofJcVw。

在现有《公司法》和《证券法》的框架下，面向不超过200个、特定的投资方进行融资，是保障股权众筹融资合法的投资方数量要件。故如果通过股权众筹平台寻找投资者的，则股权众筹平台有义务严格按照融资方要求筛选合格投资方，绝对禁止公开、面向不特定的对象征求投资者。值得注意的是，通过设置有近50个合伙人的有限合伙企业作为公司股东，形式上规避公司股东人数不得超过200的限制，但这种规避仅仅是形式上的表象，实质上仍无法规避公司股东人数的限制。

条款示例

在本合同下，融资方委托的股权众筹平台通过其管理的网站为融资方提供以下服务：每一轮向不超过20个在该网站注册登记的、具有5年以上投资经历的、自有资金在300万元以上的投资者，展示融资方申报的项目、发布融资需求，征集满15名投资者为止。但股权众筹平台不得将融资方的融资需求公开向不特定的投资者征集。双方根据实际情况就交易的结构、定价、尽职调查及其他相关事项做出安排，具体内容双方另行签订相关众筹协议。

十一、融资费用与期限条款

条款含义

融资方通过股权众筹平台征集合格的投资方，需要向股权众筹平台支付融资服务费用，该费用应分为融资成功服务费和融资失败服务费两种情况。同时，融资方与股权众筹平台应约定融资期限，以提高融资效率。

融资费用与期限条款是股权众筹融资合同中，双方针对融资方向股权众筹平台支付融资价款和股权众筹平台为融资方提供融资服务的时间进行约定的条款。

实务分析

对于融资费用，融资方应当注意，股权众筹融资中会有确定的融资额，但最终会出现融资成功或融资失败两种情况。若股权众筹平台最终众筹的资金达到了确定的融资额，则融资成功，否则融资失败。故融资方不应只与股权众筹平台约定一个固定的价款，而是需要针对不同情况约定不同的融资费用。

对于融资期限，融资方应当注意，在该期限内，股权众筹平台应当完成融资并达到融资方确定的融资额。但是，融资方应考虑到股权众筹平台在融资期限内无法完成融资的可能，故可以在此条款中加入少量违约金以此来督促股权众筹平台在融资期限内的义务履行。但毕竟此时股权众筹平台已经进行了部分融资，出于融资方利益最大化考虑，应在加入违约金后约定融资期限延长的问题。

条款示例

本次融资额为500万元。融资期限为自股权众筹平台在经营的网站上发布项目并公开展示之日起6个月内。若融资期限内融资成功，则融资方支付股权众筹平台本次融资额的5%作为此次融资服务费用；若融资期限内融资失败，股权众筹平台支付融资方本次融资额的1%作为违约金，该融资期限自动延长3个月，但延长不得超过2次，延长期内融资成功，视为融资期限内融资成功。

第三节

非典型方式的股权融资合同关键条款设计

本节将介绍股权质押融资、股权让与担保融资、明股实债融资、债转股融资等非典型方式的股权融资合同中所涉及的关键条款。比如主债权条款、股权质押条款、股权让与条款、担保范围条款、工商登记条款、质权行使条款、让与股权处置条款、受让股东权利限制条款、股权回转条款、债权投资条款、债权评估条款、债转股条款、程序条款。其中，前 9 种条款为股权质押融资合同、股权让与担保融资合同和明股实债融资合同中的常见条款，后 4 种条款为债转股融资合同中的特有条款。

一、主债权条款

条款含义

通常情况下，非典型方式的股权融资合同中均存在主债权条款，要么是以股权提供质押担保、要么是股权让与担保、要么是明股实债、要么是债转股，债权成为股权融资的一种可转换工具。

在股权质押融资合同中主债权条款是对质押股权所担保的债务金额

（融资款）进行明确的条款，故亦可称其为融资款条款。

股权让与担保融资合同与股权质押融资合同的区别在于，股权让与担保是形式上将股权转让至受让方（投资方）名下提供担保，而股权质押是将股权出质给投资方提供担保。两者在本质上都属于担保合同、从合同，均是利用标的股权为主债务（融资款）提供担保，故两者中的主债权条款没有实质区别。该条款内容包含两个部分：对主债权数额的明确和对债务履行期限的明确。

明股实债融资合同中的主债权条款约定债权本息支付等内容，投资方并不因形式上取得股权而成为股东，股权仅仅是作为投资方了解目标公司经营状况、目标公司增信的一种方式。在债转股融资合同中，投资方与融资方将明确的债权转换为融资方的股权，其主债权条款是股权出资款或者转让款的来源、股权价值计算和转换的基础。

因此，主债权条款是非典型方式的股权融资合同的核心条款，决定着非典型方式的股权融资的具体模式及融资数额等核心事项。

实务分析

主债权条款应该包括主债权数额、债务履行期等内容。主债权数额包括本金及利息两个部分。对债务履行期的明确，不应仅仅是对主债权合同关于债务履行的简单重复，而是与股权质押、股权让与担保、股权取得、债转股等活动相协调。投资方向融资方进行投资所产生的主债权，也可能因股权担保、转让等变动而发生投资的性质转换。在债转股融资合同中，甚至完全转换为股权投资。

近年来，民间借贷的利息经过了数次调整，总体上呈现利率越来越低、限制越来越严的趋势。因此，投融资双方约定的利息计算方式要符合法律规定，计算的总利息数额也要在法律允许的范围之内，一般最高不得超过同期 LPR 的 4 倍。

条款示例

示例一：本合同以股权质押/股权让与担保的主债务本金数额为 500 万元整，年利率为 5%，具体数额依照主债权合同的约定，以实际发生的金额为准。

主债务履行期限至 2024 年 6 月 6 日。若到期未偿还，则质权人/受让方有权处置担保股权并就处置价款优先受偿。主债务履行期限发生变化的，本合同履行期限（处置标的股权的时间）相应进行调整。

示例二：本合同中投资方向融资方支付的投资款 500 万元均为债权，2 年借款期间所产生的利息（按照年息 8%计算）也属于债权。

融资方为了给目标公司增信，经投资方同意，由投资方认购目标公司增发股权 100 万元，上述投资款中 100 万元作为出资，400 万元作为溢价计入目标公司资本公积。投资方取得股权满 2 年的，目标公司对投资方持有的 100 万元股权进行回购，回购价格为 500 万元加利息。

示例三：本合同中投资方享有的融资方到期债权 500 万元，按照原融资合同的约定，融资方应于 2023 年 6 月 30 日前一次性向投资方支付本息。现经双方协商，投资方同意将该款作为认购融资方增发股权的出资款，具体认购股权数额以评估值换算为准。

二、股权质押条款

条款含义

采用股权质押进行融资时，融资合同为主合同，质押合同为从合同。

在融资主合同中，一般会对股权质押的基本情况进行描述，比如提供质押股权的来源（出质人）、质权人、股权所在目标公司、股权权属、股权估值、质押率、质押期限等。为办理股权质押登记，投资方和融资方还需要签署股权质押合同。

实务分析

股权质押属于权利质押，其特殊之处在于股权在质押期间会产生孳息，即股息或者红利。根据《民法典》第430条[1]的规定，出质人可以约定在质押期间有权利取得股权的分红，也可以约定在质押期间股权的分红暂存目标公司一同用于债权的质押担保。

另外，关于股权质押的生效条件应予以特别注意。《民法典》第443条第1款规定，“以基金份额、股权出质的，质权自办理出质登记时设立”。因此，办理股权质押登记不仅是股权质押担保能够对抗第三人和避免争议的有效手段，更是法定的生效条件。如果只是签订担保合同或者出具一份担保函，不仅容易产生争议，更会直接导致股权质押的效力出现严重瑕疵，引发不必要的纠纷。

在（2019）最高法民再202号一案中，就是由于担保人只出具了一份担保函，没有办理股权质押登记，导致双方发生争议。最终，关于担保函的性质以及股权质押担保是否有效，最高人民法院认为，对于当事人之间有争议的合同条款的解释，应依次采取文义解释、整体解释、目的解释、习惯解释以及诚实信用原则解释等方法来确定该条款的真实含义。根据刘某宁出具的担保函的内容，从文义解释的角度出发，其虽然表示为中鼎翔

〔1〕《民法典》第430条：质权人有权收取质押财产的孳息，但是合同另有约定的除外。前款规定的孳息应当先充抵收取孳息的费用。

公司欠商储公司的债务提供担保，但是以其在贵阳金阳天合建材有限公司10%的股权为担保资产。换言之，刘某宁将股权作为担保实现的基础，担保责任实现范围为股权价值，刘某宁并未设立其他的担保方式，该担保方式符合股权质押担保的特点。股权作为一种权利，其担保价值的实现只能是将股权出质。根据整体解释的方法，一个法律行为，要理解其整体意思必须准确理解其各个部分的意思；反之，要理解各个部分的意思，也必须将各个部分置于整体之中，使其相互协调，才能准确理解各个部分的含义。虽然刘某宁在担保函中称“本人保证用于担保的股权无质押，也未被限制提供担保或被相关部门冻结，如出现上述情况或价值不足值，本人愿意赔偿商储公司的一切损失”，但该“保证”并非担保法意义上的担保方式的保证，而是保证用于担保的股权足值且无权利瑕疵适于办理质押。因此，刘某宁在担保函中以案涉股权为中鼎翔公司欠商储公司的债务提供担保，其真实意思表示系将案涉股权质押给商储公司。从目的解释或者诚实信用原则解释的角度来看，亦不能认定刘某宁出具担保函含有保证担保的意思表示。综上所述，刘某宁所出具的担保函应认定为系以其在担保函中声明的股权价值为限向债权人商储公司提供股权质押担保，而非保证担保。

条款示例

在本合同中，融资方提供目标公司10%的股权用于质押担保，该部分股权估值为100万元。双方同意，质押股权在质押期间所产生的孳息（股息、红利等），由融资方收取并享有，不与质押股权一并作为质权所涉对象。

三、股权让与条款

条款含义

在股权让与担保融资合同中，投资方与融资方应签署基于主债务的股权转让条款，通过该条款将标的股权从形式上由让与股东转让至投资方名下，由投资方在融资期间作为该股权的名义所有权人。股权让与条款是在主债务到期未清偿时，投资方有权将名下该股权处置并就处置价款优先受偿的条款，该条款的性质名为转让实为担保。

实务分析

根据《民法典担保制度解释》第 68 条第 2 款[1]的规定，根据融资合同双方的真实意思表示，即使双方将标的股权进行了形式上的转让，但在融资方不履行到期债务时，投资方也不能直接取得标的股权的所有权。就这个角度而言，股权转让条款可以使投资方取得“优先受偿”的担保效果，但无法产生类似流质条款的作用，这是对融资方或让与股东的一种保护。

但如果股权让与条款约定不明确，就会使真实法律关系到底是股权转让还是让与担保产生争议。故应在该条款中将担保意思予以明确，同时在投资方成为股东后，通过临时股东会会议将股权让与信息形成相应决议，并在公司股东名册作股权变更信息时注明“让与股权”和真实股东的信息。

条款示例

合同双方同意，让与股东将标的股权形式上转让至投资方名下为主债务提供担保，因股权转让产生的税费由让与股东承担。在主债务到期未被

[1] 《民法典担保制度解释》第 68 条第 2 款：债务人或者第三人与债权人约定将财产形式上转移至债权人名下，债务人不履行到期债务，财产归债权人所有的，人民法院应当认定该约定无效，但是不影响当事人有关提供担保的意思表示的效力……

清偿时，投资方有权将名下该标的股权协议折价/拍卖/变卖，就所得价款优先受偿。若所得价款在偿还担保范围内的债务后仍有剩余，剩余部分应返还给让与股东。

融资方将主债务偿还完毕后，投资方应按照让与股东的要求，及时将股权回转，并将让与期间的股权分红向让与股东返还，股权回转涉及的费用由让与股东承担。

四、担保范围条款

条款含义

担保范围条款是股权质押融资合同与股权让与担保融资合同中双方对股权所担保的范围进行约定的条款。担保范围包括主债权及其利息、违约金、损害赔偿金、保管担保财产和实现担保物权的费用。如提供担保的股权方不是融资方，可以约定担保的范围小于主债权本息，目的是促使投资方监督融资方积极履行主债权合同。

实务分析

设计担保范围条款时应当结合融资方与投资方关于主债权合同的约定，进一步明确利息、违约金及损害赔偿金的计算方式，实现权利费用的范围以及其他扩展性费用。出质人/让与股东应当注意，股权担保范围可以通过约定进行选择与排除，基于己方的利益考虑，股权担保范围约定的种类越少越好。

在（2019）最高法民再202号一案中，关于刘某宁承担民事责任的金额，法院认为，案涉担保函系合法有效的股权质押合同，虽然双方并未对办理股权出质登记进行约定，但是作为股权出质人的刘某宁负有向工商行政管理部门办理出质登记的义务，现刘某宁并未办理案涉股权质押登记，违背了担保函的约定，存在违约行为，应向商储公司承担违约损害赔偿责任。刘某宁虽然没有办理股权质押登记，但是商储公司也未举示证据证明其有催告刘某宁办理股权质押登记或其他积极主张自身权利的行为，其对于案涉股权质押未办理登记也存在过错。综合各方的违约情况和过错程度，法院酌定刘某宁就其违约行为承担其在担保函中声明的担保物价值（1000 万元）50%的民事责任。

条款示例

示例一：本合同股权所担保的范围仅包含以下费用：主债务 500 万元、利息、违约金、损害赔偿金。不包括实现债权的费用［比如差旅费、调查取证费用（含公证费）、送达费、公告费、律师费等］。

示例二：本合同股权所担保的范围为主债权本金的 50%，不包括其他项目和费用，担保期间，股权分红等收益归出质人/让与股东所有。

五、工商登记条款

条款含义

在履行非典型方式的股权融资合同中，涉及股权所在目标公司的股权变更信息登记和公司登记机关对股权变更信息的登记。在约定工商登记条款时，应注意约定办理的时效性、信息的真实性，有关股东会决议中，应明确真实意思表示。

无论是何种方式，均需要办理公司内部股权变更信息登记和公司登记机关的工商信息变更登记。工商登记条款可以如实反映合同项下真实的法律关系，还可以约定各方的一般责任义务。更重要的是，工商登记会发生公示效力，是对抗公司外部第三人的条件。

实务分析

根据《民法典》第443条第1款[1]的规定以及最高人民法院在贵州商储胜记仓物流有限公司与刘某宁案中的裁判观点，质权未有效设立，出质人可能会依据过错承担违约责任。[2] 所以，出质人应在股权质押融资合同中与质权人明确约定完成股权质押登记的时间并在该约定时间内完成登记，约定的时间应当合理，以免不能按时完成登记。

无论合同双方怎样约定，只要双方真实意思是提供担保，那么就会在双方之间产生担保效力。但是需要提示读者的是，对于投资方而言，更看重担保效力中的优先受偿权，而优先受偿权属于物权性效力，只有经过了权利变动公示即工商变更登记，担保才会具有物权效力，否则只有合同效力，则投资方没有法律所保障的优先受偿权。

在（2019）最高法民再202号一案中，关于刘某宁是否应承担民事责任以及承担责任的性质，最高人民法院认为，刘某宁在出具担保函之后，并未办理股权质押登记或者通知商储公司为其办理质押登记，据此可以认定质权因未办理出质登记而未设立。但是，刘某宁向商储公司出具担保函，商储公司表示接受，应视为刘某宁与商储公司之间签订了质权设立合同。案涉质权虽然因未办理出质登记而未设立，但双方之间的质权设立合同是双方的真实意思表示，并不违反法律法规的强制性规定，应属有效，

---

〔1〕《民法典》第443条第1款：以基金份额、股权出质的，质权自办理出质登记时设立。

〔2〕参见最高人民法院（2019）最高法民再202号。

刘某宁与商储公司之间成立股权质押合同关系。

条款示例

出质人/让与股东应当于本合同签订后 10 日内完成本合同下的股权质押/转让登记手续。

六、质权行使条款

条款含义

在股权质押融资合同中，双方约定的质权人可以在何时以何种方式处置质押股权从而获得优先受偿的条款，属于质权行使条款。通常该条款主要包括行使时间与行使方式两部分。

实务分析

根据《民法典》第 436 条[1]的规定，当融资方不履行到期债务或者发生约定的实现质权的情形，投资方可以与出质人协议以质押财产折价，也可以就拍卖、变卖质押财产所得的价款优先受偿，质押财产折价或者变卖的，应当参照市场价格。关于行使时间，出现特定事由时质权人可行使质权。实务中常见的特定事由有：出质人违反合同约定，质押股权市值突破平仓线，主债务到期未清偿等。

对于出质人（也就是融资方）来讲，质权行使的特定事由约定得越少

〔1〕《民法典》第 436 条：债务人不履行到期债务或者发生当事人约定的实现质权的情形，质权人可以与出质人协议以质押财产折价，也可以就拍卖、变卖质押财产所得的价款优先受偿，质押财产折价或者变卖的，应当参照市场价格。

越好，就算上述事由被约定为质权行使事由，也可以通过增加限制条件来防止质押股权被轻易处置。例如，可以明确出质人违反合同哪项约定；尽可能将平仓线约定得低；出现特定事由多少天后才可以行使质权等。对于行使方式，法律规定了协议折价、拍卖、变卖3种方式，出质人应在签订合同时尽量确定行使方式，以实现股权处置价值最大化。

条款示例

出现下列事由30日后，质权人有权依照相关法律规定及合同的约定协议折价/拍卖/变卖质押股权并有权就所得价款优先受偿：质押股权市值跌破40万元平仓线；主债务到期未被清偿超过30日。但质权人采用何种股权变现方式应取得出质人同意。

七、让与股权处置条款

条款含义

在股权让与担保融资合同中，投资方为了确保投资本金及收益的安全，在出现危及投资安全的情形时，包括融资方无法偿还主债务、股权估值明显降低、目标公司拟进行股权增发等，投资方有权处置名下的让与股权，并有权就所得价款优先受偿。

实务分析

股权让与担保若约定债务人无法清偿债务时，担保标的直接归受让人所有，则会因违反禁止流质的规定而无效。因此，审慎约定债务未清偿时对标的股权的处置条款，是保证股权让与担保能否实现的关键。

《民法典担保制度司法解释系列解读之五》[1] 认为，在债务人未偿还债务时，债权人并不是当然地取得担保标的物所有权，而是进行清算。清算分为两种：一是归属清算型，对标的物进行评估，超出债务价值部分由债权人还给担保人，债权人取得标的股权所有权实质上等同于股权转让，以债权抵顶股权转让对价款；二是处分清算型，由债权人将标的物予以变卖，将价款用于清偿债务，多余部分属于担保人。具体采取何种处置方式，让与股东应在衡量标的股权市价与担保范围内主债务金额差距的基础上做出有利于己方的选择。

股权让与担保融资中，当事人常常就被登记为名义股东的投资方是否须对让与股东出资不足或者抽逃出资的行为承担连带责任发生争议。通常认为，在构成股权让与担保的情形下，投资方虽名义上被登记为股东，但其目的在于担保债权的实现，故即使让与股东存在出资不足或者抽逃出资的情况，投资方也不应对此承担连带责任。

在（2021）最高法民申 6563 号一案中，关于刘某某转让案涉股权的行为是否有效的问题，最高人民法院认为，案涉协议书约定债权人对案涉股权享有处置权，并非约定股权所有权直接归债权人所有，符合让与担保的法律特征。根据《九民会议纪要》第 71 条的规定，刘某某到期未清偿债务，在双方约定刘某某对案涉股权享有完全、直接的处置权的情况下，刘某某有权处置案涉股权用于偿还其债权。

条款示例

归属清算型：合同双方同意，出现主债务到期未被清偿的情形时，投

〔1〕 参见最高人民法院《民法典担保制度司法解释系列解读之五》，载百家号网 2021 年 2 月 10 日，https：//baijiahao. baidu. com/s？ id = 1691303246800868043&wfr = spider&for = pc。

资方有权选择依据股权评估价值购买其名下标的股权，并按照公式（标的股权评估价值-标的股权担保范围内的债务金额）计算差价。若标的股权评估价值大于标的股权担保范围内的债务金额，则投资方将差价补给让与股东后取得标的股权的所有权，若标的股权评估价值小于标的股权担保范围内的债务金额，则投资方直接取得该标的股权所有权，未得清偿部分由融资方继续清偿。

处分清算型：合同双方同意，出现主债务到期未被清偿的情形时，投资方有权依照相关法律规定及合同的约定拍卖/变卖名下标的股权并有权就所得价款优先受偿，未得清偿部分由融资方继续清偿；若所得价款在清偿全部债务后有剩余，投资方应退还融资方。

八、受让股东权利限制条款

条款含义

在股权让与担保融资合同中，双方有必要针对受让股东（投资方）的权利进行限制。因股权让与担保会将股权转让至投资方名下并进行股东变更登记，该变更登记具有相应的公示效力，故在外观上投资方成为目标公司的名义股东。此时对于让与股东来说会存在3种风险：第一，投资方替代让与股东行使股东权利；第二，投资方随意处分标的股权；第三，让与的股权容易受到投资方债权人保全或者执行措施的影响。

实务分析[1]

让与股东在签订合同时应针对上述3种风险做出合理控制，限制投资

〔1〕 参见《实务 | 股权让与担保合同七大起草要点》，载微信公众号“云律通法律资讯”2020年3月28日，https：//mp. weixin. qq. com/s/uxsI2O-wfjYW0KBELaTkBg。

方行使股权的实质权利。对于风险一，可比照股权代持情形下名义股东对于股权行使的规则处理，例如明确约定投资方名下股权为代让与股东持有，实际股东仍为让与股东，在代持期间，投资方依据让与股东的指示行使股东权利，股权收益仍归让与股东享有；同时，可以在股东会会议上通过明确让与担保性质及让与股东继续享有股权收益的决议。对于风险二，应在合同中对投资方行使标的股权的处分权作出相应限制，如可以设置主动性限制条款和被动性限制条款，主动性限制条款是直接约定投资方不得处分名下标的股权，被动性限制条款是约定若因投资方其名下标的股权被处分，则投资方应支付违约金。对于风险三，可以在股东名册变更信息登记中明确记载让与的股权为让与担保，在公司登记机关办理股权变更信息登记时提供让与担保的股东会决议，还可以通过反担保方式将该股权质押给让与股东。

条款示例

合同双方同意，让与担保期间让与股东仍为目标公司的实际股东，投资方仅在让与担保期间名义上代让与股东持有标的股权。投资方将依据让与股东指示并以善良管理人之注意义务行使股东权利/或者全权委托让与股东参与股东会会议行使股东权利，包括不限于以目标公司股东身份参与公司相应活动、收取股息或红利、出席股东会会议并行使表决权，以及行使《公司法》与目标公司章程授予股东的其他权利。

合同双方同意，投资方未经让与股东的书面同意不得单方面转让、出质标的股权或以其他任何形式处分标的股权。如果投资方擅自处分标的股权或因其债务纠纷而导致标的股权被他人通过司法途径强制处分的，投资方需支付让与股东 10 万元违约金（该违约金数额可以根据标的股权的价值确定）并赔偿由此给让与股东带来的全部损失。

合同双方同意，投资方同意在让与担保期间，为保证履行合同约定义务，自愿将该股权质押给让与股东，并办理质押登记手续，让与股东承担有关费用。

九、股权回转条款

条款含义

股权回转条款是指在股权让与担保融资合同中，双方约定的在特定情形下投资方将标的股权转回让与股东。股权让与担保是对主债务清偿的担保，在主债务消灭后或者经投资方同意为主债务提供了足额的新的担保等情形下，投资方应及时将股权转回让与股东，保障各方的利益。

实务分析

为了确保股权能够顺利回转，让与股东应在股权回转条款中明确约定“回转的触发条件、回转流程等具体安排”[1]。触发条件通常主要包括：主债务清偿完毕、投资方放弃主债权或者放弃让与担保、经投资方同意为主债务提供了足额的新的担保等使让与担保实质消灭的事由等。

此外，一旦回购条件得以满足，需双方办理回转相关变更登记手续，对此可以约定办理的流程、相关时间节点以及相应的违约责任等内容。

但在一些特殊情况下，会出现事实上回转不能的情况。在（2020）最高法民申119号一案中，最高人民法院再审认为：关于《抵账协议》是否取代《股权转让协议》的问题。案涉《股权转让协议》签订后，虽然双方

〔1〕《实务丨股权让与担保合同七大起草要点》，载微信公众号“云律通法律资讯”2020年3月28日，https：//mp. weixin. qq. com/s/uxsI2O-wfjYW0KBELaTkBg。

当事人又签订《抵账协议》，拟依照该协议的约定将相关股权进行“过户回转”，但由于装饰公司已于此前将其持有的股权分别转让给案外人并办理工商变更登记。该行为已经表明股东崔某、王某某知晓而且同意将案涉股权转让给案外人。故原审判决关于案涉股权回转不具有现实性和合理性以及《抵账协议》难以实际履行的认定，并无不当。

条款示例

合同双方同意，出现主债务清偿完毕、投资方放弃主债权或者放弃让与担保、经投资方同意为主债务提供了足额的新的担保等使让与担保归于消灭的事由时，投资方应将标的股权回转让与股东，并于15日内完成相应的股权变更登记手续。若因投资方未在约定时间内完成股权变更登记手续，投资方应支付让与股东100万元违约金，违约金不足以弥补让与股东实际损失的，投资方还应对该损失进行赔偿。因股权回转产生的税费由让与股东承担。

十、债权投资条款

条款含义

在债转股融资合同中，双方约定的投资方对目标公司进行投资形成债权，其后在特定情形下投资方可将债权转为目标公司股权；或者投资方将享有的第三方债权，转为目标公司股权。该条款包括两部分：对债权的确认以及对债转股的约定。

实务分析

债转股融资模式下，合法有效且不存在争议的债权是债转股合同有效的前提与基础。根据《最高人民法院关于审理民间借贷案件适用法律若干问题的规定》第10条[1]和第13条[2]的规定，投资方提供用于转股的债权应合法有效和可以实现，故融资方应当要求投资方对债权的合法性和可实现性作出保证。

在（2017）青民申329号一案中，法院认为，华旺公司与鑫旺公司根据资产评估报告书签订了《债权转股权协议书》，该协议书确定了转股债权总额，华旺公司以确定的债权资产向鑫旺公司出资，鑫旺公司形成股东会决议。华旺公司以其对鑫旺公司的债权转增股权，鑫旺公司实收资本由4亿元增至13亿元，上述债权转股权也出具了验资报告，后来鑫旺公司办理了增资变更登记，会计师事务所出具了审计报告。根据华旺公司提交的资产评估报告、验资报告、审计报告以及承兑汇票，可以证明华旺公司已履行了出资义务，且办理工商变更登记手续。天沃公司虽然对华旺公司提交的证据产生怀疑，但不能提交反驳证据证明华旺公司未出资或出资不到位的事实，法院最终认定华旺公司履行了出资义务。

条款示例

示例一：投资方向目标公司出借资金500万元，借款期限12个月，借款利息为年利率5%。投资方保证该资金来源符合企业间借贷的相关法律

〔1〕《最高人民法院关于审理民间借贷案件适用法律若干问题的规定》第10条：法人之间、非法人组织之间以及它们相互之间为生产、经营需要订立的民间借贷合同，除存在民法典第一百四十六条、第一百五十三条、第一百五十四条以及本规定第十三条规定的情形外，当事人主张民间借贷合同有效的，人民法院应予支持。

〔2〕《最高人民法院关于审理民间借贷案件适用法律若干问题的规定》第13条：具有下列情形之一的，人民法院应当认定民间借贷合同无效：（一）套取金融机构贷款转贷的；（二）以向其他营利法人借贷、向本单位职工集资，或者以向公众非法吸收存款等方式取得的资金转贷的；（三）未依法取得放贷资格的出借人，以营利为目的向社会不特定对象提供借款的；（四）出借人事先知道或者应当知道借款人借款用于违法犯罪活动仍然提供借款的；（五）违反法律、行政法规强制性规定的；（六）违背公序良俗的。

规定。目标公司和主要股东同意，借款期内，投资方可按照本合同约定的条件将其对目标公司的债权转为目标公司的股权，从而成为目标公司的股东。

示例二：经双方同意，投资方将享有的第三方到期债权 200 万元，作为出资认购目标公司增发股权。投资方保证上述债权合法有效且已经期满并可以实现。

十一、债权评估条款

条款含义

在债转股融资合同中，双方可以约定在进行债转股之前需对债权进行价值调查和评估作价，以确定债权的实际价值，并与股权估值进行比对、衡量，从而达成债转股协议。

实务分析

根据《公司法》第 48 条第 2 款〔1〕、《公司法解释（三）》第 9 条〔2〕和第 13 条第 4 款〔3〕的规定，投资方用于转股的债权价值不应高估或者低估作价，应当依法评估作价，评估确定的价格显著低于公司章程所

〔1〕 新《公司法》第 48 条第 2 款：对作为出资的非货币财产应当评估作价，核实财产，不得高估或者低估作价。法律、行政法规对评估作价有规定的，从其规定。

〔2〕《公司法解释（三）》第 9 条：出资人以非货币财产出资，未依法评估作价，公司、其他股东或者公司债权人请求认定出资人未履行出资义务的，人民法院应当委托具有合法资格的评估机构对该财产评估作价。评估确定的价额显著低于公司章程所定价额的，人民法院应当认定出资人未依法全面履行出资义务。

〔3〕《公司法解释（三）》第 13 条第 4 款：股东在公司增资时未履行或者未全面履行出资义务，依照本条第一款或者第二款提起诉讼的原告，请求未尽公司法第一百四十七条第一款规定的义务而使出资未缴足的董事、高级管理人员承担相应责任的，人民法院应予支持……

定价格的，投资方应继续履行出资义务补足差额。

因债权的发生原因和所涉主体不同，不同类型的债权出资是否属于货币出资在司法实践中存在争议，故融资方应当注意，如债权是目标公司所发生的，应属于货币出资；如债权属于第三方所发生的，则可认定为新《公司法》第48条规定的非货币出资。

虽然在实务中，已经不强制要求对债权进行评估，但若出资前未履行评估程序则可能为后续多种类型的纠纷埋下伏笔。实践中，若对债权不进行评估作价，会导致以下风险：首先，债权出资可能被认定为非货币出资从而被认定为该股东未依法履行出资义务；其次，目标公司的董事与高管可能面临承担过错责任的风险；最后，不经评估作价可能会高估债权价值从而损害融资方以及其他股东的利益。

在（2020）最高法民终303号一案中，最高人民法院认为，债权转为股权不需要评估，增资也不需要验资。理由是根据2014年2月20日原国家工商行政管理总局第64号公布《公司注册资本登记管理规定》（已失效）的规定，该规定第23条决定废止2011年11月23日原国家工商行政管理总局公布的《公司债权转股权登记管理办法》；《公司注册资本登记管理规定》第7条规定，债权人可以将其依法享有的对在中国境内设立的公司的债权，转为公司股权，即法律、行政法规或部门规章对此已不再作出强制性要求，且新楚风汽车公司诉讼中认可2016年5月和2017年6月2次增资各股东均已实缴到位，2次增资均到工商管理部门办理了相应股权变更登记手续。红四方锂电公司以债权转为股权未经评估，增资未经过验资，主张经纬纺机公司、恒天集团公司等出资未到位、不合法没有法律依据的上诉理由，法院不予支持。

虽然最高人民法院支持了转股债权不需要评估的观点，但在实务中，为了避免争议，特别是为了防止债权人提出异议，编者仍然建议融资各方对转股债权进行评估。

条款示例

合同双方同意，投资方按照本合同约定的条件将其对目标公司的债权/将享有的第三方债权转为目标公司的股权之前，需经双方认可的评估机构对该债权进行评估作价，以实际评估价值确定该债权可换取的股权份额。

十二、债转股条款

条款含义

在债转股融资合同中，双方针对债权转换股权的具体事宜进行约定，包括债转股的行使条件、转股债权数额、转股来源、股权估值、转换比例、转换股权数量。

实务分析

根据《市场主体登记管理条例实施细则》第 13 条第 3 款[1]的规定，用于转换股权的债权应当权属清楚、权能完整，依法可以评估、转让，符合公司章程规定。否则，会因债权的瑕疵影响债转股以及增资的效力。债转股的行使条件可以约定为当公司无法偿还债务时投融资双方均可选择将债权转为股权。

---

〔1〕《市场主体登记管理条例实施细则》第 13 条第 3 款：依法以境内公司股权或者债权出资的，应当权属清楚、权能完整，依法可以评估、转让，符合公司章程规定。

在行使债转股的权利时，双方应在该条款中明确投资方拟转换为股权的债权金额，该债权金额即为目标公司应该增资股权的估值金额，然后结合公司股权估值确定转换后投资方拥有的股权份额。融资方应当注意，若将可转换的债权金额只交给投资方单方决定，可能会出现转换完成后投资方成为目标公司大股东的情形，故应尽量约定可转换的债权金额由双方协商确定。

条款示例

合同双方同意，根据债权的实际评估价值，确定债转股的债权金额为500万元，根据双方认可的会计师事务所审计的目标公司前12个月的利润，确定公司价值为4500万元，投后估值不超过5000万元人民币。债转股后，投资方持有目标公司10%的股权。

十三、程序条款

条款含义

程序条款，是指在债转股融资合同中，双方针对债权转换股权的有关程序的约定，包括债权确认、债权评估、股权来源、股权估值、股权数额确定、股权交割、债权交割等有关事宜，明确办理流程及相互配合的程序。此外，债转股涉及目标公司内部股权变更登记程序以及外部公司登记机关工商信息变更登记程序。

实务分析

无论是投资方出于对目标公司的追捧或者是出于对债权处置的无奈之

举，其将债权投入目标公司转换为股权，均牵涉投资方股东会/上级主管单位、目标公司股东会/上级主管单位、股东、其他债权人等不同主体的切身利益，这无疑增加了债转股在程序上的成本。不仅如此，从审批程序来看，还需要得到投资方和融资方/目标公司的股东会审议通过/上级主管单位的批准；从债转股实操角度来看，还涉及债权的合法性、可实现性、评估作价以及转换股权的估值等事项。因此，在程序条款中，有必要细分双方乃至参与方的互相配合的工作安排，避免出现拖延和扯皮。

在（2017）青民申329号一案中，法院也是基于华旺公司提交的资产评估报告、债转股协议、股东会决议、验资报告、审计报告以及承兑汇票等，认定华旺公司的增资履行了法定程序，从而认定华旺公司已履行了出资义务。这也从侧面表明了一个完善的债转股流程会涉及诸多参与方，程序复杂，磋商及协作等成本较高，因而约定完备的程序条款是十分必要的。

条款示例

投资方和融资方同意在本合同签订30日内，各自完成股东会审议批准手续，在15日内完成债权尽职调查和评估作价工作。

目标公司保证，针对本次债转股融资事宜，股东会已出具关于本次增资的有效股东会决议，且全体股东同意本次增资由投资方认缴，各股东不行使优先认缴权，并在增资完成后10日内办理注册资本的工商变更登记手续。

投资方应按照目标公司董事会的要求，将享有的第三方债权及全部商务基础资料交付目标公司，并办理债权转让手续。

第四节

股权融资合同的风险管理

融资方在进行股权融资时，往往会因为资金需求的迫切和所处地位的劣势，无奈接受投资方的条件。实务中，融资合同一般也是由投资方提供，这些不利因素更应当引起融资方的警惕，做好股权融资合同的风险管理。

股权融资虽然在形式上只涉及融资方和投资方、担保方，但实际上，由于各方内部一般都还有股东以及管理层、上级主管部门等，参与主体十分广泛，从而进一步导致股权融资的流程十分复杂。这都增加了股权融资的风险，也进一步表明了做好股权融资合同风险管理的必要性。

现实中，股权融资还面临被监管甚至刑事法律风险。例如，号称“中国股权众筹第一人”的朱江，2012 年 12 月开始在互联网上为美微传媒进行股权众筹，2013 年 2 月就收到了证监会的监管通知，要求取消众筹，全部退款。因此，股权融资涉及的法律也非常广泛，并非只是民商事法律规范，还涉及行政和刑事法律规范。

一、股权融资合同实施全程风险管理的必要性

（一）股权融资合同的商业属性决定了其通常是公司的重大合同

股权融资合同往往涉及公司股权架构和股东组成的变化，新股东的进

入会对公司原有法人治理结构产生不同程度的冲击，甚至会导致公司控制权的转移和实际控制人的变更，因此所有的公司在进行股权融资时都非常慎重，将股权融资合同作为公司的重大合同。

（二）股权融资合同的法律特征决定了其是高风险合同

股权融资合同是一份多务合同，甚至还包含了多重法律关系，在这种情况下，如何准确界定各方的权利义务，确定各方之间的法律关系就面临一定的困难。如果合同约定不够准确，各方很可能会产生不同的理解，从而导致纠纷。

进入诉讼或仲裁程序以后，由于合同的复杂性，裁判机构往往也面临裁判难题，很难将案件事实查得清清楚楚。即使查清了案件事实，法律适用上也常常会出现争议，不同法院对同一问题也会有不同的观点，从而导致案件结果的不确定性。所以，股权融资合同是一份高风险的合同。

（三）股权融资合同签订和履行的复杂性决定了风险的不确定性与系统性

合同签署过程中，由于关乎各方的重大利益，各方在签订股权融资合同时都会非常慎重，对合同内容会反复磋商和修订，甚至会在一些重大事项上出现争执。

合同履行过程中，由于需要各方的配合，各项程序的有序衔接也会成为问题，这些都增加了合同履行过程的复杂性和不确定性。合同履行中的任何一个环节出现问题，都会影响其他环节。比如，在股权增发融资时，如果有一名股东不愿意放弃优先认购权或者不配合办理工商登记变更手续，都很可能会导致融资失败。

（四）股权融资合同参与主体的广泛性决定了其博弈性和动态性

股权融资合同参与的主体，除了融资方和投资方，还包括融资方股东和上级部门、投资方股东和上级部门，有时还会涉及国家主管机构，因此股权融资合同参与主体非常广泛。特别是在跨国股权并购时，国家主管机构的介入更会让股权融资合同能否生效和能否顺利履行都面临不确定性，而这其中，博弈就不仅来自投融资双方，还可能涉及国家之间的博弈。

参与主体的广泛性决定了博弈的多样性，这加剧了合同的动态性，让合同无论从签署还是履行，都面临利益诉求的多元化，充满挑战。

二、要素控制

《民法典》第470条规定了合同的八大要素，分别是当事人的姓名或者名称和住所，标的，数量，质量，价款或者报酬，履行期限、地点和方式，违约责任，解决争议的方法。

在股权融资合同中，标的、数量、质量都与标的股权有关，这些要素关系到投资方的利益，投资方会更加重视。作为融资方，需格外注意对投资主体、价款履行、违约责任、争议解决等要素的风险控制。

（一）对投资主体的风险控制

对融资方而言，投资方的主体资格非常重要，这不仅关系到合同的效力问题，还关系到合同是否可以顺利履行。若投资方不具有相应民事权利能力和民事行为能力，或者签约主体不具备代理权或越权代理，则会引发合同无效的潜在风险；若投资方的履约能力、资信状况存在问题，则会使合同无法顺利履行，融资目的无法实现。

对投资方主体资格的风险控制应当分为以下两个方面：第一，审查投资方的主体资质，通过投资方的营业执照、相关资质证书来确定其是否依法设立并有效存续，通过签约主体的授权证明材料来确定其是否具有有效的代理权限。第二，审查投资方的履约能力以及资信状况，可以通过投资方实缴资本以及经营状况结合投资数额来判断其是否能够按约履行，也可以通过中国裁判文书网、国家企业信用信息公示系统等查看投资方的涉诉情况以及被执行案件情况判断投资方的资信状况，甚至可以与投资方的客户、供应商等沟通，了解其履约能力及商业信誉。

（二）对价款履行的风险控制

对于价款履行，从风控角度考虑，预先全款支付当然是最好的选择，但实践中投资方往往不会同意，这时，融资方可以考虑约定部分预付款或者约定定金，并要求实际支付定金。

（三）对违约责任的风险控制

违约责任条款是合同必备条款，对于该要素的风险控制可以从以下三个方面着手：第一，在合同谈判与签订过程中，对于己方义务的条款应慎重考虑，避免约定履行有困难或者具有不确定因素的义务，比如保证目标公司的业绩或者标的股权的价值等，即使约定了也要避免针对该义务约定违约责任，对于有履行期限的义务，应尽可能将该期限约定充分，为己方履行义务预留充足的时间；第二，在合同履行过程中，融资方应确定专门负责人或部门来负责合同的履行与监督，避免因疏忽而错过履行时间从而承担违约责任；第三，一旦面临发生违约的风险时，积极采取补救措施，避免损失的进一步扩大。

（四）对争议解决的风险控制

实践中对争议解决的约定一般为先协商，协商不成向人民法院起诉，而管辖法院的确定往往是双方争执的焦点，因为其不仅涉及诉讼的成本，还会涉及发起诉讼的主动权。

作为融资方，在条件允许的情况下首先要约定若发生纠纷由己方所在地的人民法院管辖，若该意向无法实现，也要极力避免选择投资方所在地的人民法院管辖，可以约定“由原告方所在地法院管辖”这种中立的条款。

根据《民事诉讼法》第35条的规定，除了双方所在地的人民法院有管辖权，融资方还可以考虑在发生纠纷时由合同履行地、合同签订地、标的物所在地等与争议有实际联系的人民法院管辖，甚至可以结合己方情况约定以仲裁的方式解决纠纷。

三、流程控制

一份合同从产生缔约意向到履行完毕会经历合同调查、合同谈判、合同拟定、合同审核、合同签订、合同履行、合同结算与登记七个流程，[1]每个流程都会存在相应风险，融资方须对每个流程分别把控。

因有些流程中的风险控制在上下文有所论述，故此处重点针对合同拟定、合同签订、合同履行、合同结算与登记流程中的风险控制进行提示。

---

〔1〕 参见《实务丨合同管理八问八答：各环节有哪些风险？应如何管控？》，载微信公众号“审计经理人”2022年10月17日，https：//mp. weixin. qq. com/s/IR2WhB-OeIvytafRdLoGsw。

（一）合同拟定流程中的风险控制

首先，无论哪种股权融资合同，其内容都很复杂，应当签订正式的书面合同，合同至少一式两份，双方各执一份，如果融资方为股东，还应交由目标公司一份。其次，合同文本一般由业务承办部门起草，法律部门审核，鉴于股权融资合同的复杂性，建议由公司法律部门以及外部律师参与起草，或者进行有针对性的审核和修订。再次，合同除包括上文各节提到的关键条款外，内容要完整，表述应严谨，不使用有歧义的词语，避免存在合同无效、可撤销的事由。最后，融资方应争取主导合同起草，以在条款的拟定特别是权利义务的分配上“抢占先机”。

（二）合同签订流程中的风险控制

除上文提到的融资方应对投资方的签约主体是否具有有效的代理权进行审查外，还应对以下三点进行风险控制：第一，对外正式签订的合同除公司盖章之外，还应由法定代表人或者授权代理人进行签字或者盖章，授权签订合同的，应当签署授权委托书。第二，应建立严格的合同专用章保管制度。第三，盖章时应避免使用电子章，且双方均需加盖骑缝章，并注明合同签订日期。

（三）合同履行流程中的风险控制

合同履行是合同管理最主要的流程，也是最艰难的流程。这一阶段的风险控制主要包括：第一，确认履行顺序，即根据股权融资合同的约定，编制履约时间顺序表，确定是同时履行、对方先履行还是己方先履行，由此可适当行使同时履行抗辩权、后履行抗辩权、不安抗辩权等法定权利来维护己方的合法权益。第二，建立风险预警线，密切关注投资方是否存在违约的情况，对其预期违约、一般违约以及根本违约等情况准备预案，并收集、保存相关证据。

（四）合同结算与登记流程中的风险控制

融资方在合同履行完毕后应做好善后工作。首先，应当确认是否按约收到投资款项。其次，应加强合同登记管理，充分利用信息化手段对合同进行归档，详细登记合同的签订、履行、终止等情况，建立合同统一分类和连续编号制度。再次，加强合同信息安全保密工作，与员工及其他涉密人员签订保密协议，提高员工保密意识，防止合同信息泄露。最后，规范合同管理人员职责，明确合同流转、借阅、归还的职责权限和审批程序等有关要求。

四、内部外部相融合

合同管理的风险控制需内外结合，内部形成合同管理的风险控制体系，外部借助专业机构的力量，共同构建起坚固的风险“防火墙”。

（一）内部风险控制体系

风险控制体系由制度、机构两部分组成。第一，针对上述七大流程，分别制定规范文本，对各流程中的常见风险、注意事项、预防措施以及处理方式进行明确，形成调查制度、谈判制度、合同拟定制度、审核制度、授信制度、履行制度、归档制度。第二，对于机构设置，可采取合同事务部统一管理和各业务部门分别管理相结合的模式。首先，成立合同事务部，作为合同的一级管理部门，独立于公司其他部门，对公司合同的签订和履行负有监督、检查和指导的职责。其次，公司各业务部门和所属各单位作为合同二级管理机构，负责本部门、本单位的合同签订和履行，并向合同事务部汇报有关合同的执行情况。

（二）外部专业人员支持

股权融资合同因其复杂性仅靠内部风险控制体系无法做到万无一失，在此过程中需借助外部专业力量。首先，在确定股权价格时，投资方往往会要求对公司资产进行评估，此时需委托专业的评估机构出具评估报告以此确定公司资产，从而确定投资款项。其次，股权融资合同虽经内部法律部门起草或审核，但有条件的公司往往还会聘请专业律师进行二次审核，以期将法律风险降到最低。再次，合同谈判过程中，律师可以凭借专业知识，以最快的速度对投资方提出的方案予以法律上的判断，确定其可行性及对融资方的影响，从而迅速做出应对方案。最后，若股权融资合同发生争议诉至法院或申请仲裁，也需委托律师代理，为己方争取最大权益、减少实际损失。

本章小结

本章在前述章节的基础上围绕股权融资合同条款的拟定及融资全流程的风险防控展开论述。因各种股权融资合同具有一定的共性，故本章第一节首先介绍了股权融资合同中所涉及的通用条款，又因股权融资合同分为典型方式与非典型方式两种，故本章第二、三节分别介绍了不同方式的股权融资合同关键条款。股权融资合同多种多样，每种合同又条款繁多，本章无法一一论述，只对关键条款中的重点问题进行介绍与提示，在阐述基本理论之外，还分别列举了条款示例，并引用了实务中法院的裁判观点。第四节为股权融资合同的风险管理，从风险控制的角度介绍了股权融资合同各要素及各流程中所需注意的相关事项，期望可以为读者提供一定的借鉴。

股权融资合同与其他合同最大的不同是，其不仅涉及合同当事人，还涉及当事人的股东、上级主管部门甚至国家监管部门，需要履行的前置程序和后续附随义务较多，履行过程较为复杂。可以说，每一个股权融资合同都是一个商业模式、盈利模式、合作典范，都需要“量身定制”。因此，本章介绍的关键条款只是一些常见的条款，融资方在实际进行融资时，应当结合实际情况，将关注的事项落实到融资合同中，确保融资目标的实现。

同时，由于股权众筹融资在现实中受到的限制较多，风险较大，因此融资方如果选择此种方式进行股权融资，应当特别注意融资合同的法律风险管理。实践中，当股权融资合同发生争议时，涉案标的额往往巨大，且双方很难通过协商方式解决，一般都需要经过诉讼程序，因此对于司法实践中存在争议的问题，融资方在股权融资合同中应当予以避免，防止双方产生争议，这也是股权融资合同进行风险管理的一个重要内容。

参 考 文 献

一、著作类

1. 周晓垣：《股权融资整体解决方案》，台海出版社 2018 年版。

2. 黎刚：《股权全案：股权融资+动态股权+股权并购》，清华大学出版社 2022 年版。

3. 韩中华：《小公司股权融资全案》，中国经济出版社 2018 年版。

4. 肖太寿、钟天宁编著：《股权布局控税》，中国财政经济出版社 2022 年版。

5. 桂曙光、陈昊阳：《股权融资：创业与风险投资》，机械工业出版社 2021 年版。

二、其他

1. 清科集团：《2021 年中国股权投资市场回顾与展望（完整版）》。

2. 谢子春：《基于企业生命周期的激励机制建设》，载《公司科技与发展》2009 年第 8 期。

3. 王丽、王鹏宇：《中小企业合理融资规模的研究》，载《中国商论》2013 年第 8 期。

4. 李剑峰：《融资成本与风险对融资方式选择的影响》，载《经济师》2012 年第 1 期。

5. 重庆市律师协会：《重庆市律师协会律师办理公司并购业务指引》，2021 年 11 月 27 日发布。

6. 王贤德、安凯：《擅自发行股票、公司、企业债券犯罪侦查研究》，载《哈尔滨学院学报》2018 年第 8 期。

7. 余珍、周磊：《数字金融如何影响企业股权融资成本？——机制检验、异质性特征与经济后果》，载《财会通讯》2022 年第 3 期。

8. 周鑫：《私募股权投资优先权条款的法律效力分析》，西南政法大学 2019 年硕士学位论文。

9. 于远洋：《私募股权投资基金在中小企业融资中的独特作用》，载《企业改革与管理》2019 年第 21 期。

10. 刘伏玲：《浅析地方政府投融资平台存在问题及解决建议》，载《山西农经》2019 年第 21 期。

11. 梁上上：《有限公司股权对外转让的自由与限制——以利益位阶理论为视角展开》，载《清华法学》2022 年第 2 期。

12. 马三军：《私募股权融资：机遇与风险并存》，载《法人》2011 年第 4 期。

13. 刘铭：《大股东股权质押与上市公司财务重述》，载《财会通讯》2021 年第 10 期。

14. 孟凡营：《公司融资过程中的刑事合规业务研究》，载《法制博览》2022 年第 21 期。

15. 曾玲芳：《基于最优控制模型的创业企业融资决策研究》，载《商业经济研究》2015 年第 36 期。

16. 余承渊：《认缴出资制度下股东权利的保护》，载《科技经济市场》2021 年第 5 期。

17. 陈金涛：《大资管时代下金融机构的适当性义务研究——基于 51 份裁判文书的实证分析》，西南政法大学 2021 年硕士学位论文。

18. 李东方、冯睿：《投资者适当性管理制度的经济和法律分析》，载《财经法学》2018 年第 4 期。

19. 胡梦婷：《我国股权众筹风险的法律规制》，上海师范大学 2016 年硕士学位论文。

20. 张佳敏：《股权让与担保效力认定问题研究》，山东政法学院 2022 年硕士学位论文。

21. 凌秀峰：《我国风险投资组织形式法律问题研究》，复旦大学 2008 年硕士学位论文。

22. 王瑞志：《股权众筹中的投资者保护问题研究》，西南政法大学 2017 年硕士学位论文。

23. 林文学、杨永清、麻锦亮等：《〈关于适用民法典有关担保制度的解释〉的理解和适用》，载《人民司法》2021 年第 4 期。

24. 孔祥梅：《"明股实债"会计核算和涉税处理的案例解析》，载《中外企业家》2020 年第 9 期。

25. 陈达恒：《市场化债转股法律问题研究》，西南政法大学 2020 年硕士学位论文。

26. 袁素枚：《浅谈现代企业合同管理常见问题分析及对策》，载《现代经济信息》2013 年第 4 期。